煤炭经济研究文选

（2012）

中国煤炭经济研究文选编委会　编著

煤 炭 工 业 出 版 社

·北　京·

编委会名单

前言
Preface

在2011年这个“十二五”开局之年，我们承载着新的一个五年的光荣与梦想，肩负着探索和实践的使命执着前行。过去的一年，尽管国际国内经济环境复杂多变，我国社会主义现代化建设依然取得了举世瞩目的成就，特别是在“十一五”取得巨大进步的基础上，我国煤炭工业再创佳绩。

改革开放以来尤其是近10年来，煤炭工业取得了巨大进步，煤炭行业经济运行平稳，成绩喜人，有力支撑了国民经济的平稳快速发展。但同时我们也应清醒地看到，在外部环境制约因素不断增多的同时，影响煤炭工业健康发展的一些内部深层次制约问题还未彻底解决。对照《煤炭工业发展“十二五”规划》提出的“到2015年，基本建成资源利用率高、安全有保障、经济效益好、环境污染少和可持续发展的新型煤炭工业体系”的发展目标，我们还有较大差距，加快转变煤炭经济发展方式的任务还十分繁重。

煤炭行业如何转变发展方式？党的十七大提出“促进经济增长由主要依靠增加物质资源消耗向主要依靠科技进步、劳动者素质提高、管理创新转变”为煤炭行业转变发展方式指明了方向。用经济学术语来说，就是要由依靠外延增长向依靠内生增长转变。

原煤炭工业部的一位老部长早在30多年前就提出要重视并切实加强煤炭经济研究。他指出：“世界上任何事物的发展，都有不以人们的意志为转移的客观规律。煤炭工业的发展也不例外。只有认识、掌握、运用它的固有规律，才能促进它的发展；违反了客观规律，必然阻碍甚至破坏它的发展，受到惩罚。……研究煤炭经济学的目的是要找出多快好省发展我国煤炭工业的规律，做到合理开发，合理利用，取得最好的经济效益”。我国煤炭工业近30年来的发展历程为这段话做了生动的注脚。30年间，我们经历了轰轰烈烈的“有水快流”，经历了在市场经济中的蹒跚学步，见证了资源整合、企业重组带来的行业集约化水平的提高，同样也分享了煤炭工业快速发展的喜悦。历史经验证明，我们什么时候尊重煤炭工业的发展规律，按照客观规律办事，煤炭工业就能健康发展；我们什么时候违背煤炭工业的发展规律，煤炭工业的发展就会遇到挫折，就会走弯路。

尊重客观规律，按照客观规律办事，首先要认识规律，了解规律，也就需要我们下功夫广泛而深入地研究煤炭经济学，这也是中国煤炭经济研究会的一项重要工作。

成立30年来，中国煤炭经济研究会始终把深入研究煤炭经济规律，特别是加强理论与实践相结合作为自身一项重要工作。作为这项工作的抓手，中国煤炭经济研究会按年度编辑出版的《煤炭经济研究文选》已连续出版多年，并越来越受到广大煤炭战线干部职工的欢迎，其品牌度不断加强，已成为煤炭经济研究的一个重要平台。在此基础上，2011年度煤炭经济研究优秀论文（调研报告）征集工作又实现了新的突破，征集到的论文首次超过了1000篇。不仅数量迈上新台阶，而且内容广泛，涉及理论政策、企业战略、经营模式、管理创新、社会责任、财务会计、人力资源、内控内审等方面，既有理论探索，又有实践经验总结，这些内容是当前煤炭行业科学发展的热点问题，同时也是难点问题，这些问题搞清楚了，就会有助于煤炭行业科学化、集约化水平的进一步提高。

自中国煤炭经济研究会开展优秀论文（调研报告）征集工作以来，煤炭行业的广大干部职工纷纷响应，形成了大量有深度、有广度的论文，特别是神华集团给予论文征集工作极大的支持，先期对百余篇论文进行评比，并在集团内部演讲，大大提高了论文的质量。这些来自煤炭生产一线的同志们，在繁忙的工作之余，肯沉下心来，结合自身工作实际对煤炭工业的健康发展进行深入而认真的思考，这是十分难能可贵的，这也在一个侧面印证了“科学发展理念”已成为行业共识，这是煤炭工业保持健康、持续发展的重要前提。同时，入选的优秀论文作为“他山之石”，相信会对全行业的科学发展起到积极的促进作用。

我们坚信，只要大家始终保持一份对煤炭经济关注、思考和探索的热情，积极投身到煤炭经济研究中来，那么我们就会更加深刻认识煤炭行业发展的内在规律，就会找到解决当前矛盾的科学方法，就会加快转变煤炭行业经济增长方式的步伐。真诚希望在今后的《煤炭经济研究文选》征集工作中，有更多关心、热爱煤炭经济研究的同志加入进来，共同为进一步繁荣煤炭经济研究事业作出新的贡献。

编　者

二〇一二年五月

目 录
Catalogue

理论政策篇

企业战略篇

经营模式篇

管理创新篇

社会责任篇

财务会计篇

人力资源篇

内控内审篇

煤炭经济研究文选（2012）

理论政策篇

扩大煤炭生产企业增值税抵扣范围的政策研究

中国煤炭经济研究会课题组

在我国流转税和所得税并重的税制结构中，增值税成为我国的主要税种，为调节经济、筹集财政资金发挥了重要作用，同时也是生产流通企业税收负担最高的税种之一。由于煤炭企业属于自然资源开采行业，生产投入物品存在特殊性，一方面，生产过程中的大量投入不能取得扣税发票，使企业多交增值税，存在技术型重复征税；另一方面，在取得的扣税发票当中，由于增值税链条断裂，很多也不能纳入抵扣范围，存在类型差异型重复征税。从而使煤炭企业增值税负担快速上升，已远远超过其他行业。

煤炭是我国基础能源和重要原料，在增值税转型改革中，煤炭产品增值税负担逆势增长，在国内煤炭市场供应偏紧的情况下，税负增长成为推动煤炭价格上涨的重要因素。目前，我国经济下行压力相当大，有很大可能性开始进入经济增长阶段的调整期，消除煤炭企业存在的增值税重复征税，为煤炭企业营造公平的税收环境，对煤炭工业实现平稳较快可持续发展具有重要意义。

本课题从国内外增值税实施情况、增值税基本理论和增值税改革发展趋势等方面，综合研究当前煤炭企业增值税实施中的突出问题，阐述解决问题的理由、方法及具体政策建议，供政府有关部门决策参考。

本课题对煤炭企业诉求解决的增值税问题，从对企业影响轻重、迫切程度和解决难度等方面进行分析，提出了逐步解决的具体建议。首先解决当前亟待明确的商业化生产煤矿巷道纳入增值税抵扣范围问题。其次把建井劳务纳入增值税扩围改革试点范围，将矿建施工企业由营业税改为增值税。再次是探讨不能取得增值税专用发票的煤炭企业特殊的必要投入抵扣增值税的途径。

一、研究背景

（一）国家整体增值税扩围改革的宏观背景

我国现行税制结构中，增值税和营业税是最为重要的两个流转税税种，二者分立并行、互为补充。其中，增值税的征税范围包括除建筑业之外的第二产业和第三产业中的商品批发、零售及加工、修理修配业，而对第三产业的大部分行业则课征营业税。这一税制安排始于1994年，并且选择采用了生产型增值税。这一方面是出于财政收入的考虑，适应了当时的经济体制和税收征管能力，为促进经济发展和财政收入增长发挥了重要的作用；另一方面是为了抑制投资膨胀。十几年来，增值税成为我国的第一大税种，在深化改革、扩大开放、保证国家财政收入稳定增长等各方面都起到了重要的作用。但是，随着我国社会主义市场经济体制的逐步完善和经济全球化的纵深发展，推进增值税转型改革的必要性日益突出。

1. 增值税改革的动因

1）抵扣事项不完整造成增值税优越性未能充分发挥

由于生产型增值税扣税项目的不彻底，特别是企业购进固定资产所含的进项税额不能抵扣，导致对固定资产等生产投入物的重复征税问题较为突出，在一定程度上影响了增值税公平、中性的优越性发挥，也不利于企业的扩大再生产，不利于促进经济的更好更快发展。

2）征税范围不完整造成增值税优越性未能全面发挥

随着市场经济的深化发展，第三产业占国民生产总值的份额不断上升，而且在许多领域，劳务与商品销售紧密相关，相互渗透。比如建筑安装业既提供大量劳务，又包容着大量的实物销售；交通运输业更是与商品的采购、销售活动密不可分。但我国现行增值税却把性质上属于生产过程或生产过程延伸的交通运输业、建筑业和邮电通讯业等排除在增值税征收范围之外，这不符合增值税普遍性原则和中性特征。对增值税来说，征收范围越大，增值税的中性化特征就越明显，对经济的扭曲就越小。

2. 增值税改革的主要历程与内容

对于我国增值税改革来说，有转型和扩围两大改革任务。

1）生产型向消费型转变

2009 年我国增值税实施了由生产型向消费型的“转型”，使得我国的增值税税制进一步趋于规范化。它引导人们认识到了原有增值税在重复征税中存在的不足，解决了因固定资产的增值税不得抵扣而产生重复征税和抵扣链条中断的问题。但此次增值税转型并不彻底，它只允许扣除固定资产中所购进的机器设备，而占比更大的厂房建筑却不能抵扣。因此改革后的增值税仍然存在征税范围偏窄、不能覆盖全部社会生产环节的问题，同时又凸显了营业税重复征税和税负不公的问题。

2）营业税改为增值税

2009 年的增值税转型，为增值税改革迈出了重要一步，但是抵扣范围的扩大是在原有征税范围不变的前提下实行，即惠及的主体是原有增值税纳税人。对于未被纳入增值税抵扣环节的营业税纳税主体来说，现有税制仍然存在着不利于其发展的因素。增值税抵扣链条不合理断裂的现象，更主要出现在营业税征税领域。由于增值税征税范围较窄，抵扣链条的不连贯，产生了包括增值税和营业税在内的各行业税负不一致问题，发票抵扣制度不严密带来的偷漏税问题，以及营业税各行业发展和经济结构调整的不利问题。

因此在增值税转型改革取得重大进展的同时，应积极推进扩大增值税征收范围改革。当前，我国正处于加快转变经济发展方式的攻坚时期，大力发展第三产业，尤其是现代服务业，对推进经济结构调整和提高国家综合实力具有重要意义。按照建立健全有利于科学发展的财税制度要求，将营业税改征增值税，有利于完善税制，消除重复征税；有利于社会专业化分工，促进三次产业融合；有利于降低企业税收成本，增强企业发展能力；有利于优化投资、消费和出口结构，促进国民经济健康协调发展。

（二）相关行业对生产性劳务征收增值税改革的序幕已悄然拉开

财政部已确定“十二五”时期，将在实施和完善消费型增值税的基础上，结合增值税立法，稳步扩大增值税征收范围，相应调减营业税等税收，从制度上解决货物与劳务税收政策不统一问题，逐步消除重复征税，促进服务业发展。增值税扩围改革的序幕已悄然拉开。

1. 石油天然气企业增值税政策和增值税转型改革

2009 年财政部和国家税务总局根据国务院批准的石油天然气企业增值税政策和增值税转型改

革方案，对现行油气田企业增值税管理办法作了修改和完善，发布了《油气田企业增值税管理办法》（财税［2009］8号），办法明确规定油气田企业为生产原油、天然气提供的生产性劳务应缴纳增值税。

生产性劳务是指油气田企业为生产原油、天然气，从地质普查、勘探开发到原油天然气销售的一系列生产过程所发生的劳务，具体范围包括地质勘探、钻井（含侧钻）、测井、录井、试井、固井、试油（气）、井下作业、油（气）集输、采油采气、海上油田建设、供排水供电供热通讯、油田基本建设、环境保护、其他工程等15项劳务活动。

从上述生产性劳务的定义和具体范围可以看出，生产性劳务不属于销售货物，也基本上不符合增值税条例中有关提供加工、修理修配劳务的规定，因此，按照《增值税暂行条例》的规定，提供生产性劳务的油气田企业并不属于增值税纳税人。而油气田企业为生产原油、天然气提供的生产性劳务缴纳增值税的管理办法实施，表明了国家扩大增值税征收范围的改革序幕已经拉开。

2. 交通运输业和部分现代服务业营业税改征增值税试点

2011年11月16日，财政部和国家税务总局发布经国务院同意的《营业税改征增值税试点方案》，同时印发了《交通运输业和部分现代服务业营业税改征增值税试点实施办法》、《交通运输业和部分现代服务业营业税改征增值税试点有关事项的规定》和《交通运输业和部分现代服务业营业税改征增值税试点过渡政策的规定》，明确从2012年1月1日起，在上海市交通运输业和部分现代服务业开展营业税改征增值税试点。这次改革是继2009年全面实施增值税转型之后，货物劳务税收制度的又一次重大改革，也是一项重要的结构性减税措施。改革将有助于消除目前对货物和劳务分别征收增值税与营业税所产生的重复征税问题，通过优化税制结构和减轻税收负担，为深化产业分工和加快现代服务业发展提供良好的制度支持，有利于促进经济发展方式转变和经济结构调整。

（三）煤炭行业增值税重复征税问题严重，增值税税负较高

1. 煤炭生产企业增值税重复征税问题严重

由于煤炭生产投入物品的特殊性，大量生产投入不能取得扣除发票，在能够取得的发票当中，很多按现行规定也不能纳入抵扣，致使增值税抵扣链条断裂，从而存在大量重复征税问题。

在增值税抵扣链条完整的情况下，销货发票与进货发票的差额等于商品实际增值额，凭票抵扣就使得增值税具有公平、中性、税不重征的突出特点。然而，在煤炭生产企业，一方面，生产过程中大量投入的资源性物品，如煤炭资源、土地，企业在支付了相应煤炭资源价款和土地塌陷补偿费、村庄搬迁费后，不能取得扣税发票而使其销进货发票的差额大于实际增值额，致使企业多交增值税，存在技术型重复征税；另一方面，在能够取得扣税发票的情况下，煤炭企业的矿井与巷道资产列入非应税项目，致使煤炭企业不能抵扣相应进项税额，致使增值税链条断裂，从而存在类型差异型重复征税。

煤炭生产企业的增值税重复征税没有充分体现增值税公平税负的原则，违背了增值税税负不因行业、企业和产品差异而有差别的原则，影响了企业之间的公平竞争，不适应市场经济发展的要求。

2. 煤炭企业增值税税负沉重的行业特点

增值税转型前，煤炭开采和洗选业的增值税税负在国家统计局分类统计的39个行业中（其他行业因税负较低而未列入表中），属仅次于烟草制品业和石油天然气开采业的第三高增值税负的行业。转型后的2009年，全国平均税负水平和大多数行业税负水平均呈下降趋势，但煤炭行业增值税负上升到了第二位，平均升幅为2%。同为基础能源行业的石油天然气行业退居第三位，平均降幅为23%；第一名的烟草业平均税负也下降了5.8%，见表1。

表1 国有及国有控股工业企业分行业增值税税负情况表 %

行业	2004年	2005年	2006年	2007年	2008年	2009年
全国平均	4.86	4.79	4.86	4.85	4.59	4.29
煤炭开采和洗选业	8.03	7.86	7.70	7.63	7.98	8.14
石油和天然气开采业	9.62	9.95	9.85	8.97	9.51	7.32
黑色金属矿采选业	7.63	7.70	6.71	7.03	6.79	6.79
有色金属矿采选业	3.91	4.42	5.06	5.05	4.20	3.62
食品制造业	3.83	4.32	3.96	4.12	3.75	4.69
烟草制品业	11.51	11.62	11.77	12.24	12.41	11.69
纺织业	2.88	3.29	3.44	3.08	3.29	2.90
文教体育用品制造业	3.61	3.11	2.60	2.86	3.07	3.40
医药制造业	6.26	5.87	5.96	5.66	5.93	5.89
通用设备制造业	3.37	3.21	3.54	3.21	2.83	3.24
专用设备制造业	2.47	2.47	2.71	2.70	2.07	2.59
电力、热力生产供应业	6.31	5.96	6.24	6.20	5.60	4.16

注：表中数据依据国家统计局国有及国有控股工业企业主要指标的统计数据计算得出。

增值税转型后，煤炭行业中大型煤炭企业税负增加更为明显，根据中国煤炭经济研究会对神华、中煤、淮南矿业集团等13个特大型煤炭企业集团调查统计，2006—2008年被调查企业煤炭产品增值税实际税负平均为8.31%，2009年由于国家实施增值税转型，煤炭产品增值税税负达到了11%，比2006—2008年的平均水平提高了2.69个百分点，增幅为32.34%。

我国的增值税转型是在税率不变的前提下进行的，一般企业由于可抵扣的多了，相对来说就是一种降低税率的举措。但在增值税转型设计中，由于没有考虑到煤炭开采及煤炭成本构成的特殊性，国家笼统地以一般工业企业标准对待煤炭企业，又将煤炭产品增值税税率由转型前的13%提高到17%。煤炭企业不但不能得益于本轮增值税转型，反而进一步加重了本来就是高增值税税负的煤炭企业增值税负担，不利于公平税负，煤炭企业增值税改革愈发紧迫。

（四）煤矿巷道增值税问题引起行业广泛关注，人大代表提案反映呼声

在煤矿矿井整个生命周期内，煤矿企业在矿井巷道中的资金投入占该企业井下资产资金投入的很大比例。在一些煤矿，其在巷道中的资金投入甚至超过对井下机械设备的投入。然而，这些巨额投入中包含的进项税额却无法抵扣，造成矿山企业增值税税负沉重。一方面，由于建井劳务征收营业税，矿井商业性开采前由建井企业转交过来的矿井巷道，煤矿企业无法取得增值税专用发票而不

能抵扣其包含的增值税。另一方面，矿井商业性开采后由煤矿自行掘进的巷道由于属于不动产而不能抵扣其购入货物的进项税。煤矿巷道增值税不能抵扣问题加重了企业税收负担，煤炭行业呼吁国家有关部门能考虑煤炭生产过程的特殊性，就煤矿巷道增值税问题进行完善。

2010 年，淮北矿业集团董事长王明胜以全国人大代表的身份，向全国人大十一届三次会议提交了 4632 号提案，提议将煤矿的矿井与巷道纳入增值税抵扣范围。随后，财政部以财税函［2010］121 号文件的形式给予了答复。《答复》认为提案对煤矿矿井与巷道的分析有道理，并将提供给相关部门参考，并表明《固定资产分类与代码》正在重新修订中。《答复》同时认为“煤矿由于不动产建设等资本性投入较多，不能抵扣问题较为突出”，提出“将结合增值税扩大征税范围改革，统筹研究‘矿井、巷道及其附属设备与设施’等进项税额的抵扣问题，以进一步使相关行业的增值税负担更加合理”。

为此 2011 年 3 月，王明胜董事长又以提案反馈意见的形式向全国人大进行了反映，建议有关部门“对煤矿费用性生产接巷道耗用物资进项税额抵扣问题给予明确”，建议“尽快修改《固定资产分类与代码》，将煤矿资本性巷道纳入增值税抵扣范围”。

二、国外增值税研究与实施情况以及对我国增值税扩围改革的启示

（一）增值税理论的国际研究

增值税是以纳税人生产经营活动中的增值额为征税对象所征收的税种。在实际中，是运用税款抵扣原则，使纳税人的收入额中已含税的部分或者说是以前阶段已交纳的税款在本阶段不再征税，而仅就未征过部分的收入额征税。由于这部分未征税的收入额相当于纳税人在本环节新创造的价值，所以这种对增值额征收的税称之为增值税（Value Added Tax，VAT）。

增值税理论最早由美国耶鲁大学教授亚当斯（T. S. Admas）在 1917 年发表的《营业税》一文中提出。他认为，企业生产经营过程中形成的增值部分从会计上看，就是工资、租金、利息和利润的总和，这正好就是计算国民所得时价值增加的那一部分。对增值部分课税，比只对会计利润课税要好得多。1921 年，亚当斯又提出企业购买商品时已经付出的税款从应纳的税额中扣除的简便计算方法。同年，德国的西蒙斯（G. F. V. Siemens）在《改进的周转税》一文中正式提出了增值税这一名称。增值税的最大特点是对一种商品可以多环节（多次）课税，并且在每个环节中不重复征税，仅对增值额课税。这一特点恰恰适应了社会化分工愈来愈细的大生产的需要，在促进生产的专业化与技术协作、保证行业间税负相对公平方面有较大的功效。

通过国际上对增值税的研究，还发现它具有下面一些特别突出的优点：第一，增值税可以采取道道课税的征税方式，并以各企业新创造的价值为计税依据，这样可以使各关联企业在纳税上互相监督，减少乃至杜绝偷税漏税。因为上游企业漏税必然使下游企业多纳税，在市场经济利益原则的驱使下，下游企业必须主动监督上游企业的纳税情况；第二，企业组织架构的改变（如并购或分立）都不影响商品的增值额，因此还有利于企业为适应市场竞争和变化而进行重组；第三，对于为进入国际市场而出口的商品，可以实行“零税率”的退税政策，将商品在国内已交纳的税额一次全部退还给企业，因此能鼓励外向型经济的发展，参与国际市场的竞争。

另外，国际上对增值税征税范围的研究表明：理论上的增值税征收范围应包括所有创造和实现增值额的社会各个领域。可能包括农林牧业、采掘业、制造业、建筑业、能源和交通运输业、商业和劳务等各个行业，并且应该涵盖从原材料、制造到批发和零售等全部环节。

由此可见，正是增值税的这些特点，决定了它在经济发展中的重要作用。因而，目前增值税仍旧是世界各国的主体税种之一。无论是在组织国家财政收入方面，还是落实宏观政策和调节市场供求方面，增值税都发挥着独到的作用。

(二) 增值税制度国际实施情况

增值税是指以商品生产、流通和提供劳务的各个环节的增值额或增值因素作为课税对象的一种流转税。自 1954 年产生以来，短短 50 多年的时间，世界上已经有上百个国家和地区相继开征此税。增值税具有“道道征税，税不重征”的特点。这一特点使纳税人税负相对公平，从而促进了商品的生产流通及社会化大生产。

1. 增值税的国际应用情况

增值税产生半个多世纪后，世界上绝大多数国家都在自己的税制中设置了增值税或具有增值税性质的税种，完全没有增值税性质税种的国家只有文莱、埃及、老挝、马来西亚、沙特阿拉伯等几个地域面积较小、人口数量不多、经济结构较为单一的国家。还有一些国家虽然没有明确称为增值税的税种，但其对作为纳税人的企业允许抵扣生产过程中所耗用的原料、物资的价值，因此从本质上来说这一类税种也是增值税，如澳大利亚、新西兰、新加坡、柬埔寨、斯里兰卡等国设置的商品劳务税，牙买加的总消费税和日本的消费税，巴西的工业产品税和商品流通、运输、通信服务税，马来西亚的销售税和服务税等。

1）欧洲国家

为了促进欧洲统一市场的建立，欧洲经济共同体曾通过颁布一系列法令用来协调其成员国的增值税立法。因为法国政府形成了一套世界上最早、最完善的增值税税制，所以欧共体决定采用法国的增值税模式来建立欧共体销售税制度，以建成一个货畅其流的统一大市场，符合欧共体国家实行经济一体化的要求。1967 年欧共体发布了第 1 号指令和第 2 号指令（关于成员国协调货物和劳务税立法），具体描述了增值税制的结构，并且允许各成员国可以渐进性地实施宽领域消费型增值税，这样考虑了各成员国之间不同的财政承受能力，可以避免经济出现波动。直到 1978 年，欧共体所有成员国完成了向完全的消费型增值税过渡，此后，实施增值税作为加入欧共体的国家的标准之一。

欧洲联盟是在欧洲经济共同体的基础上建立的。欧盟通过颁布第 6 号指令（关于增值税立法）确定了增值税制的基本框架，欧盟委员会在增值税协调方面提出了一国内的交易和各成员国之间进行的交易都要同等对待，凡是对产品和服务贸易正常进行造成影响的种种因素都要废除，所有关于增值税协调方面的建议都是围绕这个原则提出的。因此，欧盟各国的增值税制度基本上是一致的，但并不是完全相同的，他们在具体操作上存在着一定的差异，如免税范围、增值税税率以及适用零税率的商品和劳务范围等方面存在差异，这些基于国家征税主权产生的差异一定程度上不仅使欧盟各国在增值税征收管理方面变得更加复杂，而且削弱了欧盟内部市场统一化。因此，增值税协调方面，未来欧盟改革的重点仍然是税制的现代化、简化以及保证现行增值税规则执行的一致性，并广泛寻求国际合作，与国际接轨，走国际化道路。

中东欧国家如俄罗斯、匈牙利、克罗地亚、捷克斯洛伐克、波兰等转轨国家于 20 世纪 90 年代初期引进了增值税，取代了原有的周转税，在增值税的设计上沿用了欧盟的增值税模式。增值税的征税范围都比较广泛，除教育和卫生机构、国有与集体农庄之外，一般单位的经营行为都要征收增值税；税率方面一般只设置一个基本税率，也有国家为了照顾一些企业还设置了一档低税率，零税率多用于出口产品，也有国家特殊规定，零税率在一段时间内也适用于某些特殊商品。

但由于在转轨过程中国家有些制度不是很健全，造成国家税收的减少，如不健全的会计制度，使得纳税人的许多经营活动没有进行如实的会计登记，从而出现了比较严重的偷逃漏税现象。不同的国家国情不同，因此，对资本型货物进项税额的扣除方式也不尽相同，有的国家允许当期一次性扣除。有的国家不允许一次性扣除。如俄罗斯对资本型货物规定了过渡期，原来对它的进项税额不能抵扣，逐渐过渡到允许对资本型货物所含税金进行抵扣。具体过渡情况为：1993 年规定资本型货物已纳的增值税税金的抵扣期限不得少于 2 年；1995 年规定抵扣期限为 6 个月；1996 年规定可以当期进行全额抵扣；1996 年之后对俄罗斯的税收法典草案进行修订，对资本建筑费用所含的增值税允许进行抵扣。

因为比利时和瑞典的消费型增值税的逐步过渡法比较典型，在此特别介绍一下情况。

比利时在 1971—1980 年 10 年间，对固定资产等资本性货物所含的税金允许部分抵扣，直到 1980 年以后才允许全部抵扣，对 1971—1980 年间不准抵扣比例见表 2。

表2　比利时固定资产不准抵扣税率情况　%

年　份	1971	1972	1973	1974	1975	1976	1977	1978	1979	1980
不准抵扣比例	10	7	5	5	5	5	5	5	5	5

资料来源：“Consumption Tax Trends”, 1995, edit by OECD On Fiscal Affains.

由表 2 可以看出，1971 年固定资产所含税金不准抵扣的比例为 10%，1972 年则降为 7%，1972 年以后就全部降到了 5%，由此可以得出结论，比利时为了消除资本抵扣对财政造成的压力和风险，在 10 年时间里采用了逐步过渡的方法，即逐步增加可以抵扣比例的方法。

瑞典为了消除固定资产进项税额抵扣对财政的压力，采用了与比利时相同的低税率抵扣政策，而且明确规定在投资商品的购置价值中不允许抵扣的部分，国家补贴和可以利用的投资基金部分的价值不允许抵扣。瑞典对固定资产等资本性货物不允许抵扣的范围采用列举法进行了规定，包括经济寿命少于 3 年的资产、发动机驱动车辆和拖车、以前使用过的旧资产、装饰物品、船舶、飞机、集装箱和单节机动有轨车等。

在消费型增值税体系方面，欧盟各国的增值税是现代意义上比较成熟的体系，比较欧盟各国在具体的增值税政策选择方面，可以发现他们既有相同点，也有不同点，总结为以下四个方面。

（1）征收范围广泛

欧盟各国增值税征收范围非常广泛，从流通领域来看，包括商品生产、分配、交换、消费的各个领域；从行业来看，包括了建筑安装、洗衣店、广告管理、交通运输、娱乐、宾馆与饭店、电信、仓储、可移动货物的维护保养出租租借、美容店、律师、会计等劳务服务行业。

（2）税率档次较少

理论意义上增值税税率的最优选择是单一税率，但在现实中这是很难做到的事情。欧盟第 6 号指令规定：标准税率不低于 15%，低税率不低于 5%，在同一国内税率平等，不存在税率性的地区差异，且增值税税率的档次不超过三档。截至 2005 年 1 月，欧盟国家增值税税率最高为 25%，如瑞典、挪威、匈牙利和丹麦；最低为 15%，如卢森堡；各国增值税税率的范围为 15% ~25%。在税率档次方面，丹麦、挪威等国只设置了一档税率，绝大部分欧盟成员国设置为二档或三档税率。

目前欧盟各国为了提高增值税的收入地位，都在力图减少增值税的税率档次，这是未来的一个发展趋势。2007年初，德国对增值税税率做了一次调整，税率自16%提高至19%，这是近10年来对增值税税率做的最大一次变动。

（3）实行充分的进项税额扣除制度

增值税纳税人计算应纳税额时，对当期购进的包括资本性货物在内的原材料、辅助材料等投入物品所含的进项税额可以完全抵扣。而且一些国家还规定对当期的进项税额不足抵扣的部分可以实行退税。

（4）出口商品统一适用零税率

欧盟各国为了增强其国际市场的竞争力，从出口方面来说，对商品或劳务采用以不含增值税价对外出口，采取的具体对策是对欧盟这个体系以外的国家和地区出口的商品或劳务采用零税率；从进口方面来说，为了实现进口的商品和劳务和国内的商品和劳务税负公平，对从欧盟这个体系以外国家和地区进口的商品及劳务比照国内同类商品及劳务的适用税率征税。目前，欧盟内部对增值税征收国的判定原则是消费地原则与来源地原则的混合使用，这样可以保证各国征税主权，实现公平税负，有效防范跨国偷逃税。欧盟各国为了做到足额征税，他们采用的是受限的来源地课税原则。

2）亚洲、大洋洲国家

在亚洲，印度尼西亚从税法规定看选择的是消费型增值税，但实际上是生产型增值税。其增值税税法规定，资本性货物所含的进项税额允许从销项税额中直接抵扣；但在增值税税法附加条款中又规定，资本性货物的进项税额被无限期地暂停抵扣，这是基于考虑到资本性货物所含的进项税额允许抵扣的政策可能会给政府财政带来风险，无法承受。其他亚洲国家大都实行了消费型增值税。

在大洋洲，澳大利亚于2000年实施了商品劳务税，它的运作原理与增值税是基本一致的，因此，也属于消费型增值税，只是它的名称不同于平时所说的增值税而已。其他大洋洲国家大都实行了消费型增值税。

3）美洲、非洲国家

一些美洲国家如洪都拉斯、多米尼加、海地等，在进行消费型增值税改革时，考虑到资本商品的扣税政策会造成税收的显著减少，因此，基于财政承受能力的考虑，采用了收入型增值税。美洲国家曾经采用过收入型增值税的还有秘鲁和阿根廷，但后来转型为消费型增值税。总的来说，美洲国家除个别国家选择了收入型增值税，其他实行增值税的国家都选择了消费型增值税。

非洲国家中，塞内加尔的增值税属于生产型增值税，它规定资本型货物的税收不允许抵扣，而且增值税也只在少量的制造行业中实行。摩洛哥的增值税属于收入型增值税，它在1986—1987年间及实行初期曾给财政造成了困难，后规定对固定资产所含的进项税额允许递延抵扣。实行增值税的其他非洲国家都是选择消费型增值税。

2. 各国增值税征收范围

按照各国对增值税课税对象的规定可分为局部征收和全面征收两大类：即全面型增值税和非全面型增值税。其中欧盟国家基本都实行全面型增值税制度，即对所有商品和劳务征收增值税。

从国际经验来看，绝大部分国家实行的增值税都包括第三产业在内（金融业除外），甚至英国等欧盟国家不仅是对从事建筑安装业这类在我国征收营业税的企业按照增值税纳税人管理，对于私人购买已税建材进行自用家装，也制定了相关的税款抵扣规定。而我国增值税征收范围依然将交通、运输、仓储、转让无形资产及租赁商务服务业等积极参与社会生产及商品流通的一些行业排除在外。

一些国家根据本国具体情况对教育卫生等公益性行业、金融服务、土地交易等给予免税，如瑞典对教育、银行、保险、文化、体育及医药、护理等个别行业免征增值税，德国对金融、燃料、电力、房地产行业免征增值税。除此之外，大部分欧盟国家对金融行业都免征增值税。澳大利亚、新西兰、韩国、阿根廷、墨西哥、肯尼亚、以色列等国也实行全面征收的增值税制度。美国与欧洲许多发达国家虽然都是直接税为主体的国家，但它与欧盟国家的税制在增值税的普及程度上有很大的差别，增值税收入在美国的税收收入只占很小的比例，而且，征税范围也仅限于汽油、酒精、烟草等少数商品的生产环节。印度于2005年4月起在全国彻底实行增值税，其联邦（即中央）增值税对制造业征收，邦一级（地方）增值税对商业批发和零售环节征收，中央、地方的征税范围均只包括货物而没有服务。一些国家的增值税征收范围见表3。

表3　各国增值税征税范围比较

类　型	征　税　范　围	采　用　国　家
全面型	农业、制造业、批发业、零售业、服务业等交易领域	法国、英国、德国、意大利、奥地利、丹麦、荷兰、比利时、卢森堡等欧洲国家，新西兰、澳大利亚等大洋洲国家，加拿大、阿根廷、墨西哥等美洲国家，韩国、日本、柬埔寨、印尼、泰国、菲律宾等亚洲国家
非全面型	制造业、批发、进口交易	摩洛哥、马达加斯加等非洲国家
	制造业、进口交易	塞内加尔、科特迪瓦等非洲国家，蒙古等亚洲国家

资料来源：中国税务出版社《2010/2011中国税收发展报告》。

同时，从世界各国增值税发展过程来看，征税范围呈逐步扩展之势。一部分国家采用了分步实施、不断扩展的方式，基本在10~20年间，从制造业开始，逐步延伸到商业、农业和服务业等；也有部分国家开征时就选择了一步到位的全面型增值税。总体看，逐步扩大征税范围，对所有商品和劳务征收增值税是一致的发展方向。

3. 各国增值税收入

由于发展时间长，政策合理，引导适当，欧盟国家的增值税制度相对世界其他国家较成熟和领先，这也体现在税收收入方面。表4是欧盟主要成员国2006—2009年增值税占GDP的比值。

表4　2006—2009年欧盟主要成员国增值税占GDP比值　　%

国　家	2006年	2007年	2008年	2009年
法国	10.8	10.7	10.6	10.5
德国	10	10.5	10.5	11
意大利	11.1	11	10.6	10.6
荷兰	12.1	12	11.8	—
比利时	11.3	11	10.8	10.9
卢森堡	10	9.8	9.9	10.4
爱尔兰	11.4	11.2	10.7	9.7
英国	10.6	10.5	10.3	10

表4（续） %

国　家	2006 年	2007 年	2008 年	2009 年
丹麦	16.3	16.3	15.6	15.3
希腊	11.5	11.5	11.4	10.6
西班牙	9.9	9.5	8.3	7.1
葡萄牙	13.7	13.2	12.9	—
平均	11.55	11.43	11.12	10.61

我国2006、2007、2008年度增值税占GDP的比重分别为6.16%、6.33%、5.73%，当时我国还实行生产型增值税，2009年度实施消费型增值税后增值税占GDP的比重更下降为5.51%。但我国增值税占GDP的比重比欧盟主要成员国平均数少将近50%，还可以看到我国即使在实施生产型增值税时，税收收入也低于样本国家消费增值税的收入能力。这主要就是因为欧盟国家增值税覆盖的经济领域十分宽广，拓展增值税的征收来源，同时消费型增值税的征收模式还大大降低了重复征税的可能。这种宽领域的消费型增值税制度值得我国借鉴学习。

（三）对我国增值税扩围改革的启示

1. 增值税“扩围”改革的行业选择

借鉴世界各国增值税“扩围”改革的经验，理想的征收范围趋向于覆盖所有的货物和劳务，横向上覆盖制造业、采矿业、建筑业、交通运输业、商业和劳务等各行业，纵向上涵盖原材料、制造、批发和零售等环节。因为只有这样，才能避免增值税链条断裂，避免重复征税，保证增值税中性、税负公平等优点的发挥。因此，我国增值税“扩围”改革应将征收范围扩大到交通运输业、建筑业、邮政通信业、物流业、仓储业、代理业、租赁业、娱乐业、旅游业、房地产业以及其他服务业等领域，将生产、流通和服务连接为一体，形成顺畅、严密的增值税征收链条。这样不仅可以保证国家财政利益的实现，还可以有效降低税收征管成本，彻底消除重复征税问题。

2. 初次“扩围”可考虑与工商业关系密切的若干传统行业

考虑到财政承受能力，可先将与销售货物联系较为紧密的建筑业、交通运输业、物流业、仓储业、代理业、租赁业等行业纳入增值税的征收范围。这些行业兼具物质生产和劳务提供性质，大部分企业符合增值税纳税人条件，均是购进服务，产生增值，理应缴纳增值税。这些行业实行增值税后可以延长增值税抵扣链条，促进各行业的密切联系和进一步发展。

3. 完善增值税抵扣链条，贯彻实质课税原则

现行增值税抵扣制度存在的缺陷，在很大程度上与其相对狭窄的征收范围分不开。虽然已经实行消费型增值税，但房屋、建筑物等不动产类固定资产并未纳入抵扣范围，抵扣不彻底；在增值税抵扣链条的端口或中间环节使用免税手段又是造成效率损失的重要因素，由于免税同时也否决了下一环节的税额抵扣权利，实质上抵扣链条的断裂已形成不可避免的重复征税。因此，这时的增值税抵扣链条机制是一条不连续或者虽然连续却是跳跃式的折线，势必造成税收中性的扭曲。

目前，增值税相对狭窄的征收范围、不彻底的转型政策和“凭票抵扣”制度是造成抵扣链条

断裂的根本原因。因此，在增值税“扩围”改革中，一是要强化足额抵扣制度，即将增值税“扩围”改革与房屋、建筑物等不动产类固定资产税额抵扣结合起来，完善“消费型”增值税抵扣制度；二是要贯彻实质课税原则，即在认定纳税人的行为是否构成增值税应税行为时，必须遵循“实质重于形式”原则。

三、增值税基本原理及煤炭企业增值税税负分析

（一）增值税基本原理

1. 增值税的计税依据——增值额

增值税是对单位和个人取得的增值额为征税对象进行征收的税种。增值额是企业在生产经营过程中所新创造的那一部分价值，它相当于商品价值 $C+V+M$ 扣除生产经营过程中消耗的生产资料转移价值 C 之后的余额，即劳动者新创造的 $V+M$ 部分。就一个生产经营单位而言，增值额是该单位生产经营商品或劳务的收入额扣除外购商品价值之后的余额；就商品生产流通的全过程而言，一种商品的总增值额是该商品在生产流通的各个环节增值额之和，它相当于该商品实现销售时的最终销售总值。

上述增值额的概念是理论意义的增值额，在实际运用上是指法定的增值额，即税收法律上所认定的增值额。由于对增值额的理解、客观经济条件、经济政策不同，各国税制中的法定增值额各不相同。实行增值税的国家都根据实际情况和选择的增值税类型，对增值额做出具体的法律规定，以明确哪些属于增值项目，哪些属于非增值项目。

规范意义上的增值税是对整个社会生产中各个行业、各个环节征收并逐级抵扣的税种。只有将作为生产投入物的所有产品与劳务已缴纳的税款都予以抵扣才能保证税款是仅对国民经济生产中的增值部分征收，任何不能抵扣的部分都会造成重复征税。

2. 不完善增值税制度下的重复征税类型

与其他流转税相比，增值税具有公平、中性、税不重征、普遍征收的突出特点，税不重征是其他流转税所不具有的，各国政府也在实践中将重复征税减小到最低限度，但在税制具体设计实施中，由于各国采用增值税具体背影不一、税制结构不一，而且各国增值税制在技术结构上仍存在较大的差易，所以说不重征就不能完全实现，实践与理论的差距就不可避免。增值税重复征税，主要表现在以下几个方面：

（1）类型差异型重复征税。由于实行生产型增值税或不完全的消费型增值税，使投入要素抵扣范围缩小，使得部分购进货物已缴税金进入生产成本，又成为价格的组成部分，又要随同增值额再征收一次增值税。

（2）税率差异型重复征税。消除重复征税的必要条件之一就是实行单一税率，而目前世界上实行单一税率的国家占多数，其次是采用双税率的国家，采用三个以上税率的国家较少，而且税率的档次呈减少趋势。但我国采用的是多档税率，有 17%、13%、0 以及 3% 的征收率。税率差异导致的重复征税主要体现在一般纳税人与小规模纳税人之间。一般纳税人也同样存在税率差异导致的重复征税。如果纳税人购进货物适用免税或低税率，销售货物适用基本税率，则这些购进货物在新货物售价中将被视为增值额重复计算征税。

(3) 技术型重复征税。增值税是一种技术要求高的税种，因为凭票抵扣税款，无票就不能抵扣进项税，这使得抵扣联发票在整个征税环节显得极其重要，但在实践中有些行业还不能完全有抵扣联进行税款抵扣，这样，货物或劳务的实际增值就与发票增值不一致，导致销货发票与进货发票的差额大于实际增值，此时重复征税就不可避免了。这主要体现在当前的自然资源的采掘中、高附加值和部分基础工业等行业中，如煤炭、石油、天然气、矿业、沙土等。因为从大自然中取得，不能获得进项发票抵扣联，就不能抵扣进项税金，那么，抵扣税款就明显变少，税负加重，重复征税就不可避免了。

(4) 政策型重复征税。税收是国家宏观调控的杠杆，国家往往根据不同时期产业政策的需要进行税收政策调整来保持经济持续地发展。如我国曾将出口退税率调低，使出口产品不能完全以不含税价格参与国际竞争。这就不符合征多少退多少、不征不退的出口退税原则。这种重复征税完全是由政策调整所致。

(5) 税种差异型重复征税。我国增值税中有对混合销售和兼营业务征税的规定，营业税中也存在对混合销售和兼营业务征税的规定。因为以从事货物的生产、批发、零售为主的纳税人，其涉及的混合销售行为应一并征收增值税。但是，当对该项混合销售行为征收增值税时，对其中的营业税项目因为无增值税进项税金抵扣而税负加重。例如，对工业企业的运输行为按照17%征收增值税，这同缴纳营业税的交通运输企业相比，工业企业的运输收入因适用17%的增值税税率且无进项抵扣而比运输企业适用3%的营业税率税负明显偏重。对从事计算机软件开发销售缴纳增值税的公司，同从事软件所有权或专利权转让征收营业税的企业相比，因为后者缴纳营业税使得前者得不到进项税抵扣而税负明显加重，这主要因为增值税未实行普遍征收引起的。

(二) 煤炭生产企业增值税税负现状

煤炭生产企业增值税税负较高。

根据课题组对淮南矿业集团等13个特大型煤炭企业集团调查统计，2006—2008年煤炭产品增值税实际税负平均为8.31%，比2004至2006年间煤炭经济研究会调查的22家国有及国有控股大型煤炭企业集团平均税负的8.06%增长了0.25个百分点，平均税额则提高了61.68%。2009年由于国家实施增值税转型，煤炭产品增值税税负达到了11%，比2006—2008年的平均水平提高了2.69个百分点，增幅为32.34%。具体见表5。

表5 被调查煤炭企业煤炭产品增值税情况

时间	煤炭产品销售收入总额/万元	增值税总额/万元	平均实际税负/%
2006年	19266795	1557773	8.09
2007年	22918248	1844910	8.05
2008年	33417308	2881236	8.62
2006—2008年平均	25200784	2094640	8.31
2009年	34561521	3685967	11
2004—2006年平均	16082246	1295577	8.06

2009年以前，煤炭企业实行生产型增值税，税率为13%，不予抵扣固定资产（机器设备）所含的增值税。由于煤炭生产没有原材料消耗，因而可抵扣的购进额仅占产品销售收入的20%左右，

远远低于一般工业产品70%左右的比重，致使煤炭企业增值税税负比较高。2009年1月1日起，国家全面实施增值税转型，实行消费型增值税，固定资产进项税准予抵扣，我国的增值税转型是在税率不变的前提下进行的，一般企业由于可抵扣的多了，相对来说就是一种降低税率的举措。但在增值税转型设计中，由于没有考虑到煤炭开采及煤炭成本构成的特殊性，国家笼统地以一般工业企业标准对待煤炭企业，又将煤炭产品增值税税率提高到17%。煤炭企业不但不能得益于本轮增值税转型，反而将进一步加重企业的增值税负担，不利于公平税负，也有悖于增值税立法宗旨。

煤炭生产企业增值税税负沉重的原因可以通过煤炭产品计税增值额和实践增值额的差异来分析。

（三）煤炭产品增值额及增值税计税分析

1. 煤炭产品的增值额分析

从一个生产经营单位来看，增值额是指该单位销售货物或提供劳务的收入额扣除为生产经营这种货物（包括劳务，下同）而外购的那部分投入品价款后的余额，增值额在财务会计上的含义为产品销售收入扣除投入到产品生产过程中的非人工投入或劳动资料和劳动对象的投入。

具体到煤炭开采，煤炭产品的增值额应当是煤炭产品销售收入扣除投入到煤炭生产过程中的剔除人工费用的制造成本。随着煤炭资源有偿使用的实施和煤炭产品成本核算的完善，煤炭产品的制造成本日益真实。目前煤炭产品的制造成本主要由物资与电力耗费、固定资产折旧、人力资源费、资源耗费、环境治理补偿费、专项储备支出和其他支出构成。其中专项储备为非当期投入，因此有如下公式：

吨煤增值额＝吨煤售价－吨煤物资与电力耗费－吨煤固定资产折旧－
吨煤资源耗费－吨煤环境治理补偿费－吨煤其他支出　　(1)

2. 煤炭产品增值税计税分析

增值税的计税方法分为直接计算法和间接计算法（购进扣税法）两种类型。

(1) 直接计算法

所谓直接计算法是指首先计算出应税货物或劳务的增值额，然后用增值额乘以适用税率求出应纳税额。因此有如下公式：

吨煤增值税＝吨煤增值额×增值税税率
＝(吨煤售价－吨煤物资与电力耗费－吨煤固定资产折旧－吨煤资源
耗费－吨煤环境治理补偿费－吨煤其他支出)×增值税税率
＝吨煤售价×增值税税率－(吨煤物资与电力耗费＋吨煤固定资产折旧＋
吨煤资源耗费＋吨煤环境治理补偿费＋吨煤其他支出)×增值税税率
(2)

(2) 间接计算法

所谓间接计算法是指不直接根据增值额计算增值税，而是首先计算出应税货物的整体税款，然后从整体税款中扣除法定的外购项目已纳税款，这种计算方法体现了按增值因素计税的原则。由于这种方法是以外购项目的实际已纳税额为依据，所以又叫购进扣税法或发票扣税法。这种方法简便易行，是实行增值税的国家广泛采用的计税方法。即：

$$吨煤增值税 = 吨煤售价 \times 增值税税率 - 吨煤可抵扣项目成本 \times 增值税税率 \tag{3}$$

由于我国实现增值税专用发票进项税额抵扣制度，一般情况下，生产过程中的各项投入只有取得增值税专用发票才可以抵扣。目前实务中，煤炭企业可抵扣的只有物资与电力耗费及机械设备的进项税额。即：

$$吨煤增值税 = 吨煤售价 \times 增值税税率 - (吨煤物资与电力耗费 + 吨煤固定资产折旧) \times 增值税税率 \tag{4}$$

在这种抵扣范围下，煤炭产品增值税征税中的增值额 = 售价 - 物资与电力耗费 - 机械设备折旧，远高于公式（1）中的增值额。由于抵扣范围过窄，煤炭产品增值税征税中的增值额已经不是煤炭开采过程中的实际增值额了，已将企业实际支付的应当作为煤炭开采成本的资源消耗、环境治理补偿费和其他支出也作为了增值额，这必然加大煤炭企业的增值税负担。

随着煤炭资源的有偿使用和环境治理费用的增加，煤炭开采中的必要投入如矿业权价款、土地塌陷补偿费、青苗补偿费、征地迁村费、各种排污费等在煤炭制造成本中的比例越来越大，由于这些煤炭开采的必要投入不能在增值额中扣除，煤炭产品增值税的计税增值额会越来越偏离煤炭产品的实际增值额，造成重复征税，会使煤炭产品的增值税负担越来越高、越来越扭曲和畸形。

（四）煤炭增值税重复征税及税负扭曲程度计量

在煤炭生产企业，由于不能取得扣税发票导致的技术型重复征税，和即使取得扣税发票但由于目前我国实施的是不完全消费型增值税导致的类型差异型重复征税，使得煤炭生产企业增值税税收负担沉重，理论应缴增值税税额和实际上缴增值税税额差异巨大，增值税税负扭曲严重。

由于煤炭产品理论计税增值额和实际计税增值额之间的差异越来越大，煤炭产品增值税税负越来越高，越来越扭曲。本研究设计了计税增值额税差异率来衡量煤炭产品增值税税负扭曲程度。

$$煤炭产品增值税税负扭曲线 = \frac{原煤实际计税增值额 - 原煤理论计税增值额}{原煤理论计税增值额} \times 100\%$$

该指标等于零，表示该企业实际上缴增值税等于理论应上缴增值税，不存在增值税重复征税问题，增值税税负扭程度为0。

该指标大于零，表示在该企业实际上缴增值税大于理论应上缴增值税，存在增值税重复征税问题。

（五）安徽省大型煤炭企业煤炭产品增值税税负扭曲程度实例分析

根据本课题组对淮北矿业集团、淮南矿业集团以及安徽恒源煤电公司的实地调查，发现这些煤炭企业很多生产投入不能取增值税专用发票，一些能够取的增值税专用发票的如煤矿巷道投入等目前规定不明确，实践也不让抵扣，造成煤炭产品增值税税负极高，税负扭曲严重。

根据对淮南矿业集团的调查，近年来，该集团公司能够取得增值税专用发票，但属于构建巷道的不可抵扣的进项税额占全部增值税进项税额的15%左右。再加上大量不能取得增值税专业发票的部分，致使其能够抵扣的部分很少，从而增值税税负很高。具体表现为实际计税增值额是理论计税增值额的3~5倍，也就是说淮南矿业集团实际负担的增值税是理论应该负担的增值税的3倍多。详情见表6、表7和图1。

表6　企业增值税进销项情况统计表

序号	项　　目	2008 年	2009 年	2010 年	2011 年上半年
1	年原煤总产量/万 t	6043	6715	6619	3272
2	年原煤销售量/万 t	4105	4615	4634	2408
3	年洗精煤炭销售量/万 t	379	459	501	209
4	年煤炭销售总收入/万元	2155778	2240328	2674186	1437513
	年原煤销售收入/万元	1790708	1922322	2251803	1240747
	年洗精煤销售收入/万元	365070	318006	422383	196766
5	年煤炭销售增值税销项税额/万元	280251	380856	454612	244377
	年原煤销售销项税额/万元	232792	326795	382807	210927
	年洗精煤销售销项税额/万元	47459	54061	71805	33450
6	年增值税进项税额总额/万元	58768	109795	96260	47072
	购进专用发票上税额/万元	47160	103934	89238	45893
	能计算抵扣的金额（没有专用发票的）/万元	0	0	0	0
	海关完税凭证上增值税金额/万元	2473	5861	7022	1179
7	年进项税额中可抵扣的金额/万元	49633	94168	80247	38912
8	属于构建巷道不可抵扣的金额/万元	9135	15627	16013	8160
9	不可抵扣占比/%	15. 54	14. 23	16. 64	17. 34
10	年应交增值税总额/万元	239753	302315	390378	213625

表7　淮南矿业集团吨原煤理论计税增值额和实际计税增值额比较调查表

项　　目	2008 年	2009 年	2010 年	2011 年上半年
1. 年吨原煤平均售价 = 1. 1/1. 2	296. 33 元/t	286. 27 元/t	340. 20 元/t	379. 20 元/t
1. 1　年原煤销售总收入（不含税）/万元	1790708	1922322	2251803	1240747
1. 2　年原煤销售量/万元	6043	6715	6619	3272
2. 年吨原煤物资与电力耗费 = (2. 1 + 2. 2)/1. 2	46. 46 元/t	36. 21 元/t	44. 49 元/t	48. 06 元/t
2. 1　年材料消耗/万元	226649	178932	226147	123099
2. 2　年电力费用/万元	54117	64213	68329	34169
3. 年吨原煤固定资产费用 = (3. 1 + 3. 2)/1. 2	40. 54 元/t	44. 17 元/t	52. 43 元/t	54. 69 元/t
3. 1　年折旧总额/万元	215456	258575	303277	154199
3. 2　年修理费/万元	29526	38018	43757	24741
4. 年吨原煤人力资源费 = (4. 1 + 4. 2 + 4. 3)/1. 2	93. 96 元/t	89. 08 元/t	81. 39 元/t	80. 84 元/t
4. 1　年工资、奖金、津贴/万元	405827	424349	350180	183554
4. 2　年社会保障支出/万元	121042	130808	137923	72306
4. 3　年其他支出/万元	40923	43034	50627	8646
5. 年吨原煤资源耗费 = (5. 1 + … + 5. 4)/1. 2	4. 52 元/t	11. 11 元/t	19. 40 元/t	19. 81 元/t
5. 1　年矿权价款摊销/万元	6291	50171	79338	48333
5. 2　年资源税/万元	11220	13023	12985	6509
5. 3　年资源补偿费/万元	9790	11412	15864	9981
5. 4　年矿权使用费/万元			20234	

表7（续）

项　　目	2008年	2009年	2010年	2011年上半年
6. 年吨原煤环境治理补偿费=(6.1+…+6.6)/1.2	10.16元/t	12.26元/t	11.55元/t	2.40元/t
6.1　环境治理保证金/万元				
6.2　土地治理补偿费/万元	8506	7271	22452	771
6.3　搬迁费用/万元	47096	66796	44612	3121
6.4　煤矸石排放费/万元	4399	5860	6262	2251
6.5　矿井水排放费/万元	1043	1972	2633	1507
6.6　其他支出/万元	366	402	477	219
7. 年吨原煤专项储备支出=(7.1+7.2)/1.2	65.00元/t	65.00元/t	65.00元/t	65.00元/t
7.1　安全生产费/万元	277279	291261	289571	163589
7.2　维简费/万元	62323	100732	99286	49077
8. 年吨原煤其他支出/$(元 \cdot t^{-1})$	87.89	61.88	84.59	85.27
9. 年吨原煤制造成本=(2+3+4+…+7+8)/$(元 \cdot t^{-1})$	348.53	319.71	358.85	356.08
10. 剔除人工费用后吨原煤年制造成本=9-4/$(元 \cdot t^{-1})$	254.57	230.62	277.46	275.24
11. 年吨原煤理论计税增值额=(1-10)/$(元 \cdot t^{-1})$	41.76	55.65	62.74	103.96
12. 年吨原煤实际计税增值额=12.1/12.2/1.2	305.19元/t	264.83元/t	346.93元/t	384.05元/t
12.1　全年应交增值税总额/万元	239753	302315	390378	213625
12.2　该年煤炭增值税税率/%	13	17	17	17
13. 原煤计税增值额差异率=(12-11)/11×100%	630.88%	375.90%	452.94%	269.42%

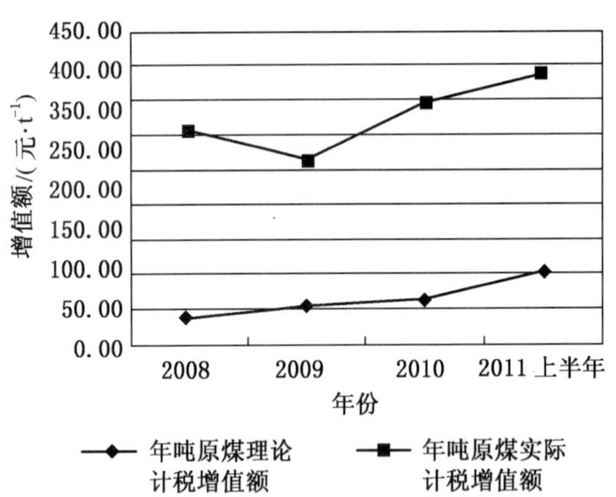

图1　吨原煤理论与实际计税增值额比较图

根据对淮北矿业集团的调查，近年来，能够取得增值税专用发票，但属于构建巷道的不可抵扣的进项税额占全部增值税进项税额的10%左右。再加上大量不能取得增值税专业发票的部分，使得其能够抵扣的部分较少，从而增值税税负很高。表现为实际计税增值额是理论计税增值额的近两倍，也就是说实际负担的增值税是理论应该负担的增值税的近两倍，见表8。

根据对安徽恒源煤电公司的调查，近年来，恒源煤电增值税实际计税增值额多出理论计税增值额的一半，也就是说实际负担的增值税多出理论应该负担的增值税的一半，见表9。

表8 淮北矿业集团吨原煤理论计税增值额和实际计税增值额比较调查表

项 目	2008年	2009年	2010年	2011年上半年
1. 年吨原煤平均售价 = 1.1/1.2	401.00元/t	412.00元/t	536.00元/t	557.00元/t
1.1 年原煤销售总收入(不含税)/万元	1012525.00	1143300.00	1688400.00	958040.00
1.2 年原煤销售量/万t	2525.00	2775.00	3150.00	1720.00
2. 年吨原煤物资与电力耗费 = (2.1 + 2.2)/1.2	53.07元/t	55.94元/t	63.05元/t	40.02元/t
2.1 年材料消耗/万元	95219.00	108268.00	146235.00	66070.00
2.2 年电力费用/万元	38791.00	46974.00	52372.00	2765.00
3. 年吨原煤固定资产费用 = (3.1 + 3.2)/1.2	27.66元/t	30.59元/t	32.70元/t	26.38元/t
3.1 年折旧总额/万元	46438.00	58089.00	65918.00	41143.00
3.2 年修理费/万元	23392.00	26797.00	37095.00	4234.00
4. 年吨原煤人力资源费 = (4.1 + 4.2 + 4.3)/1.2	128.21元/t	130.47元/t	157.60元/t	189.98元/t
4.1 年工资、奖金、津贴/万元	239165.00	262153.00	381099.00	251099.00
4.2 年社会保障支出/万元	64689.00	74596.00	84372.00	54260.00
4.3 年其他支出/万元	19881.00	25296.00	30969.00	21412.00
5. 年吨原煤资源耗费 = (5.1 + … + 5.4)/1.2	3.58元/t	3.46元/t	3.89元/t	3.98元/t
5.1 年矿权价款摊销/万元	4000.00	4047.00	6058.00	5738.00
5.2 年资源税/万元	5050.00	5550.00	6200.00	1114.00
5.3 年资源补偿费/万元				
5.4 年矿权使用费/万元				
6. 年吨原煤环境治理补偿费 = (6.1 + … + 6.6)/1.2	31.71元/t	23.07元/t	30.99元/t	47.26元/t
6.1 环境治理保证金/万元				
6.2 土地治理补偿费/万元				
6.3 搬迁费用/万元	80059.00	64014.00	97621.00	81289.00
6.4 煤矸石排放费/万元				
6.5 矿井水排放费/万元				
6.6 其他支出/万元				
7. 年吨原煤专项储备支出 = (7.1 + 7.2)/1.2	65.62元/t	48.00元/t	48.53元/t	42.22元/t
7.1 安全生产费/万元	127827.00	91580.00	105606.00	51120.00
7.2 维简费/万元	37873.00	41628.00	47254.00	21501.00
8. 年吨原煤其他支出/(元·t^{-1})	112.40	100.47	93.47	151.06
9. 年吨原煤制造成本 = (2 + 3 + 4 + … + 7 + 8)/(元·t^{-1})	422.26	392.00	430.23	500.91
10. 剔除人工费用后吨原煤年制造成本 = (9 − 4)/(元·t^{-1})	294.04	261.53	272.63	310.93
11. 年吨原煤理论计税增值额 = (1 − 10)/(元·t^{-1})	106.96	150.47	263.37	246.07
12. 年吨原煤实际计税增值额 = 12.1/12.2/1.2	444.08元/t	342.30元/t	431.18元/t	503.96元/t
12.1 全年应交增值税总额/万元	145770.00	161479.00	230897.00	147358.00
12.2 该年煤炭增值税税率/%	13	17	17	17
13. 原煤计税增值额差异率 = (12 − 11)/11 × 100%	315.20%	127.49%	63.72%	104.80%

表9　恒源煤电公司吨原煤理论计税增值额和实际计税增值额比较调查表

项　　目	2008年	2009年	2010年	2011年上半年
1. 年吨原煤平均售价＝1.1/1.2	457.93元/t	594.71元/t	508.46元/t	538.58元/t
1.1　年原煤销售总收入（不含税）/万元	190546.95	493104.35	623365.18	359990.47
1.2　年原煤销售量/万t	416.11	829.15	1225.99	668.41
2. 年吨原煤物资与电力耗费＝(2.1＋2.2)/1.2	80.62元/t	66.00元/t	64.21元/t	54.28元/t
2.1　年材料消耗/万元	26752.42	42526.41	64222.92	28741.33
2.2　年电力费用/万元	6792.33	12195.97	14501.29	7538.73
3. 年吨原煤固定资产费用＝(3.1＋3.2)/1.2	35.50元/t	36.92元/t	39.37元/t	36.61元/t
3.1　年折旧总额/万元	9425.75	18499.33	29322.31	17226.55
3.2　年修理费/万元	5347.71	12113.01	18944.64	7241.73
4. 年吨原煤人力资源费＝(4.1＋4.2＋4.3)/1.2	169.27元/t	154.34元/t	156.09元/t	169.93元/t
4.1　年工资、奖金、津贴/万元	52441.93	88878.76	128376.21	77526.18
4.2　年社会保障支出/万元	15289.6	36230.01	58514.44	32632.85
4.3　年其他支出/万元	2703.61	2862.79	4469.33	3422.35
5. 年吨原煤资源耗费＝(5.1＋…＋5.4)/1.2	11.67元/t	12.18元/t	13.28元/t	13.89元/t
5.1　年矿权价款摊销/万元	2358.32	4202.2	10219.1	5044.68
5.2　年资源税/万元	890	1900	2548	1400
5.3　年资源补偿费/万元	1606.01	3995.65	3518.61	2839.93
5.4　年矿权使用费/万元				
6. 年吨原煤环境治理补偿费＝(6.1＋…＋6.6)/1.2	28.55元/t	80.26元/t	69.41元/t	89.17元/t
6.1　环境治理保证金/万元				
6.2　土地治理补偿费/万元	11718.09	66216.9	84823.43	59276.75
6.3　搬迁费用/万元				
6.4　煤矸石排放费/万元	86	106.46	223.37	322.48
6.5　矿井水排放费/万元				
6.6　其他支出/万元	74.19	226.39	54.06	
7. 年吨原煤专项储备支出＝(7.1＋7.2＋7.3)/1.2	10.72元/t	48.00元/t	48.00元/t	65.00元/t
7.1　安全生产费/万元	2702.61	27362.01	40457.6	33420.53
7.2　维简费/万元	1758.17	12437.28	18389.82	10026.16
7.3　转产发展资金/万元				
8. 年吨原煤其他支出/(元·t^{-1})	36.81	31.12	33.79	28.11
9. 年吨原煤制造成本＝(2＋3＋4＋…＋7＋8)/(元·t^{-1})	373.13	428.82	424.16	456.98
10. 剔除人工费用后吨原煤年制造成本＝(9－4)/(元·t^{-1})	203.86	274.48	268.07	287.05
11. 年吨原煤理论计税增值额＝(1－10)/(元·t^{-1})	254.07	320.23	240.39	251.53
12. 年吨原煤实际计税增值额＝12.1/12.2/1.2	292.37元/t	353.27元/t	355.33元/t	434.12元/t
12.1　全年应交增值税总额/万元	15815.4	49795.81	74057	49328.96
12.2　该年煤炭增值税税率/%	13	17	17	17
13. 原煤计税增值额差异率＝(12－11)/11×100%	15.07%	10.32%	47.81%	72.59%

可以看出，由于巷道购进货物增值税不能纳入抵扣范围以及大量投入不能取得专业发票，使得安徽省大型煤炭企业增值税重复征税问题突出，税负扭曲程度严重。

四、目前煤炭企业增值税存在的突出问题

（一）委托修建煤矿巷道的重复征税问题

按照目前煤炭资源开发开采实际，煤矿巷道分为委托修建巷道和自行修建巷道。一般而言，煤矿商业性开采前形成的巷道由煤炭企业之外的专业建井企业承建，形成委托修建巷道，主要包括各种井筒、井底车场和开拓大巷等；而煤矿商业性开采后，随着开采工作面的推进，原有部分矿井建筑物随之坍塌报废，煤矿需要不断地自行掘进巷道，形成自建巷道。

目前我国实行增值税和营业税并行的税制结构，煤矿商业性开采前形成的巷道，由于建井企业缴纳营业税，煤矿企业缴纳增值税，这就破坏了增值税抵扣链条，造成了重复征税。

根据《营业税暂行条例》规定，从事建筑、修缮、装饰工程作业，无论怎样结算，营业额均包括工程所用原材料及其他物资和动力价款。建井工程耗用的建筑材料、其他物资等，约占建井工程成本的一半以上，它们属于增值税征税范围，在流转环节已经按流转额缴纳了增值税。由于建井施工企业不属于增值税纳税人，购进建井材料及其他物资所负担的进项税额是不能抵扣的。相反，在计算营业税时，外购的建井材料和其他物资又是营业税的计税依据，还要负担营业税，从而造成了重复征税问题。

（二）自建煤矿巷道的重复征税问题

2009 年的增值税转型改革解决因固定资产的增值税不得抵扣而产生重复征税和抵扣链条中断的问题。但此次增值税转型并不彻底，它只允许扣除固定资产中所购进的机器设备，而占比更大的厂房建筑等不动产却不能抵扣。现行增值税暂行条例实施细则把不动产在建工程也纳入了非增值税应税项目。不动产是指不能移动或者移动后会引起性质、形状改变的财产，包括建筑物、构筑物和其他土地附着物；纳税人新建、改建、扩建、修缮、装饰不动产，均属于不动产在建工程。

增值税转型改革实施后，一些地区反映固定资产增值税进项税额抵扣范围不够明确。在增值税实际征纳过程中，固定资产的进项税额抵扣存在一些争议，为解决执行中存在的问题，为了进一步明确固定资产进项税额抵扣范围，财政部、国家税务总局下发了《关于固定资产进项税额抵扣问题的通知》（财税［2009］113 号），该通知指出：《增值税暂行条例实施细则》第二十三条第二款所称建筑物，是指供人们在其内生产、生活和其他活动的房屋或者场所，具体为《固定资产分类与代码》（GB/T 14885—1994）中代码前两位为“02”的房屋；所称构筑物，是指人们不在其内生产、生活的人工建造物，具体为《固定资产分类与代码》（GB/T 14885—1994）中代码前两位为“03”的构筑物；所称其他土地附着物，是指矿产资源及土地上生长的植物，将“矿井”和“巷道”列入了不能抵扣进项税额的“构筑物”范围。据此，各省国税局先后指出煤炭企业除了井下回采工作面外，其他井下巷道、管线路及其维修发生的进项税额不得抵扣。

安徽国税就煤矿巷道下发了皖国税函［2010］110 号文《关于煤矿井下生产耗用材料进项税抵扣问题的通知》。明确规定：煤炭企业用于井下回采工作面建设、维护所耗用的材料不构成固定资产，在财务上作为费用直接在成本中列支，因此，对纳税人购进上述材料取得的进项税额，可暂准予其按规定申报抵扣进项税额。对井下移动设备类固定资产，按规定均予以抵扣进项税。但对井下

降温制冷系统、瓦斯抽排管道等支出形成的固定资产，其进项税额能否抵扣尚未明确。在淮南矿业集团，未抵扣进项税的井下项目主要有煤矿维简工程、国债（补）工程、基本建设工程、井下降温制冷系统、给排水、通风、照明、通信、消防等设备和设施。

巷道本身在修建过程中消耗了含有增值税税款的原材料、动力，部分税款已经转移到巷道的价值中，巷道以含税价格进入下一个煤炭开采环节，巷道成本以含税的方式进入煤炭产品成本，在煤炭销售环节计算销项税额时就会对已纳增值税再次计税，从而造成重复征税。

（三）有偿使用煤炭资源造成的重复征税问题

资源开采企业增值税重复征税表现在，企业从国家手中获得了自然资源进行生产加工，或直接开采销售，但是得不到相应的抵扣凭证，使得进销差价大于实际增值，这样必然导致凭票抵扣不仅仅对产品增值额征税，而且会对产品成本征收增值税，造成技术型增值税重复征税。

煤炭企业生产原料的投入是以煤炭资源探矿权价款、采矿权价款、探矿权使用费、采矿权使用费和煤炭资源税及资源补偿费的形式支付的，出售资源者正是国家，而国家是征税的主体，如果从国家手中取得抵扣发票，那么国家又成了纳税主体，实际上国家不可能成为纳税主体，这样一来，煤炭企业投入就无法抵扣，对煤炭产品的资源成本也征收了增值税就成了必然。

（四）环境补偿造成的重复征税问题

煤炭资源的开采过程中会带来地表沉陷、水土流失、地下水破坏等生态环境问题，从而有义务对生态环境进行修复和补偿，环境补偿费用已经成为煤炭开采的必要投入。近年来，随着开采规模和强度的增加，对环境的影响日益凸显，煤炭生产企业支付的环境成本也越来越多，占煤炭开采成本中的比例越来越大。然而，煤炭企业环境补偿费用的支付对象要么是政府，要么是农民，从而不能取得增值税扣税凭证。如煤炭企业向农民支付的土地塌陷补偿费、青苗补偿费、征地迁村费等，向政府缴纳的煤矸石排放费、矿井水排放费和各种排污费。由于不能取得增值税扣税凭证，导致煤炭开采中必要的环境成本不能在增值额中扣除，煤炭产品增值税的计税增值额越来越偏离煤炭产品的实际增值额，技术型增值税重复征税就难免，使得煤炭产品的增值税负担越来越高、越来越畸形。

五、解决问题的方法、理由及具体政策建议

（一）明确生产矿井巷道纳入增值税抵扣范围，消除抵扣范围不清造成的征税争议

财政部、国家税务总局下发的《关于固定资产进项税额抵扣问题的通知》（财税［2009］113号）文件，将“矿井”与“巷道”列入了“构筑物”范围，其进项税额不能纳入增值税抵扣范围。我们认为“矿井”与“巷道”的含义和用处不同，生产矿井的巷道与基建矿井的巷道也不同，我们认为113号文件所指巷道不应包括生产矿井的巷道。究竟生产矿井的巷道属不属于增值税暂行条例实施细则中所说的不动产；或者说煤矿巷道与其他的不动产存在什么实质性的不同，是否应当将生产矿井的巷道排除在增值税不予抵扣的范围之外？以下从增值税抵扣原理、现行政策的规定、煤矿巷道与其他不动产的区别、煤矿巷道的特殊作用及其他行业类似问题处理规定这几个方面来说明，用于生产矿井的巷道的购进货物应纳入增值税抵扣范围。

1. 从进销抵扣的增值税计税原理来看，增值税抵扣链条是完整的，应该允许抵扣，否则就存在重复征税

与国外普遍对货物和劳务征收增值税的制度不同，我国实施的是增值税和营业税并行的税制。某一种货物或劳务，要么征增值税，要么征营业税，两种税不能并存。因此，当购进货物用于营业税征税范围时，由于企业缴纳营业税，没有相应的销项增值税，从而抵扣链条断裂，无法抵扣前一个环节发生的进项税额，造成重复征税的问题。目前，增值税扩围改革就是要把营业税项目改为纳入增值税的征税范围，避免增值税抵扣链条断裂，造成重复征税。

按照目前增值税进销抵扣的办法，只要增值税抵扣链条不断裂，进项税额就能从销项税额中抵扣。煤炭生产企业作为增值税纳税人，生产矿井的巷道是企业自己建设和维护的，用于生产煤炭这种增值税应税产品而不是营业税应税项目，也不是用于最终消费和免税项目。因此，不存在增值税抵扣链条断裂问题，抵扣链条是完整的，故用于巷道的购进货物进项税额是应该纳入抵扣范围的。

有些生产矿井的巷道构建采用包清工的方式，其劳务支出没有征收增值税，也无法纳入增值税抵扣范围。用于巷道的购进货物的进项税额是应该纳入抵扣范围的。

2. 从政策的规定性来看，生产矿井巷道不符合增值税暂行条例实施细则中构筑物的定义，因此应该可以抵扣

财税［2009］113 号文件规定，《中华人民共和国增值税暂行条例实施细则》第二十三条第二款所称的构筑物，是指人们不在其内生产、生活的人工建造物，具体为《固定资产分类与代码》(GB/T 14885—1994）中代码前两位为“03”的构筑物，包括“矿井”与“巷道”。

矿井与巷道的含义和用途不同，矿井可以视为人们不在其内生产、生活的人工建筑物。巷道则不同，煤炭生产开采过程就是以巷道为载体，进行掘进、回采、运输、提升、通风、排水、支护和维修的过程，是煤矿职工以巷道为场所进行的不间断作业过程。煤矿的巷道属于煤矿职工在其内生产的场所与 113 号文件所述构筑物的定义不相符。113 号文附件所指的“巷道”，不应该包括生产矿井的巷道。增值税实施转型改革后，生产煤矿的巷道支出，不论是资本化处理还是费用性处理的，不论属于开拓巷道还是属于准备或回采巷道，用于巷道的购进货物都应纳入增值税抵扣范围。随着煤炭开采技术的进步，过去煤炭行业划分的开拓巷道、准备巷道和回采巷道，有些矿井已融为一体，难以划分，不能按巷道类型作为是否纳入抵扣范围的依据。

3. 从经济价值和参与生产的方式来看，煤矿巷道相对于一般不动产具有特殊性，应当不属于增值税暂行条例实施细则中不能抵扣的不动产

1）经济价值不同

地下的煤矿巷道只能用于开采特定区域内有限的煤炭资源使用，不能对外单独转让和租赁，巷道价值依附于周围有限的矿产资源，不能独立产生流入企业的经济利益。有限范围内的有限矿产资源开采完了，巷道的价值也就没有了。因此，煤矿巷道不具有独立的价值，不是独立意义上的财产，不能算经济意义上的不动产，只是煤炭开采过程中的一个辅助中间产品而已。

而地面的一般厂房和办公楼等不动产具有多种用途，相对易于转让和租赁，具有独立于生产过程的价值，是真正意义上的独立的财产，是独立于企业所生产产品的另一种有实际用途的最终产品。

地面厂房和办公楼等不动产具有一定的保值和增值功能，但地下煤矿巷道在由于受岩层压力作用会发生变形和坍塌，从而其价值大幅缩水，尤其是煤炭资源开采完后，巷道价值则变为零；而地面不动产可能比原来具有更高的价值。

2）参与生产的方式不同

煤矿掘进和维修巷道是煤炭开采作业的一个必要环节，是煤矿整个生产活动的一部分。随着煤炭开采，前期巷道将坍塌和报废，掘进和维修巷道在矿井寿命内将持续不断发生，因此可以将掘进和维修巷道理解为煤炭开采整体工艺环节的一部分，需要持续不断地投入。

而企业建设厂房和办公楼等一般建筑物的活动，并不能理解为其产品生产工艺过程的一个环节，而是为组织生产而进行的事前组织活动，一般来说是一次性投入。

4. 从引导企业行为，促进煤矿安全生产来看，将生产矿井的巷道购进货物纳入抵扣范围具有重要意义

煤矿事故主要包括瓦斯、片帮冒顶、火灾、水灾、粉尘等类型。根据国家安全生产监督管理总局网站资料，2005 年 1 月至 2009 年 6 月全国煤矿事故统计数据见表 10。

表 10　2005 年 1 月至 2009 年 6 月全国煤矿事故次数和死亡人数分类表

事故类型	死亡数/人	事故次数/次	事故类型	死亡数/人	事故次数/次
瓦斯事故	3318	492	煤尘事故	234	4
顶板事故	1332	907	爆破事故	58	39
水灾事故	1111	166	坍塌事故	57	14
火灾事故	362	52	机电事故	40	38
运输事故	261	230	其他事故	373	151

从表 10 可以看出，煤矿事故发生次数最多的为顶板事故，占事故总发生次数的 44%，死亡人数仅次于瓦斯事故，居第二大类型。顶板事故主要是由于巷道支护不好，造成岩石直接掉落下来砸向人员。巷道中不仅导致顶板事故，而且对瓦斯事故、火灾事故也具重大影响。

煤矿巷道是煤矿工人工作的场所，也是井下通风避难的场所。与一般厂房和办公楼不同，井下巷道由于受到地质压力作用，新建巷道一段时间后就会发生变形，就会出现片帮和冒顶的现象，就可能导致人员伤亡、通风阻力增大和财产损失。因此，需要定期进行翻修和维护。增值税转型改革前，生产矿井的巷道构建和维护耗用的材料是费用性支出，是允许抵扣增值税进项税额的。增值税转型改革是扩大抵扣范围，而不应该缩小增值税抵扣范围。将煤矿巷道排除在增值税抵扣范围之外，将直接影响煤矿对巷道的构建和维修的积极性，将极大地影响煤矿安全生产。为了构建煤矿安全的长效机制，国家财税政策应当予以支持。

5. 从其他行业类似问题的有关实践做法来看，应该可以比照予以抵扣

我国的增值税对于动产与不动产的划分是以物是否能够移动以及是否因移动造成其价值损坏作为划分标准的，它援引了民法的概念。而国际上则综合考虑把物的价值大小、物权变动的法定要件等因素作为界定动产与不动产的标准。由于我国和国际上对于动产和不动产的划分标准不一致，所以很多企业在实际生产经营中，对于有些资产就很难界定是“动”的还是“不动”，这样就造成进

项税额无法实现正常抵扣。如电力、石油化工等行业，化工企业用于构建槽、锅炉、填料塔等构筑物的购进货物，目前实务处理中，其取得的相关增值税进项税额可以进行抵扣；在输电行业中，电网公司用于构建输电电杆、铁塔等构筑物的购进货物，目前实务处理中，其取得的相关增值税进项税额可以进行抵扣。

化工企业的槽、锅炉、填料塔和电网企业的铁塔等一般都具有土建部分，而且符合增值税暂行条例实施细则所说的不动产的定义，即不动产是指不能移动或者移动后会引起性质、形状改变的财产，但目前征税实践中，认为这些属于专业设备，用于这些构筑物的进项税额都可以抵扣。

煤矿巷道也可这样理解为专业设备。因为巷道安装有大量的通风、排水、运输、输电、提升、开采、防尘等大量设备，巷道是设备安装的一个物质基础。因此，煤矿巷道应该比照处理。

（二）建井劳务纳入增值税扩围范围，消除税种差异造成的重复征税

增值税的优势在于将全部经济生产环节纳入完整的抵扣链条后，无论产品以何种方式生产和流通，其总体税负都相同，这就最大限度地消除了重复征税现象。但是在增值税的税基不够广泛的情况下，未被增值税覆盖到的行业中上一环节的税款得不到抵扣，重复征税问题即始终存在。增值税的覆盖范围越窄，重复征税的程度就越高。从国际趋势来看，越是经济发达的国家和地区，其增值税的征收范围就越全面。增值税征收范围一方面与经济发展阶段、税收征管水平、法律规范程度有关，另一方面，覆盖全行业的征收范围也有效地避免了重复征税，有助于促进经济的平衡发展。

为了进一步完善增值税税制，规范增值税和营业税的征收机制，减轻生产性服务业税收负担与促进生产性服务业发展，扩大增值税征收范围已成为一种必然的趋势。扩大增值税的征税范围，即将征收营业税的行业纳入增值税的征收体系内，最终目标是用增值税来代替营业税。实行全面型增值税虽然能够切实地解决现行税制的弊端，也符合我国结构性减税的税改目标，以及国际上增值税征收范围广泛性趋势。

目前，增值税征税范围并没有覆盖到建筑劳务，矿井商业性开采前由专门建井企业为煤矿提供的建井劳务属于营业税征税范围，这破坏了增值税抵扣链条，造成了重复征税。特别是有些大型煤炭企业集团公司所属矿井建设子公司，承建集团公司内部的矿井建设工程，由于矿井公司实施营业税，破坏了增值税抵扣链条，导致用于矿井建设的购进货物不能纳入增值税抵扣。因此，应当将矿井商业性开采前的建井劳务纳入增值税征税范围，这也符合增值税扩围的趋势。

（三）探讨煤炭产品增值额的实质课税，消除凭票抵扣造成的重复征税

1. “凭票抵扣”制度存在的问题

我国增值税在实践操作中采用“凭票抵扣”制度，但客观上存在大量生产投入购进不能取得增值税专用发票的情况，重复征税的问题仍较为常见，增值税的效率功能大为削弱。目前，将发票（专用发票、运输发票、海关凭证等）作为税款抵扣的唯一凭据，实际上严重违背了实质课税原则，有货物交易事实、无进项发票的，不能抵税但销项税全额缴纳；票货款流向不一致的，有票也不能抵扣，全额补税并接受罚款；专用发票超过认证期限的，也不能抵扣。这种“凭票抵扣”制度，造成实质上的多征税，侵害纳税人权益的同时，也背离了增值税的本质，形成不可避免的效率损失。法国税务专家罗伯伦说：“增值税的抵扣制像一个人的血液循环系统，抵扣像心脏促使血液流动，如果不抵扣，就如同一个人的血液循环系统被堵塞了。抵扣是增值税的艺术所在，一个抵扣

不完全的增值税制不是真正的增值税”。

2. “凭票抵扣”制度存在的问题在煤炭企业中的体现

近年来，随着资源环境的有偿使用，煤炭开采中的必要投入如矿业权价款、土地塌陷补偿费、青苗补偿费、征地迁村费等在煤炭开采成本中的比例越来越大，由于这些投入不能取得增值税专用发票，在“凭票抵扣”制度下，这些煤炭开采中隐含的增值税进项税额就不能抵扣，导致这些煤炭开采的必要投入不能在增值额中扣除，从而煤炭产品增值税不仅对煤炭生产过程中的增值额征收了增值税，而且对煤炭生产投入的成本部分也当作增值额征收了增值税。煤炭产品增值税的计税增值额越来越偏离煤炭产品的实际增值额，使煤炭产品的增值税负担越来越高、越来越畸形。

在我国目前增值税征收范围不是全覆盖的情况下，“凭票抵扣”制度使得煤炭产品承担了很高的增值税税负，没有充分体现增值税公平税负的原则，不利于企业公平竞争，违背了增值税税负不因行业、企业和产品差异而有差别的原则，影响了企业之间的公平竞争，不适应市场经济发展的要求。

3. 对煤炭产品增值额的实质课税

关于实质课税问题，课题组认为发票扣税模式亟须改革，除保留发票扣税制度外，还须实行实质课税制度，即凡是购进货物取得专用发票的，在抵扣期限内据实抵扣进项税额；凡是购进货物未取得专用发票的，采用实耗扣税，也就是按照未来期间实现的销售收入来配比计算应予抵扣的进项税额，没有消耗、未取得对应销售收入的购进货物，不得提前抵扣，真正实现货物交易额、抵扣额和应纳税额相互匹配。可以说，实质课税制度考虑到了增值税专用发票抵扣制在各个行业推广的难度，为增值税“扩围”改革奠定了基础。实质课税制度不仅维护了增值税“增值课税”的本质特征，而且降低了专用发票的运行维护和管理运行成本，也实现了税务机关从“管票”向“管税”的转变，真正实现税收征管由“形式管理”转向“实质管理”。

虽然有观点认为：煤炭企业购进这些投入在上一个环节没有缴纳增值税，按照进销抵扣的办法，上一个环节没有交税，下一个环节就不能抵扣。但是，进销抵扣方法是增值税计算税额的一种方法，不能因为计税方法的问题而增加煤炭企业的增值税负担，扭曲增值税对增值额征税的税收原理。计算税额的方法应该为特定税种的征税原理服务。

在目前我国整体实施“凭票抵扣”制度情况下，为了体现增值税对煤炭产品增值额的实质课税，可考虑将这些不能取得增值税专用发票的必要投入，比照从农业生产者手中购进农产品计算抵扣的办理来计算抵扣增值税。

(四) 具体政策建议

目前，煤炭企业增值税问题的根源在于我国增值税制度由生产性向消费性转型不彻底、不到位，和我国修订后的增值税征收范围仍主要集中于货物的销售、进口环节以及加工、修理、修配劳务，而将交通运输、建筑安装、邮电通信、金融保险以及服务业排除在增值税征税范围以外造成的增值税抵扣链条断裂，形成重复征税，以及目前凭票抵扣的增值税征税方式。因此，解决煤炭企业增值税的全部问题最终需要国家整体增值税制度的扩围改革和增值税征税方式的完善。在目前的情况下，针对煤炭企业存在的紧迫需要解决的增值税问题，课题组提出以下政策建议：

(1) 尽快明确进入商业生产期的煤矿构建的巷道纳入增值税抵扣范围。由于理论上增值税进销抵扣链条是完整的，政策上进入商业生产期的煤矿巷道不符合财税［2009］113号文中构筑物的定义，在经济价值上和参与生产的方式上煤矿巷道相对于其他不动产具有特殊性，而且从煤矿安全生产的角度看财税政策是应该支持，因此，建议煤炭生产企业在构建煤矿巷道时取得相关增值税进项税额允许抵扣，解决由于增值税转型不到位造成的已经取得的增值税专业发票不能抵扣的抵扣范围不完全的重复征税问题。

（2）建议将建井劳务纳入增值税征税范围，作为首批扩围改革的试点，消除煤炭企业和建井企业这两个纳税主体由于税种差异造成的重复征税。

（3）支付给政府部门的探矿权价款、采矿权价款以及土地使用权价款，凭政府有关部门开具的专用票据金额，按17%比例计算抵扣进项税，以实现对煤炭产品增值额的实质征税，消除因增值税凭票抵扣制度造成的技术型重复征税。

（4）支付给村镇及农户的村庄搬迁费、青苗补偿费、土地塌陷补偿及治理费，凭乡镇政府开具的专用收据金额，按17%比例计算抵扣进项税，以实现对煤炭产品增值额的实质征税，消除因增值税凭票抵扣制度造成的技术型重复征税。

神华集团煤炭产业发展战略保障模式研究

神华集团有限责任公司

王金力　杨汉宏　尤文顺　张文辉　徐开宇　吴晓旭　孙福群

煤炭产业是神华集团的核心产业，随着市场竞争格局的变化，未来神华集团的煤炭产业将面对更高层次、更高水平的竞争，只有创新发展模式、夯实发展基础、提升各项保障，形成具有神华特色的煤炭产业核心竞争力，才能增强神华集团煤炭板块的可持续发展能力，加快向国际一流煤炭综合能源企业迈进的步伐。

为了促进神华集团煤炭产业的持续、健康、稳定发展，贯彻落实神华集团“科学发展，再造神华，五年实现经济总量翻番”的发展战略，通过认真研究国内外能源发展趋势和煤炭安全、高效生产发展规律，结合神华集团煤炭产业现状，提出了贯彻执行集团发展战略的煤炭发展保障模式，即以“科学发展，再造神华，五年实现经济总量翻番”为总体战略目标，以“增量发展，提质发展”为两翼，以建设安全高效矿井、采用先进适用装备、实现本质安全、打造专业化队伍、以信息化带动传统产业实现数字化、运用精细化管理、研究和实施煤炭加工利用技术、发展循环经济来提高企业经济效益和社会效益作为八大支撑，确保神华集团总体战略目标得以实现。

一、我国能源发展趋势

根据世界发达国家的历史经验，单位 GDP 能耗随一国经济发展呈现出先增加后减少的倒“U”形发展趋势：在工业特别是重工业快速发展时期，单位 GDP 能耗快速上升；随着技术的发展和生产设备的更新换代，工业化进程中单位能耗开始到达顶点并出现持续下降，特别是当第三产业快速发展时，单位能耗下降更为明显，能源需求增速将趋缓，甚至出现能源消费总量下降的状况。

我国能源生产与消费结构将进一步得到优化，但以煤为主的能源生产与消费结构难以改变。基于国内优质化石能源资源不足、新能源和可再生能源大规模利用面临技术与经济性制约、利用国外优质能源存在诸多风险等因素，煤炭在相当长时期内仍将是我国的主要能源。

由于优质能源资源的缺乏，我国能源对外依存度逐步提高，能源安全受国际因素影响日益加大，国际能源资源的开发利用已从资本主导转为资源主导。我国能源“走出去”起步较晚，规模较小，在技术、管理和人才方面与发达国家存在较大差距，对国际能源市场的控制力、影响力较小，对价格的承受力和应对风险的能力较低，扩大利用海外资源的经济代价越来越高。

受能源资源约束，我国能源国内供需缺口还将加大，为确保我国能源安全供应，国内以煤为主的能源生产格局在较长时期内仍保持不变。而以煤为主的能源结构，将使我国面临着巨大的环境压力，煤炭的洁净利用将成为未来的发展趋势。

二、煤炭开发趋势

随着能源利用效率不断提高、能源生产与消费结构不断优化，以及我国政府碳减排指标承诺的落实，我国煤炭生产消费需求增速将不断下降。

东部地区煤炭开发时间长、强度大，随着煤炭资源的枯竭，煤炭产量将不断下降；中部地区是煤炭主产区和调出区，根据煤炭资源、生态环境和水资源现状，未来20年煤炭产量可维持在10亿t左右；西部地区煤炭资源丰富，预计未来20年煤炭产量将增加17.9亿t，达到28.1亿t左右。根据我国西部煤炭资源赋存，煤炭开发重点在陕、蒙、宁和新疆地区。陕、蒙、宁地区将是未来20年中东部地区煤炭消费增量的主要来源。

我国煤炭开发将总体呈现两大趋势：一是规模开发，二是联合开发。在规模开发上，按照政府引导和企业自愿协作的原则，打破地域、行业和所有制界限，加快培育和发展若干个亿吨级大型煤炭骨干企业和企业集团，加快建设大型煤炭生产基地，建设大型现代化煤矿和安全高效矿井，继续加大煤炭资源整合力度，淘汰落后生产能力。在联合开发上，鼓励煤电一体化发展，加快大型坑口电站建设，缓解煤炭运输压力，鼓励大型煤炭企业与冶金、化工、建材、交通运输企业联营。火力发电、煤焦化工、建材等产业发展布局，要依托煤炭矿区，延长产业链，促进煤炭产业与下游产业协调发展。

三、煤炭技术发展方向

煤矿安全高效开采技术研究和应用取得新进展。大采高厚煤层一次采全高综采面突破年产1000万t，特厚煤层综放开采综采面突破年产1000万t，薄煤层综采、急倾斜和地质构造复杂难采煤层采煤等开采技术与成套装备逐步推广应用，有力地推动了安全高效矿井建设发展。

实践证明，设备技术进步源于对煤炭生产质量、效率、成本等绩效的追求，源于工艺技术与设备技术持续的整合。

我国煤炭装备制造业坚持走“引进、吸收与自主创新相结合”的道路，加快技术改造和创新步伐，努力提高国产煤炭装备的技术水平，有力地促进了我国煤炭产业发展，不断地缩小与国际先进水平的差距。

信息化是煤炭工业新型工业化道路的标志，也是煤炭工业今后发展的方向。煤矿机电一体化产品，不仅采用计算机进行监测与控制，而且具有通信（包括无线通信）功能、故障诊断功能、优化控制功能和智能化；控制系统和管理系统相结合，实现管控一体化；遥控采矿、无人矿井大大提高煤矿生产的安全性，更适应市场需求，是煤炭企业今后的努力目标。

未来我国提高能源自给能力的着力点在于稳步推进煤炭开发，通过大力应用煤炭清洁生产和洁净利用技术，提高煤炭利用效率。

发展煤炭循环经济，延伸煤炭产业链，是实现可持续发展、提高社会经济效益和资源的综合利用率的有效途径。中国煤炭工业协会公布的2009年全国煤炭企业100强企业，营业收入中非煤产值收入为5170.01亿元，占总营业收入的36.43%，较2008年增加1.1个百分点。

四、贯彻集团发展战略，完善神华集团煤炭板块发展模式

通过完善八个支撑，即建设安全高效矿井、采用先进适用装备、实现本质安全、打造专业化队伍、以信息化带动传统产业实现数字化、运用精细化管理、研究和实施煤炭加工利用技术、发展循环经济，以增量发展和提质发展为途径，从而实现神华集团“科学发展，再造神华，五年实现经济总量翻番”的总体战略目标。

1. 因地制宜，加快安全高效矿井建设，促进煤炭开采上规模、上水平

对照煤炭工业协会《煤炭工业安全高效矿井（露天）评审办法》，对现有生产矿井进行梳理和剖析，对没有入围的生产矿井，通过对标，找出制约瓶颈和短板，制定措施、安排计划、积极实施，尽早进入安全高效矿井行列；对评为安全高效、行业一（二）级的生产矿井，要找出与特级安全高效矿井要求指标的差距和存在的问题，制定措施并积极实施，在保持现有成绩的基础上，向特级冲刺。在储量管理、资源回收、开拓部署、采区布置、能力核定、设备国产化、煤质管理、“一通三防”业务等方面持续加强管理，提高生产技术管理水平，促进煤炭生产上规模、上水平。

生产矿井要通过技术改造，实现安全高效，要实现：以机械化、集约化、生产及通风系统简单化为目标的安全高效矿井改造。

在建矿井瞄准世界一流，坚定不移地推进安全高效矿井建设。推进“高起点、高技术、高质量、高效率、高效益”的五高建设方针和“生产规模化、技术现代化、队伍专业化、管理信息化”的四化发展模式。要做到达产之日即为安全高效达标之时。

优化矿井开拓系统。尽可能采用平硐开拓方式，在大巷两侧布置综采工作面，取消井底车场，改变多盘区生产布局，最大限度简化生产系统。优化工作面参数，改盘区开采为条带式开采，工作面实现大型化、重型化。优化通风系统，采用大断面、多通道的巷道布置方式，实现低阻力通风。优化运输系统，努力实现矿井主运系统胶带化，辅运系统无轨胶轮化。优化供电系统，从地面通过钻孔直接向井下工作面顺槽供电。优化采掘工艺，坚持长壁为主、短壁为辅、长短壁结合的回采工艺。

坚持“引进和消化兼顾”的原则，始终瞄准国内外新技术、新设备、新工艺，不断提高生产装备安全水平，为加速煤矿安全生产进程提供装备保障。致力实现采、掘、支、运的机械化；实施“连续采煤机、连续运输机、履带行走式液压支架短壁机械化开采工艺”，使不宜布置长壁工作面的边角块段煤层得到高效安全回采。

2. 制定装备技术规范，优化生产装备配置，提高现代化水平

站在“行业领先、世界一流”的高度，统筹研究、制定完善神华集团相关装备技术规范。

遵循“大功率、重型化、高可靠性”和“统一类型、统一型号、利于互换”的原则选择装备。坚持“引进和消化兼顾”的原则，始终瞄准国内外新技术、新设备、新工艺，不断提高生产装备安全水平。

运用科学化、现代化、信息化手段，实现设备管理的效率最大化，保证设备效能的充分发挥。研究不同地质条件、不同时期的装备最优化配置，实现装备效能、设备资产投入产出和企业利益最大化，提高安全生产的保障能力。

总结国产化装备成功经验，推广千万吨矿井综采设备国产化装备技术，不断扩大进口设备国产化的范围，规范不同煤层条件下的国产化装备的使用。

不断解决薄煤层、大采高、综采放顶煤开采装备技术问题；以效益优先的原则，比较大采高与放顶煤装备的投入产出关系，为选型决策提供依据；研究较深埋藏煤层开拓方式和装备配置方式，研究大角度井筒的提升和辅助运输的高产高效，为未来具有较深埋藏煤层接续矿区的设备选型提供科学的依据。

从改善装备水平入手，发展机械化和自动化。积极推广应用具有故障检测和闭锁功能的智能型

装备和集中控制系统；加快设备更新速度，健全在用设备定期检修、维护、保养、检测制度；推广新材料、新工艺、新技术和新装备。

3. 强基固本，增强矿井防灾抗灾能力，打造本质安全型“一通三防”系统

为实现“科学发展，再造神华，五年实现经济总量翻番”的战略目标，推动“本质安全型”矿井建设，集团需要打造本质安全型矿井系统，实现设备无故障、系统无缺陷以达到建设本质安全型矿井的目标。

继续牢固深化“煤矿能做到不死人”以及“瓦斯超限就是事故”的理念，提高认识，深刻理解和拓展“两个理念”的科学内涵与外延，提炼更具特色的安全理念，改变观念，提高认识，超前思维，关口前移，实现安全生产和建设本质安全型企业的目标。从装备系统，特别是“一通三防”系统打造成强有力的支撑系统。从源头上制止事故的发生。

坚持“源头把关”，在矿井生产、通风、运输各个环节设计上，确保系统最优；在技术装备上，确保技术领先、设施完备、安全可靠；在队伍建设上，全面推行岗位标准化作业，规范职工作业行为，确保培训合格、技术过关、操作规范。

不断完善矿井安全生产的硬件设施和软件环境，形成“人机互补、人机制约”的可控系统。实施“科技兴安”战略，不断提高机械化水平和煤炭生产的科技含量，加快矿井的技术改造和减头减面、减人提效的实施步伐，提高采掘机械化程度，进一步简化、优化煤炭生产各主要系统，在减头减面、简化系统，降低事故发生概率的同时，提高系统的科学性、稳定性。坚持缩短通风流程、扩大通风断面、减小通风阻力、增大通风能力、提高抗灾能力。

严格遵守《煤矿生产能力核定标准》、《煤矿通风能力核定标准》规定的条件、要求、方法和技术要求，定期对各矿的生产能力进行核定，确保各系统在额定状态下运行。

4. 建立专业化队伍，完善制度，提高人员素质与效率

按照“精干主业，主辅分离，剥离企业办社会的职能及市场化经营，社会化服务”的改革思路，开展专业化队伍建设。

以不断创新为灵魂，实施“人才兴安”战略为指导，全面推行作业队伍专业化。从缺什么、补什么、培养什么的角度出发，培养管理型、科技型、服务型和经营型的综合型人才，打造专业化、规范化、现代化的人才队伍，实现了优质、高效、精干的专业化服务。

煤炭辅助生产作业专业化管理，即专业化作业队伍为煤炭生产提供辅助生产服务。按照专业性质的不同，逐步建立设备维修、搬家倒面、设备租赁（管理）、备件（物资）供应、井巷开拓、洗选加工、地质测量、矿井供电、瓦斯抽采（利用）、工程设计、工程施工、信息管理、后勤服务等多支企业专业化队伍，促进业务精细化管理。

开展外部技术协作，与专业化公司形成跨领域的联合。如与相关高科技公司、科研院所共同研究开发煤矿自动化控制、国产防爆胶轮车、变频控制、数字化矿山、巷道支护、进口设备国产化等，并委托进行专业化服务。

5. 提升信息化水平，打造数字矿山

信息化系统是现代化企业运营的基础，坚持以信息化带动工业化，以工业化促进信息化，大力提高矿井自动化、信息化水平，向数字化矿山进军。

对于改扩建矿井中现有系统能够满足生产安全需要的部分保留，对于无法满足生产安全需要的部分进行改造升级。改造升级时要保证旧系统和新系统的有效整合。对于改扩建矿井最低限度要实现主运输系统、井下变电所、中央泵房的自动化控制以及井下排水点的全自动控制。实现各种监测监控系统、信息系统、通信系统最大限度地整合。

总结信息化系统建设使用经验、强化专业队伍建设，从而保证系统运行的“稳定、安全和可靠”。新建煤矿要全部实现综合自动化控制。安全监测监控系统、调度信息系统、工业电视监视、井上下通信系统、人员定位系统等以及煤矿各种数字化系统，应整体统一考虑，最大限度实现资源共享，降低造价，提高效率。

数字矿山是数字地球在矿山开发中的应用，数字矿山的核心是通过将煤矿相关的信息和活动数字化，带来企业思维方式、管理模式的变革和创新，用数字说话，量化管理对象与管理行为，促进企业从原来粗放型管理方式转向精益化管理，其最终目的是为了实现优化资源配置，提高生产效率，降低投资及运营成本，增强企业竞争力。

6. 提升矿井精细化管理水平

以“管理精细到位，决策果断准确；工作严谨细实，质量精益求精；建立长效机制，打造本质安全；勇于改革创新，做到精干高效；实现工作高起点、生产高技术、产品高质量、运行高效率、产出高效益”的管理理念，实行煤矿安全生产管理。随着井下采掘机械化、信息化水平的不断提高，安全高效矿井的建设，要注重狠抓软件建设，深化管理，把精细化管理贯穿生产的全过程。

7. 以煤质特点为基础，发展煤炭加工利用技术，优化产品结构，提升产品价值

深入研究神华煤质特性，以神华煤质特点为基础，发展适合神华煤质特点的煤炭加工利用技术，做到煤炭价值的延伸。神华集团煤炭品种齐全，具备从褐煤到无烟煤所有煤种，各煤种都有自己的煤质特点，利用好这种煤质特点，煤质劣势就会转化为煤质优势，提升神华集团煤炭产品的附加值。煤炭加工利用技术是神华集团煤炭生产链条中不可忽视的环节，是提升神华集团煤炭产品市场竞争力的关键，在优质煤炭资源日益减少的形势下，充分重视加工利用技术，实现利用产业化，以提升神华产品市场竞争力。

加工技术是提升煤炭品质的技术，煤炭中的灰分、水分和硫是煤中的杂质，减少这些杂质含量就会提高煤炭产品的附加值，减少煤炭利用过程对环境造成的污染。根据国内外煤炭加工技术发展现状，神华集团重点考虑选用选煤技术、煤炭脱水技术和配煤技术，提高神华煤炭产品品质，增强神华煤炭产品的市场竞争力。

煤炭利用技术就是利用煤质特点，最大限度挖掘煤炭价值的技术。煤炭利用技术的研究对提高神华煤炭产品的附加值，打造煤炭产品品牌具有重要意义。目前，应重点研究开发高钙煤、高炉喷吹煤、高铝煤等高附加值煤炭产品，提高神华集团煤炭产品的附加值。

8. 发展循环经济，实现节能减排和煤炭清洁利用

神华集团在国内首创的“矿路港电”发展模式为神华集团带来了巨大的利润，使神华集团仅经过十几年的快速发展，就成为世界最大的以煤炭为基础的能源集团。面对资源环境的约束，神华集团创新发展模式，打造以煤炭为基础的高效循环经济发展模式，大幅提高煤炭利用效益，实现节

能减排和煤炭的清洁生产与利用。因此，提高煤炭品质，使煤炭洁净化，废物资源化，减少煤炭利用过程中 CO_2 等污染物的排放，是煤炭加工利用未来发展的方向。煤炭洁净化技术和废物资源化利用技术的广泛应用，将对神华集团的传统发展模式产生重要影响，将创造具有更强竞争力的发展模式，推动低碳经济的发展，并引领我国煤炭产业健康发展。

神华煤制烯烃产业继续保持领军地位引领行业升级示范的若干重大问题研究

中国神华煤制油化工公司

武兴彬　贺国荣　赵雪峰　张　航　杨颖霞

2010 年 8 月，国家级煤制烯烃示范工程——神华包头煤制烯烃项目投料试车一次成功，生产出合格聚烯烃产品；2011 年 1 月，项目正式投入商业化运营。截至 2012 年 1 月，煤制烯烃工厂已安全稳定运行一年。

神华包头煤制烯烃项目是我国目前 5 个现代煤化工示范工程（煤制油、煤制烯烃、煤制二甲醚、煤制甲烷气、煤制乙二醇）中第一个进入商业化运行的项目，初步实现了“产品方向、工艺路线、技术可靠性、工程放大、技术装备、水资源、环境影响、经济可行性、运营管理” 9 个方面的验证和示范成功，标志着我国具有自主知识产权的 DMTO（甲醇制低碳烯烃）技术率先在神华集团成功实现了工业化，神华集团也因此在中国率先创立了煤制烯烃新产业，开创了煤基能源化工产业的新途径，奠定了我国在世界煤基烯烃工业化中的国际领先地位，对于我国石油化工原料替代、保障国家能源安全、推进低碳经济发展具有划时代的意义。

一、产业发展环境分析和发展战略

（一）内外部环境分析

1. 宏观环境分析

我国是石油资源匮乏而煤炭资源相对丰富的国家，发展现代煤化工产业符合我国资源禀赋特点，有利于缓解轻质石化资源紧缺的局面，发展现代煤化工更是国家能源安全战略的重要组成部分，尤其是目前具备产业化基础同时受到政策支持的新型煤化工产业。新型煤化工以生产洁净能源和可替代石油化工的产品为主，如柴油、汽油、航空煤油、液化石油气、乙烯原料、聚丙烯原料、替代燃料（甲醇、二甲醚）等，它与能源、化工技术结合，可形成煤炭—能源化工一体化的新兴产业。煤基能源化工产业将在中国能源的可持续利用中扮演重要角色，是今后二十年的重要发展方向，这对于中国减轻燃煤造成的环境污染、降低中国对进口石油的依赖均有着重大意义。可以说，现代煤化工在中国面临着新的市场需求和发展机遇。神华包头煤化工分公司正是在这样的大背景下建设煤制烯烃项目的。

（1）国内市场对石化产品的需求仍很旺盛。从长远来看，我国经济仍将持续快速增长，加之石油等资源都是不可再生的，所以对于多煤少油的中国来说，煤化工作为石油化工的替代或补充，仍然是我国能源战略不可或缺的重要组成部分，面临着良好的发展机遇。自 2010 年 2 月下旬以来，国际原油价格已经由上年年初的35美元/桶上涨到现在的100美元/桶，价格已经翻了一番多。

（2）石油替代战略势在必行。2000年我国石油进口量已超过7000万t，2003年原油净进口量9112万t，2004年达1.2亿t，2005年石油净进口量高达1.36亿t。2006年石油净进口量高达1.63亿t，对外依存度超过了47%。2007年全年石油进口1.6亿t，2008年中国进口原油量达到1.789亿t。2009年全年达到1.89亿t。根据石油和化学工业联合会的统计，2010年中国原油对外依存度已达56%，专家预计10年后将上升至64.5%。作为以石油轻组分石脑油制取烯烃的补充，采用我国相对丰富的煤炭资源作为原料，建设大型煤制烯烃项目，是保障国家能源安全的一项必要和可行的措施。

2. 主导产品国内外市场分析

神华包头煤制烯烃项目的主导产品为聚乙烯和聚丙烯，国内市场这两种产品在2003年以前自给率一直较低，在50%～60%之间。海关总署的数据显示，2010年我国进口聚乙烯736万t，聚丙烯387万t；乙烯和丙烯单体的进口量分别为82万t和152万t。烯烃产品供需缺口巨大，随着技术得到验证，煤制烯烃成为最具前景的新型煤化工发展方向。

（1）聚乙烯。聚乙烯（PE）是通用合成树脂中产量最大的品种，主要包括低密度聚乙烯（LDPE）、线性低密度聚乙烯（LLDPE）、高密度聚乙烯（HDPE）及一些具有特殊性能的产品。其特点是价格便宜，性能较好，可广泛应用于工业、农业及日常生活中，在塑料工业中占有举足轻重的地位。其在薄膜以及塑料管材方面的应用也日渐增多。聚乙烯管具有重量轻、强度高、耐腐蚀、磨阻小、不结垢、环保好、使用寿命长达50多年等优异性能。另外，还具有其他塑料管材所不具备的特殊柔韧性、极高的延伸率和独特的热熔焊连接性。近年来，国际上塑料压力管道中聚乙烯发展极快。在未来国内管材市场发展中，聚乙烯管必将占据主导地位，它将逐步取代PVC管、镀锌管、水泥管和铸铁管。到2010年，亚太地区将成为世界最大的PE树脂消费地，主要需求将来自中国。而中东地区因其PE的原料乙烯生产成本低廉，将成为最具竞争力的、世界最大的PE树脂出口地。

（2）聚丙烯。随着我国合成工艺技术的不断发展，聚丙烯（PP）以其优异的性能越来越广泛地应用于各个领域，强劲的增长势头和巨大的需求潜力推动聚丙烯行业的快速发展。近十年，其消费量以年均17.59%的速度增长，大大超过了8.37%的世界平均增长水平（表1）。

表1　我国PP市场需求量预测

万t

年　份	2006	2007	2008	2009	2010
市场需求量	918.5	1011.4	1113.7	1240.5	1369

我国对PP的需求将和世界需求趋势一样呈现高速增长，但我国PP的生产将受到丙烯原料来源的制约，因此，PP的消费前景将会是供不应求。国内聚丙烯产量与需求之间在2006—2010年存在巨大缺口，专用料的缺口更大；国内聚丙烯消费结构集中于低附加值部分较多，下游加工业需进一步提高技术含量。

3. 内部环境分析

内部环境分析是采用SWOT分析法，即对神华包头煤制烯烃项目发展的优势（Strength）、劣势

(Weakness)、机会(Opportunity)和威胁(Threats)等方面进行的分析，并在分析的基础上，提出应对的战略，即扩大优势影响、充分利用机会的SO战略，利用优势、减弱威胁的ST战略(表2)。

表2 神华包头煤制烯烃项目SWOT分析

优势(S)：	劣势(W)：
1. 煤炭资源与低成本优势 2. 先行示范成功、标准制定者优势 3. 集成世界先进技术并有所创新 4. 国家及地方政府大力支持	1. 煤化工技术以引进为主，煤化工人才也以引进为主，人才储备不具优势 2. 营销网络从零开始，市场进入难度大 3. 项目所在地区生态环境容量有限、外部环境压力大
机会(O)： 1. 石油价格居高不下，煤制烯烃经济性凸显 2. 煤制烯烃已具备产业化基础，同时受到国家产业政策支持 3. 神华与石化巨头合作关系正在深化，可以取长补短	威胁(T)： 1. 国际油价、煤价的波动直接影响煤制烯烃的经济效益 2. 国内煤制烯烃蜂拥上马，同行业竞争加剧、人才争夺加剧 3. 国家节能减排指标的硬约束

(1)竞争优势分析。

第一，煤炭资源与低成本优势。神华集团公司是我国乃至全球最大的煤炭生产企业，具有丰富的煤炭和矿产资源。截至2010年年底，全集团公司已经合法拥有采矿权的煤炭资源储量近500亿t，储采比已经超过国际通行的40。到2010年年底原煤产量达到3.57亿t，根据神华集团发展规划，到2015年全集团公司商品煤产量将达到6亿t以上。神华包头煤制烯烃项目利用丰富的煤炭资源，建设在煤炭矿区附近，虽然目前煤炭价格和可研阶段相比已经翻倍，但和其他企业相比仍然具有一定的价格优势，且原料资源供应有充分的保障，原料短距离铁路专用线输送，降低了煤炭供应和煤炭运输成本，从而大大降低了煤基石化产品的生产成本，提高了产品的市场竞争力。

第二，集成世界先进技术并有所创新。过去10年，世界化工界技术发展速度加快，世界化工技术产生新的重大突破，以信息化技术、生物技术、纳米技术、催化技术、新能源利用技术、新材料技术等为代表的新技术，为世界化工产业在新经济时代的升级换代提供了巨大的动力和强有力的技术支持。随着现代煤化工、石油化工技术的不断发展，煤制烯烃工程化所需的各单元技术已经发展成熟，煤化工产业是集团公司的崭新业务领域，神华包头煤制烯烃项目集成采用世界上先进的煤气化、合成气净化、大型甲醇合成、甲醇制烯烃、烯烃分离等先进技术，建成了具有世界先进技术水平的煤化工生产企业，在投料试车和商业化运行阶段更对以上国内外先进技术进行了工艺优化和再创新，为公司实现跨越式发展提供了良好的技术前提条件。

第三，国家及地方政府对神华包头煤化工项目大力支持。神华包头煤制烯烃项目是世界首套、全球最大，以煤为原料替代石油生产基础石化产品的特大型煤化工项目，也是国家"十一五"，唯一核准的煤制烯烃工业化示范工程，更是内蒙古自治区、包头市迄今最大的工业项目，国家和地方政府对该项目的建设全程给予了大力支持，在项目土地供应、供电、供水等配套设施建设，以及生活基地等方面给予很大的便利和优惠政策，为项目的顺利实施，缩短项目建设周期提供了强有力的外部保证。

(2)竞争劣势分析。

第一，项目建设和运营专业技术人才短缺。现代煤化工产业作为技术密集型产业，需要大量的化工工艺、电气、仪表自动化等专业的高级技术、管理人才。目前，公司已从中国石油、中国石化以及其他化工企业吸引了大批优秀人才，但国内大量石油、石化项目的建设形成了对石油、石化、化工人才激烈竞争的态势，并且近年来石油、石化行业整合力度不断加大，行业利润率提高，人员待遇也不断提高，而包头地处西北，气候、地域环境相对较差，经济社会文化相对落后，客观上增加了项目建设和生产运营吸纳人才的难度。因此如何吸引人才、留住人才也是对公司人力资源管理的考验。

第二，营销网络从零开始，市场进入难度大。建立国内外营销网络，策划市场营销战略，网络扩张是实现石化产品销售，提高市场控制力的基本手段。要实现大宗石化产品的销售，需要建立有效的市场营销网络，更需要建立有效的产品销售渠道和大量长期稳定的客户群。目前仅国内市场上终端客户销售竞争十分激烈，中国石油、中国石化两大公司一直在加强零售网络的扩张，而神华煤化工产品销售业务网络刚刚起步，在这种内部竞争和外部竞争背景条件下，神华煤化工产品进入市场实现产品销售具有相当大的难度。

第三，装置建设依托条件较差，建设投资高。项目所需的水、电、气等配套设施均为平地建起，配套的铁路、供电、供水、排污、通信等厂外配套工程，以及配套生活设施建设投资高，项目所在地区生态环境较为脆弱、外部环境压力大，外购设备材料运距较远，这些都在很大程度上加大了项目辅助工程、配套工程、项目建设的投资比重，增加了项目建设成本，项目建设投资高。神华包头煤制烯烃项目实际完成投资170亿元（含外包的空分装置）。

（3）潜在机会分析。

第一，我国富煤贫油的能源格局和世界油价持续走高为煤化工产业提供了发展机会。中国是能源生产和消费大国，根据中国能源资源状况，煤炭在我国一次能源结构中占据主导地位。在中国常规能源（包括煤、油、气、水）探明总资源量中，煤炭占87.4%，石油占2.8%，天然气占0.3%，水能占9.5%，呈现富煤贫油的能源格局。2005年，国际原油价格大幅攀升，波动范围迈上新的台阶，达到55~65美元/桶，2006年年初原油价格继续攀升，油价在60美元/桶以上徘徊，2007—2008年8月，国际原油价格急剧攀升，油价波动范围迈上更高的台阶，达到78~145美元/桶。2009年年初，受全球经济危机严重影响，国际原油价格下滑到40美元/桶上下，但不到10个月，油价又重回80美元/桶。目前仍在100美元/桶高位徘徊。油价的高涨对中国的国民经济运行产生负面影响，但对石油替代战略却恰逢其时。石油作为重要的战略物资是国民经济的命脉，我国属富煤贫油，石油短缺，每年需要大量进口，加速推广和普及替代能源，减少石油的对外依存度是国家能源战略的重要内容。因此，大规模发展煤化工的时机已经到来，这些都为神华煤化工项目的后续布局和建设提供了有利条件。

第二，石油和石化产品的旺盛需求为神华煤化工产业提供了发展空间。石油和化学工业是国民经济最基础的产业部门之一，与国民经济关系密切。尽管我国石油和化学工业已达到相当的规模，但仍不能满足国内市场的产品需求。特别是石化产品自给率很低，2005年乙烯国内市场满足率仅约为34%（折合乙烯当量），合成树脂为54%，合成橡胶为62%，合成纤维为88%；有关统计数据表明，聚烯烃原料年缺口平均达500万~600万t以上。预计未来10年国内石化产品仍保持较高的增长率，远高于世界平均水平。巨大的市场需求是我国石油和化学工业发展的坚实基础，也为神华煤化工产业基地的建设提供了很好的市场条件和发展空间。

（4）外部威胁分析。

第一，国内煤化工发展已经形成热潮，同行业竞争加剧。特别是陕西、宁夏、内蒙古、新疆、云南、河南、贵州等煤炭资源丰富、价格低廉的地区，多个煤化工基地以及众多煤化工项目已经开始建设和筹建。由于基础条件差异不大，规划发展的产品链基本雷同，加上目标市场定位基本一致，预计项目建成投产后将难以避免对煤化工产业的健康有序发展产生一定的负面影响，销售半径区域煤化工产品陡增，加之中国石油、中国石化行业营销网络扩张，致使同行业产品市场销售竞争加剧。

第二，面临着与国内外大型石化公司的竞争。中国石油、中国石化作为传统的石油与化工产品的供应商，在国内市场上占据垄断地位。同时 EXXON、SHELL、BASF、BP 等国外的大型石油石化企业已经登陆国内市场。这些大型石油石化企业拥有资源与核心技术，在产品成本、质量、品牌和市场营销网络等方面具有很强的竞争优势，而神华煤化工产业在未来相当长的时间内，由于产量较少，营销网络不健全，其产品在市场上无法占据主导地位。

(5) 应对措施。

一是保证实现商业化运行目标，抓紧抢占煤化工领域的市场先机，真正成为国内煤化工产业的“领头羊”，引领我国现代煤化工行业能够快速、健康发展。

二是进一步做好对引进先进技术的消化吸收，最大限度地降低产品的生产成本，在产品价格上提高与传统石油、石化行业产品相抗衡的市场竞争能力。

三是加速开展营销队伍和营销网络建设。制订营销战略，组建营销队伍，加大对营销人员的培训。

四是留住核心人才和骨干人才，同时加强人才培养和储备，提前规划启动煤制烯烃二期工程。

(二) 发展战略

1. 战略目标

从减少我国乙烯工业发展对石油资源的过度依赖、缓解我国石油资源紧张局面的战略高度出发，依照集团公司煤炭清洁转化战略，依托包头市周边丰富的煤炭资源、水资源及良好的基础设施，选择先进的工艺技术和装备，同时进行自主知识产权技术的开发，以煤气化、合成气制甲醇、甲醇制烯烃为核心工艺路线大力发展煤基烯烃相关业务，并根据市场需求及资源综合利用要求，择优培育和发展下游产业链，不断培育新的经济增长点，最终在包头建设一个大型、现代化、具有国际竞争力的煤化工示范基地。

2. 具体发展战略

(1) 技术领先战略。通过对世界范围内先进成熟技术的引进、消化、吸收和再创新，占领新型煤化工产业的制高点。加快发展自主知识产权的现代煤化工技术，为后续项目建设及生产运营提供技术支持，放大示范效应。

(2) 可持续发展战略。采用清洁生产工艺，降低污染，一体化建设环保设施，降低企业经营成本。

(3) 差别化战略。避免在常规产品上与占据强势地位的石化行业进行直接的竞争，拓展新领域，提高终端产品的附加值。

(4) 合作战略。充分借鉴现有石化企业的项目建设和生产运营经验，并不断形成煤化工项目的建设和生产经验，加强与国内外大型石化企业的联合，通过合资合作，建立战略联盟。

（5）人力资本战略。建立先进的管理机制，创造人才成长的宽松环境。稳定核心、骨干员工，打造后续人才梯队。

二、企业发展规划总体目标及二期工程实施设想

（一）总体目标

根据发展思路和战略，神华集团包头分公司将致力于打造以聚烯烃产品为主、多种烯烃衍生物产品互为补充的具有高附加值产品链的企业，成为神华集团煤制油化工板块的标杆企业，成为我国大型现代煤化工的领军企业。

“十二五”前三年实现达产目标：2011 年全面投入商业化运营，当年达到设计生产能力的 80%；2012 年达到设计生产能力的 90%；2013 年达到设计生产能力的 100%。同时完成二期项目的前期工作，在“十二五”后两年开始建设并建成投产（表3、表4）。

表3　神华集团包头分公司“十二五”化学品产量目标方案一　　万 t

序号	种类	2011 年	2012 年	2013 年	2014 年	2015 年	5 年合计	2020 年展望
1	聚丙烯	24	27	30	30	30	141	60
2	聚乙烯	24	27	30	30	30	141	60
3	硫黄	1.76	1.98	2.2	2.2	2.2	10.34	4.4
4	混合 C_4	7.91	8.9	9.9	9.9	9.9	46.51	19.8
5	C_5 +	2.09	2.35	2.6	2.6	2.6	12.24	5.2

表4　神华集团包头分公司“十二五”化学品产量目标方案二　　万 t

序号	种类	2011 年	2012 年	2013 年	2014 年	2015 年	5 年合计	2020 年展望
1	聚丙烯	24.00	27.00	30.00	84.00	90.00	255.00	90
2	聚乙烯	24.00	27.00	30.00	84.00	90.00	255.00	90
3	硫黄	1.76	1.98	2.20	2.20	2.20	10.34	2.2
4	混合 C_4	7.91	8.90	9.90	27.90	29.70	84.31	29.7
5	C_5 +	2.09	2.35	2.60	7.28	7.80	22.12	7.8

（二）二期工程实施设想

方案一：复制一期工程方案

根据神华集团的资源战略，利用包头周边的煤炭资源，复制一套与现有一期工程完全一样的生产线，生产 60 万 t/a 烯烃产品，使包头公司的烯烃生产能力达到 120 万 t/a，预计扩建总投资 140 亿元。但是由于包头本地煤炭资源相对不足，本方案每年需要外购煤炭约 460 万 t，且运距在 200 km以外，本方案需要集团公司整体平衡煤炭资源，相对投资、运量、耗水、污染较大，经济效益较差。

方案二：外购甲醇制烯烃方案

（1）甲醇市场。中国甲醇价格在受国际市场价格影响的同时，也受国内甲醇生产装置的技术

水平、规模和下游产品需求的影响。近几年，由于国际原油价格和天然气价格大幅上涨，国际市场甲醇价格处于高位，带动国内甲醇产品价格走高。与此同时，国内煤、电、油、运等资源出现供应紧张的状况，也使企业生产成本增加，进一步推高了国内甲醇市场的价格。2006 年，国内甲醇价格总体震荡上行，2007 年最高达4000 元/t 以上。金融危机发生以来，甲醇价格进入下降通道，无论甲醇厂家出厂价格还是贸易商出罐价格均一路下滑。甲醇的市场价格也经历了冰与火的两重境地，国内部分以天然气为原料的甲醇出厂价格一度下降到 1300 ~ 1400 元/t。在此形势下，煤化工企业纷纷降低开工率以减少损失，甲醇行业开工率从 60% 下降到了 40% 。2009 年以来，甲醇价格有所回暖，但受全球经济复苏进程缓慢的影响，价格虽有所上涨，但赢利能力大幅下降。目前甲醇价格在 2000 ~2300 元/t，预测甲醇市场长期处于价格倒挂或微利状况，烯烃部分仍具有一定赢利空间。未来炼化企业要保障成品油供应，平衡乙烯与芳烃间的原料需求等原因，完全满足乙烯工业对轻质原料的需求仍存在困难，部分乙烯企业裂解原料仍比较紧张，乙烯当量缺口依然较大，市场空间广阔。供需平衡 2015 年缺口达 876 万 ~ 1058 万 t。未来国内对丙烯下游衍生物的需求十分旺盛，国内丙烯供应量与当量需求量仍将存在较大缺口，市场前景广阔。供需平衡 2015 年缺口预计达 230 万 ~420 万 t。

(2) 甲醇的运输。目前，我国甲醇生产企业主要集中在西部地区，而消费市场则集中在东南、西南地区，西部地区聚集的大量过剩产能由于高运费失掉与进口甲醇的竞争力。据《中国化工报》2009 年 10 月 13 日报道，近几年，拥有廉价而丰富的煤炭、天然气及电力资源优势，一直是西部地区招商引资的“招牌”，也是这些地区争先恐后建设大型甲醇、二甲醚等化工项目的理由。然而，随着国内越来越多的甲醇项目的建成投产，中国甲醇市场的供求关系发生了根本性变化。西部聚集的大量过剩产能已被运距远、运费高和运力不足“卡住了脖子”。

统计数据显示，2008 年，甲醇装置实际开工率 40% ，已经略显过剩。2009 年，随着众多甲醇装置的建成投产，加之受金融危机影响，下游需求萎缩，来自中东及东南亚诸国的低价甲醇又大量冲击国内市场，加剧了国内市场供大于求的矛盾，开工率 35% 。此时，众多曾经风光无限的西部企业猛然发现：与不断走低的产品价格和刚性增长的运输费用相比，自己原本拥有的廉价且丰富的资源优势，根本无法转变为竞争优势，决定企业竞争力的关键因素已经由生产成本悄然转变为运输成本。西部地区在规划甲醇、二甲醚等煤化工项目时，除考虑煤炭、电力、水资源供应及环境承载能力外，还必须考虑运距的长短与运输费用的高低。作为危险化学品，醇醚通过公路运输不仅费用昂贵，而且存在极大的安全隐患。甲醇的铁路运输虽然安全可靠，但企业须缴纳罐车空返费，且运费还将上涨。更为重要的是，一旦铁路运力紧张，铁路部门便很难顾及其运输，不少装置有被“憋停”的危险。

因此，有关专家强烈呼吁：西部地区企业和行业主管部门不要再“大干快上”醇醚项目，应把更多精力放在对现有项目的重新规划和梳理上，并谋求就近消化或转化已经过剩的醇醚产能。否则，这些项目将来要么会被疲软的市场拖垮，要么将被不断增加的运费和难以保证的运力“卡”死。

(3) 采用方案二建设二期工程的优势。从以上分析来看，包头公司采用方案二建设二期工程具有显著优势。具体如下：

①原料优势。目前，我国尤其是西部地区甲醇产能过剩已是不争事实，2008 年我国甲醇产能 2800 万 t/a，产量 1126. 3 万 t/a；2009 年我国甲醇产能增加到 3200 万 t/a，产量为 1133. 4 万 t/a。这些产能大部分集中在西北地区，以 2009 年为例，山西产量 52. 1 万 t/a，内蒙古产量 157. 4 万 t/a，

陕西 150.2 万 t/a。由数据可以看出，这三个省份的产量基本占据了甲醇产量的半壁江山，可以为包头项目提供可靠的原料保障。而包头公司二期工程又能为西部地区甲醇企业解决产品东运的成本问题，实现强强联合，双方共赢。

②技术优势。我国自主知识产权的 MTO 示范装置已于 2010 年 8 月在包头公司投产，这也成为我国新型煤化工产业一个崭新的里程碑。在包头公司作为项目的执行主体，无疑在今后的项目建设中占据各种先机。

③配套工程优势。包头公司在一期工程建设伊始就考虑到了今后的发展，为二期工程的扩建预留了土地以及公用工程余量，配套设施完善。

④水资源优势。包头公司地处黄河北岸，距黄河水源地不到 20 km，相比西部其他地区，具有相对丰富的水资源，可为二期工程扩建项目提供可靠的水资源保障。

⑤人力资源优势。包头公司一期工程建设培养出一批高水平的技术人员和丰富现场经验、技术经验的生产管理人才，为二期工程的建设提供了可靠的人力资源保障。

⑥原料运输成本低。包头市公路路网发达，公路里程已达 3764 km。南绕城公路紧邻厂址北侧，北与京藏高速及 110 国道相连。包兰铁路线从厂区北侧通过，与京包线、包白线在附近交汇。神华铁路专用线——包神铁路位于厂区以东 17 km，包头公司一期工程自备铁路已与包神铁路联为一体，为二期项目建设提供了可靠的原料运输保障。

⑦建设工期短、投资少、效益好。鉴于二期工程的扩建预留了土地以及公用工程余量，公共配套设施完善，减少了征地、配套工程环节，仅建设 MTO 装置、聚乙烯、聚丙烯装置，以及少量配套改造工程，必然缩短建设工期，节省大量配套工程投资，改造工程完成后形成国内超大规模的烯烃生产装置，经济效益最佳，预计新增烯烃产量 120 万 t/a，新增销售收入 140 亿元，新增利润总额 30 亿元以上，利润率 25% 左右。

综上所述，利用包头周边丰富的甲醇资源，依托神华集团的铁路运输通道，外购 360 万 t/a 甲醇（或通过收购、兼并周边甲醇厂实现），依托已建成投产的示范装置的成熟工艺技术，充分利用预留地、公用工程及配套设施，于“十二五”期间在包头煤化工分公司新建两套 60 万 t/a 烯烃的 MTO 装置、60 万 t/a 聚乙烯、60 万 t/a 聚丙烯装置。

（4）方案二投资预测。预计总投资约 105 亿元。二期工程计划 2012 年启动前期准备工作，2013 年年底完成立项工作，2014 年开始建设，2015 年年底建成投产，当年生产负荷达到 90%，2016 年满负荷运行。

三、实现上述规划的保障措施及建议

1.“十二五”发展规划保障措施

（1）技术保障（MTO 催化剂自主化）。

（2）资源保障（煤炭、甲醇）。

（3）营销保障。

（4）人才保障。

2. 建议

（1）明确方向：在新型煤化工技术中，以煤为原料生产甲醇，甲醇再制取烯烃的煤制烯烃技术是新型煤化工的核心技术。这种以甲醇作为新的石化原料已成为一种趋势，烯烃特别是丙烯正在成为石油化工重要的平台化合物及基础化工原料。因此煤制烯烃一定是今后新型煤化工产业最重要的发展方向。

(2) 规划布局：规划启动煤制烯烃二期工程，放大包头煤制烯烃的示范效应。

(3) 引领升级：包头煤制烯烃先行先试。

(4) 拓展终端：上下游深度合作、兼并重组、延长产业链。

四、神华继续引领煤制烯烃行业升级示范的三大使命

2011 年是中国煤制烯烃产业化元年。神华包头煤制烯烃（MTO）装置正式投入商业化运行，经济效益良好；神华宁煤煤制聚丙烯（MTP）项目于 2011 年 4 月 28 日试车成功；大唐多伦煤制聚丙烯（MTP）项目于 2011 年 8 月 29 日试车成功。在目前的油价和煤价下，煤制烯烃经济效益良好。根据政府主管部门的要求，下一阶段将开展行业升级示范，包括合理规划布局，降低能耗水耗，优化“三废”处理等。

（一）国家主管部门对煤化工行业升级示范门槛提高

2011 年 6 月 24 日，国家发展改革委产业协调司在神华包头煤化工分公司召开神华包头煤制烯烃示范工程技术经济考核评定现场会。经石油和化学工业规划院、中国国际工程咨询公司等专家初步评定：神华包头煤制烯烃示范工程技术产业化和工程化是成功的，开辟了一条以煤为原料生产低碳烯烃的新路线，在当前原油价位上经济可行。但煤制烯烃项目能源和水资源占用量大，二氧化碳和污染物排放强度高，面临资源和环境双重约束。因此，“十二五”期间应进一步做好煤制烯烃工艺在装备大型化、国产化，节能、节水、二氧化碳综合利用以及污染物排放减量化等方面的技术升级，重点结合消除电石法聚氯乙烯汞污染，开展升级示范工作，尽量减少新增能源消费和二氧化碳及污染物排放。

由国家发展改革委组织起草的《煤炭深加工示范项目规划（送审稿)》即现代煤化工“十二五”规划已经上报国务院。该规划规定：“十二五”期间，将在煤炭液化、煤制天然气、煤制烯烃、煤制合成氨—尿素、煤制乙二醇、低阶煤提质、煤制芳烃 7 大板块安排重大示范项目，并对煤化工示范项目的布局、资源及规模作了原则性规定。

由工业和信息化部组织起草的《“十二五”煤化工示范项目技术规范（送审稿)》也已正式上报国务院，并于 2011 年年内发布实施。该规范包含了《“十二五”煤化工示范项目能效和资源目标》、《“十二五”煤化工示范项目技术和装备水平》等多项内容，操作性更强，要求更加细化和严格。其中，《能效和资源目标》主要对纳入“十二五”示范的煤间接液化、煤制天然气、煤经甲醇制烯烃、煤制合成氨、煤制乙二醇、低品质煤提质等 6 大领域示范项目的能源转化效率、综合能耗、吨产品新鲜水用量加以规定。上述示范项目对应的能源转化效率最低应分别达到 42%、52%、35%、42%、25% 和 75%；单位产品综合能耗分别不得超过 4 t（标准煤，下同）/t 油品、2.3 t/1000 m^3 天然气、5.7 t/t 烯烃、1.5 t/t 合成氨、2.4 t/t 乙二醇；单位产品新鲜水耗分别不超过 11 t/t 油品、6.9 t/1000 m^3 天然气、22 t/t 烯烃、6 t/t 合成氨、9.6 t/t 乙二醇和 0.15 t/t 标准煤。

《技术和装备水平》则明确规定，煤化工示范项目必须优先采用国产技术和设备。此外，要求煤制合成氨单系列应达 60 万～100 万 t/a，煤制乙二醇、低品质煤提质、高温费托合成油、低温费托合成油装置单系列规模应分别达到 20 万 t/a、100 万 t/a、100 万 t/a 和 180 万 t/a 以上。同时规

定，若示范项目采用水煤浆气化技术，要求气化炉压力等级为8.7 MPa、单炉投煤量2000～3000 t/d；若采用干粉煤气化技术（4 MPa或6.5 MPa），则单炉投煤量必须达到2000 t/d以上；若采用固定床加压气化技术，汽化炉压力等级应高于4 MPa，单炉投煤量应不低于800 t/d。

目前，神华包头煤制烯烃项目技术指标标定与国家上述要求目标尚有不小差距。

（二）二氧化碳减排、回收与利用问题

在丹麦哥本哈根召开的联合国气候变化大会上，中国政府承诺到2020年单位GDP二氧化碳排放比2005年下降40%～45%，其中“十二五”二氧化碳减排17%。我国化石能源消耗排放的二氧化碳占排放总量的92%以上。2010年，石油和化工行业排放二氧化碳8.63亿t，排放量仅次于电力和钢铁行业。而且未来几年随着煤化工项目越来越多、越来越大，二氧化碳减排压力将更大。

神华包头煤制烯烃项目排放的废气，主要为热电站锅炉烟气和净化装置排放的CO_2气体，排放量570.83 t/h，初步规划送当地生产食品级CO_2和钢件焊接用CO_2产品的企业作为原料，目前该企业一期工程已基本建成，包头煤化工公司的CO_2输送管线也正在建设之中。

其实二氧化碳减排的途径有很多，包括调整产业结构、采用先进工艺技术和装备、产品规模大型化、资源循环综合利用、延长产业链等，重点应把握好优碳、存碳和转碳这三个关键。

优碳——优化能源结构。我国煤炭消耗的比重高达70%，这是二氧化碳排放量居高不下的主要原因。煤炭吨标煤燃烧排放二氧化碳2.75 t，石油和天然气按等标量燃烧排放的二氧化碳分别为2.15 t、1.68 t，分别低于煤炭21.82%和38.91%，可再生能源二氧化碳排放几乎为零。即使采用了先进工艺技术，煤化工能耗仍比石油化工、天然气化工较高，二氧化碳排放也必然增大。适度发展煤化工，提高石油、天然气及新能源的消费比重是碳减排的重要途径。比如充分利用国际原油和天然气资源，进口中东廉价的甲醇生产烯烃，吨石油乙烯比煤制烯烃能耗减少1.5 t，使煤化工“碳多氢少”与石油化工（或天然气化工）“氢多碳少”的资源优势互补，既能减少二氧化碳排放，又提高能源利用效率。

存碳——捕集、封存与应用相结合。二氧化碳纯粹封存投资大，经济效益差，要增加25%～40%额外能耗，必须将捕集、封存与应用结合起来，也就是CCUS技术。目前神华集团、中国石油、中国石化、华能集团、延长石油等已率先开展CCUS研究示范，积累了一定的技术经验。2011年年初，神华集团年产10万t CCS示范项目的液化与净化装置打通了全流程，并一次开车成功，生产出了纯度为99.2%适应地下封存的二氧化碳液体。神华集团成为我国第一个进行二氧化碳捕集和封存的示范企业，必将对其他企业起到示范作用。

转碳——利用二氧化碳生产化工产品。传统的尿素、碳铵、醋酸等化工产品都是用二氧化碳生产的，吨产品分别消耗二氧化碳785 kg、633 kg、328 kg。但这远远不够，要利用二氧化碳开发更多的大宗基础化学品、燃料、高分子材料及精细化工产品，比如二氧化碳、甲醇与环氧丙烷或环氧乙烷生产碳酸二甲酯联产丙二醇；用二氧化碳生产交替型脂肪族聚碳酸酯（降解塑料）；二氧化碳通过羰基合成与氢生产甲醇、甲烷、烯烃等产品；二氧化碳和水可转化为甲烷等。据悉，一些企业和科研单位正在这方面进行探索，如陕西榆林云化绿能有限公司二氧化碳合成碳酸二甲酯生产装置于2011年4月建成投料。该装置年利用二氧化碳3.5万t，生产规模包括碳酸二甲酯2万t、丙二醇1.68万t、碳酸丙烯酯3万t及食品级二氧化碳5万t。另外西南化院已完成了二氧化碳加氢合成甲醇技术中试，二氧化碳单程转化率可达38%。

（三）神华煤制烯烃升级示范的三大使命

（1）合理规划布局：大型化、基地化、园区化、循环经济。

（2）降低能耗水耗、优化“三废”处理（生态工业园区）。

（3）拓展 MTO 下游产品路径、副产品综合利用。

神华包头煤制烯烃项目作为国家示范工程，圆满完成了工程的建设、开车和商业化生产的示范任务，使我国成为世界上唯一掌握煤制烯烃工业化技术的国家。下一步，神华包头煤制烯烃项目将在初步实现“产品方向、工艺路线、技术可靠性、工程放大、技术装备、水资源、环境影响、经济可行性、运营管理”等方面的验证和示范成功的基础上，继续引领行业升级示范，为中国具有光明前景的新型煤化工的发展作出贡献！

神华集团煤制油煤化工产业发展研究报告

神华集团煤制油化工部

梁仕普　吴　楠　袁根乐　张惠民　张为骅　臧庆安

基于我国能源结构特点和对未来能源需求发展趋势判断，神华集团结合自身产业模式和发展需要超前部署、大胆实践，率先走出了一条具有神华特色的煤制油化工产业发展之路。神华集团煤制油化工产业经过10年发展，通过自主创新和引进、消化、吸收再创新，建成并运行了多套煤制油、煤制烯烃示范工程项目；积累了建设、运营大型煤制油化工项目经验；掌握了煤直接液化、煤间接液化、甲醇制烯烃、甲醇制丙烯等关键技术；形成了煤制油化工技术研发、工程建设、生产运营一体化的产业发展模式；引进和培养了一大批专业技术和管理人才；积累了宝贵的人力资源财富，为神华集团煤制油化工产业化发展奠定了基础。

一、神华集团发展煤制油煤化工的战略意义

国家“十二五”规划中提出：要有序开展煤制天然气、煤制液体燃料和煤基多联产研发示范，稳步推进产业化发展。煤炭在我国能源消费结构中占70%以上，煤炭的清洁利用成为“十二五”能源规划的重要内容。煤炭清洁利用的方向包括煤制油、煤制气、煤制化工品、煤炭清洁高效发电等。神华集团作为我国最大的煤炭综合能源企业，发展煤制油化工产业符合国家“十二五”规划、符合神华集团总体发展战略。具体战略意义至少有：第一，开发石油资源替代产品，确保国家能源安全；第二，掌握核心技术，打破国外垄断；第三，发展低碳能源，促进我国能源产业健康持续发展；第四，提高煤炭就地转化水平，促进西部大发展、民族大团结；第五，延伸产业链条，提高神华集团核心竞争力。

二、国内外煤制油化工发展概况

（一）煤制油发展概况

1913年，德国柏吉乌斯（Bergius）首先研究了煤的高压加氢，到1944年德国直接液化油品总生产能力达到400万t/a。煤间接液化制油技术同样发源于德国，1925年费雪和托普斯发现费托合成反应，到1944年产能达到60万t/a。20世纪50年代中东地区大量廉价石油开发、煤制油技术开发和工业化发展势头减弱。20世纪70年代石油危机后，煤制油技术的开发又活跃起来，出现了许多新工艺。直接液化方面有美国的溶剂精炼法（SRC）、氢煤法（H-Coal）以及在此基础上发展的HTI工艺、供氢溶剂法（EDS）、德国液化新工艺（NewIG）、日本新能源开发机构液化法（NEDOL）等。间接液化方面有南非沙索（Sasol）公司技术、荷兰壳牌公司天然气制油工艺（SMDS）、美国Mobile公司甲醇制汽油技术等。

20世纪70年代，我国开始煤制油技术研究，但在2000年前进展缓慢。2000年后，由于国际

油价逐渐升高，国内科技创新体制不断完善，我国煤制油发展取得了显著进步。神华集团开发出神华煤直接液化工艺路线和催化剂合成技术，用该技术建设的鄂尔多斯108万t煤直接液化项目已成功运行。中科院山西煤化所和中科合成油技术有限公司开发出煤间接液化技术，伊泰集团、潞安集团和神华集团建设了3套煤间接液化装置，规模分别为16万t、16万t和18万t。兖矿集团在国家“863”计划支持下，开发出具有自主知识产权的煤间接液化技术。

(二) 煤制烯烃发展概况

甲醇制烯烃工艺中的原料是甲醇，而甲醇的生产根据原料来源不同有三大工艺：煤气化、天然气和焦炉煤气。天然气制甲醇属于国家产业发展禁止类项目；焦炉煤气制甲醇效益最好，但是一般规模较小，不能就地配置甲醇制烯烃装置；煤制甲醇工艺资源丰富，可以形成经济规模。煤制烯烃路线如图1所示。

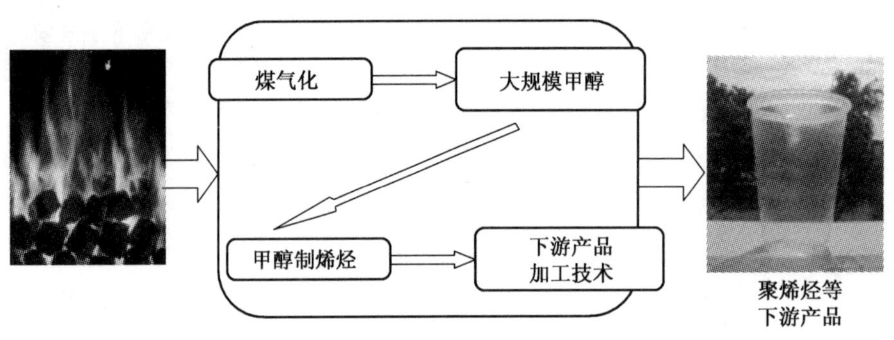

图1 煤制烯烃路线

1. 国外煤制烯烃发展情况

(1) 美国UOP公司和挪威Norsk Hydro公司的MTO工艺。美国UOP公司和挪威NorskHydro公司联合开发出自己独立的MTO工艺，该工艺最大的先进性在于开发了基于SAPO－34的新型分子筛催化剂。该工艺通过改变反应的强度可以改变产物中乙烯/丙烯的比例，该工艺有较高的利润率，并易于适应烯烃市场变化。

(2) 德国Lurgi公司的甲醇制丙烯 (MTP) 工艺。德国Lurgi公司开发的MTP工艺，其主要产物为丙烯，同时得到市场容量巨大的副产物汽油、液化石油气 (LPG) 以及燃料气等产品。其反应装置主要由3个绝热固定床反应器组成，其中2个在线生产，1个离线再生。MTP反应压力接近常压，反应温度为450~470℃。该工艺的催化剂采用德国南方化学公司研制的专用沸石催化剂，该催化剂不但对丙烯具有高选择性，而且在接近反应温度和压力下便可再生。MTP基于碳的丙烯收率可以达到或超过70%，所产丙烯质量可以达到聚合级。

2. 国内煤制烯烃发展情况

(1) 大连化物所的DMTO工艺。中国科学院大连化学物理研究所在20世纪80年代初开始研究甲醇制烯烃工艺。2004年，陕西新兴煤化工公司与大连化物所和洛阳石化工程公司合作，于2005年年底建成了年加工甲醇1.67万t的DMTO工业性试验装置，成功验证了大连化物所的DMTO技术，该装置也是目前世界首套万吨级甲醇制烯烃工业化试验装置。神华包头煤制烯烃项目采用大连化物所DMTO技术，而且新一代甲醇制烯烃技术（DMTO－Ⅱ）已研发成功。DMTO工艺路线如图2所示。

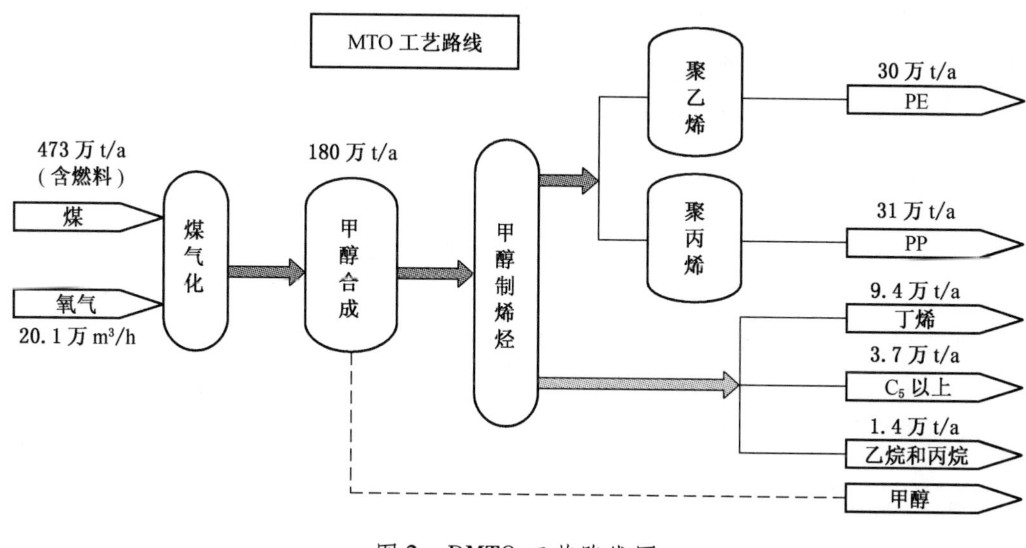

图2 DMTO工艺路线图

（2）清华大学循环流化床甲醇制丙烯FMTP工艺。清华大学在MTP工艺方面也进行了改进。它采用SAPO－34催化剂，原料与催化剂在气固并流下行式流化床反应器中超短接触反应，有效地抑制了二次反应的发生，分离出的催化剂进入再生器中烧炭再生，反应循环进行。此项专利技术减小了副产物烷烃的产生，降低了后续分离工艺的难度，增加了低碳烯烃的产量，甲醇转化率大于98%，低碳烯烃收率也大于93%。目前，利用该技术在安徽淮化集团厂区内建设有一套3万t/a的甲醇制丙烯工业试验装置，该项目由中国化学工程集团公司、清华大学和安徽淮化集团有限公司3家单位共同建设。

（3）中国石化SMTO工艺和MTP工艺。中国石化上海石油化工研究院于2000年开始进行MTO技术的开发。2005—2006年，采用新型干燥方法的流化床催化剂SMTO－1制备成功，其价格低廉，催化性能优异，粒度分布类似于FCC催化剂，而强度优于FCC催化剂。2007年11月，中国石化在燕山石化建设的一套100t/d的甲醇制烯烃装置投产，装置产出的乙烯、丙烯直接送燕山石化现有装置，实现连续运行。上海石油化工研究院也完成了MTP催化剂的开发与中试（100t/a规模）工作。中国石化在濮阳乙烯厂内扩建了20万t/a甲醇制轻烯烃装置，同时也有新建大型甲醇制轻烯烃工厂的计划。

（三）煤制天然气发展概况

天然气在我国是一种极其稀缺的优质、清洁能源。2009年国内天然气产量830亿m^3，消费量875亿m^3，净进口45亿m^3。我国目前天然气人均消费仅67 m^3/a，天然气在一次能源消费结构中的比例仅为4.2%左右，远低于世界平均水平。随着我国经济社会持续快速发展，未来5～10年天然气需求将呈高速增长态势（表1）。

1. 国外煤制天然气发展情况

早在20世纪70—80年代，德国、南非、美国等相继建成了煤制天然气试验工厂，并取得了较

表1 国内天然气供需平衡及预测 亿 m^3

项 目	2009年	2015年	2020年
供应能力	830	1400	2000
需求量	875	1700~2100	2700~3000
供需平衡	45	300~700	700~1000

好的试验成果。目前世界上煤制天然气商业运行装置只有美国的大平原（Great Plain）公司，该公司第一期工程的设计能力为日产代用天然气389万 m^3（14亿 m^3/a），于1980年动工，1984年投入运行，现装置已经运行了20多年。美国大平原煤制天然气装置使用18台Lurgi Mark Ⅳ气化炉，利用高含水（30%）褐煤生产，日处理褐煤1.85万t。该装置产生的 CO_2 经捕集和净化处理后，被送到两家加拿大油田注入地下增加采收率，经济效益可观。

2. 国内煤制天然气发展情况

据国内某公司数据，一个日产1200万 m^3（40亿 m^3/年）煤制合成天然气项目，总投资约247亿元，生产成本约为1.594元/m^3，管线终端售价为1.8元/m^3。全国煤化工发展规划中载明：国内发展煤制合成天然气的技术已经具备，时机已基本成熟。目前已获得国家发展改革委正式核准的煤制天然气共有4个，分别是大唐内蒙古赤峰40亿 m^3/a，大唐辽宁40亿 m^3/a，惠能内蒙古鄂尔多斯16亿 m^3/a和庆华新疆伊犁55亿 m^3/a。

（四）国内甲醇产业发展情况

1. 国内甲醇开工率严重不足

2010年我国国内甲醇生产分布在291家企业中，总产能3840万t，实际产量1752万t。以煤为原料生产甲醇的企业产能占总产能的65.7%，占总产量的58.2%；以焦炉气为原料生产甲醇的企业产能仅占总产能的11.3%，占总产量的15.9%（表2）。

表2 2010年甲醇企业原料分类情况

企业类别	企业数		产能		产量	
	个	%	万t	%	万t	%
以煤为原料企业	227	78.0	2522	65.7	1020	58.2
以天然气为原料企业	36	12.4	882	23.0	454	25.9
以焦炉气为原料企业	28	9.6	437	11.3	278	15.9
总 计	291	100	3840	100	1752	100

拥有30万t以上规模的甲醇产能占全国总产能的46.1%，占全国总产量的42.5%（表3、表4）。

表3 2010年甲醇企业按产能规模分类情况

甲醇产能规模	企业数		产能		产量	
	个	%	万t	%	万t	%
30万t以上	29	10	1771	46.1	744	42.5
10万~30万t（含30万t）	56	19.2	1176	30.6	669	38.2
10万t以下（含10万t）	206	70.8	894	23.3	339	19.3
总 计	291	100	3840	100	1752	100

表4 2010年甲醇产能产量排前5名企业

企业名称	10年产能	10年产量
神华集团	478	94.9
兖矿集团	184	136.9
中海石油建滔化工有限公司	140	74.4
内蒙古远兴能源股份有限公司	133	91.3
上海焦化有限公司	80	58.5

2. 国内甲醇项目仍然盲目发展

据了解，2010年年底，国内投产的甲醇在建项目共有25个，新增年产能合计861万t，意味着2011年全国甲醇产能将超过4000万t，产能的增加量已远远大于消费需求的增加量。另外，我国还有25个拟建或处于规划阶段的甲醇项目，年产能合计2440万t，新建、在建装置的不断投产，将进一步加剧国内甲醇产能过剩的局面。

（五）国内外乙二醇产业发展概况

乙二醇是战略性的大宗化工基本原材料，市场容量仅次于乙烯和丙烯，可用于生产多种产品，如图3所示。

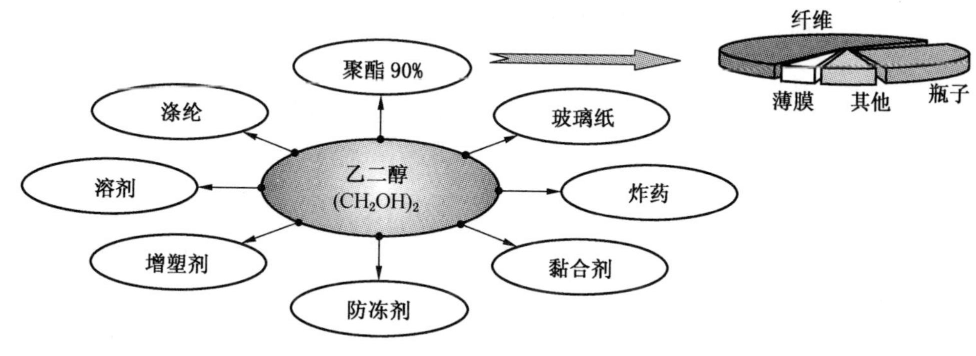

图3 乙二醇用途

乙二醇在全球总体供应过剩，中东和亚洲地区分别成为主要生产区域和消费区域。2010年全球乙二醇总产能达2709万t/a，消费量约2100万t，开工率不足80%。而拥有廉价乙烷原料的中东地区，其生产能力还将快速增长，成为全球乙二醇主要出口地区（图4）。

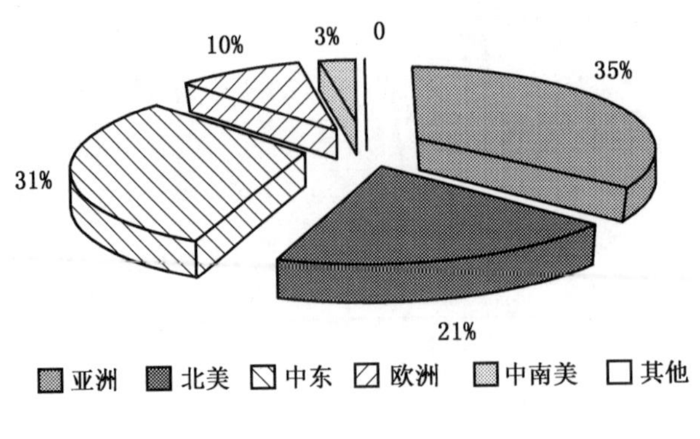

图4　2010年世界主要地区乙二醇生产情况

目前，全世界有乙二醇的1/3需求在中国。2009年我国乙二醇对外依存度达到50%；我国乙二醇的产能远远不能满足需求，制约了我国聚酯及下游产业的发展。据预测，2015年乙二醇产能将达550万t/a，而消费量将猛增到1100万~1150万t/a，如图5所示。

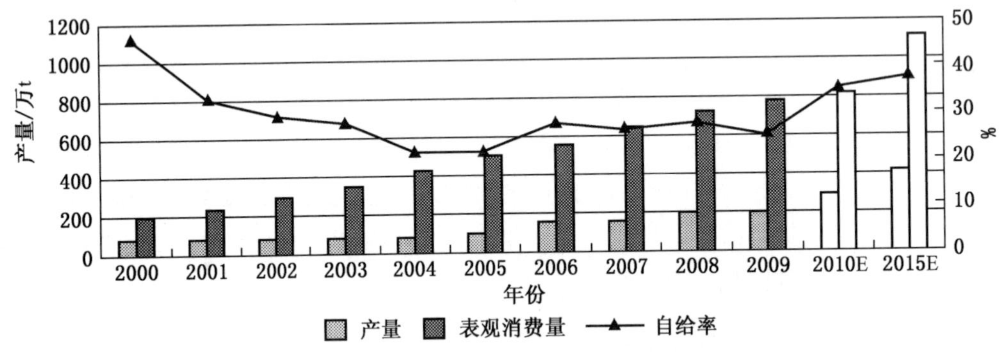

图5　2000—2015年中国乙二醇供需情况及预测

表5　国内乙二醇价格

年　份	国内价格/(元·t^{-1})
2007	9297
2008	9541
2009	5374
2010	8500
2011	10000

我国乙二醇生产集中度高，中国石化、中国石油是主要供应商，90%以上采用的是环氧乙烷直接水合法。产能主要集中在中国石化(59.43%)、中国石油(19.23%)。乙二醇价格与油价密切相关，国内价格与进口价格差距大。石油法乙二醇生产成本与石油价格联动，我国进口乙二醇主要来自原料价格低廉的中东地区，国内乙二醇价格见表5。

三、神华集团煤制油化工发展现状

截至2011年年底，神华集团已投产运营（包括试生产）的煤制油化工项目有鄂尔多斯煤直接液化项目、间接液化示范项目、包头MTO项目、宁煤25万t/a甲醇项目、宁煤60万t/a甲醇项目、宁煤MTP项目、乌海30万t/a焦炉煤气制甲醇项目、蒙西10万t/a焦炉煤气制甲醇项目、神木60万t/a甲醇项目和咸阳60万t/a甲醇项目。

（一）鄂尔多斯煤直接液化项目

本项目的煤液化核心技术采用具有自主知识产权的“中国神华煤直接液化工艺技术”。该项目于2005年4月开工建设，2008年5月主体装置机械竣工，2008年12月30日开始投煤试车，打通全流程，产出合格油品和化工品。2011年，煤直接液化百万吨级示范工程转入商业化运行，全年生产油品79.3万t（其中：柴油48.5万t，石脑油21.5万t，液化气9.3万t）。2011年全年平均运行负荷84%，最高负荷达到105%。2011年，《百万吨级煤直接液化关键技术及示范》项目通过鉴定荣获“中国煤炭科学技术奖”特等奖。

（二）煤间接液化示范项目

该项目位于神华煤直接液化厂区内，规模为18万t/a合成油品。本项目于2008年4月26日开工建设，2009年7月30日机械竣工，2009年12月20日打通全流程，产出合格的石脑油、柴油及高熔点合成蜡等目标产品。2010年年初，煤间接液化装置进行了技术改造，于2010年3月15日实现了第二次试生产运行，至5月1日装置顺利停车，连续稳定运行1113 h。

（三）包头MTO项目

本项目是世界首套、全球最大煤制烯烃商业示范工程，于2010年5月底全面建成，通过进行各装置的联动、投料试车工作，年内打通全流程，生产出合格的聚烯烃产品。2011年，包头煤制烯烃项目投入商业化运行，生产运行稳定，经济效益良好，该项目生产聚烯烃产品49.9万t（其中：聚丙烯24.8万t，聚乙烯25.1万t）。2011年包头煤制烯烃全年平均运行负荷91%，聚烯烃装置最高负荷达到110%。

（四）神木60万t/a甲醇项目

神木60万t/a甲醇装置由两套生产装置组成。一期装置规模为20万t/a精甲醇，于2003年6月开工建设，2005年10月份投产，已稳定运行近6年时间。二期装置规模为40万t/a精甲醇，于2006年6月份开工建设，2008年8月份投产，运行至今。2010年累计生产精甲醇57万t。

（五）咸阳60万t/a甲醇项目

咸阳化工于2007年4月开始建设，2009年11月主要生产装置建成。从2009年3月份起，各生产装置逐步进行试车，2010年1月，全系统流程打通，产出粗甲醇。2010年全年共试生产3454.4 h，生产精甲醇109945.6 t。2011年，咸阳化工公司经过检修改造，全年生产甲醇9万t。

（六）宁煤集团25万t/a甲醇项目和60万t/a甲醇项目

25万t/a甲醇项目位于宁夏回族自治区宁东能源化工基地B区内。项目于2005年3月开工建设，2006年11月30日机械竣工，2007年8月10日打通全流程、生产出合格精甲醇，2009年9月竣工验收及装置性能考核全部完毕，正式进入商业化运营阶段。60万t/a甲醇项目位于宁夏回族自治区宁东能源化工基地B2区。项目于2007年3月10日开工建设，2009年11月30日机械竣工，2010年5月17日打通全流程，生产出合格精甲醇。

(七) 宁煤集团50万t MTP项目

该项目位于宁夏回族自治区灵武市宁东能源化工基地煤化工基地A区内，年产167万t甲醇中间产品，聚丙烯50万t，副产汽油18.4万t、液体轻烃（LPG）4.1万t、硫黄2.6万t。项目采用德国西门子GSP干煤粉气化工艺技术、德国鲁奇气体变换、净化、甲醇合成精馏、MTP制丙烯工艺技术、ABB公司Novolen气相丙烯聚合工艺。项目主装置于2008年1月开工建设，2010年9月6日MTP装置投料试车，9月14日产出混合烯烃，10月4日装置流程打通，产出纯度为99.69%的丙烯（设计指标99.60%）。

(八) 乌海30万t/a焦炉煤气制甲醇项目

该项目位于内蒙古自治区乌海市海南区西来峰循环经济产业园内，规模为年产精甲醇30万t。该项目于2008年9月8日开工建设，2010年5月基本建成，10月21日打通全流程，10月22日生产出纯度为99.9%的合格精甲醇。该项目是目前国内以焦炉气为原料制甲醇单套生产能力最大的装置。

(九) 蒙西10万t/a焦炉煤气制甲醇项目

该项目位于内蒙古蒙西高新技术工业园区内，厂区占地面积320760 m^2，规模年产甲醇10万t，概算总投资25000万元。项目于2008年4月开工建设，2009年9月基本建成，11月投料试车，2010年打通全流程，生产出合格的精甲醇。

四、神华集团煤制油化工产业自主创新成果

(一) 煤直接液化工艺、设备研发成果

神华煤直接液化工艺是具有自主知识产权、成熟可靠先进的煤直接液化工艺。神华煤直接液化工艺流程如图6所示。

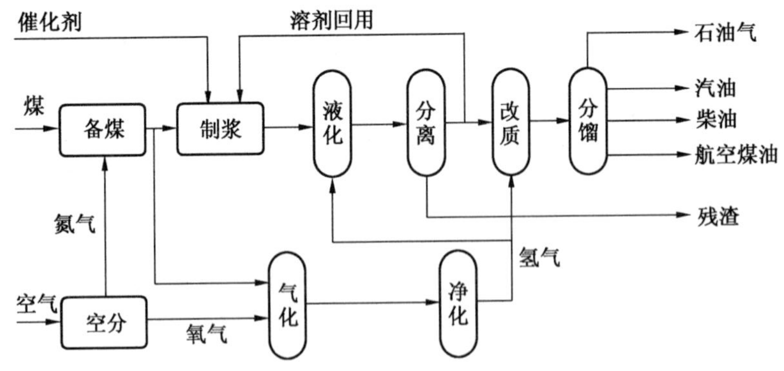

图6 神华煤直接液化工艺流程

神华煤直接液化工艺在以下几方面具有明显的先进性：一是单系列处理量大；二是油收率高；三是稳定性好。神华煤直接液化工艺采用经过加氢的供氢性循环溶剂，溶剂性质稳定，煤浆性质好，工艺的稳定性好，同时神华煤直接液化工艺采用T－star工艺进行循环溶剂加氢，使得神华煤

直接液化工艺的整体稳定性要大大优于国外煤直接液化工艺。煤直接液化设备研发主要对反应器、煤液化反应器和厚壁管、含固物料输送泵国产化、高压差减压阀改造等方面进行了攻关，取得了较好的效果。

（二）煤间接液化（“829”）催化剂研制

煤基浆态床费托合成技术以催化剂技术、反应器技术和产物蜡与催化剂分离技术为关键，尤以催化剂技术为核心，在煤间接液化技术开发中发挥决定性作用。神华集团自主研发的煤基浆态床费托合成催化剂技术研发经过小试—中试—工业规模的逐级技术放大进行了试验。2009 年 12 月 6 日神华集团自行开发、具有自主知识产权的新型费托合成催化剂 SFT418－7 首次在 18 万 t/a 间接液化费托合成装置上应用，催化剂活性、选择性、机械稳定性均符合要求。2010 年 3 月 30 日，通过了中国煤炭工业协会组织的“煤基浆态床费托合成催化剂及工艺”成果鉴定。

（三）煤制烯烃（MTO）催化剂研发及技术创新

神华包头煤制烯烃项目催化剂和 DMTO 技术均由中国科学院大连化学物理研究所提供。为了使神华集团能够全面、系统地掌握 MTO 催化剂原粉制备和催化剂成型工艺，摆脱国内外的技术垄断，神华集团决定开发具有自主知识产权的甲醇制烯烃催化剂。根据自身的特点采取循序渐进、逐级放大的稳妥研发模式，于 2007 年 8 月正式开展“甲醇制烯烃催化剂研制（SAPO－34 分子筛）”工作，2010 年 3 月通过了集团公司组织的“甲醇制烯烃催化剂的研制”项目验收会，目前正在进行 MTO 催化剂中试放大和评价研究工作，为包头 60 万 t/aMTO 装置提供技术保障。

（四）宁煤德士古废锅流程气化技术改造与研究

神宁 25 万 t/a 甲醇项目气化装置采用德士古废锅流程水煤浆加压汽化技术，由于煤种的变化，自 2007 年 6 月甲醇厂试车运行过程中，汽化炉辐射废锅出现结渣、堵塞废锅中间通道现象。为此，技术攻关小组针对汽化炉辐射冷却器、对流冷却器和洗涤塔等瓶颈问题进行了技术攻关及改造，成功解决了 25 万 t/a 甲醇装置生产能力偏低，装置连续运行周期短、生产不连续、不稳定等问题，提高了装置安全生产系数，生产成本大幅度降低。

（五）神华煤制油化工产业自主创新小结

通过不懈的努力，神华集团煤制油化工产业已居国际领先水平，拥有了自主创新的煤直接液化技术，掌握了国内自主知识产权的煤间接液化技术。通过示范工程掌握了荷兰壳牌（Shell）和美国 GE 煤气化技术、德国 Linde 低温甲醇洗技术、英国 Davy 大型甲醇合成技术以及大连化物所甲醇制烯烃技术等一批代表当今世界先进水平的煤化工技术。通过自主研发以及引进、消化、吸收和再创新，为煤制油化工产业的大规模发展打下坚实基础。

五、神华集团煤制油化工产业发展思路

（一）国家政策导向

2010 年年底，国家能源局解读“十二五”发展规划时把国家煤制燃料产业定位为：煤炭清洁高效利用的主要方向；保障我国燃料供应的重要补充；资源地区发展经济的重要载体；我国技术领

先世界的先导产业。煤制燃料产业规划明确了结构调整、原料供应体系建设、技术进步与创新、市场与应用、节能减排、标准体系建设等六大发展目标。煤制燃料产业布局确定了七个优先发展地区：内蒙古、宁夏、陕西、新疆、山西、贵州、云南。2011 年，国家发展改革委下发了《关于规范煤化工产业有序发展的通知》，神华集团将通过研究国家规划和政策，严格按照有关规定进行项目规划与申报。

（二）煤制油化工产业各产品方向发展趋势判断

本文根据煤制油化工产业国内外发展情况、神华示范工程的实际运转情况、我国自主创新技术产业化情况以及全球相关技术的可获得性等情况，对煤制油化工产业各领域发展趋势的做出基本判断：煤制油产业会稳步推进；煤制烯烃产业将率先发展；煤制乙二醇有望成为新亮点；煤制天然气有望规模化。当然，国家如果严格控制项目审批，会使得发展速度放慢。具体发展趋势是：煤制油稳步推进；煤制烯烃会率先实现产业化；煤制天然气将会规模化；煤制乙二醇有望成为新亮点。

（三）神华集团制油化工产业发展布局

根据国家政策导向和神华集团发展战略，综合考虑各种资源条件，神华集团发展规划已经或即将形成如下煤制油化工产业基地：鄂尔多斯煤直接液化制油基地；包头煤制烯烃基地；宁东煤化工基地；乌海煤化工基地；新疆煤化工基地；呼伦贝尔煤化工基地；榆林煤化工基地；山西洪洞煤化工基地；海外煤化工基地。

（四）神华煤制油化产业发展措施与建议

综上，神华集团煤制油化工产业发展措施与建议有：努力实现煤制油化工示范工程的长周期、满负荷稳定运转；权威评价煤制油化工示范项目；引进、消化、吸收、再创新，实现核心设备国产化；完善自主创新载体，促进技术成果转化；加强保运和检维修队伍建设，提高设备完好率；培养与引进相结合，搞好人才队伍建设。

六、结论

经过 10 年的发展，神华集团煤制油化工产业已经走在了世界煤制油化工领域的前沿。但随着石油价格的攀升态势，世界煤化工产业发展速度将超乎想象，围绕技术制高点的竞争将异常惨烈，任何国家或企业都将面临不进则退的局面。神华集团要再接再厉、不辱使命，占领世界煤制油化工核心技术制高点，迅速实现产业化，为保障国家能源安全作贡献。

以“四个翻一番”为目标的转型跨越发展路径研究

山东能源淄博矿业集团有限责任公司　张寿利

在庆祝建党90周年大会上，胡锦涛总书记指出，新时期要以科学发展为主题，以加快转变经济发展方式为主线，促进经济长期平稳较快发展。作为国有企业，必须牢牢把握主题主线，紧密结合不断变化的形势要求选择符合企业实际的发展思路和路径，努力在更高水平更新平台上实现转型发展、跨越发展。

一、牢牢把握发展的方向和要求，确立转型跨越的新思路

淄矿是一个有着辉煌历史和光荣传统的老企业，自1904年德国人开凿建立淄川煤矿、进入规模化开采以来，已经走过了100多年的风雨历程。1953年2月，淄博矿务局正式成立，2002年4月改制为淄博矿业集团有限责任公司。经过几代淄矿人的不懈努力和艰苦奋斗，淄矿集团已经发展成为一个以煤为主、多业并举的跨地区、跨行业、跨所有制，产业涉及煤炭、医疗器械及健康、水泥建材及新材料、煤化工、物流服务等多个领域的大型企业集团。

“十一五”时期，面对复杂多变的国际国内环境和艰巨繁重的改革发展任务，淄矿集团始终坚持以科学发展观统领全局，紧紧围绕“优而特、富而强”的愿景目标，不断调整发展战略，完善发展思路，大力推进结构调整和发展方式转变，有效克服了国际金融危机的冲击和各种影响，保持了企业持续健康发展。2010年，全公司实现销售收入175亿元，实现利税40.8亿元，资产总额达到228.6亿元，为“十一五”发展画上了圆满的句号。

进入“十二五”，面对新形势、新机遇、新挑战和中央提出的新目标、新任务、新要求，淄矿集团统筹分析宏观经济形势和行业发展趋势，综合考虑发展的基础和条件，认为必须坚持以转型掌握发展的主动权，以跨越抢占发展的制高点，把转型发展、跨越发展作为发展的新主题，把“再造一个新淄矿”作为发展的新目标，着力推进“一个完善”，突出“六个关键”，处理好“五个关系”，实现“四个翻一番”的目标。

（1）在产业上，推进“一个完善”，即完善三大煤炭生产及深加工基地、三大循环经济园区和一个总部经济圈的“三三一”产业布局。三个煤炭生产及深加工基地分别为济北矿区、陕西彬长矿区和内蒙古鄂尔多斯矿区。其中，济北矿区由许厂、岱庄、葛亭、唐口、新河五对矿井和一个铁路运销处组成，年产能1000万t；陕西彬长矿区由亭南煤矿和正在建设中的高家堡煤矿组成，规划总产能1000万t；内蒙古鄂尔多斯矿区由杨家村煤矿和正在建设中的巴彦高勒矿井、油房壕矿井组成，规划总产能2000万t。“十二五”末，将全面建成两个省外千万吨级矿区，构成完善的三大煤炭生产及深加工基地。三大循环经济园区分别是济北矿区、东华水泥循环经济园区和埠村循环经济园区。主要以煤泥、煤矸石、矿井水、粉煤灰、发电余热的循环利用为特点，发展链条式经济，提高各类废弃物的综合利用率。一个总部经济圈主要包括总部所在地的医疗器械及健康产业、水泥建

材产业、物流服务、工程劳务等产业。

(2) 在发展方式上，突出“六大关键”，即内部挖潜、外部扩张、纵向延伸、横向拓展、高端引导、创新推动。前四句话是转型的方式，后两句是转型的措施。内部挖潜，就是坚定不移地走内涵发展之路，坚持“练内功，挖内潜”，最大限度地调动内部一切积极因素。外部扩张，就是始终坚持“走出去”战略，在稳定现有区域和稳步发展现有产业的基础上，进一步扩大发展区域、涉足新的领域，拓展企业发展空间。纵向延伸，就是坚持产业链发展不动摇，拉长现有产业的上下游产业链条，做足现有产业、产品的增值文章，进一步转变发展方式，提高附加值和竞争力。横向拓展，就是以现有产业为基础，通过相关多元化发展，促进形成以主导产业为支撑的产业集群，拓宽产业发展面。高端引导，就是始终把产业高端、产品高质、产能高效作为发展的方向，以此引导企业转型发展。创新推动，就是把科技创新、管理创新作为企业转型发展的动力，推动企业由要素驱动向创新驱动转变。

(3) 在发展路径上，处理好“五个关系”。一是处理好继承与创新的关系。既要继承过去行之有效的经验和做法，保持工作的连续性、稳定性，更要立足新形势和新任务，用创新的思维和办法破解发展难题；既要稳妥发展好传统的优势产业，更要积极发展战略性新兴产业。二是处理好发展速度、发展质量与发展后劲的关系。坚持当前与长远相结合、好与快相统一，始终追求高效益的增长、有后劲的速度，努力形成经济增长快、产业结构优、发展后劲足的良好局面。三是处理好实体经营与资本运营的关系。坚持实体经营和资本运营并重，把经济增量的立足点更多地放在资本运营上，一方面积极提升现有产业的市场竞争力和赢利水平，另一方面通过资本运营，在更大范围内配置资源，推动主业低成本扩张，实现企业发展的“双轮驱动”。四是处理好外延扩张与内涵发展的关系。既要抓住机遇扩能上项，坚定不移地培育新的经济增长点，更要致力于练内功、挖内潜、强管理，使现有资源最大限度地发挥效能。五是处理好经济发展与民生发展的关系。始终坚持“为社会创造财富、为职工创造幸福”的宗旨不动摇，在保持经济又好又快发展的同时，千方百计改善民生，实现发展成果的普惠和共享，提高职工的生活品质。

(4) 在发展目标上，实现“四个翻一番”，即到“十二五”末，集团公司的煤炭产能、销售收入、利税总额、资产总量在2010年的基础上翻一番，在经济总量上再造一个新淄矿。

从现实发展实践来看，这些思路和理念是符合科学发展观要求的，也是符合淄矿实际的。

二、立足发展的关键和重点，积极开辟转型跨越的新路径

实现转型跨越，关键在于紧密结合淄矿实际，抓住关键，找准路径，集中力量重点突破。淄矿集团立足企业实际，着眼发展需要，统筹把握发展的关键和重点，着力推动企业转型发展、跨越发展。

以绿色开采促进转型跨越。突破“因煤而兴、因煤而困”的局限，是煤炭产业别无他途的战略选择。近年来，淄矿通过创新实施矸石充填、膏体充填、高水充填等绿色开采技术，研发应用大倾角综采、不规则工作面开采、旋转开采等一系列行业最前沿的采煤工艺，开创了“黑色煤炭绿色开采”的重大变革，有效缓解了“地上”与“地下”的矛盾，实现了经济效益与社会效益的统筹协调。“十二五”时期，淄矿将继续抓住绿色开采不放松，把绿色、集约、可持续作为煤炭产业的新特征强化培育和落实，着力推动煤炭产业的可持续发展。

以结构调整推动转型跨越。实现转型跨越，关键在于产业的优化升级。产业结构上，在稳定煤炭产业的同时，重点发展医疗器械和现代物流产业。抓住政策机遇，以资本市场拉动产品市场，推

动医疗健康产业快速扩张，到“十二五”末，建成世界一流水平的感染控制、放射治疗和制药装备三大产品研制基地，形成超过50亿元的经济规模；以鲁中煤炭交易中心为平台，推动煤炭及相关物流业发展，到“十二五”末，整个物流产业销售收入突破330亿元，进一步解决好产业结构“过重”的问题，最大限度地解决资源、环境等因素对企业发展的束缚。产品结构上，以市场为导向，突出精煤、医疗健康产品生产线和高标号水泥三个重点，细分产品结构，延长产品链条，深挖产品潜力，实现增值增效。

以资源转化支撑转型跨越。资源的转化能力，体现着企业可持续发展的能力。紧紧抓住所掌控资源相对集中、转化能力强的优势，积极推进重点项目建设。“十二五”期间，现有四大在建矿井将全部实现建成投产，新增煤炭生产能力2300万t，到2015年，全面建成陕西彬长和内蒙古鄂尔多斯两个千万吨级矿区，为转型跨越奠定坚实的产业基础。同时，继续把后备资源储备作为重大战略性任务来抓，充分利用国际、国内两个市场，采取多种方式打好资源开发攻坚战，切实增强资源对企业转型跨越的支撑能力。

以机制创新助力转型跨越。转型跨越的核心是创新。在持续深化以全面预算管理、全面风险管理、全面对标管理和内部市场化、辅助专业化为主要内容的“三全两化”管理机制建设的基础上，继续把人均指标作为突出优势加以培育，进一步健全以人均为导向的考核评价机制，建立起系统完善的目标分解、责任落实和压力传递机制，使管理效能得到充分释放，为转型跨越提供强劲动力。

三、围绕发展的支撑和保障，努力打造转型跨越的新平台

转型发展的关键是支撑要素的转变。着重从科技、人才、安全等方面入手，加强转型跨越的支撑和保障体系建设。

强化科技支撑。坚持把科技创新作为转型跨越的中心环节，以国家级和省级两个技术中心为依托，围绕制约转型发展的重大技术难题加大研发力度，大力实施“四聚”战略，即聚集企业所有技术研发平台和科研力量，聚合产、学、研等各方面优势资源，聚焦企业发展和生产经营中的重大技术难题，努力实现科技创新的“聚变”，在关键技术、重要产品方面形成一批自主知识产权和知名品牌。到“十二五”末，科研投入占到企业主营业务收入的4.5%，科技对经济增长的贡献率达到60%以上，为转型跨越提供强有力的科技支撑。

强化人才保障。牢固树立“人才是第一资源”的思想，大力实施“人才强企”战略，完善企业中长期人才发展规划，依托各种平台加强人才队伍建设。坚持“内培外引相结合”的原则，着力在人才引进、培养、使用上做文章，为企业持续健康发展提供强有力的人才支持。瞄准企业战略方向，注重实用性与针对性、现实性与前瞻性相结合，采取市场化选聘、定制培养等模式，加大急需紧缺人才的引进和培养力度。积极探索建立“用人不养人，留人不拴人”的新机制，对一些高级人才不求所有、但求所用，不求常在、但求常来，扩充企业智库。深入实施“素质提升工程”，狠抓技术、技能和经营管理“三支队伍”建设，进一步完善人才使用、管理的新型机制，以人才队伍创新创造的源源活力为企业转型发展夯实基础。

强化安全保证。始终把安全摆在高于一切的突出位置，统筹好管理、文化、培训等各大关键环节，着力解决好安全管理中存在的结构性、素质性矛盾，提高抓落实的力度和深度，努力提升安全管理的层次和水平。以“生产零死亡、责任零空隙、制度零缺陷、管理零漏洞”为目标，突出“以人为本、生命至上”为总纲，系统安全、过程安全、全员安全、统筹安全为支撑的“一纲四目”安全理念体系建设，持续强化技术保障、安全监督、生产管理的专业责任体系和党政工团齐

抓共管的保障机制，努力形成责权利相结合，人人有责、人人尽责的安全生产格局。牢牢抓住“一通三防”、防治水、顶板、机电运输等重点工作，在技术落实、投入保障、现场管理等方面加大力度，确保时刻处于在控可控状态。积极创新安全文化，注重思想性、理论性与操作性、实效性相结合，从理念建树、宣灌引导、教育养成以及软硬件建设各个方面进行强化，形成具有淄矿特色的安全文化新模式。通过各种手段和措施，千方百计保障安全生产，为转型跨越创造安全稳定的环境。

陕西煤化、冀中能源、龙煤集团组建与运行情况调研报告

山东能源集团有限公司 卜昌森 牛克洪 李绍进 李君清 王 俊

一、三个集团组建与运行的基本情况

陕西煤化、冀中能源、龙煤集团是陕西、河北、黑龙江三省，在中央加快培育煤炭大集团的决策推动下，紧密结合本省实际，重组整合形成的。尽管三个集团的组建背景不同、情况各异，但是都对管理体制、管控体系、发展战略、企业文化等进行了重构，促进了企业发展，达到了组建的目的。

（一）企业概况

陕西煤化是陕西省属国有独资公司，现有在册职工 9.5 万人，拥有全资、控股、参股企业 51 个。2009 年，原煤产量 7100 万 t，煤化工产品产量 200 万 t，实现销售收入 320 亿元，利润 26.6 亿元，资产总额 1039 亿元。

冀中能源是河北省属国有独资公司，现有在册职工 12.4 万人，下辖 11 个子公司，拥有冀中能源、华北制药和金牛化工三个上市公司。2009 年，原煤产量 4237 万 t，实现销售收入 520 亿元，资产总额 820 亿元。

龙煤集团是黑龙江省属的大型煤炭股份公司，现有在册职工 27.4 万人，集体职工 12.6 万人，下有 12 个独资、控股、参股公司。2009 年，原煤产量 5494 万 t，实现销售收入 215 亿元，利润 12.5 亿元，资产总额 528 亿元。

（二）主要做法

1. 明确组建方式

陕西煤化是将山西煤业集团有限责任公司名称变更为陕西煤业化工集团有限责任公司，然后将陕西省国资委持有的陕西渭河煤化工集团、陕西华山化工集团、陕西陕焦化工公司的国有股权划归陕西煤化而组建的国有独资公司。冀中能源是将金能集团和峰峰集团的国家资本金合并，新设组建的国有独资公司。龙煤集团采取了分拆重组的组建方式，把鸡西、鹤岗、双鸭山、七台河四个重点矿业集团优质煤炭资产重组进入了龙煤矿业集团，其余资产留在了存续企业。

2. 理顺管理体制

一是构建母子公司管理体制。陕西煤化和冀中能源实行母子公司管理体制，龙煤集团组建初期采用总分公司体制，现已逐步演变成母子公司体制。陕西煤化和冀中能源构建的母子公司管理体制

包括母公司—子公司—矿（厂）三级法人；龙煤集团2004年组建时采用总分公司体制，下属的四个矿业集团全部为分公司，2008年和2009年先后组建龙煤集团、龙煤股份，总分公司体制改造成了二级法人的母子公司体制，但龙煤股份内部仍然维持总分公司体制。

二是推行条块结合的管理模式。按照条块结合、同类合并、区域管理的原则，在原来主要按区域管理的各矿业集团基础上，陕西煤化逐步设立了陕西煤业股份公司、陕西煤炭运销集团、陕煤化建设集团、西安重工装备制造集团等专业化管理公司，组建了神南公司、神木煤化工产业公司、府谷能源开发公司、陕南投资公司等区域化管理公司；冀中能源组建了冀中能源股份有限公司（煤业）、冀中能源机械装备有限公司、河北航空投资集团有限公司三个专业化公司；龙煤集团先后组建了龙煤股份（煤业）、地勘、矿建、设计、机械装备、火工等六个专业化公司，形成了专业化管理与区域化管理结合的管理模式。

三是定位层级功能。组建后，三个企业集团均按照区分责任、集分结合、控放适度的原则，明确了各层级的功能。陕西煤化的母公司—子公司—矿（厂）分别定位为决策中心、运营管理中心和生产经营中心；冀中能源的母公司—子公司—子公司下属生产单位分别定位为资本运营中心、利润中心、生产和成本中心。龙煤集团和龙煤股份—分（子）公司—矿（厂）分别定位为决策中心、利润中心、成本中心。

四是完善法人治理结构。陕西煤化设董事会、监事会、党委会和经理层，全资子公司设执行董事、党委会、经理层，控股子公司设董事会、监事会、党委会和经理层；冀中能源设董事会、监事会、党委会和经理层；龙煤集团设董事会、监事会、经理层和党委会。

五是科学设置集团总部职能部门。三个企业集团总部机构的设置均遵循“大公司、小机关”的思路，陕西煤化总部机关定员130人，设置14个职能部门；冀中能源总部机关定员140人，设置11个职能部门，另设立了结算中心、生产经营调度中心、信息化管理中心、法律事务中心、新闻中心等5个业务分支机构。龙煤集团和龙煤股份机关定员167人，龙煤集团设置11个职能部门，龙煤股份设置15个职能部门（多个部门合署办公）。

3. 强化集团管控

三个企业集团根据各自集团总部功能定位，重点加强了对战略、人事、投融资、资金、营销、供应、企业文化等事项的集中管理。

在战略管理方面，集团公司负责制定整体发展战略和规划，核定重大组织结构调整，并通过指导审核所属公司的战略制定与执行，制订并分解年度经营计划，利用监督考核与效果评价等手段，确保实现集团战略执行到位。

在人事管理方面，集团公司的董事长、党委书记、总经理由省委管理，集团领导班子副职由省国资委管理；集团总部职能部门负责人、子（分）公司领导班子由集团公司任免或建议任免，子公司正职报省国资委备案；陕西煤化重要大型矿（厂）正职的任免也由集团公司负责。

在投融资管理方面，陕西煤化对重大投融资统一决策、分级实施，对所有新项目投资实行集中管理，对技术改造实行投资计划审批、预算控制管理；冀中能源实行投资限额管理，并将所有投资全部纳入集团公司投资计划管理，严格执行年度投资计划的编制、审批程序。

在资金管理方面，陕西煤化对资金实行统一管理，在集团规定的网上银行和集团财务部开设收入和支出账户，资金定期拨付，同时利用全面预算进行日常资金管理；冀中能源对资金、利润实行统一管理，建立了“集中管理、分灶吃饭、预算控制”和“收支两条线”的资金管理机制。

在供应、销售方面，三个企业集团均设立了直属集团公司的物资供应和煤炭营销公司，对大宗物资采购、煤炭营销进行集中统一管理，促使大宗物资实现了集中采购、集中储备、集中配送；陕西煤化和龙煤集团的煤炭营销实现了统一品牌、统一订货、统一定价、统一结算、统一清欠、统一煤质管理、统一合同管理；冀中能源实行市场营销战略、主要产品定价、铁路运输、煤炭资源配置、货款结算回收“五统一”管理。

在企业文化建设方面，三个企业集团强力推动企业文化整合，以文化融合促进各单位、各矿区的融合。陕西煤化编制了企业文化手册，创办了企业报和网站，要求各子公司在严格执行集团公司主体企业文化的前提下，可因企制宜培育各自的特色文化；冀中能源明确了“聚和文化”的战略定位，初步建立了“一主多优，三个层次”的企业文化管理体系，并利用一报、一网、两刊、一中心（电视）大力宣灌企业文化知识，推进企业文化落地。

（三）集团组建后取得的成效

第一，协同效应凸显。三个企业集团通过内部人员、管理和技术的交流，带动了整体技术和管理水平的不断提高。龙煤集团通过实行煤炭统一销售和统一招标采购，实现了对全省煤炭产销量和东北煤炭市场的战略调控，每年节约采购费用近2亿元。

第二，融资能力提高。陕西煤化和冀中能源利用集团优势及上市平台，较好地解决了各单位发展资金短缺的难题。龙煤集团净资产由重组前的－4.5亿元攀升到2009年期末的160.9亿元，资产质量和资信等级得以提升，银行授信额度也大幅度提升。

第三，抗风险能力提高。三个企业集团均抵抗住了金融危机的冲击，陕西煤化和冀中能源还实现了逆市跃升，创造出大幅增长的突出业绩。

第四，发展势头强劲。陕西煤化2004—2009年，原煤产量增长了1.5倍，销售收入增长了4.3倍，利税增长了11.5倍，资产总额增长了7.3倍，成功进入2009年全国煤炭10强企业。冀中能源2008年组建之初，在全国500强的排名是第196位，2009年上升到了第97位。龙煤集团成为2009年全国煤炭行业产量排名第7位、销售收入排名第12位的企业集团。

（四）处理重点难点问题的经验

第一，多管齐下，着力解决政令不通问题。三个企业集团组建之初，由于下属许多二级单位过去都是省委或省国资委管班子的正厅级单位，政令不够畅通，集团公司决策难以落实。为解决这一问题，所在省的省委、省政府、省国资委在对集团班子建设大力支持的同时，充分赋予集团公司对二级单位的人事管理、资金管理等权力；集团公司通过组建专业化和区域化公司，并通过制定科学的发展目标，完善制度体系，加强企业文化融合，理顺了管理体系和管理关系。

第二，稳定税收，妥善处理地方利益关系。税收问题直接关系地方利益，如果不能妥善解决，大集团组建则难以得到地方政府的支持。三个企业集团积极争取省政府支持，做到原有的税收渠道不变，产值统计口径不变，取得了地方政府对重组整合工作的理解和支持。

第三，推进上市，破解发展资金缺乏难题。针对资金缺乏问题，陕西煤化成立后组建了上市公司进行融资，保证了集团的大幅度投资需要，资产负债率一直低于60%；冀中能源将优质煤炭资产注入股份公司，促进煤炭业务实现了整体上市，打造了强大的融资平台，并先后发行企业债30亿元、中期票据20亿元。

第四，鼓励改革，促进存续企业自谋发展。三个企业集团在采取措施解决存续企业历史遗留问题的同时，积极推进存续企业实行专业化运作，增量只允许用作投资，实现其自身滚动发展。

二、三个集团组建与运行的主要特点

总结分析三个企业集团的情况发现，虽然其组建和运行各有特色，但也存在一些共同的特点。归结起来主要有以下六点：

一是省委、省政府高度重视，支持力度强劲。三个煤炭企业集团的组建是所在省份省委、省政府的重大决策，其组建和运行得到了省委、省政府及国资委等相关部门领导高度重视。集团重组发展的每一步都得到了他们的强力推动，在发展战略定位、班子建设、政策扶持等方面都得到了大力支持。陕西煤化董事长华炜认为：陕西煤化之所以发展的这么快、这么好，首先得益于陕西省委、省政府的正确领导和省国资委的具体指导。没有陕西省委、省政府的正确决策和大力支持，陕西煤化不可能通过三次重组整合解决制约陕西煤炭企业的铁路运输瓶颈、资源瓶颈和煤炭转化技术瓶颈。河北省委、省政府为了顺利推动金能集团与峰峰集团的重组，提前对峰峰集团领导班子进行了调整，派金能集团下属张家口矿业集团董事长担任其主要领导。龙煤集团组建过程中，时任黑龙江省委书记多次召开省委常委会研究组建龙煤集团有关事宜，省长亲自过问、督促和协调解决有关问题，并在资源规划、税收倾斜、债权处理、企业办社会移交、高管人员使用、企业发展战略等方面给予了诸多政策上的帮助和支持。

二是重组目标明确，发展思路清晰。三个煤炭企业集团以发挥大集团的资源集成优势和统筹协调优势为重组目标，根据自身发展阶段、基础条件、外部环境等因素，制定并适时调整企业发展战略，优化了产业结构、产品结构、产权结构和区域布局。陕西煤化经过三次大重组，分别完成了煤炭集中营销、煤炭产业整合、煤炭生产与转化集成三大目标，确立了“以煤炭开发为基础，以煤化工为主导，多元发展”的战略思路，将煤炭和煤化工确定为两大主业，形成了渭北、彬黄和陕北三大战略基地。特别是在煤化工领域，通过向中科院大连化物所投资，实现了对其 MTO 一代和二代技术的控股，拥有了煤炭干馏制油技术产权，投资建设的煤—化肥、煤—甲醇—乙烯丙烯、煤—电—盐—PVC、煤—焦化、煤—干馏制油五个工艺、五个企业都达到了行业领先水平。冀中能源四次大的重组整合，始终坚持扩大企业规模优势、发挥集团协同效应的目标，确立了“力举主业，助推多元，集成优化，科学发展”的战略思路，形成了“一、二、三”产业发展格局，构建了河北省内、山西、内蒙古三个基地。龙煤集团按照重组整合与股改上市同步推进、产业整合与体制机制创新同步进行的思路，明确了“以煤为基，多元转化，求优图强，和谐发展”的战略方针，确立了构建煤炭、煤电、煤化工三大产业经济板块的目标，上市工作进入报批阶段。

三是管理体制顺畅，管控逐步到位。三个煤炭企业集团根据重组目标、发展需要和成员企业实际情况，选择了母子公司体制和区域化与专业化相结合的管理模式，并从易于操作的煤炭营销、物资供应入手，逐步加强对重大要素和关键环节的管控。陕西煤化选择了“三级法人，分级管理”的管理体制，前期采用区域化为主的管理模式，逐步向专业化与区域化结合的模式转变，从统一煤炭营销入手，逐步发展到管控战略、班子、大事（包括项目、融资、运营监控、成员企业间关系协调等重大事项）。冀中能源构建了以“三个中心”为层次运行平台的母子公司体制，在坚持区域化管理为主的基础上，对煤业、机械制造、医药、航空实施了专业化管理，实现了对发展战略、煤炭营销、物资供应、重要人事、财务资金等重要事项的集中管控。龙煤集团逐步将总分公司体制变更为二级法人的母子公司体制，并加强了对煤炭营销、重要物资供应的集中管控。

四是重视文化建设，整合逐步深化。三个煤炭企业集团的领导均将企业文化整合作为重组的重要事项，并不约而同地选择了从统一企业标志等表层文化入手，逐步向行为文化、价值文化深入的文化整合策略。陕西煤化两任董事长都非常重视企业文化的作用，要求设计企业重组方案的同时即谋划文化重组，企业标志三次经集团董事会讨论，并在国家工商总局进行了注册。冀中能源董事长王社平把建设统一的“冀中文化”作为大集团健康运行的重要保障措施，明确要求各成员企业必须把集团的标志放在成员企业标志前面使用。龙煤集团董事长高崇认为：企业文化整合、合理的集权分权、成员企业干部的公正使用，是大集团成功组建的最为关键的三个要素。

五是策划方案周密，推进节奏合理。三个煤炭企业集团重组前均进行了充分调研，方案设计过程中充分考虑到了可能遇到的各种问题，推进过程中注意根据实际情况把握工作节奏和力度，使大集团组建运行实现了快速与平稳的有机统一。陕西煤化首先整合煤炭营销，然后重组整个煤炭产业，进而完成煤炭产业与煤化工企业的重组整合，并通过专业化整合组建了若干板块化子公司，重组整合工作快速、稳步推进。冀中能源从邯郸矿业集团与张家口矿业集团自主整合开始，逐步完成了新邯郸矿业集团与邢台矿业集团、金牛能源集团与峰峰矿业集团的重组整合，并且重组整合的每一步都迅速、扎实、有力。黑龙江省委、省政府先后组织了两个调研组，对重组整合及股改上市涉及的相关问题进行了充分的调研论证，设计了重点、难点问题的应对措施，才做出了组建龙煤集团的决定。

六是组建成效显著，发展快速健康。三个煤炭企业集团组建后，大集团的规模优势和协同效应得到了充分发挥，发展速度和发展质量大幅度提高。陕西煤化销售收入以每年一个大台阶的速度跨越发展，资产负债率一直保持在60%以下。冀中能源销售收入由组建之初的258亿元迅速增长到580.8亿元，综合实力迅速跨入全国煤炭企业10强。龙煤集团通过统一销售和集中招标采购方式，多次化解了市场难题，大幅度降低了企业采购成本。

三、三个集团组建与运行的启示

分析外省三个企业集团的特点，对比山东能源集团的情况，可以从中得到以下六点启示：

第一，组建能源集团的决策符合煤炭企业发展大趋势。外省三个煤炭企业集团组建后，发展速度和发展质量大幅度跃升的事实证明，组建大集团是大势所趋、人心所向，省委、省政府组建山东能源集团的决策顺应了发展大趋势，是完全正确的，必将有力地促进山东能源产业发生质的飞跃。

第二，必须紧紧依靠省委、省政府和省国资委的大力支持及具体指导。外省三个煤炭企业集团的成功经验表明，大集团的顺利组建和有效运行，离不开省委、省政府、省国资委以及政府有关部门的高度重视和大力支持。山东能源集团要实现挂牌成立和挂牌后有效运行的目标，需要省委、省政府领导对重大问题的协调解决，需要有关部门特别是国资委的强力推动，并给予大集团优先配置省内煤炭资源等政策扶持。

第三，必须充分发挥企业战略的统领和凝聚作用。外省三个煤炭企业集团由于重组目标明确、发展战略清晰，统一了集团上下的思想和行动，保证了重组整合成功和企业持续快速发展。山东能源集团必须根据自身的基础和条件，扬长补短，制定集团发展战略，并作为理顺管理体制、构建管控体系、推进企业文化建设的依据，成为统一思想、凝聚人心、鼓舞斗志的行动指南，形成上下一心、共谋发展的良好格局。

第四，必须形成具有山东能源集团特色的管理体制。与外省三个企业集团相比，重组进入山东能源集团的六家矿业集团具有管理基础扎实、文化底蕴丰厚、人才优势明显、省外开发项目多、非煤产业发展空间较大的优势，但也存在政策性改革遗留问题多、冗员多、社会包袱重、省内煤炭资源储量小、省外开发力量分散、省外获取优质资源少、省外开发项目规模小分布广等不利因素。因此，山东能源集团应该紧密结合自身特点和发展需要，学众家之长，创自己之新，构建具有自身特色的管理体制和运行机制。

第五，必须强化对关键要素和重点环节的管控。合理划分集团总部与二级企业的职权，充分调动积极性，是外省三个煤炭企业集团成功组建和有效运行的关键因素。山东能源集团应该充分借鉴这些成功做法和经验，按照“三个中心”的定位，抓好对关键要素和环节的管控，同时赋予权属企业发挥其功能定位的相应职权，切实做到集分结合，管控有度。

第六，必须在推进中保持安全生产和矿区稳定。保持安全生产和矿区稳定，是实现大集团顺利组建运行的重要保证。山东省委、省政府已经做出组建山东能源集团的决策，组建过程不宜过长，条件具备就应尽快步入运行阶段。同时，必须坚持充分调研、缜密设计、先易后难、张弛有度、有序推进的原则，有计划、有步骤、分阶段地推动企业资源和业务的重组整合，确保安全生产和社会稳定。

煤炭开采企业税费负担过重问题的探讨

吉煤集团通化矿业公司　张志清

目前煤炭税费共8大类29项，税负水平在全国42个工业领域中居第4位，仅次于烟草制品、饮料制造和石油天然气开采业。煤炭企业的增值税税负率在11%～14%，是全国平均水平的3倍多，主要税费有增值税、资源税、资源补偿费、采矿权价款、探矿权和采矿权使用费、环境治理保证金、企业转产发展基金、价格调节基金及可持续发展基金。

一、增值税问题

世界上增值税可以分为生产型增值税、收入型增值税和消费型增值税三种。

目前我国实行的增值税是不彻底的消费型增值税，国家对煤炭企业实行的税收政策，影响着煤炭工业的健康发展。

1993年12月13日，国务院发布了《中华人民共和国增值税暂行条例》，从1994年1月1日起煤炭增值税税率确定为17%。

1994年，为保证采掘业的稳定发展，财政部、国家税务总局下发了（1994）财税字第022号文件《关于调整金属矿、非金属矿采选产品增值税税率的通知》，从1994年5月1日起，煤炭产品的增值税税率由17%调整为13%。

2008年11月国务院修订通过了《中华人民共和国增值税暂行条例》，从2009年1月1日起，煤炭增值税税率重新恢复为17%。

财政部、国家税务总局2009年9月9日下发的财税〔2009〕113号《关于固定资产进项税额抵扣问题的通知》中指出："以建筑物或者构筑物为载体的附属设备和配套设施，无论在会计处理上是否单独记账与核算，均应作为建筑物或者构筑物的组成部分，其进项税额不得在销项税额中抵扣。附属设备和配套设施是指：给排水、采暖、卫生、通风、照明、通讯、煤气、消防、中央空调、电梯、电气、智能化楼宇设备和配套设施。"

从通化矿业（集团）的情况来看，2010年增值税的缴纳比例占总纳税额度的57%以上，是最大的税种，也是煤炭企业认为税率设计最不合理的税种，煤炭行业增值税税率设计不合理，未考虑煤炭的开采过程及产品特殊性。不但没有体现国家发展基础产业的政策导向的鼓励性作用，反而起着逆向调控的负作用。煤炭企业与其他工业企业比较，具有以下特点：

（1）煤炭生产过程复杂。煤炭生产一般分为掘进、回采、井下运输、通风、排水、井巷、设备维修、筛选加工、其他生产过程。露天矿生产一般分为剥离、排土、运输、线路维修、设备维修、排水、筛选加工和其他生产过程。煤炭生产是地下作业，生产环节多，工作地点不断移动，劳动强度大，劳动组织复杂，是多工种、多工序的连续性作业和多环节的综合性作业。

（2）煤炭生产属于危险性作业。煤炭生产的生产条件变化大，经常受到地下水、火、瓦斯、煤尘、地温、地压等地下自然灾害的威胁，易发生各种安全事故。试想除煤炭开采企业外哪种类型的企业还有百万吨死亡率的考核指标？2011年通化矿业（集团）所在的吉林省白山市1—11月份发生过两次安全事故：3 月 24 日，吉林省白山市浑江区某煤矿发生瓦斯事故，事故造成 13 人死亡；11 月 20 日，吉林省白山市江源区某煤矿发生瓦斯爆炸事故，事故造成 2 人遇难。

(3) 提升环节多、运输费用高。煤炭生产过程是大量煤炭、岩石的转移过程，从采掘工作面、大巷到井筒、提升运输环节多、费用高。

(4) 煤炭生产是井下资源开采作业，生产场所不断移动，受自然条件影响很大，煤炭赋存的地质条件不同，生产工艺过程有较大的区别。

(5) 煤炭开采行业属于劳动密集型行业，生产成本中的物资消耗较少，人工成本所占比重较大，2010 年人工成本占原煤成本的 36%，属于比较典型的劳动密集型行业，而且，在煤炭产品成本支出项目中，允许抵扣的项目中一般就近从小企业和个体农民手中购进的沙、石、草袋等生产用材料，因无法取得合法抵扣凭证而无法抵扣进项税，坑木等农副产品发票只能抵扣 13% 的进项税，运输发票只能抵扣 7% 的进项税，因此，对煤炭企业征收的增值税，不能像其他产业那样对增值税进行足额抵扣，导致增值税税负率居高不下。2009 年 9 月 9 日下发的财税〔2009〕113 号《关于固定资产进项税额抵扣问题的通知》的出台，对煤炭开采企业来讲，更是雪上加霜，进一步限定了企业仅有的本来就少得可怜的可抵扣增值税的范围。企业为了自身的生存，只能提高煤炭价格，将增加的成本转嫁到下游企业，如火电厂、煤化工企业，这样势必会对电价的提高起到推波助澜的作用，必然影响到物价指数（CPI）的上涨，这与政府目前倡导的稳定物价的目标背道而驰。

煤炭工业是我国的基础产业，事关国家能源安全，事关国民经济全局，在全国增值税转型之际，其他行业均降低了税负，而煤炭产品增值税税率由 13% 恢复为 17%。煤炭企业作为高危行业，理应享受与一般制造业相同的增值税税率，在增值税转型中，国家笼统地以此类标准划分将进一步加大企业增值税税负，也有悖于增值税立法的宗旨。

我们认为，煤炭生产多为地下作业，生产环节多，工作地点不断移动，劳动强度大，劳动组织复杂，是多工种、多工序的连续性作业和多环节的综合性作业。煤炭采掘过程就是以矿井和巷道为载体，进行掘进、回采、运输、提升、通风、排水、支护和维修等过程。煤矿的巷道是一种为采煤服务且日益更新的构筑物，并非永久性的建筑物，与地面建筑物性质完全不同，只要煤采完了，巷道就不再具有使用价值和价值，但巷道又是煤炭企业生产的必要设施，其费用支出属于煤炭开采的成本费用，与交通运输业的巷道明显不同，与加工制造业的厂房也明显不同。同时，煤炭矿井的通风、排水、供电、运输和提升所需的线路、管路、轨道和其他装备，尽管基本上都附设在这些建筑物上，但大部分设备均可独立、单独运行，属于独立成套运行系统，不属于井巷不动产的附属设备和配套设施的范畴，不能因为在地下使用就不允许抵扣进项税。如果不允许煤矿抵扣这些巷道、设备及其维修费的进项税额，如同不允许加工制造业抵扣购置材料和设备的进项税额一样，明显不合理。

二、资源税、矿产资源补偿费、资源价款问题

自 2011 年 11 月 1 日起施行的《中华人民共和国资源税暂行条例》规定：焦煤税率每吨 8 ~ 20 元，其他煤炭每吨 0.3 ~ 5 元。尽管《中华人民共和国资源税暂行条例实施细则》规定的焦煤税率执行最低档每吨 8 元，但我们有理由相信，焦煤税率的进一步提高只是时间问题，这必然会进一步加重煤炭企业的负担。

资源税、矿产资源补偿费、资源价款三者的性质近似，存在重复征收现象。征收资源税、矿产资源补偿费和资源价款，实行矿产资源的有偿开采，相对于过去几十年的矿产资源无偿开采，无疑

是一个历史性的进步，方向是正确的，但计划经济条件下产生的资源税和资源补偿费，与市场经济条件下实施的资源有偿使用制度并存，必然存在相互交叉和重复现象。这在其他主要产煤国家都是没有的，因此，建议国家对煤炭资源税费制度实施整体改革，对各种税费重新定位和梳理，将资源补偿费与资源税合并征收，以促进煤炭工业的健康发展。

三、个人所得税问题

众所周知，煤炭开采企业大多远离城市，位于偏远山区。煤矿工人和城市工人不同，大多数都是单职工家庭，目前全国有700万煤矿工人。他们不但收入和待遇长期以来偏低，还面临着尘肺病的威胁。据安监部门不完全测算，2010年与2005年相比，全国煤炭行业尘肺病患病人数和死亡人数都呈上升趋势。这些因素导致煤矿人才流失现象严重。

一个矿工至少要养三口人，这就更使得煤矿职工的负担加重，尽管从表面上看，煤矿工人工资不低，但家庭人均收入就太低了，而且住房条件也艰苦。经调查发现，通化矿业（集团）目前仍有为数较多的矿工家属还住在30多年前的小平房里。

一线矿工工作在不见天日的井下，工作业条件差、劳动强度大、不安全因素多，实行三班倒，用自己辛勤的汗水，为社会默默地奉献着光和热。由于矿工的岗位属于高风险的岗位，因此他们面临体能和心理的双重压力，一人下井，全家担心，只有安全下班回到家，全家人悬着的心才能放下。

煤炭行业职工是一群豁出“性命”、吸着“灰尘”、摸着“黑暗”而开采“光明”的人，工作环境是“四块石头夹块肉”，他们是一个挥汗如雨、收入微薄和职业病多的人群。毋庸置疑，煤炭开采是“含血量”最高的行业。

2006年，国家有关部门联合下发了《关于调整煤矿井下艰苦岗位津贴有关工作的通知》，较大幅度地提高了煤矿井下工人入井津贴、夜班津贴和班中餐标准，是煤矿工人的福音，但是，这部分津贴仍需要缴纳个人所得税。职工井下艰苦岗位津贴和工资薪金一并纳税，不仅降低了井下职工的工资收入，而且影响了井下职工队伍的稳定性，这对煤炭企业和煤炭工业持续稳定发展产生了不良影响，脱离了调整提高井下艰苦岗位津贴标准的初衷。我们认为国家应将井下艰苦岗位津贴免税，以切实提高煤炭企业一线职工收入，稳定煤矿一线队伍，促进煤炭企业科学、健康地发展。

四、安全费用、维简费问题

2004年5月21日财政部、国家发展改革委、国家煤矿安全监察局联合制定了《煤炭生产安全费用提取和使用管理办法》和《关于规范煤矿维简费管理问题的若干规定》（财建〔2004〕119号）。这项政策的出台，为建立煤矿安全生产设施长效投入机制，提供了政策保障，但随着国家税务总局公告2011年第26号《关于煤矿企业维简费和高危行业企业安全生产费用企业所得税税前扣除问题的公告》的出炉，使得这项优惠政策对煤炭企业已无实质性意义。

国家税务总局公告2011年第26号《关于煤矿企业维简费和高危行业企业安全生产费用企业所得税税前扣除问题的公告》规定：煤矿企业实际发生的维简费支出和高危行业企业实际发生的安全生产费用支出，属于收益性支出的，可直接作为当期费用在税前扣除；属于资本性支出的，应计入有关资产成本，并按企业所得税法规定计提折旧或摊销费用在税前扣除。企业按照有关规定预提的维简费和安全生产费用，不得在税前扣除。

国家税务总局2011年第26号公告的核心就是：安全费用形成的固定资产不能一次性计提折

旧，预提的维简费和安全生产费用不得在税前扣除。

由于煤炭开采企业的特殊性，安全支出不均衡，如果预提的维简费和安全生产费用不得在税前扣除，将减少企业维简费和安全生产费用的储备，一旦发生安全事故，出现巨额开支，企业将无力承担，从此一蹶不振，造成企业生存困难。

针对上述四个方面的问题，为了促进煤炭企业健康有序地发展，综合考虑煤炭开采企业的特殊情况，“十二五”期间应出台以下扶持煤炭开采企业的新政策：

(1) 恢复煤炭产品13%的增值税税率，财税〔2009〕113号已不适用于煤炭开采企业。

(2) 资源税、矿产资源补偿费、资源价款合并征收，降低费率。

(3) 免征煤炭开采企业一线工人艰苦岗位津贴部分的个人所得税。

(4) 允许安全费用和维简费预提结余部分的企业所得在税前扣除。

后经济危机时代煤炭企业发展战略探讨

中国煤炭科工集团有限公司煤炭工业规划设计研究院

杜　渐　李瑞峰　方　奕　张　晶　郭继圣

后经济危机时代，全球经济缓慢复苏，存在反复和二次探底的风险，我国经济在政府的有效调控下，可以预见未来一段时间仍处于上升周期。煤炭企业在危机中受到一定影响，经过调整和转变，产业向化工、电力等方向延伸，开启多元化发展的道路。我国煤炭企业以国企为主，在改制转型、建立现代企业制度等方面存在一系列的问题。未来五年将是煤炭企业优化产业链、提升价值链的战略机遇期，煤炭企业采取何种发展战略，成为一个亟须解决的问题。

一、后经济危机时代煤炭企业面临的挑战

次信贷危机自 2007 年开始，到 2010 年 11 月美联储推出第二轮“量化宽松”政策基本告一段落。经过各国政府刺激性政策的密集推出，经济下降的趋势得到有效控制，自 2011 年起大多数国家经济开始出现恢复性增长。后经济危机时期，基本上是指 2008 年美国次信贷危机后，全球经济触底、回升直至下一轮增长周期到来前的一段时间区间。在后经济危机时期煤炭企业面临的挑战主要有以下两个方面。

（一）煤炭企业竞争态势发生变化

近年来，煤炭企业经过大规模兼并重组，行业集中度有一定提高，形成多个煤炭大集团，如河南煤化集团、中平能化集团、山东能源集团、冀中能源集团等，小型煤炭企业经过资源整合，在我国煤炭产业中所占比例逐渐减小，尤其是在主要产煤省份。可以预见，煤炭企业间的竞争将不再是国有企业与小煤矿的竞争，而是变成大型煤炭集团间的竞争，未来将会围绕煤炭绿色开采、产品品种、质量标准、煤炭运输通道、下游产业链等多个方面展开。

（二）煤炭企业经济效益有降低的预期

经过企业重组、资源整合，煤炭行业集中度有所提高，但较电力等下游行业仍相对较低。一方面由于高能耗产业快速发展带来大量煤炭需求，另一方面由于受运能限制造成供不应求，煤炭企业议价能力较强，煤炭价格目前相对较高。在未来，煤炭价格可能降低，致使经济效益下降，原因主要有以下几个方面：

第一，随着我国加快转变经济增长方式，大力推进经济结构战略性调整，高耗能产业限制性发展，将会使得煤炭需求增速降低。

第二，国家高度重视节能减排，在《国民经济和社会发展“十二五”规划》中将节能减排指标列为约束性指标。随着节能减排技术的大力推广和应用，能源增长速度将会低于国内生产总值增速，煤炭需求增速将会降低。

第三，“十二五”期间，各大煤炭集团煤炭产能的进一步释放，有可能使供求关系发生变化。

第四，随着铁路运能的进一步增加，行业集中度相对较低的煤炭产业同行业集中度较高的电力行业等相比，其议价能力相对较弱。

二、煤炭企业发展战略探讨

煤炭企业在战略机遇期内，抓住机遇，迎接挑战，可采取的发展战略有重塑煤炭企业战略、产融结合战略、发展新兴产业战略、部分产业领域的退出战略等。

（一）重塑煤炭企业战略

随着各大煤炭集团重组和快速扩张，煤业公司下辖煤矿和选煤厂数量成倍增加，煤矿和选煤厂在生产、管理、经营等方面存在诸多差异，现有的煤炭产业管理体制已无法实现对各自进行有效的管理，制约着煤炭企业乃至煤炭产业的进一步发展。在新的发展形势下，对煤炭产业实行业务流程再造，即采掘和洗选两种业务应分别成立公司进行专业化、标准化、精细化管理。未来煤炭产业运行模式如图 1 所示。

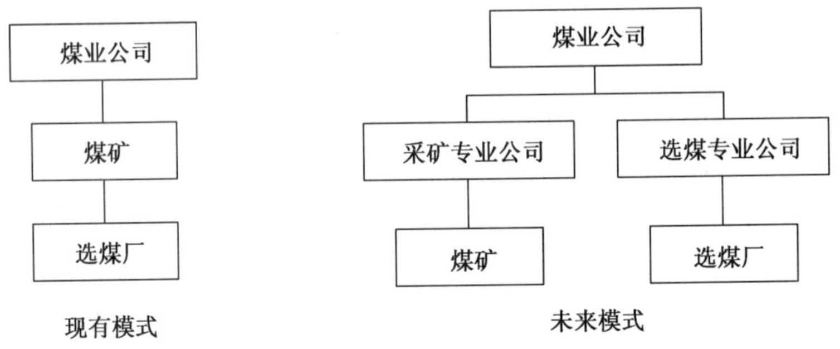

图 1　煤炭产业运行模式

目前，选煤厂多作为生产车间或内部核算单位存在，受矿井制约较大，无法最大限度地发挥积极性和主动性。现有模式下，产品的主要产出单位——选煤厂多为“成本中心”，制约着煤业公司的最终赢利水平。改变现有粗放型的管理体制，提高经济效益，重点是将选煤厂视为“利润中心”，并进一步成立专业化公司进行管理。具体操作上，以“两步走”的方式实现专业化管理：强化现有“利润中心”的管理模式，对煤矿、选煤厂进行独立核算，煤矿进一步减人增效、降低采煤成本，选煤厂采用更加严格的计量和计质系统，对原煤实行以质计价，优化入选原料的煤质，降低洗选成本，提高精煤产率；集团内成立采煤专业公司和选煤专业公司，对煤矿、选煤厂的生产技术、经营管理、设备维修等方面，进行专业化、标准化的管理。

现今，北京华宇公司、大地公司、约翰芬雷公司等已成立专业公司进行选煤厂运营，对煤业公司和设计公司均带来一定经济效益。煤炭企业成立专业化公司后，依托本身技术、人才等实力，可直接介入选煤厂运营市场，开拓煤矿运营市场，做大做强。

（二）产融结合战略

“产融结合”，是指产业组织和金融组织资本之间相互结合的关系。随着我国资本市场政策环境的逐渐宽松，产融结合呈现企业参股新型商业银行、商业银行持有企业股权、企业创设财务公司等多种形式。产融结合是产业资本发展到一定程度，寻求经营多元化、拓展融资渠道、提升资本运营档次的一种趋势。从国内外 GE、海尔等大企业的发展经验来看，产融结合是企业实现跨越式发展、做大做强的重要手段。目前煤炭企业中，如河南煤业化工集团、潞安集团等已成立财务公司，进入金融市场。

1. 融资的需要

“十二五”期间，各大集团均新上大量产业项目，需要募集大量建设资金。金融机构提供资金时，从自身降低风险考虑，容易出现“晴天送伞、雨天收伞”的情况。而对于新上产业项目而言，建设进程的推移，可能导致部分市场的丢失。煤炭企业“由产而融”后，双方成为利益共同体，一方面可以消除双方信息的不对称性，降低交易中的不确定性和交易费用；另一方面可以确保建设资金能及时提供。

2. 保值升值的需要

据上市公司 2010 年年报，银行业净利润率多在 35% 以上，其中工商银行为 43. 36% ，兴业银行为 42. 62% ，招商银行为 36. 10% 。而相比之下，煤炭行业净利润率多在 20% 以下，其中神华集团为 27. 95% ，中煤能源为 9. 69% ，潞安集团为 15. 61% ，西山煤电为 15. 61% 。煤炭企业适当介入金融业，是实现资产保值升值、提升产品层次的需要。

3. 多元化发展的需要

当煤炭企业主业发展到一定阶段，煤炭企业面临的多元化发展道路主要有延伸产业链、发展新兴产业、介入金融业。煤炭产业和金融业是可以相互依存、相互促进的。煤炭企业介入金融业，以金融资本为手段推动产业资本的发展，以产业的发展促进金融业务的深化，实现金融业与其主业的协调发展。

（三）发展新兴产业战略

根据《中华人民共和国国民经济和社会发展第十二个五年规划纲要》、《国务院关于加快培育和发展战略性新兴产业的决定》等文件，发展战略性新兴产业已上升到国家战略层面，成为带动我国经济发展和产业结构调整的火车头，新兴产业的利好政策有望进一步出台。战略性新兴产业包括节能环保、新一代信息技术、生物、高端装备制造、新能源、新材料、新能源汽车等。与煤炭企业关联性较大、可以积极涉入的主要有三项。

1. 节能环保产业

推进高效节能技术和装备的研发，实现重点领域关键技术的突破，包括高效采煤机、干法选煤装备和保水开采技术等。加快资源循环利用技术研发，包括煤层气利用技术、矸石直接充填采煤、煤矸石综合利用等。加快推进绿色开采、煤炭地下气化等领域的理论研究和技术推广。

2. 新能源产业

主要领域有新一代核能技术和先进反应堆、太阳能光伏光热发电市场、风能、智能电网、生物质能等。现煤炭集团多以煤炭为基础，延伸产业链，拓展火力发电业务。部分企业从高耗能行业角度入手，涉足光伏产业部件制造行业。煤炭企业可考虑以光伏原件制造为基础，进一步开拓光伏光热发电市场；煤炭企业地理位置，多在郊区、山区等生物质能丰富的地方，可因地制宜开发利用生物质能。

3. 新材料产业

大型煤炭企业一般都有煤化工产业，产品以甲醇、合成氨、二甲醚等初级产品为主，可进一步延伸煤化工产业链，发展碳纤维、芳纶、超高分子量聚乙烯纤维等高性能纤维及其复合材料，提升产品层次，获得较高经济回报。

(四) 部分产业领域的退出战略

由于各种原因，各集团发展过程中、重组成立后，均带有一定历史问题，如厂办大集体、“三产企业”、企业办社会等。煤炭集团按产业进行板块化划分后，煤炭、化工等主业单独成立上市公司、有限公司和事业部，余下产业、企业如何发展，职工如何安置，需要理性分析、认真对待。

1. 经济背景

自次信贷危机以来，控制通货膨胀成为我国政府宏观调控的首要目标。截至 7 月 7 日，2011 年已经加息三次，可以预计政府仍会以某种形式的通货紧缩和财政措施达到目标。其结果必然导致我国经济增长速度减缓，一个较为缓慢的增长速度将成为煤炭企业制定战略规划的基础约束。在此背景下，对于大型企业集团来说，平庸的产品和服务提供商将难以获得很好的发展机遇。

2. 基本原则

煤炭企业对辅业要区分对待，有成长潜力的产业要加以扶持，涉及员工福利的产业可考虑继续经营或市场化运作，亏损且扭亏无力的产业可考虑卖出资产。辅业的分离要综合运用行政手段和经济手段，树立主业做大做强、辅业做专做精、主辅业协调共进发展的思想，坚持在增量中搞分配，在发展中求分离。对于已分离辅业，煤炭企业可采用参股的方式，以产权为纽带，以合同或协议的方式，在一定时期内同质同价的前提下优先提供内部市场，促使其发展。

3. 员工安置

辅业的国有企业员工，原本享受着“铁饭碗”的待遇，对于这部分既得利益者，在安置时要尊重其既得利益，给予多种选择：下岗并给予一次性补偿；进入新成立的辅业公司，并保证其长期工作机会；通过公平、公正、公开的选拔考试，使部分员工进入主业等。

三、展望

企业间的竞争归根到底是战略的竞争，何种战略的选择对企业长期的生存发展至关重要。以上所列发展战略，煤炭企业可根据自身现状、基础条件，选取不同发展战略。当前煤炭价格处于历史高位，煤炭企业的正确战略为安全、稳定地生产煤炭，同时抓住战略机遇期，抓紧布局战略新兴产业。煤炭产业调整及部分领域的退出，可以选择性地进行，原因在于：一方面，推行调整有可能影响稳定生产，降低煤炭企业在此轮经济上升周期内的经济收益；另一方面，此阶段推行改革，在主业分离及职工安置上企业所负担的成本相对较大。煤炭企业应重视管理创新和科技创新，根据自身情况选择差异化竞争战略并维持长期差异化，以获得长期竞争优势。

关于焦煤集团用增减挂钩方法推动压煤村庄和谐搬迁的调研报告

河南煤化焦煤集团　赵英明　陶　笠　高国文　张喜明

煤炭企业压煤村庄搬迁工作在生产经营活动中占有举足轻重的地位，村庄搬迁进度的快慢直接影响着企业的生产和发展。在新的形势下，如何学好政策、用好政策，创新思维，大胆实践，改进工作方法，缩短迁村周期，降低迁村费用，实现和谐搬迁是值得我们研究的一个新课题。近年来，焦煤集团充分利用国家在城乡建设用地方面出台的“增减挂钩”政策，大胆尝试，取得了明显成效。

目前，焦煤集团因采煤涉及搬迁的村庄23个。其中，焦作境内6个，采取的方式为企业出资，政府协调，一村一迁。各项工作正在有序进行中；辉县境内首期需搬迁的村庄17个，搬迁工作已全面启动，正在分步实施阶段。

一、“增减挂钩”项目的实施背景

压煤村庄搬迁工作制约着煤炭企业的开采速度，按照原来的征地模式——先批后用，手续烦琐，程序复杂，而且还涉及用地指标。从新村址用地手续开始办理到新村开始建设往往需要几年的时间，跨度长、费用高、难度大且老村难以复垦。由于先采后搬，造成大量危、漏房屋直接影响村民生命财产安全，村民居住在危漏房屋中，环境差、怨气大，经常围堵企业大门、道路。2005—2007年，因采煤沉陷危及村民生命财产安全而造成较大规模的堵门、堵路现象共发生了9起，不仅激化了企地工农关系矛盾，影响了企业正常的生产经营秩序，严重损伤了企业形象，同时也使企业承担着高昂的临时搬迁补偿费用。特别是融入河南煤化以来，随着生产规模不断扩大，以往的搬迁速度、征地管理模式已经不适应目前的大产量、大采高式的快速发展需要。在这种情况下，利用国家有关政策，不断创新工作思路，采用新的征地管理模式具有十分必要的现实意义。根据《国务院关于深化改革严格土地管理的决定》精神和国家有关城乡建设用地增减挂钩试点工作的规定，2006年4月，山东、天津、江苏、湖北、四川5省市被国土资源部列为城乡建设用地增减挂钩第一批试点。国土资源部2008年6月颁布了《城乡建设用地增减挂钩管理办法》（以下简称《增减挂钩办法》），2008年、2009年国土资源部又分别批准了19个省市加入增减挂钩试点，分别是河北、内蒙古、辽宁、吉林、黑龙江、上海、浙江、福建、安徽、江西、河南、广东、广西、湖南、贵州、重庆、云南、陕西、宁夏。

2009年河南省人民政府以豫政办〔2009〕124号《河南省人民政府办公厅关于印发河南省城乡建设用地增减挂钩试点暂行办法的通知》下发各地市县进行试点。为进一步规范试点工作，2010年12月国务院又以国发〔2010〕47号《国务院关于严格规范城乡建设用地增减挂钩试点切实做好农村土地整治工作的通知》下发各地市，为更好地指导试点工作奠定了坚实的基础。

焦煤集团正是利用这一有利时机，在压煤村庄搬迁过程中采用城乡建设用地增减挂钩的办法，从新村址的确定到开工建设只需要几个月的时间，不仅保证了压煤村庄搬迁农民的切身利益，还保证了矿井的正常生产。采用这种方式缩短了迁村的周期，降低了迁村的成本，为企业赢得了丰厚的经济效益和社会效益。

二、“增减挂钩”的内涵及具体做法

1. “增减挂钩”的内涵

所谓的“增减挂钩”就是城乡建设用地增减挂钩，是指依据土地利用总体规划，将若干拟整理复垦为耕地的农村建设用地地块（即折旧区）和拟用于城镇建设的地块（即建新区）共同组成折旧建新项目区（以下简称项目区），通过折旧建新和土地整理复垦等措施，实现项目区内增加耕地有效面积，提高耕地质量；在确保建设用地总量不增加的前提下，实现节约集约利用建设用地、城乡用地布局更合理的目标。也就是，将农村建设用地与城镇建设用地直接挂钩，若农村整理复垦建设用地增加了耕地，城镇可对应增加相应面积建设用地。需要注意的是：挂钩周转指标专项用于控制项目区内建新地块的规模，同时作为拆旧地块整理复垦耕地面积的标准，不得作为年度新增建设用地计划指标使用。温家宝总理2007年为确保18亿亩耕地红线曾说，“在土地问题上，我们绝不能犯不可改正的历史性错误，遗祸子孙后代”。

2. “增减挂钩”的具体做法

按照国务院的相关规定和省政府的具体要求，焦煤集团结合自身的条件，从2009年起，开始启动并实施“增减挂钩”项目。具体做法就是在村庄搬迁中，新村用地手续采用城乡建设用地增减挂钩办法对农村低效利用的建设用地进行整治并新增耕地，一部分复垦为耕地，一部分改建为新村。通过建新拆旧和土地整理复垦等措施在保证各类土地面积平衡的基础上，最终实现增加耕地有效面积。同时，对分散、低效利用的农村建设用地通过整理复垦，形成建设用地的集聚效应和耕地规模效应，在提高土地利用的集约化程度的同时，优化了城乡用地布局。

在实际操作过程中，首先在调查摸底、宣传发动、收集资料并制订好方案的基础上，根据现状编制挂钩规划。挂钩规划是解决用地布局不合理、用地指标不足、用地矛盾突出等问题的根本办法，是保障社会经济持续发展对用地需求的有效途径，也是保护耕地、促进土地节约集约利用的重要手段。挂钩规划编制完成后经专家论证，市局审核后报省厅批准，启动新农村建设。在村民搬迁完成后实施旧村拆迁，进行土地整理复垦。通过拆旧建新和土地整理复垦等措施，达到增加有效耕地面积、提高耕地质量的目的，实现土地节约集约利用，促进城乡协调发展的目标。

焦煤集团焦作境内压煤村庄搬迁增减挂钩项目先建后拆，已经启动3个项目，分别为官庄新村、赵蒋新村、寺庄新村建设项目。官庄新村建设项目位于马村区演马街道办事处，赵蒋新村建设项目位于演马街道办事处北庄村和聩城寨村，寺庄新村建设项目位于演马街道办事处姜冯营村和寺庄村。建新区官庄新村占用农用地面积15.341 hm^2，赵蒋新村占用农用地面积10.672 hm^2，寺庄新村占用农用地面积6.403 hm^2，3个新村建设项目共占地32.416 hm^2。拆旧区涉及3个村庄，分别为官庄老村、赵蒋老村、寺庄老村，全部为农村居民点用地，拆旧区总规模44.622 hm^2，其中官庄老村拆旧规模19.743 hm^2，赵蒋老村拆旧规模16.875 hm^2，寺庄老村拆旧规模8.004 hm^2。以上3个村庄搬迁可节约用地12.206 hm^2。

焦煤集团辉县境内压煤村庄搬迁是异地建设新区，村庄整体搬迁。焦煤集团赵固一矿首采区影响辉县市冀屯乡东北流村、西北流村、范屯村、马正屯、岳村、文庄6个村庄，集中搬迁安置在冀祥新区。冀祥新区位于交通便利的焦辉路边前姚村附近，总占地面积114.857 hm^2，安置以上6个村庄首期占地54.027 hm^2。焦煤集团赵固二矿首采区影响辉县市北云门镇的西木庄、西丁庄、宋坦和占城镇的周圪垱、大梁冢5个村庄。这5个村庄整体搬迁安置到北云门镇附近的宏云新区。宏云新区总占地面积200.1 hm^2，搬迁安置以上5个村庄首期占地57.029 hm^2。古汉山矿和张屯矿采煤影响到吴村镇一街村、二街村、三街村、潘村、张村、张屯6个村庄。这6个整体搬迁安置到吴村新区，吴村新区总占地面积91.98 hm^2。焦煤集团在辉县境内需搬迁的17个村庄原村庄面积387.04 hm^2，新村占地面积203.035 hm^2，节约用地184.025 hm^2。焦煤集团搬迁村庄基本情况详见表1、表2。

表1　焦煤集团焦作境内搬迁村庄情况

序号	村　庄	户数/户	人口/人	老村占地/hm^2	新村占地/hm^2	新村建设情况
1	官庄村	289	1300	19.743	15.341	新村址已经确定，开始测绘
2	亮马村	567	2242	27.947	21.01	新村建设已经完成95%
3	赵蒋村	230	900	16.875	10.672	新村址土地开始平整
4	寺庄村	154	700	8.004	6.403	新村址已经确定，开始测绘
5	毛寨村	260	1100	23.278	14.674	做迁村的前期准备工作
6	张村	50	175	5.336	3.335	新村址已经确定，开始测绘
合　计		1550	6417	101.184	71.436	

表2　焦煤集团辉县境内搬迁安置村庄基本情况

矿井	乡镇	村　庄	户数/户	人口/人	老村面积/hm^2	新村面积/hm^2	新区总面积/hm^2
赵固一矿	冀屯乡	西北流村	325	1234	12.149	54.027	114.857
		东北流村	309	1171	11.120		
		范屯村	246	953	10.641		
		岳村	356	1343	20.554		
		马正屯	364	1162	13.195		
		文庄	249	1110	12.038		
赵固二矿	北云门镇	西木庄	518	2105	20.560	57.029	200.1
		西丁庄	648	2411	23.345		
		宋坦	542	2262	25.613		
	占城	周圪垱	228	987	10.475		
		大梁冢	334	1128	14.097		
古汉山和张屯矿	吴村镇	一街村	561	2234	17.429	91.979	91.979
		二街村	425	1832	11.396		
		三街村	646	2639	88.531		
		潘村	306	1231	48.974		
		张村	208	907	22.201		
		张屯	290	1129	24.692		
合　计			6555	25838	387.04	203.035	406.937

截至目前，随着“增减挂钩”项目在辉县境内压煤村庄搬迁过程中的逐步实施，新农村建设工作已初具规模，具体进展情况如下（表3）：

表3 焦煤集团辉县境内三个新区建设概况

新区	建筑用地面积/hm^2	住宅建筑面积/m^2	套数/户	结构	进展情况
冀祥新区	114.857（一期54.027）	799535	4442	4层砖混复式楼、2层底框、4层砖混单元楼	冀祥新区目前已有43栋楼竣工，正在进行室外管网和区内道路工程施工；3月份开标的57栋楼，有21栋正在进行主体工程施工，其中15栋复式楼已基本完工
吴村新区	91.979（一期52.826）	723840	5236	5层砖混单元楼、4层砖混复式楼、1层底框、2层砖混单元楼	吴村新区目前学校6个标段已全部竣工且通过验收，附属工程已基本完工。A区先期开标的16栋楼，4栋复式楼已竣工，其余12栋正在进行外墙保温等装饰工程的施工。2010年后期开标的40栋楼，有38栋楼正在进行内墙粉刷和外墙保温工程的施工，2栋由于场地狭窄而开工较晚，目前正在进行主体工程的施工。2011年3月份招标的48栋楼，均在不同程度地进行主体工程的施工。新区污水处理厂、污雨水管道工程正在施工
宏云新区	200.1（一期57.029）	1360210	10463	4层砖混复式楼、2层底框、4层砖混单元楼	宏云新区3月18日开标66栋楼，施工合同已签过，目前正在做开工前的准备工作

（1）冀祥新区首期开工的10栋住宅楼已全部竣工，室外管线及宅间混凝土路已全部竣工，具备入住条件，可安排136户。另有33栋楼也全部竣工，室外管网和区内道路工程已竣工，可安排396户。目前，冀祥新区已有43栋楼竣工，具备入住条件，可安置532户。东北流村、西北流村两村的整体搬迁正在做协调工作，范屯村计划2012年启动整体搬迁工作。

（2）吴村新区目前已有12栋复式楼竣工，另有92栋楼正在进行施工，预计2012年5月底全部竣工，可安排1383户。新区中小学校教学楼、宿舍和食堂已通过竣工验收，道路、围墙、操场等附属工程已基本完工，初装工程即将开工。新区污水处理厂、污雨水管道工程正在施工，预计2012年5月可全部竣工，达到入住条件。

（3）宏云新区2011年3月18日已开标66栋楼，施工合同已签订，可安排764户。目前66栋楼所处位置的土地已完成清表工作，辉县搬迁办和北云门镇搬迁办正在协商、筹备，做好开工前的准备工作。

“增减挂钩”项目的实施是一个综合性的工程，目前焦煤集团焦作和辉县境内已分别成立了由政府统一组织的国土、规划、财政、发改委、交通、水利、农业、环境保护、项目所在街道办事处、焦煤集团等相关机构组成的土地增减挂钩实施工作小组。小组实行具体分工，进行摸底调查、兑付补偿及房屋拆除搬迁、开展土地整理复垦等工作。具体实施流程如图1所示。

焦煤集团“增减挂钩”项目实施主要包括以下几个阶段：

2009年7月至2010年2月进行拆旧项目区内摸底调查、宣传发动和初步方案的制订，并搜集资料，现场踏勘、测量，编制项目区土地挂钩实施规划。

2010年3月至2010年10月由区政府、街道办事处、有关部门和专家对挂钩规划进行论证，审

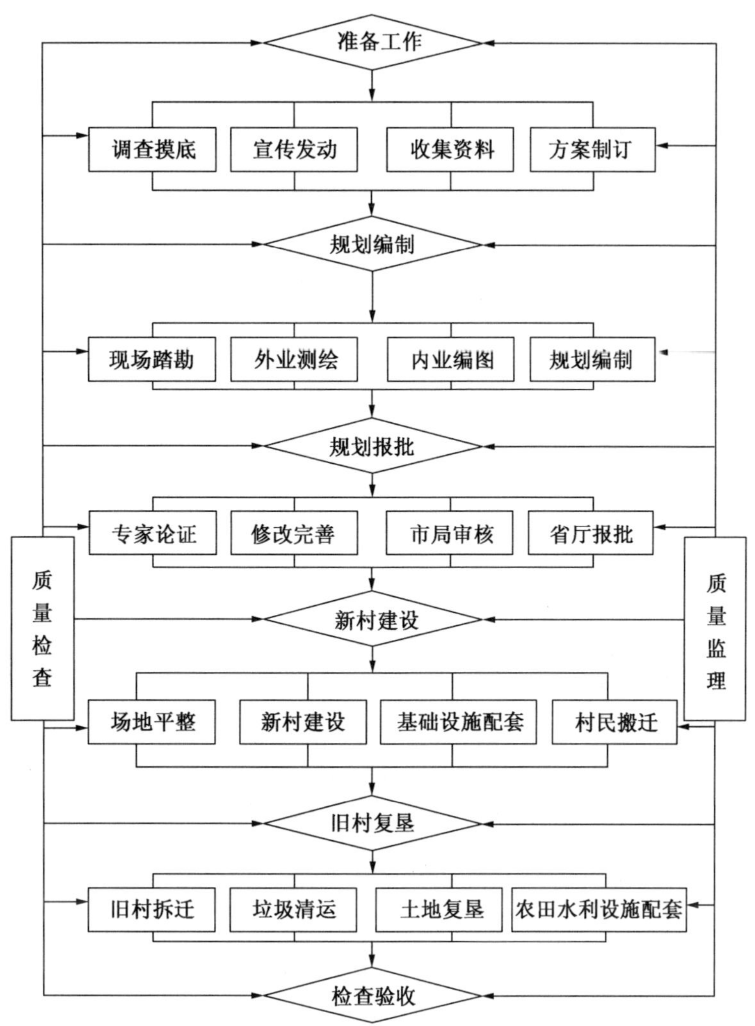

图1　焦煤集团土地“增减挂钩”工作实施流程

查报批，并修改完善。

2010年11月至2012年6月完成项目区建新区宅基地建设以及农民的安置，并开展农村居民点的拆迁，开展拆旧村庄、土地整理复垦前期工作。

2012年7月至2012年12月，对拆迁后的旧村进行复垦，同时对拆旧区范围内的道路、沟渠等农业基础设施和建新区道路、给排水、电力等村庄基础设施进行施工。

2013年1月至2013年3月，完成项目区检查验收。

目前，焦作境内进入搬迁阶段的共有5个村庄，正处在项目分步实施阶段。5个村庄老村占地共73.237 hm^2，现在新村址已经确定，5个新村址共占地50.425 hm^2。通过增减挂钩项目的实施，焦作境内压煤村庄搬迁将新增耕地22.81 hm^2，不仅保护了耕地，缓解了用地压力，而且有力支持了新农村建设。辉县市自2009年开始实施该项目，目前需要搬迁的压煤村庄有17个，通过实施“增减挂钩”，将把全部村民分别搬迁到吴村新区、冀祥新区、宏云新区集中居住，这些新区的建设都与国家新农村建设和新乡市推进城乡一体化、建设新型农村住宅社区相结合，规模大、标准高、功能齐全。和老村址相比，全部搬迁完辉县市将新增加耕地2000余亩。

三、“增减挂钩”项目的实施效果

(1) 新村址用地通过采用“增减挂钩”的方式，大大减少了征地费用。据初步统计，采用这种方式，可为企业减少征地费用3.77亿元。

(2) 缩短了搬迁周期，降低了搬迁成本。以前迁一个村需3~5年时间，现在迁一个村需2~3年时间，基本上可节约一半时间，从而可以降低50%以上的搬迁过渡费用。据已发生的费用测算，一个压煤村庄一年的搬迁过渡费用在300万元左右。平均提前2年，搬迁23个村，就可节省搬迁过渡费用1.32亿元。

(3) 通过搬迁23个村庄，可节约用地156.211 hm^2，解放煤炭储量2500万t，为焦煤集团可持续发展，提高产量奠定基础。

(4) 随着“增减挂钩”项目的分步实施，可逐步实现“先搬后采”的良性循环模式，从而改变了以前“先采后搬”的模式，由被动搬迁变成了主动搬迁，化解了农民的怨气，做到了绿色开采、环保开采，实现了良好的社会效益。

(5) 极大地改变了农村居住环境。由于压煤迁村同新农村建设、土地整理进行了有机结合，从而极大地优化了土地配置，改善了农村居住环境。

焦煤集团在压煤村庄搬迁新村用地过程中采用“增减挂钩”的办法，提高了用地效率，优化了土地资源配置，在建设用地不增加的前提下，增加了耕地面积，节省了大量资金，减轻了企业负担。与此同时，随着该项目的逐步实施将大大缓解企地间的工农关系矛盾，在发展工业的同时间接刺激了农业的发展。农村居民点通过整理，搬进了公益设施齐全、配套完善的新村，住上了规模大、标准高、功能齐全的大型社区，实现了和谐搬迁的宏伟目标。

企业战略篇

积极实施并购战略 助力世界一流企业建设

神华集团有限责任公司

白三迎 薛春峰 沈学松 孙兆郁 纪 伦
郑永春 傅孝文 任佳柳 胡田烊

2011 年，神华集团研究确立了创建具有国际竞争力的世界一流煤炭综合能源企业的战略目标。面对更加高远的发展目标，神华集团必须坚持“两条腿”走路，既要继续坚持内生性发展，丰富、优化、创新一体化发展模式，又要注重把握世界一流企业成长发展的一般规律，抢抓机遇，大力实施并购重组战略。

一、实施并购重组战略的重要意义

（一）并购重组是神华增加经济规模，建设世界一流企业的必由之路

世界一流企业需要世界一流的规模。《财富》世界 500 强排名衡量不同政治、经济制度下全球企业的首要指标就是企业的营业收入。2011 年，神华集团位居世界 500 强第 293 位，较上一年度前进 63 位。但按 2010 年营业收入计算，神华集团与世界第 100 强的差距是 356.4 亿美元，比 2010 年 324.5 亿美元的营业收入还要多。只有借助兼并、联合、收购、重组等方式，走超常规的发展道路，才可能尽快实现战略目标。

在进入 2011 年世界 500 强的 69 家中国（含港、澳、台地区）企业中，神华集团实现了 63 位的上升幅度，仅排在第 14 位。中国海油、中铝公司等中央企业实现了 70 位，甚至 100 位以上的跨越式发展，都得益于海内外并购重组，或延伸产业链条。神华集团应增强紧迫感，牢抓发展机遇，让并购重组助力神华集团一流企业建设。

（二）并购重组是抢抓产业机遇，提升神华集团核心竞争力的有效途径

回顾神华集团 16 年来的发展历程，其核心竞争力的完善得益于并购重组。神华集团成立之初，煤炭、铁路板块起步早，发展情况明显优于其他板块；但随后的亚洲金融危机、煤炭市场疲软以及 2003 年以来能源需求旺盛等形势变化对神华集团原有发展模式提出挑战。神华集团通过接收“西六局”，整合“宁新宝”，组建国华电力公司，打造自有航运公司等手段，延伸了煤炭产业链和产品链，提高了产品附加值，凸显了低成本优势，增强了企业抗风险能力。

未来，无论是增强发展能力的内在要求，开拓市场的外部需要，还是发挥央企责任的政治需要，都需要尽快实施并购重组。围绕矿、路、电、港、航、化“六位一体”的运营链条，吸收优质资产，增强一体化运营的通过能力和安全保障，这对于超前防范市场风险，抵抗行业周期的波动，在市场竞争中永远保持低成本优势，都具有重要的战略意义。

（三）并购重组是神华推动经济发展方式转变，履行央企政治、经济、社会、行业责任的重要载体

神华集团在长期的发展过程中，在煤电油运等产业方面积累了丰富的运营、管理、科技等经验，具备了丰富的人力资源和雄厚的资金实力。神华集团加快推进并购重组，是促进生产要素高效率运作，使存量资源实现以市场为导向、跨区域优化配置的重要举措，有利于地方政府、目标企业共享神华集团一体化运营资源，提升能源供给效率，实现企地共赢发展；有利于共享神华集团科技资源和技术实力，改善企业装备和工艺水平，加速淘汰落后产能，提高企业自主创新能力；有利于共享神华集团人力资源和管理经验，改善企业组织结构，提高产业集中度，推动双方产业结构优化升级。

从世界范围来看，国家迫切需要打造一批具有国际竞争力的大企业集团参与国际间激烈的产业竞争，在全球范围内配置资源，服务我国经济发展。加快整合相关行业分散的人才、市场、自然资源等生产要素，壮大企业规模，提升一体化模式的国际竞争力，加快实施“走出去”战略，这是党中央、国务院的号召，也是保障国家能源战略安全的必然要求，更是神华集团作为中央企业和煤炭行业“国家队”所应履行的责任。

二、并购重组的概念、神华集团并购重组战略的提出及其内涵

（一）并购重组的概念

并购，是兼并和收购的简称。兼并主要是一家优势公司吸收一家或多家公司。收购是指用现金或有价证券购买另一家企业的股票或资产，以获得对该企业全部资产或某项资产的所有权和控制权。

本文中，“重组”特指并购完成后在目标企业中进行的一系列以促进全面融合为目的，对战略、组织、管理、人员和文化进行调整优化的行为。并购重组还包括为了实施战略、拓展业务、利用各自优势资源，与其他投资方合资建立新的企业。

一项并购重组要经过的程序包括并购信息捕捉、评估目标资产的战略协同价值、商务谈判及尽职调查、签订并购协议、资产接管和业务整合、对并购效果的后评价等阶段。

（二）神华集团并购重组战略的提出

在总结近年来并购重组经验的基础上，结合创建世界一流企业战略，本文将并购重组战略概括为：立足神华集团一体化运营优势，从市场共享和技术共享两个方向，把握产业机遇，吸收国际国内优质资产，优化资源配置，全面深度融合，实现并购相关方利益最大化，助力神华集团创建世界一流企业。

（三）神华集团并购重组战略的内涵

发挥和完善一体化运营优势是并购重组的出发点。一体化运营优势，就是“资源共享、深度合作、协同效应、低成本运行”，其物质载体就是一体化运营的产业链条。神华集团实施并购重组的优势，就是一体化运营优势在并购重组活动中的延伸。

市场和技术是并购重组的两个轴线。从管理理论的视角来看，成功的并购行为都是建立在统一

的市场上或者以统一的技术为纽带。并购行为要围绕技术共享（包括管理技术）和市场共享两个方向展开，谋求两类资产：一类是在生产技术和管理技术上存在协同效应的资产；另一类是在煤炭市场、电力市场和煤化工产品市场上存在协同效应的资产。

神华集团的并购绝不能仅仅依靠资金实力，这种并购行为不具有长期的战略价值；并购活动要着眼长远，需要超前谋划，做好战略资产的储备。

并购后的业务整合与文化融合的效果决定了并购重组的成败。按照资源优化配置的思路，要对目标企业的战略、组织、管理、人员和文化进行调整优化，增强业务协调与控制能力，努力实现目标资产与神华集团运营的全面协同和文化的深度融合。

并购相关者利益共享是并购重组的宗旨。要充分考虑对方股东、所在地方政府、目标企业高管和员工的利益，体现出中央企业为国民经济作贡献，带动地方经济发展，造福于人民的真正价值，使参与并购的各方都要获益。

（四）神华集团并购重组要把握的原则

一是坚持审视自我、立足自我原则。要明晰神华集团自身的优势和特色，坚定地依托自身一体化运营优势，精心选择能够带来战略协同价值的目标资产。

二是坚持开放包容、双向提升原则。要促进与被并购企业的交流，尊重新并购企业的发展历史、行业特点和经营特性，提升新并购企业管理水平，同时，其好的经验和做法也要为我所用。

三是坚持业务和文化同步融合原则。文化建设要与业务整合同步规划，同步启动，发挥文化的凝聚作用。

四是坚持和谐发展、利益共享原则。重视参与并购相关方利益的保障，做好平稳过渡，加快新并购企业发展，努力实现各方共赢。

五是坚持以诚相待、践行承诺原则。要做到尊重对方，换位思考，坦诚沟通，兑现承诺，树立诚信形象。

（五）神华集团并购重组要走向常态化

并购重组活动的成功实施是一整套体系，需要前期开展系统的研究，找准目标企业，需要专业的团队去掌控并购过程，需要高效的管理制度、流程和体系的有力支持，还要强化并购后的业务整合与文化融合。过去，神华集团并购重组活动多采用项目式的管理方式，现在要走向常态化。

促进并购常态化，强化风险管控至关重要。要关注并购前的决策风险，选准目标资产；关注并购实施中的操作风险，依靠审计、法律等专业力量，减少信息不对称带来的障碍；重视并购后重组中的整合风险，周密筹划，稳步实施。

三、实施并购重组战略的五个方面工作

（一）适应并购重组战略，创新管理思路

任何物体的面积，与其直径的平方成正比地增加，而其体积则与其直径的立方成正比地增加。随着物体的直径从2增加到3再到4，其表面面积从4增加到9再到16，而其体积从8增加到27再到64。这一简单原理给我们带来启示：资产扩张的效果不仅是一维尺度上的增加，而且复合了管理维度和文化维度的提升。并购重组在带来企业规模增加的同时，也使企业发展和管理的变化及复

杂性以立体的效应增加。这意味着，随着并购重组活动的实施，为了适应公司发展和管理的变化，需要不断发展、升华企业管理结构，优化管理政策或策略，升级各项管理行为。

这种升级或改善不是自发的，也不是已有工作的延伸或以前工作的量的增加，而是在公司规模或复杂性达到一定的临界点以后，各级管理人员必须主动对企业的管理结构、管理政策和行为进行变革。这种变革的实质是组织的“质变”。这就好像大型动物骨骼不是从昆虫的硬壳进化来的一样，要将神华集团建设成为世界一流的优秀企业，这种“质变”是必须的。企业所要求的抢抓机遇、并购重组、拓宽发展领域和空间等活动催生了这种“质变”，“质变”也是实现目标的基础和前提。

集团公司规模和管理复杂性的变化对于集团公司各中层管理干部、总部机关管理人员，特别是公司领导和高管的思想及行为影响巨大，提出了更高的要求。重大决策、日常管理和服务、监控与协调、运营和生产调运作业指挥等职能也需要根据规模的变化做出积极、及时的应对。

（二）加强总部能力建设，提供有力管理支持

并购重组战略对总部机关的协调控制提出更高要求。要进一步理清总部机关与子公司的职能界限，总部要建设成为全集团管理、技术、生产等资源中心，在实现全集团各级资源共享，重大发展战略和支撑性战略的研究与实施管理，支持子公司良性发展方面发挥出重要作用。

要优化完善并对外明确并购重组业务的有关制度和流程，在相关部门间建立联席协调机制，明确并购活动中投资管理、资本运作管理和产权管理的流程，为集团层面开展的并购和子公司的有关并购活动提供清晰的路线图。

各部门要提高业务能力，为并购重组活动提供专业化支持，减少对“外脑”的过度依赖，为新并购企业生产经营、管理和技术中出现的问题提供系统的解决方案。

探索建立规范的并购辅导制度。根据并购企业的特点制定业务整合和体系宣贯的总体方案，明确对接的体系和内容，派辅导员对业务整合工作进行指导。同时，注重发现、学习与支持被并购企业的先进管理体系和生产技术体系，促进自身管理水平的提升。

要通过集中培训、对外招聘和实务操作锻炼等形式，着力打造好并购前产业机遇研究、并购中商务谈判和并购后业务整合的三支专业化人才队伍。

要制定并购重组活动行为准则。在工作方式上，要充分尊重对方，尊重对方的利益，做到换位思考。在工作态度和作风上，做到以诚相待，践行承诺。

要注重利用并购重组的有利时机，与并购相关方积极协调，帮助并购企业解决历史遗留问题和职工民生问题，使并购企业能够轻装上阵。

（三）完善并购企业公司治理，奠定坚实体制基础

并购重组的合作对象涵盖了不同的所有制类型，合作模式上有绝对控股、相对控股以及参股。较为复杂的产权关系，决定了必须完善子公司治理结构，为目标企业的健康运营提供坚强的体制保障，实现集团对目标资产的有力管控。

要建立牢固的公司治理体系。按照现代企业法人治理结构的要求，建立健全股东会、董事会和监事会，配备与目标企业经营特点相适应的经营层，形成子公司各负其责、协调运转、有效制衡的公司治理结构。

要处理好股东关系。股东要关心并支持并购企业发展。要建立规范的股东会议制度，严肃规范

举行会议，按照章程规定的权限，做好对董事会有关决议的批准或否决。建立股东单位高管和职能部门级的沟通机制，在重大决策、业务管理和运营管理等方面经常沟通，共同为并购企业提供服务。根据并购企业发展的需要，适时组织有股东方人员参加的战略研讨活动，进一步凝聚发展共识。

并购企业的董事会要有效发挥作用。在有效发挥董事会决策中心作用的同时，要丰富董事会的工作内容，注重监控与推进有关集团公司和子公司战略决策的执行，推进组织结构调整和内部重组，做好企业风险防控，对经营层实施有效监督和考核。要理顺董事会、股东会工作程序，不要联合举行两会，董事会要根据授权进行决策，股东会要依据公司章程批准或否决董事会的决议。

充分发挥派出董事、监事机制的作用。加强派出董事、监事队伍建设，逐步实现来自股东方的外部董事在并购企业的董事会中占多数，强化公司治理的制衡机制。外部董事要依靠自身的专业素养，为并购企业的成长出谋划策，以并购企业的利益为根本出发点，协调好企业利益和股东利益间的关系，不能仅仅成为股东的“传声筒”。

重视对并购合资企业董事、经理人员包括对方股东派出管理人员的培训、培养和指导，尽可能消除董事会、经营层的股东情结，把着眼点放在本职工作上。支持子公司董事会、经营层在法人治理结构框架下，齐心协力、全心全意做好子公司的事情。

对于在地方有影响的大型合资公司，鼓励董事会结合神华集团发展战略，提出子公司自身战略设想，寻求双方结合点，推动集团公司、地方政府和子公司等各方利益的共享和最大化。

（四）强化对并购企业的经营管控，提升协调和控制能力

由于神华国华采用一体化经营模式，需要在一些职能管理上采取集中化的管控模式，这要求新并购企业调整优化管理体系，实现与神华集团管理体系的有效对接。

实行管理对接。继续推进和完善“五型企业”建设，引导并购企业在本质安全、质量效益、创新驱动、节约环保、和谐发展等方面下工夫，提升发展质量和管理水平。要严格执行“五型企业”绩效考核制度，发挥考核工作的引导性。要将薪酬与考核相挂钩，发挥薪酬激励作用。

实行运营对接。继续强化生产统一指挥，帮助其与集团公司建立起畅通的调度信息渠道和信息传导机制。新并购企业要自觉维护总部的计划、协调、平衡、指挥职能，提高对生产调度和安全调度指令的执行力，提高生产计划的兑现率。

实行销售对接。继续推进“大销售”战略，利用神华集团一体化运营优势，通过低成本物流体系，协调解决并购企业的运力、产品质量等问题，增强企业发展能力；建立信息共享平台，及时传递产运销信息，推行协同订货，协同销售；结合新并购企业的产业特点，挖掘其在开拓新市场、开辟新通路、优化销售网点布局、建设煤炭储备基地、创新贸易手段等方面的协同价值；注意兼顾其他股东的利益，实行统一销售和销售政策管理相结合的方针。

实行财务对接。新并购企业要认真实施低成本发展战略，强化成本管控意识，实行全面预算管理；深入挖潜增效，突出成本费用预算控制，严格控制“七项费用”支出；严格执行“收支两条线”的资金集中管理规定；积极开展板块成本对标活动，寻找成本异常动因和优化方案。

实行物资管控对接。新并购企业要按照集团总体安排，推进物资管理信息化建设；认真落实集团物资管理各项制度，修订完善自身制度；加强物资采购计划编制和上报，促进集团集中采购优势的发挥；做好物资统一编码，推动仓储管理标准化，加强消耗定额管理等工作。

实行信息化对接。继续推进以 ERP 为核心的 SH217 工程建设，及时、准确地掌握全集团生产

经营活动数据，为管理活动提供科学依据。实行信息系统对接，实现统一平台上的信息共享。集团信息化建设要增强兼容性和可扩展性，充分考虑并购重组活动需求。新并购企业要按照集团信息化部署，积极完善自身系统，正确运作和维护。

（五）新并购企业要积极主动地融入神华大家庭

班子成员承载着股东的共同期望，要强化大局意识，精诚团结，不断提高业务能力，自觉从企业自身的发展利益出发想问题、办事情，维护股东间的合作与团结，确保并购后业务整合工作和生产经营的顺利开展。

要积极融入神华集团发展战略，融入一体化运营模式，明确自身定位，调整发展思路，在生产经营和发展节奏上自觉服从神华集团总体战略的要求。

要重新梳理和完善制度和流程，与神华集团现有的管控体系有效对接，自觉落实集团的管控要求。并购企业班子要深刻分析原有的管理、技术和文化建设，对于有利于子公司自身发展、与神华集团相关制度没有根本冲突的，要积极提出建议，不能盲目搞“一刀切”。集团有关部门也要善于听取子公司班子意见，支持帮助他们继续进一步做好工作。

要根据并购后生产运营的需要，优化企业内部分工协作形式，开展组织结构的调整优化，提高组织运行效率；在充分考虑职工利益的情况下，进一步优化人力资源的配置。

在业务整合过程中，要提高员工的参与度，重视做好员工的思想工作和政策解读，确保过渡期间的安全生产和企业稳定。加快民生工程建设，让并购重组惠及广大员工。

在融入神华大家庭，做好自身发展的同时，并购企业要发挥好神华集团在所在省市的窗口作用，主动承担社会责任，打造良好的企业形象，促进神华集团与地方战略合作的深入推进。

四、促进企业文化的深度融合

任何一家企业都会形成独具特色的企业文化，这种文化贯穿于企业生产经营活动中，深入到员工的精神世界里，指导和约束着员工的思想和行为。企业文化的融合、重塑是企业并购重组深层次的问题。

（一）神华文化是不断发展的文化

神华文化经历了艰难起步、快速成长、扩张整合和科学发展四个发展阶段。在艰难起步阶段，确立了“高起点、高技术、高效率、高质量、高效益”企业核心理念；在快速成长阶段，确立了“开拓务实、争创一流”的企业精神；在扩张整合阶段，形成了“做强做大”企业理念。

2009年以来，集团文化建设进入科学发展阶段，形成了以科学发展观为指导，以“艰苦奋斗，开拓务实，追求卓越”为企业精神，以“信心、战略、变革、责任”为企业宗旨，以“科学、和谐、厚德、思进”为核心价值观，以“为社会发展提供绿色能源，打造国际一流大型能源企业”为企业使命和愿景的文化核心理念体系，发挥出巨大的引领、凝聚、融合和推进作用。

（二）实现神华文化与并购重组企业文化有效融合

做好并购企业文化融合工作，要以增强企业凝聚力和竞争力、促进企业可持续发展为目标，坚持重在建设、兼容并蓄、融好融优、循序渐进的原则，积极稳妥推进文化融合工作。

一是要加强调查研究，把握文化特征。并购重组过程中，如果缺乏有效沟通，容易引发矛盾与冲突。要包容大度，兼容并蓄，尊重每一个并购企业的原有文化，认真开展文化调研，全方位掌握并购企业的文化特征，查找这些企业与集团公司文化的差异和共同点，找准实施文化融合的“切入点”。

二是要加强目标引领，提升再创业热情。要通过报纸、网站、现场演出等方式向并购企业宣传神华人的创业史、发展史和成长史，加强对战略与目标的宣传，强化战略目标认同，鼓舞并购企业员工增强再度创业的热情。

三是要加强理念输入，实施主动传播。要加强理念输入，向并购企业宣传神华的核心文化理念，达到核心文化理念的高度统一。同时，也要保留并购企业的特色文化理念和行为规范，保证并购企业文化建设的“弹性”和适用性。要尊重并购企业员工的地方情结，兼顾所在地的社会、经济、文化发展理念。

四是要加强行为引导，增进心理认同。要全面推进集团“五型企业”建设，用先进的管理模式和逐步形成的“五型文化”规范和约束员工行为。要深入推进管控体系的对接，运用专业化、信息化、规范化、制度化的管理机制改进和提高员工能力素质。要积极组织并购企业参加集团公司各类活动，激发企业员工的自豪感、荣誉感、归宿感。

五是要加强形象建设，共建神华品牌。集团总部要承担起通过各类媒体宣传神华形象的责任，提升神华品牌价值。要统一神华视觉识别系统，开展“树旗”、“挂牌”和“贴标”活动，让员工置身于具有神华文化特色的视觉氛围之中。适时举办企业开放日，邀请企业所在地社会各界人士参观神华企业，扩大神华影响。

（三）完善和提升神华集团整体公司文化

从创建世界一流企业对于文化建设的要求和并购重组后文化融合的现状来看，集团整体的企业文化建设还有着很大提升空间。神华集团要利用启动世界一流企业的有利时机，启动新一轮的文化升级工作，全面提升神华整体企业文化。

总而言之，并购重组战略的有效实施需要全集团的共识和努力，神华集团全体员工应以更远的眼光、更大的魄力，推动神华集团并购重组活动的有效开展，更加坚定地抓住战略机遇期，促进神华集团创建世界一流企业的战略目标早日实现。

神华“神话”中神宝“蜕变”

——从神宝能源公司的快速健康发展看国有企业并购重组战略的成功实施

神华宝日希勒能源有限公司 蒋文化

无论从发展速度还是经济效益，也无论从经济效益还是社会效益看，神华创造了16年为国家贡献一个世界级煤炭企业的神话。而且，神华创造的神话，其意义更在于为我国传统的粗放的煤炭行业带来了全新的发展思路和理念，为国有企业改革发展，特别是国有煤炭企业实现做强做优提供了成功的典范。而在神华打造央企“航母”，领跑中国煤炭工业发展，促进国有企业再焕生机的神话故事中，神宝能源公司作为2005年并购重组进入神华的一员，以并购重组后的跨越式健康发展力证了神华对国有企业并购重组战略，确切地说是央企并购地方国有企业，实现国家和企业、中央和地方双赢的发展战略的成功探索和实践。

一、国有企业并购重组是优化国有经济布局和结构，增强国有经济活力和控制力的有效途径，符合国家产业政策要求

国有企业是国民经济的骨干力量。新中国成立以后，为尽快建立门类比较齐全的工业体系，加快工业化建设步伐，国家确立了大量重点建设项目并直接进行投资，国有经济遍布于国民经济的各个行业和领域。但是国有经济分布领域过宽，结构不尽合理，整体素质参差不齐。特别是煤炭行业，从宏观上看，存在产能过剩而产业集中度较低的问题，造成了产业结构失衡、过度竞争、秩序混乱、资源浪费、环境污染、效益下降等问题屡禁不止；从局部上看，一些地方国有煤炭企业，受经济实力、技术水平、行业和地域竞争等因素的影响，发展平台受限，综合竞争实力不高。

党的十五大提出“要从战略上调整国有经济布局”，党的十六大把继续调整国有经济布局和机构确立为深化经济体制改革的一项重大任务，党的十六届三中全会强调要加快调整国有经济布局和结构，党的十七大进一步强调要优化国有经济布局和结构。2004年以来，国务院相继出台了《促进产业结构调整暂行规定》以及煤炭、汽车、钢铁等产业的发展政策，明确提出要提高企业规模经济水平和产业集中度，加快大型企业发展。中央的决策和部署，拉开了国有企业并购重组的改革大幕。

二、国有企业并购重组是以双赢为目的进行的双向选择，满足企业集约规模化可持续发展的需要

(一) 并购重组是央企在谋局又好又快发展，提升规模经济水平，实施大企业、大集团战略部署中，对地方国有企业的科学选择

对于中央大型国有企业而言，面对日益激烈和多变的全球化市场竞争环境，面对自身做强实

力、最大规模、拉长产业链，提升行业引领力的发展需求，实施并购重组战略，特别是对同为国企“血统”，管理模式和企业文化亲和度较高、员工认同感较强、更易获得地方政府政策支持的地方国有企业进行并购重组，是比较有效的行业整合行动。当然，对地方国有企业的选择不能是盲目的，从神华的并购战略看，一般具有三个特点：一是被并购的企业必须符合集团的主业发展方向，偏离主业发展就会降低核心竞争力，所以被并购的企业都要在主业的发展框架之中。二是被选择的企业一般是区域内的行业领头企业或具有领跑潜能的企业，具有较强的市场竞争能力和重要的影响力。三是被并购资产必须是优质资产，风险可控。

历年来先后被吸纳入神华大家庭的成员，都没有偏离神华集团以煤为主，煤电路港油一体化产业链条的主线。例如神宝能源公司，其前身宝日希勒煤矿原为国家统配煤矿，始建于20世纪80年代，1997年与地方煤矿联合组建成立“宝日希勒煤炭集团公司”。2002年12月完成改制和资产优化重组，注册成立宝日希勒煤业有限责任公司。之后相继完成了矿区环卫、中小学校、公安等职能向地方政府移交，减轻了企业办社会负担，实现了精干主体；并通过扩股融资和资产整合，成为股份制煤炭企业。并且先后关闭了小煤井，开发建设了露天矿，具备规模化发展的优势。2005年，企业在岗职工2300余人。获国家批复的煤炭地质储量为22亿t，拥有年生产能力600万t的露天矿一座、年产60万t和年产30万t的井工生产矿两座。全年完成煤炭产销500万t，实现工业总产值4.6亿元，股东股本收益率为15%。正是具备了储备资源充足、资产精干、历史包袱小等优势，神宝能源公司连续四年实现煤炭产销规模每年百万吨增长，成为呼伦贝尔地区众多煤企中异军突起、快速发展的一只“潜能股”，从而成为神华集团在蒙东地区建立能源基地的首选阵地。

（二）地方国有企业要挣脱偏居一隅的局限和区域竞争的桎梏，要突破经济、技术、市场等瓶颈制约问题，要实现集约规模化可持续发展，与央企的并购重组是不二选择

神宝能源公司归入神华集团之前，由于缺少大项目的拉动，加之区域市场疲软、铁路外运、资金等因素的制约，企业做强做大的愿景面临较大的阻力。在销售方面，公司地处蒙东地区褐煤的富煤区，区域煤炭生产能力逐年增加，市场竞争日益激励，不仅冲击了公司原有的煤炭销售市场，还给新市场开拓增加了较大难度。在生产方面，两个井工矿均为单体液压支柱放顶煤的采煤方式和人员密集型的炮采工艺，存在井型小，储量少，生产效率效益低、安全性低等问题；露天矿是企业生存发展的唯一希望。但由于企业资金实力有限、国家不断严格矿产资源的审批程序，露天矿千万吨改扩建项目审批工作难度增大，露天矿原有设备无法满足集约规模化大生产的发展要求。特别是井工矿落后的炮采工艺为安全生产埋下了安全隐患；职工队伍综合素质和安全管理水平与行业先进企业相比存在较大差距，无法适应企业快速发展的需要。加入神华集团，可以在神华集团的大销售框架下，拓展市场和客户资源，同时借助神华集团在行业中的先进管理经验和技术优势，规范并提高自身的管理水平，向一流企业对标，从而使企业在一个更广阔的平台上实现做强做大。

当然，央企对地方国有企业的并购重组，除了国家政策调整和企业发展需要这两个主要原因，地方政府的乐见其成也是一个重要的助推因素。作为地方国资管理者，地方政府一般认为真正对地方经济拉动的还是央企，对职工稳妥安置，对企业历史更尊重，讲诚信，投资到位，社会责任感强，改革风险相对于民企和外企较低，这都是央企的突出优势。所以地方政府对引进央企一般持欢迎、支持态度，更乐于给自己的地方国有企业嫁一个“好婆家”。

三、并购重组后实施有效融合和管理，是重组成功的关键

并购重组并不是一个简单的物理组合，要在并购重组之后，结合企业实际积极地辅以内部整合、产业结构调整、内部管理的规范、法人治理结构的完善等配套措施，以保证重组后的子公司能够在保留自身特色的同时，在企业文化、管理模式、发展理念、发展节奏等方面，快速、有效、不跑偏地与母集团进行有机融合，从而真正实现有利于母集团的发展、有利于地方经济建设、有利于子公司发展的初衷。

神华集团始终高度重视对所属企业按照一流标准进行的统一管理和同步发展。从煤、电、路、港、油“五位一体”发展模式，到创建本质安全型、质量效益型、科技创新型、资源节约型、和谐发展型的“五型企业”管理体系，从“科学发展，再造神华，五年实现经济总量翻番”的奋斗目标，到“打造具有国际竞争力的世界一流煤炭综合能源企业”的战略部署，都成为每一个神华集团成员的统一行动指南和指导方针，并付诸以实际行动。

2005 年年末，神宝能源公司并购重组进入神华集团后，按照神华集团的统一部署和管理要求，公司以导入神华集团企业文化和科学管理理念、推动大项目建设为切入点，加快与神华集团发展思路、技术、经营、销售和管理、企业文化的融合，全面开展“五型企业”建设，坚持科技兴企、人才强企战略，逐步解决历史遗留问题，加大生产投入，提升煤炭产销能力，实现了重组后的平稳过渡、快速融合和科学发展。

（一）并购初期要抓好平稳过渡和快速融合

1. 抓好职工队伍稳定，实现平稳过渡

神宝能源公司前身是股份制企业，并购重组后，按照《公司法》和《公司章程》规定，公司及时召开董事会和股东会、职工代表会议、中层干部大会及全体职工大会和全体党员大会，通报并购重组主要精神，分析重要性和必要性，向广大干部职工详细讲解分析企业重组的重要意义，使全体职工认清形势，统一思想，明确改革定位，保证了并购重组工作的顺利推进。同时，神华集团在并购时全员接收原公司在册职工，保留职工原身份不变，为职工队伍稳定奠定了坚实基础。

2. 抓好发展理念对接，实现快速融合

按照神华集团公司“五型企业”建设、全面预算管理、全面风险管理、内部控制建设等管理要求，神宝能源公司全面加强现代企业管理建设，确定了企业的发展战略、愿景、核心价值观。特别是实施“五型企业”建设，促进了公司精细化管理水平大幅提升，告别了落后的管理局面。安全管理上，公司以神华集团“两个”安全生产理念为核心，形成了“神宝能源公司能够做到无伤害、违章违纪和隐患就是事故”的理念；经营管理上，形成了“诚实守信、互利共赢”、“以创新求进步、以创造求发展”的理念；制度建设上，形成了完善的安全生产、调度、机电设备、生产技术、财务、审计、劳动人事等管理制度。

3. 尊重历史发展进程，保证股东利益

神宝能源公司前身由国有控股、社会法人参股、自然人持股的多元化投资主体构成，这些股东一直参与推动企业发展，并在困难时期保证了企业正常运作。在重组时，企业已经呈现出快速发展

的强劲势头，股东对企业发展寄予了厚望。新公司组建过程中，神华集团公司兼顾了企业历史发展进程，良好地保证了原股东的所有者权益。并在后期的新公司发展中，尊重原股东权益，投资加快企业发展，为原股东带来了丰厚的利润回报，得到了原股东的一致认可和大力支持，推动新公司实现了快速发展。

（二）并购重组后要积极转变经营发展方式，按照集团战略部署结合本企业特点实施有效管理，推动企业科学发展

1. 全力推进千万吨露天煤矿建设，实现由井工矿生产向集约规模化露天矿生产的历史性转变

重组后，神宝能源公司针对历史遗留的安全欠账、生产工艺落后、资源浪费严重的井工矿加大了改造力度。2006 年，按照神华集团本质安全生产要求，对两座井工矿进行了关停，实现了由落后的井工生产工艺向露天开采方式转变的结构调整。同时，全力推进千万吨露天煤矿建设，于 2010 年全面竣工并通过国家验收。露天矿在归入集团的 5 年内生产能力提高了 5 倍，规模化生产水平大幅提升。2010 年，煤炭生产系统破碎能力达到了每小时 5000 t、仓储能力 21.6 万 t，铁路快速装车能力达到了每日 1000 车以上。自备铁路运能由 2005 年的 500 万 t 提升到了现在的 2000 万 t 以上。发展实力的不断提高，为企业与国铁实施煤炭运输互保合作赢得了机会，在区域市场竞争中保持了先发优势。

2. 融入集团大销售体系，在煤炭销售市场没有客观增量的前提下，把销售市场从不足百万吨快速提升到千万吨

呼伦贝尔地区属褐煤资源的富煤区，周边各大中型煤企聚集，其他国有大型煤企实力远远强于神宝能源公司。为此，公司创新路企合作方式，以互利双赢为原则，与哈尔滨铁路局成立了路矿联合办事处，确立了战略合作伙伴关系，并在神华集团的助推下，每年与哈尔滨铁路局举行战略合作年会，签订运输互保协议，为公司产销规模的提升提供了运力保证。同时，公司大力推进“借助集团优势带动公司发展，巩固黑龙江、吉林，拓展辽宁，挺进华东、南方市场”的销售战略，融入神华集团大销售体系，销售市场从黑龙江、吉林两省发展到辽宁、山东、上海等多个省市，尤其是成功开辟了下水煤销售渠道，为公司发展提供了充足的市场空间。

3. 积极推动煤炭就地转化项目，进一步提高发展质量，促进可持续发展

“十二五”期间，在神华集团的战略规划大框架中，神宝能源公司为实现可持续发展科学规划了发展蓝图。一是要在已经完成的一号露天矿 1000 万 t/a 改扩建项目基础上，加快推进露天矿 2000 万 t/a 改扩建项目核准前期工作。二是开发二号露天煤矿新建 1000 万 t/a 项目。三是积极推进与电厂、化工、褐煤提质、褐煤精炼多联产项目的合作，促进煤炭就地转化。四是基于生产接续和长远发展需要，积极争取后备资源，进一步提升产业规模。

4. 坚持安全生产高于一切的原则，构建本质安全型企业，保证企业安全发展

在神华集团两个崭新的安全生产理念指导下，神宝能源公司经过多年安全生产管理的探索和实践，形成了“能够做到无伤害，违章、违纪和隐患就是事故”的安全生产理念。一是加大安全投

入力度，规范安全费用提取和使用。二是全面启动了具有神华特色的本质安全管理体系建设工作，安全质量标准化建设从局部的生产矿井拓展到全公司各二级单位，整体建设水平跨上了新台阶。

5. 不断推动管理创新，提升精细化管理水平，增强企业发展活力

按照现代企业管理要求，神宝能源公司构建了以“五型企业”为核心的绩效管理体系；完善了全面预算管理和企业会计制度；内部审计实现由传统的检查系统向控制系统转变；加大信息化建设力度；注重人才队伍建设，2005 年以来，员工培训费用年均递增 10%，人才受训率从 30% 上升到 60% 以上。到 2010 年年底，职工中有本科以上学历的员工和有中级以上职称的员工，分别比 2005 年增长了 263% 和 97%。

6. 坚持为职工办实事、办好事，提高职工幸福指数，使职工享受到企业发展的成果

一是解决职工子女就业问题。归入神华集团以来，企业的大规模发展提供了更多就业岗位，2005—2010 年公司共招录职工子女近 400 余人。二是完成工资分配制度改革。随着企业效益快速增长，员工收入稳步提升。三是不断提高员工福利待遇，完善和积极实行住房公积金、企业年金及过渡性养老保险制度，解决班中餐、职工通勤等历史遗留问题。企业的这一系列惠民举措让全体职工感受到了企业发展带来的温暖，激发了职工的自豪感和集体荣誉感。

7. 积极践行央企社会责任，为地方经济发展作出贡献

归入神华集团的 5 年间，神宝能源公司连续 4 年被呼伦贝尔市授予年度纳税大户奖；积极帮助地方进行矿区环卫、公路及照明等公共设施建设，无偿承担矿区消防火职能。积极参与救灾捐助等社会公益事业，2008 年，公司向内蒙古满归灾区捐款 30 万元，组织员工向四川汶川地震灾区捐款 70 万元。带头落实国家节能环保政策，不断提高资源利用效率，降低污染物排放，与地方携手加大生态环境的保护和治理力度，为呼伦贝尔的美丽与发展共赢作出了贡献。充分发挥了央企的重要作用，践行了央企的社会责任。2007 年，公司被评为“中华环境友好煤炭企业”。2010 年，公司被评为全国“煤炭工业节能减排先进企业”。

总之，神华集团实施并购重组后短短的 5 年时间里，神宝能源公司不仅实现了央企身份的回归，更重要的是随着神华集团的做强做优实现了企业突飞猛进式的华丽“蜕变”。

四、继续完善国有企业并购重组战略的思考

在充分肯定国有企业并购重组战略取得积极进展和成效的同时，也应该对进一步完善和规范这一行业整合方式进行理性的思考。

一是完成并购重组后，企业内部的整合、改制或重组还有待继续。比如企业内部同行业企业的合并同类项、同一区域各内部企业间的资源配置和共享、建立专业集约的管控模式、实施有效管理、避免管理内耗等问题。在这方面，神华集团已经通过神东四公司、乌海四公司的整合等进行了有益的尝试，并取得了良好效果。

二是完成并购重组后，在多元化发展进程中，要科学组织，解决集团内部不同产业、不同板块企业的同步发展问题。比如神华集团在打造具有国际竞争力的世界一流综合煤炭能源企业战略中，煤、电、路、港、油各板块企业既要发挥专业所长，在各自行业或领域建设一流企业，同时还要统

筹规划、科学组织，让各子公司齐头并进，共同对标一流，从而避免出现主业强、辅业弱，或者同一板块中主力企业强、非主力企业弱的现象。

三是在实施全球化发展战略，探索国际竞争模式时，要加强风险管控。近年来，国有企业特别是中央企业参与国际市场并购的案例不断增多，在这个过程中，如何实现国有资产保值增值，如何利用好国际、国内两个市场，如何规避投资风险，如何跑赢国际竞争对手，都是走出国门的国有企业需要重点研究的问题。

四是政府应为企业并购重组和发展建设创造更为有利的条件。为了确保并购重组后的企业能够实现良性发展的预期，各级政府应该为重组后的企业提供更加优良的扶持环境，包括项目扶持、税费减免等政策体制环境和包括交通、卫生、生活保障等各方面的基础设施建设环境。

关于山东能源新矿集团实施“走出去”战略的调研报告

山东能源新汶矿业集团　李希勇　孙中辉　陈宝良　亓会平　杨西栋

近年来，山东能源新矿集团面对老区资源日益萎缩、资源与发展矛盾日益突出的实际，认真贯彻落实省委、省政府及省国资委有关“走出去”发展的指示精神，坚持“谁拥有资源，谁就拥有未来”的理念，按照“建成投产一批、改造扩建一批、立项启动一批”的思路，在稳定老区产能的基础上，走出老区开发新区，走出省内开发省外，形成了西进、北上、南下的千里矿业大开发格局，资源储备增量扩容，新区矿井效益释放，极大地提升了企业可持续发展的能力，为企业未来的发展奠定了坚实基础。

一、新矿集团“走出去”开发建设的总体情况

截至目前，新矿集团共在新疆、内蒙古、山西、陕西、宁夏、安徽、云南、贵州、山东等9个省区获得煤炭资源281.6亿t，资源总量是企业“十五”初期的20倍，是目前老区资源量的30倍；产能达到10323万t，整合占有煤矿49个，其中生产矿井25个、在建矿井11个、拟建矿井13个(精查完毕具备开工立项条件4个、取得探矿权9个)，初步打造形成了省内、蒙宁、贵州、新疆“四大煤炭基地”的资源开发格局，培育形成了核心区、增长区、发展区和战略区4个资源开发战略梯次。省内共在泰安、莱芜、菏泽、济南、德州、聊城等地市获得资源68.4亿t，产能达到3798万t，矿井达到22个。省外共在8个省区获得煤炭资源213.2亿t，产能达到6525万t，矿井达到27个，其中生产矿井11个，在建矿井11个，拟建矿井5个（精查完毕具备开工立项条件3个、取得探矿权2个）。

2010年，省内外新区矿井实现销售收入128.97亿元、利润41.22亿元，分别占到企业销售收入与利润的27%、73%，有力地支撑了企业经济总量扩张与经济质量提升。同时，新区矿井也越来越多地承担起老区富余人员转移安置的任务。截至目前，累计吸纳老区富余人员1万多人，新矿集团资源开发进入了老区支援新区、新区反哺老区、老区新区协同发展的良性轨道。

二、新矿集团开发建设伊犁矿区的基本背景

新矿集团进驻开发新疆伊犁伊宁矿区始于2004年。主要是基于企业当时的发展实际、伊犁河谷的资源条件，及煤化工发展的前景。当时，伊犁作为新疆大型的整装煤田、战略接替区和西部大开发的重要基地，吸引了新矿集团的目光，促使我们投身到新疆伊犁开发建设的队伍中。

一是基于企业当时的发展实际。新矿集团建企于1956年，经过半个多世纪，特别是近20年来的强度开采，资源锐减，矿老井深，灾害突出，包袱沉重，多数矿井采深都在1000 m以上，到2000年矿区煤炭资源可采储量不足3亿t。推进企业可持续发展的这些严峻考验和艰巨使命，促使企业必须尽快“走出去”。通过前期的调研，2005年4月新矿集团与伊犁州政府签订《开发伊犁州

直煤炭资源、建设煤化工基地协议书》，截至2010年，通过近7年的勘探，在伊河两岸480 km^2 勘探权范围内获得煤炭资源储量150.4亿t。

二是基于伊犁河谷的资源条件。伊犁州煤炭赋存预测总量在1700亿t，煤炭资源储量丰富，煤层赋存条件好；伊犁河年总径流量约175亿 m^3，水资源得天独厚；伊犁具有大面积的荒漠草地和戈壁，土地资源广阔。具有发展煤化工的最佳组合优势，这在全球也是不可多得的。2005年5月，由新矿集团出资编制了《新疆伊犁伊宁矿区总体规划》。2007年2月国家发展改革委批准了《新疆伊犁伊宁矿区总体规划》，矿区总规模3110万t/a，其中，新矿集团2600万t，煤田分布在伊犁河南北两岸，由伊南、伊北两个煤田组成。煤种以长焰煤、不粘煤为主，低灰、特低硫、中高发热量，挥发分高、化学活性强，是动力、气化、液化的优质原料。

三是基于煤化工发展的前景。按照国家产业发展政策，特别是发展循环经济、绿色清洁能源的要求，现代煤化工产业成为煤炭企业推进新型工业化建设的重要途径。针对我国"富煤缺油少气"和能源资源趋于紧张的局面，实施优势资源转换，发展现代煤化工产业，对于调整优化能源产业结构、保障能源战略安全具有重要意义。为此，2007年2月，在国家发展改革委批复《新疆伊犁伊宁矿区总体规划》的同时，我们就委托先后编制完成了《新疆伊犁伊宁煤化工总体规划》《180万t/a甲醇转60万t烯烃可研报告》和《50万t/a直接液化示范项目可研报告》，并分别于2007年11月以新发改工业〔2007〕1939号文件和2008年1月新发改工业〔2008〕93号、94号文件上报国家发展改革委。

三、新矿集团伊犁矿区项目建设进展情况

在前期工作的基础上，新矿集团自2005年以来集中组织人力物力从资源勘探到项目的调研论证、规划设计、开工建设，每一步、每一个项目期间都经过了艰苦的努力和艰辛的探索。在矿井建设上，针对煤层地质条件、三软含水、软岩掘进、承压水上和浅埋深含水层下安全开采等重大技术难题，先后与煤科总院、中国矿大等多家院校进行反复研究、联合攻关，克服了一个个建矿难题，取得了三软含水地层条件下建大矿的经验。

针对伊犁地区的经济发展、市场条件，决定了伊犁煤炭资源开发必须走转化的路子。对此，我们在资源勘探的同时，对怎么转化，转化什么，进行了广泛的调研论证。先后委托煤科总院在甲醇转烯烃项目上对伊犁煤进行了干煤粉输送和气化试验、成浆性及水煤浆气化试验。在直接液化项目上，与日本新能源（NEDO）授权的日本SG化学、SRC公司及煤科总院合作，对伊犁煤进行了0.1 t/d连续液化试验，回收率平均值达到58%以上，通过对液化粗油的提质加工试验，取得了石脑油、汽油、柴油等产品，证明了伊犁煤无论液化、气化，都有很好的发展前景。

在上述项目未列入国家示范项目的情况下，我们根据伊犁煤化工建设的实际，依托国家"西气东输"二线，率先提出建设煤制天然气项目。

截至2011年9月末累计投资36.45亿元，相继开工建设了伊犁一矿、四矿、昭苏矿、20亿 m^3 煤制天然气、60万t甲醇转烯烃等一系列重点项目，矿区建设初具规模，构建形成了煤矿、煤化工、装备制造、物流商贸"四大基地"发展格局。

（一）煤矿项目

（1）伊犁一矿：矿井规模年产1000万t，储量48亿t。该矿2007年5月开工建设。2009年8月被国家发展改革委核准，2010年11月国土资源部颁发了"矿井开采许可证"。截至9月末累计

投资7.82亿元，将于2013年年底投产。这是全疆第一个被国家核准的千万吨特大型矿井。

(2) 伊犁四矿：矿井规模年产600万t，实际按1000万t装备，储量18亿t。该矿2009年6月开工建设。2011年底形成主要生产系统，截至9月末累计投资5.87亿元，将于2012年8月投产。该矿井是伊北年产20亿 m^3 煤制天然气项目的配套矿井。

(3) 五号勘察区七号矿井2010年完成精查在国土资源部备案，并编制完成了《可研报告》和《初步设计》，截至9月末累计投资1.35亿元，已具备开工建设条件。

(4) 伊犁二矿2010年12月14日国土资源部以国土资储备字〔2010〕377号出具了储量评审备案证明。现已编制完成了《可研报告》。该矿井为电厂配套项目。

(5) 伊犁一矿后备区2010年与中国核工业地质局签订了协议，待中国核工业地质局将铀矿开发结束后，将煤矿探矿权及时交还新矿集团开采煤炭资源。

(6) 昭苏矿井属资源整合矿井，2010年被国家能源局列为煤炭产业升级项目。2010年8月开工建设，截至9月末累计投资1.2亿元，预计2012年6月份投产。

(二) 转化项目

(1) 依托伊犁四矿建设的20亿 m^3/a 煤制天然气项目，2010年8月开工建设，该项目已申报国家示范项目，截至9月末累计投资18.64亿元，年底全面完成主体工程，2012年10月安装工程基本结束，2013年投料试车。

(2) 依托一矿建设180万t甲醇转60万t烯烃项目，可研报告已通过中咨公司评审，自治区发展改革委已备案，2011年5月6日举行了开工仪式，正向国家发展改革委申请项目核准。

(3) 依托五号勘察区七号矿井建设380万t甲醇转120万t烯烃、60万t乙二醇项目，可研报告已通过中咨机构评审，并上报新疆维吾尔自治区发展改革委。

(4) 同时，2008年7月与华电新疆发电有限公司签订了伊南煤电开发合作协议。项目一期工程依托一矿供煤，建设2×660 MW电厂，可研报告已经自治区评审，接入系统已得到国家电网批复。项目二期建设伊犁二矿和4×1000 MW火电机组。

(三) 配套项目

(1) 装备制造项目占地62.234 hm^2，计划投资12亿元，建筑总面积23万 m^2，采用筑巢引凤方式。2009年10月开工，分两期建设，建成投产后可达到年产2700台套大型矿山机械设备制造生产规模。目前累计投资3亿元，西北地区规模最大、面积5万 m^2 煤化工机械制造车间业已竣工落成。

(2) 物流商贸项目一期工程12万 m^2 的“三库一棚”投入使用。一座以现代仓储、配送加工、多式联运、商品批发“四位一体”为功能定位，集货站、货场、仓库、转运等设施于一体的区域化商贸物流基地已见雏形。

四、“走出去”开发建设面临的困难与问题

(一) 资源条件问题

近年来，尽管我们在省内外占有了一大批煤炭资源，但非优质资源占比偏大，优质资源的储备相对不足，进一步在优势区域占有开发优质资源、优化煤炭资源结构尤为紧迫。一是优质煤种储量

少。优质气肥煤、焦煤等储量相对较小，褐煤、长焰煤等煤化程度较低的煤种储量所占比重相对较大，个别矿井煤炭价格偏低、市场压力较大，承受煤价下行风险的能力较差。二是地域环境有优势的资源少。区位优势明显的省内、内蒙古、宁夏、陕西、山西等区域资源占比偏低，而占总储量50%以上的新疆，却无运输渠道，无销售市场，只能就地转化。三是生产条件较好的资源少。受各类灾害影响较大的矿井较多，增加了开发和管理难度。新区矿井中“三软”煤层和“双突”、大水矿井地质储量159亿t，占到资源储备的50%以上。贵州、安徽等省区资源瓦斯危害突出，黄河北几对煤矿属于大水危害矿井，省内外新区有相当部分矿井不同程度地受顶板灾害影响，其中1个冲击地压灾害严重，6个受软岩影响，14个受浅埋影响。四是适宜规模开采的储量少。储量大于50亿t的整装煤田仅有伊犁1处，大于2亿t的中型矿区仅有15处，大于1亿t的井田仅有8处，贵州、云南、安徽等区域矿井难以大规模开采，陕西、宁夏等省区资源后备不足，难以形成开发规模。

（二）政策风险问题

一是资源整合的风险较大。目前，内蒙古、贵州、新疆等省区相继出台了资源整合政策，对资源整合主体的规模、资质等提出了明确要求。内蒙古规定，企业原煤生产能力必须达到500万t以上，井工矿单井规模必须在120万t以上，露天矿单矿规模必须在300万t以上；按照贵州有关规定，新矿集团资源所在的毕节地区企业规模不低于200万t。新矿集团在内蒙古、宁夏及贵州的部分矿井，特别是二级单位在内蒙运作的多数煤矿，产能与产量都不大，均不具备作为整合主体的资格，存在被整合的风险。在新疆，2010年以来自治区、伊犁州多次就伊犁7号矿井矿权的配置问题与山东能源及新矿集团交涉，强行要求将7号矿井矿权划转其他企业。2011年10月21日，新疆出台了《煤炭资源有偿配置与勘查开发转化管理规定（暂行)》，明确提出新疆煤炭资源勘查与开发将坚持“以项目配资源”的原则，并注重项目实际投入与转化，同时规定，探矿权人在领取勘查许可证6个月内未开展勘查工作或未完成规定的最低勘查投入，将吊销勘查许可证，采矿权人领取采矿许可证一年内未开工建设，将吊销采矿许可证。新规定的出台，进一步增加了新疆项目投资的不确定性。二是审批立项的风险较大。新建矿井、改扩建矿井立项难、各类手续审批难的问题尤为突出，福城、沙章图、黑梁等矿井立项手续办理缓慢，直接影响了建设进程；蒙宁及新疆地区的大部分矿井存在证照不全的问题，难以依法进行生产，面临较大的政策风险和安全压力。

（三）煤炭转化问题

新疆、内蒙古等资源富集省区都有煤炭资源同步转化的硬性要求。内蒙古规定，新上煤炭生产项目必须同步建设转化项目，煤炭转化项目原煤就地转化率必须达到50%以上。新疆也明确要求，用于煤电、煤化工等煤炭开发项目的就地转化率必须达到60%以上。“逢煤必化”的问题突出，我们只能以煤化工等项目来换取资源。但新型煤化工产业属于技术密集型、资金密集型、人才密集型产业，受投入额度大、技术不成熟、专业人才短缺等客观因素制约，投资前景不明朗，存在开发风险，开发建设的难度巨大。这些项目一旦运作不理想，就将成为吞噬煤炭等产业板块利润的投资黑洞，使企业发展陷入被动局面。

（四）资金短缺问题

目前，新矿集团已进入新区资源集中开发、项目建设与投资高度密集的时期，重大在建项目和规划开发项目较多，投资额度巨大。但一直以来，新矿资源开发所需资金更多地依赖于企业自身积累和银行信贷，融资平台缺乏，融资手段单一，融资能力相对有限，企业资产负债率居高不下。特别是在目前国家紧缩银根、银行收紧放贷的形势下，银行授信难以转化成银行贷款，融资更加困难，新区资源开发与项目建设资金缺口巨大，资金链接续乏力。

（五）人才不足问题

一方面，随着新区矿井建设，老区向新区转移了大量的煤炭主体专业技术人才、管理骨干和熟练岗位工人，随着外部资源开发的加快，各类人才需求快速增加与人才储备相对不足、人才接续相对紧张的矛盾将会更加突出。另一方面，煤化工、高端物流、融资租赁、战略管理、资本运营等专业人才极度短缺，也严重制约了企业“走出去”快速发展。

对于新矿集团伊犁矿区来说，面临的困难与问题可以从总体和具体两个方面分析。

1. 总体上看

一是新疆地区长期以来经济发展慢、工业基础差，主要表现在“软硬件”设施和环境上。一方面，伊犁地区工业基础设施薄弱，一时难以保证建设大型项目的需要；另一方面，在思想观念、发展理念上相对滞后，在投资环境上与内地有很大差距。

二是国家对于新疆煤炭、煤化工产业发展政策尚处于不断调整优化之中，从项目审批上我们看出国家对此仍然保持谨慎态度，对新疆煤化工产业发展，国家没有差异化政策。项目审批难度大，项目建设与手续办理的矛盾相对突出。

三是立足新疆实际，自治区2010年出台了“以项目配资源”的相关规定，要求驻伊企业全力加快资源开发与转化；2011年10月，新疆出台了《煤炭资源有偿配置和勘查开发转化管理规定(暂行)》，对提高开发成本具有一定影响。

四是实施煤炭资源转化，发展新型煤化工产业，符合国家的产业政策与发展方向，前景看好，但是投资规模大、建设周期长，在短期内难以见效，需要立足5～8年，甚至10年时间。初期投资回收期长，需要有强大的经济实力支撑。

2. 具体地看

一是资源问题。目前，伊犁的资源开发过热，包括中央企业、省管企业、民营企业在内的二十几家企业相继进驻，资源竞争态势激烈，我们的七矿问题就是实例。同时由于思想观念影响，当地群众认为驻伊企业都是来抢占资源的。

二是手续问题。近年来，国家在发展煤化工产业的政策上几度调整，特别是受国家对于新疆煤化工产业政策的影响，项目手续办理难度加大，四矿路条和20亿 m^3 煤制天然气项目、60万t烯烃在国家层面的手续尚在办理中。

三是融资问题。在当前宏观经济形势下，特别是受项目手续办理的制约，目前项目建设资金压力巨大，尽管做了艰苦的努力，但是由于手续问题致使融资难的问题。这也是项目建设放缓的现实原因。

四是合作问题。相对于新疆的发展环境、项目特征、地域条件等方面的影响，在对外合作上需要进一步加大力度，特别是在合作的途径和方式上，如何引进资金、引进人才、引进管理需要深入探索。

五是管理问题。围绕“国际先进、国内一流”的总体目标，要运作好、发展好现代煤化工项目，规避风险，高效运转，需要进一步创新多元合作下的体制机制，特别是在安全、技术、经营管理上努力创造新模式。

六是人才问题。西部边疆区域，经济发展落后，远离内地，条件艰苦，新疆发展煤化工专业技术人才缺口大，大部分高校毕业生不愿进疆创业，尤其是边疆地区对于高端人才没有吸引力，人才培养和引进工作难度大。

五、“十二五”时期“走出去”的目标及措施

今后一个时期，我们决心在省国资委、山东能源的正确领导下，以这次会议为新的起点，着眼于积聚长远发展的竞争优势，以产权整合为主导，以管理和技术输出为主要形式，以矿业管理集团为载体，坚定不移地实施“走出去”发展战略，加快资源开发建设，力争到2015年，煤炭产能达到1亿t以上，产量达到8000万t以上。

我们将着力加快省内、蒙宁、贵州、新疆“四大煤炭基地”建设。一是省内基地。加快新区资源开发，进一步扩大生产规模，重点加快阿城煤矿开发建设，力争到2015年省内基地产能达到2800万t，产量达到2300万t。二是蒙宁基地。以打造“国内一流、世界先进”的循环经济产业示范园区和精细化工园区为目标，用低碳经济理念、循环经济模式、绿色开采技术，举全公司之力加快长城一矿、二矿、三矿、五矿、六矿、鲁新及芦草井沟等12个矿井建设，力争到2015年产能达到2810万t，产量达到3000万t。三是贵州基地。在现有3个矿井的基础上，加快整合毕节地区煤炭资源，确保到2015年产能达到300万t，产量达到300万t。四是新疆基地。以煤炭开发为主体，煤炭转化为中心，煤制天然气、煤电、煤化工及煤炭清洁利用多元化产业融合发展，加快构建形成“煤炭、煤化工、机械加工、商贸物流”四大产业，到2015年煤炭产能达到2065万t，产量达到1990万t。

围绕上述发展目标，并结合企业在“走出去”发展、开发外部资源中遇到的问题，我们将有针对性地采取以下措施：

（1）优化资源占有结构。一是紧紧抓住国家煤炭产业整合及西部大开发的有利时机，以“两西（山西、陕西）一蒙（内蒙古）”为主攻方向，继续占有和建设一批资源条件好、自然灾害少、市场有保障的大型煤田或煤矿。二是遵循“有进有退”的原则，有序退出部分无区位优势、无煤种优势、无储量优势、无生产条件优势的非优质资源，提升开发质量。

（2）积极开发国外资源。积极通过风险勘探、收购、兼并、联合开发等形式，直接或间接地获取国外煤炭等各类资源，参与国际资源产业链分工，力争“十二五”期内在加拿大、澳大利亚、蒙古等资源优势区域占有并开发一批优质资源。

（3）全面加强战略合作。积极引进战略合作伙伴，共赢发展。对煤炭开发项目，在确保控股及绝对控股地位的前提下，引进战略合作者共同参与开发，有效破解资源开发中的资金瓶颈；对新疆、内蒙古等区域的煤化工等转化项目，可在保持参股地位的情况下，通过引进战略合作伙伴，有效解决资金短缺、人才短缺、技术短缺、市场短缺等问题，同时有效解决两个区域煤炭产品的销售市场问题，实现煤炭产业与煤化工、煤电协调发展。

（4）加快拓展融资渠道。加快引进海内外懂得资本运作、熟悉金融市场规律的资本运营专业人才，综合运用短期融资券、中期票据或通过股权基金、信托理财、融资租赁等金融创新产品，加大直接融资比例，降低融资成本。

(5) 适时推进并购重组。抓住当前有利时机，瞄准具有资源、技术优势的企业，进行并购重组，特别是择机并购化工企业，为煤化工产业发展吸纳一批专业人才，储备一批产业技术，推动企业跨越发展。

(6) 争取整合主体地位。在已出台资源整合政策的内蒙古、贵州、新疆等省区，我们将分别以内蒙古能源公司、贵州能源公司和伊犁能源公司为整合主体，通过收购、划转等形式，加快对关联区域内现有的优质中小煤矿进行整合重组，争取整合的主动权，最大限度规避被整合的风险。

(7) 有效规避法律风险。针对新项目立项难、投产矿井手续审批滞后、改扩建矿井手续不完备等问题，我们将成立专项工作组，落实人员、落实责任、落实时限，全力做好规划项目的立项审批工作，做好改扩建及新投产矿井各类手续的完备工作，保障项目依法建设、依法生产、依法经营。

在项目实施运作的过程中，要切实把握好以下四点：

一是在项目布局上，把握产业发展的制高点。坚持世界眼光、全球视角，坚持科技领先，循环发展，走“高端、高新、高优、高效”之路，力求一步到位，避免重复建设，发展循环经济园区，构建现代产业集群。如开工建设的伊犁一号、四号都是千万吨、特大型、现代化矿井，20 亿 m^3 煤制天然气项目是目前全球最大的煤化工单项工程。

二是在项目规划上，立足转变方式的切入点。创新发展理念和发展模式，按照“资源开发可持续、生态环境可持续”的要求，构建现代产业集群，发展循环经济园区，坚持“安全、绿色、高效、转型、创新、跨越发展”和做实、做优、做强、做大的思路，坚持“世界先进、国内一流”的总体目标，优化发展布局，调整产业结构，形成区域化的现代产业体系。

三是在项目管理上，找准风险防范的关键点。健全完善法人治理结构，从项目论证、立项等各个环节入手，严格履行程序，确保管理到位，做到“该花的钱一分不少、不该花的钱一分不多”，真正对国家、对企业、对项目、对自己负责。特别是在项目设计上，严把“第一道”关口。同时，积极推进战略合作，最大限度地规避项目风险，保证投资收益。

四是在项目建设上，夯实过程控制的着力点。坚持“质量优、投资省、速度快”的指导原则，实施市场化、社会化、专业化运作，做到财务、人员、供应、销售“四个集中”，建立完善了投资、质量、安全、进度等全方位的管理考核制度，遵循规律，有章可循，从工程监理和造价监理入手，突出投资和形象，严格预算管理和合同管理。

六、关于加快推进伊犁矿区开发建设的对策与建议

综合分析，新矿集团伊犁矿区的发展建设对于实施优势资源转换、发展现代新型能源，转变经济发展方式、保障能源战略安全具有重要意义。发展现代煤化工是煤炭企业调结构、转方式的重要突破，特别是伊宁矿区更感迫切。在当前煤化工热化、宏观经济趋紧的情况下，面临着巨大的投资压力和风险，我们深感责任重大。为此，制定当前工作的思路措施是：

(1) 按照山东能源、新矿集团产业发展目标思路和伊犁矿区的基本定位，坚定“国际先进、国内一流”总体目标，坚持以煤化工项目为龙头，进一步完善“十二五”发展规划，统筹协调，积极稳妥，扎实推进重点项目建设，树立山东企业在外创业发展的良好形象。

(2) 进一步创新理念、开阔思路，深入探索战略合作新途径。充分发挥国有经济的主导力、控制力、辐射力，发挥召集人、领头羊作用，以资源为纽带，创新资本运营，打破体制束缚，推进多元合作。当前，重点是推进与中国电投、中国海油的合作。

（3）紧紧抓住国家启动煤化工示范项目的契机，采取切实措施，加快手续办理，力争年产20亿m^3煤制天然气和60万t煤制烯烃项目列为国家示范项目，为项目融资搭建平台、创造条件。

（4）进一步探索跨地域、跨行业发展的体制和机制，紧紧围绕国有资产保值增值，探索实施战略协同发展新模式，加强管控体系建设和全面风险管理，严格落实各项制度，保证项目稳健推进。

浅析淮北矿业集团精煤战略

淮北矿业集团公司 郑玉建 欧阳其春 李 元

随着淮北矿业集团精煤战略的深入实施，集团公司精煤产量逐年提高，比较优势日趋凸显，核心竞争优势不断提升。

一、淮北矿业集团实施精煤战略的必要性

（一）是积极适应国家产业政策导向，推动企业战略转型的必然选择

党的十六届三中全会提出要“以人为本，树立全面、协调、可持续的科学发展观”；《国务院关于促进煤炭工业健康发展的若干意见》和《煤炭产业政策》也指出，坚持依靠科技进步，走资源利用率高、安全有保障、经济效益好、环境污染少和可持续的煤炭工业发展道路。为积极适应国家产业政策发展方向，淮北矿业集团在认真审视企业发展所面临的内外部形势的基础上，把“适度增量、深度开发、循环发展、以精博大”作为发展循环经济、推动企业战略转型的指导方针，致力于由粗放向集约、由数量增长型向质量效益型、由煤炭开采向发展循环经济、延伸产业链的重大转变，围绕市场前景好、经济科技含量高的冶炼精煤，以实施精煤战略作为优化产业结构升级、推进企业战略转型的重要支撑，打精煤牌，走特色路，并以精煤优势积极发展煤焦、煤电、煤化工，现一期年产220万t焦炭、20万t甲醇的焦化厂，一期2×30万kW煤矸石综合利用电厂已经正式投产，二期工程正在建设之中，实现了由精煤向焦电的进一步转化，完成了精煤战略的第二次飞跃，“以煤为基，结构合理，循环利用，绿色发展”的产业格局已经形成。

（二）是充分发挥比较优势，推动产品结构升级，提高核心竞争优势的必然选择

淮北矿业集团的劣势在于后续资源相对匮乏，煤炭开采难度极大，而且原煤质量差，但其优势在于煤种齐全、内在品质优良，多为炼焦煤，其中焦、肥、瘦三大煤种为国家稀缺且保护性开采煤种，是全国炼焦煤主要生产基地之一。在2009年我国已查明煤炭资源保有储量13097亿t中，炼焦煤2871亿t，占22%，其中：肥煤、焦煤、瘦煤分别占炼焦煤总资源量的14%、24%、15%，属特殊稀缺煤种。2008年，全国炼焦煤产量为10.32亿t，其中焦、肥、瘦煤所占比例分别为21.6%、9.97%和6.88%，而华东地区当年炼焦煤产量仅为2.66亿t，焦、肥、瘦煤所占比例分别仅为4.6%、5%和2.02%，这其中80%以上的焦、肥煤资源和几乎全部的瘦煤资源均在淮北矿区。企业发展必须与自身资源状况相匹配，因此，按照淮北矿业集团的资源禀赋，精煤战略必然成为企业战略发展规划的核心元素和发展方向，并通过持续不断的战略实施促进煤炭的转化增值，推动产品结构升级，提高企业核心竞争力。目前，淮北矿业集团已经成为华东地区最大的炼焦精煤生产供应基地和“价格风向标”，在区域市场内拥有不可动摇的主导权和领导地位，在全国也具有较高的知名度和较大的影响力。

（三）是适应市场需求变化，提高经济运行质量，提升经济效益的必然选择

随着国民经济的平稳较快增长，城镇化、工业化进程的持续推进，以及房地产、铁路、公路等基础设施建设的不断加快，对钢材的消费需求快速增加，有力地拉动了精煤消费需求，为淮北矿业集团精煤战略的实施提供了市场保障（图1～图3）。

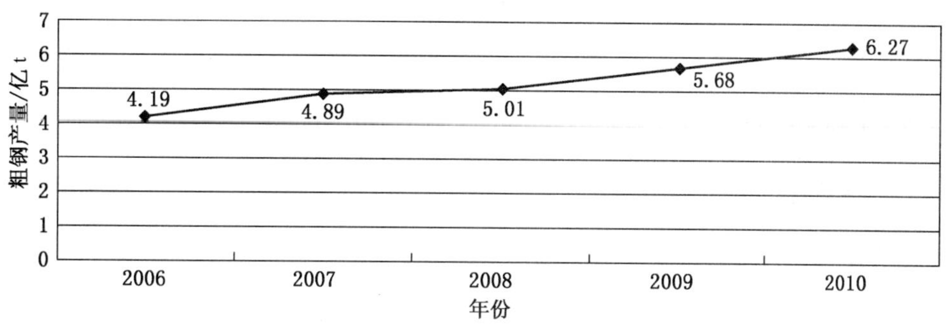

图1　2006—2010 年全国粗钢产量变化情况

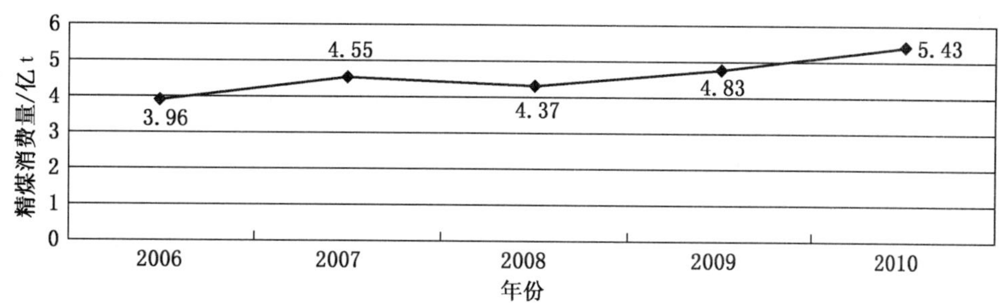

图2　2006—2010 年全国精煤消费量变化情况

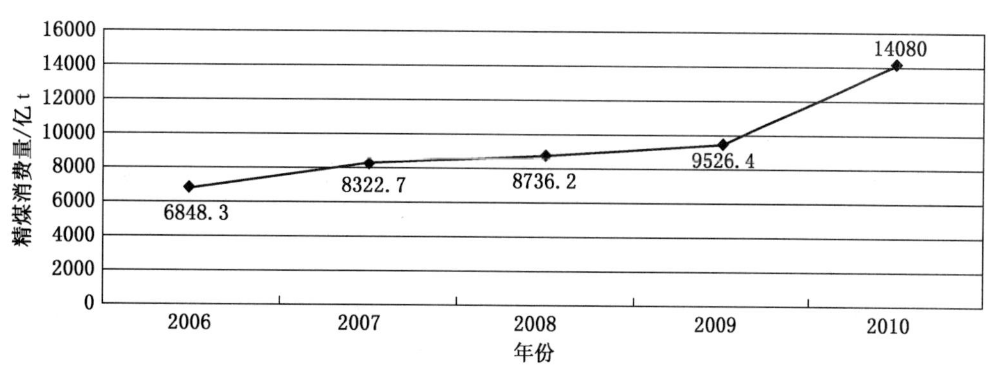

图3　2006—2010 年华东地区精煤消费量变化情况

由图1～图3可以看出，2010年全国粗钢产量和精煤消费量分别为6.27亿t和5.43亿t，较2006年分别增加2.08亿t和1.47亿t，四年增长幅度分别高达49.64%和37.12%，年均增幅分别达到12.41%和9.28%。

同时，精煤资源的稀缺性和快速增加的消费需求决定了其高端价值，与动力煤相比，由于价格双轨制的存在，导致电煤价格严重背离价值。目前精煤的吨煤价格是电煤价格的2.7～3.2倍，有

的地区甚至更高，而且，精煤市场已经基本实现完全市场化，市场运作更加规范、符合市场规律，与下游客户的合作方面也更加顺畅。因此，实施精煤战略，是淮北矿业集团提高资源利用价值，提高经济运行质量，提升经济效益的必然选择（图4、图5）。

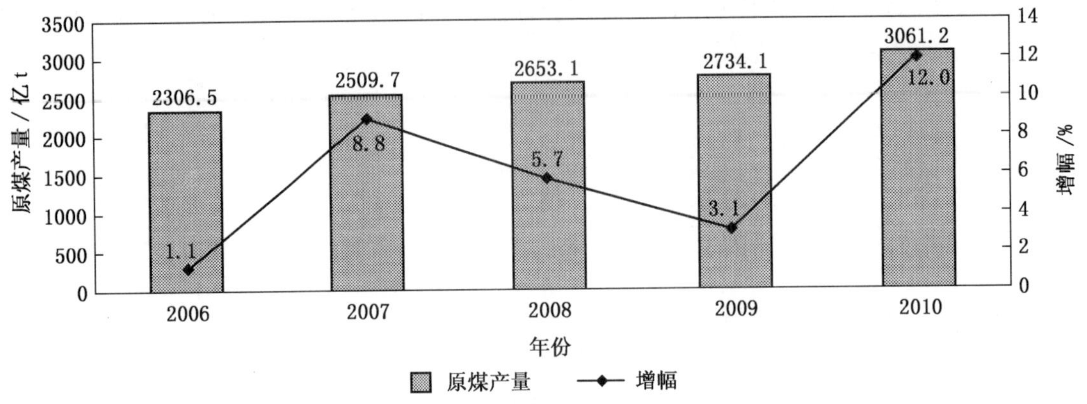

图4 2006—2010年淮北矿业集团原煤产量变化情况

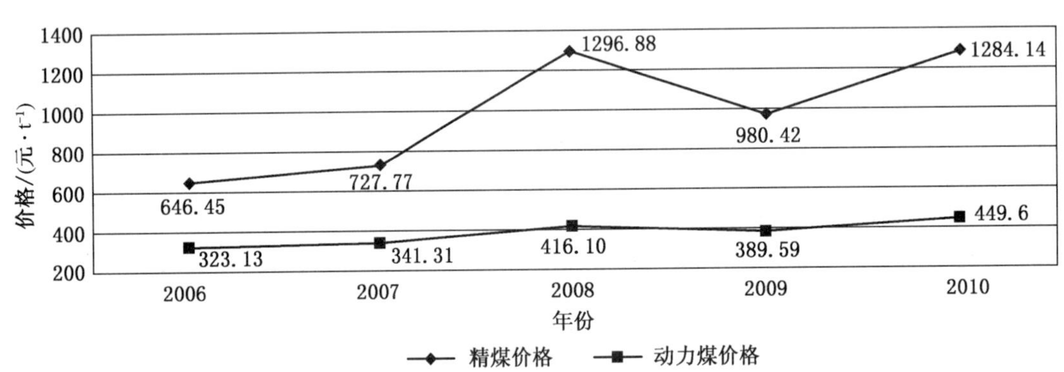

图5 2006—2010年淮北矿业集团精煤、动力煤价格变化趋势图

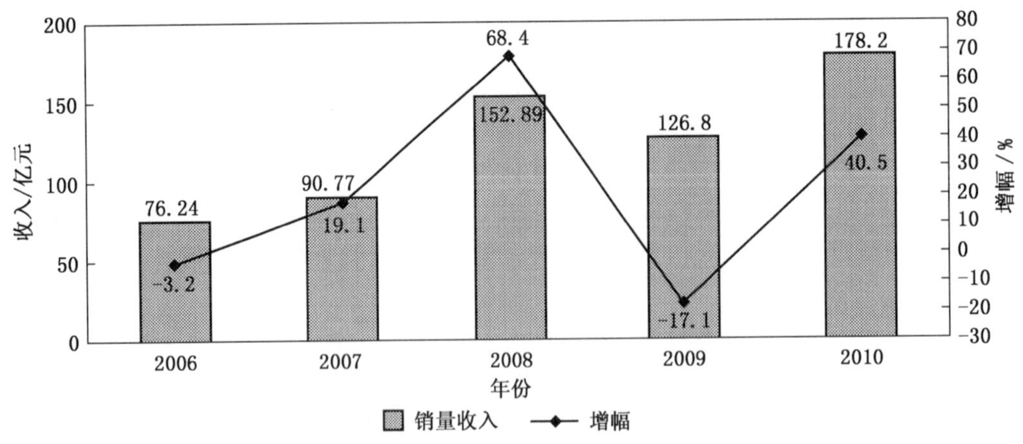

图6 2006—2010年淮北矿业集团煤炭销售收入变化情况

从图4～图6可以看出，2006—2010年间，淮北矿业集团煤炭销售收入增长速度明显快于原煤产量增长速度。同时，由于电煤、非电煤双轨制的存在，动力煤价格涨幅明显缓于精煤价格涨幅。

2010年，集团公司原煤产量较2006年增长了32.72%，而煤炭销售收入较2006年增幅高达133.7%，这其中有生产规模的扩大、市场因素的支撑等原因，但最为关键的还是淮北矿业集团根据自身资源状况，积极发挥煤种优势，充分挖掘精煤市场价值（2010年淮北矿业集团精煤综合价格为1284.14元/t，较2006年上涨了98.64%，而动力煤综合价格为449.6元/t，较2006年仅提高39.14%，增速较精煤相差近3倍），通过坚定不移地实施精煤战略，在原煤产量增长缓慢的情况下，企业销售收入实现大幅提升。

二、淮北矿业集团实施精煤战略所采取的措施

（一）加大资金投入，加快技术改造，打造全国一流的洗选加工基地

为推动精煤战略的加快实施，近年来，淮北矿业集团不断加大洗选加工投入。2005—2010年以来，淮北矿业集团先后投入资金16亿元，建设了涡北矿选煤厂、桃园矿选煤厂，改造、扩建了临涣选煤厂、芦岭矿选煤厂。目前淮北矿业集团共有炼焦煤选厂6座，设计入洗能力2830万t。同时，在选煤厂管理方面，瞄准全国一流，世界先进的目标，全面推行标准化、规范化、信息化、自动化。临涣选煤厂作为淮北矿业集团的一面旗帜，入洗能力达到1600万t，是亚洲最大的中央型炼焦煤选煤厂，先后荣获“质量标准化选煤厂”“一级洗水闭路循环选煤厂”“安徽省文明单位”“全国十佳选煤厂”等光荣称号。

（二）依靠科技进步，推动技术创新，提升洗选加工的科技含量

积极引进先进技术和设备，并在生产实践中不断创新发展。目前淮北矿业集团各炼焦煤选煤厂工艺技术水平已居行业前列、国内领先水平，重选工艺全部采用了拥有我国自主产权、具有分选精度高、产品质量保证能力强、运行效率高、运行效果好的原煤无压给料三产品重介旋流器分选工艺。浮选工艺则推行淮北矿区特色的、具有浮选精煤产率高、浮选精煤质量稳定的新型脱泥浮选新工艺，形成了选煤工艺方法齐全、技术先进、系统灵活、适应性强，设备大型化、高效化，选煤厂建设生产规模大型化、高效化格局，为精煤战略的进一步实施奠定了坚实基础。

（三）加强生产组织，加大协调力度，精煤产量、结构实现双优化

狠抓入洗原煤资源组织，严格入洗资源销售控制，同时，认真开展矿区原煤煤种特性研究，准确把握矿井原煤煤种变化，积极寻找矿区可入洗资源，拓宽原煤入洗资源渠道，杜绝入洗资源流失。朱庄、岱河、杨庄等几对原动力煤外运矿井入洗取得较好成效，实现了矿区可入洗资源全部入洗，入洗矿井对数最高时达到18对，占矿井总数的82%，许疃、临涣等主力入洗矿井原煤进厂入洗率达到98%以上。2010年，淮北矿业集团入洗原煤总量1960.2万t，占原煤总产量的60.85%，较2006年增加950万t，远远超过原煤产量增幅。精煤产量五年内连上新台阶，由2006年的556.6万t，提高至2010年的885.7万t。同时，淮北矿业集团在实现精煤增产的基础上，充分发挥矿区煤种调剂优势，按照“品牌优先、兼顾效益”的原则，积极开展配洗工艺研究，进一步优化精煤煤种结构，利用矿区内部自备车运输、汽车运输、跨区过轨运输等多种运输方式组合，实现了入洗矿井原煤随时、随地按需及时调入，有效满足了洗选加工需求，形成了矿区入洗资源以就近加工为主，“南煤北调、北煤南洗”为辅的洗选加工新格局，实现了数量与结构、品牌与效益的共同提升，高价值的焦肥煤占精煤总产量的比重由2006年的61%提高至2010年的80%，洗选综合经济

效益得到较快提升（图7～图9）。

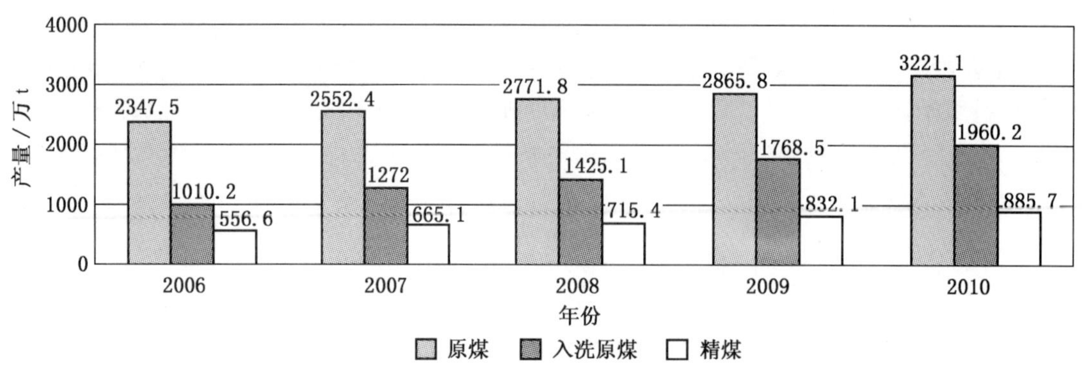

图7　2006—2010年淮北矿业集团原煤、入洗原煤、精煤产量趋势

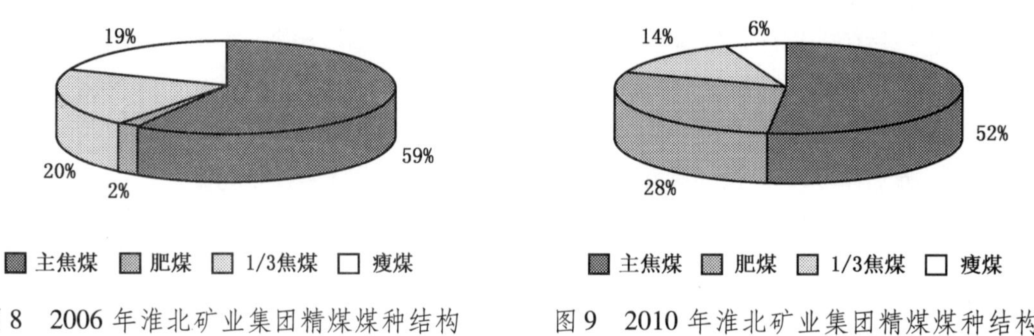

图8　2006年淮北矿业集团精煤煤种结构　　图9　2010年淮北矿业集团精煤煤种结构

（四）加强质量管理，强化营销服务，打造淮北精煤优质精品

坚持“诚信第一、质量第一、服务第一”的理念，秉承“客户至上”的宗旨，以质量求生存，以信誉求发展，以服务赢得客户信任。对内，积极加强产品质量管理，按照淮北矿区煤层赋存条件，在矿井采场接替、煤层配采、工作面质量控制等方面进行了长远规划，建立了煤质、煤种动态监控和预测预报制度，以及信息沟通传递制度，通过行之有效的质量管理手段、可靠的质量保障措施、精细化的环节过程控制和完善的质量跟踪服务网络，有力地保证了精煤产品质量的稳定，近几年来，淮北矿业集团精煤产品合格率始终保持在95%以上。“青龙山”牌瘦精煤、“九神”牌焦精煤、“临选”牌焦精煤、肥精煤。涡北焦精煤和桃园低灰精煤已经誉满全国，被称为“煤中精品”。对外，强化营销服务，坚持“您的满意、我的标准”营销服务理念，充分发挥服务营销创造市场的重要机能，不断完善营销服务制度体系，把营销服务全方位贯穿于煤炭营销工作的各环节，广泛了解客户需求，听取客户意见，建立“优质、方便、规范、快捷”的煤炭营销服务绿色通道，以诚信的经营、优质的服务开拓市场、赢得客户。几年来，淮北矿业集团以优质的营销服务、诚信的企业形象，赢得了客户的广泛认可与信赖，为精煤战略的持久实施打下了坚实基础。

（五）优化客户结构，强化战略合作，稳定拓展精煤销售渠道

以“长期、友好、可持续”为原则，按照发展培育并重、优化调整并举的原则，不断推动客户结构优化调整。在户型结构方面，坚持以大客户为核心，积极寻找和挖掘有潜力、成长价值高、资信好、实力雄厚、符合国家产业政策导向的优质客户作为核心目标客户，通过诚实守信的质量承

诺、优质的服务、优先的资源配给等差异化营销组合手段，共同构建相互信任、相互依赖、互惠共赢的长期、稳定、可持续的战略合作关系。2010 年，淮北矿业集团 13 家中长期战略客户（占精煤总客户数量的 23%）的销售量为 718 万 t，占精煤总销售量的比例为 81%。2010 年全国粗钢产量排名前 10 名的钢铁企业中有 9 家是淮北矿业集团的客户，其中宝钢、鞍钢、山东钢铁等 3 家企业是其长期战略客户。在区域客户结构方面，充分发挥区位优势，合理确定销售半径，形成以华东地区为主，其他地区为辅的区域目标市场格局。2010 年，淮北矿业集团华东地区精煤销售量为 665.5 万 t，占总销售量的 75%。在行业客户结构方面，认真研究下游行业长期发展趋势，结合区域、通道、品种、资源、价格等多种因素，合理确定钢铁与焦化行业之间的目标客户比例，提高客户结构的抗风险性和可持续性。2010 年，淮北矿业集团对钢铁行业客户和焦化行业客户的供应量比例达到了较为合理的“73”配置。在优化结构、拓宽渠道的同时，通过坚持不懈的努力，无论是省政府还是上海路局，对集团公司所实施的精煤战略均予以了充分认可，并给予了大力的支持（图 10 ~ 图 12）。

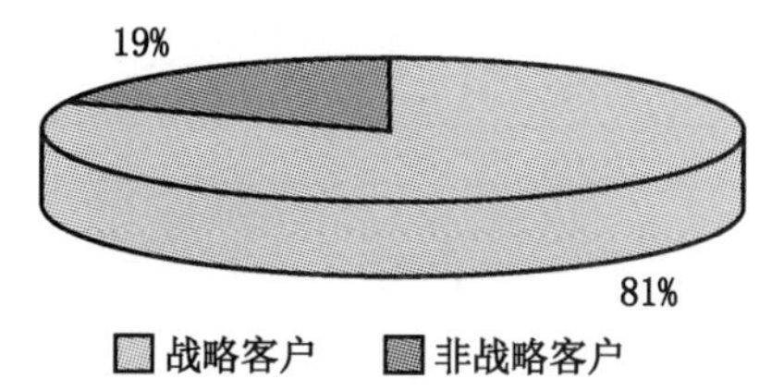

图 10　淮北矿业集团精煤客户户型结构

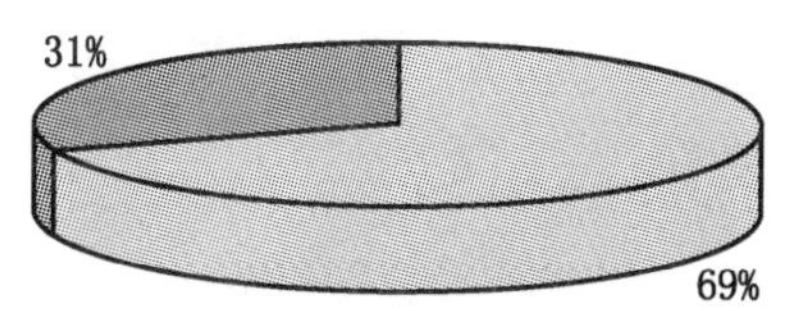

图 11　淮北矿业集团精煤行业客户结构

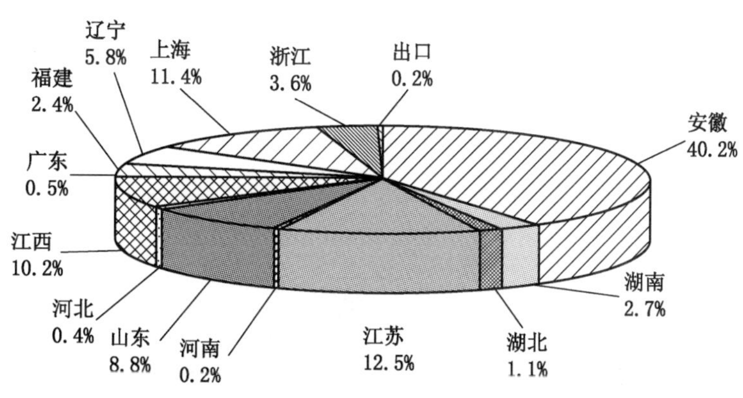

图 12　淮北矿业集团精煤区域客户结构

通过精煤战略的深入实施，进一步促进了资源的转化增值，煤种比较优势得到充分释放，企业的核心竞争力、发展质量不断提高，经济运行质量和经济效益显著提升（图 13、图 14）。

三、“十二五”期间淮北矿业集团精煤战略发展规划

（一）炼焦精煤市场形势分析

中国正处于工业化与城镇化相叠加的发展阶段，能源及煤炭需求将保持刚性增长态势，加之炼焦煤资源的稀缺性，因此长远来看，炼焦精煤市场将会持续保持相对平衡的发展趋势，部分优质炼焦煤供应偏紧态势仍将继续存在。

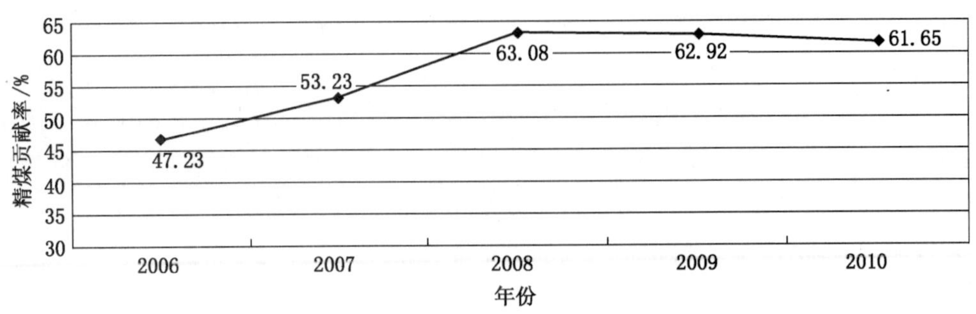

图 13 2006—2010 年淮北矿业集团精煤对销售收入贡献率

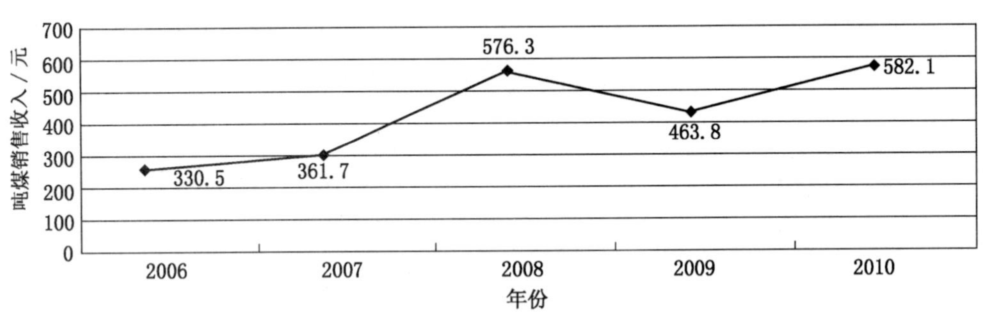

图 14 2006—2010 年淮北矿业集团吨煤销售收入变化情况

1. 从供应端分析，国内炼焦煤产量增长缓慢

（1）近几年来，尽管全国煤炭产能快速增长，原煤产量呈现井喷式爆发趋势，但从炼焦煤资源来看，增长速度明显放缓。自 2006 年以来，全国炼焦煤产量一直维持在 10 亿 t 左右水平，无法有效满足年均增速 12.4% 的精煤消费需求，从而也造成近年来精煤供应持续偏紧，精煤进口快速增加（图 15、图 16）。

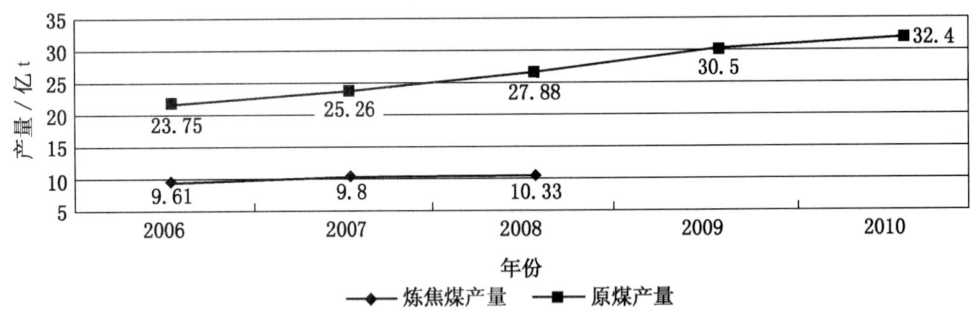

图 15 原煤产量、炼焦煤产量趋势

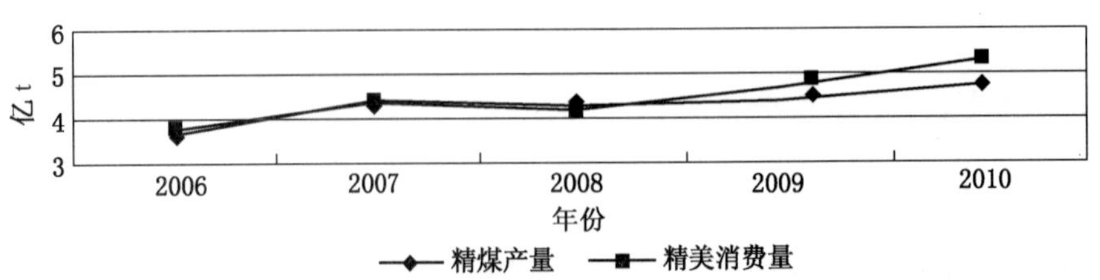

图 16 2006—2010 年全国精煤产量、精煤消费量情况

从图15、图16可以看出，炼焦煤产量、炼焦精煤产量增速明显慢于原煤产量和精煤消费量增速。

（2）由于煤炭资源市场化配置的步伐远远落后于包括煤炭价格体制改革在内的经济体制改革的步伐，从而造成煤炭企业掠夺性开采、过度开采情况严重，又由于缺乏保护性开采煤炭资源的动力和长期规划，“吃肥丢瘦”，出现优质煤、个别煤种资源枯竭，无替代资源接续现象。

（3）优质炼焦煤作为特殊和稀缺煤种在各个国家都得到了战略性的保护。“十二五”期间，国家能源局将研究制定特殊和稀缺煤种管理办法，对炼焦煤等特殊和稀缺煤种实施保护性开发。目前，国家能源局正在组织开展全国炼焦煤资源调研，这将进一步限制炼焦煤产量增长速度。

（4）伴随着油价高涨、精煤出口国煤炭资源税改革的不断推进，进口炼焦精煤的成本在不断提高，对炼焦精煤进口量的增长将起到较大制约作用。

2. 从需求端分析，国内炼焦精煤需求继续保持刚性增长，但增幅将持续放缓

（1）国内经济增长稳定，年均0.8%的城镇化建设速度、5年3600万套保障性住房、新农村建设、西部大开发、工业化进程推进、高速铁路、城市轨道交通，以及水电、海洋工程和海上石油开采、大型和特殊性能船舶和舰艇、节能环保汽车等，都将对钢材终端消费需求起到巨大的拉动作用，进而对炼焦精煤需求起到有力支撑。

（2）宏观经济增速的逐步放缓、国内生产总值单位能耗和二氧化碳排放的约束性控制、国家严控“两高一资”产品扩大出口等，都将使中国钢铁产能增长速度明显减速。同时，随着国家经济增长方式的转变、经济结构调整速度的不断加快，以大规模基础设施建设为主的超常规固定资产投资已经转入下行减速通道，加之房产调控措施的连续出台、货币政策的持续收紧，对国内钢铁需求强度都将造成很大影响，进而制约炼焦精煤需求增长。

综上所述，从精煤供需形势而言，资源供应和下游需求增速的同步放缓，将会继续支撑着精煤供需形势的稳定，同时，随着高炉日趋大型化，对部分煤种如强粘煤的需求将会较快增加，加之迎峰度冬、度夏，以及天气、铁路运输等因素影响，部分时段、部分煤种供应紧张局面仍将出现。

（二）淮北矿业集团精煤战略发展规划简介

1. 原煤产量

按照淮北矿业“十二五”发展规划，至2015年，集团公司本部原煤产量将达到5565万t，较“十一五”末增加约72.8%。

2. 洗选加工能力

“十二五”期间，淮北矿业集团将新建涡北中央型选煤厂，改扩建临涣选煤厂。至2015年，淮北矿业集团炼焦煤选煤厂年入洗能力将达到4045万t，其中：临涣选煤厂年入洗能力1700万t，涡北选煤厂年入洗能力1360万t。

3. 精煤产量

根据淮北矿业集团现有矿井及“十二五”期间新建矿井原煤煤种情况，至“十二五”末，集团公司原煤入洗矿井将达到21对，年入洗资源量达到3640万t，占总产量的比例达到66%，精煤

产量预计将超过1500万t（图17）。

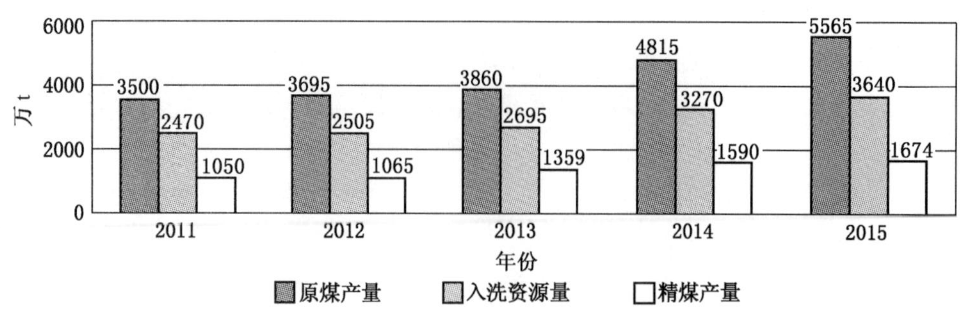

图17 “十二五”时期淮北矿业集团原煤、入洗资源、精煤产量情况

4. 品牌建设

坚持以科技为先导，充分利用淮北矿区煤种齐全的特点，加强对生产矿井的煤质煤种监控和超前性控制，积极引进先进的生产工艺、设备，将先进的科学技术和管理方法应用到产品开发和生产过程中，不断提高精煤质量的可靠性，确保产品符合客户要求，打造淮北精煤精品。

5. 精煤销售市场布局

“立足华东、稳定两湖（湖南、湖北）、发展沿海”。“十二五”期间，钢铁业将按照“内陆控制、沿江适度、沿海发展”的原则布局，重点在临海港口建设大型钢铁基地。将会有40%的产能要向沿海、沿江转移。同时，宝钢2000万t湛江港项目和武钢1000万t、预留3000万t的防城港项目在“十二五”期间将陆续建成，这将意味着，精煤市场销售格局也将会发生较大变化。因此，“十二五”期间，淮北矿业集团在精煤市场布局调整的原则即为“立足华东、稳定两湖、发展沿海”。

6. 精煤销售渠道建设

进一步加强客户关系管理，不断调整优化客户结构，积极适应国家产业政策导向，按照“诚实守信、量价互保、合作共赢、长期持续”的原则，着力培育3~5个规模大、资信好、符合产业政策导向的“百万吨”客户、5~8个“50万t以上”客户作为核心战略客户，不断提高供应链条的稳定度，逐步建立和完善能够适应市场变化、经得起市场考验的长期、稳定、可持续、有保障的煤炭销售主渠道。

山东能源肥矿集团发展战略及实践

山东能源肥城矿业集团公司　陈勇国

企业发展战略是企业发展的路线和原则、灵魂与纲领。为了使企业在激烈的市场竞争中占得先机、健康快速发展，必须在正确认定企业的外部机会与威胁、内部优势与弱点基础上，制定企业长期发展战略；必须在企业战略实施中，有效配置各类资源，度量业绩，并对战略作一些调整与完善。回顾肥矿集团的发展战略的制定和实施，应该说有经验有教训，对处于不同历史阶段的企业发展起到了引领和推动作用。

一、起步：从计划经济到市场经济

企业发展战略本质上是企业竞争、成长策略。从计划经济一路走来的国有煤炭企业，在复杂多变的市场经济残酷竞争下，才真正认识到企业战略规划的重要性、必要性和前瞻性。

从1959年肥城矿务局成立，到1998年作为国有独资企业的肥城矿业集团有限责任公司挂牌，再到今天的大型现代化企业集团。回首肥矿一路走过的足迹，发生了由工厂制到公司制的深刻变革，实现了由政府附属到市场主体的历史转折，取得了由小变大、富民强企的巨大成就。这段历史中的肥矿大体经历了“大跃进”思想影响的开发创业时期、“文化大革命”十年动乱的徘徊求进时期、沐浴改革开放春风的快步前行时期和公司制改革以来的跨越发展时期四个历史阶段。前三个阶段处于计划经济时期，企业自身没有太大的自主权，完全按照国家统一调控，生产安全经营指标都由国家计划管理部门统一下达，没有感到市场竞争的压力，对于企业远景发展更是缺乏研究。而后的第四个阶段，肥矿的改革发展翻开了新的篇章，企业发展战略规划工作也取得了长足发展。这期间，肥矿人以特别能战斗的作风，用自己的聪明才智和坚强意志，战胜了20世纪末亚洲金融危机带来的生死考验，化解了此前世界金融危机带来的巨大冲击，克服了现场生产条件恶化引发的严重困难，解决了前进道路上的诸多问题，保持了全面、协调、可持续发展的良好态势，成为建企以来发展最快、效益最好、员工得到实惠最多、企业发生巨大而深刻变化的一个时期。

成就的取得、发展速度的提升是多方面因素促成的，在这些因素中，企业发展战略所发挥的领航作用功不可没。没有发展战略的目标定位和规划实施的准确到位，企业就如同航船在茫茫大海中丢失了指南针，后果不堪设想。尤其最近几年，肥矿集团高管层在不同时期和历届班子、全体员工心血凝结的基础上，高度重视企业战略规划，按照科学发展观要求制定发展战略，引领肥矿集团从一个单一小型煤炭生产企业，发展为以煤为主、多种非煤产业并存的企业集团，核心竞争力、综合实力、社会影响力不断提高。

二、发展：应对危机型的多元化扩张

战略决策正确与否是企业经营成败的关键，关系着企业生存和发展。而企业对于其发展战略的决策，说到底是一个选择的过程，是走什么样的路、路怎样走的定位问题。

1998年之后的10年，煤炭行业由产能过剩造成的经营发展低谷走向价值回归的巅峰。这一时期是煤炭企业发展的关键期，是重要的转型期、机遇期，也是面对严峻竞争、挑战的考验期。企业面临的形势相当严峻、复杂，尤其是中国入世，来自全球化的竞争和挑战异常激烈。作为决策管控核心，肥矿集团董事会科学决策战略定位和发展规划并付诸实施。

第一，按照走新型工业化道路的要求，决策实施“煤、电、铝”多业并举战略和“转产、转移、搬迁”三大规划。积极发展煤、电、铝三大主业，由单一煤炭生产企业，发展为横跨鲁、晋、豫、青四省七市，煤、电、铝三大主业并存，资产总额过百亿元的大型企业集团。煤业上，建成了现代化矿井的梁宝寺煤矿，启动了鲁西南煤炭新区三对煤矿建设，参股建设了青海江仓能源公司，大力实施原煤深加工、进行产品结构调整，实现企业利润最大化。非煤上，为解决产业结构单一、高硫煤没销路、抗风险能力小、员工子女就业压力大等实际困难，按照当时国家鼓励资源综合利用的政策，相继建成了电解铝、氧化铝、热电厂等一批重点项目，从而使非煤产业在规模上成为企业的“半壁江山”。坚持狠抓压煤村庄搬迁，解放煤炭储量，实现科学高效开采和矿井稳产高产。

第二，为完善公司治理结构，从建立健全企业制度入手，坚持深化改革。1999 年，推行三线分离改革、模拟法人运转和母子公司体制改造，解决了“吃大锅饭”的问题。2000 年，抓住国家实行政策性下岗的机遇，坚定信心，排除干扰，最大限度宣传、利用好这一政策。2001 年，启动了债转股工作，在全国第三批、山东煤炭系统第一家签订了债转股协议，并于 2002 年组建了股权多元化的“山东东岳能源公司”。从 2001 年开始，政策性关井破产工作全面拉开序幕，第一批进行了大封矿、国庄矿的政策性关破工作，随后完成了杨庄、查庄、陶阳等三矿关破。2005 年以来，按照省政府要求，大力推行主辅分离、辅业改制和社会职能移交工作。期间，进行了物业、住房、多种经营企业、医疗、车辆、通信、招待费用等改革，为企业发展注入了强劲动力，为建立现代企业制度发挥了关键作用。

第三，对企业制度进行全面修订完善。决策并实行了财务资金、煤炭营销、煤款清欠、物资供应、内部审计“五个集中统管”，确保了企业依法经营、诚信经营、规范经营、集约经营；制定和实施了集团公司“十五”发展规划、“十一五”发展规划以及每年度发展计划、经营目标等。

通过一系列战略规划的实施，肥矿集团煤、电、铝三大产业格局形成，企业的技术装备全面升级，产品结构不断优化，积极培育新的经济增长点，企业总资产超过 100 亿元，销售收入突破 90 亿元，集团公司列入中国最大企业集团 500 强、中国煤炭工业百强、山东省企业集团百强行列。然而，这一时期的国有煤炭企业战略规划有其明显的过渡性特点：上马煤炭产业强相关项目，拉长产业链，“不把鸡蛋放在一个篮子里”，多数老国有煤炭企业的战略规划甚至“千篇一律”。这样做，显然相左于企业战略所要求的“根据本身的资源和实力选择适合的经营领域和产品，形成自己的核心竞争力，并通过差异化在竞争中取胜。”

三、完善：主动出击型的产业结构调整

随着世界经济全球化和一体化进程的加快，及随之而来的国际性竞争的加剧，对企业战略的要求愈来愈高。

2008 年，是肥矿集团公司制改革十周年。肥矿人不是庆功而是在反思：纵向比自身确实实现了历史的新跨越，但与全国同行业先进企业和省内兄弟单位对标，肥矿集团无论在经济总量、产量规模、发展速度、运营质量，还是在科技管理创新、核心竞争力方面，都有很大的差距，依然存在资产负债率高、融资难度大、资金链紧张、非煤企业大面积停产等问题。尤其是，肥城老区矿井资源面临枯竭，有五对矿井已经实施了政策性关闭破产，大部分矿井进入衰老期，生产环节复杂，防

治水费用高，造成生产成本居高不下。加之由于历史原因，后备资源严重不足，综合实力出现下滑势头，在全国煤炭企业百强排名下降，企业可持续发展的能力受到严重制约。

如何引领企业在复杂多变的市场竞争中立于不败之地？如何推动各项事业不断向前发展？肥矿集团“钱从哪里来，人往哪里去”的主要矛盾如何解决？肥矿集团今后的路如何走？面对这一系列的问题，肥矿集团决策层深思熟虑、审慎研究、果断决策。按照省国资委 2008 年 8 月省管企业负责人会议要求，在深入研究国家产业政策、经济社会形势和行业发展趋势的基础上，制定了《肥城矿业集团有限责任公司五年改革发展规划纲要（2008—2012 年）》。《规划纲要》对企业内、外部发展环境，特别是煤业、铝业发展环境以及企业发展面临的主要问题和风险进行了深入分析，确定了“重点发展煤业、调整优化非煤”的战略思路，提出了“矢志不渝，再次创业，奋斗五年营造一个新肥矿”的发展目标。“五年营造一个新肥矿”，即到 2012 年主要经济指标比 2007 年翻一番。

四、实施：走出了肥矿特色发展道路

企业发展战略指导发展计划，发展计划落实发展战略。战略定位决策和战略指标决策是基础，制定和实施相关业务战略保障体系是过程，结果如何要看企业综合实力和核心竞争力的提升度。

三年多来，肥矿集团紧紧围绕“五年营造一个新肥矿”的发展目标，致力于科学配置所有可用资源，稳步推进战略规划实施，并在这一过程中创出了具有肥矿特色的发展路子。即针对底子薄、实力弱、资金少的实际，在各大煤炭企业大规模、大投资圈占煤炭资源的同时，以四两拨千斤的技巧，实施“走出去”战略，低成本获取适型煤炭资源；以市场薄弱处中求发展的智慧，投资短平快煤矿项目，主体参与小煤矿整合；以不达目的不罢休的韧力，抓住金融危机的机遇，稳定老区深挖潜力，举全公司之力加快鲁西南新区开发建设；以壮士断腕的勇气，加快产业调整，优化非煤产业，整体转让亏损项目与国有股退出并举，回收资金反哺煤业发展。

第一，把“保吃饭、保新区建设”作为最基本的目标，把内涵挖潜作为提高效益的着力点，制定“应对金融危机十项措施”，启动“对标先进、创新创效”活动，保持了经济运行质量稳步提升。突出提高煤炭产量、确保产销平衡、严控成本费用三大重点，大力推行全面预算管理和内部市场化运作，在稳定现有煤炭生产水平的基础上，集中资金、人才与技术，加快对现有煤炭项目的开发建设，确保鲁西南三对矿井、河北张家口煤矿整合、贵州煤矿收购及菏泽煤化工项目建设按期投产。基于此，肥矿集团董事会在 2011 年半年工作会上提出，力争提前一年实现“五年营造一个新肥矿”的战略规划。

第二，围绕“重点发展煤业、调整优化非煤”主线，加快产业结构调整，有效解决了后备资源不足、非煤产业亏损两大困扰企业科学发展的障碍性问题。一方面，煤业实现了“小步快跑”、低成本扩张，近、中、远三期煤炭资源接续格局形成。在菏泽，收购占有了万楼集煤田探矿权 55% 的权益。在河北，主体参与了张家口蔚县、阳原、涿鹿三县地方煤矿的整合，整合重组地方煤矿 50 多处，通过技改形成 15 座正规矿井，产能 400 万 t/a。目前，15 对矿井中有 14 对技改手续齐备，走在了参与河北整合煤矿企业前列，预计 2011 年底至 2012 年一季度大部分矿井投产。在贵州，成功收购整合 9 对煤矿，设计生产能力 174 万 t/a；通过控股织金县大正能源公司 85% 的股权获取了牛场煤田 5 亿 t 资源量；截至目前 5 对整合煤矿联合试运转，产能 105 万 t。规划再整合重组若干地方煤矿，同时加快牛场煤田开发。在内蒙古，通过收购呼伦贝尔大正能源开发有限公司 100% 的股权取得呼山煤田探矿权，获取资源量 22.8 亿 t。规划建设 3 对大型矿井，总规模 1100 万 t，首期建设500万t/a矿井，计划2012年开工。根据资源赋存状况，具备了建设省内及河北、贵州、内蒙古等“四大煤炭产业基地”的条件。另一方面，坚持降亏损与快处置相结合，非煤产业优化调整稳步实施。交口公司100%国有产权以13.6亿元的总价成功转让，股权转让程序规范、运作严密。电厂转让加快推进，与国电集团签订了转让协议，转让对接工作全面展开，并且双方意向在大用户直供电、内蒙古煤炭资源开发等领域进行全面合作。上述两个非煤项目均以资产评估价格作为转让依据，既保全了国有资产，消灭了亏损，又优化了产业结构。此外，菏泽煤化工项目加快建设，泰铝板带箔项目建成投产。

第三，以“深化改革、管理创新”为动力，加快管理现代化建设步伐，全面提高了企业管理水平和效率。在加强股权管理、强化国有资产监管的同时，进一步理顺与关破改制企业的关系，加快国有股退出，按照市场化原则规范双方行为，使改制企业真正成为独立法人实体和市场竞争主体。深入推进三项制度改革，制定了实施意见和配套方案，完成了公司和权属企业机关机构合并精简。狠抓人才规划实施，加大培养引进力度，加快高素质专业人才队伍建设。积极推行全面预算管理、全面风险管理体系，大力加强企业管理信息化建设。目前，肥矿集团调结构、转方式加快推进，“发展煤业、优化非煤”的新的发展平台已初具雏形与规模。

五、提升：可持续发展战略的转型与创新

作为山东能源权属企业之一的肥矿集团，必须全面适应企业体制机制的变革，深刻认识和勇于承认经济总量、产量规模、发展速度、运营质量以及科技管理创新、核心竞争力提升等方面的差距，努力克服资产负债率高、融资难度大、资金链紧张、非煤企业亏损等难题，围绕贯彻落实科学发展观和转方式调结构这一主线，依靠自主创新和科技进步，依靠质量标准化的巩固和提升，依靠技术装备水平的不断提高，依靠节能减排和绿色开采，力争10年内，将肥矿集团建设成为核心竞争力强、发展后劲足、规模实力强，高端、高质、高效发展，销售收入过千亿元的现代化大型企业集团。

一要科学定位企业战略规划，明确发展思路。根据国家产业政策和行业发展趋势，继续坚持“重点发展煤业，调整优化非煤”的发展战略。煤业上，坚持科学、有序发展，坚持创新、高效发展，坚持绿色、低碳发展，坚持安全、和谐发展，稳定肥城老区煤炭产量，加快省内外煤炭基地的开发建设，积极储备煤炭资源，建设形成山东、河北、贵州、内蒙古四个煤炭生产基地。非煤上，坚持有进有退，加快调整优化，积极稳妥处置不良资产，淘汰落后产能，退出氢氧化铝、电业和纸业，加快电厂、盐矿、恒基铝业、依可馨纸业项目转让及资产处置，在山东能源战略发展框架内打造鲁中铝产业、鲁西煤化工两大非煤产业集群。改革上，按照市场经济要求，加强法人治理结构建设和集团管控体系建设，建立完善符合现代企业制度的管理体制和运行机制；优化产业链和产权链，甩掉包袱，精干主业。发展上，坚持转变经济增长方式，积极调整产业、产权、产品和组织结构，大力发展循环经济。

二要科学配置各类资源，提升企业综合实力。通过充分获取和储备战略资源，加快异地煤炭资源开发建设，奠定企业发展的硬基础，充分挖掘战略发展潜力；通过整合优化关键要素，全面强化内部管控，不断完善营销体系建设，加快科技创新、技术进步，建设独具特色的企业文化，提升企业发展的软实力；通过增强市场运作能力，拓展企业市场空间，明显提升企业综合实力，实现企业可持续发展。

三要加快企业内部产业重组整合，推进“转方式、调结构”。通过对集团公司所属各层级企业

的数量、产权关系和资产、经营、人员等基本情况进行排查摸底，根据国家产业政策和行业发展趋势，研究制订完善的产业清理整合工作实施方案。切实把转变经济发展方式作为推动科学发展的重要目标和战略举措，重点围绕“产业、产区、产能、产品、产权”进行结构调整。按照“突出发展煤业，调整优化非煤”的思路，将煤业作为企业发展的核心产业，集中力量加快省内外煤炭基地的开发建设；对非主业领域企业及主业领域内资产质量差、发展前景差的企业进行调整重组与处置。通过优化产业链和清理控制产权链，集中资源向价值链的高端和关键环节转移，实现主业精干、产权清晰、管理层次科学、组织结构扁平和集团管控能力增强的目标。

四要健全完善法人治理结构，规范运行机制。根据国家相关法律法规，制定集团公司法人治理结构建设规划，规范母子两级公司法人治理结构。进一步完善董事会、监事会和经理层建设，建立健全董事会专门委员会，形成各负其责、协调运转、有效制衡的法人治理结构。按照山东能源统一部署，科学定位集团公司总部及权属企业的职能，全面完成产业清理整合，优化产业链，控制产权链，全面规范和强化内部管控，规避各类风险。

五要强化企业战略管控，实现高度协同。进一步健全完善战略管理体系、战略执行的思想体系、组织体系、制度体系，加强企业战略规划的实施和监督。通过滚动发展规划、经营计划、全面预算管理等手段，对集团战略进行分解和落实，统一配置企业资源，定期检查实施情况，实现集团公司发展战略、发展步伐与山东能源高度协同，引领和促进企业快速健康和谐发展。

并购整合　协调发展

——阳煤集团并购整合化工企业的实践

阳泉煤业（集团）有限责任公司　王继红

一、阳煤集团并购化工企业的背景

阳煤集团按照山西省政府资源整合、转型发展的统一要求，2008 年重新确定了“强煤强化”发展战略，将产业链向下游企业延伸，希望利用完善的产业链、高度集中的产业化，及强有力的市场竞争能力，打造跨行业、跨地域的企业集团。阳煤集团是全国最大的无烟煤生产基地，其无烟块煤是化工产品的上好原料，年平均 400 万～500 万 t 的煤炭销往化工企业。基于此先决条件，并购下游化工企业成为阳煤集团做大做强、快速发展的途径。通过这一途径，它可以充分发挥无烟煤特殊品种的自然优势，延伸产业链，提高附加值，保证煤炭市场的稳定。

从化工企业看，20 世纪 90 年代末国家开始对中小企业进行改革，国有股份退出，企业改制，使得煤化工企业大多成为民营企业，对社会的责任感下降，市场好时超能力生产，市场不景气时就减产、停产；这些化工企业的市场和原料直接受到煤炭的影响。由于化工企业对煤炭资源较强的依赖性，2008 年后期又受到国际金融危机的影响，整个行业出现亏损，生存发展受到严重的威胁。

由于煤炭和化工企业的生存发展紧密相连，阳煤集团凭借煤炭资源的优势并购下游化工企业，在保证自身有稳定市场、提升下游产品价值的同时，可以保证化工企业能够在稳定的原材料供应、资金支持下，迅速做大做强，并向市场提供稳定的化肥、替代燃料等重要化工产品，拉动当地及周边地区的共同发展。阳煤集团还可以达到快速扩大规模的目的，同时可以节约资金，避免自身建设化工企业周期长、见效慢、技术不过关的弊端。

2008 年开始，阳煤集团基于长期战略考虑，对销售范围内运输便利、周边地区的煤化工企业进行并购整合，对原来客户的股权进行部分收购，将其转变为集团的子公司。通过在目标区域内企业的并购，控制绝大部分产品的生产，占据大部分的市场份额，建立产品的定价权；并逐渐从单一的化肥、甲醇企业转变为拥有更大范围的化工产品结构企业。由此，阳煤集团实施收购其下游化工企业，经过整合，实现规模的扩张。

二、阳煤集团并购化工企业的情况

阳煤集团在“十一五”期间，煤化工产业从零起步。五年来，化工产业从无到有、由小到大。阳煤集团第一个煤化工项目——10 万 t 聚氯乙烯、10 万 t 烧碱项目于 2005 年开工建设、2007 年投产。第二个煤化工项目是在政府主导下将山西三维化工集团于 2006 年整体划归阳煤集团，增加了精细化工产品；当年化工产业销售收入 21.5 亿元，实现了从无到有的历史性突破。

为了进一步延伸产业链，建立稳定的煤炭市场，发挥阳煤集团的规模效应，2008 年，阳煤集团按照“强强联合，优势互补，低成本扩张”的发展思路，出资 13.5 亿元，通过股份收购，先后控制了原来长期供货的客户——山东齐鲁第一化肥厂、山西丰喜肥业（集团）公司、河北深州化肥厂、青岛恒源化工公司、烟台巨力化肥公司、河北正元化工集团6家化工企业，总资产增加了85亿元。这些化工企业原来全部为阳煤集团的长期客户，固定使用阳煤集团的煤炭。通过收购后，阳煤集团产业规模急骤增长，2008年集团化工产业板块收入快速提高，当年增加营业收入63亿元，实现利润5亿元；化工产品实物产量约56万t，丰富了阳煤集团的产品，提升了化工产品的能力。阳煤集团2008年收购化工企业情况见表1。

表1　阳煤集团2008年收购化工企业情况　　万元

序号	单位名称	资　产	负　债	净资产	收　入	利　润	收购价款
1	丰喜肥业	653541	464571	188970	535502	40463	90930
2	河北正元						
3	齐鲁一化	62319	23749	38570	49788	10967	10150
4	深州化肥	45236	24329	20907	3688	-1345	11348.5
5	恒通化工						
6	烟台巨力	48416	21049	27368	25026	940	21435
7	临沂恒源	40319	26326	13993	16934	91	1440
合　计		849831	560024	289808	630938	51116	135303.5

2009年，在国际金融危机肆虐漫延、化工行业跌入低谷的严峻形势下，阳煤集团抓住机遇，对收购企业再次增资3亿元，控股了河北正元，绝对控股齐鲁一化，并购恒通化工。2009年化工产品销售收入实现83亿元，增长快速；而且被收购的化工企业在阳煤集团的支持下，有稳定的原料供应，安全度过了金融危机。

2010年，面对自然灾害频繁发生、经济环境复杂多变、市场价格波动加剧、节能减排压力加大的不利条件，阳煤集团经过深挖潜力，化工产业逆势增长收入48亿元，全年完成销售收入141亿元，成为山西省内最大的煤化工企业。为了形成产业合力，增强抗风险能力，阳煤集团引进战略投资者对收购后的化工企业进行产权整合，设立了化工投资公司，组建上市工作稳步推进。目前，化工产业已成为阳煤集团“十一五”期间增长最快、增量最多、增幅最大的产业，实现了由小到大的飞跃。

三、阳煤集团整合化工企业遇到的问题

阳煤集团通过上下游的纵向并购整合，完成了煤炭到化工产品的产业链延伸，实现了多元化发展。通过上下游产业链的完善，大力推进煤炭新产品的深度加工和综合利用，提高资源利用效率，降低销售成本，大大降低了企业的投资风险。但是，在实施并购后，由于双方企业受到并购跨行业、跨地域、混合所有制度等因素的影响，行业利益、地方利益及收购企业自身利益与煤炭企业利益发生矛盾，影响到并购后的整合工作。

1. 与被收购企业主和员工利益的矛盾

阳煤集团收购的煤化工企业在20世纪90年代末绝大多数改制为民营企业；阳煤集团为国有企业，直接受到国资委及政府的监管。由于所有制的不同，在并购后，新的企业在管理方式、技术能力、用人等方面与过去的企业有着本质的不同。阳煤集团多看重的是企业规模与生产能力，承担着社会责任；被收购化工企业的企业主则看重自己现实的经济利益与未来的收入，企业员工则关心未来自己的工作与前途。双方在所有制上的不同，带来了对经济利益认识的不同。

2. 管理体制和机制上的差异

阳煤集团一直受国家和政府等部门的直接监管，管理方式、用工制度、业绩考核等格式化、程序化，执行政策性强；而被收购的化工企业在市场调控下运行，制度、规定灵活，适应性强。双方重组后，在管理模式、决策事项和办事程序等方面需要一定时间的磨合，在文化上存在差异。

3. 地域跨度大、专业性强带来管理和控制问题

阳煤集团以煤炭生产管理为主，相对于化工生产管理是门外汉，在化工产业的管理上人才和经验匮乏，必须依靠原有人员进行管理；而且对于化工企业下一步的发展，必须融入集团公司的整体发展战略。因此，整合后必须强调管理和控制的协调与统一，解决跨地域和专业管理的问题。

鉴于此，如何进行并购后企业双方的整合，如何解决所有制的矛盾、企业文化的融合、人力资源、企业管理等种种问题成为大家关注的课题。

四、阳煤集团整合化工企业的策略和措施

阳煤集团对下游化工企业实行并购后开展了整合工作。第一步对其资源进行整合，用自身煤炭资源优势来弥补化工企业对资源的依赖性，进而将资源优势转化为产品优势和竞争优势。即对供应链进行整合，将原本两个企业之间的采购、供应、物流都整合为企业内部的资源配置，节省开支，减少中间环节，提高效率。第二步对人力资源、企业文化、财务及公司治理进行整合。第三步使其共同发挥作用，达到一体化。

（一）供应链整合

供应链整合是指并购企业的双方利用产业链的上下游关系，通过对原料供应、产品销售方面的战略协作，形成一个产业链上下游一体化的过程。阳煤集团采取了以下措施：

1. 优化供应链效果

对收购化工企业的供应商进行整合，剔除其他提供煤炭原料的供应商，优化供应商网络，由阳煤集团直接供应，稳定了被收购化工企业的煤炭供应量和质量，保证了自身生产的连续、平稳，使得生产效率和成品质量达到了前所未有的良好状态。被收购的化工企业不仅在原料采购上节约了精力，而且极大地提高了运行效率。

2. 发挥技术效应

阳煤集团在收购化工企业后，充分发挥其技术优势，与一些有实力的化工设计研究院所联合，

参与了前端技术的设计和开发，与整合后的企业共同面对终端市场的激烈竞争，为化工企业提供了从设计、施工、设备制造到试车、投产的一系列服务；由原来的外部委托设计全部转向内部服务，大大降低了成本，提高了生产效率。

3. 降低运行成本

在生产流程中，阳煤集团还与整合后的化工企业实行“零距离接触”。化工企业由于有稳定的煤炭供应，可以根据市场行情与自身产品的销售情况，因时制宜地调整煤炭的库存和需求量，最大限度地降低因原料煤占用资金，合理解决了煤炭供应问题。在这种供应链方式下，既提高了供应链环节的反应速度，又最大限度地降低了资金占用和化解了企业运行的风险。

4. 保证质量

在货物检验环节，阳煤集团规范煤炭质量检测，保证了化工企业用煤的质量稳定，促进了生产稳定。

5. 提高效率

外向物流方面，阳煤集团用自身物流经验规范整合后化工企业的物流环节，在化工企业周边严格控制成品仓库，成品下线后，立即直接发送。通过设立配送中心和销售网点，高效地消化产品库存，增加了资金的回笼，较大程度地提高了供应链的运作效率。

（二）文化整合

文化整合是指通过供应链内企业间的互动整合，使企业文化保持独立性的同时，上升为供应链文化，从而形成供应链所特有的文化优势。由于煤炭企业并购化工企业这种跨行业、跨地域，所有制不同的企业整合，并购双方的企业文化存在着严重的不同，因此，文化整合不可能只是将两个企业的文化简单地叠加，而需要将两者有机地进行融合与贯通，在共同的企业战略的共识上建立起新的适合双方共同信仰的企业文化，从而达到升华文化，提升企业素养，完成最终并购的整合需求。阳煤集团采用融合方式，有效推进了双方企业文化融合。

1. 充分认识国有企业和民营企业各自的优劣势

阳煤集团是国有企业，其优势是有一整套经过长期改进和完善后形成的严谨、规范的管理体系和决策程序；劣势是机构设置复杂、管理层次较多，效率相对较低。收购的化工企业，主要优势是管理上比较灵活、简单；劣势是决策的随意性比较大，人治和家族管理的色彩比较浓。所以，阳煤集团在保持原有组织结构的情况下，派驻相应的管理人员，充分沟通；运用集团的战略思想，参与化工企业的决策；引进集团公司的管理体制，取长补短，结合灵活、简单、高效的手段，严格规范管理和决策程序；逐步引导化工企业完善制度，重新规划各自的战略，在集团总部的统一指挥下运行；避免出现大的问题和发生大的决策失误。

2. 充分认识大企业与小企业在管理方法上的不同

阳煤集团为大企业，收购的化工企业为小企业，管理方法各有侧重；整合后，阳煤集团加大宣传力度，通过管理人员互相调整，逐步用大企业的管理方法影响化工企业，使化工企业在管理方法上有所改进，通过制度约束人，通过规范促管理；同时将化工企业先进的管理方法在集团公司推广，以保证集团经营宗旨的实现。

3. 正确处理集权与分权的关系

集团要整体发展，必须上下协调一致，在管理的力度、幅度上必须掌握好度。阳煤集团坚持做到了以下几点：一是在总体战略下各自确定自身的发展项目；二是在保证集团整体利益的前提下组织自身的管理；三是统一执行集团公司的经济政策和考核规定。通过企业、个人的经济利益与企业效益挂钩，实现对员工行为的约束；在充分发挥各化工企业管控力的同时，实现员工价值观的统一。

（三）人力资源整合

人力资源整合就是使整合后双方企业的管理层及全体员工能够相互充分认同，并发挥各自的优势。

1. 发挥人才优势

阳煤集团在整合化工企业后，将技术、管理人才继续留在企业，并将具有丰富工作经验的人才提拔到关键岗位，或充实到管理薄弱的单位，使他们的才能得到发挥，体现其价值和成就感。

2. 做好与员工的沟通，避免信息不对等

整合后，阳煤集团采用职工代表大会、发布文件、传递集团报刊、工会慰问、文艺会演等方式，积极在化工企业的员工中做宣传，讲解阳煤集团的政策、企业的发展战略、企业的愿景规划等，解除员工的忧虑。

3. 加强对人员的培训

整合后，阳煤集团按照集团公司的全员培训规划，对化工企业人员进行培训和人才储备，并派出集团公司的管理人员进行化工相关知识的学习，为企业未来发展储备人才。

4. 将物质激励与精神激励结合，做好对人力资源的激励工作

整合后，化工企业的员工与集团公司的员工享受同等待遇，与集团公司的组织活动、评比活动等融为一体。

（四）财务整合

财务整合是指并购双方的财务制度体系、会计核算体系统一管理和监控。由于企业并购的目标是通过核心能力的提升和竞争优势的强化创造更多的新增价值，所以，在财务整合过程中，必须紧紧围绕这一目标，以成本管理、财务管理流程和风险控制的优化为主要内容，通过财务整合力求使并购后的公司在经营活动上统一管理，在投资、融资活动上统一规划，最大限度地实现并购的整合和协同效应。为此，阳煤集团财务整合遵循了及时性原则、统一性原则、协调性原则、创新性原则和成本效益原则。

1. 优化财务管理组织系统，发挥多层次的财务管理职能

（1）准确定位集团公司的财务职能。集团公司财务部门在集团直接领导下发挥整个集团的财务管理职能；配合集团战略和各项计划的实施，为整个集团，包括新公司经营活动以及发展提供支持，确保财务目标实现；不干预被收购企业的经济活动。

（2）集团公司总部向并购后新公司派驻财务总监和财务人员。通过派驻人员，行使对被收购企业的会计核算和财务管理的职能，代表集团公司对新公司的财务工作进行指导和管理，使财务管理体制与集团公司的一致。

（3）成立化工投资公司，建立产权关系，管理被收购的化工企业。在逐步融合的基础上，2010 年阳煤集团对原收购的化工企业进行产权的统一管理，将阳煤集团股权置换到阳煤化工投资公司，通过产权纽带，专业化管理，将经营管理和利益分配进一步协调，由阳煤化工投资公司实施预算管理、成本管理、投资决策管理等，促进了财务管控能力提升。

2. 对被收购化工企业资金实行集中管理，并为其提供金融服务

（1）资金账户纳入集团财务公司管理。阳煤集团将被收购化工企业的银行账户与集团财务公司绑定，适时掌握其资金动态，便于集团公司的整体管理。

（2）发挥大集团优势，对被收购化工企业提供金融服务和帮助。被收购的化工企业基本面临着相同的问题：一是资金周转困难；二是建设项目无资金来源；三是由于规模小，银行贷款难度大。阳煤集团在保证其原料能够稳定生产的基础上，为了保证其可持续发展，对于有竞争力和技术含量较高的项目给予积极支持，利用集团的资金优势，为其提供资金保证，确保项目的及时完工、达产。

3. 将被收购化工企业纳入集团公司业绩考核范围

（1）建立化工企业自身的统计评价和业绩考核体系，以同行业同类装置的平均水平为参照，推行对标管理，为科学评价企业经营业绩和领导班子工作绩效提供依据。同时，按照集团公司整体的业绩考核机制接受集团公司的考核。

（2）加强自身管理。深入开展全员参与的增收节支活动，减少跑冒滴漏，降低生产成本。按照集团公司对降低成本的要求，严格控制车辆购置，停建缓建楼堂馆所，压缩非生产性支出，提高企业赢利水平。

（五）公司治理整合

公司治理整合就是将整合后企业各利益相关者之间的利害关系与行为的法律、文化、惯例和制度安排等需要，进行协调和平衡。它不仅要考虑公司董事会构成以及股东和经理之间的关系，还要考虑公司与其他利益相关者，如员工、客户、供应商、债权人的关系以及公司的社会责任。阳煤集团并购化工企业后，由于并购前两公司之间治理模式不同，更需要做好并购后的治理结构和治理机制的整合工作。

1. 对组织机构和监控机制的整合

（1）按照《公司法》建立法人治理结构。

一是按照股权结构重新设立股东大会，制定了《公司章程》，明确职责。同时，设立董事会。在实施并购后，为了稳定原化工企业的管理层，不影响其功能发挥，向新公司派驻了董事长、财务总监等管理人员，建立起了一套对双方企业负责人的决策机构；集团公司通过董事会围绕集团战略控制目标、只决定公司的方针性工作；日常生产、经营管理由原化工企业组织，维护其管理自主性。

二是设立监事会。由集团公司与被并购企业同时派出监事组成监事会，对新公司实行战略控制、资本控制、财务控制；双方监事在监事会工作下对公司运营的过程相互制约、相互监督，以保障各股东的利益。

三是设立经理层。按照持股额以及公司法和新公司章程，双方共同委派人员任命新公司经理层，由集团公司的经理层对新公司经理层进行日常业务指导、协调和控制，使新公司的生产经营按照集团公司的意志、规划进行。

(2) 完善对新公司的管理机制。阳煤集团整合化工企业后，对新公司进行资本控制、组织控制、财务控制等，实现集团整体利益的最大化。

一是资本控制。按照出资比例或公司章程确定的控制权比例行使集团公司的权利，对新公司的重大事项决策、担保、大额资金的使用、大项资产的处置等进行控制。

二是组织控制。整合后，集团公司向化工企业派驻管理层，代表集团公司利益，在新公司贯彻集团公司的战略目标，维护合法权益，监督和考核新公司经理层的工作。

三是财务控制。新的化工企业在集团公司统一的财务管理体制下，采用统一的会计制度，会计人员统一管理，围绕集团公司的整体财务目标开展工作，接受上一级财务部门的管理，分级组织完成集团公司总部下达的各项财务目标。

四是合作机制。按照“内部企业优先、价格随行就市”的原则，建立完善基础产品、装备制造、技术服务、建筑施工四个相对封闭的内部市场，在化工企业之间尽快形成以产品、技术、服务、资金为纽带的新型合作关系，减少企业资金外流，创造聚合效应，形成整体优势。

五是安全控制。化工企业比照煤炭企业安全管理模式，建立了安全巡视员制度、安全评价标准，规范统计评价工作；严格事故报告制度，协助集团公司安监部门加强安全管理。

六是信息控制。新公司按照集团公司的要求建立内部信息网络，将公司的安全、生产、市场、财务、运营等信息与集团公司共享，使集团公司及时获取信息，提高控制效率。

(3) 强化对新公司的监督机制。集团公司在监督各公司财务工作的同时，还要监督、评价其内部控制制度是否完善和内部各个组织机构执行职能的效率。

一是强化了资产控制。对化工企业建立了完善的审计监督管理制度，由审计部组织、有计划地对新公司的财务收支状况和经营成果情况进行评价，保证其业务信息的充分、可靠、真实。

二是对“三重一大”事项进行监管。整合后，集团公司纪委及有关部室要对新公司的工程项目、对外合作项目、经济合同、招投标情况等进行监督，特别是对重大项目建设、重大决策、重大人事变动和大额资金使用等重大活动进行监管。被收购的化工企业也要建立与集团公司相一致的管理机制。按照分类指导、加强监管的原则，建立“三重一大”事项报告制度和定期核查制度；完善专职董事、监事管理制度，保证每个月至少到任职企业调研和巡查一次；在原有制度的基础上规范、完善化工企业财务管理制度，及时发现和纠正不规范的做法。这样不但实现了制度上的衔接、融合，同时加强了风险防范。

2. 对新公司与利益相关者关系的整合

整合后，阳煤集团无论是决策，还是规划经营活动，都始终兼顾了集团公司与化工企业股东之间，与化工企业的董事会和经理层之间，与化工企业员工之间，与化工企业原债权人、供应商、客户以及政府之间等相关者利益的关系，使其协调、平衡，达到新企业生产经营的稳定。

五、整合后的效果

（一）供应链整合，提高了双方营运效率

阳煤集团对化工企业进行供应链整合，维护了双方原有的独立利益，既保证了煤炭产品的稳定销售，也保证了并购后化工企业的原材料稳定供应。这样不但增加了被收购化工企业的信心，稳定了企业发展，而且增加了员工对企业整合的认同感，缩小了企业双方交流的差距。

通过纵向并购进行供应链整合，将企业与企业之间原有的对外供销交易关系转入到了内部，减少了原先属于市场交易的外部流通过程，增加了一体化后的内部合作、结算。阳煤集团在公司总部的统一领导与指挥下，使原本复杂的外部交易关系变成了高效率的内部供应关系，从而提高了企业双方的生产、运营效率，减少了交易、财务成本，最终实现了企业竞争力的提高。

（二）双方的优势有机地结合起来，形成了新的管理文化

文化整合是供应链整合的最高层次，而文化适应模式的选择决定着整合的效果。由于煤炭与化工关联度较高，阳煤集团实施多元化战略已经 10 多年，具有很强的包容性，所以，在并购化工企业后采用了融合模式，主要从发展战略、管理理念、管理模式三方面进行整合，使被并购化工企业保持了自己的文化和组织标志，达到价值观念统一，打造了供应链的统一文化，使煤炭企业与化工企业的文化互相融合，增强了供应链的凝聚力和竞争力。

（三）通过组织机构建设，实现了经营宗旨的协调

组织机构的整合是完成整合的保证。阳煤集团紧紧围绕发展目标，积极构建新的组织管理体系，保证了正确的发展方向；根据集团的管理目标，以及并购双方的关联度，确定了集团公司对新公司的决策权限，明确了对新公司业务管理的程度、履责的要求等，理顺了管理程序，建立了相应的内部控制体系，保证了整合后的公司财务正常运行。通过大集团支持下游企业，实现了管理体制的平稳过渡，减少了双方冲突。

（四）并购效应明显，集团多产业协同发展

阳煤集团整合化工企业的五年间，效应明显：资产规模增加，收入迅速增长，形成了技术优势，为下一步化工产业持续发展奠定了良好基础。

1. 阳煤集团总资产

并购前 2007 年为 402 亿元，并购后 2010 年达到 911 亿元，比 2007 年增加了 510 亿元；其中，化工产业 2007 年末并购前资产总额为 57 亿元，2010 年达到 245 亿元，增加了 188 亿元，是原来的 4 倍还多（表 2）。

表2　阳煤集团2007—2010年资产变化情况

序号	项　目	资产总额/万元					
		2007年	2008年	2009年	2010年	2010年比2007年	增幅/%
合　计		4019290	6121501	7875121	9114444	5095154	126.77
1	煤炭	2677852	3512360	5192699	6146729	3468877	129.54
2	化工	566560	1434849	2187939	2448783	1882223	332.22
3	铝电	373997	1029613	705077	703537	329540	88.11
4	建筑地产	277189	496724	592960	758335	481146	173.58
5	机械制造	73979	80480	121305	168726	94747	128.07
6	服务贸易	1897026	2179676	2293479	3308413	1411387	74.4
7	中小集团			21304	318973	318973	

资料来源：作者整理。

2. 阳煤集团营业收入

并购前2007年为200亿元，并购后2010年达到652亿元，比2007年增加了452亿元；其中，化工产业2007年未并购前营业收入为31亿元，2010年达到141亿元，增加了110亿元，是原来的4倍还多（表3）。

表3　阳煤集团2007—2010年收入变化情况

序号	项　目	收入/万元					
		2007年	2008年	2009年	2010年	2010年比2007年	增幅/%
合　计		1997522	3242929	4180064	6520181	4522659	226.41
1	煤炭	1009650	1601027	1777230	2300598	1290948	127.86
2	化工	311789	661206	922815	1408270	1096481	351.67
3	铝电	178365	234610	268716	639919	461554	258.77
4	建筑地产	229925	395488	397319	500463	270538	117.66
5	机械制造	39875	56154	102829	208014	168139	421.67
6	服务贸易	227918	294444	700469	1174105	946187	415.14
7	中小集团			10686	288812	288812	

资料来源：作者整理。

3. 后续发展势头良好

阳煤集团在完成了收购整合后，积极跟进，充分发挥化工企业的技术优势，围绕建立化工发展原料基地和新型能源基地的思路，按照起点高、规模大、工艺技术先进的标准，在充分论证的基础上，不失时机地新上一批技术上国际或国内领先、具有广阔市场前景、代表阳煤集团化工形象的新项目。2011年先后确定和启动了40万t电石项目建设；加快了180万t甲醇、60万t烯烃项目的调研论证、招商引资和项目审批进度，争取办理立项审批手续。同时为了形成自己的技术研发能力，研究兼并化工设计院的问题，搭建一个以化工设计院为基础，以三维化工、丰喜肥业、河北正元等企业的化工研究所为主要骨干的科技研发和创新平台，把阳煤集团打造成集研究、设计、制造、施工、生产、销售于一体，具有完整产业链的大型化工集团。2010 年 10 月，阳煤集团积极研究国家政策，及时编制、论证、出台了阳煤集团的煤化工产业发展规划，明确下一步发展方向，进一步优化产业布局，加快产品和市场结构调整，为提升化工产业整体竞争力奠定基础。

六、阳煤集团并购化工企业后整合的经验

从阳煤集团整合下游化工企业的实践可以看出，阳煤集团进入煤化工领域，不是为了追求短期效益，而是一种战略投资，是把化工产业作为集团公司一个新的经济增长点。从定位上看，不论是从产业规模还是工艺技术档次，都把提升行业竞争力作为奋斗目标，要在国内煤化工行业具有较大的影响力。其经验如下：

1. 坚持经济效率原则

阳煤集团对下游化工企业整合后，产品生产规模扩大，资源得到补充和调整，实现最佳规模经济，使经营成本最小。通过并购充分利用煤炭资源，年可消耗煤炭 400 多万吨，占全部产量的 10%；提高了煤炭的附加值，通过销售化工产品取得高于煤炭销售的收入；保证了化工企业的原材料供应，同时有效解决了集团公司的煤炭销售问题，一方面使集团公司达到最佳经济规模要求，另一方面避免了因原材料供应不稳定带来的化工企业的生产损失。

2. 紧围集团战略不偏离

阳煤集团在国家对煤炭行业有效利用资源、保护资源的宏观要求下，在山西省政府要求关闭整合、做大做强的战略框架下，及时调整自身的发展战略——强煤强化，在产业链上做文章，收购其下游化工企业，增加市场份额，降低风险；通过低成本扩张，丰富产业结构；实现多元化发展，提高企业竞争力。

3. 抓住有利时机保双赢

阳煤集团靠自身煤炭优势，利用化工企业对煤炭资源的依赖性，在化工行业不太景气的形势下，利用所有者的利益驱动，采取并购手段，取得对其的控制权，从而实现低成本扩张战略，也保证了化工企业的正常生产运行。

4. 有效整合达协同

阳煤集团并购下游的化工企业后，以供应链整合为基础，实施企业文化整合、人力资源整合、财务整合与公司治理整合，形成一体化整合。依托煤炭和化工产业的紧密度，使两个产业的优势得到互补，逐步实现了双方企业文化的融合，管理体制和机制的相互适应，达到了集团整体协同、协调。

七、整合后的风险防范

阳煤集团实施煤炭企业和化工企业的整合取得了一定效果，目前正在向多元化、可持续发展，追求资产、销售收入的迅速增长的方向发展。因此，在激烈的市场竞争中，集团公司必须要提高风险防范意识，有效规避风险。

（1）要特别注重战略决策风险的防范。阳煤集团已经成为跨行业、跨地域的特大型集团公司，

必须在集团公司统一战略下协同发展，避免决策失误、各自为政的风险，以保证集团公司竞争力。

（2）避免因信息偏差和不畅带来的判断风险。管理级次增加、管理幅度加大、产业链条越来越长，要求必须建立畅通的信息沟通机制，避免因信息不对称导致决策失误。

（3）避免因管理不力带来的风险。完成并购整合后，新公司的管理层由双方共同派驻组成，集团公司派出的人员缺乏专业的生产知识，而化工企业原有的管理层缺乏大企业先进的管理经验；同时由于化工企业原有的管理层丧失了其股份，很大程度地减少了对企业奉献的积极性和热情。如果不加强管理，企业失控，将会导致投资风险增大，对集团公司也会产生重大的影响。所以，要不断进行制度和机制的创新，适应市场需要，实施有效监管。

（4）注重法律风险。整合后的企业，承接了原有的资产和负债，潜在的资金、担保、债务等风险还没有完全暴露，因此，要建立预先防范机制。

（5）要积极应对市场、国家政策等带来的风险。集团公司实现多元化后，涉猎产业多，外部环境影响、国家政策及市场变化等因素随时会影响企业，所以应及时把控，应对风险。

总之，阳煤集团在经济效率、战略动机、功力机会的驱动下，大量并购了化工企业，并针对其实际出现的问题，建立了基于供应链整合的文化整合、人力资源整合、公司治理整合和财务整合的一体化整合系统，有效地规避了矛盾，取得了明显的效应。但是，在激烈的市场竞争中，还应注重对各种风险的防范，才能实现做大做强的目标。阳煤集团整合化工企业的实践有一定的借鉴作用，可以为同类大型煤炭企业提供有益的指导。

以提升企业价值为导向的战略转型

山东能源淄博矿业集团有限责任公司　李景慧　王利民

2009年以来，淄矿集团坚持以科学发展观为指导，以提升企业价值为导向，着力调整发展战略，转变发展方式，提升发展质量，走出了一条煤炭企业转型发展的新路子，不仅有效应对了国际金融危机的冲击，保持了企业持续健康快速发展，而且通过战略转型，提高了企业的内在动力和活力，增强了企业的核心竞争力。

一、以提升企业价值为导向的战略转型的实施背景

淄矿集团实施以提升企业价值为导向的战略转型，主要基于以下三个方面的原因。

（一）企业应对国际金融危机的重大举措

2008年年底爆发的全球性金融危机，导致世界经济动荡加剧，经济发展速度明显放缓。受此影响，我国沿海地区外贸进出口、工业企业的增长速度及效益呈现出持续下滑的趋势。作为基础能源的煤炭行业，虽然处于产业链条的最上游，所受影响滞后于其他行业，但也不可避免地受到了严重的冲击，煤炭供求关系出现了逆转，煤炭市场形势急转直下，出现了销售不畅、库存增加、煤价大幅下跌、煤款回收困难的局面，给煤炭企业生产经营带来很大的困难。在这种不利条件下，煤炭企业要化危为机，求得发展，必须彻底转变近几年来相对稳定的煤炭市场给广大干部职工形成的思维定式，必须切实改变多年来单纯依赖煤价上涨、被动适应市场拉动的增长模式，把工作的基点放在内涵发展上，努力把国际金融危机的影响降到最低限度。

（二）企业破解发展难题的迫切需要

煤炭产业作为传统的基础性产业，在国际金融危机的影响下，长期以来积累形成的一些深层次矛盾和问题集中凸现出来，主要是：粗放式增长格局尚未根本扭转，单纯依赖产量的增加依然是经济增长的主要方式，依靠优化产业和产品结构提高发展质量还有很大的差距；产业结构上“一煤独大”，非煤产业发展相对滞后，企业规模化水平不高，一些比较优势正在逐渐弱化；国家对资源、环境、安全的约束趋紧，企业资源开发、节能减排和安全生产仍不够协调；制约企业发展的体制机制性问题依然存在，体制机制创新的力度亟待加大；等等。淄矿集团作为一个具有百年开采历史的老企业，同样也面临着这些问题。因此，破解发展难题，迫切需要淄矿集团实施战略转型，打破传统的发展路径依赖，推动发展模式由粗放型向集约型的转变，由依靠要素投入向创新驱动转变，真正实现企业的转型升级。

（三）企业提高综合竞争实力的必由之路

面对近年来煤炭产业大集团、大基地、大整合的发展态势，煤炭企业要在新一轮的竞争中脱颖而出，获得更大的发展，必须主动适应新形势、新变化，更加注重发挥优势，规避劣势，提高综合

竞争实力。淄矿集团尽管通过多年来尤其是近几年的深化改革、加快发展，在管理、机制、技术、资金、文化等方面具备了一些优势，但仍然存在着规模不够大、实力不突出等客观因素。这就要求淄矿集团必须实施战略转型，在转变发展方式、调整产业结构、增强竞争实力上狠下工夫，进一步扩大自身的比较优势，提高综合竞争实力，有效应对外部的各类冲击和挑战，推动企业持续健康协调发展。

二、以提升企业价值为导向的战略转型的内涵及主要做法

淄矿集团实施以提升企业价值为导向的战略转型的主要内涵是，以提高企业的核心竞争力为目标，着力从产业结构、增长方式、发展动力、体制机制、发展标准五个方面推进战略转型，大力实施“五个转变”：在产业结构上，由“一煤独大”向适度多元的产业体系转变；在增长方式上，由粗放式、被动型增长向节约、集约、安全、稳健式增长转变；在发展动力上，由资源依赖型向创新驱动型转变；在体制机制上，由传统的生产管理型向现代企业制度下的经营发展型转变；在发展标准上，由偏重经济总量向全面协调可持续发展转变。通过“五个转变”，带动产业、产品和管理水平的全面升级，推动企业从粗放型向集约型模式转变，逐步形成更加科学、富有活力的发展新模式。其主要做法是：

（一）调整发展战略，明确转型发展的思路和目标

实施战略转型，是一项综合的系统工程。淄矿集团从企业实际和产业特点出发，坚持在发展中转型、以转型促发展的原则，积极调整发展战略，完善发展思路，以此来指导和推动战略转型。

1. 依据形势变化，完善企业发展战略和产业布局

淄矿集团根据煤炭主业产区战略性转移的实际，完善起了以构建“三三一”产业布局为重点的企业发展战略，即“三区三园一圈”，就是尽快形成山东济北、陕西彬长、内蒙古鄂尔多斯三个千万吨级矿区，继续完善济北矿区、埠村煤矿、东华水泥公司三个循环经济园区，加快集团总部经济圈建设，构建起以煤炭产业为基础，医疗器械及健康产业、水泥建材及新材料产业为支柱，物流服务业等为配套补充的“121”新型产业体系。

2. 确立战略转型的基本思路

淄矿集团战略转型的思路是“内部挖潜、外部扩张，纵向延伸、横向拓展，高端引导、创新推动”，其中“内部挖潜、外部扩张，纵向延伸、横向拓展”是战略转型的方式，“高端引导、创新推动”是战略转型的措施。

内部挖潜，就是坚定不移地走内涵发展之路，坚持“练内功、挖内潜”，最大限度地调动内部一切积极因素。外部扩张，就是始终坚持“走出去”战略，在稳定现有区域和稳步发展现有产业的基础上，进一步扩大发展区域、涉足新的领域，拓展企业发展空间。纵向延伸，就是坚持产业链发展不动摇，拉长现有产业的上下游产业链条，做足现有产业、产品的增值文章，进一步转变发展方式，提高附加值和竞争力。横向拓展，就是以现有产业为基础，通过相关多元化发展，促进形成以主导产业为支撑的产业集群，拓宽产业发展面。高端引导，就是始终把产业高端、产品高质、产能高效作为发展的方向，以此引导企业转型发展。创新推动，就是把科技创新、管理创新作为企业转型发展的动力，推动企业由要素驱动向创新驱动转变。

（二）加快产业结构优化升级，实现由“一煤独大”向适度多元的根本性转变

淄矿集团围绕构建“121”新型产业体系，在做大做强煤炭主业的基础上，立足区位、资源、技术等方面的比较优势，大力培植和发展医疗器械及健康产业、生产型服务业等战略性新兴产业，实现了经济规模的快速膨胀和产业结构的优化升级。

1. 加快省外煤炭资源的开发和转化

近年来，淄矿集团通过坚持不懈的努力和艰苦细致的工作，先后在陕西、内蒙古、云南等地获取煤炭资源近40亿t，煤炭主业可持续发展能力显著增强。这些资源都处于国家规划和鼓励开发的地区，属于高效优质资源，转化能力都比较强。对此，淄矿集团把省外资源开发作为战略转型的重要载体，着力提高资源优势向经济优势的转化水平，取得了重大进展。在内蒙古鄂尔多斯矿区，年设计能力500万t的杨家村矿井已于2011年5月份实现了联合试运转，成为企业新的经济增长点；设计年产1000万t的巴彦高勒矿井已经开工建设，2011年年底可实现三个井筒到底的目标，将于2013年年底建成投产；年设计能力500万t的油房壕矿井目前正在按照当地政府有关资源整合的要求，积极推进配套转化项目，争取资源整合的主导权。在陕西彬长矿区，在山东煤炭企业中率先走出省门开发建设的亭南煤矿，于2005年12月投产，2010年生产煤炭300万t，实现利润4亿元；2011年上半年产煤147万t，实现利润3.5亿元；年设计能力500万t的陕西高家堡矿井已展开项目的前期准备工作，2011年底正式开工建设，2014年10月建成投产，2015年具备500万t生产能力。到“十二五”末，淄矿集团将建成陕西彬长、内蒙古鄂尔多斯两个省外千万吨级矿区，在省外形成年产3000万t以上的产能水平。同时，年设计能力45万t的云南吉克煤矿，已于2011年1月份建成投产。这些重点项目的积极推进，为淄矿集团可持续发展、实现转型跨越奠定了坚实的基础。

2. 以资本运作方式进入医疗器械及健康产业

新华医疗器械股份公司作为中国最大的消毒灭菌设备研制生产基地，占高压灭菌消毒柜市场70%以上的份额，属于高端高效行业，也是国家扶持的新兴产业。2009年9月，淄矿集团以5.5亿元收购淄博市政府所持有的新华医疗29%的股权、成为控股股东后，把医疗器械作为与煤炭并驾齐驱的第二大主导产业来培育，全力支持其做大做强，使医疗器械产业步入了一个快速成长期，2010年，全公司实现销售收入13.4亿元，利润7789万元。2011年上半年收入和利润同比又有大幅度的提高。

3. 推动现代物流业跨越发展

淄矿集团按照“立足企业、融入区域、物商互动、关联发展”的原则，把物流产业作为结构优化、转型发展的重要支撑点和经济增长点来培育。2011年上半年，物流业实现销售收入47.9亿元，占到了企业总收入的39.7%；2011年销售收入将突破80亿元。淄矿集团控股建设的鲁中煤炭交易中心已经开业，这是山东省首家大型煤炭电子商务交易中心，下一步将着眼于建设区域性信息、数据和贸易“三个中心”，尽快将其培育成为立足鲁中、辐射半岛、服务全省乃至全国的现代煤炭物流交易市场，为进一步做大做强煤炭物流业搭建了新的平台。

（三）大力实施绿色开采，持续推动煤炭生产向绿色、集约、可持续的转变

转变煤炭生产方式是煤炭企业发展模式战略转型的基础和根本。淄矿集团紧密结合自身实际，牢牢把握“黑色煤炭、绿色开采，高碳行业、低碳生产”的理念，瞄准绿色、集约、可持续这个方向，提出了采掘生产机械化、辅助系统自动化、安全监测数字化，创新置换采煤工艺、创新专业化公司运作和合理集中生产的“三化、两创新、一集中”的思路，

1. 大力推进绿色开采

淄矿集团以倡导能源节约战略、发展低碳经济为宗旨，把煤炭资源回收作为工作重点，突破传统开采模式，组织力量进行技术攻关，先后开发和应用了压覆煤炭资源的开采技术、工艺和方法，实现了煤炭生产由常规开采向矸石置换充填开采、膏体充填开采、高水充填开采的转变，不仅实现了矸石不上井，减少了地面下沉，提高了煤炭采出率，而且成功解放了煤炭资源，延长了矿井寿命，产生了巨大的社会效益和经济效益。投入2000多万元，在许厂和岱庄矿实施了矸石充填置换开采新技术，共置换煤炭100多万吨，回填矸石80多万立方米，创造经济效益3亿多元，该项目荣获了国家科技进步二等奖。投资2亿元，与中国矿业大学合作，在岱庄矿实施了条带煤柱膏体充填开采项目（图1），此项技术的成功运用，在国内尚属首次，有效解决了建筑物压覆煤炭资源的

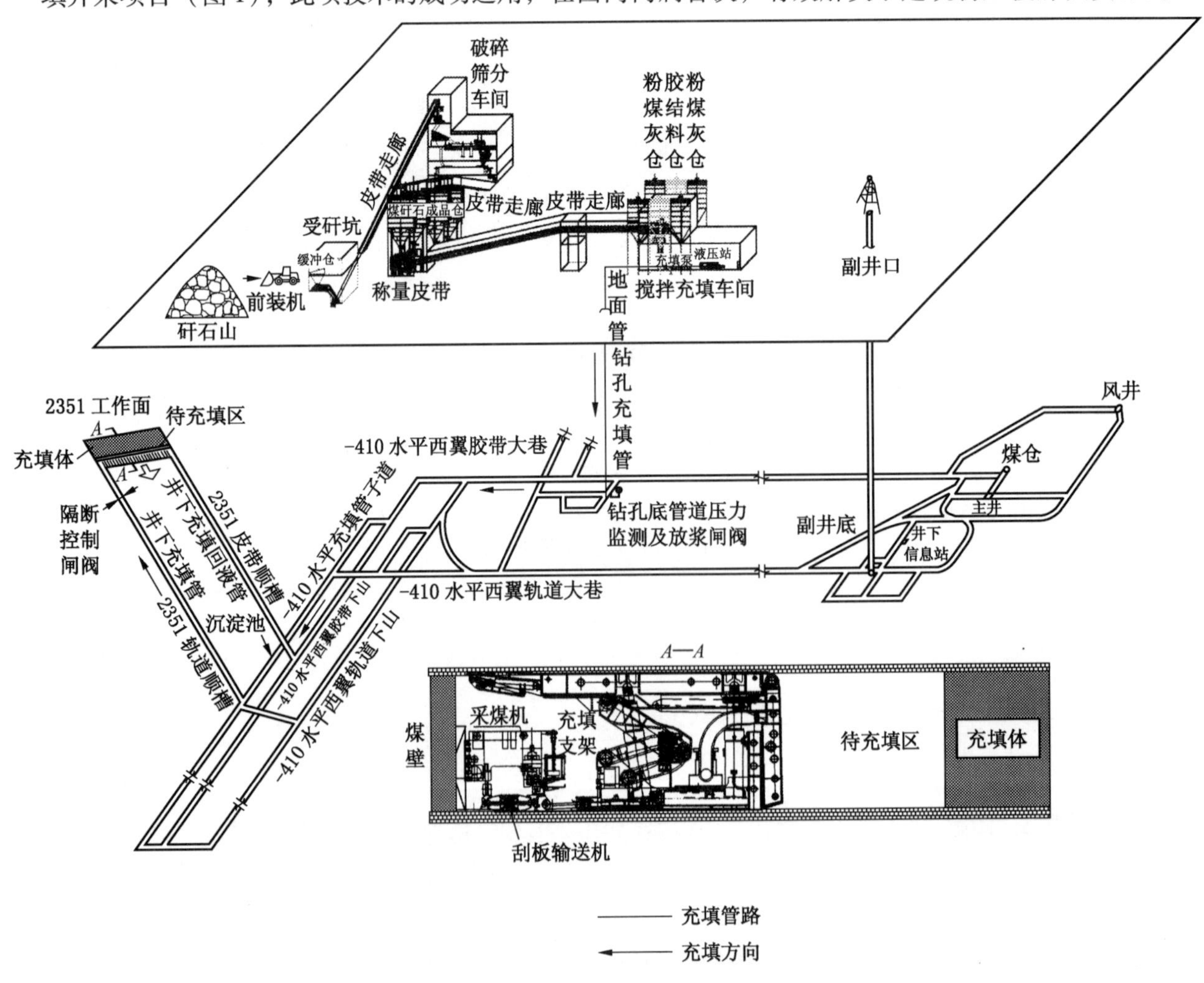

图1　矸石膏体充填系统图

问题，水下、道路下、建筑物下压煤的采出率将达到95%以上，使矿井多回收煤炭资源5000多万吨，并能够使济北矿区的服务年限延长7年，预计可增加效益数亿元。在埠村煤矿利用高水充填开采技术对原条带煤柱进行回采，可提高资源回收率30%，即可多采出煤炭960万t，延长矿井服务年限10年。

2. 优化采场布局和生产工艺

淄矿集团坚持集约生产、安全高效的原则，着力在“三优化、三提高”上做文章，减少作业人员，提高生产效率，促使煤炭主业从劳动密集型向技术密集型转变，从粗放型向集约型转变。首先，优化采场布局，提高生产集中度。打破传统的设计理念，依据各种先进采煤工艺的地质适应性，采取灵活多样的开拓布局形式，并根据地质变化情况，从源头上优化与完善开采水平和采区设计。其次，采用先进的集约化生产方式，对生产系统和区域实施“减肥消肿”，最大限度地简化生产系统和生产环节，缩短生产战线，合理集中生产。坚持提升水平和淘汰落后相结合，近年来先后开发应用了一次性采全高大采高综采、电液阀自动化控制、大倾角采煤、超前液压支架等新技术、新装备，劳动效率和安全保障能力大幅增强。最后，优化劳动组织，提高人均效率。长期以来，淄矿集团一直把用人少、效率高作为企业的核心竞争优势来培育。近年来，淄矿集团改变过去煤矿靠增人稳产的做法，在重新修订劳动定额标准的基础上，实行了总量控制、定岗定员、增人增效的办法，年初确定人员总量和人均产量、人均创效指标，基层单位增加人员必须以人均产量和人均效益不减为前提，以此引导各单位把着力点放在优化采场布局、劳动组织和生产工艺上，把措施的重点放在依靠科技进步、提高装备水平、用信息化和自动化手段替代人工操作上，使人员增长始终处于可控受控的状态。济北矿区从一开始建设就以系统简约、生产集约为目标，建设“轻型大矿”，劳动用工比传统矿区减少了40%，人均效率是全国同类型矿区的2倍多。

3. 推进生产辅助专业化管理

把生产辅助专业化管理作为转变煤炭生产方式的重要措施，按照“项目化运作、专业化管理、市场化结算、社会化服务”的思路，积极探索实施了井下物料集中配送、工作面专业化安撤、地面辅助设施社会化管理等新型生产管理方式，先后精简辅助人员500多人，进一步优化了人力资源配置。

（四）推进精细化管理，推动经营管理由粗放型向精细化转变

以加强管控和激发活力为目的，建立起了以全面预算管理、全面风险管理、全面对标管理和内部市场化、辅助专业化为内容的“三全两化”经营机制，提高了科学化、精细化管理水平。

1. 构建实施“3+3”全面预算管理体系

即纵向分三个层次，横向分三种类型。三个层次为集团公司、二级单位、三级单位三个预算管理层次。集团公司预算管理主要负责汇总编制集团预算、编制总部预算和指导、监控、考核二级单位预算执行等；管理机构设为预算管理委员会和预算管理办公室两级。二级单位职能与机构设置与集团公司基本一致。三级单位负责编制上报与执行预算，管理机构只设预算管理办公室。三种类型指按各单位业务性质划分为煤矿、非煤生产、服务三类，对不同类型的企业实行不同的模式。对煤矿采用以生产为起点、以成本控制为中心、以资金控制为手段的全员参与模式。对电力、建材、工

程施工等非煤厂点采用以销售为起点、以月度过程控制为中心的动态模式。对铁运处、院校、酒店等服务单位采用事后反馈控制为主的简易模式。该体系的主要内容有：明确的责任中心定位；有效的确定预算目标；规范的编制预算；精细的预算执行控制；严格的预算考评。

2. 建立以提高效能为重点的对标管理机制

淄矿集团按照“没有最好、只有更好”的理念，将对标管理融入生产经营和日常管理的全过程，建立起了多维度的指标体系，并坚持以人均为导向，把人均效率、人均效益、吨煤创利等指标摆在了更加突出的位置，通过月度、季度和年度持续不断地对标，实现了对标管理的动态化和常态化，在对标中找差距、挖潜力、补短板，进一步提升了经营管理效能和管理水平。

3. 建立以风险管理为重点的内控机制

把内控机制作为集约化管理的重要环节，着力从会计控制、管理控制和风险控制三个重点下工夫。在会计控制方面，建立了包括内部牵制、内部管理、资金管理、预算管理、对外投资管理等在内的风险防范体系，通过采取集中管理、总额控制、收支两条线、网上资金划拨等各种方式，有效地控制了资金管理风险，提高了资金使用效率。建立了统一的财务管理信息化系统，加强了对经济行为的适时、动态监控。在管理控制方面，规范完善了内部审计体制，有效地防止了财务信息失真、失实。在风险控制方面，加强了法律风险控制和风险防范机制建设，设置了总法律顾问制度，完善了一系列法律规章制度，法律事务实现了由事后补救向事前防范和事中控制的转变。建立完善了投资管理办法和重大投资决策、管理、考核等责任追究机制，推行了投资项目后评价制度，提高了投资风险控制能力。

4. 建立资金高度集中的管控机制

依托资金结算中心这个平台，运用网上银行结算手段，严格执行货币资金收支两条线管理，定期上划各单位收入户资金，按照集团公司批复的各单位月度资金预算，分旬拨付各单位支出户资金。在对资金预算实施总额控制的同时，加强项目支付控制，实行大额资金支付限额审批制度和分块资金控制制度。对集团公司总经理、总会计师、财务部长和二级单位负责人赋予不同限度的资金支付审批权限，即使是预算内项目，超过一定限额的资金支付项目也需履行集团公司签批手续。对资金支出按用途划分为日常生产经营资金、维简和安全工程资金、新建项目及重大技改项目资金等三块资金进行预算控制，确保专款专用，防止套用资金用途进行资金支付。为加强月度资金预算执行情况的监控力度，实行资金旬报制度，集团公司财务部对二级单位的资金收支每旬调度一次，以及时掌握集团公司资金收支状况，确保月度资金收支预算的落实。通过全面预算管理和资金高度集中管理，实现了资金集约化管理和有序高效流动，使资金管理步入了支出有预算、大额有审批、调整按权限、使用有来源的良性运行轨道。

5. 建立以人均为导向的新型考核机制

导入人均指标，突出效率观念，初步构建起了促进发展方式转变的考核体系。按照人均效益高、人均效率高、吨煤创效高、吨煤售价高、单位成本低的“四高、一低”的思路，调整完善了经营业绩考核办法，把人均效益、人均产量和成本等作为重点考核指标，把安全、节能减排、科技创新等作为约束性指标。新的考核机制，不仅看总量，更重效率，不仅看当前，更重长远，不仅看显绩，更重潜绩，体现了科学发展的新导向，促进了发展方式的转变。2011 年全员效率达到 18 万元/人，人均创利 6.4 万元，分别是“十一五”初期的 1.7 倍和 4.7 倍。

（五）突出关键要素控制，实现由要素投入向创新驱动转变

淄矿集团在统筹协调并把握科技创新、人才建设、产品结构调整等多项重点，提高资源配置的效率。

1. 优化产品结构

淄矿集团把优化煤炭产品结构作为增收增效的重头戏，积极推进“三个转变”，即由单一原煤品种向洗选加工的多品种转变，由销售原煤为主向原煤和精煤并举、逐步向精煤为主转变，由生产同质化、低附加值的产品向生产高品质、高附加值产品转变。投资 3 亿多元，采用世界先进的重介洗选工艺，先后新建和改造了 4 个洗选加工厂，通过加大煤炭洗选力度、强化煤质管理等有效措施，有效改变了煤种单一、产品附加值低、煤种优势不能充分发挥的状况，促进了吨煤创效能力大幅度提高。

2. 搭建科技创新平台

集团公司组建起了以国家级和省级两个技术中心及一个博士后科研工作站为龙头的技术研究体系，并与中科院、中国矿大、山东大学、山东科技大学等国内知名院校、研究院所建立了长期合作关系。同时，完善了科技创新体制，推行了课题制、科研项目招标制、重大项目模拟法人制等新的方式，打破资历、学历等各种界限，不拘一格地选拔人才。此外，大力实施“细胞创新创效工程”。2011 年年初，各班组提出节能攻关项目，组织生产、技术等部门进行筛选论证，定项目名称、定技术指标、定完成时间，落实攻关经费、落实责任人。同时，在班组中大力实施“我为创新献计策”活动，组织职工提出合理化建议，推动科技创新。

3. 优化人力资源结构

始终坚持“人力资源是第一资源、必须优先开发，人才优势是最大优势、必须优先培育”的理念，把职工素质提升作为优化人力资源结构的龙头工程、效益工程紧抓不放，促进人力资源优势向人力资本优势转变。淄矿集团专门制定了实施素质提升工程的指导意见，明确了工作重点、目标体系和推进措施。在工作内容上，抓好管理人员、技术人员、技术工人“三支队伍”建设；在工作重点上，主要是培育思想政治素质、职业道德素质、科学文化素质、职业技能素质和健康身心素质“五大素质”；在工作机制上，建立健全领导机制、工作机制、激励机制和考核评价机制“四大机制”，出台了一系列行之有效的制度和政策规定，形成了推动素质提升工程的长效机制；在工作目标上，形成职工勤奋学习、苦练技能、岗位成才、建功立业的良好氛围，培育一支具有先进政治理想、良好职业道德、过硬技能素质和严明组织纪律的职工队伍，初步实现管理人员职业化、技术人员专家化、操作人员专业化的“三化”目标，最大限度地提高人力资源效率（图 2）。

4. 优化资本运营结构

淄矿集团充分认识到，今天的投资结构就是明天的产业结构，投资方向和结构在很大程度上决定着产业结构、发展水平和经济效益。对此，淄矿集团从优化投资结构入手，把投资的方向向主业

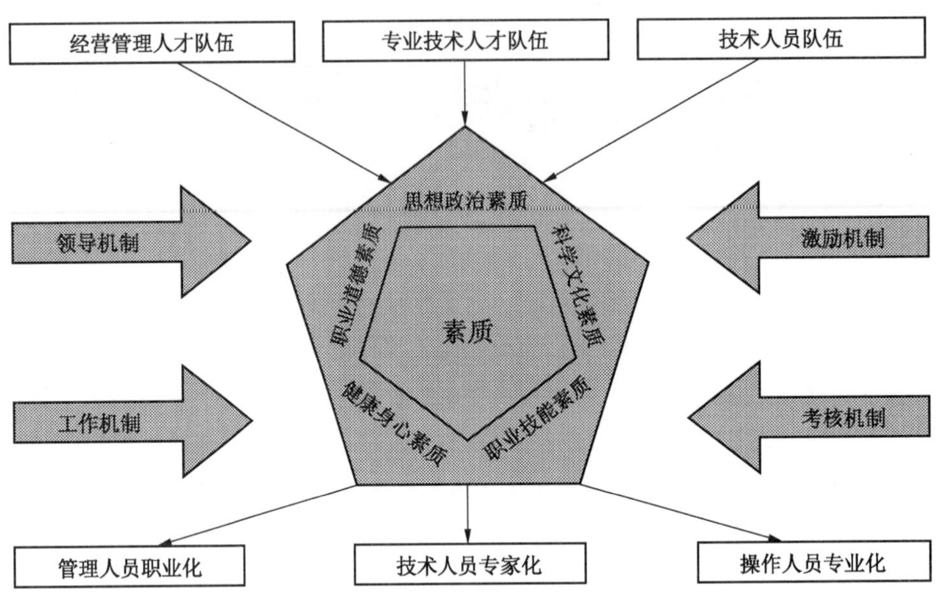

图2 淄矿集团素质提升工程目标体系

项目倾斜，向重大技术改造、引进重大技术装备倾斜，向环保节能、绿色开采和循环经济、低碳经济倾斜，充分发挥投资对调整结构的先导作用，促进了产业和产品结构的根本性调整。同时，根据企业发展的资金需求，积极探讨、研究通过吸收权益性投资、适度举债等形式，在既能保证企业资金充裕，又能防止过度举债所带来的资金成本过高和财务风险问题的前提下，不断提高资金配置效率，促进了资本结构的持续优化。

（六）加快本质安全型企业建设，为战略转型创造良好环境

实现发展模式的战略转型，需要持久稳定的安全环境作保障。对此，淄矿集团主动适应变化的新形势、新情况，以构建本质安全型企业为主线，完善安全管理思路，创新安全管理模式，着力突出了“三个转变”。

1. 在管理方法上实现由粗放型、多变性、间断性向集约型、系统性、规范性转变

充分借鉴国内外先进管理理念和方式，探索建立符合企业实际的安全管理体系，重点从责任、装备、管理、培训、文化等要素入手，理顺现行的管理方式方法，系统完善责任落实、现场督察、投入保障、技术支撑、宣传教育、技能培训、考核奖惩等多个长效机制，实现了由传统的经验型管理向主动、预控的本质安全管理模式转变。

2. 在安全重点上推动由专项整治向综合治理、主动预防转变

立足于系统、全面、超前解决安全生产中的重大难题，跳出传统管理思路和模式的束缚，重心下移，关口前移，通过深入实施全员岗位危险源辨识和安全隐患排查，规范“三项、五级、一闭环、一评估”的隐患排查治理和预防体系运作，实行全方位、无缝隙、不间断地进行危险源辨识和隐患排查，实现了安全管理由微观向宏观、由局部向全局、由治标向治本的转变。

3. 在教育培训上由重理论、轻技能向技能和理论并重转变

把工作重心由过去的注重理论知识转移到了提升职工现场操作技能上，建立了技能和理论并重的考核方式。在认真贯彻落实安全教育量化考核办法的基础上，对现行的教育培训考核问题进行了进一步的系统深化，增强了教育培训的实际效果。

三、以提升企业价值为导向的战略转型的实施效果

淄矿集团通过实施以提升企业价值为导向的战略转型，大力推进结构调整，不断转变发展方式，有效克服了国际金融危机对其的冲击和各种影响，而且经济增长质量和效益大幅提高，企业核心竞争力明显提升，社会影响力明显增强。

（一）企业发展实力持续增强

淄矿集团通过战略转型，企业经济实力和竞争力显著提升。始终坚持把上级精神、发展形势和企业实际相结合，不断完善发展思路，着力构建“四三一”的产业布局。特别是国际金融危机爆发以来，及时把“转方式、调结构、促转型”作为主题，积极推进“五个根本性转变”，促进了企业持续健康发展。2010 年，生产合格煤 1437 万 t，实现销售收入 175 亿元，实现生产经营性利润 19.5 亿元，企业资产总额为 228.6 亿元，分别是“十一五”初期的 2.2 倍、5 倍和 1.9 倍；资产保值增值率达到 117%、总资产报酬率为 7.5%、净资产收益率为 14%，全面完成了省国资委下达的考核指标。

（二）企业发展方式不断转变

通过实施战略转型，强化效率意识，导入人均指标。加快煤炭生产方式转变，促使“三化、两创新、一集中”生产理念得到进一步落实。2011 年全公司生产合格煤 1437 万 t，采掘机械化水平分别达到 97.1% 和 99%，管理信息化、生产自动化和装备重型化水平得到显著提高。初步构建起了促进发展方式转变的考核体系。2011 年全员效率达到 18 万元/人，人均创利 6.4 万元，分别是“十一五”初期的 1.7 倍和 4.7 倍。注重把转方式的重点放在依靠自主创新和提高劳动者素质上。

（三）企业结构进一步优化

通过推进战略转型，企业产业结构、人员结构、资产结构进一步得到优化。按照“稳定省内、开发转化省外”的煤炭产业发展思路，在稳定济北矿区产能的基础上，继续实施“走出去”战略，获取后备资源 34 亿 t，集团公司煤炭资源占有量达到 53 亿 t。把项目建设作为结构调整的重要载体，累计完成基本建设投资 39.25 亿元，云南吉克、内蒙古杨家村等一批骨干项目基本建成，陕西高家堡等重点项目正在积极推进，企业可持续发展能力明显增强。积极调整产品结构，提高吨煤创效能力，2011 年生产精煤产品 92 万 t，实现历史性的突破，依靠结构调整增加效益 2.3 亿元；非煤主导产业以“高质高效”为目标，积极推动产品结构优化，经济总量和效益都上了一个新台阶。全面实施职工素质提升工程，引进各类大中专及以上毕业生 1643 人，职工队伍中中专以上文化程度人员、技师及中级职称以上人员的比重，与“十一五”初期同口径相比分别提高 13.63% 和 3.27%。

(四) 企业知名度迅速提高

集团公司连续位居全国企业500强行列，先后荣获全国AAA级信用企业、全国煤炭行业优秀企业、山东60年60品牌等荣誉称号，并被省委、省政府授予“改革开放30年山东省优秀企业”称号；扎实推进节能减排工作，提前两年完成了省政府下达的节能减排指标，先后荣获山东省管理创新十佳企业、山东省环境友好型企业和节能贡献奖；连续四年被省政府评为“安全工作先进单位”；认真落实国有企业的社会责任，先后荣获“中华慈善突出贡献奖”和“最具爱心企业”称号。

复杂条件下矿井可持续发展战略研究与实施

山东能源淄博矿业集团有限责任公司葛亭煤矿

张远征　刘　玻　常永康　谢洪智

葛亭煤矿是淄矿集团在济北矿区建设的第三对现代化矿井，位于济宁市西北郊，井田面积 20.8 km^2，核定生产能力 120 万 t/a。矿井于 1999 年 2 月 6 日开工建设，2001 年 1 月 10 日投产，采用中央并列式通风方式，副井进风，主井回风，可采煤层为 3 层煤、16 层煤、17 层煤，所产煤炭属低灰、低硫、特低磷、结焦性能好、成焦率较高的优质炼焦配煤及动力燃料用煤。目前，矿井主要开采 3 层煤和 16 层煤，以 3 层煤为主，16 层煤为辅。截至 2010 年年底，矿井剩余资源储量 9390 万 t，可采储量 966.7 万 t，累计生产原煤 1259 万 t，完成掘进总进尺 108476 m，创造利润 98427 万元。

一、复杂条件下矿井可持续发展战略提出的背景

葛亭煤矿地质构造复杂，多种自然灾害并存，煤炭开采面临着很大困难，主要表现在：一是断层多。井田范围内落差 100 m 以上的断层 12 条，落差 10 m 以上的断层 89 条，因大断层衍生的小断层非常多。二是煤层倾角大。由于矿井整体上为一构造盆地，四周高，中间低，煤层标高从浅部的 -200 m 逐步延伸至深部 -900 m，煤层倾角大多数在 10°以上，最大达到 53°，倾角 20°以上可采储量占总可采储量的 63.9%。三是顶板压力大。受断层多、煤层倾角大、软弱岩层发育共同影响，工作面顶板压力大、易垮落，支护方式复杂，掘进工作难度大。四是井田内岩浆岩和陷落柱比较发育。岩浆岩沿煤层侵入，使大面积煤层不能开采，减少了矿井储量，另外，井田范围之内目前已经探明的陷落柱共有 13 个之多，进一步增加了开采的难度。五是矿井受多种自然灾害因素威胁。煤层自然发火期短、瓦斯涌出量大、煤尘爆炸指数高、下组煤开采突水系数高，“一通三防”、防治水管理难度大。

在复杂、特殊的煤炭开采条件下，建设适应新型工业化要求的高产高效现代化矿井，依靠人力加苦干的传统“人海战术”显然行不通，不仅生产工艺落后、开采效益低下，安全方面更没有把握。为此，广大决策者从矿井投产之初，便从矿井生产实际出发，把可持续发展战略摆上了企业工作的重要位置，积极开展复杂条件下可持续发展战略研究和实践，通过大胆的探索、创新与实践，取得了良好效果。

二、复杂条件下实施可持续发展战略的主要做法

近年来，葛亭煤矿着眼于推动矿井又好又快发展，坚持依靠科技进步，大力实施技术、管理创新，在持之以恒抓安全质量精细化管理的基础上，积极开展了提高开采上限、村庄下开采、阶梯式开采、大倾角开采、薄煤层综采技术研究，着力推进了全面预算管理、成本精细控制、内部人力资源市场管理、干部管理、“五精”管理、企业文化建设等方面创新，有效提高了矿井发展质量，确

保了矿井可持续发展。

(一) 以技术创新为支撑，为可持续发展提供技术支持

1. 不断创新，努力实施大倾角采煤

葛亭矿井于2003年5月开始转入230采区大倾角煤层开采，煤层倾角达到20°以上。在学习借鉴国内同类煤矿成功开采经验的基础上，通过对现有装备和工艺进行创新改造，积极探讨符合现场实际的采煤方法和放煤工艺，先后成功回采了2311、2319、2321、2326、2328、2313外下、2314等7个大倾角工作面。一方面是改造设备。与生产厂家合作，改造应用大功率采煤机。增设防滑防倒装置，解决支架和前后部运输机防倒防滑问题。改制适应大坡度运行的皮带机，增加了皮带摩擦力，解决了煤炭下滑和带载制动问题，满足了20°~25°大倾角巷道运输。另外，针对大倾角采煤工作面伪倾斜布置，工作面顺槽坡度大，超前支护使用单体支柱控制难度大的特点，在工作面两端顺槽研制应用了新型迈步式超前支架，为快速安全推进创造了条件。另一方面是不断改进回采工艺。工作面采取单向割煤工艺，下行时割煤，上行时空刀，有利于保持工作面“三机”设备纵向稳定，同时采取锚链固定转载机及皮带机尾，在胶带顺槽大坡度段铺设台阶、设置扶手，在皮带靠近行人侧设置挡煤板等措施，有效防止了机组下滑、煤矸滚落伤人事故发生。推进过程中严格控制一次割煤深度，合理留设工作面下端头三角煤，确保工作面正常推进,工作面最高月产达到11万t。特别是2313外下工作面，煤层平均倾角42°，最大倾角达到49°，并过断层、跨中间巷开采，顶板难控制、设备容易倾倒下滑，是建矿以来开采难度最大的工作面。面对工作面复杂的地质条件，葛亭煤矿紧盯顶板控制和设备防倒防滑两大关键，通过采取沿煤层顶板布置工作面胶带顺槽，科学改造配套工作面“三机”设备，加设设备防倒防滑装置，在溜头段10~15 m设置防倒弧，加强采高和放顶煤控制，强化设备检修和支架初撑力管理，随煤层倾角变化动态增减支架，严格回采工艺和现场动态质量精细管理等措施,成功地实现了工作面安全高效开采。工作面最高日产达到3828 t,最高月产达到8.88万t，共产原煤16.94万t，资源回收率87.3%，生产时间比预期缩短一个月。通过对复杂条件下进行大倾角开采，最大限度地回收了煤炭资源，有效提高了矿井的服务年限。

2. 优化设计，多方位加强资源回收

一是合理进行村庄下采煤。通过对现场地质采矿条件和村庄情况的调查研究，采取条带煤柱与断层煤柱共用，达到了经济、合理采出资源的目的，多回收煤炭21万t。二是采用阶梯式开采。在靠近断层一侧的顺槽掘进过程中，及时通过钻孔对断层进行探查，根据钻探成果对断层煤柱重新计算留设宽度。由于断层造成的边角煤和三角煤，在工作面设计上，采用阶梯式开采，通过增加、减少支架，实现工作面长度的变化，尽可能回收在两条大断层之间无法采用正规工作面布置的区域。采用阶梯式开采的办法，多回收煤炭60多万吨。三是积极推行俯采。针对仰采综放工作面放顶煤效果较差、采空区遗煤多等弊端，在后续工作面设计时取消了仰采工作面的布置，全部采用伪倾斜俯采综放工作面，其效果比较明显，煤炭资源回收率比仰采工作面提高了5个百分点。四是开展孤岛工作面开采。针对2303工作面临近2301、2305采空区孤岛开采，受水、瓦斯、矿山压力威胁严重的实际，通过聘请专家论证开采方案、优化巷道设计，开展工作面安全启封、采空区有害气体和积水治理、巷道扩修、工作面过陷落柱研究与实践，回采时采取带压超前移架、高压力地段超前扩修两巷、严格控制采高、顶板挂网等措施，安全回采煤炭34万t。五是探索实施对接开采。为了回

收330采区3301工作面以南、3302工作面以东的三角煤，葛亭煤矿在深入分析研究3301工作面两顺槽、3302工作面切眼实际揭露DF10断层和DF16断层地质条件的基础上，布置了3302对接工作面，采取开采3302工作面时以对接和缩短的方式，回收3301工作面里段残留三角煤。

3. 积极开展16煤薄煤层开采

为最大限度地提高煤炭资源回收率，延长矿井服务年限，从2006年年底起，葛亭煤矿开始了16煤回采工作。针对16煤煤层薄、断层多、含硫化铁结核并受顶底板水威胁严重的实际，开采初期，葛亭煤矿采取了条带高档普采工艺，工作面平均月产5000 t左右。但采用此种工艺职工劳动强度大、生产效益低，并存在顶板、爆破等安全隐患。为确保工作面安全高效开采，从2008年开始，葛亭煤矿积极开展了薄煤层综采开采工艺研究。通过充分调研论证，科学确定工作面“三机”配套设备，强化人员培训、设备安装管理，2009年6月底，葛亭煤矿16煤首个综采工作面安装完成并投入生产。投产后，葛亭煤矿通过不断改进工作面设备和劳动组织，强化回采工艺、工作面支护管理和水害治理，确保了16煤综采开采成功，工作面最高月产达到了1万t，实现了产能翻番。

（二）狠抓安全基础管理，为可持续发展提供良好的发展环境

一方面，积极建立完善并严格落实各项安全生产管理制度，推动责任落实。

首先，先后制定了涵盖安全管理、教育培训、监督检查、区队管理在内的81项安全管理制度、318个岗位的岗位安全责任制、106个工种的《煤矿安全技术操作规程》，实行了安全生产目标责任制、安全风险抵押金、全员月度安全奖励制度，做到了人人、事事、时时、处处有标准、有考核。其次，坚持以严治矿。狠抓领导干部带班下井、晚间安全例会、安全检查闭环管理、机关小分队下井查岗、区队干部24小时跟班盯岗、安监员盯头盯面、现场电话交接班等安全管理制度落实，努力消除管理盲区。制定干部管理办法，按照分级管理、一级抓一级原则，明确干部选拔任用条件、考核范围和18项行为准则，量化考评标准，成立作风督察和考评领导小组，从工作实绩和民主评价两个方面，采取定量与定性、月度与年度考评相结合方式对干部进行综合评价，坚持每月两次督察一次考评，提高了对干部的管控力，确保了各项安全工作举措落实。最后，狠抓质量标准化建设。不断健全各个专业工程质量标准，积极推行精细化管理，大力开展精品工程创建活动，坚持实行现场验收与安全管理人员评议相结合的考评制度，严厉处罚月度质量排名后三位的区队负责人，有效促进了现场工程质量提高，矿井工程质量始终保持了一级质量标准化矿井标准。同时，狠抓职工素质提升。建立内部人力资源市场，严格排查不符合安全生产规定要求的职工，并将其送入内部人力资源市场进行再教育、再培训，对经培训仍不合格的职工坚决予以辞退，确保了职工队伍素质稳定。积极应用全员微机考试系统、三维动画模拟教学系统，大力推行“手指口述”、“自我岗位描述”教育法，坚持“631”培训、技术比武、实物培训、职工安全知识月度抽考、严重“三违”人员集中帮教制度不动摇，严格落实考试成绩与安全奖励挂钩机制，努力促进职工本质安全。

另一方面，葛亭煤矿把“一通三防”工作，特别是把防治瓦斯、防治煤炭自然发火工作作为安全管理和技术攻关的重点，坚定不移地紧紧抓在手上，下大力气抓好落实。一是强化大倾角俯采条件下采空区煤炭自然发火防治。针对采用大倾角工作面放顶煤俯采工艺，存在瓦斯在采空区大量赋存，采空区漏风容易导致逸煤自然发火的实际，葛亭煤矿积极采取向采空区遗煤喷洒阻化剂阻止煤炭氧化，在工作面两端顺槽每隔一定距离及时建筑阻燃墙阻止进风，以及采取灌注黄泥浆、均压通风、快速撤面及时密闭采空区等综合防治措施，有效防止了采空区自然发火事故发生。二是强化

工作面隅角瓦斯防治。针对工作面隅角位置由于风量不足，瓦斯容易积聚超限的实际，采取在隅角位置安设水射流远程喷雾系统，使用抽排风机、风障，在巷道顺槽布置瓦斯抽放钻孔，对采空区后部及煤层内的瓦斯实施抽放等措施，消除了采空区瓦斯对工作面回采安全的威胁，确保了安全回采。三是强化工作面撤出期间瓦斯防治。针对工作面撤出期间，由于回撤时间长，煤炭氧化加快导致CO等大量有害气体生成，给撤面人员造成生命威胁的实际，积极采取预掘撤面出口、撤面时反风，打设木垛、留设通风通道的办法，使工作人员始终处于进风流中，不受有害气体的威胁，保证了工作面的安全撤出。四是强化采空区瓦斯治理。积极探索实施氮气置换瓦斯抽放治理采空区瓦斯技术，采用“多注少抽、边注边抽、控制抽量、监测监控”技术，对2311、2305、2301采空区进行氮气置换瓦斯抽放和氮气置换水治理，采空区内瓦斯浓度由抽放前的30%以上下降到12%以下，确保了相邻2303、2309等工作面安全开采。

抓好“一通三防”工作，就抓住了矿井安全生产的牛鼻子。通过抓“一通三防”各项防控措施的严格落实，带动了矿井防治水、提升运输、顶板管理等其他安全工作重点的管理水平提升，矿井安全工作呈现出持续健康发展的态势。截至2010年年底，矿井实现连续安全生产7周年。

（三）强化精细管理，提高经济运行质量和效益

1. 持续创新经营管理

坚持以提高经济运行质量和效益为目标，以精细管理为方向，着力推进管理创新。积极推行内部管理目标责任考核机制，矿长与班子副职、基层区队和科室负责人年年签订内部经营责任书，月月考核兑现奖惩，确保了经营目标的实现。大力实施全面预算管理。制订全面预算管理基本制度及维简安全费用、劳动防护用品和材料管理等相关配套制度，成立预算组织机构，理清管理权责，明确工作及考核奖惩标准，规范工作程序，将生产经营指标分解到班子、区队和科室，分区队和科室两组月月考核，形成了具有自身特色的全面预算管理体系模式。同时，根据工作进展情况，积极对预算表格、预算项目、考核计分标准进行修改完善，并不断强化内部审计和预算执行督察考核，促进了全员费用控制意识由“花了算”向“算着花”转变，提高了经济运行质量。积极推行成本精细控制。制定材料管理办法及风筒、矿灯、电缆、支护材料等12种材料管理制度，从材料预算、审批、领用、现场管理、回收复用、报废处理等环节入手，理顺材料管控主体和程序，明确控制目标和消耗定额，建立健全材料预算管理、特事特办、领料审批、交旧领新、偷工减料行为督察、考核数据报送制度及管理台账，将材料分为一般普通材料、大型材料、单项工程材料三类，对一般普通材料实行吨煤和延米单价考核，大型材料实行总额承包考核，单项工程材料实行定额和限额考核，月月兑现奖惩，促进了材料节约，降低了生产成本。

2. 着力强化煤炭营销管理

建立完善煤炭运销管理制度，从销售数量、合同管理、煤炭发运、价格管理、账目票据管理等方面，不断规范煤炭运销工作。制定煤炭质量责任奖惩办法，明确相关部门和单位煤质责任制，加大奖惩力度，强化生产过程控制，不断改进工作面放煤工艺，狠抓拣矸和洗选管理，确保了煤质稳定。狠抓煤炭销售，坚持紧跟市场调煤价，并依据煤价、煤质调整产品结构和销售流向，有效地提高了产品市场占有率，增加了企业经济效益。

3. 积极推进产品结构调整

为进一步调整产品结构，增加精煤品种，提高吨煤效益，葛亭煤矿在深入分析研究煤炭市场形势及矿井生产经营现状的基础上，经过充分调研论证，决定采用国内先进的重介旋流洗煤工艺及设备，对现有简易洗选系统进行技术改造，建设一座生产能力120万t/a的洗选厂。洗选厂技改主要单位工程包括准备车间、块煤车间、精煤仓、主厂房、电控楼、浓缩车间、中煤矸石仓、原煤仓、干燥车间等，土建工程已于2011年3月6日开始动工。

三、实施复杂条件下可持续发展战略的几点启示

（一）实施可持续发展战略是落实以人为本科学发展观的重要体现

可持续发展战略的大力实施，一方面，使企业获得了良好的经济效益，也使职工从企业经济规模发展壮大的过程中得到了实惠，工资水平大幅度提高，生活水平不断改善。葛亭煤矿投产以来，职工每年的工资增长率都在15%左右，2010年职工平均工资达到67696元，在集团公司各矿井单位名列前茅。另一方面，在复杂条件下进行煤炭开采，客观上促进了先进生产工艺和技术的引进力度，降低了职工的劳动强度，改善了职工的井下作业环境，保障了职工的人身安全。

（二）实施可持续发展战略是矿井转变经济增长方式的重要途径

煤炭的不可再生性决定了煤炭企业最终将出现资源枯竭的一天，超强度开采为煤炭企业带来高产高效高收益的同时，也加快了企业的衰老速度。葛亭煤矿设计生产能力60万t，核定生产能力120万t，由于煤炭资源可采储量低，按照目前的开采强度，再过几年，矿井将无煤可采。因此，在煤炭资源量严重不足的情况下，必须改变传统的增产提效型粗放式经营方式，努力探索内涵式发展，通过提高采出率，精采细采，延长矿井服务年限，提高矿井的长远效益。几年来，企业通过提高上限开采、工作面阶梯式开采、大倾角开采、断层和“三下”煤柱开采，在复杂地质条件下多回收原煤367万t，使煤炭资源得到了最大限度的回收利用，提高了煤炭开采的经济效益和社会效益。以此推算，通过实施科技创新，加大开采力度，将使矿井服务年限延长5年以上。

（三）实施可持续发展战略为技术人员提供了快速成长的平台

可持续发展战略的大力实施，为技术人员提供了施展才艺的舞台、切磋比武的擂台、成长进步的平台。葛亭煤矿自投产以来，加大了对科技创新工作的奖励力度，共支付资金500余万元，对科技创新和管理创新项目进行奖励，拉大了技术人员之间、技术人员与非技术人员之间的收入差距，同时实行了科技项目负责人风险抵押金制度、小改小革命名制度，进一步增强了技术人员的责任意识，调动了技术人员参与科技创新的积极性。广大技术人员积极参与社会学历教育，学习新知识、学习新技术蔚然成风。

新汶矿业集团战略性新兴产业发展调研报告

山东能源新汶矿业集团公司 陈传海 苗 健 孙兆秀

按照山东省国资委（鲁国资法规函〔2011〕5 号）部署和要求，新汶矿业集团对集团公司战略性新兴产业发展情况进行了调研，总结新矿集团战略性新兴产业发展的现状和基本做法，深入分析了战略性新兴产业发展面临的形势，提出了加快战略性新兴产业的发展思路、目标，重点规划了战略性新兴产业发展项目，并对加快省管企业战略性新兴产业发展提出了具有可操作性的意见建议。

一、发展现状和基本做法

(一) 发展现状

“十一五”期间，新矿集团以“调结构、转方式”为契机，大力发展战略性新兴产业。到 2010 年年底，集团公司的高端装备制造、新材料和节能环保等战略性新兴产业，产值已达到 17.1 亿元，实现收入 15.2 亿元、利税 0.93 亿元。

1. 高端装备制造

到 2010 年年底，新矿集团高端装备制造业 3 家，完成产值 119336 万元，实现收入 104342 万元、利税 5268 万元。

（1）山东塔高矿业装备制造有限公司。该公司由新矿集团全资子公司山东能源机械集团有限公司与波兰柯派克斯股份有限公司共同投资组建而成，注册资本 400 万欧元。该公司采用国际最先进的波兰生产工艺，主要生产缸径 430 mm、支撑最高 8 m、支撑阻力达到 1.6 万 kN 煤矿用大型液压支架，设计年产能 4000 架；功率 2000 kW、切割滚筒 3 m、采煤高度 7 m 的大型采煤机。2010 年年末，资产总额 61118 万元，全年生产制造各类大采高支架 1258 架，完成产值 53055 万元，实现收入 50855 万元、利税 1588 万元。

（2）山东新雪矿井降温科技有限公司。该公司于 2003 年 7 月成立，位于山东省新泰市高新技术开发区，注册资本 500 万元。主要业务为矿井降温技术咨询，矿井降温成套设备，矿井空冷器制造、销售、安装，提供地温、风温预测及整套降温系统的规划、设计、制造、安装、调试、人员培训等。拥有五项国家新型实用专利技术，并经国家科委鉴定认为该制冰降温技术属国内外煤矿首创，达到世界先进水平。2010 年年末，资产总额 6770 万元，全年完成产值 34000 万元，实现收入 27200 万元、利税 869 万元。

（3）山东立业机械装备有限公司。该公司于 2003 年 7 月成立，位于山东省新泰市高新技术开发区，注册资本 5726 万元。公司主要经营范围：矿山设备制造、维修、安装；液压支架制造、维修、安装、租赁、撤除；工矿工程建筑；矿山通信设备、电子设备、支护用品、高低压开关制造、销售等。2010 年年末，资产总额 49941.3 万元，生产制造支架 7617 t，完成产值 32281 万元，实现收入26287万元、利税2811万元。

2. 新材料

到2010年年底，新矿集团新材料企业有4家，主要新材料产品有多晶硅、LED灯和新型墙体材料等，全年完成产值35066万元，实现收入34958万元、利税1703万元。

（1）华源矿业瑞阳硅业公司。该公司为新矿集团下属华源矿业公司投资建设，设计产能为年产多晶硅300 t联产白炭黑2000 t，项目总投资3.5亿元，2009年12月份竣工投产，是目前山东省最大的太阳能光伏企业。华源矿业瑞阳硅业公司拥有一批技术熟练的专业技术人才，产品质量达到太阳能级二、三级标准以上，拥有350亩土地储备，具备扩建生产规模条件。同时，该公司电力、热力配套设施完善，上游可与集团公司盐化工产业衔接，与新汶顶峰热电厂对接，形成了完整的化工→电力→多晶硅循环经济产业链条。2010年年末，资产总额48459万元，生产多晶硅180 t、白炭黑500 t，完成产值7364万元，实现销售收入5887万元。

（2）华新房地产泰安银河光电科技有限公司。该公司是一家集LED节能灯科研、生产、销售、技术服务于一体的高新技术企业，主要生产路网照明、庭院景观照明、室内照明、草坪照明、矿用防爆等5大系列30余个品种的LED照明产品、太阳能光伏独立发电系统。该公司技术力量雄厚，设有新品试制中心，拥有多项专利技术，产品研发能力较强，生产工艺日趋成熟。该项目生产技术采用自有新技术，生产装备委托专业设计院进行设计。公司部分产品通过了CE认证，部分产品还获得了煤安证、防爆证。公司是中国绿色照明优质产品定点生产企业，拥有LED大功率实用新型专利证明。近期，企业又被评为全国半导体照明（LED）节能应用十佳推荐产品。2010年，生产各种节能灯具19000盏，实现销售收入13700万元、利税449万元。

（3）山东能源机械集团乾元不锈钢制造有限公司。该公司引进当今世界范围内仅有三台的高精度二十辊四柱分体可逆式冷轧机组、拉弯矫直机组、连续式光亮退火机组、精密纵剪机组等设备，并引进日本、德国、瑞典、韩国等国的高新技术，可生产厚度0.05～1.2 mm，宽度2.5～630 mm的304、304L、370、301、430牌号、各种硬度级别、雾面、喷砂、拉丝表面或有特殊要求的超薄、超平、超硬不锈钢精密钢带。公司目前年生产能力3万t。2010年，生产不锈钢极薄板22918 t，实现销售收入12326万元、利税757万元。

（4）山东华新房地产开发有限公司墙体材料。公司成立于1998年，注册资本3亿元，国家二级开发资质，坐落于历史文化名城泰安。公司主营业务为房地产开发、新型建材生产和物业服务，目前在职职工500余人。

该公司在实现项目快速扩张的同时，加大了新型建材研发力度，促使建材产业发展突飞猛进。目前，公司掌握了三种建筑结构体系，研制成功了十余种新型建材产品，建成了较大规模的建材工业园，成为山东省住宅产业化重要基地。使用钢丝网片和聚苯乙烯泡沫板生产CL墙体节能建筑材料，属于新型墙材，自重轻，造价低，抗震八级，保湿，隔热，隔声，防火性能好，防水性能好，抗潮湿，抗冻融，运输轻便，无损耗，安装简易，施工周期短，并可提高建筑使用面积5%，墙体的节能已达到50%，工艺技术成熟，平立网焊接等耗能设备选型符合国家节能政策。CL网架板年产规模30万m^2，内外墙环保涂料年产规模2000 t。2010年，各类墙体材料产量完成20.3万m^2，产值3153万元，实现销售收入3045万元、利税497万元。

3. 节能环保业

山东能源机械集团大族激光矿山机械再制造公司是依托国家级重点实验室——装甲兵工程学院

装备再制造技术国防科技重点实验室的技术优势，建立起来的矿山机械再制造基地。是国家发展改革委批复的唯一矿山设备再制造基地，列入2007年国家资源节约和环境保护项目，是2009年国家工业和信息化部机电产品再制造试点企业，是山东省和新矿集团循环经济示范项目。其激光熔覆加工制造能力居于国内首位。

矿山设备再制造技术是矿区循环经济发展的关键链接技术。为积极响应国家节能减排政策，针对煤矿废旧矿山机械零部件量大、更新快、单体制造成本高等特点，有效地实施再制造工程，实现节能减排，变废为宝，缓解资源短缺与资源浪费的矛盾，延长矿区循环经济产业链，减少失效报废产品对环境的污染，避免重新冶炼加工带来的巨大能源、资源浪费，矿山机械再制造项目立足高起点，再制造技术达到国际先进水平，再制造后的产品各项指标达到或超过新机标准。设计年可利用废旧矿山机械核心零部件10000 t，减少使用新钢铁7000 t，节标煤4200余吨，可减少SO_2排放量14 t，CO_2排放量1.05万t，综合节能率60%、节材70%。2010年完成机电设备再制造119250台件，产值16552万元，实现销售收入11292万元、利税1918万元。

（二）基本做法

1. 优化调整集团公司发展战略，发展战略性新兴产业

按照转变企业发展方式，调整经济结构要求，以企业的长远发展为目标，从企业的战略高度把握战略性新兴产业的发展。一是主业调整。按照集团公司新一轮发展战略，新矿集团确定将原来的主营业务由煤炭、电力、化工产业调整为煤炭、煤化工、装备制造与现代服务业，并经省国资委以国资规划函〔2010〕124号批复同意。二是加快实施战略转型。2010年将集团发展战略由“稳定煤炭主业、优先发展非煤”转移到“加快发展煤炭主业、优化提升非煤产业”上来，全面提升产业集中度、集团控制力和发展持续性，强化主业辐射带动功能，着力提升核心竞争能力，实现由大变强的新跨越，力争经过“十二五”及更长一个时期的创新拼搏，努力建成主业突出、竞争力强、国际化的能化大企业集团。

2. 以循环经济定位战略性新兴产业发展模式

目前，中国现有的增长模式日益面临着严峻的挑战。低碳经济作为应对全球气候变化、保障能源安全的基本途径和战略选择，是人类社会经济发展的一大趋势。由低碳技术和低碳经济来发展煤炭主业，符合世界经济的发展方向，更是煤炭企业实现可持续发展的必由之路。新矿集团结合当前发展形势，围绕发展低碳经济，大力发展战略性新兴产业，遵循“相关”优于“无关”的原则，按照“上游产品开发、中间产品配套、下游产品延伸”的发展思路，积极开发与煤炭、电力、化工、建材相关联的下游产品，研究开发新型墙体材料。以产业循环组合和废弃资源综合利用为链接，逐步向煤化工、盐化工、石膏板生产、房地产开发等行业进军。初步构建起了煤炭—电力—新兴建材—建筑房地产、煤炭—洗煤加工—焦化—液化气、盐矿—盐化工等循环经济产业链条，形成了新汶、大汶口—华丰、莱芜、龙固等不同基础产业的循环经济工业园区。循环经济和资源综合利用项目的建设，有力推进了资源节约型、环境友好型矿区建设。

3. 调结构，转方式，培优扶强，打造专业化的产业队伍

本着“上下游链接、专业化管理”的原则，统筹推进非煤结构调整，大力培植战略性新兴产

业，实施扶优培强战略，积极引导资源、资金、人才向优强企业聚集，初步形成了以山东能源机械集团为龙头的集煤矿设备制造、研发设计、施工安装、技术培训为一体的综合集成专业化运作体系。2009 年新矿集团被确定为山东省煤炭系统机械制造基地。在整合集团内部水泥生产企业的基础上，与国内相关企业合作，完成了泰山水泥以及泰安制药、新良油脂、膏业公司的股权转让和员工移交，使项目更好地融入国内外名企的发展行列。在项目出让的同时，加强战略性新兴产业扶持力度，将山东能源机械集团公司的注册资本金由 3. 6 亿元增加到 10 亿元，出资 3000 万元设立山东能源机械集团中矿采煤机械制造有限公司；确定山东立业机械装备有限公司、山东新雪矿井降温科技有限公司、华新房地产泰安银河光电科技有限公司等公司为集团公司专业化公司，制定优惠政策进行扶持。近几年，集团公司在装备制造、新型建材、节能环保等领域初步形成了一定规模的专业化队伍，随着一大批专业化公司的发展运作，非煤产业集中度进一步提升，产品外向型比例明显增加，企业市场影响力不断提升，也为集团公司战略性新兴产业发展壮大打下了良好基础。

4. 建立创新研发机制，发展战略性新兴产业

一是不断加大自主创新力度。山东新雪矿井降温科技有限公司建立了国内最大的矿井降温研发基地，研制了适合当今矿井降温大型制冰工程的专用制冰机，建成单机产冰量达 60 t/d 的国内最大型的制冰机生产线；山东立业机械装备有限公司先后研发出 DX40、DX60、DX80 防爆蓄电池单轨机车，DC120Y 柴油驱动大功率单轨运输机车和适应煤矿特殊生产的特种掩护支架（矸石充填支架、超前支架和沿空留巷掩护支架），成功运用到集团公司翟镇矿、龙固矿、新疆伊犁 1 号井、内蒙古福城煤矿以及山西霍州煤电曹村矿、庞庞塔、肥城矿业集团白庄矿、曹庄矿等矿，解决了煤矿顺槽运输难、工作面充填难、安全系数低的难题，有效保障了矿井运输安全；华新房地产泰安银河光电科技有限公司建立新品试制中心，与专业设计院合作研制多种新型 LED 节能灯，部分产品通过了 CE 认证和煤安证、防爆证，并拥有 LED 大功率实用新型专利证明。二是充分利用国外资源建立国际合作研发机制。山东立业机械装备有限公司在坚持自主创新的同时，注重进行国际间的合作与交流，实施“走出去、请进来”的快速研发与应用战略，2009 年 2 月与俄罗斯采矿科学院合作生产瓦斯煤尘爆炸自动隔爆系统，2009 年 8 月与德国沙尔夫公司签订了生产单轨吊系统的合作协议；山东塔高矿业装备制造有限公司采用国际最先进的波兰生产工艺，生产缸径 430 mm、支撑最高 8 m、支撑阻力达到 1. 6 万 kN 的煤矿用大型液压支架；研制功率 2000 kW、切割滚筒 3 m、采煤高度 7m 的大型采煤机，成功研制填补了我国厚煤层开采技术的空白，成为国内唯一一家与外商合作投资、专业生产矿用机械设备的大型企业。

二、面临的形势分析

《中华人民共和国国民经济和社会发展第十二个五年规划纲要》明确提出，把培育发展战略性新兴产业，放在十分突出的位置，这是全面分析世界经济格局调整变革趋势，着眼于我国经济社会可持续发展作出的重大战略部署，既是增强中国社会可持续的能力，转变经济发展方式的战略举措，也是构建产业竞争的新优势，掌握未来发展主动权的一种必然选择。国务院《关于加快培育和发展战略性新兴产业的决定》（国发〔2010〕32 号）指出，按照科学发展观的要求，抓住机遇，明确方向，突出重点，加快培育和发展战略性新兴产业，为战略性新兴产业提供了较好的发展机遇。集团公司紧紧抓住当前战略性新兴产业发展这一难得的关键时期，立足于现有新兴产业基础，装备制造业以国家产业政策为导向，按照山东能源集团战略规划部署，本着“细分业务、规范产

权、战略指导、规避风险、开拓市场、做大做强”的原则，围绕提升装备制造业核心竞争力，坚持内部整合重组与外部并购扩张相结合、纵向产业链条延伸与横向产业领域拓展相结合、自主创新与引进先进技术相结合，发挥自身优势，打造行业特色，扩大产业规模，提升产业集中度，努力使装备制造业成为支撑集团公司快速发展的重要产业。新材料产业面临我国新材料产业保持稳步发展，与相关产业的融合日益显著的大好形势，国家的政策导向更加明确，资金扶持力度加强；世界材料技术发展迅猛，在纳米材料、超导材料、高性能结构材料等领域正孕育着新的突破；国际新材料产业转移继续看好中国，全球产业转移的路径与我国新一轮产业升级的方向一致；“十二五”期间，我国的新材料工业发展将重点实施自主创新、技术集成、可循环可持续发展的三大战略。节能环保产业面临着很好的形势：一是国家将环保产业作为“战略性新兴产业”加以培育。我国环保产业经过近30年的发展，尤其是近10年来，经过“十五”、“十一五”的发展，环保产业总体规模迅速扩大，产业领域不断拓展，产业技术水平有了较大提高。国家发布“节能环保产业发展规划”和把环保产业作为“战略性新兴产业”加以培育，将有力推动“十二五”期间环保产业的发展。二是“十二五”环保产业面临着很大的市场需求。“十二五”期间，国家将继续加大城镇污水垃圾处理设施的建设力度，将继续实施重点流域污染源治理工程，加大对重点工业废水、废气、烟气除尘及脱硫脱硝、重金属污染的治理力度，加快危险废物处置和尾矿库隐患综合治理步伐。另外，国家还要支持建设一批清洁生产示范工程，从源头和全过程提高资源利用效率，减少污染物排放。“十二五”期间，国家和地方进一步加大对环保的投资力度，必将催生环保市场的巨大需求，为我国环保产业提供一个很大的发展空间。

三、发展思路及目标

（一）装备制造业

1. 指导思想

“十二五”期间，新矿集团将认真贯彻科学发展观，以国家产业政策为导向，按照山东能源集团规划部署，本着“细分业务、规范产权、战略指导、规避风险、开拓市场、做大做强”的原则，以转方式、调结构为主线，以打造“国内领先、世界先进”的煤机装备制造业为目标，突出“循环经济和低碳产业”模式，加大企业自主创新，加快建设山能机械三大园区、五个重点项目，不断完善成套装备制造内涵，着力构筑产业集群新优势，努力实现由“制造”向“创造”和从“跟随者”到“领跑者”的根本性转变，确保完成“百亿”装备制造企业的发展目标。

2. 发展目标

“十二五”期间，新矿集团装备制造产业将重点实施“三步走”战略：一是2011年为产业培育期。2011年实现营业总收入40亿元，其中国有经济32亿元。加快建成省内千亩工业园、省外新疆工业园和蒙宁工业园，扩大优势产业规模，优化产业资源配置，完善产业发展链条，确保实现质的提升。二是2012年为产业释放期。到2012年装备制造收入将达70亿元。届时，规模化的产业体系进一步提升，制度创新迈出实质性步伐，产业投入进入全面释放期，企业各项工作运行更加高效，职工生活质量显著提高，员工的企业和职业自豪感、企业市场竞争力明显增强，社会形象显著提升，基本实现由“制造”向“创造”和从“跟随者”到“领跑者”的转变。同时，将以洗煤设备研发制造为主攻方向，力争在 1～2 年内，建成洗煤设备专业生产基地。三是 2013—2015 年为整体收获期。经过三年的不断完善提升，变“创造产品”为“创造品牌”，努力打造产业规模大、科技含量高、竞争能力强和国内一流、国际领先的大型装备制造企业集团，实现与国际同行同台竞技，确保实现装备制造收入 100 亿元，使企业成为拉动地方区域经济增长的核心极、带动地方工业腾飞的加速器和促进地区经济社会协调发展的主力军。

3. 战略定位

一是通过调结构、转方式，形成产品设计、生产制造及再制造、采购配套等整套流程化经营能力；二是加快推进成套技术输出，打造形成科技含量高、技术能力强、立足省内、辐射全国的煤矿专业配套基地；三是建成符合循环经济特征和可持续发展的现代化装备企业，为实现装备管理集中化、产品制造专业化、修复检验标准化、租赁经营规范化打下坚实基础，进而占领国内同行业制高点。

4. 建设任务

（1）建设三大煤机装备制造工业园区。

一是省内机械千亩工业园。位于新泰市东都镇现厂区南侧，总建筑面积 12.5 万 m^2，总投资 10 亿元。该工业园 2011 年全部建成后，可有效提升产业集中度，构建起优势产业集群。其中：2010 年 12 月底完成了机械制配 4.3 万 m^2 的厂房建设，投资约 2.3 亿元购置新设备，主要采用数控下料、自动机械手焊接，为大型装备制造提供结构件。该项目投产后，可下料、焊接金属结构件 10 万 t/a，预计年收入 10 亿元、利税 4000 万元。

二是新疆机械工业园。位于新疆伊犁伊宁边境经济合作区，以新疆伊犁建能煤化工机械有限公司为主体，于 2009 年 7 月 16 日注册完成，注册资本金 3000 万元，一期投资 7.6 亿元，占地 1000 亩，6 个 4.7 万 m^2 的大型厂房，2011 年建设完成。主要以煤化工机械为主，适时生产煤机产品，建成后达到年产 2700 台套大型机械设备规模。目前已与中化集团达成合作意向，共同投资，配套建设矿山机械、特种设备加工制造基地。同时，借助口岸优势，向中亚等国提供煤机成套和配套产品，提高企业赢利能力和外部影响力。

三是宁蒙机械工业园。位于内蒙古鄂尔多斯市上海庙镇，占地面积 600 亩，建设面积 10 万 m^2，投资 5.8 亿元，建成融制造、再制造为一体，服务于山东能源集团在内蒙古、宁夏境内的煤矿，并辐射周边地区，主要承担液压支架、刮板输送机、带式输送机、转载机、采煤机、掘进机等矿山机械设备的生产制造、维修任务，最终形成年产 5000 万 t 的矿区提供“采、掘、运、支护”装备产品配套和装备再制造服务的生产规模。全部达产后年可实现产值 19 亿元，实现利润 2.5 亿元。

（2）建成五个产业关联项目。为进一步延伸产业链条，充实装备制造实力，2011 年着力建成五个高新技术项目。

一是建成年产 10 万 m^2 的输送带项目。该项目位于莱芜市莱城区山能机械通力公司南厂区西部，占地面积约 32.8 亩，新建厂房及库房 1.5 万 m^2，总投资 8200 万元，采用全线自动化控制系统和密炼车间的中央控制系统，以及先进的四辊压延机组，主要生产 PVC、PVG 织物整芯阻燃输送带、钢丝绳芯输送带，在成品直接销售的同时为皮带机生产提供配套服务。项目达产后，可形成年产 80 万 m^2 PVC、PVG 整芯阻燃输送带和 10 万 m^2 高强力钢丝绳芯输送带的能力，年可实现销售收入1.4亿元。

二是与奥地利山特维克公司合作掘进机项目。项目总投资1.2亿元，年可实现销售收入17亿元，年利润总额1.6亿元。项目建设后第一年为项目投产期，生产能力达到预期目标的80%；第二年起生产能力达到100%。该硬岩掘进机（MH620/MR340）为煤矿巷道掘进机械，是一种可截高硬度的半煤岩和全岩巷道的重型掘进机，最大装机功率达到300 kW，切割硬度达F10以上，能够有效解决现有掘进机不适合全岩巷道掘进的问题，大幅度提高全岩巷道的掘进工作效率，降低操作者的工作强度，实现小功率大切割硬度。

三是与澳大利亚合作制造救生舱项目。采用澳大利亚矿井应急避难救援设备成熟技术生产救生舱，为矿井应急救援提供现代化装备，将遇险救援“被动待援”转变为“主动自救和外部救援相结合”。该项目投资12000万元，总占地面积33580 m^2，年可生产矿用可移动式救生舱300套，年可实现销售收入6亿元，可安置人员300人。目前，已制作完成样舱3套，包括展示培训舱、现场试验舱和爆炸试验舱，其中的爆炸试验舱已送往重庆进行爆炸试验。近期将组织真人进行模拟试验。

四是与德国合作激光器项目。引进德国技术生产世界最先进的半导体固体激光器及熔覆加工系统，主要生产2000～8000 W的大功率激光器和控制器，年产200余台，填补了国内空白，淘汰了国产二氧化碳激光器。与传统的二氧化碳激光器相比，半导体固体激光器除体积小、能耗低、维护周期长的优势外，功率可提高10倍。项目投资6000万元，2011年建成投产，年可实现销售收入3.4亿元，实现利润总额4600万元。

五是借助煤科总院成熟的电液控制技术，合作开展成套装备自动化集中控制技术研究，并建成国内首个示范工作面。项目建设地点位于宁阳县磁窑开发区，总投资1800万元，于2011年11月建成投产，可达到年生产10套支架电液控制系统、20套辅助阀的生产规模，年可实现利润总额1100万元。

（二）新材料产业

1. 化工材料

（1）以蒙宁基地和新疆基地为重点，着眼能够占据竞争制高点的关键核心技术，大力开发煤制天然气、煤炭液化和焦化产品，努力建设一批拥有自主知识产权的示范项目，加快培植支撑集团发展的战略新兴产业，全面提升集团的产业层次和科技含量。最大限度地引进战略合作者，尽量减轻集团公司当期投资压力，有效规避投资风险。想方设法兼并重组有关煤化工科研机构，培植发展集团公司的专业研发力量，招聘一批国内外一流的高端煤化工专家参与项目筹建，建成国内一流的煤化工高端科研研发基地。

目前，集团公司内蒙古能源恒坤化工1.2亿 m^3/a 焦炉煤气制液化天然气项目已开工，工程预算投资总额41112万元，已累计完成投资8657万元。中长期设备合同已逐渐签订；土建工程已开始，储罐基础、气柜基础基本完成；正在施工精脱硫、预压缩、净化等基础。

新疆年产20亿 m^3 煤制天然气项目一期工程正在建设中。

（2）依托新汶矿业泰山盐化现有产业基础（10万t烧碱，10万t PVC），利用自身和本地优势，选择市场前景较好。企业产业链形成闭合的物料循环系统，有效地降低了生产成本，并规避了环境制约的清洁生产系统，构建氯下游深加工以及氟化工产业链。

一是烧碱、PVC扩能改造。烧碱新增20万t，到“十二五”末达到30万t/a的规模。现有10万t/a PVC逐步改造为糊树脂，且PVC规模不再扩大。考虑到泰山盐化目前电石占原料成本比重过高的影响，可以考虑将现有PVC生产线改造成为糊树脂生产线，在一定程度上可提升利润空间，缓解电石成本因素带来的负面影响。

二是下游精细化耗氯产品。聚苯硫醚是一种附加值很高的新材料产品，“十二五”期间国家大力推进新材料产业，很多高端装备以及高科技产品中均用到该类产品。考虑到泰山盐化附近有很多焦化苯资源，结合自身氯碱产业，可发展对二氯苯、聚苯硫醚产品。三氯异氰尿酸产品附加值高，且相比传统的消毒剂具有无臭、无味、消毒效率高，及具有缓释功能，目前国内应用领域开发还比较缓慢，因此该类产品主要面临出口市场。考虑到企业临近华东市场，该类产品主要销往国外，用于私人游泳池和高端会所的使用。远期来看，随着国内消费水平不断提高，高端私人会所对于该类产品的需求也会不断上升。

三是下游氟化工产品系列。利用泰山盐化自有资源生产三氯乙烯和四氯乙烯，可形成：三氯乙烯/四氯乙烯—R－134a、R－125—四氟乙烯等氟产品产业链，三氯乙烯/四氯乙烯是主要用作有机溶剂、干洗剂、金属脱脂剂，及新型制冷剂的中间体。也可作为较好的耗氯产品和氟化工产品的原料。

2. 太阳能材料

太阳能是地球上最丰富、最清洁、最环保的可持续能源，也是当前国家和省重点鼓励发展的产业。“十二五”期间光伏产业将呈现飞跃成长、超常规发展，国内外发展空间极为广阔。多晶硅是发展太阳能光伏产业的基础材料。山东瑞阳硅业科技有限公司目前已具备年产500 t多晶硅的生产能力，由于生产规模达不到准入条件要求，“十二五”期间，规划扩大生产规模，建设年产3600 t多晶硅，实施节能减排技术改造，同时，新建300 MW硅片、电池和组件项目，形成产业链条。“十二五”末可达到年销售收入44亿元，利润总额13亿元，成为省内光伏龙头企业。

（三）节能环保产业

1. 总体思路

全面实践科学发展观，以节能优先、清洁发展、可持续发展为方针，以降低能耗、提高能源利用效率为核心，以工艺现代化、设备高效低耗、技术进步为手段，合理调整产品、工艺装备和能源利用结构，突出重点领域节能管理，完善新建矿井及省外煤田节能管理，严格执行节能评估制度。强化宣传培训，逐步形成企业节能新机制，加快发展节能产业，发展低碳经济，加快推进建设节约型社会，以能源的有效利用促进企业经济的可持续发展。

2. 规划目标

按照国家及省政府节能目标要求，结合企业自身特点，2010年集团公司预计完成节能量计划5万t标准煤；超额完成省政府目标责任书4.51万t标准煤任务。

“十二五”期间，集团公司年平均节能量不低于4.5万t标准煤，2015年年底，总节能量超过22.5万t标准煤。

3. 重点项目

(1) 设备再制造改扩建项目。山东泰山建能机械集团有限公司设备再制造项目于2007年10月建设，2009年12月底全部完工，达到设计生产规模并试运行。为满足市场需求，加快组建“再制造技术研究室”，创建国家级“矿山机械再制造工程技术中心”，开展激光加工“粉体材料和工艺”的标准化研究，不断提高激光熔覆加工制造能力；打造形成集产品研发—设备制造—设备再制造于一体的产业链条，加快推进再制造规模化、市场化、产业化发展，建成为国家级示范项目。规划扩大矿山设备再制造规模，建设生产车间、旧机及配件仓库、综合楼等厂房13000 m^2，设备投资约5.1亿元。建成后达到年再制造10万台套隔爆电机及配件和5万台套矿用减速器及配件的生产规模，实现年收入15亿元、利税1.46亿元。

(2) 煤矸石充填、以矸石置换煤炭、绿色开采项目。为实现“矿井生产矸石不上井、地面矸石不上山、原存矸石入井充填”，利用矸石置换呆滞煤炭资源，构建煤矿废弃物高效利用、矿区可持续发展新模式，达到矿区社会、经济与环境协调发展的煤矿绿色开采的总体目标，以国内外煤矸石运用理论和新矿集团公司研究实践成果为依据，以前期现场先导试验为基础，研发煤矸石资源综合利用和绿色开采技术，在山东省内12个生产矿井实施煤矸石充填、以矸石置换煤炭、绿色开采工程，实现节能环保，提高社会效益和经济效益。

四、面临的问题

(一) 科技水平还有待提高

除在煤炭机械制修和现代生产服务业方面，集团公司积累了较多的技术和经验外，在新能源、新材料和信息技术等产业方面还是刚刚起步，与同行业相比，自有科技水平相对不高。

(二) 人才匮乏

随着企业的快速发展，各类专业技术人才和管理人才相对匮乏，尤其是煤炭开采、煤化工、盐化工和高新技术等产业人才短缺；员工队伍流动快、变化大、构成复杂，复合型、技能型、专家型专业人才和工人技师短缺，各层次人才培养成为影响企业未来发展的关键因素。

(三) 优惠政策落实不够

培育和发展战略性新兴产业是国家的大政方针，国家和省政府也出台了许多信贷和税收等优惠措施，但到了具体执行阶段，往往难以落实，企业并没有从政策中得到相应的实惠。

五、政策建议

(一) 加强战略合作

发展战略性新兴产业关键是技术，省国资委作为省国有企业的出资人，可以在企业发展战略性新兴产业的同时，帮助企业与国内、外先进企业的联系沟通，学习嫁接先进技术，加强战略合作，推动山东省战略性新兴产业的健康快速发展。

（二）注重人才培养

出台有关政策，对大中院校战略性新兴产业类专业学生给予学费减免和设置奖学金制度，吸引生源就读，吸引毕业生到基层单位工作。同时针对当前大学生就业难的现实，加强舆论引导，吸引相关专业的大学生投身到战略性新兴产业的建设中去。

（三）落实优惠政策

企业培育发展战略性新兴产业需要资金和政策性扶持，可以出台优惠政策，并落实到位，切实促进山东省战略性新兴产业的快速发展。

关于山东良庄矿业公司实施“三步走”战略打造“千万吨”企业的调研报告

山东能源新汶矿业集团良庄矿业公司 陈建文 刘东升

近年来，良庄矿业公司大力推进煤炭资源开发，提出了“五年产能上千万”的总规划，以煤为基，以煤兴业，大力实施“走出去谋生存”“走进去谋发展”“走上去谋跨越”的“三步走”方略，坚持“奉献社会、地企共赢、和谐发展”的发展宗旨，先后开发建设了陕西白石崖煤矿、内蒙古石场湾煤矿等一批现代化矿井，积累了一整套科学、先进、系统的煤矿安全生产经营管理经验，企业规模、赢利水平、持续发展能力明显提升。2015 年，公司原煤产能有望突破 1000 万 t，主业收入达到 40 亿元。

一、主要做法

(一)“走出去”谋生存

一是上下同心共谋发展。2006 年，良庄矿业公司破产之际，煤炭资源面临枯竭，战线长、用人多、成本高，生产经营工作举步维艰，企业生存发展面临诸多困难。面对困境，公司上下统一思想，牢固树立“花自己的钱，办自己的事”的观念，不等不靠，主动作为，把整合外部资源、开发外部资源作为求生存、谋发展的必由之路。成立资源开发办公室，公司负责人亲自挂帅，抽调各专业的精兵强将，北上南下，实地考察。同时，充分利用各种信息渠道、人脉资源，多方寻求资源信息。可以说，在资源开发方面，该公司以时不我待的危机意识、以“发展慢了就是落后，小进步就是退步”的责任意识，全心全意，不遗余力，凡是煤炭资源丰富的地方，都留下了良煤人寻求新跨越的艰辛足迹。凭着执著和努力，该公司于 2007 年 9 月接管了陕西白石崖煤矿，2008 年打开了通往内蒙古煤炭资源的一扇大门——接管了内蒙古石场湾煤矿。

二是“三个确认”摸清底牌。向收购矿井的历任生产经营人员进行矿井情况的调研，对全矿资产进行全面清查，调查矿井遗留问题，确认矿井实际信息；对煤质进行实地采样并化验，对销售渠道进行调研，确认市场情况；与当地政府主管部门进行沟通交流，确认管方信息和投资环境。在此基础上，对矿井储量、煤质、矿井灾害、供电供水、交通、矿井开采技术、市场、企业合法性等内外部环境进行综合评估，并形成可行性报告，由公司统一研究决策。

三是科学决策避免失误。对于外部资源开发这种涉及企业生存发展的战略性问题，该公司严格执行“三重一大”集体决策制度，充分征求职工代表的意见，充分发挥集体的智慧，讨论后进行决定，确保了决策的科学性、可靠性。

(二)“走进去”谋发展

“走进去”，就是以省外煤矿为立足点，站得住脚、扎得下根、干得成事，赢得足够的发展空间，实现稳健、快速发展。该公司的做法是：构建一个格局，创新一个机制，打造一个体系。

1. 构建“老井求稳、新井求快”“以老带新、齐头并进”的发展格局

一是因地制宜抓技改，稳定老井生产。“借脑袋”破解生产难题。针对陕西白石崖煤矿开采煤层为极易自燃煤层，自然发火期达6个月的实际，与高校合作制订科学的治理方案，彻底解决了煤炭自燃这个影响安全生产的关键性问题。同时，大力改造井下运输、排水、供电、压风等系统，提升矿井的抗灾能力。新工艺提高生产效率。内蒙古石场湾煤矿老井采用一头一面的生产格局，取消炮采、炮掘，推广综合机械化设备。变原有的房柱式开采为综采机械化采煤工艺，在浅埋煤层中试验应用轻型综采支架，安全采煤27.6万t，对浅埋煤层低工作阻力架型的安全开采形成了一套完整的科学理论，填补了内蒙古地区该项目的空白。二是创新理念抓建设，加快新井投产。勇于突破固有模式，创新设计理念，从适应矿井生产新型装备对矿井、采区设计工作提出的新要求出发，注重建井技术借鉴，根据发展变化及时了解掌握深部巷道支护、快速掘进支护的参数，对企业标准和技术规范进行修订，对设计工作进行系统性思考，实现新井建设的“好、快、省”。2010年12月8日，陕西白石崖煤矿新井投产；2010年12月17日，内蒙古石场湾煤矿新井首采面4203工作面投入生产，两井的先后投产，为公司煤炭主业的做强做大注入了强大动力。

2. 创新实施垂直高效的“四统一”管控机制

对于省外矿井的管控，该公司认为，关键在于既要“放得开”，更要“管得住”，既要充分发挥其主动性、能动性，更要规范其经营管理行为，规避经营风险，提高经营效率。为此，该公司创新实施了垂直高效的“四统一”管控机制，通过对省外煤矿财务、销售、材料、人力资源实行统一管理，健全、完善省外矿井各项管理制度，确保公司各项政策、措施的有效落实，实现了省外煤矿的良性发展。

一是工作流程规范化。以良庄矿业公司现行管理模式为基础，结合省外两矿实际，在征求省外矿井意见和建议之后，制定下发了《省外煤矿“四统一”管理办法》。由公司一名副经理牵头，成立“四统一”工作巡查小组，定期抽调公司财务、经营、煤销、人力资源相关专业人员对省外煤矿进行巡查，本着“实打实、面对面”的要求，采取“实地查、现场看、重点谈、个别访”的方法，奔赴省外两矿井巡查“四统一”工作落实进展情况，并帮助其完善制度、细化工作流程，协调解决在工作过程中遇到的困难。对省外两矿各岗位的工作进行重新界定和划分，逐步培养按照规定、按照流程工作，环环相扣、层层闭合的工作模式，做到了事事有标准、处处有规范、人人有考核。

二是经营管控垂直化。财务方面，执行统一的财务管理办法，明确了财务决算报表、主要指标完成情况、资金日报等报表定期上报制度，实行资金预算管理制度、大额资金审批制度，实现了资金的统一管理。煤销方面，实行“销售预算、价格管控、销量日报、定期巡查”，每月上报次月销量收入预算及分煤种最低限价计划，经公司价格委员会审核后落实执行。人力资源管理方面，规范省外两矿机构设置、管理人员聘用、薪酬分配、用工管理、劳动合同等，实现了人力资源最佳配置。材料管理方面，对省外煤矿物资采购管理、经营成果等实行统一管理，实行月度材料预算、预算差异分析、公开招标、比价采购等制度，规范物资采购行为。

三是重点岗位轮换化。出台了财务人员、计量检斤人员、保卫人员垂直管理办法，对财务、计量、保卫等重点岗位人员实行“集中管理、定期轮换”制度，“三员”人事关系调至公司本部，由

公司本部统一管理，实行定期轮换，预防问题发生。

四是电子办公一体化。投资70余万元打造现代化办公平台，实现了集团公司协同办公系统、良庄矿业公司本部办公系统、省外矿井办公系统“三位一体”的整合统一，无缝对接，实现了公文、传真等办公信息的同步传输和接收，保证了公司总部各类会议、文件精神的及时快捷传递，实现信息畅通、资源共享。

3. 打造保障有力的支撑体系

一是安全管理夯实基础。牢固树立“不安全不发展”的安全理念，探索独具特色的省外煤矿安全管理新路子。坚持“刚柔并济”，在实行安全积分管理等人性化管理的同时，针对省外矿井工作、生活相对封闭的实际，大力推行准军事化管理，培养职工的纪律意识、执行意识、责任意识，提高了矿井安全水平。

二是人性管理激发活力。突出人性化管理，稳定职工队伍，给创业者提供一个优良的生活工作环境。以“住宿宾馆化、生活多彩化、食堂零利润化”为目标，建起了标准化的办公楼、宿舍楼和职工食堂，开辟了阅览室、乒乓球室等学习、娱乐场所，丰富了职工业余文化生活，激发了职工爱企如家的归属感以及为企业发展作贡献的责任意识。

(三)“走上去”谋跨越

虽然公司省外两矿已进入投资回报期，但该公司也清醒地看到，目前省外两矿的有效开采储量不足，可采年限较短，矿井的整体接续问题必须未雨绸缪，提前考虑，绝不能安于现状，“小富即安”。对此，该公司旗帜鲜明地提出了“五年产能上千万”的奋斗目标。2011年，公司原煤产能400万t，主业收入17亿元；2013年，公司原煤产能600万t，主业收入21亿元；2015年，公司原煤产能1000万t，主业收入40亿元。

一是以本部老区为“根据地”，稳固“大后方”。老区方面，以“保产量、提效率”为方向，稳定百万吨生产能力，提高生产效率，为寻求外部资源、对外扩张提供充足的人力、物力、财力、智力保障。

二是以省外两矿为“桥头堡”，抢滩新资源。省外两矿在抓好“对内达产”的基础上，积极推进“对外发展”工作。充分发挥地缘优势、人脉优势，在稳住本矿生产的基础上，抓住地方政府对煤炭产业整合的有利时机，抢抓发展机遇，积极找寻附近区域优势资源，灵活运用多种形式开矿、办矿，力争一年一个新台阶，实现跳跃式发展。陕西白石崖煤矿、内蒙古石场湾煤矿在“十二五”期间至少各收购一个100万t以上矿井。

三是以资本运作为“杠杆”，撬动“大奶酪”。积极探索资本运作的新路子，借鉴BOT融资方式，与金融单位合作开发资源项目。目前，项目资金已经到位，正在办理相关手续，有望2011年年底托收一处年产300万t的露天煤矿。

二、几点思考

1. 煤炭资源开发，前提是必须做到高瞻远瞩、统筹规划

发展如行棋，观五步者高，观三步者强，观一步者必败无疑。良庄矿业公司近年来的发展，很重要的是认清了自身优势，避免了短视行为。他们放眼长远，提出了“三步走”方略，吹响了

“五年产能上千万”的冲锋号，下决心走出去整合资源，稳固了煤炭主业。同时，必须注意发挥优势。每个企业有每个企业的优势，也有自己的劣势。善于发挥优势，注意扬长避短，就能事半功倍，良庄矿业公司的发展很重要的是得益于此。该公司清醒地认识到，不论人们把煤炭看做朝阳还是夕阳产业，自己的最大优势就是煤炭主业，必须把这一优势不断放大，把这一优势发挥到淋漓尽致。

2. 煤炭资源开发，关键是必须构建现代化的管理体系

由于资源整合工作的蓬勃开展，省外矿井不断增加，企业原有的管理模式必须不断创新和改进。近年来，该公司大力实施“走出去”战略，相继在陕西、内蒙古、新疆等地建立自己的煤炭生产后续基地，异地矿区建设已取得阶段性成果，投产矿井愈来愈多，异地创业正进入快速发展阶段。由于异地矿井大多距离本部较远，如何采取有效的管控模式，实现既要“放得开”，又要“管得住、搞得活”。因此，必须从深层次认真思考和探索异地矿井的管理模式和方法。该公司大力实施垂直高效的“四统一”管控模式，正是基于此考虑的。

3. 煤炭资源开发，基础是必须加强人力资源开发

人是一切生产的基础要素。资源整合工作的加快，对企业人力资源工作也提出了更高要求。对此，该公司坚持以人为本，建立健全机制，开发人力资源，引进人才，大力实施继续教育和职业培训，努力建设学习型企业，为企业可持续发展提供智力保障。一是根据发展需要，在充分发挥现有人力资源潜能的前提下，有选择、有计划地从大专院校招收毕业生，从社会上招聘企业急需的人才。打破身份界限和学历限制，公开竞争上岗。规范用人开放、岗位开放、机会开放，各类人才脱颖而出的用人机制。达到人得其事、事得其人，人尽其才、人事相宜的人力资源管理目标。二是建立完善的员工培训体系。坚持内外培训相结合的原则，广开渠道，强化对员工的培训。通过培训，使员工整体素质得到进一步提高，适应发展对各类人才的需求。

4. 煤炭资源开发，根本是必须构建独具特色的企业文化体系

一是加强对企业文化的总结和研究。引导和组织力量对矿井50年来的发展经验和文化内涵进行总结提炼，吸收国内外先进企业文化的经验，融合矿井的文化底蕴，确立企业文化的主体和具体的形象表达，明确提出具有独具特色的企业文化内容。该公司力邀北京捷盟公司（山东能源公司企业文化设计方）对企业文化进行了系统总结和提炼，2012年将全面成型。

二是加强异地企业文化建设。注重在异地土壤上移植公司管理。文化管理是一种实践性强的管理科学，仅仅靠实打实、硬碰硬是不够的，在异地土壤上全面移植和强制执行公司本部的管理文化是不现实的。要在更深的层次、更宽的领域上认识和把握，结合当地的政治、经济社会条件，让良煤文化和异地文化的结合有个成长期，不要太急于全搬照抄本部的管理文化，要多创造机遇，使管理文化相互协调，形成“文化兴、企业兴”的成长模式。

三是加强制度文化建设。以企业文化创新推动制度创新，真正为企业健康发展注入持久的文化推动力，为现代企业制度建设提供科学的理念、开放的模式和丰富的内涵。与人力资源开发结合。通过企业文化建设，使职工认同企业共同的价值观、目标和信念，产生归属感，从而吸引和留住人才，打造一支战无不胜的职工队伍。

四是加强企业文化建设与精神文明建设的融合。为矿井建设提供强有力的精神动力、智力支持和思想保证，树立起一流的企业形象。

统一思想 抢抓机遇 打造行业和区域内一流现代物流企业

淮南矿业现代物流有限责任公司 汪晓秀

“十二五”是淮南矿业集团实现千亿元企业宏伟目标的关键阶段，淮矿物流作为集团公司培育的新产业，也将迎来飞速发展的重要时期。根据淮南矿业集团和芜湖港对物流发展的要求，淮矿物流提出未来的发展定位是：按照“立足安徽、面向华东、顺延长江，着眼国际国内两个市场”的发展战略进行布局和业务开拓，逐步发展成为在行业和区域内具有较大影响力的现代物流企业。

立足安徽，一是立足安徽省800里皖江产业集中区，把握发展机遇；二是以芜湖为核心，构建合淮芜“三点一线”的生产资料商贸流通体系；三是紧跟集团公司房地产、煤炭贸易等新产业的发展，大力开展新产业物流。面向华东，依托华东地区高度发达的制造加工业，一方面，拓展综合生产资料物流业务，另一方面，掌控上游资源。顺延长江，利用长江黄金水道，实现东西部优势资源的有效转换，提高资源配置能力。着眼国际国内两个市场，提升淮矿物流的资源整合能力和未来发展的空间布局。

一、抢抓机遇、统一思想，着力打造淮矿物流品牌

可以说，淮矿物流的诞生具有超越时代的意义，顺应了经济发展的趋势。淮矿物流将抓住这一历史机遇，统一思想，坚定不移地开展好四大业务板块，着力打造淮矿物流品牌。

（一）继续做好企业供应工作

供应是淮矿物流的看家本领，淮矿物流将进一步转变观念，实现企业供应的社会化运作，在更大的空间范围上实现规模化采购和配置资源。在准时制供应的基础上实现第三方物流的规范化运营，有效地实现管理和操作权限的分离，在供应商的选择、质量和价格的管理以及招议标的过程中退出，全面确立客户服务意识，不断提高服务质量，为集团公司生产建设提供专业、经济、安全的有效服务。

（二）开展好新产业物流

新产业物流是集团公司追求物流社会化服务的实践，淮矿物流将按照集团公司新产业发展到哪里，物流跟进到哪里的要求，积极配合，提供物流配套服务。在继续做好丁集矿、顾北矿物流服务的同时，加快鄂尔多斯分公司的筹建工作，并逐步建立一个以钢材贸易为主的生产资料交易及设备租赁的综合物流服务平台，以适应集团公司鄂尔多斯矿井生产建设的需要；利用淮矿物流庞大的货物资源，加强与舜龙联运公司的运输合作；进一步加强与集团公司金融板块的融资合作力度，配合金融板块的发展；积极融入集团公司房地产所推进的区域社会工业化和城镇化的“一个平台、五

个服务”中去，即以工业地产为平台，提供能源服务、金融服务、物流服务、生产服务和房地产服务。

（三）大力发展供应链物流

供应链物流是淮矿物流发展的根基，充分利用“一个平台、两种服务”的整体优势，大力开展供应链物流和第三方物流业务，为供应商提供物流服务，做供应商的供应商。切实确立“服务至上、缔造共赢”的物流发展理念，转变发展观念和服务方式，在规模上做文章，通过淮矿物流的专业化服务创新现行商业服务模式，切实体现淮矿物流的服务优势，特别是区域生产资料流通体系的建立上要有新突破。

（四）继续开展好区域物流业务

区域物流是淮矿物流未来发展的核心板块，淮矿物流将充分利用芜湖港的区位优势，确立以芜湖为中心的产业布局，将芜湖港作为长江战略的核心，着眼于沿江产业转移示范区，连接上下游各个节点，最大限度地发挥长江水道的资源整合和配置能力。进一步明确区域物流的发展方向，进行广泛的市场调研，扬长避短，参与并掌控客户资源，提高企业总体资源配置能力和区域影响力。所有业务的开展最终都要体现“三个有利于”，即有利于上游资源的掌控，有利于下游客户的整合，有利于企业自身的长远发展。

二、科学管理、规范运作，着力于淮矿物流创新发展

物流作为新产业，是摸着石头过河，离不开创新，淮矿物流成立至今，之所以能够高起点、快发展，实现大踏步前进，靠的就是创新。创新是淮矿物流发展的动力源泉，按部就班就等于停滞不前，必将被社会淘汰，淮矿物流将以现代化的管理手段、科学化的管理方法、规范化的运作模式，着力于推动淮矿物流创新发展。

（一）进一步完善信息化建设，提高综合控制能力

信息化是现代物流企业的灵魂，淮矿物流将适应物流长远发展的需要，高标准地建立具有淮矿特色的综合物流信息系统。以现行淮矿物流信息系统为基础，着手开发集市场资源（质量、价格、数量等）信息发布、查询、配送调度等功能于一体的物流信息服务平台，进一步完善现行业务操作平台，逐步提升内部业务综合管控功能，实现办公自动化、业务程序化、物流现代化，全面提高企业的综合控制能力。

（二）进一步加大资本运作力度，提高综合收益能力

物流企业一般都具有高投入、高占用、低回报的特征，资金运作则是现代物流企业运营的核心。财务费用是影响物流企业效益的最大因素，要提高企业的净收益就必须要高度重视物流金融工作。其一必须要加强对物流金融工作的组织领导，确保资金运营安全高效，明确财务部门的首要工作就是要把资金运营工作做好；其二要充分利用淮南矿业、芜湖港的品牌优势，加强与银行等金融部门的合作，争取银行最低的利率和最优惠的金融产品；其三要创新物流金融业务，与银行合作开发新的金融产品，把已有的“商贸银”运作模式推广普及到更多合适的业务路径，减少资金占用，降低经营风险；其四要全面提高资金成本意识，经营考核以净利润为中心；其五要提高全员资金风

险防范意识，把回款的及时性上升到对合作方的信用高度去考核。

(三) 进一步规范业务管理，提高综合管理能力

坚持以“七个统一”为宗旨，建立以贸易部为中心统一资源管理、以财务部为中心统一资金调度、以市场资源部为中心统一业务路径管理、以综合管理部为中心统一风险防范的综合管理体系。规定驻外公司规定路径和额度内的上游资源由贸易部根据业务范围实行分类统筹；财务部对公司所有资金收支实行统一调度，并制订年度资金计划、月度资金需求计划和回款计划，资金使用实行“月计划、周平衡、日调度”；业务路径严格实行审批制，即驻外公司进行可行性分析，市场资源部、财务部、综合管理部综合论证，最后上报公司领导班子会研究，市场资源部每月对业务路径进行月度赢利能力的分析。

三、提高素质、提升文化，着力于淮矿物流健康和谐发展

健康预示着长远，和谐意味着稳定，历史的经验告诉淮矿物流，不论是社会还是企业，只有健康和谐才能换来长远稳定的发展。未来，淮矿物流将全面落实集团公司提出的“健康、前瞻、集成、精细”的管理理念，和芜湖港提出的“创新、发展、和谐”的发展宗旨，通过加强廉洁从业，提高队伍素质，提升企业文化内涵，着力促进淮矿物流健康和谐发展。

(一) 加强廉洁从业管理，提高企业管理健康度

全面落实集团公司党委提出的“一带头六举措”，即领导带头，教育、防堵、管理、轮岗、查案、究责。通过进一步梳理业务流程，利用透明、公开的业务流程和管理流程规范操作，利用淮矿物流信息系统合理分工管理权限，杜绝腐败的滋生；加强廉洁从业教育，引导职工树立正确的人生观和价值观，正确看待经济社会；加大对违规违纪行为的查处力度，一旦发现，严肃处理，将腐败扼杀在萌芽状态。

(二) 全面提高物流队伍整体素质

首先是通过新分配大学生、集团公司内部招聘、芜湖港统一招聘等多种途径引进人才，充实物流队伍，尤其是加强专业人才的引进，为物流发展输入新鲜血液。其次是针对物流业务技能、财务知识和服务水平等多个方面锻炼队伍，既要有全能选手，又要有专业选手。通过实践锻炼、业务培训等多种方式提高员工个人素质，把大学生、年轻人放到驻外公司和业务部门磨炼，提高他们对市场的认识，促进其迅速成长；通过长宏物流园的经营管理和各种经营模式锻炼出一批物流管理人才和业务能手；以切实提高物流队伍整体素质为出发点加强业务培训，分层分级制订详细的培训计划，要有针对性地举办专项知识技能培训。通过多途径引进、多方面培养、多方式锻炼，培育出一支素质过硬、技术精湛、作风优良、能征善战的物流队伍。

(三) 建立具有淮矿物流特色的企业文化体系

始终秉承“服务至上、缔造共赢”的物流发展理念，建立一个健全完善、充满活力、具有淮矿物流特色的企业文化体系，提高企业凝聚力，推进物流整体发展。结合公司发展实际，建立统一的企业识别形象。完善绩效与薪酬管理，激发员工积极性，健全劳动关系调整机制，发展和谐劳动关系。关心职工生活，积极创造条件，争取工资政策，让职工充分享受发展成果。通过建立小食堂

等方式，推进“一个公司一个‘家’”活动，公司经理就是家长，关爱职工，关心职工家庭疾苦，为他们排忧解难。工会积极响应驻外公司召唤，有针对性地开展帮扶活动，努力给职工创造舒适和谐的工作环境。

关于大屯公司发展现代物流产业的探讨

中煤能源集团大屯公司　钱祝银　刘宝明

现代物流被西方管理学家称为“企业降低成本的最后边界”、“企业降低成本与增加销售收入后的第三方利润源”。2006年，国家首次把物流产业列入“十一五”发展规划之中；2009年3月，国家制定《物流业调整和振兴规划》；2011年8月2日，国务院以国办发〔2011〕38号文下发《国务院办公厅关于促进物流业健康发展政策意见》，对物流业实行减税降路桥费。

近年来，我国物流业飞速发展，已成为国民经济的重要支柱产业。我国大型煤炭企业集团根据国家产业政策和结构调整的需要，不断兼并重组、扩张发展，并已逐步重视和发展物流产业，但物流产业发展极不均衡，淮南煤业集团、开滦（集团）有限责任公司走在了行业的前列，这两个集团公司仅2010年取得的物流收入都在200亿元以上、物流利润都达上亿元，从而充分证明了大型煤炭企业集团发展物流产业的必要性和可行性。

一、大屯公司发展物流产业的必要性

1. 是建立可靠煤炭供应保障体系的需要

我国煤炭资源分布呈北多南少、西多东少，从而形成了北煤南运、西煤东送的煤炭物流格局，客观上要求发展煤炭物流网络，以形成可靠的煤炭供应保障体系。华东地区煤炭资源有限，但消费量很大，需要建立煤炭储运、供应保障基地；大屯公司地处苏、皖、鲁、豫四省交界，地理位置优越，建立煤炭物流产业具有得天独厚的优势。

2. 是企业自身生存发展的需要

大屯公司经过近40年的开发建设，已形成集煤炭、电力、铝业、铁路运输为一体的综合经营产业链。产业链的关键一环是煤炭生产，电力、铝业、铁路运输、洗选煤等都要依附煤炭生产主业才能生存发展，“皮之不存毛将焉附”？但大屯公司煤炭资源有限，要想做大做强，必须获取外部煤炭资源，实行内外两地发展，这都需要物流产业的强劲支撑。

3. 是培育形成战略竞争优势的需要

中国加入WTO后，煤炭企业面临着国内外两个产品市场的激烈竞争，提高国内煤炭企业的竞争力，除了技术创新、生产创新、管理创新外，更要大力发展煤炭企业的物流，努力降低物流成本，提高企业竞争力。

4. 是顺应体制改革、建立现代企业制度的需要

随着煤炭企业现代企业制度的建立和完善，传统的、粗放的物流管理模式已不符合新的体制及企业发展的需要，严重影响了煤炭企业的长远发展。需要尽快发展与现代企业制度相配套的物流产

业。

5. 是增加企业利润、提高经济效益的需要

在激烈的市场竞争中，煤炭企业单纯地依靠降低消耗，提高效率赚取利润的空间越来越小，构建现代物流体系是挖掘企业的“第三利润源”，提高企业效益的必经之路。

二、大屯公司发展物流产业的可行性

1. 符合国家产业政策和中煤发展战略

国家大力支持物流产业，提供优惠的产业政策；对中煤集团来说，企业在不断做大做强，在国内国外两个市场不断扩张，急需发展物流产业来支撑，大屯公司不能等、靠，要主动出击，积极争取中煤集团优惠政策，为中煤集团发展物流产业创出一条新路来。

2. 地理交通位置优越

大屯公司位于江苏省及徐州市西北部，徐州市处于苏、鲁、豫、皖四省交界之地，是淮海经济区 1.2 亿人口的中心城市。境内交通通信便利，京杭大运河穿境而过，徐沛铁路纵横南北，与陇海铁路和京广铁路、京九铁路、京沪铁路接轨。公路四通八达，自然形成连接鲁南、皖北、豫东和苏北的交通枢纽。距徐州观音机场仅有 90 km，可直达北京、上海、成都、昆明、广州、厦门、深圳等国内大中城市。移动电话、宽带高速、互联网等现代通信网络发达。

3. 基础设施完备

大屯公司有自营铁路，有物资仓储基地，有煤炭洗选和配煤基地，运输设施、设备、工具较为先进，铁路、公路、港口齐备，不但公路运输便利，而且铁路运输、水路运输也较发达，甚至铁路专用线通达各矿、厂，这些对发展物流业来说都是极为有利的条件。但是，目前铁路管理处、汽运分公司、物资贸易部、煤炭贸易部、设备租赁站、拓特厂等各自为政，内部结构“小而全”，未能建立“大一统”的现代物流中心，设施浪费严重，未能形成规模优势。

4. 物流资源充足

2010 年，大屯公司商品煤产量 946.8 万 t、煤炭销售量 946.9 万 t，物资采购贸易约 18 亿元，物资贸易部总仓库收入、发出物资各 18 亿元左右，矿区存货约 1.2 亿元，铁路货运量 1346 万 t 等，特别是公司“12531”发展战略的实施，外部物流、社会物流将为大屯公司提供充足的资源保障。

5. 有资金、人才、技术支撑

大屯公司人才辈出、资金雄厚、设施先进，特别是中煤集团投入巨资，委托埃森哲公司开发了煤炭贸易平台、物资采购管理平台、财务管理平台等，中煤集团 ERP 系统的开发应用为物流产业的发展插上了腾飞的翅膀。中煤集团 ERP 系统的建立可以在现有的人力、资金、设备的基础上，不断拓展、延伸功能，逐步加以完善，这具有很大的可行性。

由此，大屯公司领导班子审时度势，明确企业战略发展方向。以推进“12531”发展战略为总目标，突出一个煤炭主业，立足内外两地发展，发展煤炭、电力、铝业、物流贸易、机械制造五大

板块，特别是要加快推进大物流产业，按照“立足大屯、渗透区域，以煤为基、物商互动，服务内外、关联发展”的总体思路，进一步优化方案和进行论证研究，构建以铁路、公路运输为主，港口运输为辅的大型综合物流体系，打造苏北地区最具有实力的现代物流产业，使大物流板块成为大屯公司转型发展的支柱产业之一。

三、大屯公司发展物流产业的思路和规划

（一）走出大屯看大屯，通过调查汲取经验

没有调查研究就没有发言权，没有调查研究更没有决策权。大屯公司要走出大屯看大屯，到国家大型物流企业集团如海尔集团去考察学习，到淮南煤业、开滦集团去调研交流，实地考察、现场学习他们的先进经验。

（二）思路决定出路，结合大屯公司的实际，理清思路，准确定位

要在科学研判物流产业发展大势的基础上，以科学发展观为指导，明确大屯公司现代物流产业的产业定位。产业定位：生产性、综合服务型物流产业，发展煤炭销售贸易物流和物资物流（物资采购、储运、供应、贸易等）。发展方向定位：做大做高做强物流产业。做大就是发挥企业优势，扩大物流产业规模，物流产业规模要在淮海经济区保持最大，在中煤集团处于领先水平；做高就是技术含量、管理水平、信息化、自动化程度要高，实现产业升级；做强就是抓好重点项目和技术支撑，努力发展第三方物流，培育新的经济增长点，推进物流产业的纵向延伸和横向拓展，增强物流产业的可持续发展能力。

（三）围绕物流产业发展方式，推动“六个转变”

从专业化水平方面，实现由企业物流向社会物流、专业物流的转变；从物流业态方面，实现由单一煤炭物流向全球资源整合、建立综合服务型物流产业转变；从产业组织体系方面，实现单一的煤炭产品提供商向供应链管理服务商转变；从发展的空间方面，实现由封闭型企业物流向融入区域经济、在更大范围整合调配资源转变；从发展方式方面，实现由贸易物流向建设国家级煤炭物流储配体系、集约经营转变；从运作手段上，实现由粗放管理向智能化、数字化、自动化、绿色低碳发展转变。

（四）实行专业化管理，提供物流产业做大做强的组织保证

第一，只有建立适应物流产业专业化、社会化发展要求的管理体制和管控机制，推动物流产业从主体企业剥离，实现企业物流向物流企业的转变，集中调配企业物流资源，才能发挥集团整体优势，促进物流产业迅速成长。企业内部物流与采掘业剥离，搭建专业化物流管理体制，实现企业物流向社会物流的转变，物流管理向规范化和专业化方向迈进，组建大屯公司现代物流集团公司。

第二，发挥集团整体优势，构建科学化的管控体系，借鉴国内外先进物流企业的管理理念，构建“横向立法、纵向运行、资源共享、协同作战”的管控体系。整合内外物流资源，对物流资源集中调配。借鉴国内大型企业集团对物流资源集中调配的做法，建立产品“销售五统一、物资供应四集中”的管理模式，对产品销售实施统一收购、统一定价、统一销售、统一结算、统一回款；对物资供应实施集中采购、集中储备、集中配送、集中结算；对设备实施集中管理和招标采购，发

挥企业的整体优势，提高在社会市场的话语权，才能降低物流成本。要以资本为纽带，与中煤集团或社会物流联合成立物流公司，投资组建并控股国际化的物流公司，使物流产业成为公司内外结合、两地发展的桥梁和纽带。

四、整合优化物流资源，构建物流产业四大板块

1. 煤炭专业物流板块

建立煤炭供应链管理、储配体系、市场化交易“三位一体”发展新模式，集结国际、国内两大资源，通过洗选、加工、数字化配煤，为用户提供标准化产品和个性化服务，不断提高资源掌控度、市场话语权和赢利水平。

2. 物资采购、仓储、贸易、加工和逆向物流板块

形成战略采购、招标采购、代储代销、煤钢互保、现货交易与电子交易相结合、风险对冲等运作模式。取消各单位的物资仓储小库，建立区域性物资超市，发展第三方物流，在服务企业内部的基础上，形成物流仓储配送与公共信息平台相结合的管理模式。开展废金属回收、精加工处理，打造专业化废金属逆向物流。充分利用区域优势，使大屯物流公司成为大淮海经济区物资采购、储运、贸易的集散地。

3. 运输服务物流板块

发挥公路、铁路、水路多式联运的优势，优化配送方案，服务于物流园区和区域网络。

4. 国际物流板块

依托中煤集团公司及中煤进出口公司，搭建国际物流贸易新平台。

五、构建“三位一体”的现代物流运营模式，创新管理体系

只有把握我国工业化和信息化深度融合的趋势，创新现代物流的商业运作模式，做到供应链管理、现代化煤炭（物资）储配体系、市场化交割统筹相结合，建立上下游企业一体化运作的全过程创价机制，才能提高物流产业的核心竞争力。

随着我国工业化和信息化发展，产业竞争主要表现为产业组织体系完整化的竞争。企业的边界应该以交易成本最低为前提。要打破企业内部物流、单一煤炭物流供应商的发展定位，构建供应链管理、现代化煤炭（物资）储配体系、市场化交割“三位一体”的现代物流运营模式。

1. 构建煤炭（物资）供应链管理体系，发挥上下游企业一体化运作的优势

按照全球资源整合、煤炭（物资）供应链管理服务商的发展定位，不断完善煤炭（物资）供应链管理网络。以资源、资本为纽带，形成以集团所属全资子分公司为核心层，控股子公司为紧密层，外围参股、契约化、托管及合作企业为关联层的战略联盟。以重大物流项目为载体，成立煤炭（物资）供应链管理联盟，共同提高对资源的掌控能力。开展供应链金融，为扩大物流业务提供资金支撑。借助信用证管理、信用担保、银行服务创新、投资理财等手段，向客户提供支付结算和融资解决方案等服务。围绕供应链上下游开展物流业务，坚持应收、应付对等，解决自身物流规模

大，所需资金量大的问题。开展仓单质押、订单融资、变信贷为货贷的物流金融业务，降低融资成本，不仅可以满足自身运营的需要，同时有效解决上下游用户的资金瓶颈。

2. 建设国家级煤炭储配体系，提高产业发展的集约度

按照国家统一规划、政府主导、企业投资、市场化运作的模式，建设国家级数字化煤炭储配基地。构建煤炭市场交易体系，破解煤炭供需矛盾。创新煤炭交易模式、优化资源配置效率，完善交易、交割和服务功能，有效整合商流、物流、资金流和信息流，力争形成面向华东、面向全国市场的煤炭交易平台和价格形成中心，实行集约化发展，打造物流产业竞争优势，只有以重大物流项目为依托，推动贸易物流向实体物流转变，站在国家和华东、华南能源战略的高度，优化布局，建立沿江现代化新型物流园区，实现集约化发展，才能提高物流产业层次，打造大屯物流产业经济增长极。立足于国家能源战略储备，实施全球化煤炭采购，封闭式集中仓储，数字化配煤加工，依托完善的供销网络，满足战略储备应急与日常经营需求，创造匹配性、一致性、可靠性和经济性等高附加值，生产标准化产品，满足用户个性化需求，充分体现智能化、数字化、自动化、安全、环保等低碳经济的要求。

3. 搭建社会物流公共服务平台，实现市场化交割

要提高物流运作效率，就必须建设物流调度中心、客户服务中心和数据支持中心，实施物流现场监控、客户响应和实时数据跟踪，实现数字物流；构建电子商务的运营模式、商业模式和管理体系，形成覆盖物流业务各节点的信息服务平台；通过 GPS 卫星定位、视频监控、物联网新技术的推广应用，提高物流运营过程的可视化、一体化水平。

六、完善风险防控机制，保证物流产业健康发展

为保证物流产业的稳健经营、规范运作，要按照物流企业的国家标准，与行业内先进企业实施对标，规范物流业务，降低企业经营风险，提升物流运作水平。物流公司要建立独立的物流统计核算体系，实施审计监督、廉政建设保障机制：一是实行资金集中管控，完善风险内控体制建设；二是资金要有偿使用，物流公司可向集团公司贷款，利息自负；三是规范流程、完善制度；四是集团公司对物流业务要建立战略风险、法律风险、资金风险、市场风险等管理办法。

七、创新人才培养和引进机制，为物流产业快速发展提供人才保证

大屯公司要充分发挥“大培训”的优势，可以通过“走出去”、“请进来”、“产学研”相结合等多种渠道，加大物流产业高层次人才的开发。一是要建设区分层次，定期培训机制；二是要建设岗位交流，培养复合型、实用性人才机制；三是要建设“产、学、研、用”一体化机制，培养高素质的物流人才；四是要整合利用“大培训资源”，保障复合型人才储备。

八、关于大屯公司构建大物流板块的建议

大屯公司是资源型企业，资源是根本，必须千方百计获取煤炭资源、获取铝产品原材料，坚定不移地实施“12531”战略。在此基础上公司提出发展物流产业“立足大屯、渗透区域，以煤为基、物商互动，服务内外、关联发展”的总体思路，有些具体问题急需解决。

1. 构建运输网络，发展物流运输板块，实现内外结合、两地发展

一是铁路要“南征北战”，西南要打通丰县、皖北铁路线，向北要打通鲁南铁路线，构建铁路运输网络。

二是水路要“北进东突”，向北和京杭大运河联通，充分利用长江三角洲黄金水道；向东和连云港联通，打通出海口，发展国际贸易。

三是要构建公路运输网络，四通八达，保障物资配送业务。

2. 加紧整合选煤业务，建立储配煤基地

公司要构建“大洗选中心”，做好储配煤业务，为实行数字化配煤打下了基础。同时要争取建设国家级的煤炭战略储备基地，在铁路、公路、码头的交通要道建立储配煤中心，积极开展煤炭贸易业务。

3. 建设物流仓储中心，开展物资配送业务

大屯矿区总仓库建于20世纪70年代中期，总占地面积约13.67 hm^2，仓储面积约132000 m^2，拥有24885 m^2 的库房和建筑设施，拥有1200 m^3 的汽柴油储备库和建材站，库内有铁路专用线和各类大型装卸机械设备，主要生产单位设有二级库。但总仓库基础设施严重落后，建库以来没有进行过大的改造，只是修修补补，资源严重浪费，不能适应建设现代物流仓储中心的需要，必须加强总仓库的改扩建。建议公司抓紧调研，聘请专业设计物流仓储中心的机构，按照现代化物流仓储中心的标准，对物流中心进行区域布局、作业规划、功能设计，把总仓库改造成现代物流仓储中心和物资贸易集散地，实行大物流超市模式管理，各二级生产单位建立井口超市，保管员改服务员，按超市模式进行往来业务结算。汽运分公司货运队放在物流仓储中心，开展物资配送业务。

4. 整合物资贸易资源，物流中心成立物资贸易分公司

目前，物资贸易部和煤炭贸易部还没有充分发挥“物资贸易”功能。虽然中煤集团公司和大屯公司实行集中采购，但是，还存在以下问题：

一是未能完全实现从厂家直接采购的问题，不少物资要从中间商（代理商、经销商等）处采购，物流利润被中间商获取，无形中加大了企业采购成本。

二是实业公司、建安公司、铝产业公司等都有对外采购业务，对外采购物资业务分散，无法发挥集中采购的优势，也不便于管理。

三是煤炭贸易和物资采购贸易脱节，无法发挥煤炭贸易和物资采购互动的优势，没有建立真正意义上的战略供应商。如没有实行钢材采购和煤炭销售联动，没有与钢厂建立战略贸易合作伙伴。

因此建议整合物资贸易业务，成立物资贸易分公司。尽量减少、逐步取消从中间商处采购物资，并把实业公司、建安公司、铝产业公司的采购销售业务进行集中整合，统一由新成立的物资贸易分公司进行对外采购和销售，发挥规模优势，开展对外贸易。这样一方面可以减少物流成本，另一方面可以发挥物流公司的优势，对外创收，增加企业利润源，做好内部生产型物流和外部服务型物流，真正实现内涵式增长、外延式扩张。

5. 整合铝产业资源，建立铝工业园

铝行业是高耗能、高污染的行业。四方铝业公司位于徐州三环以内，一方面占据黄金地段，另

一方面也不符合国家产业政策，建议把四方铝业公司迁到沛县，和铝业公司、铝板带厂连成一片，建立铝工业园区，产品互补，发挥铝业的规模优势，创造规模效益；同时开发四方铝业公司原厂址，作为物流产业的一个基地。

6. 建立设备租赁和贸易中心

整合设备租赁站和拓特厂资源，开展设备租赁、生产、销售和贸易业务。

7. 开发基于供应链一体化的电子商务平台，并成立物流调度指挥中心

现代物流企业必须要有统一的调度指挥系统，而调度中心就是物流企业的“大脑”。只有具备高度责任心和事业感的高素质人才才能胜任调度和电子商务工作。电子商务的信息化、智能化、网络化的特点可以很好地弥补煤炭企业物流管理的缺点，建立基于供应链和电子商务一体化之上的现代物流管理信息平台，对于煤炭企业提高经济效益和内部管理水平具有十分重要的意义。从图1组织结构图和图2逻辑结构图就可以看出调度中心和电子商务对物流企业的重要作用。

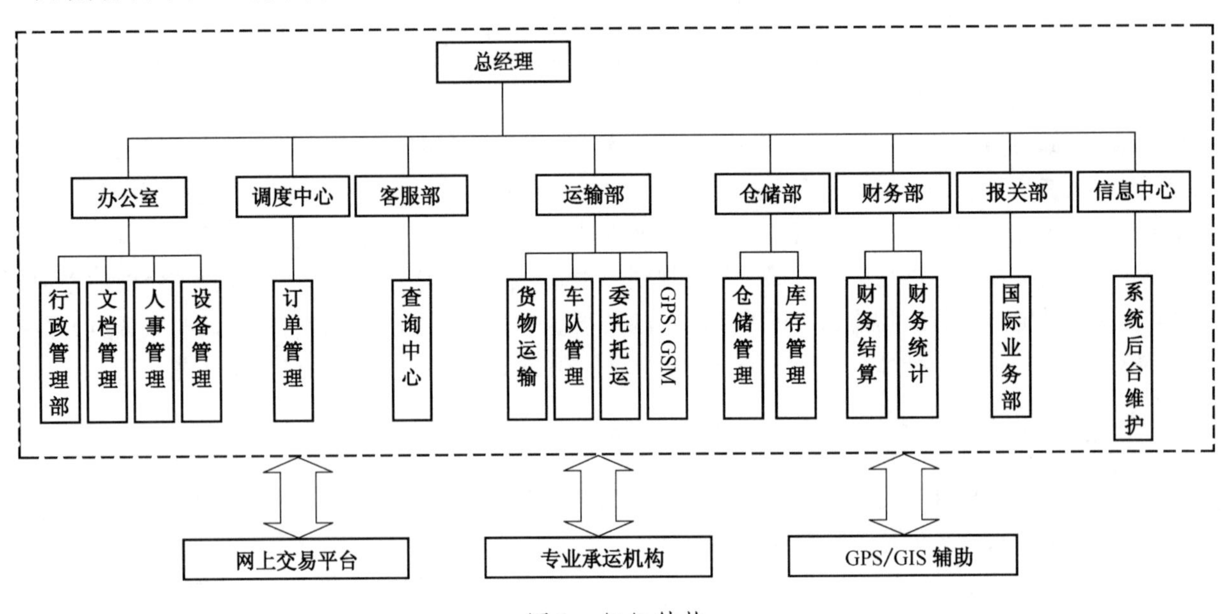

图1 组织结构

大屯公司构建现代物流板块，需要对煤炭贸易部、物资贸易部、设备租赁站、铁路管理处、汽运分公司等单位的资源和业务进行整合、实现业务流程再造，但通过电子商务物流综合信息管理平台，就不一定要进行机构合并，调度中心和电子商务物流的应用可以实现物流业务“形散而神不散”，帮助物流企业实现物流专业化、管理系统化、采购电子商务化、运输合理化、仓储自动化、包装服务标准化、装卸机械化、加工配送一体化、信息网络化、结算电子汇兑化等功能。建议大屯公司聘请专业软件设计公司，开发集信息流、物流、资金流等为一体的综合电子信息管理服务平台。

企业内部的信息化管理是企业走向电子商务的前提和基础。通过利用 ERP、电子商务套件和 CRM 等 WEB 技术而建立的电子商务平台，以 B2B、B2C 等方式将上下游企业组成整个产业系统的供应链，并且与其他企业、产业的供应链相连接，组成了一个动态的、虚拟的、全球网络化的供应链网络。这样便真正做到了降低企业的采购成本和物流成本，在整个供应链网络的每一个流程实现

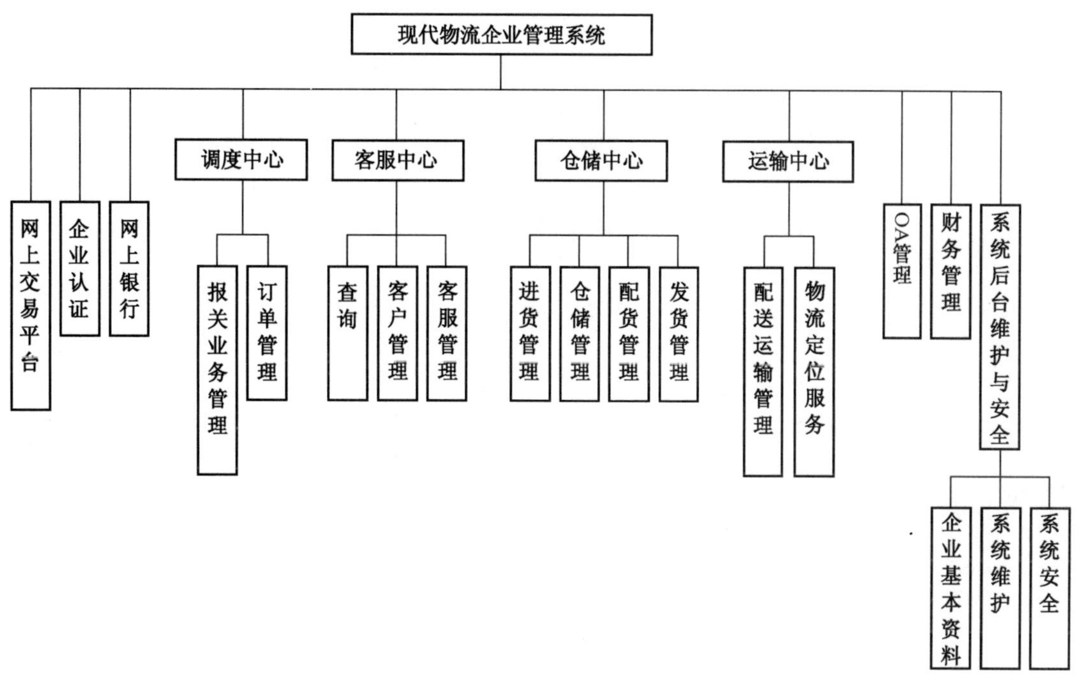

图2　逻辑结构

最合理的增值，并且最重要的是提高企业对市场和最终顾客需求的响应速度，从而提高企业的市场竞争力。

中央地勘单位走出困境的有效尝试

——浅析“青海模式”的发展过程

青海煤炭地质局　李志洲

一、发挥主业优势，争取主动，积极融入地方经济，是“青海模式”形成的基础

青海煤炭地质局是一支有着50多年发展历史的专业地质勘查队伍，足迹踏遍了青海的山川江河，在青海省内先后发现了热水、木里、鱼卡、高泉等多个大中型煤炭基地，共探明煤炭资源量70多亿t，提交各类地质报告300多件，为青海煤炭工业的发展提供了资源保障。

然而随着1999年国有地勘单位属地化体制改革的推进，省内一部分地勘单位归属省政府管理，享受到了矿权配置、装备更新资金、离退休人员生活费财政补贴等优惠政策，促进了属地化地勘单位的大发展和队伍稳定。青海煤炭地质局划归中国煤炭地质总局管理后，未享受到相关优惠政策，尤其是2003年的青海省煤炭地质项目招标会，使素有煤炭地质专业队伍之称的局属各单位遭遇了前所未有的挑战，几个主要的煤炭地质项目都与局属各单位无缘，前所未有的失利为青海煤炭地质局的各级领导敲响了警钟，青海煤炭地质局要发展必须要解放思想、转变观念、放下架子、找准定位，必须要从已往“中央军”的虚幻光环中跳出，发挥主业优势，积极融入地方经济，争取地方政府支持，才能探索出一条适合自身生存和发展之路。

经过几年的探索，全局上下逐渐形成了“地质勘查立局”的共识，而要充分发挥地质勘查的主业优势，必须要取得地方政府的支持。通过多次和地方各级人民政府的联系接触、主动汇报、定点扶贫、签订相关协议、解决农牧民人畜饮水等方式迈出了与地方政府合作的第一步，引起了省政府领导的高度重视，省政府领导多次到省局调研。尤值一提的是，2008年7月4日，青海省人民政府召开第13次常务会议，专门听取了青海煤炭地质局关于《青海省煤炭资源现状及资源潜力情况》的汇报，青海省委副书记、省长宋秀岩参加并主持会议，省常务会议组成人员出席会议。青海煤炭地质局主要领导参加了此次会议并利用影像资料和大量图表等形式，向省领导和主管部门介绍了青海省煤炭资源现状和发展潜力。同时，对青海煤炭地质工作方向和加强煤炭资源勘查工作提出了建议，得到了省政府和有关部门的高度重视。此次常务会议，是青海煤炭地质局首次依靠自身特长，争取了最直接最有效的话语权，是主动融入地方经济的一次成功举措，为今后青海煤炭地质局争取地方政府支持，做大做强地勘主导产业具有划时代的重要意义。

二、利用和政府签订战略合作框架协议的形式，推进经济社会发展，是“青海模式”形成的关键

要取得地方政府进一步的支持，并与地方政府之间的联系合法化、规范化、长期化仅靠青海煤炭地质局的自身能力和参加一两次的会议是远远不够的。青海煤炭地质局领导班子从已经和州县政

府签订协议的成效中得到启发，从面向全局、面向未来的角度出发，积极依托中国煤炭地质总局在勘查技术和资金方面的优势，促成了《青海省人民政府和中国煤炭地质总局合作开展煤炭资源勘查协议书》的签订。根据协议，中国煤炭地质总局将全力为青海省煤炭地质勘查工作提供全方位的技术支持和服务，青海省政府将给予中国煤炭地质总局大力支持和协助。双方将在煤炭勘查、煤层气评价、煤层自燃监测、环境与灾害地质、地球物理勘查等领域进行技术合作与交流，加速推进青海省煤炭地质基础理论研究、区域性地质调查和煤炭勘查，全面提高青海省煤炭地质调查和勘查程度。双方商定，中国煤炭地质总局5年投资3亿元专项用于青海省煤炭资源地质勘查工作。青海省人民政府负责协调矿业权设置和勘查外部环境，督促探矿权人按照勘查方案加快勘查进度。为进一步落实好该协议，2011年3月又续签了《合作开展矿产资源勘查补充协议》，协议规定，中国煤炭地质总局从2011年到2013年分3年投资人民币4亿元（其中2011年投资不少于2亿元）专项用于青海省以煤炭为主的调查评价及商业性风险勘查工作，其中1亿元用于煤炭资源调查评价，3亿元用于以煤炭为主的商业性风险勘查，力争“十二五”期间实现找矿新突破，并进一步明确中国煤炭地质总局在天峻县唐莫日等8个地区开展矿产资源勘查工作，青海省人民政府按照有关政策和规定，负责为中国煤炭地质总局办理区内探矿权，协调勘查外部环境，督促探矿权人按照方案加快勘查进度，支持中国煤炭地质总局实施“探采一体化”工作。以上协议的签订标志着双方在合作勘查开发青海矿产资源方面进入了一个新的阶段，为推动社会经济发展，促进双方的进一步合作提供了更广阔的平台。

三、加大矿业权登记和经营运作，实现跨越发展，为“青海模式”的形成提供了强大的经济基础

将矿业权的登记和经营运作与经济的长期稳定发展密切结合起来是实现煤炭地质经济跨越式发展的有力保障，坚持矿业开发富局，必须走矿业权运作和矿业开发的发展道路。多年来，青海煤炭地质局一直以矿权运作与开发作为强局富局的一条重要的发展思路，并且通过围绕项目抓矿权已取得了可喜的成绩。目前，全局登记探矿权项目10个（其中新登记非煤矿权3个），尤其是非煤矿权的登记拓宽了青海煤炭地质局的勘查领域，是青海煤炭地质局按照国资委“走出去”要求的新的探索。由青海煤炭地质局与金星矿业公司联合投资勘查的鱼卡东部煤炭地质勘查项目矿权在省政府的协调下成功转让。青海煤炭地质局在与省政府多次争取协商后，已收取变现款1.5亿元，并以0.75亿元探矿权价值（拥有股份2.1%）入股青海省能源发展（集团）有限公司，取得了显著的经济效益，从而为实现青海煤炭局确立的矿业开发、矿权运作的富局目标奠定了坚实基础。

经过多年的艰苦努力，利用矿权收入，有效地解决了历史遗留问题，五年累计自筹资金7000多万元，提高了离退休人员和富余人员的生活待遇标准；壮大了全局经济，先后全额投资成立了青海华辰矿业开发有限公司、投资入股了青海中煤地矿业开发有限公司、青海能源发展（集团）有限责任公司和北京中水润达水务工程有限责任公司，仅2011年固定资产计划投资8700万元、股权投资12562万元。

目前青海华辰矿业开发有限公司已完成了雪霍立煤矿的探矿权登记，完成了一系列前期工作，现正积极争取地方政府支持，力争早日实现探采一体化的战略发展目标。同时与其他三个投资入股公司签订了合作协议，明确了工作重点。其中：青海中煤地矿业开发有限公司风险投资的部分项目已全面开展了工作，部分项目找矿前景看好，为下一步矿权登记和矿权运作创造了有利条件。

四、创新地勘体制机制，是“青海模式”形成的不竭动力

面对煤炭地质单位面临着的体制不顺、机制不活，影响经济发展的体制性、机制性障碍仍很突出的困难，探索并寻找出一条适合煤炭地质勘探行业特色、符合国情的改革发展之路，成为一个亟待解决的难题。青海煤炭地质局在总结和借鉴兄弟省局产业整合重组经验及省局大公司现代管理模式课题研究成果的基础上，制定了《青海局关于事企分体运行、推进省局大公司的实施方案》、《青海局事企分体运行后经济管理的若干意见》。并于2008年5月，率先在全总局推进了事企分体运行企业化管理模式。即按照做精做强地勘主业，由粗放型管理向集约型管理转型、生产施工向经营管理转变的工作思路要求，构建了青海中煤地质工程公司、青海煤炭地质勘查院、青海煤炭地质局基地管理中心“三大块”的产业格局，完成了以局为单元事企分体运行的机构设置、人员调整、资产划分、财务交接等工作，形成了“一企两事”、“一套人马、两块牌子”的产业新格局，创新了管理机制，迈出了精干人员，轻装上阵、优化资源配置、做大做强主业的第一步。不断地改革创新，强化了发展意识、机遇意识、市场意识，全局上下呈现出一心一意谋发展，聚精会神抓项目的良好局面，充分调动了广大职工加快发展的工作积极性，为全局持续健康快速发展提供了不竭的动力。

五、坚持科技与人才“强”局，为“青海模式”的形成增添了新的活力

科学技术是第一生产力，青海煤炭地质局经过深入调研，制定了《“十一五”科技发展规划》，进一步推进了煤炭地质科技创新体系建设。

加强科技交流与合作，先后与中国矿业大学（北京）、西安科技大学等院校建立了产、学、研战略联盟合作伙伴关系，实现优势互补、互利共赢。由青海煤炭地质局与中国地质科学院矿产资源研究所、勘探技术研究所的广泛合作，开展的“祁连山冻土区天然气水合物DK－1科学钻探试验孔”项目，成功钻获天然气水合物实物样品，被列入国土资源部2009年十大地质科技成果；与中国矿大合作的《青海木里地区多能源资源综合研究》获得中国煤炭总局2009年度科学技术特等奖；青海鱼卡煤田地质勘探报告荣获青海省人民政府颁发的重大地质成果三等奖；“青海省木里煤田多能源评价”项目获得2010年中国煤炭工业协会科学技术进步一等奖。

加大了对人才的引进培养力度。表彰和奖励了学科带头人。为进一步加快青海煤炭地质局科技创新步伐，有效解决困扰多年的人才匮乏问题，根据工作需要，采取竞聘的方式，近年来引进调入各类专业技术人员11名，引入大中专业毕业生101名，其专业涉及煤田地质、工程地质、水文工程地质、岩土工程、财务会计、法律、酒店管理等相关专业，大大缓解了青海煤炭地质局人才短缺状况。

“十一五”期间，全局共有1090人次参加各种业务技术及技能培训。先后举办地质勘查与资源评价、现代企业管理、工商管理、企业改革改制、钻探及岩土工程施工、纪检监察、劳动合同法、企业会计准则等各类培训班93期；开展了工人职业技能培训考核鉴定工作，有163人取得了职业资格证书。

总而言之，科技创新和人才队伍的建设为“青海模式”的形成增添了新的活力。

六、扎根高原，内强素质，为“青海模式”的形成提供了重要支撑

青海煤炭地质局党委始终将“团结拼搏、开拓创新、敬业奉献、追求卓越”的企业精神贯穿于工作的始终。随着《国务院关于加强地质工作决定》的出台，青海煤炭地质局积极应对新形势，抢抓机遇，在充分调动各类人员工作积极性的基础上，注重发挥老专家作用，以地质找矿突破为重点，积极承揽地勘项目，加快发展，促进了全局经济效益和社会效益的全面提升，实现了青海煤炭地质局经济发展由小富即安向“大地质、大市场、大发展”的经济转型。随着时间的推移，全局上下以良好的信誉，扎根高原、艰苦创业，在巩固阵地的同时，不断收复失地，广大青海煤炭地质职工舍身忘我，踏冰卧雪，足迹遍布青海的高山大川、戈壁草原，由于长期高强度的劳动和艰苦的工作环境，使许多勘探队员高原疾病缠身，有的人还献出了宝贵的生命。凡是青海煤炭地质市场最难施工、最危险的现场总会发现他们的身影，2010 年玉树地震后不久，局属岩土公司即以最快的速度组织 30 余台钻机加入了抗震救灾的行列。多年来，广大青海煤炭地质职工以“五个特别”的精神享誉着“高原铁军”的称号。

“十一五”时期，青海煤炭地质局以实现找煤突破、提供煤炭资源保障为己任；以加快发展、进一步提高职工的生产环境和生活水平为重点，扎实工作，开拓进取，促使经济快速增长，职工生活水平不断改善。五年来，投入设备更新资金近亿元，购置了澳大利亚宝长年全液压钻机（LF－90 型）2 套、国产全液压动力头 HYDX－6 型钻机、美国产中低频-大功率 GDP32 电发工作站、SPJ－2 数字化测井仪在内的一批钻探、物探、工程勘察、测绘、水文、遥感、化验等设备 540 台套，生产规模进一步扩大，生产效益进一步增强。完成煤炭地质勘查项目 240 项，提交地质报告 41 件，新探明煤炭资源储量 14 亿 t。这些成果为青海煤炭地质局“十二五”及今后煤炭地质勘查工作奠定了良好基础。

七、取舍相宜，互利共赢，是“青海模式”形成的一大法宝

当前在地勘单位进行改革的关键时期，由于受各种利益关系的驱使，国家对地勘单位的优惠政策难以得到真正落实。这就要求中央地勘单位在处理与地方政府之间的利益关系时要有舍有取，以舍求得，从而实现互利共赢的目的。

2010 年为了加快开发青海鱼卡煤炭资源，青海省人民政府决定组建青海省能源发展（集团）有限公司，鉴于省政府统一部署、整体开发鱼卡煤田的决定，青海煤炭地质局在与省政府多次争取协商后，做出收取变现款 1.5 亿元，以 0.75 亿元探矿权价值（拥有股份 2.1%）入股青海省能源发展（集团）有限公司的决定，此举在坚决执行青海省人民政府决定的前提下，实现了全局利益的最大化。

为实现互利共赢，近年来，局领导班子主要成员紧紧抓住发现“可燃冰”这一少有的历史机遇，及时向省委、省政府主要领导反映青海煤炭地质局改革发展过程中所遇到的困难和问题，使久拖未决的雪霍立地质项目探矿权登记工作取得了新突破，为青海煤炭地质局实施“探采一体化”道路，进一步取得矿业开发“路条”创造了有利条件；努力争取省财政用于属地化地勘单位更新设备资金，目前省财政已同意安排 2000 万元的专项资金，无偿用于更新青海煤炭地质局地勘装备；另外省政府为进一步推进青海煤炭地质局企业化改革发展，批准对该局 6 宗国有划拨土地的开发利用实行优惠政策，免交土地出让金近 3000 万元；配合总局与省政府签订了风险投资勘查项目的具体协议，圈定了有资源潜力的工作靶区；2011 年上半年又新登记了 3 个非煤探矿权；由省国土资

源厅联合青海煤炭地质局等单位兴建的5万 m^2 综合科研办公楼也已全面启动，届时将极大地改善该局的科研办公条件与整体形象；按照省政府对可燃冰勘探和研究再规划、再安排的工作要求，积极与省发展和改革委沟通，提出的与中国海油、省发展和改革委、省投资公司等3家单位组建公司，成立研究中心的方案，将进一步拓宽经营研究领域。

八、关注民生，共建和谐，为“青海模式”的最终实现提供了强有力的保证

坚持发展为了人民，发展依靠人民，发展成果由人民共享，这是科学发展观的核心。青海煤炭地质局始终把民生作为头等大事来抓。“十一五”时期，职工收入保持了年均20%以上的增长速度，2010年职工年均收入超过中国煤炭地质总局系统平均水平。为进一步改善职工的生活居住环境，在政府有关部门的大力支持下，投资兴建了4栋24000多平方米的住宅小区，同时局在公共设施、旧管网改造配电增容扩建投入500余万元，项目于2009年全部建成，一次性安置222户职工，极大地改善了职工居住条件。

广大离退休人员生活状况一直牵动着青海煤炭地质局党政领导的心。为了使广大离退休人员的生活待遇达到地方事业单位的标准，青海煤炭地质局从解决职工群众最关心、最直接、最现实的利益入手，每年自筹资金1000多万元，5年累计自筹资金7000多万元，进一步提高了离退休人员和富余人员的生活待遇标准，基本解决了离退休人员“同城不同待遇”问题，较好地解决了历史遗留问题，让全局职工共享了改革发展的成果，保持了职工队伍稳定。然而由于目前考核体系中存在的一些技术操作因素，离退休人员经费补贴未能进入收入、利润考核指标，2009年局领导班子经营业绩被考核为D级，从而影响了班子成员的个人收入，但班子成员无怨无悔，他们这种顾大家舍小家，为民生作出的卓越贡献得到了上级部门的认可，获得了中国煤炭地质总局颁发的“提高离退休人员待遇特别奖”。

自2007年起组织举办了篮球、羽毛球比赛等文体活动，在新中国成立60周年之际开展了文艺演出、书法、摄影、征文竞赛活动，局属各单位也相继开展了“四好班子”创建、“节能减排，我为煤炭地质事业作贡献”劳动竞赛等活动，这些活动的开展，推动了企业文化建设。2009年、2010年局属青海煤炭地质105勘探队分别荣获青海省“工人先锋号”和“全国五一劳动奖状”。据不完全统计，“十一五”期间共有单位15次、个人12人（次）受到上级表彰奖励。各单位相继建立健全了职代会制度实施方案，广大职工的民主权利得到了进一步的增强，增强了凝聚力和感召力。

通过不断改善民生，共建和谐，保持了职工队伍的稳定，为“青海模式”的最终实现提供了强有力的保证。

综上所述，青海煤炭地质局近年来通过发挥主业优势，争取主动，利用和政府签订战略合作框架协议的形式，积极融入地方经济，推进经济社会发展，加大矿业权的登记和经营运作，创新地勘体制机制，坚持科技与人才“强”局，扎根高原，内强素质，取舍相宜，互利共赢，关注民生，共建和谐，实现了自身的跨越式发展，为中央地勘单位走出困境进行了有益的探索。

经营模式篇

以打造战略高效型企业入手推进经济发展方式转变

神华宁夏煤业集团有限责任公司　王　俭

2011 年是我国“十二五”规划开局之年，也是世界经济受金融危机冲击后继续调整恢复的一年。在“如何高碳产业低碳发展”成为当前及今后中国能源工业发展战略选择的大背景下，深入分析宏观环境的新变化，探讨当前企业管理的重点，对于促进企业持续健康发展，加快转变经济发展方式具有重要意义。

具体到神华宁煤集团，以立足丰富的煤炭资源优势，大力实施煤炭资源转化战略，培养新的经济强势增长极，加快资源优势向经济优势转变，打造“战略型、高效型”企业已成为加快经济发展方式转变的必由之路。

首先，温家宝总理在 2010 年《政府工作报告》中明确提出：加快转变经济发展方式，调整优化经济结构，积极发展循环经济和节能环保产业。大力开发低碳技术，推广高效节能技术，努力建设以低碳排放为特征的产业体系和消费模式。显然，加快经济发展方式转变已成为当前及今后我国能源工业发展面临的主要任务。

其次，宁夏地处西北内陆地区，无论从资源优势还是区位优势而言，与其他省份相比显得较为逊色。如何实现神华宁煤集团与全国同步进入小康社会，笔者认为做好“煤炭”这篇文章显得尤为重要。所以，加快经济发展方式转变是我们实现能源优势向经济优势转变的必然选择。

最后，在神华集团 2010 年工作会议上，张喜武董事长提出，要建设具有国际竞争力的世界一流的综合性能源企业。而作为神华集团的子（分）公司，神华宁煤集团必须顺势而为，必须在转变经济发展方式方面作出贡献，为神华集团的发展作出应有贡献。

应该说，神华宁煤集团组建之时战略定位就已确立，即由简单资源输出转向高起点、高附加值资源高效利用，走出一条新型工业化的路子。因为工业新型化在宁夏的实施，在一定程度上讲要围绕煤来展开和推进。而作为宁夏最大的国有企业，神华宁煤集团不仅要做好煤炭本身的文章，更要做好煤炭延伸发展的文章。神华宁煤集团以两次战略重组，开发建设宁东能源化工基地为标志，拉开了实施资源开发与转化战略的帷幕，自此走上了依托煤炭资源优势，实施能源化工战略的科学发展之路。经过近 9 年的大发展，宁夏能源化工产业迅猛发展，步入了发展的快车道。神华宁煤集团与此同时也迅速发展壮大，成为宁东能源化工基地建设的主力军和排头兵。全区煤炭产量增加了 3852 万 t，火电装机容量增加了 677 万 kW；成功建成了 60 万 t 煤制甲醇、50 万 t 煤制烯烃等 6 个现代煤化工项目，填补了宁夏新型煤化工产业的空白。全区煤炭开发、煤炭转化和基础设施项目累计完成投资 1100 亿元。煤炭资源优势初步实现向经济优势的转变，成为宁夏经济发展最强有力的支撑。

神华宁煤集团在紧抓新一轮西部大开发带来的难得发展机遇的同时，必须做好适应转折期给企业带来生存和发展压力的充分准备，紧盯国内外宏观形势的新变化，在确保战略规划有效实施的过程中趋利避害，把工夫下在提升企业的核心能力方面，力争赢得发展的先机和主动权。

第一，适度发展煤转电产业。火力发电是宁夏传统的煤炭转化产业，但煤转电产业链比较短，属于能源一次转化单向输出，附加值相对较低。“十二五”前期，灵武电厂二期、鸳鸯湖电厂和水洞沟电厂一期工程等一批大型火电项目相继建成投产后，全区电力总装机将超过1600万kW，而区内用电和直流外送仅能消纳1200万kW，区内又面临火电装机过剩的问题。结合火电产业特点、市场状况和宁夏发展实际，今后应合理配置动力煤资源和区域环境容量，适度发展大型清洁、风冷、超临界机组火电项目，满足宁夏经济发展和国家“西电东送”的需要。

第二，大力发展煤化工产业，打造宁夏经济强势增长极。煤化工具有产业链长、市场前景广阔、对区域经济带动能力强的显著优势。着眼于我国能源结构特点和日益突出的能源供给矛盾，充分发挥宁夏煤化工产业积聚的先发优势，以煤炭深度转化为主线，以先进技术为支撑，以产业聚集为重点，以重大项目为抓手，大规模发展替代油气能源、石油化工的煤基能源、煤基化工，既是保障国家能源战略安全的需要，也是增强宁夏经济发展动力和后劲的希望所在。

第三，加大太西无烟煤转化力度，打造国家级碳基材料基地。太西无烟煤具有“三低六高”的特性，是我国的稀有煤种，存量少，市场需求大，开发价值高。依托太西无烟煤的煤种优势和稀有特性，加大研发、转化力度，大力发展超低灰煤、活性炭、碳素制品等高端产品，并进一步延伸产业链条，实现太西无烟煤由燃料到重要化工原料的就地转化增值，碳基材料向精细化工材料的转化增值。到2020年，活性炭年生产能力达到10万t,超低灰煤达到100万t,碳素制品达到10万t,建成重要的国家级碳基材料研发基地。

坚持发展是硬道理，本质要求就是要坚持科学发展，否则，路就会越走越窄。我们所谋求的发展，要以科学发展为主题，以加快转变经济发展方式为主线，坚持把加快转变经济发展方式贯穿于企业发展全过程和各领域，提高发展的可持续性，实现又好又快发展。要做到这一点，笔者认为可以通过以下路径来实现：

一是在转型中加强战略谋划。笔者认为，企业在做规划时首要考虑的不是发展速度，而是发展方向，是如何转型、转型的基点在哪里的问题。转型即方向，只要方向对了，发展才有质量、有效益可言，做快做大是其必然结果。实现转型，最重要的是企业的战略目标必须从低端向中高端转移。在科学发展的思想上，要把工作的重点放在对国家政策、产业发展方向带来机遇的研判上，向科研院所和知名专家借智、融智、引智。在科学战略的目标上，要紧密结合企业实际，保持神华宁煤集团战略与“再造一个新宁夏”和“再造神华”对接，在具体实践中发挥好主力军和先锋模范作用。

二是在转型中强化技术创新。创新是企业获取竞争优势的动力源泉。放眼全球，煤化工的发展依然在起步阶段。在没有多少现成的东西可“引进”、借鉴的情况下，要抢占制高点。在神华集团赋予神华宁煤集团精心打造世界煤化工的“硅谷”的战略目标下，如何保证企业发展与这一战略要求相契合，当务之急是要通过各种攻关，形成自主创造的核心技术、关键技术，以此掌握发展主动权，成为新兴产业的领跑者，为一个时期企业占领价值链高端打下坚实基础。从神华宁煤集团煤化工产业发展过程中来看，虽然集团奠定了坚实的技术基础，但要逐步形成技术路线、工艺路线与产业、产品结构方向的和谐统一，为运营世界级煤化工基地的发展夯实基础，在进一步加速煤化工产业发展方面保持优势。

三是在转型中提升管理水平。建设世界一流企业，迫切需要把推动企业发展的关键因素由物质要素逐步转向品牌、技术、人才、管理等要素，依靠体制、机制、技术、管理的全方位创新，形成发展的内在动力。神华宁煤集团要认真总结近年来在企业管理实践中积累的成功经验，坚持对标一流，以“五型企业”建设为基础，以全面预算管理、全员绩效考核为辅线，以风险内控管理为保障，以信息化管理为手段，着力打造高效一流的管理模式，全面提升管控水平。

当前要努力解决好以下几个问题：

一要坚持对标一流。在对标中找差距，在对标中补漏洞，在对标中讲创新，在对标中争一流。要与世界一流企业对标，与国内外行业先进企业对标，集团内各单位之间也要互相对标，不仅要注重硬实力的对比，也要注重软实力的提升，不仅要注重指标的量化对比，也要注重理念、方法、管理上的差距，通过全方位的对标，使集团公司的安全、生产、经营、销售、基建等各方面工作再上台阶。

二要坚持深化改革。着眼于资源的科学配置和高效利用，紧密结合集团公司发展战略，深入研究产业布局、组织架构和运营模式，进一步简化管理层级，优化管理体系，精干高效，顺畅管理流程。进一步明晰产权职责关系，强化资产管控，降低资产风险。要深化专业化管理体系，进一步明确专业化公司工作定位、发展定位和服务定位，科学界定专业化公司的管理职责，严格组织机构设置，优化资源配置，切实提升服务质量和效能。要深化内部分配制度改革，理顺分配关系，建立科学的激励机制，树立正确的激励导向。要规范社会服务外包模式，真正达到减轻负担和提升服务的双赢。

三要加快完善经营管控体系。坚持以“五型企业”建设为总揽，形成规范化、系统化和科学化的考核评价体系，准确评价管理绩效。加快健全全面预算管理体系，以财务集中、核算集中、成本定额、班组核算为手段推进管理精细化，全面强化管理过程控制。深入推行全员绩效考核制度，形成“重业绩、讲回报、强激励、硬约束”的全员绩效考核评价机制，全面激发和调动员工的积极性和创造性，把管理的触角延伸到最末端。

四要全面加强风险管控。牢固树立风险管理理念，建立风险监控预警制度，加快构建经济本安指标、管理责任、风险评估、监督评价、考核与责任追究体系，形成风险管控的长效机制。全面梳理内部主要岗位风险，从战略决策层面到具体业务层面都严格执行风险管理流程，利用信息化手段将风险管理固化于业务流程，并与日常经营管理融为一体。加强对重点工程建设、财务、物资采购、销售及外购煤等重点环节的审计和效能监察，严肃查处违纪违规案件，维护生产经营管理秩序和效益。

五要推动企业文化升级。先进的企业文化是支撑企业建成“百年老店”的核心和关键。要进一步梳理、精简、完善集团公司企业文化理念体系，按照贴近员工生活、符合员工认知、引起员工共鸣的原则，广泛开展富有时代感、员工接受、寓教于乐的文化宣贯活动。要将企业文化融入日常管理，融汇到日常行为中，贯穿到日常的管理中，将企业文化的理念、规则、准则切切实实地转化为员工的自觉行动、提升管理的手段，推进企业文化健康发展。

神华宁煤集团的战略转型承载着新时期宁夏渴望发展与突破的希望，也符合神华集团实现具有国际竞争力的世界一流煤炭综合能源企业的愿景，从这个意义上说，以打造战略型、高效型入手推进神华宁煤集团发展方式转变，是“再造一个新宁夏”和“再造神华”目标实现的现实需要，也是基于神华宁煤集团的角度研究资源优势向经济优势转变的战略选择。

煤电一体化项目运作情况研究

神华集团电力管理部　毛　迅　孙小玲　牛新宇

一、神华集团煤电一体化项目基本情况

近年来，神华集团的煤电一体化营运模式得到了深入的发展和完善，形成了自己独特的产业优势。在煤电一体的发展中，集团不断深化煤电项目的运营模式和管理模式，建成了锦界、宝日希勒、米东、准格尔、印尼南苏等一批在全国具有创新效应的煤电一体化电厂。目前，集团已建成的煤电项目模式有以下几种类型：

1. 煤电基地模式

煤矿和电厂由一个法人主体负责管理，煤炭是以中间产品的成本价格供应电力生产，是内部的成本价格转移，如锦界、印尼南苏项目。

2. 集团化煤电联营模式

煤矿和电厂分别由集团内部两个法人实体负责管理，煤炭是以集团内部价格供给电厂，是集团内部交易价格，如宝日希勒、宁东矸石电厂。

3. 坑口电厂模式

电厂建在煤矿附近，从附近的煤矿采购煤炭，煤价以市场交易价格为基础，如准格尔、神木、神东电力米东、郭家湾等电厂。

4. 神华特色的产运电一体化煤电模式

电厂建在神华煤炭运输通道的路、港沿线，基于神华集团产运销一体化供煤体系，煤价由内部重点价和市场价构成，如沧东、定州、宁海、台山等电厂。

二、锦界煤电一体化项目情况分析

锦界煤电一体化项目的主要特点就是电厂和煤矿由一个项目法人开发经营。锦界煤电项目从设计之初就遵循“一体化”原则。锦能公司作为项目法人，投资建设煤电一体化项目，但在具体的职责方面，考虑到专业化优势的发挥，锦能公司只负责电厂部分的基本建设和生产经营工作；神东煤炭分公司受锦能公司委托，负责煤矿基本建设及投产后的安全生产管理。该项目以一个法人进行投资建设，节约了大量的前期费用和公共设施费用。经测算，锦界项目煤矿和电厂如果以独立法人分别进行开发建设，将增加投资1亿元。

（一）锦界电厂经营指标对比分析

锦界模式下在同区域内同等条件下，由于锦界是以煤炭的生产成本价格供应电力生产，其效益

比同区域内燃用市场煤的电厂高出许多。

锦界电厂与区域外同规模非煤电项目比较，由于锦界燃料成本低，锦界电厂在电价和上网电量都低于区域外同规模非煤电项目的情况下，赢利能力仍远远高于这些电厂。同时锦界模式下的利用小时基本与负荷中心的利用小时相同，这也是锦界模式（即跨区域送电）和同区域电厂（本省内送电）相比的一个优势。

（二）锦界煤电一体化模式综合效益分析

以锦界电厂为模型，按照以下规模进行测算。

煤炭生产能力：1500 万 t/a，全部由电厂燃用；

项目发电机组容量：5000 MW，年发电量 375 亿 kW · h；

煤炭运输起止点：锦界煤矿——河北定州；

电能输送起止点：锦界煤矿——河北定州；

煤炭运输距离：800 km；

煤炭运输方式：汽车/火车。

锦界煤电一体项目经济性分析见表 1。

表 1　锦界煤电一体项目经济性分析

类型	项目	项目（节约费用/a）		效益/亿元	说　明
经济效益	1	节约投资（此项为一次性投资）			合计数中不包括本数据
	2	煤矿排水再利用节约的费用		0.0400	
	3	非市场交易节约的费用		0.9000	
	4	税收节约		1.4761	
	5	发电成本节约（煤炭运费）		18.0000	按铁路运输测算，公路为 60 亿元
	6	资源节约	煤炭数量损失	0.1200	按铁路运输测算，公路为 0.24 亿元
			土地资源	0.1400	
社会效益	1	地面污染			
	2	大气污染	粉尘污染		
			温室效应		
			噪音污染		
	3	平衡经济			
	4	保障安全	供电安全		
			道路安全		
合　计				20.68	

从表 1 可以看出，锦界煤电因“一体化”而产生的经济效益为 20.68 亿元，其中主要项目为煤炭运输费用，如果考虑电力输送成本 0.0381 元/kW · h 及网损 2%，运输成本 14.5 亿元［375 亿 kW · h/(1 - 0.02) × 0.0381］，依然产生 6.18 亿元的经济效益。

1. 节约煤炭运输费用

（1）直接将煤炭运送至河北定州：按公路现行市场运费 0.5 元/t · km 测算，煤炭的单位运输成本为400元/t，1500万t煤的总运输成本为60亿元；按铁路现行市场价格0.15元/t·km测算，煤炭的单位运输成本为120元/t，1500万t的总运输成本为18亿元。

（2）就地发电后经电网输送至河北南网：按锦界目前煤耗测算，吨煤可发电2354 kW·h，按过网费0.0381元/kW·h来测算，1 t煤的运输成本为89.69元（2354×0.0381），电能转化费用的附加值在电力销售电价中已考虑，比公路运输省310.31元/t，比铁路运输节省30.31元/t。

2. 节约生产成本

锦界煤电一体化项目煤炭就地转化为电力的成本与将煤炭运至河北南网发电的其他成本全部一致，则煤电一体可节约煤炭运输成本。在锦界项目中，煤炭由企业自行生产，不需要通过交易从外部市场购进，在交易过程中易于彼此协调，减少了交易双方在信息搜寻、条件谈判、品质监管和实施保证等环节产生的附加费用，降低了交易成本。据了解，煤炭的交易费用为6~10元，则煤电一体可节约交易费用9000万~15000万元。

3. 循环经济

锦界煤电一体项目中，电厂可对煤矿排水进行再利用，每年用量为200万t，按市场水价2元/t测算，每年可节约水资源费用400万元。

4. 直接资源节约

煤炭资源就地转化带来的直接效益就是避免了煤炭运输过程中的损失。

公路运输过程中煤炭数量损失约为1%，铁路运输过程中煤炭数量损失约为0.5%，本项目原煤平均发热量为2.3×10^4 kJ。若项目煤炭以公路运输方式将其全部运输至河北南网发电，则在运输过程中，煤炭的数量损失为：1500万t×1% =15万t，以生产成本160元计，可折算为经济价值：15万t×160元/t=2400万元。

若项目煤炭以铁路运输方式将其全部运输至河北南网发电，则在运输过程中，煤炭的数量损失为：1500万t×0.5% =7.5万t，以生产成本160元计，可折算为经济价值：7.5万t×160元/t=1200万元。

按上述假设，1500万t原煤就地转化为电能与将其直接运输至河北定州相比，每年可节约资源折合为经济价值：公路运输方式节约2400万元；铁路运输方式节约1200万元。

5. 间接资源节约

一是道路资源。1500万t煤的就地转化节约了大量的道路运输资源。以公路运输为例，公路全年维护费用基本等于车辆每年所缴纳的养路费，可以进行如下测算：

年销售1500万t煤即平均每天销售4.11万t，每天需载重量为15 t的汽车2740辆（41100/15），按2天拉运一趟考虑在途车辆，实际每天需要车辆5480辆。按照210元/t·月的养路费缴纳标准，每年可节约养路费用：5480×210×15×12=20714万元。

以铁路运输为例，根据神朔铁路公司的有关经验数据，铁路的维护费用为0.02元/t·km，可以测算，1500万t的煤炭运输可以节约24000万元（0.02×800×1500）的铁路维护费用。

二是土地资源。煤电一体可以使电厂的备用煤储存场地和煤矿的销售煤储存场地合二为一，节约了有限的土地资源，提高了土地资源的利用效率。按年销售1500万t煤炭计，需占用储煤场地

13.34 hm^2，当地土地的使用费约为104.95万元/hm^2，则煤电一体化可每年节约土地费用1400万元。

6. 降低环境污染

一是降低地面污染。主要表现在两个方面：一方面是煤电储煤厂合二为一，减少了储煤对大地的污染，根据了解，一般储煤厂对周边5 km范围有较大影响；另一方面是就地转化避免了运输过程对运输道路的污染。

二是降低大气污染。经了解，煤炭运输中的数量损失约为1%，其中10%以粉尘的方式排放到了空中，则1500万t煤炭运输中有15000 t煤炭成为粉尘污染物。这些可吸入颗粒将对人体的呼吸系统等造成极大的伤害。另外，煤电一体避免了煤炭运输车辆产生的CO_2对环境造成的巨大污染。

以汽车运输为例：据经验估计，汽车运输货物的吨公里耗油量为0.0125 L，则运送1500万t煤炭需消耗柴油=15000万L，按0.85的比重折算为12750万t，则运送1500万t煤炭可产生3.932亿t CO_2气体（燃烧1 t柴油可产生3.0841 t CO_2，12750万t×3.0841=3.932亿t）。

以铁路运输为例：根据对铁路相关单位的调研了解，铁路电力机车的耗电量为0.0182 kW·h/t·km，则1500万t煤炭外运需消耗电力21840万kW·h，折算为发电量24000万kW·h。按锦界项目标准，发电24000万kW·h需燃煤7.32万t，则1500万t煤炭通过铁路外运间接产生CO_2气体19万t（燃烧1 t煤可产生2.6 t CO_2，7.32×2.6=19万t）。

三是降低噪声污染。噪声污染主要是指煤炭运输和装卸过程中机械产生的噪声污染。

7. 税收节约

经初步测算，煤电一体项目比单独建立煤矿和电厂可节省税金1.47亿元。

8. 平衡区域经济发展

在锦界煤电一体化项目的带动下，煤化工、建材等下游企业纷纷落户锦界，一座新兴城镇正在兴起，社区、医院、学校等配套服务体系相继建立，为区域经济的平衡发展作出了巨大贡献。

9. 保证安全生产稳定局面

在保障供电安全方面，煤电一体的安全性主要表现在电厂的原材料供应不受运输资源的限制，煤炭供应稳定产生的后续效应可以为电网提供不间断的电源。同时，煤电一体避免了煤炭运输过程中的交通安全，减少了交通运输过程中带来的人身伤亡和财产损失。

以上测算没有考虑煤炭在不同地区的销售价格差异带来的经济效益。但可以看出，锦界煤电一体化项目通过将输煤转化为输电，在社会经济性与企业经济性两方面都体现出较为明显的优势。综上所述，不论是从社会整体战略的角度，还是从企业生产经营的角度，锦界煤电一体项目具有明显的经济优势。

三、煤电联营电厂情况分析

呼伦贝尔发电厂项目实际运营规模2×60万kW，燃用神华宝日锡勒煤矿提供的褐煤，燃煤全部由宝日希勒露天煤矿经厂外约2.7 km的运煤胶带输送机输送进厂。该厂通过直流电网送往辽宁省负荷中心，目前该厂电价还未正式核准。由于燃料成本低、电价适中，该厂赢利能力高于辽宁省同类型机组。

宁东矸石电厂项目实际运营规模2×33万kW。电厂燃用神华宁夏鸳鸯湖矿区矿选煤厂提供的煤泥和煤矸石，采用皮带运输方式进厂。该厂的循环流化床机组所在区域虽然煤价较低，但由于该区域电价偏低，造成电厂的获利能力低下。

该模式同样具有锦界模式下燃料成本低的特点。这两个项目都有着由皮带直接送至电力生产现场的特点，没有设立煤场，这是煤电一体化项目的一种创新。该模式降低了电厂的建设成本、运营成本，提高了管理效率。

如果采用汽车运输方式运煤，每年将多支付运费约1723万元，相应节省了燃煤费。再有坑口电厂建设使煤源稳定，固定管理费用也相应减少。

汽车运煤方式：系统不受煤矿及煤源的制约，运行灵活；由社会车辆承运，电厂不需设备投资，运费较高（2855.1万元/年）；受道路运能状况、交通管理等制约。

皮带运煤方案：系统受煤矿及煤源制约，运行方式单一；建设费用高，初期投资大（需投资8351万元），运行管理较复杂，运费较低（1132.1万元/年）；不受外界环境影响及制约，运行安全可靠。

四、坑口电厂情况分析

准格尔电厂实际运营规模4×33万kW，燃用神华准格尔矿区选煤厂的洗中煤，采用铁路及汽运方式进厂；神木电厂实际运营规模2×11万kW，燃用神华长焰煤，掺烧少部分劣质煤，采用汽运方式进厂；米东热电厂实际运营规模2×30万kW，燃用神华新疆能源公司煤，采用10 km公路运输，2010年煤价110元/t（含税，含运费）。

1. 坑口电厂的盈利能力

坑口电厂不同的项目具有不同的盈利能力，主要有以下几点：

（1）凡是由集团运销公司或内部煤矿供应的坑口电厂，燃料成本低于当地同类型电厂。

（2）燃用当地煤矿市场煤的坑口电厂，如郭家湾、店塔电厂，燃料成本较高。

（3）目前集团的大部分坑口电厂赢利能力较弱，主要是由于上网电价偏低（如准格尔、亿利的电价在0.23元/kW·h左右，比浙江、上海低了一半以上），同时利用小时偏低。

（4）米东电厂燃料成本极低，尽管上网电价不高，但是赢利能力很强。新疆项目的燃料成本优势甚至高于锦界项目模式。

2. 煤电联营和坑口电厂的相同特点

（1）降低能源输送成本，提高能源输送效益。采用特高压输电，线损率可以控制在2%以内，输煤过程中的能量损耗则要比输电大得多。

（2）由于交通运力不足，煤炭在省际区域间的大规模长途运输更加剧了运力紧张的局面。就地发电可释放大量运能，缓解严重的公路超载问题，降低道路维护成本。

（3）可减少输煤污染，保护生态环境。大规模的煤炭运输，会污染煤炭集运场所和铁路公路沿线，大型火电机组就地实现煤电转换，可避免污染，还可消化洗中煤和煤矸石。

（4）有利于增进电力供应的保障能力，增强国家能源的安全保障。煤炭基地可以实现就近供应甚至皮带输送，不受公路、铁路运力制约，保证电煤供给，保障电力安全。

五、具有神华特色的路港电一体化项目

（一）定州、沧东电厂

定州和沧东电厂在神华集团朔黄铁路沿线河北段建设，其中沧东电厂紧邻沧东港，兼具有港口电厂性质。两个电厂装机各为252万kW，均为600 MW等级的高效率、高参数、大容量、节能环保型发电机组。定州电厂专用线与距厂2 km的朔黄铁路定州西站接轨。沧东电厂地处朔黄铁路东部终点的沧东港，煤炭从煤场直接通过皮带运输至电厂。

由于京津唐地区同类型电厂经营指标数据不完善，本文只进行了宏观比对。在神华集团的一体化运营下，电力板块作为煤炭产品的消费延伸，与煤炭板块优势互补，电力为煤炭提供稳定的市场，煤炭为电力提供稳定的燃料供应。定州和沧东电厂位置相对较好，减少了运输成本。吨煤价格比同区域的华能邯峰电厂（2×66万kW）和国电龙山电厂（2×60万kW）低约10元/t，燃料成本的降低有效提高了两家电厂的市场竞争力，争取替代电量过程中发挥积极作用，不但机组利用小时数高于区域对标电厂，同时由于发电负荷升高带来的机组性能参数也得以有效释放。

（二）宁海、台山电厂

宁海电厂项目实际运营规模为440万kW，拥有12万t级卸煤码头；台山电厂项目实际运营规模为400万kW，拥有10万t级煤码头。两家电厂燃用的神华煤均由天津港、黄骅港或秦皇岛港经海运到厂。

浙江、广东地区的项目普遍具有较高的赢利能力。主要原因是该地区电力市场好，上网电价高，能够承受和消化较高的燃料成本。由于神华集团的产运销一体化优势，该区域神华电厂的燃料成本低于其他电厂。

（三）路港电一体化电厂的综合效益

1. 有效节约运力

集团在黄骅港、天津港、秦皇岛港均拥有专用泊位。就装船港停时计算，2010年集团船舶黄骅港年平均停时约为80 h，为社会船舶的一半。按25条船，3.5万t/航次计算，每年可多发425万t煤。按每条船舶每航次减少滞期成本支出20万元计算，全年可节约滞期成本1.2亿元左右，为发电企业的降本增利发挥了重要作用。

2. 促进电厂投资成本降低

因为有了稳定的煤炭资源保障和运力保障，下游电力煤场库存容量及投资均实现降低。集团各沿海电厂煤场设计存量也远低于同地区电厂煤场设计储量，大大节约了投资成本与煤场管理成本。

3. 电厂燃煤质量有保障

2010年，在全国燃煤电厂煤炭质量下降的状况下，依托于神华集团的稳定供应，集团大部分电厂入厂煤质基本符合设计煤质，锅炉效率超过了设计值，整体实际锅炉效率达到93.83%。

六、今后发展的措施建议

（1）当前我国能源输送方式不合理，电力结构性矛盾突出，国家能源规划中将大力发展跨区域电网资源配置能力，如“一特四大”、“三纵三横”特高压电网“十二五”重点建设项目。在电源建设方面，我国在“十二五”期间重点建设鄂尔多斯、准格尔、锡林郭勒、呼伦贝尔、新疆准东等16个大型煤电基地，集团大力发展煤电一体化的思路完全符合国家宏观政策。因此，大力发展坑口型煤电一体化电源项目，优先支持资源综合利用项目。在大型煤炭基地，建设满足区域电力优化配置要求和“西电东送”、“北电南送”的大型坑口电厂。该类型电厂具有燃料成本低、上网电价较高、利用小时高、赢利能力强的综合优势。

（2）目前电厂与煤矿项目立项过程中单独进行核准，这样增加了项目核准的工作量和难度，在项目立项、建设以及配套过程中不太好协调，不利于项目的整体规划和建设。可以采取同一法人主体负责制，实现煤电基地行政开发一体化和设计、生产组织一体化。

（3）充分发挥神华集团一体化优势，加快路、港、电一体化项目的规模化发展，依托煤炭储备基地与电源项目资源利用互补优势，在电力负荷中心的沿海煤炭储备基地优先建设大型高效节能环保电厂，实现联产联储减少资源浪费。

（4）在生产外运煤炭的坑口和煤炭区利用中煤、煤泥等可以优先建设大中型电厂；在煤矸石丰富的地区建立大型循环流化床、以煤矸石为原料的电厂可适度发展建设。

总结神华一体化经验　探索经济转型方式

——从神朔铁路的发展看神华一体化模式的优势

神华神朔铁路分公司　张　剑　班　军　师率杰

党的十一届人大四次会议中批准的“十二五”规划纲要，为我国进一步发展经济指明了方向：“以科学发展为主题，以加快转变经济发展方式为主线，深化改革开放，保障和改善民生，巩固和扩大应对国际金融危机冲击成果，促进经济长期平稳较快发展和社会和谐稳定，为全面建成小康社会打下具有决定性意义的基础。”其中，转变经济发展方式，是我国今后经济工作的一个重心。

神华集团在短短的十几年时间内，就进入世界500强企业名列，成长为全球知名的大型煤炭综合能源企业，其独特的发展模式可以作为国家探索经济发展方式转型的一个借鉴案例。

一、神华一体化运作模式

神华一体化运作模式，其基础和根源在于神华集团的产业构成。神华集团定位于以煤炭为基础，整合电力、铁路、港口、航运、煤制油与煤化工为一体，产运销一条龙经营的特大型能源企业。通过全资、控股和直接组建子、分公司的形式，将煤、电、路、港、航等业务相关企业，以集团的形式组成一个有机整体，实现了整体宏观控制煤炭增值链条中所有相关产业的可能性。同时各所属子分公司，业务相互联系，经营互相独立，既能保证其业务独立性，不断强化经营重点，又通过集团的统一指挥调控产生合力，将各自的优势整合为整体竞争力。

所以，神华一体化模式，并不是铁板一块的一体化，而是兼顾各部的独立经营和集团性整体运作的，同时具有“小”的灵活机动和“大”的规模效益优势的复合型一体化运营模式。

二、神华一体化运作模式的优越性在神朔铁路分公司的体现

作为神华集团铁路板块的一部分，神朔铁路处在运输的咽喉要道，也是国家第二条西煤东运的大通道。从神朔这些年的发展来看，一体化的运作模式有着国铁无可比拟的优越性。

首先，神华的一体化模式促进了神朔铁路的飞速发展。神朔铁路的运能从1996年最初成立时的75万t增长到2010年的1.77亿t，在短短的15年内增长了236倍，年均增长超过43%；营业收入从初期的3649万元增长到现在的将近68亿元，增长了186倍，年均增长超过42%；上缴国家税收从49万元上升到5.6亿元，增长1145倍，年均增长达到60%（图1、图2）。

神朔铁路这15年的迅速发展，远远超过了同等水平的国铁，这些成绩都依赖于神华集团一体化运作的先进模式。神华一体化模式带来的优势，在神朔铁路具体体现为以下几方面：

（一）可以自主经营，整合铁路的竞争力

国铁的特色是铁路能力长期供小于求，运输能力满足不了市场的需求。铁路运输的组织是以铁路的运能为出发点。而神华集团的一体化模式，通过自主控制铁路的所有权，将铁路变成神华系统

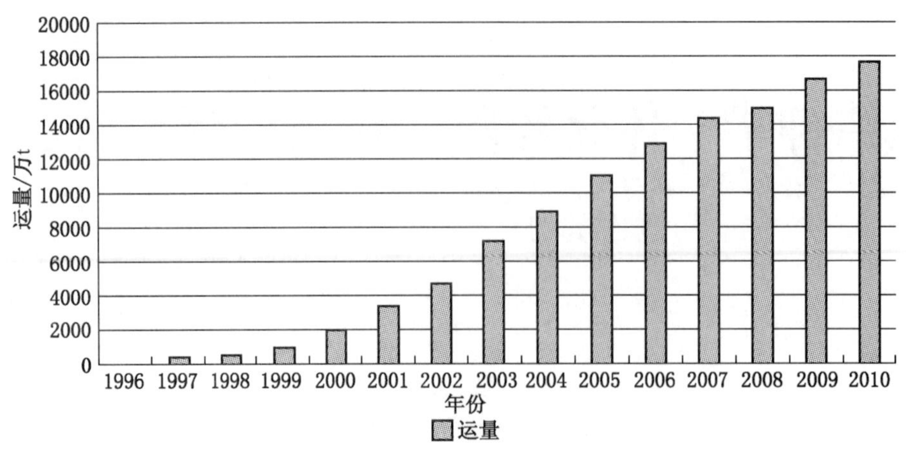

图1 神朔铁路运量增长

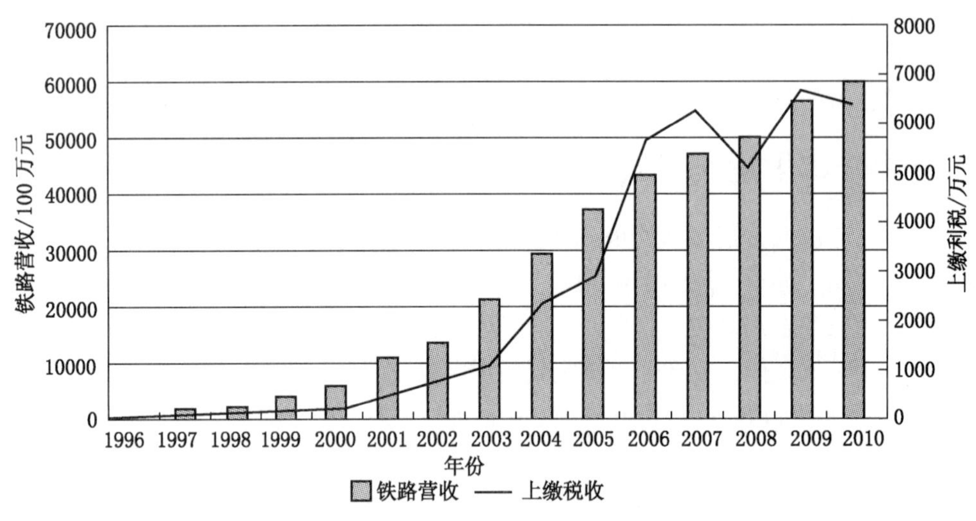

图2 神朔铁路营收和上缴国家利税图增长

中的一个板块。这样，铁路的运输就不再是以自身的运能为出发点，而是作为神华系统的一部分，真正服务于神华生产和发展的需要。铁路低成本、高效益的先天运输优势，经过神华集团的板块整合，与其他上下游产业配合衔接，可以产生数倍乃至数十倍的整体放大效应，并最终成为神华整体竞争力的有力组成部分。

(二) 通过任务指标、奖励等措施，充分调动铁路运输的积极性

集团通过科学计划与统一规划，设定任务指标，向下级单位指派生产任务；同时根据子分公司完成任务情况制定奖励标准，充分调动生产积极性。铁路通过与生产、销售紧密衔接，形成产运销一条龙的增值纽带，使铁路紧密围绕产业链需求，服务于生产活动，调动了铁路发展的自主能动性。

神朔铁路设计的最大运能在复线开通和全线实现自动闭塞的前提下，仅能达到1.5亿t。但是集团对神朔铁路的运输任务逐年增加，迫使神朔发挥主观能动性，想方设法克服困难，完成运输任务。在不影响安全运输的前提下，对线路逐年进行扩能改造，仅2005年就铺换75 kg无缝线路

74 km。在2009年8月至2011年1月对神木北、燕家塔、府谷、王家寨、贺职站改造建成万吨列车站。2010年神朔铁路完成运输量1.77亿t，远远超过了铁路线路原有的设计标准，这样的成绩在世界铁路发展史上也是罕见的。

（三）集团统一协调，减少中间环节

神华所有的产运销指令，都是在集团统一安排下发布的。生产指挥中心制订年计划、月计划等来统一指挥集团产运销生产单位的活动。同时召开月度产运销平衡会议、联劳协作会议等进一步实时监控和调配资源，保证计划顺利实施。

例如：要实现2011年运量的增长，神朔铁路面临的首要问题就是机车不足。通过集团的协调、兄弟公司的协助，其中：包神铁路支援4台2组机车，朔黄铁路支援6台3组机车，有效地缓解了神朔线机车的紧缺问题，为完成2011年运输任务奠定了良好的基础。在2011年的生产大会战期间，机车检修时间被尽可能地压缩，提高机车周转，检修人员24 h驻岗，吃睡都在岗位上；不计成本，不讲代价，紧急向铁三局租用内燃机车1台，投放韩家楼、三岔、阴塔站台做调度机车使用；对回空车辆严格控制，日均回空228列，环比提高2.5列/日……这一系列保证生产顺利进行的措施，都是在其他国有铁路上难以想象的。

同时，由于集团统一负责市场、销售、公关等环节，神朔铁路可以省去大量不必要的人力成本和活动经费，节约了成本，提高了工作效率。如果神朔铁路建立一支30人的营销团队负责铁路的营销，每月的工资以及营销经费会超过50万元，一年会支出超过600万元。再假设仅仅拿出营业收入的1%作为营销提成，仅2010年就需要再多支出超过6700万元。

（四）最大限度地避免干扰，集中精力抓运输生产

神华一体化模式的一个重要优势，就是各生产单位都向着同一的目标，完成各自的任务，中间没有责任的推诿，省去了其他不必要环节和干扰。与国铁相比，神朔铁路可以集中精力抓好安全运输生产，节省了大量的销售、组织货运、沟通、人力的成本，提高了生产效率。

神朔铁路的货车在管内周转时间，从2005年到2010年并无太大变化，但是全周转时间，从2005年的3.46天缩短到2010年的2.62天，仅仅5年时间就缩短了25%，等于增加了25%的货车车辆（图3）。这就是神华集团一体化运作带来的效益。

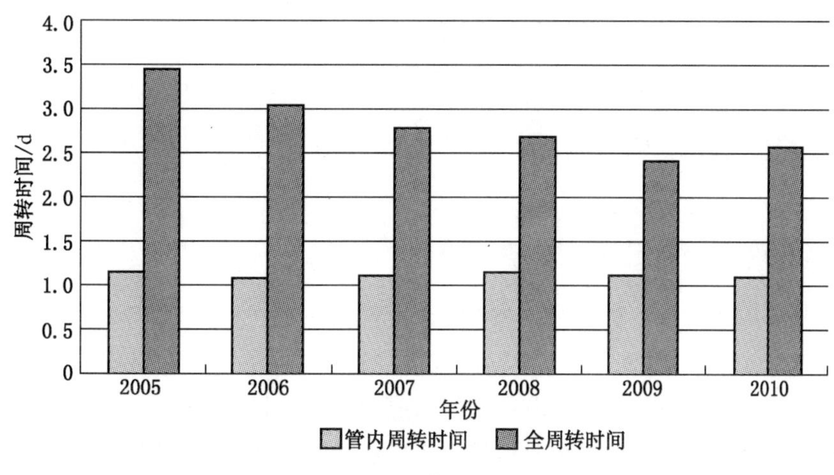

图3　神朔铁路列车周转时间

三、神华一体化运作模式的特征

神华一体化运作模式，通过多年的探索和总结经验，已经自成体系，实现了安全生产与高效作业的统一。其特征具体如下：

（一）中央集中调配资源

神华的一体化模式首先是集中地管理和调配所有可用资源。通过科学测算，了解煤矿的生产能力、铁路的运输能力、电厂的发电能力、港口的吞吐能力、航运的运载能力，然后根据这些数据，计算出能最大化地利用所有能力的解决方案，根据这个方案发布生产指令。所以，神华一体化模式从决策开始就是高度精确和科学的。

（二）任务目标科学分配，充分调动子分公司积极性

经过科学的分配，将最优解决方案分解成年、月、日的生产任务，下达到各子分公司。任务目标的分配，由必须完成的硬性指标和弹性的奋斗目标组成。硬性指标完不成有惩罚；奋斗目标完成有奖励。赏罚分明，奖惩兑现，大大调动了子分公司的生产积极性。

（三）子分公司的自主经营和集团统一规划相结合

神华集团下属各子分公司，都有充分的经营自主权，可以根据自身条件，调整经营策略、发展方向等。在集团生产任务较重的前提下，经营自主权给了生产单位足够的调整空间，鼓励自主创新、大胆实践，从而创造一个又一个的生产奇迹，最终推动集团整体发展。

同时集团给子分公司提供互相沟通和衔接的平台，使其可以互相沟通、互相学习借鉴先进经验；统一规划生产，协调产能，最终将子分公司的优势都吸收转化成集团的整体竞争力。

（四）沟通高效、信息对称

在神华集团内部，以各种平衡会、计划会、调度会的形式，各子分公司之间，子分公司与集团之间，保证了高效畅通的沟通渠道，实现了在集团内部的信息对称。

一般的煤炭产运销环节，在互相竞争的环境下，煤矿、铁路、电厂、煤销公司等各自为政，互不信任，造成了大量的浪费和低效率。这里没有具体数据，但是可以根据目前供应链的“牛鞭效应”理论和一般市场运作的情况做一个假设，假如一个煤炭利益链条有 20 个环节（实际可能远不止这个数），每个环节为了自身的安全，流出 20% 的余地作为缓冲（实际往往大于此数），那么最终的结果会达到最初值的 38 倍；即客户需要 1 t 煤，到达煤矿的订单可能就是 38 t，这样造成的浪费是何等巨大！

（五）目标一致、协同进退、刚柔并济

一体化运作的另一个重要优势，就是各生产单位目标一致、协同进退、刚柔并济。煤矿产量下降，铁路就没有足够的煤炭装车，电厂、港口就会受到影响。铁路运能不足，煤矿煤炭囤积，电厂、港口就会缺煤。所以，神华集团中所有生产单位的利益都是一致的，在协作过程中就不会产生责任推诿、互相猜忌的问题。任何一个单位的生产遇到问题，其他单位都会主动帮忙，共同解决问题。煤矿产量不足时，铁路可以多安排一些天窗，趁机增加扩能改造的施工时间；铁路运力不足

时，煤矿也会适时调整产量或是有计划地增加煤炭储备，防止煤炭过多地堆积在煤台。

四、神华一体化模式的理论基础

神华一体化模式，是纵向一体化模式的延伸，在煤炭的增值链中，从上游至下游的一体化整合。这种模式与西方正在盛行的供应链管理理论不谋而合。

供应链，是指产品生产和流通过程中所涉及的原材料供应商、生产商、分销商、零售商以及最终消费者等成员通过与上游、下游成员的连接（linkage）组成的网络结构。也就是由物料获取、物料加工，并将成品送到用户手中这一过程所涉及的企业和企业部门组成的一个网络。

管理学大师德鲁克曾经预言：“21 世纪将不再是企业与企业的竞争，而是供应链与供应链的竞争。供应链管理是现代化企业管理发展的必经之路。”

神华的一体化，其实就是某种程度上煤炭供应链的一体化。而供应链管理的目标，就是要在供应链中实现信息共享、高效沟通和最有效的组织。而神华模式有效地通过一体化解决了供应链管理中所有的沟通和信息共享问题，实现了比供应链管理更加高效的整合。

其高效性可以从波特五力分析模型得到解释。波特五力分析模型如图 4 所示。

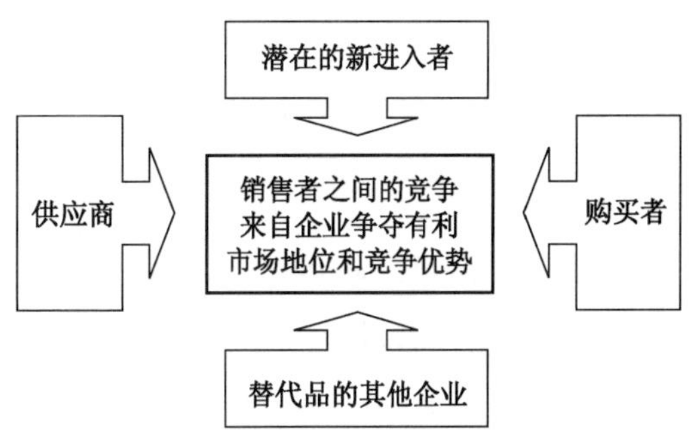

图 4　波特五力分析模型

根据波特的理论，企业生存和发展的环境主要受五种力量的影响：供应商的讨价还价能力、购买者的讨价还价能力、潜在新进入者的能力、替代品的替代能力、行业内竞争者现在的竞争能力。同样，在煤炭产业链中的任何企业都将同时面临来自这五个方面的竞争压力，只有同时解决好这五力的影响（图 5），企业才能生存、发展。

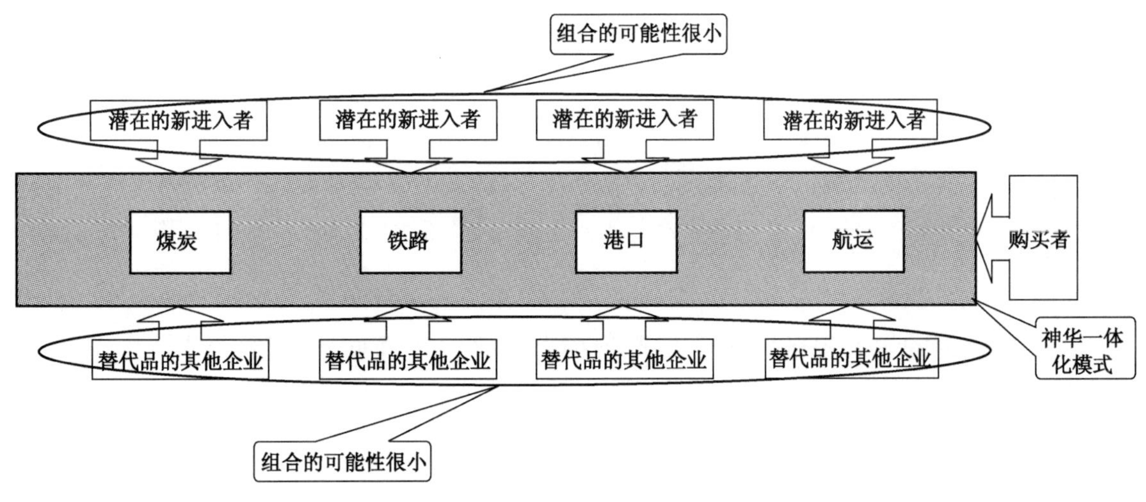

图 5　用波特五力分析模型解释神华一体化模式的高效性

而神华一体化模式从所有权开始就控制了供应链的上下游，使集团内的每一部分都不受供应商和购买者的影响，增加了集团的整体竞争实力。

同时集团内部整合煤、电、路、港、航五位一体，最大限度地优化利用资源，使得任何靠单一产业模式的竞争对手都无法与之匹敌，增加了潜在竞争进入者、行业内竞争者和替代产品企业与之竞争的难度，换句话说，与神华竞争的门槛已经高到大多数公司所不能企及的程度。所以，在波特五力中，神华已经通过自身的资产，彻底消除了其中的一力，即供应商；通过大量资本的积累和产权的兼并，大大削弱了三力，即潜在竞争者、同行竞争者和替代产品。真正影响神华的只有购买者讨价还价的能力，即便这最后的一力，在当今资源稀缺的前提下，对于神华这个非可再生资源煤炭的全球最大供应商而言，影响已经微乎其微了。

由此可见，神华的一体化模式是具有理论优越性的，是符合科学发展观的先进的发展模式。

五、神华一体化模式的发展方向

尽管神华目前的模式已经有相当的竞争优势，并且在一段时间内可以持续这种经营优势，但是目前的一体化模式并不是真正最高效的一体化模式，在以下几个方面还有巨大的提升空间。

（一）提高信息化管理水平，实现实时沟通

目前神华一体化模式与世界一流供应链的差距，主要集中体现在信息化技术上。现在世界500强企业普遍都拥有自己的ERP系统来保证有效的资源管理，沟通信息。神华的SH217工程也已经正式启动。在SH217工程完成之时，神华才可以真正自豪地说，“我们已经实现了管理的现代化”。

（二）有效的信息收集和统计工作

神华是一个拥有超过20万员工，几十家全资、控股和直属子分公司的大型集团。每天可以收集的信息和统计的数据数量非常庞大。如何处理、整理和筛选有用的信息，是集团作出正确有效决策的基础。

而目前神华的统计工作还比较原始，具体言之就是神华大部分统计工作只是求和、计算平均数等简单应用。大量精确有效的数据被忽视和掩埋在总数与平均数中。如果要提高神华的数据处理水平，应该自始至终完整收集所有生产经营过程中产生的原始数据，通过统计分析、研究分布规律及建立数学模型，分析数据中的规律和原因，从而发现问题，并最终提高生产水平。

例如，波音737引擎的生产，在通过数学模型优化后，几乎不增加投入，可以将生产周期从2年缩短到65天，相当于增加了10倍的生产能力。由此可见，这个方法在神华的应用前景是非常广阔的。

（三）从单纯的优质高效、安全生产到精益生产、全面质量管理控制

温总理在答记者问中提到：转变经济发展方式，观念的转变是一个难点。因此，对于神华一体化模式的进一步发展，转变观念也是非常重要的。神华以前单纯提倡优质高效、安全生产，却很少提及怎样才算优质高效，怎样才算安全生产的问题。从经验管理到科学管理其实很简单，就是一个量的问题。当在规范生产工作的时候，多用具体的数字来取代“提高、增加、改善、要”等不确定的词语，或者在这些口号后明确一些具体的指标，就可以将管理做到精细。

还有一个问题就是质量管理的问题，神华始终提倡安全生产，却很少意识到安全就是生产的质量问题，如果生产环节严格按照质量的标准来执行，安全就不是问题。所以，能转变观念，在全集团范围内推行精益制造、全面质量管理，会使神华一体化模式如虎添翼，更好更快发展。

（四）统计质量管理

神华目前的质量管理和安全管理水平，从统计学角度来讲，还处在较低水平。神华目前只有定性的指标，缺乏定量的指标。要实现精细管理，统计质量管理是必需的。

本文对神华神朔铁路神木北站台的钩分情况作了简单的研究，将一个月内钩分的情况进行统计，分析分布规律如图6所示。

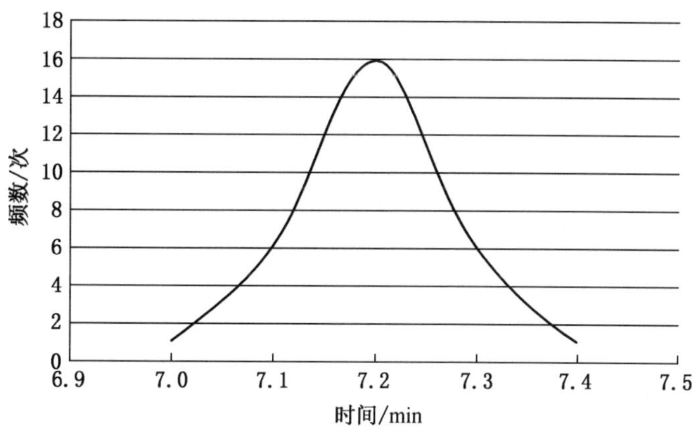

图6　神华神朔铁路神木北站台一个月内钩分情况

再经过统计质量控制模型的整理，可以发现规律，如图7所示。

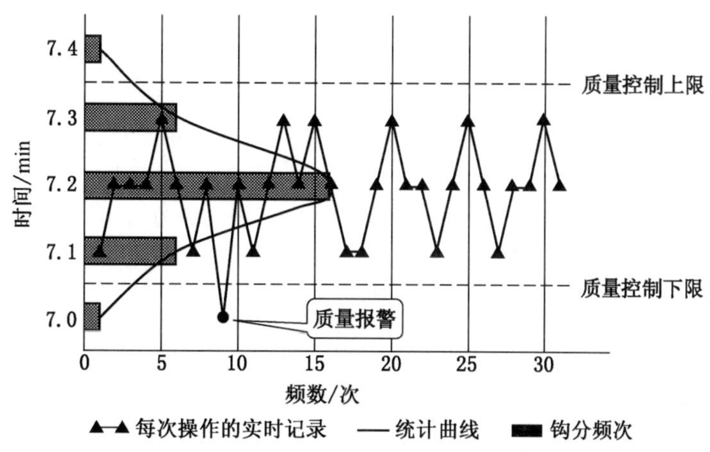

图7　神华神朔铁路神木北站台钩分质量规律

在10月9日这一天的钩分管理出现异常情况，提前发现了在非统计管理中难以发现的细小问题。如果进一步根据钩分的质量上下限制定奖励和惩罚标准，就能提高钩车这一工作流程的效率，精细管理工人的作业。

简单的一个应用，就可以发现钩分管理情况的缺陷，提前发现生产中的问题并找到解决方案。

更为重要的是，在神华集团的现阶段，统计质量管理是投入最少、产出最高的提升方案。通过对基层员工的统计质量培训，就能在短时间内全面提升公司的运作水平。

六、神华一体化模式对转型期中国企业的指导意义

神华一体化模式是神华集团经过十多年的自主创新探索总结出来的先进的企业发展模式。如果要探索这种模式的普遍适用意义，就要分析神华一体化模式建立的必要条件。

第一，庞大的初期资本投入。神华一体化模式的基础，是以拥有一系列某一产业链条上的相关企业的所有权与控股权为前提的。这就要求组建前期大量的资金投入。第二，优势的产业集团。在一体化的系统中，至少要有一种以上的产业在行业范围内有绝对的优势。例如在神华集团，高技术的煤炭开采和自有线路的铁路运输就是神华的两大法宝。通过优势产业带动，扩大自身优势，从而稳定整个一体化模式的行业领导地位。

对于处在转型期的中国企业，如果要复制神华的发展模式，首先要满足以上两个条件。庞大的初期资本是复制神华一体化模式的难点，但是也不是不可能克服的。通过企业自身的优势产业，从上下游不断兼并重组相关企业，可以实现神华一体化模式的渐进式复制。正如德鲁克的预言，率先实现整个产业链整合的企业，必将从中获得巨大的优势，创造又一个神华奇迹。无数个神华一体化模式在中国大地的广泛复制，会最终推动中国经济发展方式的成功转型，实现中国民族的伟大复兴。

所以，在中国范围内，神华一体化模式比较适用于能源、资源和其他国计民生的重要领域。通过国家投入资本，一方面可以稳定国家经济秩序，改善民生；另一方面可以创造经济效益，增强国家的经济实力。在其他领域，也可以通过渐进复制神华一体化模式从而最终实现一体化的蜕变，成功转型。

另外，要严防国外企业在中国进行以一体化为目的的系统性兼并活动，从而最终掌控中国国家经济命脉的危险举动。

总而言之，神华一体化运营模式的本质是唯物主义辩证法在企业管理领域里的升华；是将看似相互对立、互相竞争，实则互相关联、互相影响的一系列生产单位，用集团公司所有、控股的形式统一在了一起，从而消除矛盾、和谐共存、协同生产，最后发挥巨大生产力的伟大实践。神华一体化模式的成功证明：马克思主义唯物辩证法及其对立统一规律，在中国特色社会主义建设的新阶段，在“十二五”转型的关键时期，依然能够指导实践，与西方先进的管理理论相结合，可以推陈出新，创造更多成功的科学发展模式和经济增长奇迹。

关于加快中央企业整体上市若干问题的思考

神华集团有限责任公司法律事务部　许立新

中国特色社会主义坚持以公有制为主体，同时又发展市场经济。如何实现公有制与市场经济的有效结合，经过多年的探索与实践，已基本上形成了一些共识，其中最重要的一条是公有制的实现形式多样化，股份制可以成为公有制的主要实现形式。作为公有制经济的主要载体，国有企业尤其是中央企业，不仅需要持续改革，而且改革的方式还需要转变，这就是依托资本市场进行股份制改造，通过整体上市改造成为公众公司，实现国有资产的多元化、市场化和资本化。

为了做强做优中央企业，将中央企业培育成具有国际竞争力的世界一流的大企业、大集团，国家对于中央企业整体上市于2006年年底就明确提出："积极支持资产或主营业务资产优良的企业实现整体上市，鼓励已经上市的国有控股公司通过增资扩股、收购资产等方式，把主营业务资产全部注入上市公司。"这几年来，国务院国资委一直在积极推进中央企业股份制改革步伐，鼓励有条件的中央企业整体上市。

中央企业最终要改造成为一个干干净净的上市公司，没有集团公司，不存在存续企业，完全按照资本市场的要求运营。按照这个整体上市的目标，中央企业发展到今天已经取得了很大成绩。通过上市，一是筹集了大量发展资金，促进了国有企业的改革和发展；二是逐步引进国际先进管理理念，提升公司治理水平，提高了综合竞争力。但在实际工作中也遇到了一些具体问题亟须解决。目前，为了加快中央企业整体上市的步伐，对涉及的一些问题需要进行认真的研究和探讨。

一、中央企业整体上市进展概况

近年来，随着我国资本市场环境的改善、政策支持和企业自身条件的日益成熟，在国务院国资委的指导下，从总体上看，中央企业股份制改革特别是改制上市取得了积极进展，朝着整体上市的目标迈出了较大而坚实的步伐。但是截至目前，各家整体上市的进展情况却很不平衡。这个不平衡主要表现在以下几个方面：

（一）有的已经开展上市，有的完全没有上市

中央企业中绝大多数已经从事了资产上市，拥有一家或数家上市公司。而部分中央企业尚未开展资产上市，至今还没有一家上市公司，如中国核工业建设集团公司等传统的军工集团企业和新成立的国家核电技术有限公司、中国商用飞机有限责任公司等。

（二）已经开展上市的，上市的开展情况不一

首先是整体上市的进展程度不一。一是有的中央企业的上市资产已达到全集团资产的90%以上，基本上实现了整体上市；二是有的中央企业的上市资产已达到全集团资产的50%以上，正在加速实现整体上市；三是有的中央企业的上市资产不到全集团资产的50%，整体上市的任务较重，道路还较为漫长。

其次是整体上市的模式或途径不一。一是设立上市公司的数量不一。有的中央企业是通过设立一家上市公司来实现整体上市；有的是通过设立两家或两家以上的上市公司来实现整体上市。二是设立上市公司的地点不一。大多数中央企业是在内地设立上市公司；而部分中央企业则是在香港设立上市公司，如中国移动通信集团公司、中国联合网络通信集团有限公司、招商局集团有限公司和华润（集团）有限公司等，被当地称为“红筹公司”。三是上市地点不一，可分为内地上市、境外上市和内地上市加境外上市三条途径。有的仅是在境外香港上市，即H股，如中国海油、中国电信、中国移动等；有的是在内地和香港两地上市，即A+H股，如中国石油、中国石化、中国神华等；有的是在内地和境外多地上市，如中国华能集团公司旗下的华能国际在内地和境外的香港、纽约三地上市。

最后是中央企业拥有上市公司的层级不一。中央企业整体上市涉及双层或多层上市公司的关系问题。多数上市公司为中央企业的二级公司，仅是双层关系；而有的二级上市公司还拥有下级的上市公司，是多层关系，如中国建筑工程总公司下属二级上市公司中国建筑股份公司，拥有下属中国海外集团公司所属的两家H股上市公司。

二、中央企业整体上市遇到的主要问题

目前，中央企业在整体上市的实际工作中主要遇到以下几个具体问题：

（一）部分中央企业难以整体上市

从一般意义上讲，整体上市分为法人整体上市和主业整体上市两种。法人整体上市是指母公司将其全部资产注入现有上市公司或整体改制上市的一种行为。主业整体上市是指母公司将其经营的主要资产注入现有上市公司，或将其下属的承担主要资产经营的企业改制并上市的一种行为。而从目前的实际情况看，有的中央企业按照国民经济发展规划、产业布局调整和所在行业或领域的特殊要求，对上述两种整体上市都难以做到。比如处于关系国家安全和国民经济命脉的行业或领域的军工集团企业，其科研和生产大多都涉及国家核心机密，这部分中央企业无论是整体资产还是主营业务资产都不宜公开上市。

（二）存续企业的不良资产妨碍整体上市的实现

中央企业最初设立上市公司，大多都是对资产进行拆分上市，即对优质资产先行上市，而将不良资产分离出去，集团公司在上市公司之外留有一些存续资产和企业；然后对存续资产逐步进行培育，成熟后不断地向上市公司注资；最后将资产全部注入上市公司，实现整体上市，而不留有存续企业。目前，一些中央企业随着资产整体上市的深入，继续注资的难度也越来越大，因为留到最后尚未注入的资产，往往是多年积累下来的历史包袱沉重、经营亏损、扭亏无望的企业和质量极差的资产，实在是无法再培育和包装上市，如中国建筑工程总公司的存续资产仅占全集团资产的不到1%，而这部分资产的质量太差，无法注入上市公司。这些存续企业和不良资产的存在，使得全集团短时间内无法实现整体上市。

（三）上市公司与集团公司的关系错位

在已经开展“整体上市，分步实施”的众多中央企业中，有部分企业遇到了这样一个问题：绝大部分资产并且是优质资产都注入了一个上市公司，该上市公司资产大，贡献也大，在全集团中

地位突出。本来在法律上该上市公司是集团公司的二级子公司，但从实际表现上却不是这样。集团公司与上市公司按产权关系分别行使管理职能，逐渐形成了“两总部”管理的格局。这种格局为初期实现股份公司顺利上市、壮大上市公司和全集团的规模与实力，起到了积极的作用。但随着发展，也越来越显露出一些问题，诸如职能交叉、多头领导，职能缺失、权责不明等管理缺陷，集团管控力下降，管理风险日益突出；管理上出现了问题，对企业进一步发展、做强做优、提高综合竞争力构成了障碍。这种“两总部”管理的格局，已难以适应企业进一步改革和发展的需要。

（四）资本市场对集团公司“一股独大”仍存疑虑

目前中央企业下属的上市公司中，大多仍是由集团的母公司控股，并且国有股权比例很大，即被称为“一股独大”。虽然我国证券市场经过多年来的发展已逐步健康，上市公司及其控股股东的行为也日渐规范，尤其是作为国企的控股股东，基本上杜绝了损害中小股东的行为。但是，由于控股股东与上市公司的利益毕竟不是完全一致，这种国有股权“一股独大”的现象一直被资本市场予以高度关注，并针对某国有控股股东行为的不规范，不时传出批评和质疑的声音。

（五）中央企业开展上市工作手续烦琐，工作量大

中央企业无论是进行股份制改造首次公开发行上市，还是将存续资产注入已经上市的公司，除了要进行财务审计、资产评估工作之外，投入精力更多的是从事报请政府有关主管部门审批的工作。目前开展上市就需要到近10个部委办理审批手续，要取得众多的批文，不仅具体工作人员要花费大量的人力、物力，而且企业领导人员也要花费大量的时间作重复的汇报、沟通和解释。审批部门多，报批手续烦琐，企业负担重。

三、关于加快中央企业整体上市的几点建议

（一）科学看待中央企业整体上市

部分中央企业由于国民经济发展规划、产业布局调整和自身所在行业或领域的特殊要求，比如军工集团企业的科研和生产涉及国家核心机密，无论是法人整体上市还是主业整体上市，它们都难以做到。因此，建议对中央企业整体上市的提法要科学、辩证地看待，整体上市的要求应主要是针对一般竞争性的中央企业，而对涉及国家核心机密及有其他特殊性的中央企业，不应强求其整体上市。

（二）疏通存续企业市场退出渠道

目前中央企业整体上市的程度越深，其存续企业的资产质量就越差。这部分资产既无法再培育和包装上市，又难以正常处置，妨碍着中央企业完全实现整体上市。存续企业的不良资产难以处置，主要是企业缺乏市场退出的通道。在实际中，由于诸多原因，企业特别是国有企业只能“生”不能“死”，注销企业非常困难。因此，国家有关部门应尽快研究制定国有企业破产、关闭等市场退出的政策。比如在实行国有资本经营预算的制度下，将中央企业安置关闭企业职工的费用冲抵其上缴的国有资本收益，并在业绩考核上视同已完成上缴。

（三）将集团公司与股份公司“两总部”合并

为解决拥有全集团大量且优质资产的上市公司与集团公司的关系错位、存在“两总部”现象、

集团公司管控能力下降的问题，可以将集团公司与股份公司“两总部”合并。这里包含以下几层意思：

1. 合并的做法

集团公司和股份公司的资产、财务及业务仍然完全分开、相互独立，在“两总部”组织机构上也仍然是各设置一套机构，但人员实行合并，即“一套人马、两个机构、两块牌子”，实质上是同一个管理团队兼职管理两个公司。

2. 合并的具体法律路径

合并具体实行的是反向合并的法律路径，即集团公司总部人员全部进入上市公司总部，集团公司的非上市存续企业的资产和业务，由集团公司与上市公司签订《托管合同》，交由上市公司托管。这样做主要是考虑符合资本市场的愿望，最大限度地保护中小股东的利益。

同时，中央企业的集团公司与上市公司“两总部”的合并，且实行反向合并，也有利于解决资本市场就集团公司对上市公司的“一股独大”而仍存疑虑的问题。

3. 合并在法律上的可行性

一是符合我国《公司法》。《公司法》的一般规定并不禁止同一个管理团队兼职管理两个公司；在特殊规定上，《公司法》第七十条关于国有独资公司高管的兼职有限制，但同时规定经国有资产监督管理机构同意的除外，如果合并报经国资委批准，那么就符合了《公司法》。二是符合证券市场监管规则。这主要是从上市公司的角度看，“两总部”合并是控股股东公司与上市公司的管理人员实现共享，即同一个管理团队兼职经营控股股东公司与上市公司。中国证监会制定的《上市公司治理准则》强调上市公司的独立性，规定：“控股股东与上市公司应实行人员、资产、财务分开，机构、业务独立，各自独立核算、独立承担责任和风险。”“上市公司人员应独立于控股股东。”即不允许同一个管理团队兼职经营控股股东公司与上市公司。但这个准则是中国证监会的部门规章，从权力渊源角度说，谁做的规定谁就有权豁免，证监会可以豁免其禁止性规定。如果中央企业“两总部”合并能够得到中国证监会的批准，那么这个上市公司独立性的法律问题就不存在了。

4. 合并后需要注意的事项

（1）注意处理好相互法律关系：合并后，集团公司与上市公司仍分别是独立的企业法人，二者是平等的民事主体关系，这种法律人格和相互的法律关系没有改变。而合并后往往容易忽略其中一方的法律人格，混淆彼此之间的关系，要防止这个倾向。

（2）注意保护国有资产：合并实行的是反向合并，这较为符合资本市场的愿望，但同时也容易带来另外一种倾向，即忽略对国有资产的保护，这需要注意保护国有资产。

（3）注意遵守证券市场监管规则：遵守规则，上市公司的人员已习惯，但对集团公司和存续企业的人员来讲，还较为生疏，需要学习熟悉和注意遵守。证券市场监管规则主要包括避免同业竞争、规范关联交易和履行信息披露义务。

（四）集团公司在设立上市公司时管理人员不要分设

这主要是针对尚未开展上市工作的中央企业来说的。集团公司在筹划上市、设立资产数量大且质量好的上市公司时，从一开始就注意“两总部”的管理人员不要分设，以吸取其他中央企业此前所遇到过的上市公司与集团公司的关系错位、集团公司管控能力下降的教训，避免其所走过的弯路。

（五）政府有关部门改善对中央企业整体上市工作的服务

鉴于目前中央企业开展整体上市工作，无论是进行股份公司的新上市工作，还是将存续资产注入已经上市的公司，都存在着手续烦琐，工作量大的问题，政府有关部门应重新清理并完善相关法规政策，统一政策执行标准，减少行政审批事项，以降低中央企业整体上市的成本。比如，涉及中央企业一个集团内部的产权转让事项，予以免交资产评估增值的所得税等。同时，政府有关部门应经常到中央企业开展调查研究，听取企业的意见和建议，并及时对相关政策进行完善和改进。

（六）继续试点并推广股票期权激励机制

前几年，国务院国资委对中央企业所属上市公司的高管试行过股票期权制，但后来则更多的是采用行政手段管理上市公司高管的薪酬，这难以充分发挥市场化的激励和约束作用。为激励上市公司经营者管好企业，促进国有资产保值增值，国家应借鉴国外大公司的成功经验和做法，对我国上市公司的经营者继续试点并推广股票期权激励机制。

河南煤业化工集团煤炭产业循环经济发展战略研究

河南煤业化工集团有限责任公司 李绍青 和世超

循环经济作为一种新的经济发展观，强调对资源的合理和高效持久利用，以较少的资源消耗和最低限度的环境破坏来促进经济增长。煤炭作为我国当前甚至很长一段时期的主要能源和原料，又是主要的污染源，因此，既要实现煤炭产业的可持续快速发展，又要保护环境。而解决这一矛盾的主要途径就是煤炭企业要坚持以循环经济为指导，提高煤炭资源的利用效率，以资源再生、循环利用和无害化处理技术为手段，以经济社会的可持续发展为目标，推动生态环境保护，这对于促进煤炭企业的可持续发展具有重要的战略意义。

河南煤化集团确立了以科学发展观为指导，以生态工业理论为基础，以开拓煤炭企业新型工业化道路为前提，以提高企业经济效益和市场竞争力为核心，遵循企业发展战略，优化以“资源—产品—废弃物”为特征的传统产业，深入挖掘内涵，积极拓展外延，培育了“废弃物—再生资源—产品”为特征的综合利用产业，构建系统的物流和能流框架，从节能减排和降耗入手，通过项目的优化组合及实施，形成了“资源—产品—再生资源”的闭合式循环经济系统，最终目标是建成结构协调合理、系统优化完善、发展与环保同步、经济效益与社会效益并重的新型现代化生态型企业。

一、河南煤化集团煤炭产业发展循环经济的战略优势

（一）试点成功经验为开展循环经济奠定了坚实的基础

2005 年，煤炭行业被确定为首批循环经济试点行业，并将淮南矿业集团、平顶山煤业集团、新汶矿业集团、抚顺矿业集团和山西焦煤集团西山煤矿总公司 5 家企业列为首批试点单位。2007 年，潞安矿业集团等 6 家煤炭企业被列入第二批循环经济试点单位。这些试点企业按照国家建设资源节约型、环境友好型社会的战略部署，在发展煤炭循环经济的道路上均取得了阶段性成果。以平顶山煤业集团为例，自循环经济试点以来，平煤集团在循环经济发展战略指导下，加快发展煤炭主业的同时，依托主业资源优势，延伸产业链条，在循环利用过程中，提高产品附加值和资源利用率，减少废弃物排放，维护生态平衡，近几年销售收入都在 150 亿元以上，年均增长率超过了 50%，实现利税 25 亿元以上，年均增长率达到了 105%。从平煤集团的循环经济实践可以看出，在煤炭产业发展循环经济是大有可为的，并且为了纵深推广循环经济的发展，有必要在借鉴试点成功经验的基础上，进一步研究煤炭产业的一般模式。

（二）有力的政策支撑

近年来，国家在推动资源节约和综合利用，推行清洁生产等方面出台了诸多优惠政策，有力地

调动了相关企业发展循环经济的积极性。2005 年《国务院关于加快发展循环经济的若干意见》中明确提出要制定支持循环经济发展的财税和优惠政策。《意见》中规定：财政部门要积极安排资金，支持发展循环经济的政策研究、技术推广、示范试点等，并会同有关部门积极落实清洁生产专项资金；各级财政部门和环保部门要安排排污资金，加大对企业符合循环经济要求的污染防治项目的支持力度；继续完善资源综合利用的税收优惠政策，积极研究以资源量为基础的矿产资源补偿费征收办法，积极探索建立和完善企业生态环境恢复补偿机制。煤炭企业作为国家首批循环经济试点企业之一，正是国家政策大力扶持的对象，这为煤炭企业发展循环经济提供了强有力的政策机遇。

同时，现行的煤炭产业政策在结构调整方面主要倡导资源节约、综合利用及环境保护，明确提出煤炭产业要发展循环经济；并提出要优化煤炭进出口结构，对煤炭进出口政策由原来的鼓励出口转向鼓励进口，这在一定程度上会对国内煤炭企业造成冲击，产业单一化的煤炭企业要想获得发展，只有寻找新的经济增长方式，最科学的选择就是发展循环经济，可见，煤炭产业结构调整要求煤炭产业必须发展循环经济来提高企业的核心竞争力。

（三）河南煤化内部循环经济模式雏形建成

近几年，河南煤化集团提出了“以煤为主、适度相关多元、科学延伸产业链条、全面发展综合利用和多种经营”的发展思路，建成了以煤—电—化工、煤—电—建材为主的内部循环经济产业链雏形，建设了一批如煤化工、煤矸石资源综合利用电厂、新型干法水泥厂、矸石砖厂、粉煤灰砌块、矿井水深度处理站、瓦斯发电站等循环经济项目。仅 2010 年，就实现消耗矸石 641.3 万 t，利用粉煤灰 128 万 t，共生产烧结砖 5.76 亿标块、水泥 289 万 t、陶粒 1856 m^3、砌块 6830 万块，使煤矸石利用率达到 113.7%，粉煤灰综合利用率达到 85.7%；安装运行了 41 台瓦斯发电机组，并进行瓦斯发电余热利用研究，在 25 台煤层气发电机组烟气管道上加装余热回收装置，回收发电余热制取热水供矿井冬季取暖和职工洗浴用，年减少自用煤消耗 5000 t，年利用矿井瓦斯 2034 万 m^3，发电 9627.5 万 kW·h，节约标准煤 3.35 万 t。同时大力淘汰落后产能，实施节能技术改造，2010 年实现节能量 12 万 t 标准煤，目标完成率 112%；实现 COD 减排量 138 t，二氧化硫减排量 255.4 t，取得了显著的经济效益、社会效益和环境效益。这些循环经济模式的构建和生产工艺技术的逐步成熟，都为河南煤化煤炭产业进一步发展循环经济奠定了坚实的基础。

二、煤炭产业循环经济发展战略研究

（一）煤炭绿色开采模式

绿色开采发展循环经济就是要提高资源回收率、促进开采集约化采煤方法改革、改造现有煤炭生产技术、提升装备水平，优化回采工艺设计及清洁运输技术，建立内部绿色开采体系。

1. 采用先进的采煤工艺，提高煤炭采出率

河南煤化集团积极探索并改进采煤工艺，坚定不移地走采煤机械化之路，按照“多上设备少上人”的思路，不断提高采掘机械化水平，通过采用高应力开拓巷道沿煤掘进综合支护技术及大采高综采支架等适用设备，解决了生产地质条件复杂，井深、冲积层厚、基岩薄、地压大、水压高等一系列制约矿井安全高效生产的难题，实现了回采工艺的多元化，资源回收率提高了 10%，探索出了适应复杂地质条件的回采新工艺。

同时，积极探索“三下”采煤技术，实施“膏体充填”和“煤矸石充填”项目研究，一方面解决压煤开采问题，另一方面减少煤炭开采对矿井地貌的破坏，可以有效地解决地面矸石堆积问题，而且也是实现资源节约利用、矿井瓦斯减排、安全开采的途径。煤炭绿色开采模式如图 1 所示。

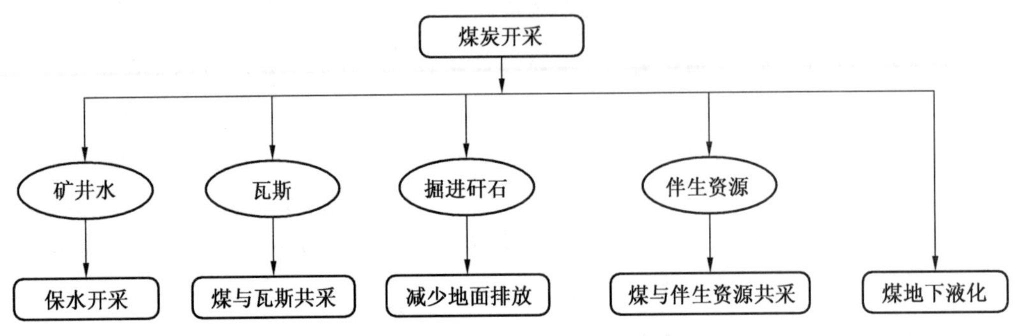

图 1　煤炭绿色开采模式

2. 采用低碳生产技术，减少煤伴生资源的产生量

一是在矿井开拓巷道和采准巷道采用全煤巷布置，减少矸石的产出量，并降低生产成本。二是提高采煤支护水平和支护质量，在巷道支护方面积极推广锚杆支护，在顶板管理上采取铺设钢丝网，避免矸石混入煤中。三是对煤和夹矸分拣分运，对夹石厚的煤层，首先选择分层开采，无法分层时，组织专人在采煤工作面或者转载点捡矸，然后集中时间排矸，实现煤矸分采分装分运。四是对井下运输加强现场管理，搞好杂物清理工作，坚持废旧物资回收利用制度，禁止矸石杂物进入原煤系统，减少不必要的运输，降低运输成本。

（二）煤炭清洁生产模式

实施煤炭清洁生产是发展循环经济的重要基础，可以有效控制对环境的污染、减少末端处理的负担、增加煤炭的附加值、提高企业核心竞争力。循环经济强调对煤炭的深加工技术主要有汽化、液化、水煤浆、煤变油等，来提高煤炭的高附加值。目前，河南煤化集团主要实施的洁净煤发展战略：一是发展煤炭洗选加工转化技术，在现有洗选成熟技术的技术上，积极引进和开发先进技术，推进洁净煤技术的产业化。二是加强选煤厂的配套设施建设，提高原煤入洗率。对新建的大中型矿井配套建设选煤厂，对原有选煤厂根据矿井的生产能力和市场需求扩大与提升洗选加工规模。三是通过洗选加工有效控制污染物排放，提高煤质，减少煤炭运输过程的能源消耗和污染，尽可能提高煤炭资源的利用和转化效率。四是大力开展煤共伴生资源的综合利用，倡导就地开采、加工、处理和利用，鼓励发展煤炭多联产和煤化工等项目，以达到低开采、低投入、低排放、再利用的目的，实现经济效益和环境效益的统一。煤炭清洁生产模式如图 2 所示。

（三）煤炭综合利用模式

在煤炭生产过程中，与之伴随开挖了大量煤矸石。被当做矿井垃圾废物堆积成山的煤矸石，不仅占用大量宝贵的土地资源，而且风化产生大量的煤尘粉尘，对矿区造成严重的大气污染。矿井生产排放的废水，不同程度地破坏了地下水资源。采煤过程中抽排的瓦斯，也不同程度地增加了碳排放。近年来，河南煤化集团在科学发展观的指导下，按照综合利用、节能减排、清洁生产的思路，构筑了以煤炭生产为源头的循环工业链，带动了产业的进一步优化升级。煤炭综合利用模式如图3所示。

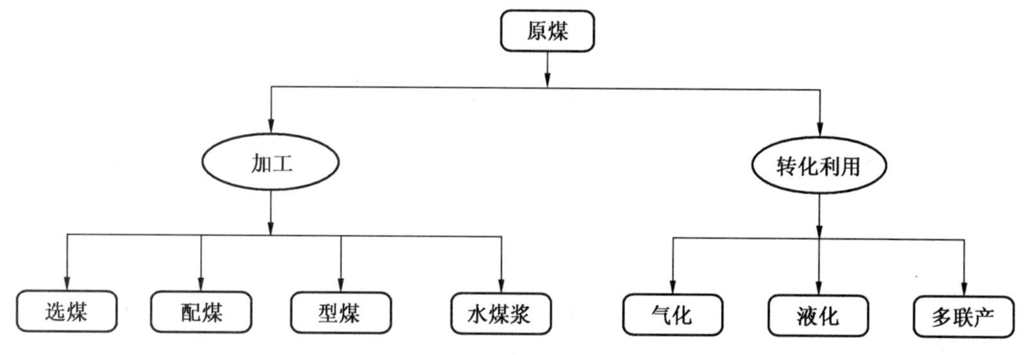

图2　煤炭清洁生产模式

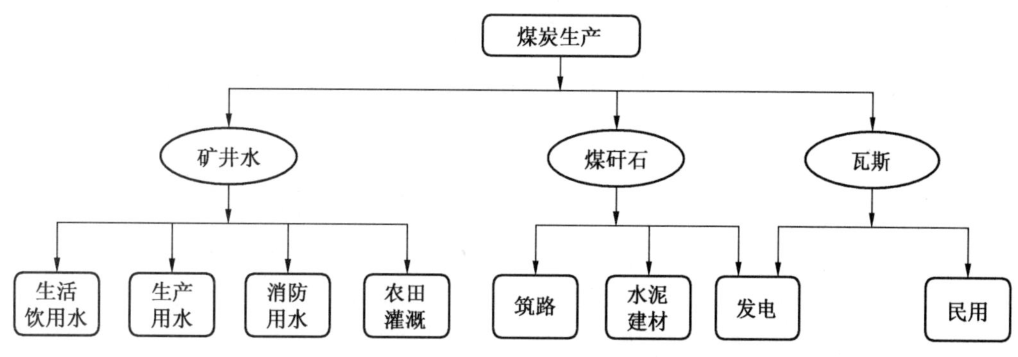

图3　煤炭综合利用模式

（四）煤炭产业延伸联合发展模式

通过科学考虑和统筹规划，河南煤化集团重点打造了发展循环经济的4个产业链条：一是提高煤炭附加值的“煤炭采掘—洗选加工”链；二是改变输煤为输电的“煤炭、洗矸、瓦斯—发电”链；三是通过煤炭气化形成的“煤炭—化工”链；四是综合利用煤炭伴生物以及电厂废渣的“电力—建材”链（水泥、矸石砖、砌块）。（煤炭产业延伸联合发展模式如图4所示）这些产业延伸链条利用生物链原理，采用生态经济学结构把原来单独的产业生产有机结合起来，构建了真正的闭合循环经济发展模式。

从产业联合发展循环链条可以看出，煤矿通过洗选加工为社会提供清洁能源，同时为化工产业提供原煤和洗精煤；煤化工以煤矿矿井水作为生产用水，生产甲醇等清洁能源；而选煤产生的洗矸和煤泥为电厂提供原料发电，热电厂为煤矿、煤化工等输送电力的同时，又为煤化工和生活区供气和供暖；热电厂产生的粉煤灰、炉渣等又作为水泥建材的原料，不仅实现了废弃物的有效利用，也形成了不同产业的联合发展，取得了良好的经济效益和环境效益。

（五）煤炭环境治理和生态建设模式

循环经济的技术载体是环境无害化技术和环境友好技术。环境无害化技术的特征是污染排放少，合理利用资源和能源，更多回收废物和产品，并以环境可接受的方式处置废弃物。河南煤化集

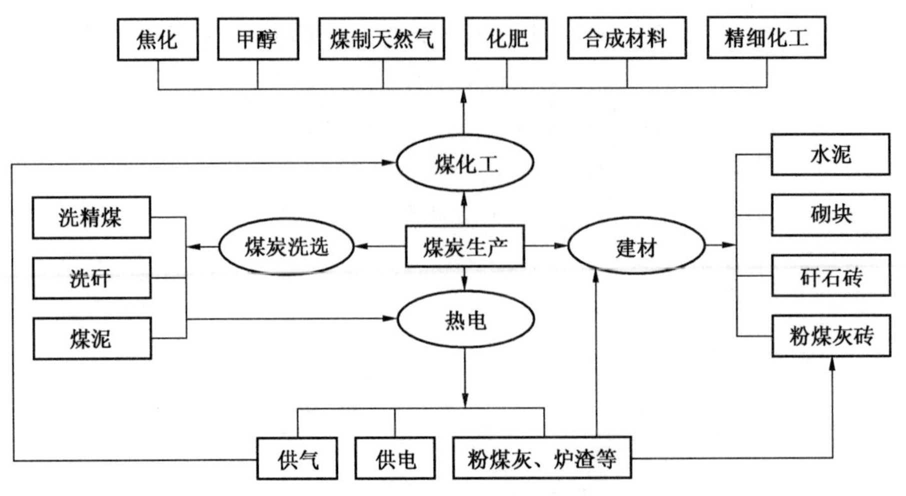

图4 煤炭产业延伸联合发展模式

团经过多年探索和实践，逐步建立了煤炭环境治理和生态建设模式。

1. 环境治理采用的是传统意义上的环境工程技术，通过建设废弃物净化装置实现有毒有害废弃物的净化处理

其特点是不改变生产系统或工艺程度，只是在生产过程的末端通过净化装置实现污染物的控制。如对煤炭企业锅炉废气的治理采用在烟气排放口安装高效脱硫除尘装置实现烟尘废气的达标排放。对煤炭开采过程的矿井水采用在排水管加装斜管沉淀池对矿井水进行净化利用或达标外排。对煤炭洗选用水通过回收利用实现闭路循环。对堆煤场地和道路的二次扬尘、煤矸石山的扬尘等采用架设管道定期喷洒水实现降低扬尘污染等。

2. 生态复垦技术是矿区生态建设的主要技术措施和发展模式

该模式主要通过对因煤炭生产引起土地塌陷、地裂等破坏的土地，依据“能林则林、能渔则渔、挖深垫浅、覆土造田”的指导思想，采取综合整治措施，使其恢复到可供利用状态的活动，这种活动历时长、涉及多学科和多种人文社会关系等系统工程，基本模式是“土地复垦规划—工程实施—实施后的改良和管理”。煤炭生态恢复治理模式如图5所示。

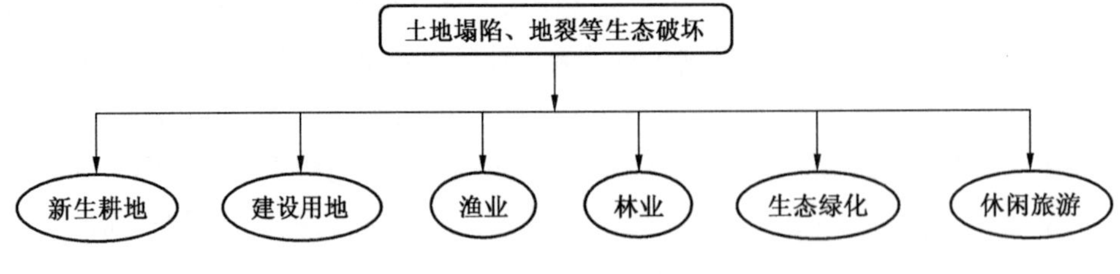

图5 煤炭生态恢复治理模式

三、河南煤化集团循环经济发展战略目标与对策建议

（一）战略目标

河南煤化集团“十二五”循环经济发展战略目标是创建资源高效利用、环境质量优良、经济

社会和谐发展的新型矿区；形成以煤炭资源开发、转化、综合利用和金属矿产资源开采、加工两个深度循环经济体系；打造煤—电—建材、煤—电—化工、金属矿产开采—加工三条产业链条；提高资源回收率、提高资源综合利用率、提高清洁生产水平、提高矿区环境质量，实现四个“提高”；优化集团经济结构，促进经济增长方式转变。

（1）煤炭产业建立矿区环境治理体系，所有污染物全部达标排放。到2015年，煤炭单位生产总值能耗比2010年下降16%，二氧化硫排放量下降10%，煤矸石、煤泥等固体废弃物综合利用率提高到90%，矿井水利用率提高到70%。

（2）煤化工产业规划期内，在河南精细化工、安徽化肥、贵州能源化工、新疆基础原料四大化工生产基地，规划建设38套清洁、高效、节能的煤化工装置，实现产固/液体化工产品商品量约1107万t/a、气体产品商品量约66.57亿m^3/a。

（3）建材产业目标是到2015年实现水泥产量1000万t、新型墙材20亿标块；开发高端铝塑复合板200万m^2、硅钙板400万m^2、陶瓷地砖726万m^2；延伸水泥产业链，生产商品混凝土300万m^3、干混砂浆60万t、水泥构件20万m^3；利用水泥窑尾废气，提纯CO 210万t、全降解塑料2万t。

（4）电力产业在规划期内，通过发展资源综合利用电厂和大型燃煤电厂，把电力产业发展成为河南煤化集团重要的支柱产业和促进煤炭产业发展的保障性产业。到2015年，规划总装机容量达到3398.5 MW，发电量达到185亿kW·h。

（二）对策建议

（1）从河南煤化集团的实际情况看，面对日益严峻的能源低碳和环境约束形势，为避免经济发展和环境建设长时期内出现焦点冲突，必须高度重视向低碳循环发展转型。因此，有必要把低碳循环经济的发展模式纳入整体发展战略中，摒弃以往“先污染后治理”的老路，从前瞻、长远和全局的角度，部署循环经济发展思路，寻找环境保护与经济发展战略的结合点，从而在产业结构调整、区域布局、技术进步和环境建设等方面，变被动为主动，向低碳循环发展转型。

（2）在支柱产业——煤炭产业循环经济发展已经取得良好经济效益和环境效益的基础上，非煤产业发展为企业发展循环经济提供了广阔发展空间。由于非煤产业相比煤炭产业主体发展薄弱，为集团公司今后发展深度循环经济提供了产业空间，并且可以在符合循环经济发展理念的路径上发展更有竞争力、生命力的非煤新主导产业。

（3）在原煤炭产业延伸基础上，挖掘深层次加工，避免千篇一律的低层次简单化生产，尤其是发挥电力产业近资源地优势，增强煤电集群效应，实现煤炭资源就地转化，加强煤电联营和区域合作，放大煤电集群效应，并根据国家产业政策和鼓励发展新能源的相关优惠政策，积极做大做强煤化工和光伏产业等。

晋煤集团煤基多元化循环经济体系构建实例

晋城无烟煤矿业集团有限责任公司　张敬轩

循环经济是一种以资源的高效利用和循环利用为核心，以“减量化、再利用、资源化”为原则，以物质闭路循环和能量梯次使用为特征，按照自然生态系统物质循环和能量流动方式运行的经济模式。它本质上是一种生态经济，是可持续发展理念的具体体现和实现途径。当今世界，经济发展与资源枯竭、环境恶化之间的矛盾已经日益凸显，如何实现绿色、高效、可持续的发展已成为摆在当今各国能源发展面前的重要课题之一。煤炭企业作为资源上游的掌控者和开发者，要想实现资源开采、环境保护和经济发展三者的协调统一，就必须立足自身资源禀赋，通过产业结构的优化升级和产业链条的科学重组，构建企业的循环经济体系。山东晋城无烟煤矿业集团（简称晋煤集团）煤基多元化循环经济体系的构建，正是煤炭企业通过升级产业链条，优化产业结构，转变发展模式，打破“大量生产、大量消费、大量废弃”的传统增长模式，实现长期可持续发展的一个生动实践。

一、晋煤集团煤基多元化循环经济体系构建的背景

晋煤集团作为省属重点煤炭生产企业，经过50多年来的努力，已经逐步发展成为拥有16对主力生产矿井、年产煤炭5500万t的现代化能源集团。但是随着近年来企业的飞速发展，企业资源枯竭、赢利模式单一、产业链条零散、发展后劲不足等影响企业长期发展的问题日益凸显，“资源开采—简单加工—商品销售”的单一、线性发展模式已远不能适应企业的发展需求，要想实现企业可持续发展，保持企业发展的持久竞争力，就必须转变发展方式、拓宽发展途径、增强发展质量、提升发展内涵，构建符合经济发展趋势和科学发展规律的新经济体系，推动企业从单一向多元、从低端向高端、从线性向循环的根本转变。

（一）煤基多元化循环经济体系的构建，是企业充分发挥自身资源优势，推动企业做大做强的有效途径

循环经济是一种新形态的经济，是在可持续发展的思想指导下，按照清洁生产的方式，对能源及其废弃物实行综合利用的生产活动过程。就煤炭企业而言，就是要依托资源优势，优化要素配置，延伸产业链条，进行产业整合，走新兴工业化和循环发展的路径，实现企业由“单一煤炭”向“以煤为基、相关多元”的战略转型。基于上述思想，晋煤集团依托企业无烟煤和煤层气是优质化工、发电、动力原料的资源优势，以及自身多年积累形成的一整套煤炭、煤层气开发利用的技术优势，不断延伸产业链条，挖掘利润空间，推动企业由“资源开采简单加工”向“资源开发综合利用”的转变，构建企业煤基多元化循环经济体系，在推动企业转型发展的同时，加速企业做强做大。

（二）煤基多元化循环经济体系的构建，是企业重组升级产业链，转变发展方式的必然选择

当今世界，企业之间的竞争已演变成为产业链的竞争。要成为新一轮竞争中的胜利者，就必须在产业链层面上具有更高更广的战略视野，必须在更新、更广泛的资源开发和利用能力上培育核心能力，构建更强大的竞争优势。多年来，虽然晋煤集团通过自身的探索和努力，保持了企业的高速发展，但是企业发展方式粗放、产业链条零散、抗压抗寒能力不强的问题依然凸显，严重制约了企业的长期发展。在充分查找自身原因，结合国内外同类型企业先进经验的基础上，晋煤集团认为构建煤基多元化循环经济体系，可以实现对现有各种资源的综合开发、多级利用，使各条产业链间相互支撑、良性循环，及产业结构优化重组、完善升级，从而最终形成资源集约、优势集中、效益集显的现代产业集群，促进企业发展方式加快转变。

（三）煤基多元化循环经济体系的构建，是企业发展生态经济，实现可持续发展的客观要求

循环经济，本质上是一种生态经济，它按照自然生态系统物质循环和能量流动规律重构经济系统，使经济系统和谐地纳入到自然生态系统的物质循环过程中，建立起一种新形态的经济，从而促使经济、环境、社会三者协调发展。晋煤集团煤基多元化循环经济体系的构建，正是企业基于循环经济的生态经济理念，用更经济、更绿色、更高效的循环模式对传统的资源开采加工产业进行循环改造，将资源开发利用与节能减排、环境保护相结合，通过资源的高效利用，以及废弃物的资源化利用和减量化、无害化处理，实现环境压力向发展动力的转化，促进企业的全面、协调、可持续发展。

二、晋煤集团煤基多元化循环经济体系的实施

循环经济并不完全等同于清洁生产和生态保护，其核心点在于以产业结构重组转型为基础的产业生态化和新型工业化建设。晋煤集团结合企业资源特性和产业布局，将循环经济体系构建与资源综合开发利用、产业结构升级、产业链条延伸相结合，通过板块化发展、园区化承载、集群化推进，促进企业内部资本、资源、能量、技术等生产要素的循环和动脉产业与静脉产业之间的循环，搭建产业链间的对接平台，构建富有晋煤特色的循环经济发展模式，实现企业“灵巧增长”、“可持续增长”和“包容性增长”。

（一）以煤为基，多元发展，加速构建煤基多元化循环经济产业结构

1. 以“绿色开采”为核心，提升煤炭产业核心竞争能力，不断夯实转型发展基础

晋煤集团牢牢把握国家建设大型煤炭基地、提高煤炭产业集中度的战略机遇，加快做强做优煤炭基础产业。一是依靠科技进步和技术创新，加快现代化大型矿井建设，走集约化高产高效道路。企业先后开工建设了东大（400 万 t/a）、巴愣（800 万 t/a）和郑庄（400 万 t/a）三对矿井，准备开工建设三交一号（600 万 t/a）、龙湾（400 万 t/a）、樊庄（500 万 t/a）三对矿井。六对矿井均是按照安全可靠、高产高效的现代化大型标准设计施工，预计全部投产后，可新增产能 3100 万 t/a。二是充分发挥煤炭大集团技术、管理、团队和装备优势，加强资源整合，加快整合矿井升级改造，

淘汰落后生产工艺，促进整合矿井生产力水平和资源利用效率显著提升。预计资源整合矿井全部建成投产后，企业可新增产能3270万t/a。三是对资源枯竭的老矿实施精采细收，开展了“三下采煤”和无煤柱开采技术研究，不断提高煤炭资源回收率。四是通过先进的洗选加工手段和完善的质量管理体系，有效降低了煤炭产品中的灰分和硫分，实现了煤炭产品的清洁化，提高了产品附加值。

2. 先行先试，自主创新，加快煤层气开发利用

晋煤集团早在1993年就率全国之先开展了煤层气开采试验。经过近20年的探索、创新和实践，逐步形成了“井上下联合抽采”、“采煤采气一体化”和“三级瓦斯治理”的瓦斯治理和开发利用模式，成功开发掌握了具有自主知识产权、适用于不同地质条件的地面垂直井、地面丛式井、水平羽状井的工艺和技术，形成了全国最大的地面煤层气井群，建成了3300余口地面煤层气井、亚洲最大的120 MW煤层气发电厂和国内最大规模的100万m^3/d煤层气压缩站，形成了煤层气勘探、抽采、输送、压缩、液化、化工、发电、燃气汽车、居民用气模式，实现了煤层气的变废为宝、化害为利。在此基础上，晋煤集团积极加强区域合作，与西山煤电集团、华晋焦煤公司、清徐美锦集团、阳煤集团、汾西矿业集团、太原华润公司、襄矿集团、中国石化等8家企业，以及甘肃庆阳市政府、山东新汶集团、河南煤层气公司合作开发煤层气，取得了巨大的经济效益和社会效益。

3. 实施资本运作，大力发展现代煤化工产业

晋煤集团充分发挥无烟煤是优质化工原料的优势，采取合资合作和资本运作相结合的方式，在全国10个省、市控股了19家化工生产和销售企业，拥有了59个生产厂，形成了1200万t/a总氨产能、1000万t/a尿素产能，400万t/a甲醇产能，以及部分经济精细化工和10万t/a煤制油品规模，构建起了优势互补、优势嫁接、优势放大的煤化联动发展机制，提高了煤炭资源的内部转化率，拓宽了煤炭资源的利润空间，实现了煤化产业的联动发展。

4. 依托煤炭、煤层气、煤化工产业，培育发展其他相关产业

一是利用煤炭生产过程中产生的大量煤泥、煤矸石，大力发展建材项目，建成投运了生产能力为19500万块/a的两座煤矸石砖厂，每年可消耗煤矸石50万t左右，可减少堆放占地14.007 hm^2，减少黏土砖取土用地6.67 hm^2。同时，利用煤矸石充填复垦工艺填沟造地，累计造田98.716 hm^2，复垦土地5803 hm^2。二是利用企业煤炭运输形成的巨大运力和煤层气是高性价比清洁燃料的资源优势，大力发展现代物流贸易，目前已拥有煤层气重型卡车364辆，煤层气液化、压缩运输槽车250辆，在山西、河南等地建设有21座煤层气加气站，形成了全国最大的煤层气重卡物流车队，年运能达1500万t，辐射半径晋城周边300 km。

（二）项目化推进、园区化承载，构建企业“煤—气—化、煤—气—电、煤—焦—化”三条循环经济产业链

1. 加快建设大型现代煤化工园区，构建“煤—气—化”产业链

晋煤集团紧紧围绕“煤—气—化”一体化发展路径，加速推进晋煤集团煤电油化运循环经济

化工工业园项目建设。该园区以晋城矿区储量丰富的高硫、高灰、高灰熔点“三高”劣质煤和矿井瓦斯为原料，充分发挥劣质煤气化加煤层气“两气合一”大于二的效果，依托现有的航天炉粉煤加压气化工艺、MTG 技术，建设 200 万 t/a 甲醇制清洁燃料项目、220 万 t/a 煤灰渣综合利用建材项目，及 6 万 t/a 丁辛醇、2.5 万 t/a 顺酐等精细化工项目。同时，晋煤集团还按照“开放式经营、市场化运作、封闭式管理”的理念，加快建设晋煤集团煤化工循环经济园区。该园区以 360 万 t/a 煤与瓦斯气联合制甲醇项目为基础，按照产业链横向耦合、纵向闭合、资源综合利用的标准和岛网结合的布局方式，形成了上下游联动、资源循环利用、产品多元增值的新型经济产业结构。两个项目建成投产后，预计每年可实现营业收入 730 亿元，消耗煤层气 5 亿 m^3。

2. 加强煤层气、煤泥、煤矸石等煤炭伴生资源开发利用，构建“煤—气—电”产业链

晋煤集团依托煤炭和煤层气资源优势，积极发展瓦斯发电、煤泥和煤矸石坑口发电等节能环保、社会效益好的特色发电项目，拥有了 23.9 万 kW 的总装机容量（其中煤矸石综合利用电力装机容量 5 万 kW；煤层气电力装机容量 18.9 万 kW，占到了总装机容量的 79%），每年可发电 16.73 亿 kW·h，消耗瓦斯约 3.2 亿 m^3。在此基础上，企业还积极规划建设高效率、低排放的整体煤气化联合循环发电（IGCC）坑口电厂。该电厂与普通燃煤电厂相比，具有发电效率高（可达 45% 左右），污染物脱除效率高（可达 98%），耗水量小，燃烧前碳捕捉成本低的优势。项目建成后，将会进一步促进企业“煤—气—电”产业链的绿色、高效发展。

与此同时，晋煤集团成功托管了太原煤气化集团，并通过实施对外合资合作，取得了三交一号矿井的煤炭资源控制权，为企业依托焦煤资源，发展煤焦化工、构建“煤—焦—化”循环产业链奠定了坚实基础。

（三）节能减排、循环利用，建设资源友好型、环境友好型和谐企业

1. 废水循环利用

晋煤集团坚持“废水资源化”的方针，将矿井水、工业废水以及生活污水回收处理，循环利用。目前，企业共建有矿井水处理厂 13 座，设计处理能力 10 万 m^3/d，出水水质达国家污水综合排放一级标准，矿井水处理后用于电厂、绿化、选煤、职工澡堂、井下除尘、景观用水和地面洒水，利用率达到了 70%；建有生活污水处理厂 11 座，设计处理能力 4.7 万 m^3/d，处理后水部分回用，其余全部达标排放。

2. 废气余热利用

晋煤集团高度重视对废气余热的治理利用。一是采用高压静电除尘、麻石水膜除尘或多管旋风除尘等先进的除尘和脱硫技术，使排放废气全部达到国际和城市规定的 200 mg/m^3 以下的标准；二是积极推进热电联供项目，利用电厂发电时产生的大量余热进行集中供热，实现了能量的多级利用；三是对废气中的可利用物质进行收集回收，用于化工和发电，在充分利用资源的同时有效降低了对环境的污染。

与此同时，为了履行企业社会责任，建设绿色生态矿山，晋城煤业集团积极调整产业结构，淘汰落后产能，关闭了有 48 年发展历史的水泥厂；对老矿燃煤锅炉进行了气化改造；新建矿井的洗

选加工系统全部实现封闭式加工和运输，降低了资源损耗和环境污染；建成5个占地10.8万亩的矿区林场，矿区绿化覆盖率达38.51%。

三、晋煤集团煤基多元化循环经济体系构建的成效

(一) 企业综合实力明显增强

2011年，晋煤集团预计将实现营业收入1040亿元，比2006年翻了两番多；实现利润60亿元以上，比2006年翻了两番多；完成原煤产量5227万t，是2006年的1.7倍多，商品煤销量4605万t，是2006年的近1.9倍；完成总氨产量1220万t，比2005年翻了两番多，尿素产量990万t，比2005年翻了两番多；井上、下煤层气抽采量20亿m^3，占全国抽采总量的19%，利用量12.8亿m^3，占全国利用总量的28%，煤层气利用率达64%；完成发电量18.23亿kW·h（图1、图2）。

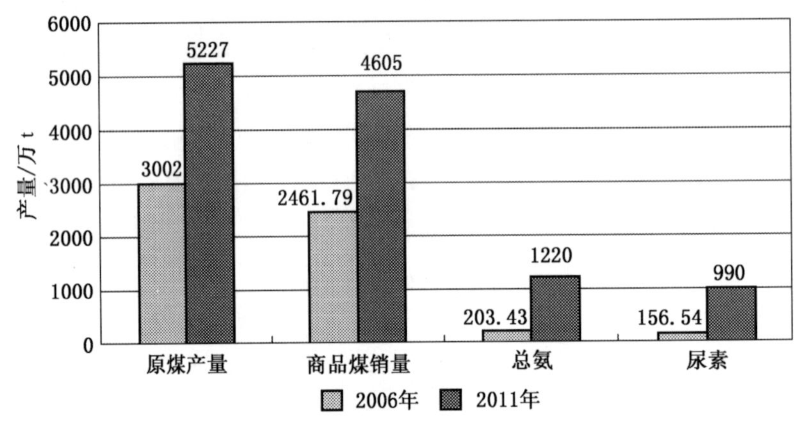

图1　主要产品产量对比情况

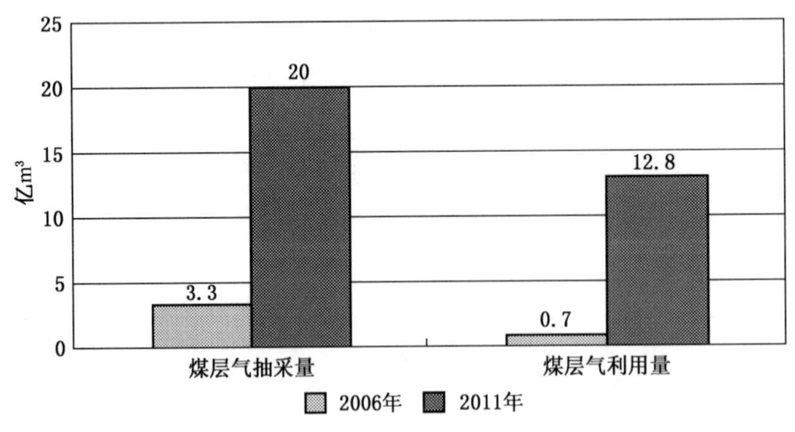

图2　煤层气产量对比情况

(二) 企业转型成果显著

2011年，晋煤集团非煤产业预计将实现营业收入746亿元，占总收入的近72%（图3）；煤炭

内部转化率达35%。

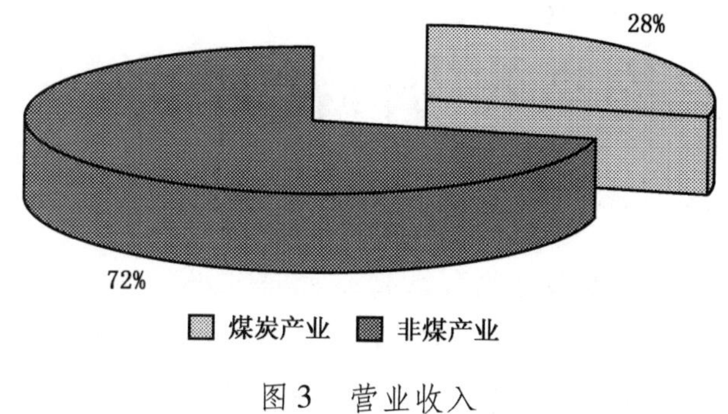

图3 营业收入

（三）企业节能减排效果明显

2011年，晋煤集团万元产值综合能耗为0.61 t标准煤/万元，比2006年下降了35.78%；吨煤原煤生产综合能耗为5.8 kg标准煤/吨，比2005年下降了54.29%；产品节能量6万t标准煤；COD减排1800 t；减排SO_2 3100 t。

以绿色集约高效为目标的煤炭生产转型

山东能源淄博矿业集团　孙中辉

党的十七大报告指出，实现未来经济发展目标，关键要在转变经济发展方式方面取得重大新进展。而煤炭经济发展方式的转变是整个国家转变经济发展方式攻坚期的重中之重，煤炭企业必须要充分利用煤炭经济持续向好的有利形势，坚定不移地走安全高效、持续发展之路，着力构建与现代能源产业体系相一致的煤炭生产方式，坚决打好打胜这场攻坚战。近年来，淄矿集团始终牢牢把握这一宏观形势，坚持以科学发展观为指导，紧紧围绕“优而特、富而强”的愿景目标，通过不断转变发展理念、创新发展模式、提升发展质量，实现了平稳健康发展。尤其注重突出主业发展，坚持以增强内在动力为根本，以提高效益和效率为核心，以绿色、集约、高效、可持续为目标，着力构建以“三化、两创新、一集中”（采掘生产机械化、辅助系统自动化、安全监测数字化；创新矸石置换煤工艺、创新专业化公司运作；合理集中生产）为主体的新型煤炭生产模式，加快推进煤炭生产方式根本性转变。2010 年，全公司生产煤炭 1437 万 t，实现销售收入 176 亿元，实现利润 22.8 亿元，资产总额达到 229 亿元，分别是“十一五”初期的 1.3 倍、2.7 倍、8.4 倍和 2.2 倍。

一、以绿色集约高效为目标推进煤炭生产转型的重要意义

淄矿集团实施以绿色集约高效为目标的煤炭生产转型，主要基于以下几个方面的原因：

（一）煤炭主业提高竞争优势的必然要求

淄矿集团煤炭产业虽然仅占经济总量的一半，但却是企业经济效益和资金流的主要来源，因此煤炭主业的竞争优势成为了提升企业核心竞争力的重要基础。而将实施以“三化、两创新、一集中”为导向的煤炭生产方式根本性转变作为提高煤炭生产效率、获取最大效益的根本途径，是提高煤炭主业竞争优势的重要手段。随着国家经济结构调整步伐的加快，特别是西电东送和西气东输工程的实施，煤炭行业面临新的考验和挑战。为化解风险，赢得市场，各大煤炭企业主动出击，利用自身的区位优势、资本优势、规模优势和效益优势等，积极实施做大做强战略，发展势头强劲。淄矿集团针对企业自身的特点和外部环境的变化，不盲目扩张，充分依据公司煤炭主业的战略定位，提出了以“321”为重点的新型煤炭生产模式的主业发展思路，坚持眼睛向内，苦练内功，把立足点和着眼点放在内涵发展上，更加注重效益、效率和质量，不求规模最大，只求效益最佳、质量最优，使企业向着“优而特、富而强”的目标前进。

（二）煤炭主业适应行业形势的现实要求

几年前，党和国家新一届领导集体从新世纪新阶段党和国家事业发展全局出发，提出了以人为本、全面协调可持续发展的科学发展观，先后作出了建设创新型国家、资源节约型、环境友好型社会等一系列重大战略决策。之后，国务院着眼于煤炭工业的健康持续发展，专门出台了《关于促进煤炭工业健康发展的若干意见》，为煤炭工业的发展指明了方向。如何贯彻落实好科学发展观和

《意见》精神，从企业实际出发，尽快走出一条资源利用率高、安全有保障、经济效益好、环境污染少和可持续发展的新型工业化道路，成为淄矿集团面临的一个重大而又紧迫的课题。淄矿集团作为一个有着百年开采历史的老煤炭企业，要实现持续健康发展，根本出路在于强基固本，秉承速度与结构、质量、效益相统一的原则，把工作的基点放在向内看、练内功、挖内潜上，通过实施“三化、两创新、一集中”，加快推动煤炭生产方式根本性转变，走效益好、效率高、质量优、用人少的新型煤炭主业发展道路。

（三）煤炭主业破解发展“瓶颈”的迫切要求

受多种因素的影响，煤炭主业管理粗放的局面仍然没有得到彻底改善，资源紧张的现象日益加剧，生产组织和工艺相对落后的境况依然没有得到根本性转变，用人多、效率低的状况还不同程度地存在。主要表现在：一是煤炭主产区“三下”压煤严重，极大影响到煤炭资源的开采和有效利用。省内济（宁）北矿区占据全公司总产量的较大比重，但由于区域经济的快速发展，济宁城区近年来快速扩大，地面建筑占压煤速度快，占压量逐年增加，已由建设初期的2.4亿t增至10.8亿t，压覆比例提高了58.2%，按照目前核定生产能力计算，矿区服务年限将减少17年，并且压覆资源现象还在不断持续。二是省外资源优势转为经济优势难度较大。集团公司省外资源占有量虽然占据总量的73%以上，但由于省外资源基本上处于经济相对落后和环境脆弱的地区，各地对资源开发设立了许多限制条件，资源开发的门槛越来越高，资源优势如无法尽快转化为经济优势，将严重影响到企业经济效益的快速提升。三是生产技术与企业发展需要相比还有较大差距。“十一五”以来，集团公司科技工作取得了很大进步，但与国内先进企业相比，与企业发展需要相比，科技水平还有一定的差距。煤炭主业自动化、信息化建设滞后，安全装备水平发展较慢，重大综采、综掘等大型成套设备不能满足安全高效矿井建设要求，支撑主业发展的核心和优势技术还比较缺乏，发展循环经济还存在较大的技术瓶颈，科研基础设施有待加强，自主创新能力不足，科技对企业的贡献率偏低。四是人力资源结构不尽合理现象突出。截至2010年年末，中高级职称职工仅占职工总数的6.9%，工人技师仅占职工总数的2.4%；采掘专业高技能人才占采掘技术工人总数的比重只有1.8%，而在正常生产经营工作中，采掘技术工人总数应占到矿井技术工人总数的一半以上。这种现象反映了目前职工队伍结构的不合理，在很大程度上制约了煤炭主业经济效益和劳动生产率的提高。五是市场营销受限制较多。在用户结构上，由于受煤种、传统市场、运输条件制约，电煤占的比重大，双方相互依赖关系明显，给煤炭销售调整带来困难。省外市场煤中水泥用户所占比重比较大，易受行业、季节因素影响。在产品流向上，火车运量仅占济北四矿产量的30%左右，制约了济北煤的外运。各矿地销主要靠汽车外运，受市场与运输制约严重。在煤质管理上，缺乏行之有效的制度和手段，当现场遇到问题时措施不力，煤质波动比较大，等等。所有这些难题都成为制约煤炭主业健康发展的“瓶颈”问题。因此，必须从实际出发，转变传统的煤炭主业生产方式，提升管理水平和发展质量是急需正视和解决的现实问题。

二、以绿色集约高效为目标推进煤炭生产转型的根本途径

淄矿集团大力实施以绿色集约高效为目标的煤炭生产转型的内涵，就在于坚持效益至上、效率优先的原则，以“三化、两创新、一集中”为导向，以安全生产为前提，以科技进步和自主创新为支撑，充分发挥人力、财力、物力等各种资源效能，最大限度地提高人均生产效率、资源回收率、经济收益率，推动煤炭生产方式根本性转变，实现煤炭主业的持续健康发展。

(一) 转变生产观念，为煤炭生产转型提供思想保障

以“三化、两创新、一集中”为核心推动煤炭生产转型，必须以树立现代管理理念、转变生产思路为前提。因此，淄矿集团着重强化以“六种意识”为主要内容的生产新观念。

1. 强化人均意识

通过煤炭生产经营要素的集中调整和重新组合来提高人均效率和人均效益，是新型煤炭生产模式的重心所在。淄矿集团从上到下着力强化人均概念，调整生产组织方式，改变考核模式，实现由考核总量向考核人均效率、人均效益转变，打造煤炭主业的核心竞争优势。

2. 强化创新意识

创新是一个企业发展的源泉和动力。在市场经济条件下强化企业管理，必须敢于打破传统思维和常规方式，用创新的思维运筹管理思路，用创新的方法解决生产难题，用创新的措施增强管理实效。

3. 强化精细意识

细节决定成败。面对各方面的挑战，更加注重抓“短板”、抠细节、强攻薄弱环节，确保生产和经营管理链条的稳定性。尤其以生产工艺改进、设备设施更新、生产设计优化为着力点，努力把管理优势转化为独特的竞争优势。

4. 强化质量意识

坚持把质量经营放在重要位置，从过去的以“外延发展”和“壮块头”为主转向以“强化内涵”和“练内功”为主的经营思路上来，在安全质量、管理质量、工程质量等方面上档次、上台阶。

5. 强化人才意识

构建新型煤炭生产模式，人才是基础，是保证。必须坚定抓素质就是抓生产力，就是抓发展的理念，通过实施素质提升工程，不断提高职工队伍的整体素质，为煤炭生产方式根本性转变提供重要保障。

6. 强化科技意识

科技进步和信息化建设是提升煤炭生产管理水平的根本手段。必须把提高科技创新能力摆在煤炭管理的突出位置，推进煤炭主业向机械化、自动化、数字化、绿色化、高效化、集中化的方向发展。这些新的发展理念为煤炭主业生产转型指明了方向。

(二) 坚持内稳外扩，为煤炭生产转型提供资源保障

以“三化、两创新、一集中”为核心推动煤炭生产转型，必须以丰富的资源为基础。因此，淄矿集团坚持“近期支持省外、将来反哺省内”的战略方针，充分挖掘省内矿井潜力，扩充省外煤炭资源，着力构建三个煤炭生产及深加工基地。

1. 稳定省内济北矿区

山东济北基地由许厂、岱庄、葛亭、唐口、新河五对矿井和一个铁运处组成，主要以稳产扩量为主，通过科技创新和绿色开采，确保五年内稳定在千万吨水平。

2. 开发陕西彬长矿区

提高资源优势向经济优势转化水平，实现产能和效益同步接替。亭南煤矿通过实施技改，2015年达到年产500万t的能力；高家堡矿井在2010年开工建设基础上，2014年10月建成投产，2015年具备500万t生产能力；至“十二五”末，陕西彬长矿区产能达到1000万t。

3. 打造内蒙古鄂尔多斯矿区

抓住国家规划和鼓励政策，加快高效优质资源开发。杨家村矿井2011年争取产煤200万t，从2012年起保持年产500万t的水平；巴彦高勒矿井于2013年年底建成投产，2015年达到1000万t的产能；油房壕矿井在资源整合、主导开发的基础上，力争到2015年达到500万t以上的产能水平，在内蒙古建成年产2000万t以上的煤炭生产基地。

（三）完善管理体系，为煤炭生产转型提供机制保障

以“三化、两创新、一集中”为核心推动煤炭生产转型，必须采取新的考核机制作保证。因此，淄矿集团以管理创新为手段，以全面预算管理为总抓手，突出全面对标管理、全面风险管理和内部市场化、管理信息化等重要内容，通过创新考核评价机制、强化激励约束，不断加快粗放式管理向精细化、规范化管理的转变，持续不断地向管理要效率、要效益、要竞争力，着力构建促进煤炭生产方式根本性转变的新型管理体系。

1. 不断深化全面预算管理

把全面预算管理作为规范煤炭生产经营的重要抓手，突出成本、资金等核心要素控制，细化与完善了预算的职责、编制、执行、考核和信息化等规定，形成了计划制订和预算编制、审批、发布、调整、执行控制、差异分析、考核等完整的闭环系统。预算编制力求全面、系统、科学、先进，同时体现出可控制、可考核的要求；预算执行突出刚性控制原则，非特殊情况无预算资金一律不予支出，强化了预算的权威性，使预算真正成为了企业的“硬约束”。在实现全面预算纵向延伸到区队和班组的基础上，将预算范围从生产经营环节横向拓展到生产和管理的各个方面，真正实现了“全面”的预算管理。

2. 积极开展全面对标管理

把对标管理作为近年来煤炭生产经营管理方式创新的重要举措，按照“没有最好、只有更好”的理念，从选准标杆、建立多维度指标体系入手，着力推动对标管理的动态化和常态化。在对标过程中，把人均效率、人均效益、吨煤创利等指标摆在首要位置，采取了“内外并举、纵横结合”的形式，既有与外部企业的对标，也有与内部单位的对标；既有单位内部门与部门之间的横向对标，也有同一单位不同发展阶段的纵向对标。通过全方位的对标，不断找差距、挖潜力、补“短板”，进一步促进了经营管理效能和管理水平的持续改进与提高。

3. 切实加强全面风险管理

把内控机制作为新型煤炭生产模式的重要环节，着力从会计控制和管理控制两个重点下工夫，降低“三化、两创新、一集中”推进过程中的各类投资风险。在会计控制方面，建立了包括内部牵制、内部管理、资金管理、预算管理等在内的风险防范体系，通过采取集中管理、总额控制、收支两条线、网上资金划拨等各种方式，有效地控制了资金管理风险，提高了资金使用效率。建立了统一的财务管理信息化系统，加强了对经济行为的适时、动态监控。在管理控制方面，规范完善了内部审计体制，有效地防止了财务信息失真、失实。健全完善了投资管理办法和重大投资决策、管理、考核等责任追究机制，推行了投资项目后评价制度，提高投资风险控制能力。

4. 持续推进内部市场化管理

结合推行标准成本管理和全面预算管理，进一步完善和深化了内部市场机制建设，用市场化的法则和规律解决企业内部的经营问题。凡是能够形成价值链的，一律在企业内部单位与单位之间、劳务与劳务之间、工序与工序之间，建立起了完全的市场化关系，促进了企业经营机制的转换。把生产辅助专业化和后勤服务社会化管理作为推进内部市场化的重要措施，按照“项目化运作、专业化管理、市场化结算、社会化服务”的思路，积极探索实施了井下物料集中配送、工作面专业化安撤、地面辅助设施专业化管理，对职工公寓、绿化、保安、保洁等7个后勤服务岗位，实行社会化管理，先后精减辅助人员1000多人，促进了人力资源的合理利用，降低了管理成本。

5. 构建以人均为导向的考核评价机制

根据变化的经济形势，进一步突出了“人均”观念，按照实现资本收益最大化的要求和人均效益高、人均效率高、吨煤创效高、吨煤售价高、单位成本低的“四高一低”思路，调整与完善了考核指标体系、薪酬确定、责任落实和过程监控的办法，把人均效益、人均产量和人均成本等作为重点考核指标，把安全、节能减排、科技创新等作为约束性指标，构建起了“考核层层落实、责任层层传递、激励层层连接”的内部考核机制。新的考核机制，不仅看总量，更重效率，不仅看当前，更重长远，不仅看显绩，更重潜绩，体现了科学发展的新导向，促进了发展方式的转变。

（四）注重素质提升，为煤炭生产转型提供人力保障

以“三化、两创新、一集中”为核心推动煤炭生产转型，必须靠人的全面发展来作支撑和保证。因此，淄矿集团始终把人力资源作为战略性关键要素来抓，着力在突出重点、拓展内涵、创新载体、培育品牌上下工夫、求突破，真正把素质提升工程打造成推动全局尤其是煤炭主业的“龙头”工程、效益工程。

1. 突出素质提升的重点

加强各类人才队伍建设，深入实施经营管理人才队伍“结构优化工程”、科技人才队伍“能力建设工程”和技能人才队伍“技能提高工程”，统筹创新型人才与应用型人才、技术人才与管理人才、急需人才与后备人才的队伍建设。紧密结合“转方式、调结构、促转型”的新要求，加大创新型科技人才和各类急需专门人才的引进、培养和使用力度，力争解决好高层次创新人才匮乏、拔尖人才和领军人才不足、多功能复合型人才紧缺的问题，打造创新型团队，形成急需人才跟得上、

后备人才后劲足的良好局面，满足集团公司发展需要。

2. 拓展素质提升的内涵

围绕提高思想政治、职业道德、科学文化、职业技能和健康身心“五大素质”，以促进职工全面发展为目标，探索实施职业生涯设计、员工帮助计划等新举措，拓展“岗位描述”、全员学习等新内容，不断赋予素质提升新的内涵。尤其是在当前职工思想观念深刻变化、价值取向日趋多元、利益诉求更加实际的情况下，各级组织注重职工的身心健康教育，做好精神激励、物质鼓励、思想引导、心理疏导，确保了人员安心、生产安全、企业安定。

3. 创新素质提升的载体

既坚持行之有效的传统做法，又与时俱进、创新发展，始终保持工作的生机和活力。把素质提升与企业文化建设、学习型组织、“五精管理”、新型班组建设和群众性创新活动结合起来，依托精细化管理、内部市场管理和安全文化管理“三个平台”，充分利用素质金字塔攀升、首席技师工作室等特色载体，采取“走出去学习、请进来培训”的方式，多层次、多渠道地开展好职工素质提升工作。尤其转变传统的方式方法，更加注重运用现代化、信息化手段，增强工作的生动性、趣味性和实效性。

4. 培育素质提升的品牌

保持素质提升工程的活力和生命力，关键是要培育和形成素质提升的优秀品牌。注重总结挖掘素质提升的好经验、好做法，通过一系列有效合理的制度安排，不断丰富完善，并加以系统和固化，逐步形成具有鲜明特质的素质提升品牌。结合实际和不断变化的形势，开展多种形式的探索和实践，研究提炼了素质提升的新思路、新方法、新途径，及时在集团公司总结推广，指导面上工作的开展。

（五）加大科研投入，为煤炭生产转型提供技术保障

技术进步是推动企业经济增长的重要驱动力，构建新型煤炭生产模式，比以往任何时候都迫切需要有力的技术支撑。因此，淄矿集团提出了打造“科技淄矿”的目标，紧紧依靠科技进步，加快主业优化升级，提升发展水平，走出了一条以“三化、两创新、一集中”为核心的科技驱动型发展新路子。

1. 着力打造技术创新平台

集团公司建立了省级技术中心，成立了国家级博士后工作站，并在各二级单位建立了相应的研究开发机构。并与中科院、中国矿大、山东大学、山东科技大学等国内知名院校、研究院所建立长期合作关系，为企业发展提供大量的技术和信息支持。同时，完善了技术创新管理机制、科技投入长效机制、技术创新激励约束机制、产学研合作机制和群众性技术革新机制，探索建立了自主创新评价体系，把研究开发投入、研发机构建设、知识产权创造与保护及新产品开发等自主创新能力指标列入评价和考核各基层单位的重要指标，并与经营业绩一并考核，增强了各单位的创新意识。

2. 着力提升采掘机械化水平

坚持提升水平和淘汰落后相结合，大力推行综合机械化技术，先后开发、应用了一次性采全高

综采、电液阀自动化控制、大倾角采煤、超前液压支架等新技术、新装备。特别是在平均煤厚只有0.6 m的埠村等矿成功使用了6套极薄煤层综采设备，结束了淄博老区50多年没有综采的历史，安全保障能力大幅增强；投资3.36亿元，新增5.5 m以上大采高综采设备3套，其中亭南、杨家村两套大采高支架最大高度达6 m以上，采煤机总装机功率超过2000 kW，综采工艺又实现了历史性的突破；唐口煤业充分发挥两条全岩掘进机械化作业线的优势，不断刷新单进水平，实现大断面单进142 m的好水平。2010年全公司采掘机械化水平分别达到97%和99%，济北各矿和陕西亭南矿井均达到100%。

3. 着力提升辅助系统自动化水平

积极引进代表国际、国内先进水平的大功率、数控式的排水、提升、运输等装备，并利用先进信息技术，不断对现有装备进行升级改造。在许厂煤矿建立了覆盖全矿的综合自动化系统，实现了对皮带、架空乘人装置、供电、压风等系统的集中控制，通过管控一体化，实现了生产系统实时数据库与管理信息系统关系数据库之间的数据集成，达到了准确指挥生产、减少人员投入的目的。在辅助设施自动化方面，对主泵房水泵、压风机、提风机、带式输送机等进行了自动化控制改造；应用了电机车脉冲调速装置、弯道和道口语言报警器，井下轨道运输运用了“信、集、闭”控制以及上、下山雷达测速式和PLC电脑控制式防跑车自动化装置；在许厂、岱庄煤矿引进应用了单轨吊辅助运输系统；在唐口煤业公司采煤工作面顺槽安设了单向架空乘人装置；各生产矿井水平泵房远程自动控制系统和井下语音广播系统全部投入使用，有11条主要运输皮带实现了远距离监视监控。在机电装备方面，通过对部分矿井绞车制动装置进行改造，提高了制动可靠性，保证了提升绞车运行安全。

4. 着力提升安全监测数字化水平

提出了打造“数字淄矿”的目标，以信息化建设提升管理现代化水平，尤其是以安全监测数字化提高安全保障力。先后投资6000多万元，建成集中自动控制、生产调度指挥、安全管理预警综合信息中心，实现了对生产系统和设备运行的实时监控以及主要供电、排水、供风系统的远程集中管控，建立起了井下五大灾害实时监测预报系统和井下无线通信及人员定位系统。

5. 着力创新煤炭回采工艺

从促进可持续发展的战略高度出发，先后研究推广了一次采全高综采、大倾角采煤、村庄群下宽条带开采，极大地提高了资源回收率。针对济北矿区受城市建设压覆煤炭严重的实际，大力实施“三个转变”，即由开采3煤为主向3煤与下组煤配采转变，由正规面开采为主向断层区、已回采区和边界区转变，由长、短臂回采工作面开采向置换开采、膏体充填开采转变。特别是2005年以来，突破传统开采模式，从煤炭主业的常规开采，向置换开采、膏体充填开采、跨断层工作面分采、不规则工作面开采、无煤柱开采转变。投资2亿多元，与中国矿业大学合作，在岱庄矿启动了膏体充填开采项目，目前已累计充填膏体83932 m^3，置换出原煤11.62万t；葛亭煤矿大倾角综采技术取得重大突破，实现了安全高效回采；许厂煤矿无煤柱开采、埠村煤矿膏水充填开采也正式进入试验阶段。

6. 着力推进煤炭生产集约高效化

淄矿集团坚持集中生产、安全高效的原则，紧紧依靠科技进步，着力优化采场布局，提高生产集中度。打破传统的设计理念，依据各种先进采煤工艺的地质适应性，采取灵活多样的开拓布局形式，并根据地质变化情况，从源头上优化完善开采水平和采区设计。同时，采用先进的集约化生产方式，对生产系统和区域实施“减肥消肿”，最大限度地简化生产系统和生产环节，缩短生产战线，合理集中生产。目前，全集团公司采掘工作面个数分别为15个和69个，为“十一五”初期的66%和77.6%；而2010年煤炭年产量为1437万t，是“十一五”初期的1.3倍。

三、以绿色集约高效为目标推动煤炭生产转型的具体成效

淄矿集团通过实施以绿色集约高效为目标的煤炭生产转型，经济效益明显提高，企业竞争力持续增强。

（一）煤炭产业水平稳步提升

按照转方式、调结构的要求，通过以“三化、两创新、一集中”为重点新型煤炭生产模式的构建，煤炭主业集约生产和内涵发展能力进一步提升。不断扩充煤炭资源，完成了煤炭主业的济北、云贵、陕西彬长、内蒙古四大煤炭生产与深加工基地的战略性布局；不断优化生产工艺和布局，实施集约生产和绿色开采；依靠科技进步改善生产条件，提高装备水平，目前，淄矿集团公司采掘机械化水平已分别达到97%和99%；积极推广应用新工艺、新装备、新技术，在边角煤回收、膏体充填、下组煤综采、条带开采等方面取得了明显成效。煤炭主业的发展带动了企业整体实力的增强，企业经济实力和竞争力逐步提升（表1）。

表1　淄矿集团主要经营指标完成情况

经营指标	2005年	2006年	2007年	2008年	2009年	2010年
产量/万t	1077	1251	1348	1378	1323	1437
资产总额/亿元	105.7	117.2	141.3	170.3	206	229
利润/亿元	2.7	3.8	5.7	13.7	13.6	22.8
销售收入/亿元	75	80	90.1	136.3	137	176

（二）发展方式转变成效明显

从完善考核机制入手，练内功、挖内潜，着力提高经济运行质量，取得显著成效。通过强化人均概念和效率意识，深化素质提升工程，改变考核机制模式，实现了由考核总量向考核人均效率、人均效益的转变。2010年，全员效率达到20.9万元/人，人均创利7.82万元，分别是“十一五”初期的1.9倍和5.7倍；通过实施素质提升工程，目前100%的区队长、80%以上的班组长达到了中专以上文化水平；职工队伍中中专以上文化程度、中级职称和技师以上人员比重，比改制初期分别提高了2.4倍、1.6倍和2.7倍。

（三）安全工作持续稳定

以“321”为重点的新型煤炭生产模式，更加注重信息化技术的应用，突出重点领域、重点环节的监控和薄弱地点、薄弱人物的排查，切实加强煤炭生产经营单位的安全管理，消除事故隐患。更加注重职工的安全教育培训，促使职工安全生产意识和自主保安能力不断提升。2010年以来，

在安全方面的投入近3亿元。深入推进动态质量达标和精品工程创建，加强安全文化建设，现场面貌和安全质量标准化迈上了新台阶。坚持“科技兴安”战略不动摇，在系统改造、装备提升以及解决关键性难题上求突破，确保了安全稳定。

（四）企业知名度日益提高

企业在提高企业管理水平、实现又好又快发展的同时，也得到了社会各界的充分肯定和广泛好评，企业品牌形象得到进一步提升，先后荣获全国五一劳动奖状、全国煤炭工业科技进步先进企业、全国企业信息化百强企业、省文明单位、全省安全生产工作先进单位、省管理创新十佳企业、“AAA”级信用单位及最具成长性企业等多项荣誉称号，煤炭产品被中国质量协会和全国用户委员会评为“全国用户满意产品”。

基于低碳增长模式的煤炭企业生态发展探索与实践

山东能源淄博矿业集团　李法柱　王振东　孙会涛　吴秀波

一、基于低碳增长模式的煤炭企业生态发展探索与实践背景

（一）企业概况

山东能源淄博矿业集团公司（简称淄矿集团）岱庄煤矿位于山东济宁煤田（东区）北部，矿井于1998年1月正式开工建设，2000年1月建成投产，核定生产能力300万t。矿井主要可采煤层有上组煤3上煤层、下组煤16、17煤层，属低沼气矿井。井田内地势平坦，地面标高平均+39.5 m，地面村庄稠密，共有78个自然村，村庄下压煤约占矿井可采储量的80%。配有年入洗能力150万t的大型洗选厂和装机容量为2×12 MW的低热值综合利用热电厂。矿井投产以来，始终坚持和落实科学发展观，突出以人为本，狠抓“双基”建设，大力实施科技兴矿战略，全面加强企业文化建设，努力打造本质安全型矿井，各项生产经营指标达到同类型矿井的领先水平。

（二）矿井面临的问题

1. *矿井可采储量锐减*

一是压覆严重。岱庄矿井田内共有78个自然村，村庄和工厂等各种建（构）筑物密集，加之城区扩展速度快，城区压煤增多，累计压覆面积17.74 km^2，压覆资源储量达12327.28万t。二是采出率低。针对村下压煤，自矿井投产开始就采用条带开采，采出率一般不超过45%，煤炭资源损失十分严重。三是条件很差。井下现场断层落差变化大，结构复杂，多处分叉并有附生断层，给生产组织带来很大难度。

2. *生产尾料数量增加*

一是矸石多。随着开采深度的加大，矿井开拓工程量越来越大，特别是对太原组16、17煤层（薄煤层）的开拓，导致矸石产量不断增多，辅助运输也出现了一定程度的紧张，给矿井的安全高效开采带来了一定的隐患。二是煤泥多。由于近年加大了对边角煤、断层区的资源开发，造成低质煤和洗煤的煤泥量不断增加，既占用大面积存放，又污染了环境。

3. *附生物排放量加大*

一是热电厂 SO_2 排放量大。岱庄煤矿热电厂运行2×75 t/h循环流化床锅炉，烟气排放量为3万 m^3/h。二是矿井水排放量大。随着矿井下组煤的开拓掘进，十下灰、十三灰和奥灰高承压水的

水量明显增加，高胶结物、高悬浮物、高煤泥沙矿井水排放量不断加大。

4. 低碳理念还需提升

企业在能源利用管理理念、管理机制、企业文化等方面还有待于提升完善。另外，由于煤炭企业的特殊性，部分职工缺乏节能意识、创新精神，人员素质还需要进一步提升，还不能够适应企业当前发展的需要。

二、实施低碳增长模式发展的战略意义

（一）是落实科学发展观的具体体现

“十一五”时期，我国国内生产总值年均增长 11.2%。经济的快速增长，极大地拉动了以煤炭为主体的能源需求快速增长，迫使煤炭企业长期超强度、超环境容量开采，引发煤炭资源型地区环境、安全等一系列的社会问题，致使国家经济发展对能源的需求保障和煤炭资源型地区生态环境保护的矛盾日益突出。因此，必须贯彻落实科学发展观，大力实施资源环境保障战略，推行绿色开采，走资源利用率高、环境保护好、经济效益好、安全有保障的低碳循环经济之路，推进煤炭企业科学健康发展。

（二）是煤炭企业优势的客观使然

低碳循环经济的实质内容有二，一是减碳；二是减排。即提高能源使用效率，转变能源结构，尽量增加资源回收率、减少排放或不排放使用过程中产生的二氧化碳和其他废弃物。因此，煤炭企业走低碳循环之路拥有得天独厚的优势。第一，其本身处于能源领域，长期跟踪能源发展趋势，相比其他企业进入低碳领域更加顺理成章。第二，新技术新产品起步需要大量投资，传统能源企业规模大，产业链完整，对于新技术、新产品产业化的能力强。第三，新技术新产品投入和开发有风险，大企业抗风险能力强，对初始投资回报要求低，可以持续投入。

（三）是煤炭企业自身发展迫切需要

煤炭是不可再生资源，所有煤炭企业都面临煤竭企衰的潜在威胁。因此，从长远发展的角度看，煤炭企业延伸产业链条，使单位产量煤炭资源发挥出最大的经济效益，变扩大开采的外延式扩张为多方挖潜的内涵式发展是煤炭企业发展的最终方向。实施低碳发展，恰恰是以此为重要内涵，是煤炭企业实现可持续发展的有力之举。

三、实施低碳增长模式发展战略的主要途径

为实施低碳增长方式，实现企业生态发展，淄矿集团岱庄煤矿结合实际，建立完善配套机制，积极转变发展方式，确保了矿井健康持续发展。

（一）确立低碳发展战略目标

针对岱庄煤矿生产现状的实际，如何解决“三下”压煤问题、矸石处理问题、矿井水利用问题、低质煤问题，如何走“科技含量高，经济效益好，资源消耗低，环境污染少”的“低碳经济、绿色发展”之路，是摆在岱庄煤矿面前的艰巨任务。为此，岱庄煤矿在集团公司的正确领导下，

以科学发展观为指导，转变发展理念，确立了“一个坚持、两个提高、三个转变”的绿色开采的生态发展长远大计。“一个坚持”即坚持资源开发与环境保护协调发展的原则；“两个提高”即提高资源采出率与减少矸石产出、提高矿井水利用率与减少环境污染；“三个转变”即上组煤稳定区向下组煤薄煤区转变，厚煤层向边角煤、断层区转变，正规工作面生产向膏体矸石充填开采转变。生态发展目标的确立，为矿井实现健康、稳定、可持续发展奠定了坚实的基础。

（二）以先进理念为引领，建立生态型企业文化

企业文化是企业发展的灵魂，是企业思维和行动的指南。淄矿集团岱庄煤矿在大力加强企业文化建设的过程中，首先把建设生态文化作为引领企业科学发展的首要任务，提炼推广“点滴节约、我的责任”、“节能减排、从我做起”、“珍惜能源，就是珍惜生命”、“想好再做、一次做对”等先进文化理念。全面导入精细化管理模式，对整理、清洁、准时、标准化、素养、安全6项基本要素实施规范管理，做到人人、事事、时时、处处有标准。举办低碳经济知识讲座、开展低碳知识竞赛、广泛征集节能降耗合理化建议、鼓励开展节能型技术革新改造等，积极倡导低碳生产、低碳生活方式，从节电、节水、节能、节气等身边的小事做起，培养了员工发展低碳经济的意识和观念，规范了低碳行为养成，有力地促进了企业生态发展。

（三）创新膏体矸石充填置换开采技术，实现资源绿色开采

针对村庄压煤严重，大量条带煤柱丢失以及矸石、粉煤灰增多的实际情况，岱庄煤矿与中国矿业大学合作，研究应用了膏体充填开采技术，实现了条带煤柱二次安全“绿色开采”和井下矸石零排放，最大限度地利用煤炭资源，提高资源回收率，又达到地面减沉目的。膏体充填技术是把煤矸石、粉煤灰（两种）、专用胶结料和水等五种物料，先将煤矸石破碎加工，然后把煤矸石、粉煤灰、专用胶结料和水等物料按比例混合搅拌制成不泌水的膏体浆料，再通过充填泵和充填钻孔及管道将膏体浆料输送到井下充填工作面，置换出原煤。膏体充填工艺流程如图1所示。

该项目在2009年年底已开始井下工业性试验，截至2011年10月份，置换出煤炭42万t，充填煤矸石14万m^3。

（四）加大废水处理力度，实现矿井水和生活水资源化利用

岱庄煤矿地处济宁市“南水北调”工程核心保护区，必须最大限度地实施矿井水资源化，力争实现零排放，无污染。因此，岱庄矿先后投资近千万元，建成了处理能力1200 t/d的井下和井上两套矿井水处理系统，经过处理后的矿井水实现了达标排放。

1. 矿井水井下初次处理

矿井水井下初次处理系统采用的是斜管沉淀加药处理技术。该工艺简洁明了，处理效果稳定，易于维护管理。还具有较大的灵活性、稳定性和可操作性；基本靠矿井水自流完成，节约动力。矿井水在井下处理后使水质有了很大的改观，对水泵的磨损大大减少，降低了水泵的维修费用。

矿井水井下初次处理系统工艺流程如图2所示，处理效果如表1所示。

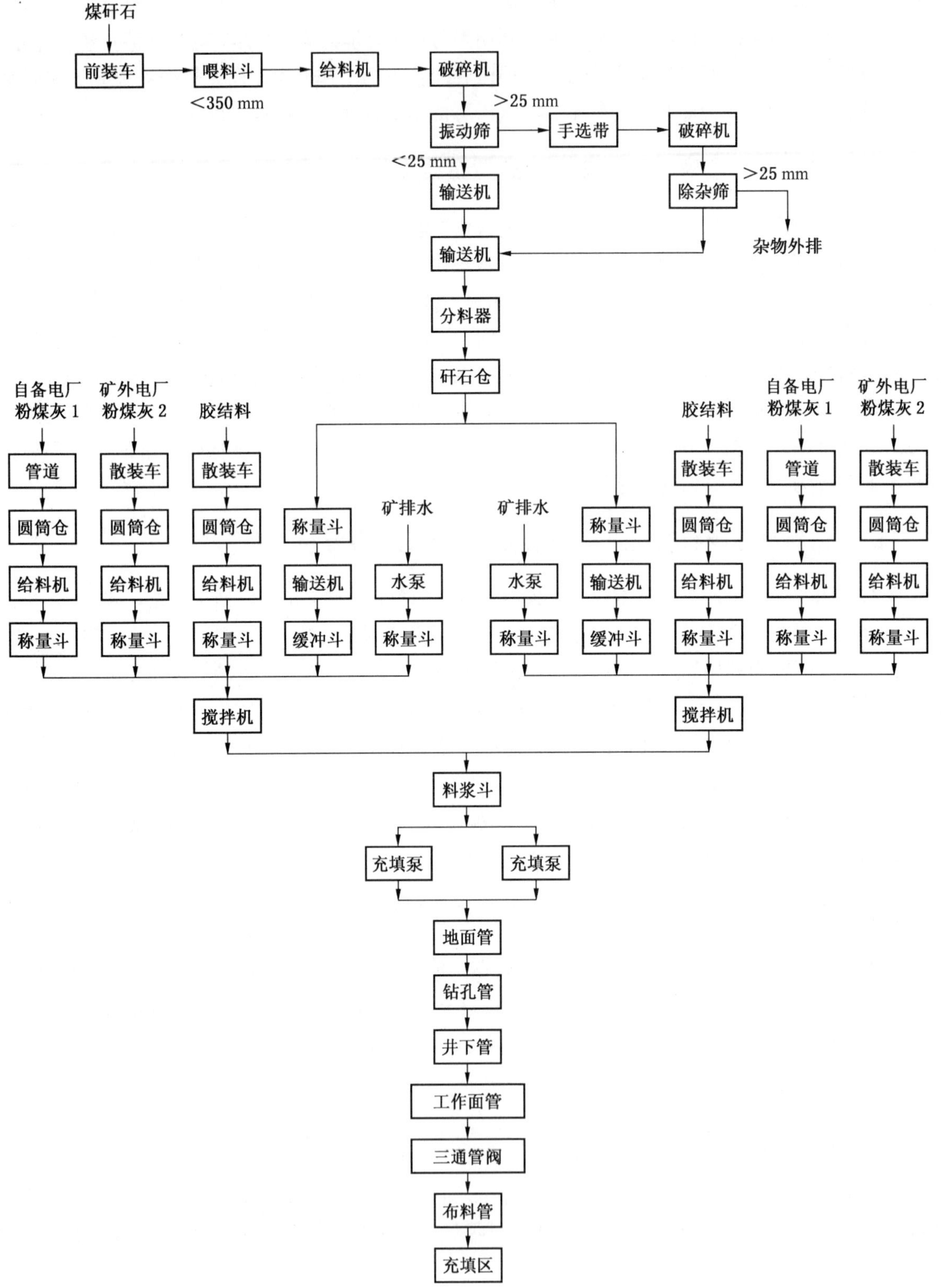

图 1　膏体充填系统工艺流程

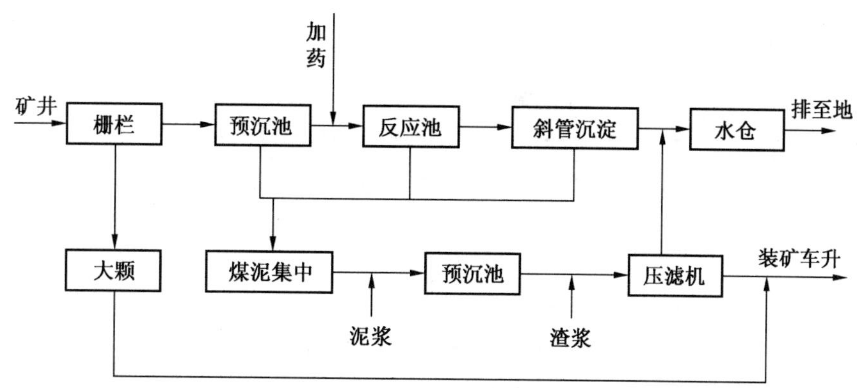

图2 岱庄煤矿矿井水井下初次处理系统工艺流程

表1 岱庄煤矿矿井水井下初次处理前后水质情况对照表 mg/L

指 标	处 理 前	处 理 后
COD	1700	65
SS	950	9.5

2. 矿井水地面二次处理

从表1中可以看出，岱庄煤矿的矿井水经过井下处理站处理之后还不能达到排放标准。因此，岱庄煤矿利用原地面矿井水处理站的三台YCL－100型闲置净水器，改造成以纤维球为滤材的压力式过滤（器），对矿井水进行了二次处理。

岱庄煤矿矿井水二次处理工艺流程如图3所示，处理效果如表2所示。

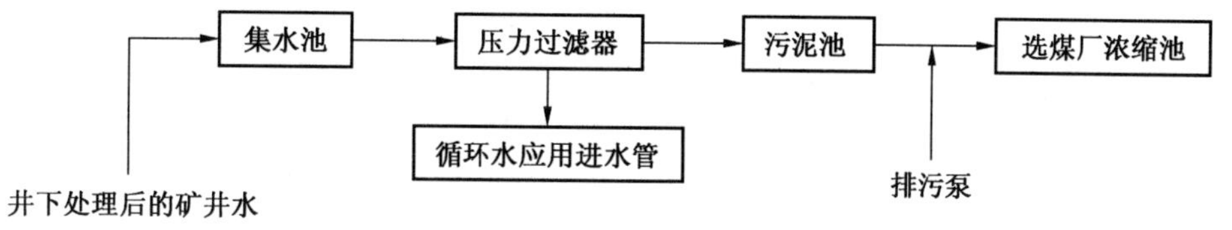

图3 岱庄煤矿矿井水二次处理工艺流程

表2 岱庄煤矿矿井水二次处理前后水质情况对照表 mg/L

指 标	处 理 前	处 理 后
COD	65	19.8
SS	9.5	6.4

从表2中可以看出，处理后的矿井水均达到国家一级标准，实现了达标排放。

3. 生活污水的处理

矿区生活污水主要是生活用洗刷水、餐饮用水、洗浴污水等，水质属于生物降解较好的范畴，但出水水质必须满足山东“南水北调”沿线水污染综合排放标准，所以选择了浓度生物处理工艺。岱庄煤矿生活污水处理工艺流程如图4所示。

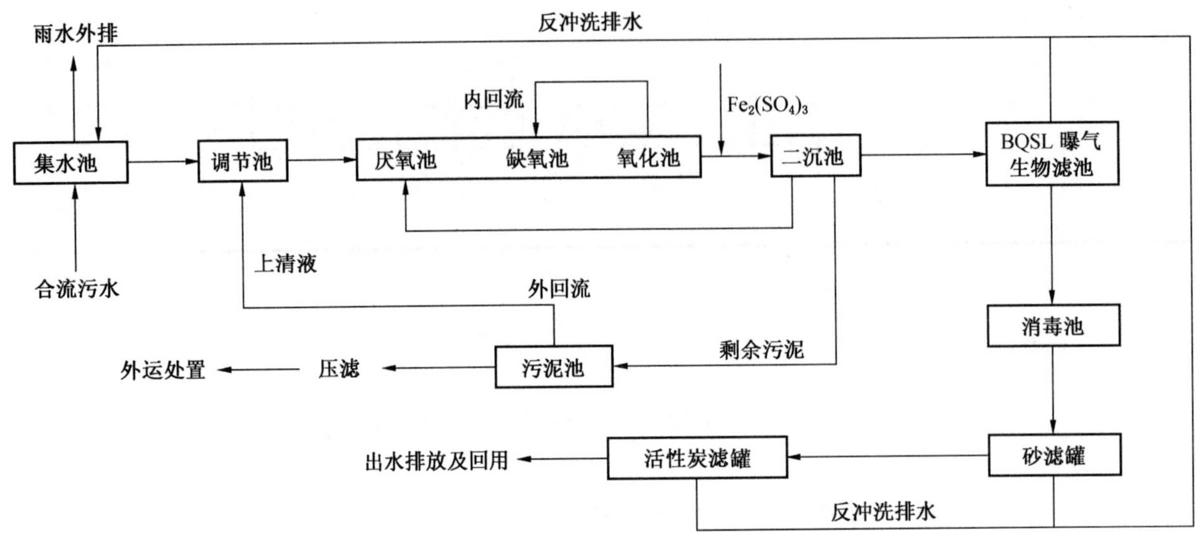

图4　岱庄煤矿生活污水处理工艺流程

该技术工艺完善、技术成熟、功能稳定可靠，处理能力达2700 t/d。A2O工艺中采用生物膜与活性污泥混合形式，解决了反硝化菌要求泥龄长及除磷要求泥龄短的矛盾。污水中的污染物采用三级生物处理方式，处理效果好。采用化学加药协同除磷，可以使出水TP达到要求的排放指标，采用活性炭过滤作为最终把关措施，保证了回用水的水质要求。

岱庄煤矿生活污水处理去除率效果如表3所示。

表3　岱庄煤矿生活污水处理去除率统计表

处理单元	指　标	COD_{cr}	BOD_5	SS	$NH_3^- - N$	TP
A2O＋二沉池	进水/($mg \cdot L^{-1}$)	300	120	100	35	3
	出水/($mg \cdot L^{-1}$)	60	12	50	11	0.3
	去除率/%	80	90	50	70	90
曝气生物滤池	进水/($mg \cdot L^{-1}$)	60	12	50	11	0.3
	出水/($mg \cdot L^{-1}$)	18	3.6	5	4.4	0.2
	去除率/%	70	70	90	60	30
过滤	进水/($mg \cdot L^{-1}$)	18	3.6	5	4.4	0.2
	出水/($mg \cdot L^{-1}$)	11	3	3	3	0.16
	去除率/%	40	20	40	30	20

处理后的矿井水和生活污水，分别用于热电厂冷却循环水、选煤用水、地面降尘、浇花、冲厕和井下降尘及设备冷却，实现了水资源的循环利用。

（五）加大低质煤、煤泥和SO_2的深度处理，实现污染零排放

1. 建立洗选厂

以矿区主产品煤炭为起点的生态工业链，既是煤炭企业发展的最重要产业链内容，又是发展各

种资源综合利用生态工业链的基础和前提。岱庄煤矿对 150 万 t 选煤能力的洗选厂进行了技术改造：采用两台技术先进的 MVS－2035 电磁高频激振筛，使选精煤及其煤泥水的灰分硫分都降到很低水平，并使系统中大于 0.25 mm 及 0.25 mm 左右的低灰精煤彻底回收，杜绝了煤泥水之间的相互污染；进行了细粒级煤泥加速沉淀研究，使用 JYA－00 药剂自动添加装置，使二耙池溢流水实现清水洗煤（煤泥含量≤5 g/L），为确保选煤质量奠定了良好的基础；增加了压滤煤泥回收量，月减少煤泥外排量 200 t，产生了可观的经济效益。

2. 建立低热值综合利用电厂

煤矸石发电是煤炭资源综合利用的一个重要方面，国家一直积极推广。虽然煤矸石和煤泥发电，由于燃用煤矸石热值低，导致发电成本高，规模效益难比大电厂，竞价上网没优势，但国家有优惠政策，“利用煤矸石、煤泥、油母页岩和风力生产的电力，自 2001 年 1 月 1 日起实行按增值税应纳税额减半征收”。因此，岱庄煤矿投资 9900 万元新建一座 2×12 MW 的发电厂，不仅解决了煤矿自身用电问题，更重要的是解决了煤矸石污染占地问题，实现了矿井水的循环利用，年节约地下水资源 43 Mm^3。同时，用电厂灰渣和烟囱灰作原料，建起了新型建材厂，转化为新型建材砖。对发电余热，全部用于供暖、烧水做饭等，实现了矿区资源优化配置，产生了较好的经济效益和社会效益。

3. 实施烟气湿法脱硫

岱庄煤矿热电厂满负荷运行时 SO_2 实际排放浓度达 1100 mg/m^3，超出了环保部门的排放标准要求。因此，岱庄煤矿经过多次组织有关人员进行调研论证，实施了烟气湿法脱硫项目，脱硫效率高，而且 SO_2 排放浓度易于控制。

其主要工艺流程是：锅炉烟气经除尘装置进入脱硫装置，与配制好的脱硫剂在脱硫装置的中部反应段进行化学吸收反应。脱硫后的烟气经引风机、烟囱排入大气；脱硫后生成的亚硫酸氢铵混合水溶液，经脱硫塔内脱水除雾装置后沉降于塔底部溢流到积液池中经沉，沉淀过滤后经清液泵打回和脱硫剂混合再与烟气中的二氧化硫进行反应，循环使用至饱和后用于场地绿化或作为农家肥使用。此项目的实施，不仅达到节能减排的目的，而且还大大节约了运行费用。

烟气湿法脱硫工艺流程如图 5 所示。

四、实施低碳增长模式发展战略的成效

通过实施低碳循环经济模式，岱庄煤矿的制度体系更加完善，管理效率明显提高，生产成本有效降低，达到了预期目的。具体成效表现在以下两个方面。

（一）经济效益

（1）解放了大量建下压煤。膏体矸石充填置换开采技术自 2009 年年底实施至今，已累计置换开采 42 万 t，消耗矸石 12 万 m^3，创造经济效益 2940 万元。

（2）节约了土地塌陷赔偿费用。实行膏体矸石置换开采，把矸石充填在掘进巷道内，有效降低了地表的塌陷，大大降低了赔偿费用，年平均实际发生额仅为提取费用的 56%，为企业可持续发展创造了条件。

（3）矿井水和生活污水处理，既能满足矿井井下防尘及设备冷却的需要，又满足了电厂循环

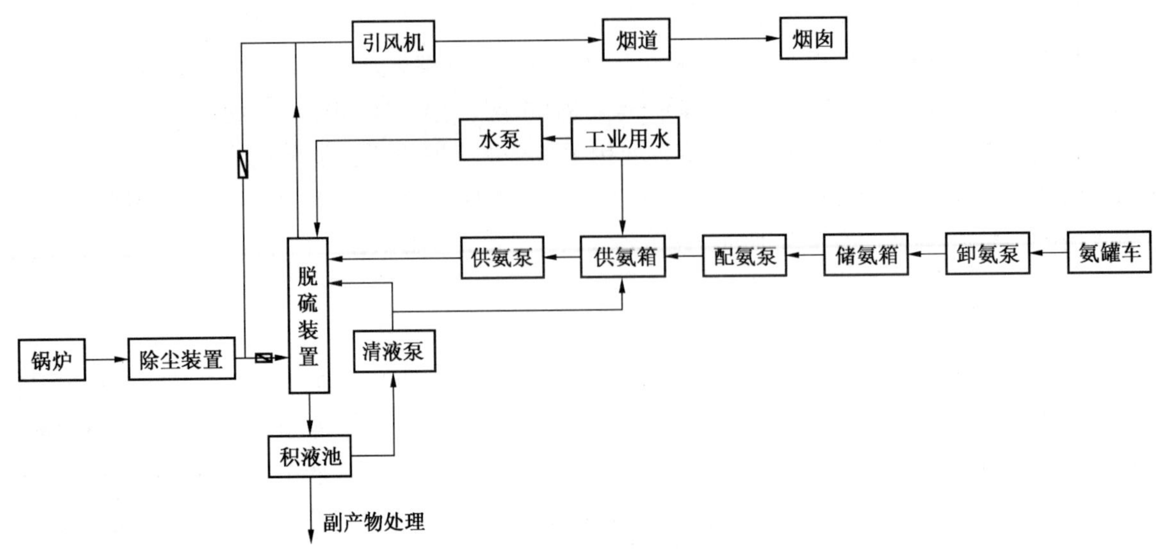

图 5 烟气湿法脱硫工艺流程图

用水和矿区生活用水的需要。通过对矿井水的防治，年节约排水设备维护费用、人工费用、电费等约 1200 万元，也减少了地下水利用，年可节省水资源费 912.5 万元。

(4) 利用电厂余热，取消了燃煤锅炉，又减少了环境污染，年可节约煤炭近 6000 t，节约资金 380 余万元。

(二) 社会效益

岱庄煤矿实施资源环境保障战略，提高了资源采出率，解决了矸石山占地、污水废气排放等问题，减小了环境污染，实现了变废为宝、变害为利，顺利走上低碳经济之路。这不但对淄矿集团岱庄煤矿具有极大的现实意义，同时，对整个煤炭行业如何实现低碳发展开创了一条新路子，其对技术研究与社会发展的意义十分重大。

矿井水资源分析与综合利用调研报告

山东能源新汶矿业集团华丰煤矿　李　伟　许兴胜　陈　涛　肖尚红

一、矿井概况

华丰井田位于山东省宁阳县华丰镇境内，隶属于山东能源新汶矿业集团公司，是新汶煤田最西端相对独立的井田。井田范围南为煤层露头，北至 -1100 m 水平，东西都为煤层自然尖灭线，走向长度为 7.7 km，倾斜宽 3.0 km，井田面积为 23.1 km^2。

地形属山间凹地，南高北低，位于徂徕山和蒙山两大分水岭之间，南北两大分水岭均系太古界片麻岩构成，分水岭脊峰标高 +750 m 左右。井田中央为第三系砾岩构成的低缓丘陵，最高处标高为 +135 m。井田东部有季节性故城河穿过，流向北西。

华丰井田于 1955 年由华东煤田地质勘探局 122 队勘探，同年提交精查报告，1956 年建井。华丰煤矿矿井开拓方式为斜井多水平开拓，共划分五个水平。已结束 -90 m 和 -210 m 两个开采水平，目前 -450 m 水平开采后组煤，-750 m 水平开采前组煤。-750 m 水平前组煤自东向西分三个采区，一采区和二采区已基本开采完毕，现三采区为矿井主要生产采区，四层煤开采最深已达到 -750 m 水平（垂深 860 m）。第五水平为 -1100 m 水平，为开拓准备水平。

华丰井田含煤地层为石炭二叠系，煤系地层呈一短轴簸箕状倾伏向斜构造，主要含煤段为上石炭太原组及下二叠山西组。可采及局部可采 7 层（1、4、6、11、13、15 和 16 层煤），可采煤层总厚度平均 12.6 m。

根据六个开采煤层的层间距大小，将煤层划分为两个煤组：第 4、6 层煤划为前组煤，第 11、13、15 和 16 层煤划为后组煤。在各水平和各煤组内划分采区，采区巷道布置采用煤层群分组巷道联合布置方式，即在采区内布置上、下山并划分区段，在区段内布置岩石集中巷及石门和回采工作面，由石门揭露各煤层，各煤层共用区段石门和岩石集中巷。采煤方法为走向长壁后退垮落式采煤法，爆破落煤，人力支回。支护材料使用 DZ 型外注式单体液压支柱配 HDJA 或 HDJB 型铰接顶梁支护。

二、矿井水文地质条件

（一）含水层

矿井主要含水层为第三系砾岩、徐家庄石灰岩和奥陶系石灰岩，现分述如下：

1. 第三系砾岩

砾岩含水层厚 0 ~ 700 mm，以角度不整合覆盖于煤系地层之上，砾岩直接覆盖于奥灰之上，砾岩在局部边缘厚度很小，由南向北逐渐增厚。砾岩为钙泥质基底式胶结，砾石主要成分为石灰岩、白云岩，次为砂岩、片麻岩，遇水膨胀，具有良好的隔水性能。砾岩浅部裂隙洞穴发育，含水性垂直分带明显。第三系砾岩层属于裂隙—岩溶—承压（潜）水，一般水位埋深圳特区 3 ~ 25 m，雨季水位上升达3~4 m。水质特征：水质类型为HCO_3+SO_4-K+Na型水，矿化度小，在1 g/L以下，属低矿化度水，pH值7~8。

2. 徐家庄石灰岩（简称徐灰）

徐灰为灰黄色、厚层状、质较纯、结构致密，并含有燧石条带，厚度10 m左右，上距16层煤15~17 m。徐灰中上部的洞穴裂隙发育，其含水性与构造发育程度、埋藏条件、水循环条件有密切关系，沿走向变化较大。徐家庄石灰岩含水层为岩溶—承压水。水质特征：水质类型为$SO_4-K+Na+Ca$型水，矿化度1.96 g/L。

3. 奥陶系石灰岩（简称奥灰）

奥灰为煤系地层基底，厚800余米，以假整合关系与石炭纪本溪组接触，岩性以灰岩、白云质灰岩和泥灰岩为主，浅部富水性较好，往深部逐渐变弱。奥灰至徐灰之间为杂色页岩和黏土岩，夹5 m厚的草埠沟灰岩。奥陶系石灰岩在矿区的东、南、西部广泛出露，接受大气降水补给，正常水位+100 m左右，是一富水性强的含水层，矿区内工业用水均取自该层。奥陶系石灰岩含水层为岩溶—承压水，其上距徐灰24~27 m，奥灰与徐灰在构造复杂区域有一定的水力联系。水质特征：水质类型为$SO_4-Ca+Mg$型水，矿化度0.96 g/L。

（二）边界条件

根据区域地质资料分析，华丰井田各含水层的基本边界特征为：东边界为故城断层，断层两侧的含水层水力联系弱，为弱透水边界。北部边界为蒙山大断裂，其落差大于1500 m，为第三系的下部岩组，柴汶河以北第四系土层较厚，第三系出露不好，其北部边界亦为弱透水边界。井田西北部为磁窑断层，由于断层的阻隔，此边界为弱透水边界。

（三）矿井水补给来源

华丰煤矿煤系上部受砾岩水威胁，底部受奥灰水威胁，浅部为古空。矿井实际涌水量在12.0~13.0 m^3/min左右，属大水矿井。主要补给来源是大气降水的直接渗透、地表水体下渗，在无红层的地区，下伏奥灰通过不整合面向砾岩含水层顶托补给、砾岩层和红层之间离层空隙注浆时注浆水的补给。

（四）矿井水文地质类型

通过对含水层性质、补给条件及涌水量等资料的分析，华丰煤矿定为矿井水文地质条件复杂矿井，矿井西部水文地质条件更趋复杂。

三、矿井排水能力

华丰煤矿有四个排水水平。

（1）－90 m水平正常涌水量1.60 m^3/min，中央泵房有水泵4台（200D43×7、PJ150×4各2台），排水能力15.9 m^3/min，有2趟ϕ273管路，排水至地面。

（2）－210 m水平正常涌水量1.2 m^3/min，泵房有水泵2台（PJ150×6），排水能力8.6 m^3/min，有2趟ϕ273管路，排水至地面。

（3） -450 m 水平正常排水量 7.4 m^3/min（包括 -608 m 和 -750 m 水平上排水），中央泵房内有水泵 9 台（5 台 D500 -57 ×11、2 台 200D65 ×10、2 台 PJ150 ×10），排水能力 38.7 m^3/min，排水管路 5 趟：ϕ273 管路 2 趟、ϕ325 管路 2 趟、ϕ299 管路 1 趟。排水至地面。

（4） -750 m 水平正常涌水量 3.9 m^3/min，泵房有水泵 4 台（DM600 -65 ×6），排水能力 34.5 m^3/min，有 3 趟 ϕ377 排水管路，排水至 -450 m 水平。

矿井正常涌水量 13 m^3/min，由于开采深度大，排水系统采用分段式排水，井下排水泵房有 -90 m 泵房、-210 m 泵房、-450 m 泵房、-750 m 泵房、-920 m 泵房及 -1100 m 中央泵房，安装水泵 25 台，总装机功率 20940 kW。

四、矿井涌水量构成

矿井总涌水量保持在 13.0 m^3/min 左右。

从矿井涌水量分析，1984 年以来矿井涌水量主要由第三系砾岩水、徐灰及奥灰水、老空及防尘水组成。

矿井涌水量中奥灰及徐灰水所占的比例越来越少，目前奥灰水主要来源于二号井 -90 m 流水道，水量 1.6 m^3/min；-450 m 四采南石门，水量 1.0 m^3/min；此两处水量已基本稳定。徐灰水主要来源于 -450 m 后二南石门和 -450 m 十五层上山，总水量 0.58 m^3/min，从近年来看，水量已处于稳定状态。

第三系砾岩水所占的比例逐年增加，已由 1984 年 17.86% 增加到现在的 56.06%，这主要是四层煤开采面积扩大而后组煤开采减缓造成的。目前砾岩水主要来源于 3405、3406、2408 和 2407 工作面，主要分布在四水平三采 -550 m、-645 m 区段，四水平二采 -679 m 和 -750 m 区段。出水方式主要是当工作面采空区的垮落高度达到砾岩时，砾岩水顺老空或工作面流出。

三采区 -550 m 砾岩水主要来源于 3405 工作面，该面在开采上、中分层时，水量最大为 5.5 m^3/min，经过多次出水后，现已稳定在 0.6 ~1.0 m^3/min。-645 m 砾岩水主要来源于 3406 工作面。

二采区砾岩水主要来源于 -750 m 水平的 2408 工作面，工作面最大涌水量为 4.0 m^3/min，最小为 2.0 m^3/min，现保持在 2.4 m^3/min。-608 m、-679 m 水量现一直分别保持在 0.2 m^3/min 和 0.6 m^3/min。

砾岩水具有以下特点：

第一，突水点较为集中：大小突水点均分布在井田中西部，即二、三采区。

第二，工作面突水一般在推采一定距离后，顶板达到充分垮落，产生的裂隙导通砾岩含水层时发生。

第三，砾岩水变化规律：一般由小到大再缓慢减小，并最终稳定到一定数值，这说明砾岩水以静储量为主。

五、矿井水水质

砾岩水化学成分中阴离子以 HCO_3 为主，次为 SO_4，CL 含量最少；阳离子以 K + Na 为主，Ca 次之，Mg 最少。水质类型以 HCO_3 + SO_4—K + Na 型水为主，矿化度小。多在 1.0 g/L 以下，属低矿化度水，pH 值 7 ~8。由于砾岩水垂直分带明显，埋藏深度浅，循环条件好，各种离子含量普遍较低，矿化度低；在 -350 m 以下，埋深大，循环条件较差，各种离子含量普遍较高，矿化度也明显增高。

徐灰水为SO_4－（K＋Na）＋Ca型水，矿化度1.96 g/L。主要阳离子为K＋Na、Ca、Mg，阴离子以CL、SO_4、HCO_3含量均较多。从水质分析资料看，徐灰水矿化度较高，各种离子含量均较多，阳离子主要以K＋Na为主，说明深部徐灰水的补给循环条件已经较差，主要以静储量为主，然而由于徐灰下距奥灰较近，在构造发育地段明显接受奥灰水补给，水质类型亦反映奥灰水特征。

奥灰水为SO_4－Ca＋Mg型水，矿化度0.96 g/L。矿区水井水源均取自该含水层。

六、矿井水的综合利用

华丰煤矿矿井水资源比较丰富，年总涌水量在800万m^3以上，年排水费用1000万元以上。主要为砾岩岩溶裂隙水，矿井水由井下分多级排到地面，造成水资源的极大浪费，而另一方面又需要抽取大量地表水资源供应矿区生产、生活用水。另外，选煤厂的污水外排对周围环境也带来污染，每年要缴纳污染赔偿费近百万元，这些选煤水在给附近地表水造成污染的同时，每年也有价值上百万元的煤炭资源随污水外排。为此，华丰煤矿按照发展循环经济的思路，多措并举，加强矿井水的综合利用，开展了大量有效工作，逐步完善了节水监控体系，对矿井水综合利用进行了有益探索。投资建成了矿井水处理站，把经过处理的矿井水应用于选煤生产和电厂循环冷却水系统，继而扩大到矿区绿化、防尘、环卫及基建工程。矿井水的广泛应用，大大减少了地表水取用量，降低了矿井生产成本。2010年，华丰煤矿矿井水综合利用量达到了450.6万m^3，矿井水利用率达到56.7%，工业用水重复利用率达到70.1%。

（一）健全机构，完善制度，全面做好节水管理

近几年，华丰矿不断加大节水管理力度，成立了专门的用水管理领导小组，负责全矿节水管理工作。全矿配备专职用水管理人员15名，兼职网员57名，遍布于各重点用水单位，形成了有效的内部管理网络。为实现科学合理用水目标，相继下发《华丰煤矿用水管理办法》等一系列内部管理考核办法，落实部门责任，下达用水指标。矿每月统一组织抄表、统计和考核，重点单位实行用水日报、旬分析制度。重点用水项目实行责任人负责制，重点用水单位实行限额控制，将用水指标层层分解，落实到车间、班组和具体岗位，实行逐级考核。重点耗水单位成立节水领导小组，由单位主要负责人对各自范围内的水资源利用情况进行不定期监督检查，并下发检查通报，对供用水设施中存在的问题及时组织整改，对“长流水”等浪费现象进行重罚，有效堵塞了用水过程中的“跑冒滴漏”。

（二）加大投入，上全设施，完善节水计量手段

为实现用水有量可计，节水有据可查，华丰煤矿对全矿所有一级水井供水点和241处二级供水点，及宿舍区居民和矿区各单位5768处三级供水点全部安装了水表，用水计量装表率达到100%。对所有新增用水单位和个人实行先装表后供水，并将宿舍区及生产区公共用水点全部拆除，杜绝了“有人用，无人管”现象。投资50万元改扩建二级蓄水供水设施两处；投资30余万元新配置变频恒压供水系统两套；投资360余万元更换主供水管路3400余米、分支管路5600余米；增配、更换二、三级计量水表1167块，降低了因水量不足、蓄水池渗漏及用水低谷期系统压力过高等造成的水量损失。

坚持每月一次的用水平衡分析例会制度，对分析出的计量误差偏大的及时安排处理，年节水4

万 m³ 以上，提高了计量准确率，用水计量准确率达到90%以上。

（三）依靠科技，优化系统，实现矿井水综合利用

在深入做好节水管理的基础上，为进一步做好水资源综合利用，最大限度降低地表水取水量，华丰煤矿经过充分调研论证，建成三级四池矿井水处理站，对排出的矿井水进行分级过滤后加以利用。经对处理后的矿井水水质进行化验分析，发现其成分对煤质不构成影响，于是矿井水首次被应用于选煤，完全替代了地表水。后经多次改造完善，又进一步应用于电厂循环水，并逐渐扩大矿井水使用范围，广泛应用于矿区绿化、防尘、环卫及基建工程等，有效节约了地表取水量（图1）。

1. 矿井水在选煤系统的应用

选煤系统用水原采用地表深井水，月用水量在4万 m³ 左右。自建成矿井水处理站后，将处理后的矿井水应用于选煤生产，实现了选煤废水闭路循环，每年就节约地表水50万 m³。

2. 矿井水在矸石热电厂中的利用

华丰煤矿矸石热电厂一期工程汽轮机冷却系统每月消耗地表深井水近7万 m³。为此，研究采用矿井水替代深井水资源，在电厂建成了矿井水综合利用系统，对从井下排出的矿井水进行简单过滤，去除大颗粒杂质等悬浮物，降低水的硬度，降低循环水在系统中结垢的概率。每月利用矿井水18万 m³ 左右，年利用量达到210余万立方米，节约了地表水资源（图2）。

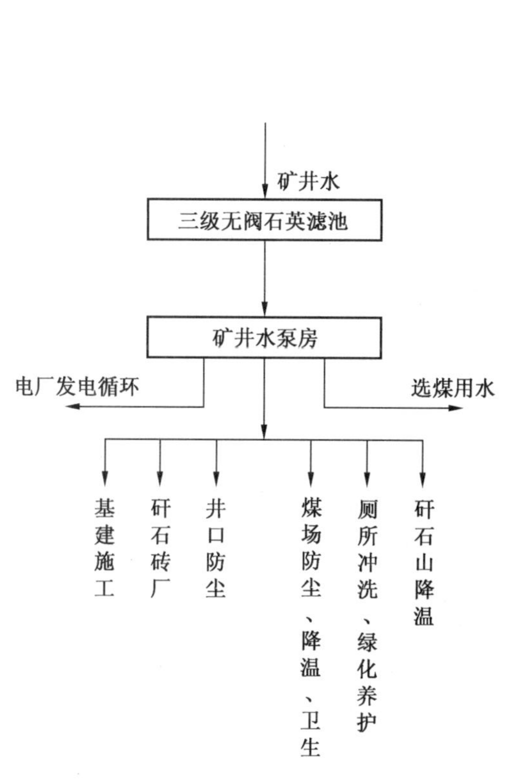

图1 矿井水综合利用示意图

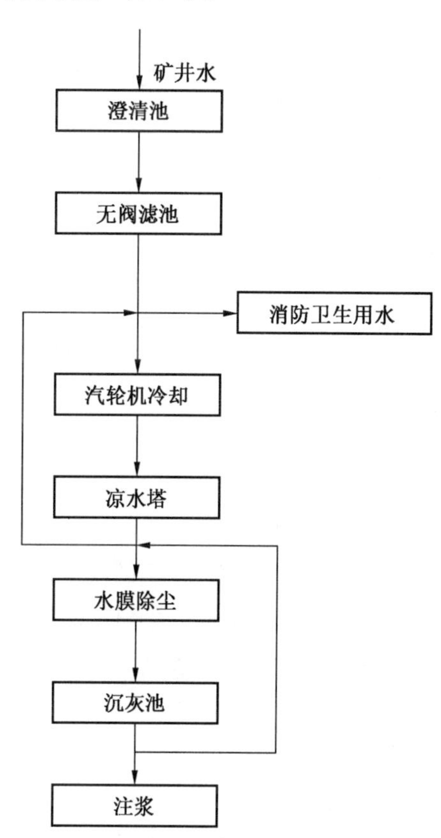

图2 电厂综合利用矿井水示意图

3. 生活用水及供水系统状况

华丰煤矿宿舍区现有水井两口：新井和中心水井，供宿舍区居民4293户及矿外各单位、个体户、附近农村用水。其中新井排水量80 m^3/h，中心水井排水量70 m^3/h，两口水井月排水量平均为6.3万m^3。

宿舍区设供水泵房两个：三号井积水池泵房和北区泵房，各设恒压变量供水设备一套，水井排水至三号井积水池泵房500 m^3蓄水池及北区泵房500 m^3蓄水池，由供水泵房向宿舍区供水，设有水塔一座300 m^3储水容量，供单身公寓、幼儿园等单位生活用水。其中积水池泵房设有分水包，分支管路供华新小区、花园小区、汇丰小区居民生活用水和向水塔供水、北区泵房蓄水池供水。北区泵房供新丰小区居民生活用水。近年来，华丰煤矿不断扩大矿井水替代地表水使用范围，将处理后的矿井水应用于绿化、地面及矿井生产系统防尘、工业广场喷洒、水冲式厕所卫生清理及基建工程施工等用水，每年节约地表水量达到60万m^3以上。

目前华丰煤矿矿井总涌水量为600万m^3/a，由井下分多级排到地面。为节约自备水井资源，华丰煤矿在地面进行了矿坑水综合处理和利用，1999年11月份建成了三级沉淀过滤水池，利用3台变频调速给水设备，采用PVC管材，自动控制、无人操作系统，年处理矿坑水48万m^3，用于选煤生产、洒水绿化、厕所冲刷、基建工程等；在原2×6000 kW煤矸石电厂的基础上，进行二期扩建改造，扩容2.5万kW，经测算冷却、除尘、循环月用水在25万m^3左右，比全部采用地表水自备井取水，年可节约费用支出240万元；矿井选煤全部采用矿坑水，2010年耗水49.5万m^3，比采用地表水井选煤年可节支39.6万元，选煤厂通过技术改造，更换了高性能的SKT跳汰机、MVS1235电磁高频振动筛及跳汰机自动化控制系统等新设备、新技术，实现了一级洗水闭路循环，使选煤用水资源利用率达到了99.9%，年可节约水资源12万m^3，节约价值9.6万元；同时对矿内澡堂冲刷地面、洗衣用水、水冲厕所管路进行改造，矸石山注水绿化、广场洒水、矿井除尘、基建工程等全部利用矿坑水，2010年全年用量35.5万m^3，节约价值28.4万元。矿坑水的综合利用，节约了水资源。

七、经济效益和社会效益

1. 经济效益

华丰煤矿通过矿井水综合实践，提高了矿井水重复利用率，节约了地表水资源。矿井水用于选煤生产，每年节约地表水50万m^3，节约价值80万元，实现了选煤废水闭路循环，杜绝了选煤水外排，增加了煤泥回收量，年创效益百万元。电厂利用矿井水替代地表深井水用于循环冷却水，年节支346万元。工业用水广泛利用矿井水，每年节约地表水量达到60万m^3，节支100万元。通过完善计量手段，加强节水管理，杜绝水资源浪费，年节约地表水14.25万m^3。

2. 社会效益

矿井水综合利用，节约了地表水取用，有效缓解了局部地区地表水紧张问题。华丰煤矿剩余的矿井水经处理后实现达标排放，成为附近农田灌溉主要水源，减少了环境污染。选煤系统改用矿井水，实现选煤水闭路循环，节约了地表水资源，杜绝了煤泥水外排对附近村庄的地表水的污染。

发展循环经济的探索与思考

山东能源新汶矿业集团翟镇煤矿　佟　强　吴秀强

一、发展循环经济的背景

长期以来，我国资源产业的发展一直是“大量生产、大量消耗、大量废弃”的单向直线模式，与之相对应的煤炭企业的发展模式则是“快速建矿、强力开采、废物排放”，这种传统的发展模式虽然为人类提供了所需能源，奠定了经济高速发展的物质基础，但同时也引发了许多问题。

1. 煤炭开采过程中资源浪费现象严重

长期以来，由于缺乏有效的规划管理，多数煤炭企业，特别是一些小型的、个体私营的煤炭企业，他们重视的不是资源勘探力度的提高，而是片面追求高产量和高收益，或是迫于开采成本的压力，在煤炭开采过程中“挑肥拣瘦”，只开采条件比较好的厚煤层，而对那些条件变化大，地质条件稍微复杂的薄煤层则往往弃之不用，从而造成了煤炭资源的极大浪费。据统计，目前世界各产煤国在煤炭开采中的资源回收率一般都在60% ~70%，而我国目前煤炭开采中的资源回收率全国平均水平则只有40%，低的仅为15% ~20%。即使按40%来计算，仍相当于每采40 t的煤，就有60 t的煤炭资源被浪费掉，这一数字相当惊人。

2. 煤炭资源综合利用技术落后

由于受资金、技术投入不足的影响，煤炭企业资源节约与综合利用和环保产业技术水平一定程度上受到制约，再加上与煤炭相关产业的转化力度普遍停留在较低的水平，如主要耗能设备燃煤热机的设计效率平均低于国外先进水平，从而造成高耗能行业的单位产品能耗比世界先进水平高，而煤炭资源的利用率则极其低下。

3. 污染总量较大

煤炭企业的环境污染源主要有污水和矸石。一般而言，煤矿矸石的排放量占其煤炭产量的10% ~15%，也就是说，一个年产1000万t的煤炭生产企业，每年排矸量就达100万t。这些矸石大都露天存放，刮风的时候会产生扬尘，遇到阴雨天就会产生污水，有的还会发生自燃，对环境污染比较严重。尽管近年来有的煤炭企业为了发展循环经济，都相应地建立起了煤焦化、煤电、煤化工等项目，对延伸煤炭产业链、提高煤炭产品附加值和降低污染起到了一定作用，但同时由于受资金技术的制约，这些产业的污染总量仍然很大。

4. 对生态环境破坏严重

有些非露天煤矿在煤炭开采过程中常常引起地表塌陷，导致地表建筑物遭到严重破坏，河流干涸，植被枯死等深层次的问题，这些问题缺乏综合治理，久而久之便造成煤炭企业周边地区生态环境的恶化。

由此可见，发展循环经济，实现可持续发展已成为煤炭企业当前亟须解决的问题。因为只有发展循环经济，才能有利于提高企业的竞争力，收到良好的经济效益、社会效益、环境效益，也只有发展循环经济，才能为工业化以来的传统经济转向可持续发展的经济提供战略性的理论模式，才能从根本上消除长期以来环境与发展之间的冲突。

二、翟镇煤矿发展循环经济的探索与实践

山东能源新矿集团翟镇煤矿作为一个地质产量并不丰富，且人员多、包袱重的煤炭生产企业，已逐渐认识到，企业要想获得长期生存与发展，只有发展循环经济才是出路。基于这一认识，在近几年的发展中，翟镇煤矿始终坚持科学发展的思路，积极探索发展循环经济的新思路、新模式，走出了一条发展循环经济的新路子。

1. 合理配置煤炭资源，完善监管体系，实现矿井有序开采

我国能源资源丰富，但人均占有量却比较落后。就煤炭资源而言，我国煤炭资源总量列世界第3位，但人均占有量却只占世界平均值的55%。为此，人们越来越认识到资源的重要性，认识到能源的战略地位，特别是对煤炭资源的后备储量，引发了新一轮的探矿权和守矿权的争夺大战。拥有资源的地方政府囤积居奇，与煤炭生产企业多方接触，讨价还价；众多的煤炭生产企业则抱着侥幸心理四处出击，像没头苍蝇一样东奔西撞。在外部占有新煤田的个别企业在强大的利益驱使下，只注重经济效益，只想在最短的时间内，以最小的投入换取最大的利润，根本不可能去考虑节约资源和重视环保以及生态平衡，从而给国家财产和当地生态环境造成了重大损失。因此，像我们这样资源贫乏的大国，一定要吸取过去“一哄而上，一哄而下”的教训，对煤炭资源的后备储量，从技术上、经济上综合论证，强化整体规划，合理配置资源，实现有序开采。即使对于现有生产矿井，也要加强储备监管，千方百计提高回收率，最大限度地减少资源浪费。

目前，国家也逐渐认识到了这一问题，在煤炭工业“十一五”发展规划中，煤矿建设由“新建为主，整合为辅”转变为“整合为主，新建为辅”，这是“十一五”规划的一大亮点，对于促进煤炭企业实现可持续发展具有重要意义。另外，“十一五”煤炭行业结构调整主要目标中明确提出，要提高煤矿生产技术水平和资源采出率……大、中型煤矿采煤机械化程度要分别达到95%、80%以上，小型煤矿机械化和半机械化程度达到30%以上，全国煤矿资源采出率达到40%以上。围绕这一目标和要求，近几年来，翟镇煤矿把提高煤炭资源采出率作为重点，不断加大煤炭资源采出率管理工作力度，并积极推广应用新技术、新装备，依靠科技进步提高资源采出率。该矿先后利用槽波分析和坑透等新技术准确预测工作面断层产状，对于落差小于煤层厚度的断层采取预先掘进巷道措施，减少了资源损失；在地质条件稳定并保证安全的前提下，减少阶段煤柱，最大限度采出；积极进行系统优化，在采区设计、工作面布置等方案中着重考虑资源回收因素等，都收到了良好的效果，企业也因此荣获山东省煤炭资源采出率示范单位和首批国家级绿色矿山试点单位、煤炭工业双十佳矿井、煤炭工业环境保护优秀企业、煤炭工业节能减排先进单位等多项荣誉称号。

2. 创新经营理念，发展洁净煤技术，增加产品品种，提高产品附加值和资源利用率

在过去粗放型开采模式下，多数煤矿仅提供单一产品——原煤。无论对什么样的用户、什么性

能的热机，大都是以不变应万变。这种现象所带来的直接后果，是造成煤炭产品附加值低，使企业经济效益受到影响，更重要的则是造成对煤炭资源的浪费，因为一些高热能的动力精煤、冶炼精煤等煤种的价值不能充分发挥。因此，提高煤炭资源利用率，一方面，作为煤炭消耗行业，应考虑改进热机效能，提高热力管网效率；另一方面，作为煤炭生产企业，则要大力发展洁净煤技术，发展选煤、配煤和型煤技术；有条件的还要逐步实施煤炭液化、汽化工程，提高煤炭加工程度，增加产品品种，提高产品附加值，满足不同类型用户的要求，为资源的充分利用提供基础条件。

近年来，翟镇煤矿不断创新经营思路，通过拓展产品发展空间，努力实现煤炭资源利用率最大化和企业效益最大化目标。为此，该矿在矿井投产之初就建设了一座年设计入洗原煤能力 120 万 t 的矿井型炼焦煤洗选厂，生产工艺主要采用原煤混合跳汰、煤泥浮选、尾煤浓缩压滤的联合工艺流程。随着矿井改革的不断发展和综采综掘机械化采煤技术的推广应用，为适应煤炭市场的新形势，2005 年该矿又投资 4500 万元对原跳汰系统进行重介工艺改扩建，采用天地科技股份有限公司承担的国家“十五”攻关课题——“原煤预先分级—双给介无压三产品旋流器—细粒煤有压三产品旋流器”这一重介选煤新工艺，使选煤厂的入洗能力由 120 万 t 提高到 190 万 t。同年，为降低工人的劳动强度，改善现场的劳动条件和作业环境，进一步提高煤炭资源的利用率，发展循环经济，该矿又投资 1200 万元对原煤准备系统进行动筛系统改造，利用动筛跳汰系统工艺替代传统的人工拣选系统，提高了拣选效率。另外，该矿还投资建设了生产能力为 35 t/h 的煤泥碎干工程，使煤泥增值为商品动力煤，解决了煤泥水分含量高、黏性大、可储装运性差、外销困难的问题，同时还解决了因煤泥露天晾晒对环境造成的污染问题。目前，该矿煤炭产品品种主要有动力精煤、泰山精煤、冶炼精煤、翟镇精煤等，产品出口韩国、日本等国家，实现了经济效益和社会效益双赢。

3. 抓好资源综合开发与环境保护

煤炭生产企业对环境的污染和生态的破坏主要来自三个方面，一是矸石，二是污水，三是塌陷地。矿井排放的矸石可分两类：一类为洗矸，即洗选厂的废弃物之一，这类矸石还有 7117.56 ~ 8373.6 kJ 的低热值发热量，仍具有利用价值；另一类为岩巷矸石，即在岩巷掘进过程中排出的矸石，不可燃烧。洗矸可作为煤矸石综合利用电厂的原料，后岩巷矸石利用则比较难，目前主要的利用方向是矸石烧结砖。开发矸石砖在技术层面已没有问题，主要问题是获得政策支持。因为在造价上略高于黏土砖，所以需要政府在税收上给予倾斜。目前，国内部分地市从环保特别是保护耕地考虑，已明令禁止使用黏土砖，这对发展矸石制砖项目非常有利。翟镇煤矿在矸石利用上主要有两个途径：

一是对于洗矸，该矿主要是用于发展矸石热电项目。2004 年，该矿为满足矿区供电、供热和提高煤炭综合利用率的需要，投资建设了一座总体规模为三炉两机的煤矸石综合利用热电厂。截至目前，该电厂已安全发电 2300 多万度，供气 12 万 t，取得了显著的经济效益和社会效益。另外，该电厂还与一家水泥厂签订了灰渣利用协议，把电厂产生的灰渣作为生产硫酸盐特种水泥的辅助材料全部被综合利用。通过出售灰渣，每年还可为企业增加一笔可观的收入。而对于较难利用的岩巷矸石，该矿则是致力于研究矸石充填项目，即把采煤过程中产生的岩巷矸石经粉碎后，重新充填到井下采空区内。这样既可实现矸石不上井，节约大量的人力物力财力，同时，把矸石回填到采空区内，还可避免因井下采空造成的地面塌陷带给生态环境影响的问题，可谓一举多得。

二是对于矿井污水，翟镇煤矿则是大力发展污水循环利用项目。该矿洗选厂建成时有两台压滤机处理选煤废水，为了适应原煤入洗能力增加的需要，该矿先后购进两套进口压滤系统，使压滤能力提高到入洗能力的1.3倍，保证了洗水闭路循环，实现了废水零排放。该矿生活污水处理设施采用活性污泥二级生化处理工艺，污水经处理后可达到选煤水水质标准，成为选煤补充用水的重要水源。该矿还把井下清洁奥灰水经处理后用于职工洗浴，其余矿井水用于井下防尘，从而避免了井下用水外排。

因煤炭开采造成的地面塌陷，是煤炭生产企业对生态环境造成破坏影响较大的一个方面。同时，因地面塌陷还带来了一系列的社会问题，如塌陷地赔偿、环境破坏处罚等，这在一定程度上增加了煤炭开采成本。如何治理和利用好塌陷地，是令煤炭生产企业比较头痛的问题。近年来，翟镇煤矿也遇到了这一问题。该矿因常年开采，矿区附近地表下沉严重，造成百亩良田减产绝产，每年都要为此支付较大数额的赔偿费用。为避免资源的闲置浪费，改善当地生态环境，该矿不断加大矿区塌陷地生态环境的治理力度，与当地政府就联合开发塌陷地达成协议，先后开发塌陷地百余亩，种植速生毛白杨、金叶女贞、瓜子黄杨以及大豆、中草药等经济作物，还利用绝产地建起了鱼塘、养鸡场、养牛场等。通过对塌陷地生态农业复垦，使土地得以合理布局，由传统农业发展为农、林、牧、副、渔一体化，既改善了当地生态环境，又为企业增加了新的效益增长点。

三、对发展循环经济的几点思考

从国内各个煤炭企业以及翟镇煤矿近几年发展循环经济的情况来看，发展循环经济，实现科学发展，还需要很长的路要走，因为在一部分煤炭企业，发展循环经济还仅仅停留在表面上，如上几个电厂或建材厂，延伸一下煤炭产业链，尽管取得了一定的经济效益和社会效益，但距离真正的循环经济还有一定的距离。因此，煤炭企业在发展循环经济时，还要注意建立相应的保障机制，用制度和机制来促进循环经济向着更加科学健康的方向发展。

1. 要建立与完善舆论引导机制，增强发展循环经济的意识

注重强化对各类人群的环境保护意识和循环经济意识的教育，按照面向社会、面向公众、面向决策层的原则，采取多种形式，宣传发展循环经济的重要意义，倡导新的生产生活方式，逐步提高全民参与的积极性，树立循环经济理论，形成良好的舆论氛围，使发展循环经济成为企业和个人的自觉行动，从而坚定不移地发展循环经济，走可持续发展之路。

2. 要建立科学规划机制，实现有序发展

煤炭生产企业发展循环经济，统筹规划、合理开采、提高资源回收率是关键。因此，煤炭企业要按照立足实际、积极探索、因地制宜、循序渐进的原则，结合自身实际，认真组织研究制订发展循环经济的中长期规划，明确发展思路、目标、要求和工作措施，制订具有科学性、前瞻性、可行性的规划方案，以科学的规划指导循环经济的发展。

3. 要进一步建立健全政策、法规、机制，促进企业发展循环经济

要从多个渠道建立相关激励机制，倡导发展循环经济。激励机制主要包括政府（或相关领导部门）激励政策（如对治理塌陷地的奖励政策）、税收优惠政策等，通过这些政策，提高企业发展循环经济的积极性。要探索建立相关的支撑体系，包括用于消除污染物的环境工程技术、用于进行废弃物再利用的资源化技术、生产过程中降低废弃物生产绿色产品的清洁生产技术等，通过机制的转变促进企业发展循环经济。

绿色新材料产业战略决策与实施

河南煤化焦煤公司　杜兴林　彭　实　徐仲有

一、新材料产业园建设的背景

（一）新材料产业及国家有关产业政策

新材料技术是21世纪三大关键技术之一，是发展航天、信息、能源、生物等高新技术的重要物质基础，已成为全球经济增长的源动力和各国提升核心竞争力的焦点。而化工新材料作为新材料中最重要的组成部分，对国民经济特别是高技术领域及尖端技术有重要作用。随着化工新材料在技术上的突破，规模化生产导致成本大幅下降，价格已为民用产品所接受，加上化工新材料具有耐高温、低温、耐腐蚀、抗老化及强度高、耐摩擦等优异的性能，目前已广泛应用于电子、汽车、建材等领域。中国经济的高速发展使得新材料的需求大幅度增长，是中国GDP增长的几倍。

在当今能源紧张，环境压力日趋增大的情况下，太阳能光伏发电是将太阳能转换为电能的高端技术产业。作为一种可再生的清洁能源，它不会产生污染和噪声，而且用之不竭。太阳能发电因其清洁性、绝对的安全性、资源的相对广泛性和充足性、长寿命等其他常规能源所不具备的优点，被认为是21世纪最重要的新能源，是各国鼓励发展的高技术产业。世界光伏工业近年来保持着年均30%以上的高速增长，根据专家预测，光伏发电将在21世纪前半期超过核电成为最重要的基础能源之一，到2050年太阳能发电将占全球总能耗的20%；到21世纪末，太阳能发电将在能源结构中起到主导作用。

2010年10月国务院颁布的《国务院关于加快培育和发展战略性新兴产业的决定》，将新材料、新能源（包括光伏发电）等七大产业列为现阶段重点培育和发展的战略性新兴产业。

（二）河南煤化焦煤公司（简称焦煤公司）新材料产业发展情况

经过100余年的现代化开采，焦煤公司所属的焦作矿区浅部煤炭资源已近枯竭，深部资源由于水大、瓦斯大、顶板破碎，且占压严重，开采难度大、成本高，企业的生存、发展遇到了严峻的考验。因此，充分利用现有的煤炭资源优势，大力发展非煤产业，实现煤炭产业与非煤产业齐头并进，顺利实现过渡，是焦煤公司发展的必然选择。经过多年来的市场拼杀，焦煤公司非煤产业发展已经具有一定的基础，并占据了焦煤公司经济全局的半壁江山。焦煤公司非煤产业原有三条产业链，分别是“煤—电—冶”、“煤—电—建”、“煤—电—化”。“煤—电—冶”产业链受成本、市场、环保等方面限制，一直在萎缩。“煤—电—建”产业链由于产品科技含量低，准入门槛低，市场竞争激烈，效益一般，且多是最终产品，发展余地不大。唯一具备做大做强基础条件的是“煤—电—化”产业链。但化工产业原有年产2.5万t烧碱生产线由于城市发展和国家产业政策调整，面临着即将关停的命运。为此，焦煤公司按照科学发展观的要求，积极探索新兴产业发展之路。2008年5月，焦煤公司经过认真调研，选择与氯碱化工产业具有紧密联系的多晶硅产业作为产业转型的突破口，在焦作市西部工业集聚区开工建设年产1000 t多晶硅项目，当年年底建成投产一期年产300 t多晶硅生产线，配套年产2000 t气相白炭黑生产线于2009年5月建成投产，在延长多晶硅产业链的同时也有效解决了其副产四氯化硅带来的安全和环保问题。同时，搬迁建设20万t/a离子膜烧碱项目也在紧锣密鼓地展开。

焦煤公司多晶硅产业起步后，国内多晶硅产业也在快速发展，工艺技术不断提高，企业在规模和技术方面面临着巨大的竞争压力，20万t/a离子膜烧碱项目也面临着下游耗氯产品如何避免同质化竞争的抉择。为此，焦煤公司在加快实施1000 t/a多晶硅二期工程、20万t/a离子膜烧碱、2万t/a三氯氢硅等项目的同时，借鉴发达国家先进的发展理念，围绕多晶硅、烧碱产业，以国家产业政策为导向，以建设绿色产业园区为目标，积极研究发展相关新材料产业，构建产品紧密结合、资源互补利用、产业共同发展的现代产业体系。

二、新材料产业园发展思路与目标

新材料产业园紧扣国家“十二五”加快培育新材料和新能源产业的战略布局，紧贴河南省加快新型工业化、构建现代产业体系的发展导向，以“调整产业结构布局，打造高新材料园区；发展循环经济模式，实现高效清洁生产”为总体指导思想，着力打造三条新材料产业链：一是以氯碱、高纯三氯氢硅、高纯氯硅烷、环氧氯丙烷及环氧树脂、氯化法钛白粉等项目形成的氯产品产业链；二是以多晶硅、气相白炭黑、有机硅、硅橡胶等项目形成的硅基材料产业链；三是以多晶硅、单晶硅、单（多）晶硅切片、太阳能电池片、电池组件等项目形成的光伏材料产业链，形成“纵向闭合、横向耦合”产业共生系统。最终在“十二五”期间打造成以多晶硅、气相白炭黑、有机硅、高温硅胶系列为基础，环氧树脂、高品质钛白粉等功能材料为发展方向的化工新材料产业园。

新材料产业园以氯碱、多晶硅装置为核心规划了12个建设项目，总投资198亿元，总占地面积4000余亩。目标是到2015年年末，新材料产业形成年产2万t多晶硅、30万t烧碱、2万t气相白炭黑、10万t有机硅、1万t硅橡胶、6万t三氯氢硅、15万t环氧氯丙烷、8万t环氧树脂、4万t钛白粉、1000 MW单晶硅硅片、1000 MW多晶硅硅片、300 MW太阳能电池与组件规模。新材料产业年销售收入超过300亿元，利税60亿元以上。

三、主要做法

按照科技含量高、经济效益好、资源消耗低、环境污染少、人力资源优势得到充分发挥的新型工业化发展模式的要求，焦煤公司在新材料产业研究与应用方面借鉴了国际同行业先进的发展模式和经验，创新规划了新材料产业园，具有国内独有的特色。

（一）推进产业循环网络化

坚持把新材料产业研究与发展循环经济、节能减排结合起来，延长和拓宽循环产业链，形成循环工业链网。

在氯产品产业链中，以30万t烧碱项目为基础，其产品氯气作为下游高纯三氯氢硅、环氧氯丙烷及环氧树脂、氯化法钛白粉等项目的原料；在硅基材料产业链中，高纯氯硅烷、多晶硅、气相白炭黑、有机硅、硅橡胶等项目物料互供；多晶硅、单晶硅、单（多）晶硅切片、太阳能电池片、电池组件等项目自上游到下游形成了一条完整的产业链。

在三条产业链项目与项目之间按产品链及产业网络关系有机组合，形成了循环产业链网，较好地实现了物料互供、资源共享。烧碱的耗氯产品三氯氢硅可直接作为生产多晶硅的原料使用，而生产多晶硅的副产物四氯化硅可直接用来生产气相白炭黑和高纯氯硅烷；同时，生产气相白炭黑的副产物氯化氢等物质可循环投入到离子膜烧碱生产系统中重新合成三氯氢硅，作为有机硅产品生产的原料，离子膜烧碱的副产物氢气又可以供多晶硅、气相白炭黑、高纯氯硅烷项目使用；有机硅副产物一甲基氯硅烷也可以作为气相白炭黑的原料；白炭黑和有机硅单体结合后生产高端下游高端产品硅胶，形成上下游产业链条，大大减少物流成本，提升市场竞争力；多晶硅生产装置产生的含盐废水可用于离子膜烧碱的生产用水。各条产业链生产系统实现物料的充分循环利用并互为依托，降低了资源的消耗和减少排放，相互大幅降低生产成本，提高了整体效益。

（二）建设绿色生态环境

园区建设坚持以生态工业为理念，使传统的工业发展模式向生态化方向发展。主要采用物质循环利用和工业共生等手段来提高资源利用率，大力开展清洁生产、资源综合利用，充分进行资源的有效利用，减少资源、能源消耗，降低环境污染，提高综合效益。通过物料替代、优化工艺、产品升级等清洁生产措施，对污染物进行减量化，并开展废弃物资源综合利用，最大限度地减少生产过程对环境的影响，提高园区的生态效率。

园区规划项目单位产品资源消耗指标均满足国家有关准入条件中对于能耗的要求。离子膜烧碱项目综合能耗为295 kg标煤/t，小于350 kg标煤/t的准入条件；多晶硅项目的还原电耗、综合电耗及四氯化硅、氢气、氯化氢的利用率均达到工联电子〔2010〕137号《多晶硅行业准入条件》中关于资源回收利用及能耗的指标要求。采用甘油法生产环氧氯丙烷的废水排放只有传统丙烯法工艺的1/40，氯化法钛白粉生产工艺相比多数企业普遍采用的硫酸法生产工艺，可减少大量的废渣和副产物硫酸亚铁。园区氯化氢、氢气、四氯化硅、一甲基氯硅烷、淡盐水等五种副产物由“废”变成“资源”，全部循环利用，基本做到无“三废”排放。据测算，新材料园区年可利用氯碱副产氢气9346万m^3、氯化氢循环利用10.78万t，含盐废水26.4万t。这样在提高资源综合利用率和经济效益的同时也保护了生态环境。同时，园区物料和副产物全部通过管道运输，大大降低了成本和运输的危险性。测算园区循环利用年综合效益可达到2.6亿元左右。

（三）项目规模大型化

为提高规模效益并建立长期的市场竞争力，园区项目立足长远，以国内龙头企业为标杆，形成了较强的规模优势。年产15万t甘油法环氧氯丙烷、2万t气相白炭黑、30万t高纯氯硅烷规模均为目前国内最大，2万t多晶硅、20万t有机硅、1万t高温橡胶、4万t氯化法钛白粉项目规模位居国内前列。

（四）采用国际、国内的前沿高端技术并加强技术创新

技术是企业生存之根本，是新材料产业发展的重要保障。新材料产业园的每一个项目在设计阶段，都以立足于当前最先进、可靠的技术和工艺设备为原则，积极引入并大胆应用国际、国内先进的生产工艺、循环利用技术、节能技术、自动控制技术和信息技术等，实现项目本质的先进性和安全性。园区企业之间由于产品之间密切的关联形成相互依存的关系，在以后的建设和生产过程中立足科技创新，通过不断的技术改进和研究，不断降低生产过程中的资源和能源消耗，降低污染物的排放，并逐步形成自己核心的工艺技术，产品质量不断提高，在市场上的竞争能力不断增强。

(五) 实施差异化竞争，突出比较优势

产品同质化不可避免地将带来价格竞争，直接关系到新上项目的生存和发展。只有通过差异化竞争，才能在白热化的市场竞争中取得一席之地。为减少同质化竞争，确保效益，园区立足坚持发展高端产品，提高竞争优势。比如目前国内氯碱行业普遍以聚氯乙烯作为烧碱生产的氯平衡产品，造成聚氯乙烯国内市场的竞争环境日益激烈，严重影响了企业经济效益的提高。而园区在实施20万 t/a 离子膜烧碱项目时，对氯平衡产品的选择进行了充分的市场调研和产品策划，摒弃了常规配套的聚氯乙烯产品，而以三氯氢硅、环氧氯丙烷、环氧树脂、氯化法钛白粉等产品作为耗氯产品，以氯碱装置为核心，打造以环氧氯丙烷、环氧树脂、氯化法钛白粉等项目形成的氯产品新材料产业链。其中：三氯氢硅纯度由目前国内普遍的98% ~99% 提高到99.999% ，可用于电路级和电子级多晶硅生产；环氧树脂可用于电路板生产；氯化法钛白粉可生产高档油漆和涂料。另外，气相白炭黑达到纳米级，产品质量可替代进口。通过实施差异化竞争，突出比较优势，为企业发展带来先机并奠定基础。

四、实施效果

(一) 园区产业初见成效

目前，焦煤新材料园区已建成投产年产1000 t 多晶硅、4000 t 气相白炭黑生产线。其中气相白炭黑产品达到纳米级，是河南省唯一一家高品质纳米级产品，该装置的运行也填补了河南省内的空白，自投产以来在市场上供不应求，30% 出口国外，实现了环保效益经济效益的双赢利。多晶硅一期生产线产品质量达到国家标准，二期生产线引进了美国 CDI 公司的尾气处理和美国 Suntek 公司的氯氢化技术，成为国内少有的掌握此项技术的多晶硅生产企业，可以大幅度降低生产成本。多晶硅和气相白炭黑项目联动，相互促进彼此的发展，也带动了新材料产业的发展。2009 年、2010 年分别生产多晶硅 309 t、360 t，气相白炭黑 418 t、1769 t，实现销售收入 11574 万元、19411 万元，利润 1000 万元、2059 万元。

(二) 产业网络即将形成

年产 20 万 t 的离子膜烧碱项目已投入试生产，投产后其副产的氢气可用于多晶硅、气相白炭黑生产，有效降低多晶硅和气相白炭黑的生产成本。年产 15 万 t 环氧氯丙烷、8 万 t 环氧树脂项目一期工程正在建设，年产 30 万 t 高纯氯硅烷、20 万 t 有机硅和园区配套供热中心等项目已做好前期工作，并于 2012 年年初开工建设，产业网络的形成将提高产品的市场竞争优势。

综上所述，焦煤公司通过对新材料产业的研究与应用，拉伸了产业链条，发展了循环经济，实现了项目联动，为建设资源节约型、环境友好型的现代产业体系打下了坚实基础。

浅议以五大核心要素为架构煤炭主业新型化发展的探索实践

开滦集团钱家营矿业分公司

郑庆学　魏金奎　郝毅君　宋国庆　安　鹏

钱家营矿业分公司（简称钱矿公司）作为开滦集团的国有大型煤炭企业，“十一五”期间，以建设全国一流现代化矿井为目标，在加快结构调整、转变发展方式、推进煤炭主业新型化发展的转型实践中，紧紧扭住“集约可持续发展、本质安全型发展、‘三化’矿山建设、融入区域建设、产品优化调整”五大转型发展核心要素，走出了一条煤炭主业新型化发展的成功之路，有力推动了传统煤炭主业新型化发展和转型升级，促进了企业的全面、协调、可持续发展。

一、秉承集约化、可持续的煤炭生产理念，把追求生产要素的最优化作为探索新型生产模式的核心，走出了一条产能效率、资源利用持续放大的科学化发展之路

按照开采集约化、资源高回收、发展可持续的新型生产理念，把追求生产要素的集约化、最优化作为推进矿井新型化发展的重要手段，在设备选型、工艺优化、综采管理上下工夫、抓突破，大胆探索切合本企业实际的最优生产模式，实现了煤炭生产管理的三个梯次升级。坚持“三高一大”设备选型，实现安全高效队建设的梯次升级。把加强设备升级改造作为促进矿井集约化生产、提升工作面单产效率的主攻方向，以贯彻高性能、高强度、高可靠性、大功效的设备选型思路，先后引进多套电液控高端液压支架、电牵引遥控采煤机以及与之相配套的刮板输送机，机组功率由170 kW提高到1605 kW，支架初撑力由320 kN提高到9600 kN，刮板输送机功率由160 kW提高到525 kW，在机组截深、支架工作阻力、流量和配套运输等方面实现了设备能力的新突破。2009年作为开滦第一条高端综采作业线的1376工作面，率先尝试了自动化开采，工作面日产最高达到8800 t，月产最高达到25.6万t，作业线达到年产300万t水平，四个综采队分别达到了“特一行一省”新突破。推行“双定”、“双优”生产模式，实现单产效率和资源回收率的梯次升级。为破解点多面广、开采效率低、浪费资源等弊端，大胆提出“双定”集约化生产模式，即每一个综采队相对固定在一个煤层开采，便于掌握煤层开采特点，减少地质条件变化对生产的影响，彻底改变了依靠多头生产来提高产量的生产模式。综采队由5个减少到4个，工作面单产和原煤全员效率分别达到13.5万t/月和15.45 t/工，实现了生产组织模式上的大转型。针对工作面走向短，搬家单面次数多，直接影响生产稳定的局面，实施了“双优”生产模式。围绕优化设计，通过重新划定生产布局，实施跨石门开采，使采面走向由原来的300～800 m延长到了1000～2000 m以上，工作面面长增加到200 m以上。原煤生产由300万t/a上升到500万t/a。推行生产链式服务，实现综

采管理科学化水平的梯次升级。坚持从抓好大生产准备工作出发，积极打造开拓服务掘进、掘进服务安装、安装服务回采的生产准备链式工作体系，保证了生产工作的高效、优质、顺畅。通过链式服务模式运作，掘进进尺每年保持在2.4万m以上，高质量掘交工作面10个以上，每年掘交煤量达600万t以上，安装工作面质量合格率达到了90%以上，实现了综采队当天进掌当天出煤，并且始终保持有两个以上备用工作面，有效提升了综采管理科学化水平。

二、秉承以安全统领生产经营各项工作的理念，把零三违、零伤害、零事故作为企业安全发展的不懈追求，走出了一条安全绩效水平逐年攀升的本质型安全矿井建设之路

安全发展是落实科学发展观的题中应有之义，钱矿公司从实现好、发展好、维护好员工切身利益出发，用新理念导向安全统领地位，用新思维导向安全管理，用新追求导向目标落实。安全统领，导向安全发展的新理念。围绕实现安全与其他工作同步发展，把“安全第一、生产第二”的安全理念具体化，提出了以安全统领生产经营工作的指导思想，形成了公司特色的安全统领观，并毫不动摇地以此导向企业安全管理。坚持把安全统领形象化，大力倡导“三个更加”：从思想上更加重视，责任上更加明确，落实上更加主动；坚持把安全统领长效化，科学摆正“三个关系”：安全与生产、安全与效益、安全与稳定的关系；坚持把安全统领制度化，全面实施“三严”管理：严格管理、严格检查、严肃考核。由此带来公司上下对安全工作的空前重视和安全思维、行为的深刻变化，安全生产效果产生了质的飞跃。“十一五”期间，实现了安全生产1000天，跨年度安全生产3周年，4个安全生产自然年，安全产煤2300多万吨，创出建矿以来安全生产最好水平。特色管理，导向安全发展的新思维。一是充分发挥非正式组织在促进安全生产中的重要作用，以感情和友谊为纽带，采取自愿结组，共同签订安全协议的方式，在集团公司率先成立了安全互保小组，实行月度考核奖惩，依靠责任连带、利益共享，形成了全员抓安全的合力，每年都有98%以上互保小组实现安全互保。二是开展特色安全主题活动。注重分析把握不同时期安全工作特点，积极组织开展主题安全月活动，确保了以月份小目标保证全年大目标的实现。三是建立各级管理人员安全绩效档案。出台了《关于强化班组安全管理发挥班组长安全把关作用的实施意见》等多项管理规定，把管理人员安全思想、安全履职等情况录入微机进行分析考核，提升了管理人员的责任意识和执行能力。“三零”目标，导向安全发展的新追求。钱矿公司把安全生产从认识和指标上提升到一个更高层次，提出了更加具体化的“三零”（零三违、零伤害、零事故）目标，并通过构建“安全立体防护网”保证目标兑现。即借助网络教学、3D事故案例模拟等信息化手段加强教育培训，依托员工行为积分考核约束员工行为，通过建立事故责任追求机制强化现场管理，实现了员工自保、岗位自律、班组自控、区队自管、专业自监的良好氛围。

三、秉承自主创新、科技兴企的理念，把自动化、数字化、信息化矿山建设作为提高企业核心竞争力的战略举措，走出了一条依靠提高科技贡献率助推企业腾飞的快速发展之路

以建设“三化”矿山为目标，积极引导和支持创新要素向企业集聚，通过建立与完善自主创新动力机制，实现了开采自动化、安全监控数字化、现场管理信息化的大跨越，为企业新型化发展

提供了科技动力。建立与完善科技创新动力机制。制定出台了《钱矿公司技术与管理创新考核管理规定》、《技术创新奖励实施办法》、《技术创新经理特别奖》等多项科技创新管理制度。对高技能人才在风险效益奖、技师补贴等方面提高档次，体现了技术工人在企业中的地位和技术价值；对员工在技改创新上按照所产生的效益比例给予300～2000元的奖励；开展了评选科技带头人活动，每年从10个专业组中各选出1名科技带头人，并给予1200元的奖励；对入矿后表现良好的管理技术人员一次性付给2万元的安家费，营造了人人竞相创新的浓厚氛围。“十一五”期间，累计投入科技创新基金500万元，发放创新奖励480万元，先后完成了“300万t安全高效作业线”、“-850瓦斯综合治理与研究”、“大型液压支架组装平台”等32项技改项目，矿井科技贡献率达到了85%。以自动化实现减人提效大跨越。主动实施了三大亮点工程。一是综采效率提升亮点工程。在1376W工作面引进集团公司第一套自动化综采设备，实现了综采支架自移、乳化液泵站介质自动配比、后路运输集中控制，收到了事故少、用工少、消耗少，效率高、产量高的效果。二是主井效率提升亮点工程。投资1000多万元对主井液压站、装卸载系统进行了改造，实现了计算机控制自动提升，使主井提升能力由原来的每小时34钩提升到36钩，年创效5000余万元。三是皮带集中控制亮点工程。对井下11部主运皮带进行了集中控制改造，完善了皮带保护，投入了软启动装置，实现了皮带机的远方控制和自动化监控，皮带司机由原来的91人减少到66人，运力由原来的每小时1000 t提升到每小时1400 t。以数字化实现本质安全大跨越。一改过去靠人工检测和目测的旧方法，追求依靠科技手段实现快速反应和应急处理。在瓦斯管理上，建立和完善KJ4N煤矿安全监控网络，实现了技术参数、故障预警、数据记录和分析等高速传输和实时监控监测；在降尘管理上，应用了光电喷雾装置、负压二次降尘以及粉尘浓度超限自动报警仪等先进设备。在顶板管理上，借助物探等先进手段，以及巷道顶板离层报警系统，分析离层检测结果，使之超前指导生产。在此基础上，将主副井提升、通风、排水、供电、皮带运输、选煤等19大系统纳入数字化管理之中，形成覆盖井上下整个系统、整个流程的立体环网和综合调度指挥平台。《煤矿井下重大事故危险源识别、检测及灾变预测、预警技术的研究》被国家工信部正式批准为“唐山暨曹妃甸国家级信息化和工业化融合试验区”重点项目。以信息化实现管理提升大跨越。率先在井下投入使用了CDMA无线通信和煤矿井下人员定位系统，实现井上下的自由通信和图像的无线传输，使现场管理更加快捷顺畅；全面推行了井上下考勤管理系统，使员工考勤更加规范化；在选煤厂应用了工业电视监控系统，将开、停车时间由原来的50 min缩短到15 min；构建市场精细管理的网络化，实现了材料消耗、资金管控的网上日常监督控制和管理、月度数据的归集与核算、年度的统计汇总编制。特别是内部结算子系统使各市场部之间、各单位之间的横向间结算，实现了网上提交、网上确认，为经济运行质量的提升夯实了基础。

四、秉承低碳、绿色、生态、多元的理念，把资源的有效挖潜和充分利用作为增强企业发展后劲的恒久动力，走出了一条主动融入区域经济互惠共赢的和谐可持续发展之路

绿色、低碳发展是落实科学发展观的具体体现。不走绿色低碳之路、不主动融入区域经济发展之中，企业就难以实现和谐发展和可持续发展。钱矿公司围绕构建资源节约型、环境友好型、互惠共赢型企业，着力在节能减排、储量挖潜、城企互建等方面下工夫、做文章，推进了企业内外部环境的日益优化和发展后劲的不断增强。坚持低碳环保，建设绿色矿山。加大主要耗能设备和矿井自

动化改造，推广应用了高效节能设备、工艺和技术，开展了矿井提升、供电、排水三大系统自动化升级改造创效工程，提高了设备运行效率和安全系数，年节约电能30%以上；投资近亿元建设净化水厂和选煤厂煤泥水回收系统，年处理各类污水2100万t，实现循环利用1780万t，创经济效益288万元；积极推进煤场挡风抑尘墙项目的落实，降低对矿区环境的污染；对矿内燃煤锅炉全部进行脱硫除尘技术改造，脱硫效率达到90%、除尘效率高达95%以上，年节能5%～10%，取得了良好的经济效益和社会效益。加强储量挖潜，有效利用资源。从提高资源利用率入手，以优化设计和储量挖潜为宗旨，围绕提高资源采出率、提高精煤产出这一课题，进一步优化实施“薄煤层与厚煤层、正常区域与边角煤”的动态协调开采，积极优化生产布局，不断加强薄煤层和边角煤储量挖潜，增强企业发展后劲，确保公司持续发展。“十一五”期间，先后挖潜6个可采工作面，解放矿井呆滞煤量239.2万t。对5槽薄煤层综合机械化开采进行了分析论证，在全集团第一家进行了薄煤层储量挖潜的开采试点，年产原煤达到100 t以上。融入区域经济，推进共赢发展。抓住地方政府加快小城镇建设的机遇，把融入地方经济、加快小城镇建设作为推进搬迁工作、促进企业可持续发展的战略任务来抓，协助钱营镇进行小城镇建设的长远规划，利用地方政府平改楼剩余土地解决搬迁用地需求，企地共赢的全新模式迅速得到了地方政府的极大关注，达成了“政府出面、企业出钱、和谐共建、推进搬迁”的总体工作思路，破解了搬迁工作的难题，实现了企业与政府、村民的多方共赢：一是村民满意。近年来地企合作出资建房29.94万m^2，1830户村民搬进了新楼房，提高了生活质量。二是政府满意。通过小城镇建设树立了政府形象，促进了经济发展，减少了各类矛盾，保持了地方稳定。三是企业满意。解决了制约矿井可持续发展的重大难题，已经成功完成了林子里、小屯、岭上、黄各庄的搬迁工作，累计节省征地资金1300多万元、解放矿井资源储量达7941万t。

五、秉承品牌经营和大精煤战略理念，把优化产品结构调整、延伸产业链条作为打造新的经济增长极的有效途径，走出了一条以提高产品附加值谋求最佳经济效益的借势发展之路

钱矿公司致力于推进选煤厂跨越式发展与培育新的经济增长极有机结合，先后在产品结构调整、洗选系统升级、大精煤战略等方面大胆探索与实践，实现了产品结构“由单到多”、“由多到精”的升级突破和发展模式“由内向外”的全新跨越。推进产品结构调整，实现“由单到多”的升级。在国内煤炭市场极度疲软、供大于求的被动时期，坚持“走出去闯市场”与“沉下来调结构”双管齐下，以生产市场适销对路的产品、最大限度地满足市场需求为切入点，在全公司率先启动了洗选动力煤和深加工改造，实现了商品煤品种“由单到多”的历史性跨越，五大品种的动力煤分别保证不同客户的个性化需求，在全国煤炭市场极度疲软的困局下，企业实现了造船出海，逆势发展，开创了“市场竞争能力全面增强，市场占有率大幅提升，品牌美誉度显著提高，企业效益显著提升”的喜人局面。以系统升级为动力，实现“由多到精”的突破。针对市场对精煤需求大幅提升的实际，为实现效益最大化，钱矿公司主动出击，追求由动力煤向高附加值精煤的二次突破。为破解公司原煤丛属“极难选煤种”的重大技术难题，以“追索世界顶尖、攻克洗选难关”的战略思维为导向，经与多方专家咨询，自筹资金9300万元，委托平顶山选煤设计院引进了当时世界顶尖技术的美国、澳大利亚等国家的一流洗选设备，对公司原有波兰设备进行了最优化配套设计和升级改造，攻克了极难选煤种洗选优质精煤的技术难关，成功洗选出了9级以下6个不同品种

的精煤，原煤洗选能力提高近一倍，达到了700万t/a，跨入了全国“十佳”选煤厂和全国50强选煤厂行列。以“大精煤”战略为契机，实现“由内向外”的跨越。把利用好内外两种资源，实现洗选效益最大化作为落实集团“大精煤”战略的重要抓手，不遗余力地推进洗选加工体制改革。在洗选系统再次升级改造和洗选加工体制改革试点的关键时期和双重节点上，旗帜鲜明地提出“各项工作再紧一扣，改制、技改齐头并进”的工作总要求，做出了全力推进“三个一”的总部署。“抓好一个工程”即：精心组织好煤泥水系统改造和国家“863”课题研究，精煤回收率再提高2%以上。“加大一个力度”即：加大优质外来煤的入洗力度，合理配洗或落地外销，确保产品质量均衡稳定。“探索一个优配方案”即：采取走出去请进来、与科研单位合作等形式，探索有关煤种与钱矿公司原煤配洗的最优方案，为“大精煤”战略新型化发展实践提供了坚实保障。

经济结构战略调整浅析

淮南矿业集团有限责任公司煤炭经济研究会　李建荣　刘洪川

国家“十二五”规划确立未来五年以加快转变经济发展方式为主线，把经济结构战略性调整作为加快转变经济发展方式的主攻方向。坚持这一主攻方向，必须适应国内外形势新变化，立足中国经济增长新趋势，按照科学发展新要求，实施一些综合性、全局性、战略性的转变，推进结构调整取得重大进展。

一、从依靠投资和出口拉动向扩大内需转变

消费、投资和出口是拉动经济增长的“三驾马车”。进入21世纪以来，应该说内需是拉动国内经济增长的主体因素。但依靠投资、出口带动经济增长的成分过大，而且增速十分明显。

先看投资，2000—2008年，投资拉动的国内增加值占GDP比重年均增速为36%；实际增速年均占13.3%，低于出口2.3个百分点，超过消费6.7个百分点，2008年为15.7%，2009年猛增到18.9%。2000—2008年，投资拉动的国内增加值对GDP贡献率年均为42.4%，绝大部分年度在40%以上，2008年猛增到61.2%，2009年攀升到82%。2000—2008年，投资拉动GDP增长年均4.4个百分点，2008年拉动5.9个百分点，2009年拉动7.5个百分点。国际金融危机时期，中央政府投入4万亿元拉动经济，使中国经济一枝独秀，保持高速增长势头。大投资带来大发展。2010年，钢产量6.2亿t，同比增长9.2%；煤炭产量32.4亿t，同比增长8.9%；水泥产量18.6亿t，同比增长15.5%；发电装机达到9.6亿kW，同比增长10%。目前，部分产品产能过剩，如钢铁市场库存仍处高位，房地产行业泡沫增大，2000—2009年房地产业购地33亿m^2，只开发12亿m^2。

再说出口，2000—2008年，出口拉动的国内增加值占GDP比重年均为14.7%；实际增速年均为15.6%，均高于投资和消费。同期，出口拉动的国内增加值对GDP的贡献率年均为22.9%，最高年度达到35.5%。我国能源消耗的30%用于出口，每年多排放CO_2 10亿t。为扩大出口，我国提供宝贵的资源、廉价的土地和劳动力、优惠的税费政策，甚至不惜给予财政补贴，付出了巨大而惨重的代价。面向世界，中国已经发展成为世界制造业第一大国。

现在谈消费，2000—2008年，消费拉动的国内增加值占GDP比重年均为49.3%；实际增速年均为7%，在三大需求中增速最低。同期，消费拉动的国内增加值对GDP贡献率年均为34.7%；拉动GDP增长年均3.6个百分点。消费乏力的根本原因是居民收入偏低，政府、企业和居民收入分配结构不合理。初次分配领域，居民收入比重从1998年的50.8%下降到2007年的39.7%，政府收入比重从14.3%提高到14.8%，企业收入比重从34.9%提高到45.5%。再分配领域，居民收入比重从1998年的68.4%下降到2007年的57.5%，政府收入比重从18.1%提高到24.1%，企业收入比重从13.5%提高到18.4%。而且收入差距惊人，我国1%的家庭占全国财富的41.4%。绝大多数低收入人群手中钱少，不敢多消费。而没有经济实力，就难有购买力。

内需关系国计民生，是经济发展的重点，是可持续发展的依托。结构调整需要从依靠投资、出口向扩大内需转变，构建扩大内需长效机制，做到消费、投资、出口协调拉动。大的原则和方向

是，推动三次产业在更高水平上协同发展。第一产业平稳发展，加大农村基础设施投入，让农民富裕起来，巩固和加强农业基础地位。第二产业适度降低比例，提升制造业核心竞争力，发展战略性新兴产业，发展低碳经济和绿色经济，创新高端产品。第三产业加快发展，服务业占国内生产总值比重2009年仅为43.4%，而世界中等收入和高收入国家占比则分别是50%和70%。发展服务业是经济增长的一个重要动力源泉，越是走新型工业化道路，越是要推动服务业大发展。统筹城乡发展，积极稳妥推进城镇化，加快社会主义新农村建设，促进区域良性互动、协调发展。

二、从高消耗化石能源向节能低碳和发展新能源转变

当今世界，化石能源占比最高。化石能源资源不可再生，总有资源枯竭的时候。据联合国统计，现已探明的化石能源资源，煤炭可开采169年，石油可开采46年，天然气可开采65年。我国是能源消费大国，能耗占全球的15%，单位GDP能耗高于世界平均水平5倍，煤炭消费居世界第一，石油消费居世界第二。2010年，能源消耗总量32.5亿t标煤。其中，原煤产量32.4亿t，净进口1.46亿t；石油消耗4.55亿t。能源利用率低下，2006年能耗系数为8.89 t标准油/万美元，是世界3.03 t标准油/万美元的近3倍，分别是美国、日本、德国的4倍、8倍和5倍。高能耗造成高排放、高污染。我国每年碳排放超过60亿t。全球污染严重的20个大城市中，中国占16个。为此，必须适应全球气候变化新形势，加快构建资源节约、环境友好的生产方式和消费模式，逐步从高消耗化石能源向节能低碳和发展新能源转变，实现资源效益最大化和环境影响最小化。

一是优化产业布局。煤炭资源开发必须处理好东部、中部和西部关系，稳定东部，加大西部，重点开发晋陕蒙区，积极开发西南区，适度开发新甘宁青区。铁路运力受煤炭市场支配，煤炭运力不足将长期存在。应依据资源条件，适度实施耗能产业的西移北上。在水资源和煤炭资源丰富的西南、西北地区，加快开发火电，输往东部沿海。随着“南水北调”工程的实施，在煤炭资源比较丰富的北部地区可大力发展火电。一般性高载能产业原则上布局到能源资源丰富、环境容量较大的地区，降低能源流转成本，促进资源节约利用。

二是发展循环经济。淮南矿区是国家大型煤炭基地和煤电一体化基地之一，淮南矿业是国家第一批循环经济试点企业和中华环境友好型企业，坚持“一先进三保护”，即发展先进生产力、保护生命、保护资源、保护环境的发展方式，走科学发展、绿色发展、和谐发展之路，实现了产业大循环，矿井小循环。矿区煤电产业一体化，与上海、浙江实施煤电联营，电厂机组煤耗307 g/kW·h，居行业领先水平。原煤大部分入洗，洗精煤供钢厂，洗混煤供电厂，煤泥、煤矸石供低热值和煤矸石电厂，电厂粉煤灰供水泥厂，废气（CH_4）用来发电和民用，废水净化循环利用，废渣制砖和铺路，塌陷地生态修复，复垦造田，养殖种植。这一先进发展模式值得大力推广。

三是大力推进节能降耗。首先节约集约开发资源。我国煤矿平均资源采出率仅45%左右，小煤矿只有15%，应积极推进现代化大型矿井建设，加快现有煤矿技术改造，提高技术装备水平，促进煤炭产业转型升级，提高资源采出率。其次加快淘汰小煤矿等落后产能。加强重点工业、交通运输、建筑、商业和民用领域节能工作，坚决防止高耗能、高污染、低水平项目重复建设。最后加强煤炭需求侧管理，强化对电力、冶金、建材和化工等耗煤行业检测，实行单位产品能耗定额管理，鼓励按煤炭品种、用途合理分级利用，控制将炼焦用煤、优质无烟煤、化工用煤作为动力煤直接燃烧。

四是积极发展新能源。“十二五”期末我国非化石能源占一次能源消费比重达11.4%，实现这一目标需付出努力。稳步发展核电，现有核电装机要确保安全运行，抓好2540 kW在建核电项目

建设。我国现有风电装机4182万kW，世界第一，应抓住国家鼓励风电发展机遇加快发展。目前，太阳能利用普遍，发电量只有500亿kW·h。应确定并抓好一批光伏集中应用示范区、太阳能城市示范等项目建设，扩大太阳能利用。按照“不与民争粮、不与粮争地、不破坏环境”原则，科学开发生物质能，发展秸秆、畜禽养殖场沼气、垃圾填埋场沼气发电等。坚持有序开发利用水能，积极利用地热能，逐步提高新能源比例，减少化石能源消耗。积极发展分布式能源，提高能源综合利用效率。

三、从简单粗放加工向高技术含量转变

随着国际制造业转移，我国已成为人们所说的“世界加工中心”。一般来讲，制造业加工费仅占20%。我国制造业基本上是有产业无技术，只能成为“代工中心”，是给别人打工的，处在产业链水平的低端上，挣得价值只是20%的加工费，其余80%被发达国家和地区赚走了。随着对外开放水平的提高，我国加工贸易业迅速发展，加工贸易出口占总出口的比重由1981年的5.1%上升为2007年的50.7%。2010年，产品出口占世界制造业出口的19.8%。为承接国际产业转移而发展起来的劳动密集型的低端生产能力，在世界金融危机袭来之后，深层次矛盾暴露无遗。因此，必须优化制造业结构，发展先进装备制造业，调整优化原材料工业，改造提升消费品工业，促进制造业由大变强。

就煤炭行业而言，应积极推进从简单粗放加工向高技术含量转变，振兴煤炭装备制造业。改革开放以来，我国煤炭装备制造业已经形成较为完整的体系，具有成套制造综采和综掘技术装备的能力。但必须承认，我国与世界先进采煤国家相比，自主创新能力不强，整体水平落后，主要煤炭装备产品的整体技术水平和性能指标大体落后10~15年，高水平设备一直跟不上发展需要，不得不大量依靠进口。随着我国煤炭市场形势好转，世界一些著名制造商高度关注我国煤炭工业现代化建设进程，正在或已经通过不同方式进入中国煤炭装备市场。我国煤炭装备制造业面临着新的机遇和严峻的挑战。

提升煤矿装备制造业，关键是在积极引进、消化和吸收的基础上，推进重大装备的国产化。在引进先进设备的同时，一要特别注重引进国际先进的关键技术与核心技术，二要注意防止加工制造企业一盘散沙、频繁与外商接触、互相争斗、多花冤枉钱的倾向。应坚持以我为主，为我所用，加强重大技术成套装备研发和产业化，推动装备产品智能化，不断提高自主创新能力。

提升煤矿装备制造业，要改变使用者和加工制造者机制上的分割。使用装备、实验装备有能力的企业和某些加工制造企业实施产权联结、产业联合、战略重组，提高产业集中度，使之发展成为我国煤矿装备的主要供应商。引导生产要素集聚，依托国家重点工程，打造一批具有国际竞争能力的先进制造业基地。

提升煤矿装备制造业，还必须利用提高技术标准、强化市场准入和监管等手段，对现有煤矿装备市场进行清理整顿，加快淘汰落后生产能力，优胜劣汰，改变“大而全”、“小而全”、低水平、适应市场慢、竞争力弱的现状，努力培育专业特色鲜明、品牌形象突出、服务平台完备的现代煤矿装备制造业集群。

落实“十二五”发展规划，从政府到企业都要把经济战略性调整当成一项紧迫的任务，切实转变经济增长方式。煤炭企业要注重优化产业布局，发展循环经济，推进节能降耗，并要振兴煤炭装备制造业，实现多元发展目标，以保障经济结构调整取得最佳成效。

推进开源节流　打造绿色矿山

山东能源新汶矿业集团孙村煤矿　和富平　岳公峰

山东能源新矿集团孙村煤矿是一个百年老矿。矿井历经6个水平的开采，目前开采深度已达1350 m，是亚洲第一深井。多年来，孙村煤矿紧紧围绕国家及全省发展低碳经济的要求，确定了“开源节流、管理精细、优化提升、绿色发展”的总体工作思路，将建设节约型企业贯穿于全年各项工作中。全面展开系统改造、开拓延深，相当于3年内再建一个“新矿井”的前提下，克服高温热害、冲击地压、环节多、条件复杂等诸多困难，通过加强效能管理，调整产品结构，优化运行质量，实现了产量不增效益增、成本不增能耗降的目标。

一、提高机械化装备水平，矿井深部挖潜能力持续增长

机械化装备的应用，是煤矿深部挖潜、资源利用最优化的必由之路。多年来，山东能源新汶矿业集团孙村煤矿充分分析采场条件，全面提高机械化装备水平，在短短3个月时间内，形成了3套综采、4套综掘、1套液压凿岩台车作业线连续生产的格局；回采工作面全部实现综采机械化，工作面由原来的4个减为2个半，回采专业人员由原先的1062人减少到目前的445人；重点接续工作面全部达到综掘机械化，生产掘进工作面个数由原来的9个减少到目前的7个，减少人员105人。通过实施新疆办矿，输出劳务100人；通过融资成立新公司，分流人员274人，使矿井原煤生产线人员减少1262人。矿井高产高效建设取得明显效果，单产、单进、全员效率分别同比提高22.5%、15.6%和10%以上。仅减员提效一项，就年节约人工及辅助成本1893万元。

二、优化开拓布局，实现合理集中生产

为了延长矿井服务年限，充分利用矿井现有生产系统，实现资源开采利益最大化，孙村煤矿结合矿区断层地质构造分布特点，将相邻矿井深部资源进行整合，扩大了矿井开采范围，为实现矿井合理集中生产奠定了基础；在此之上，不断进行采区系统优化，调整开采程序，使巷道尽量避开采动压力及留设煤柱形成的集中支承压力的影响，把巷道布置在其上覆开采煤层的采空免压区内；同时对主要大巷及上山实施跨采卸压、将相邻生产采区进行合并，减少了生产采区个数，使采区走向由原来的500~600 m加大到目前的1300~2600 m，工作面倾斜长度由原来的150 m左右增大到200 m左右，减少了采区和工作面个数，提高了生产能力，实现了合理集中生产。此外，结合采区系统特点，积极进行工作面优化布置，充填开采工作面采用仰斜布置、留巷代采、“Z”形通风方式，取消了工作面区段煤柱，实现了一条巷道服务一个采区，最大限度地降低了生产掘进率，提高了资源回收率。

三、实施节能技术改造，推进节能减排

为从源头实施节能，全力推进矿井主运系统自动化改造，在－210~－800水平开拓两条主运斜井。将孙村煤矿原主运系统－800水平至地面的原煤运输7部胶带运输机减少为3部。撤除

-800～-600水平的大倾角皮带、-600水平的西区三部皮带，-600～-210水平的1号钢缆皮带、2号返折皮带。使孙村煤矿的原煤由-800水平经过两条主运斜井和3号钢缆机运至地面，减少原煤运输环节，提高生产效率，降低矿井生产成本。实现孙村煤矿井下主煤流运输4条主运皮带机的综合自动化控制，并能保证井下皮带机运行的连续性和可靠性，实现远控和就地无人操作、无人值守，仅设立巡检人员。实现了地面对井下主运输皮带机在线控制监测、分析及完善的保护和报警功能。通过计算机和工业电视对胶带机及相关设施进行监测、监视和集中控制，实现在地面控制中心对井下所有控制分站远程编程和故障（保护）屏蔽及控制方式转换、给煤机点动操作等功能控制。具有远程启动、停止、复位和测试功能，将计算机控制系统和工业电视相结合，充分满足现场运行和检修要求。并运用合同能源管理模式（EMC），与北京合康亿盛科技有限公司开展“EMC”合作，投资170万元，采用加装变频设备降低电机转速，来达到调节风量的目的。自采用变频运行以来，月平均用电量53万kW·h，采用工频运行方式平均月用电量65.2万kW·h，每月节电12万kW·h左右，节电率18.7%左右，实现年节约555.7 t标准煤。孙村煤矿在此基础上报送的《推行“EMC”合同能源管理，着力打造“节约型企业”》荣获山东省企业技术促进会三等奖。

四、研发矸石充填技术，实现绿色开采

针对矿井矸石山占地量大、环境污染等问题，研井自主研发似膏体自流充填技术，实现了经济效益、环境效益和社会效益的三维整合，促进矿井步入了环保开采、绿色开采的运行轨道。为实现开采无污染，置换出埋藏在浅部的约300万t煤柱，孙村煤矿积极进行了《煤矸石似膏体自流充填技术研究》，建成了煤炭系统首家具有国际先进水平的从煤矸石加工到充填料储存与供料、浆体制备、管道自流输送的煤矸石似膏体充填系统。经过不断探索与实践，先后克服管路堵塞、浆体跑漏等难题，使似膏体充填开采法获得成功。并在矿井-400后组11层井筒煤柱21101工作面研究采用仰斜似膏体充填开采，有效解决了走向长壁充填开采时挡浆困难、工序复杂、产量低等难题，实现了似膏体充填开采的新突破。并采用代采留巷开采方式，实现了真正意义上的无煤柱连续充填开采，一个采区一条巷道，地表观测实现零下沉，最大限度地回收了煤炭资源，将地表“废渣”用于充实采空区，有效解决了老空水害、底板承压水害、采空区自然发火、矸石山自燃、地表下沉等问题。目前，已成立新业建材专业化公司，应用技术实现了产业化经营，顺利承揽河北峰峰集团等多家单位工程，从井上下设计、施工到系统安装调试、运行等提供整套技术服务，属于“交钥匙”工程。

五、深化“三废”利用，实现变废为宝

孙村煤矿将矿井“三废”问题列入重大科技攻关课题，积极组织科研工作人员进行限时攻关，实现了矿井乏风与水综合利用技术变废为宝。该矿充分利用矿井乏风，将低温水用泵打入回风塔中进行雾化，与温度较高的乏风进行热交换，从乏风中吸取热量，用泵返回到清水池中，为水源热泵系统提供能量，同时取消燃煤锅炉，代之以水源热泵系统，提取地下水的热能，作为北立井井口冬季供暖的热源。该技术首次利用喷淋方式提取矿井回风中的热能，实现了矿井乏风热能利用“零”的突破，每年又可为公司创造60余万元的经济效益。同时，结合矿井北风井千米立排系统的成功运行，成功实施了矿井水综合处理利用工程：利用立排系统的富裕扬程，将矿井水直接注入一体化净水器，经预处理后的矿井水直接供水源热泵系统；预处理后的水经提取热量后，再进入反渗透设

备，使处理后的水达到国家Ⅰ类水质标准，并直接作为供北立井和开发区生产、生活用水，并送到井下作业地点，既解决了矿区缺水问题，避免了水资源浪费，又净化了空气，每年可创造160余万元的经济效益。该项目把立排系统、水处理系统、乏风热能和井口空调系统巧妙地结合在一起，各系统相互辅助又相互独立，开创了矿井水处理工程的先河。投资19.69万元，将矿内原有3台容水量3 t的燃煤茶水炉改为新型蒸汽茶炉燃煤茶水炉，充分利用为澡堂和洗衣烘干用的供热管道，利用蒸汽锅炉的汽体为热源（它与原有的直接燃煤茶炉相比，无尘烟、无噪声、无环境污染，操作简便，省时、省力）。使用寿命是燃煤饮水炉的3～4倍，耗蒸汽量少。改造后实现年节约269.6 t标煤，节能量为202.2 t标煤，减少二氧化硫排放5.76 t、烟尘排放24.70 t。

六、延长绿色产业，打造循环经济产业链

孙村煤矿在对自燃的红矸石进行采样分析、充分论证的基础上，用红矸石替代石子和沙作为混凝土的骨料用于井下巷道锚喷支护，通过反复配比试验，巷道支护强度明显提高，巷道的支护成本显著下降，年度节约558.73万元。为此，孙村煤矿成立了专业化建材公司，实践、论证矸石多元化开发利用方案，进一步延深矸石利用经济链。

煤炭企业转型发展的探索研究

山东能源新汶矿业集团翟镇煤矿 杨训鹏 闫 伟

一、煤炭企业转型发展的时代背景

“十一五”期间，煤炭行业在国民经济快速发展的带动下，克服复杂多变的国际、国内环境和要素制约，煤炭经济运行保持了基本平稳的态势，行业整体实力、产运销量和经济效益大幅度提升。据统计，2010 年，全国煤炭产量达 32.4 亿 t。国家力促煤炭资源战略重组整合，煤炭企业逐步向集中化、大型化、集团化方向发展。“十一五”期间全国煤矿数量由 2.48 万处减少到 1.5 万多处，平均单井规模由 9.6 万 t 提高到 20 万 t；大型煤炭基地产量达到 26 亿 t，占全国的 87%；年产量超过千万吨的企业由 30 家、产量 8.1 亿 t 增加到 45 家、产量 18 亿 t，资源整合有效地提升了煤炭行业经济运行质量和发展水平，推动了安全生产形势持续稳定好转，煤炭行业步入最好最快发展时期。煤炭作为重要的能源和化工原料，目前在一次能源生产和消费结构中均占 70% 以上。未来 10 年，我国将处于工业化进程加快的关键时期，经济社会发展对能源的需求将持续增加。预计到 2015 年，全国煤炭消费总量将达到 40 亿 t 左右，“以煤为主”的能源结构短期内难以改变，煤炭将继续承担起保障能源供应的责任。

二、煤炭企业转型发展面临的问题

1. 安全问题

我国煤炭行业采煤方法简单，设备落后，劳动效率低下，煤炭资源浪费严重，导致安全事故频繁发生，是现阶段我国煤炭行业的基本特点。煤炭企业作为落实安全责任的主体，常常忽略安全问题，导致安全责任作为一句标语，在落实过程中存在制度上的缺陷，使煤炭企业抱有侥幸心理，待事故发生后才追悔莫及。

2. 环境问题

据统计，近年来酸雨和 SO_2 污染造成的经济损失达到 1100 亿元。燃煤 1 t 将产生 10 kg 烟尘，由此推测，近年来排放烟尘和悬浮颗粒物超过 2000 万 t，空气中含尘量远超过人体健康标准。煤是高含碳的燃料，大气中排放的 SO_2 有 80% 来自燃煤。另外，由于开采造成的环境问题还有地面塌陷、废矸石堆放和污水排放，这些都给矿区生态造成了严重的破坏。

3. 人员问题

目前我国煤炭行业属于劳动密集型产业，矿区人口基数大，并且随着用工制度改革，大量农民工进入煤矿生产一线工作，他们大多数文化程度偏低，安全意识薄弱，自主保安能力较差，对矿井安全生产构成了巨大威胁。煤矿专业技术人员不足，知识更新慢，安全意识、管理水平、基本技能已难以适应新形势下企业持续发展需求。

以科学发展为主题，以“转方式、调结构”为主线，全面优化需求结构、供给结构和要素投入结构，把工业和信息化发展建立在创新驱动、环境友好、惠及民生、内生增长的基础上，是未来工业发展的基本路线。“十二五”期间，国家鼓励风电、生物质能、太阳能、地热能、海洋能等清洁低碳能源发展，能源消费结构将发生重要变化。煤炭行业在大繁荣、大发展背景下也遇到了前所未有的困难：煤炭资源不断枯竭，人力资源不断减少，成本急剧上升，资源环境、节能减排压力增大，市场竞争日趋激烈和自身竞争优势日渐弱化，安全生产形势依然严峻，等等。煤炭行业要实现跨越发展，就必须以安全生产为前提，拉长煤炭产业链，推动发展方式由依靠资源消耗、规模扩张、产能增加向依靠科技进步、内涵发展和管理创新、品牌经营驱动转变，走出一条科技含量高、经济效益好、资源消耗低、环境污染少、安全有保障，可持续发展的新型工业化道路。

三、山东能源新矿集团翟镇煤矿实现转型发展的主要措施

山东能源新矿集团翟镇煤矿始建于1983年，1993年12月22日正式建成投产，矿井位于山东省新泰市翟镇境内，是一座设计年生产能力120万t的大型现代化矿井。近年来，翟镇煤矿始终坚持以科学发展观为指导，解放思想、创先争优、加快发展，走出了一条转型发展的特色道路。

（一）以人为本，珍爱健康，打造安全高效型矿井

煤炭行业实现由粗放的煤炭开采技术向以高新技术为支撑的安全高效开采转变，就要推动由传统的生产方式向大型化、现代化、机械化、自动化、信息化的方向转变。翟镇煤矿井田地处新汶向斜轴部中段，受莲花山大断层挤压影响，井下断层多、煤层薄、倾角大、地质条件复杂。翟镇煤矿立足“采掘生产机械化、辅助系统自动化、安全监控数字化”的思路，加快安全技术和装备的升级换代，实现减人提效保安。一是优化采掘配套设备，先后引进了150型、160型掘进机，奥钢联AHM－105型硬岩掘进机和MR340型综掘机，大大提高了安全系数和掘进效能；为适应薄煤层机械化开采，改造了轻型掩护式液压支架，使用了大功率MG2×160/710WD型和MG2×100/465W型采煤机，在集团公司率先实现了综采化生产。二是推进辅助系统优化升级，立足井下无轨化运输，研创了电牵引、柴油机等系列单轨吊机车，建成了单轨吊运输网络；提升系统中使用了KST电脑智能钢丝绳探伤仪，取代了人工查绳的方式；研创了拐弯猴车，井下煤仓清仓机器人等领先技术。三是高标准建设数字化矿井，成功应用了井下3G无线通信系统，投资900万元，升级改造矿井调度平台，将主副井提升、通风、供电、排水等系统纳入数字化管理之中，将瓦斯监测、人员定位、车辆调度等系统的信息集中到统一的数据库管理、存档、检索，对所有井上下监控视频信号进行实时调度监视，对生产环境中的重大危险源、环境数据、工作状态进行实时监测报警，形成了覆盖井上、井下整个系统，集数据传输、安全监测、人员定位、远程控制、生产调度、指挥于一体的立体环网和综合调度指挥平台。

安全文化就是企业的安全意识、安全目标、安全责任、安全素养、安全习惯、安全监管和各种安全规章制度的总和，其核心是坚持以人为本，保护人的健康，珍惜人的生命，实现人的价值的文化，并在企业的安全管理中发挥着重要的导向、激励、凝聚和规范作用。发展和创新安全文化，不但是思想文化建设的重要内容，也是推动社会全面进步的一项重要任务。翟镇煤矿以创建国家级安全文化示范企业为载体，加强安全文化建设。坚持“月月有重点，季季有主题”，广泛开展形式多

样、内容丰富的安全活动，大力宣传、倡导“以人为本、安全第一”的理念，营造安全生产的“软环境”；全面开展了“学、练、提”活动，制定了3年的活动规划，分15个专业、40个工种，全力打造“五型队伍”。发挥“三级”培训基地优势，创新安全培训方式方法，每年组织比武80多场次，全部职工参与竞赛，实现全员培训率、培训合格率、特岗人员持证上岗率3个100%，矿井被授予中国企业培训示范基地荣誉称号。

按照差异管理的理念，根据安全管理“人、机、物、环”四个要素，提出了煤矿安全差异管理方法，并建立了相应的理论和方法体系，构建了安全差异管理的系统模型。同时创新安全处罚复议制度，用“模拟法庭”的方式解决了安全管理中的“纠纷”或“争议”，规范了监察言行，创造了和谐的劳动关系。强化“三·三”监察机制，突出“三薄”管理和“五级”隐患排查，完善了以“岗位自律、班组自控、区队自管、专业自监”为核心的自主管理体系。扎实推进安全质量标准化示范矿井建设，创建精品示范工程。突出职业安全健康管理，按照行业标准要求，结合自身实际，完善了相关管理制度，形成了职业健康管理体系，实现了由注重生命安全向注重生命健康的转变。

(二) 高碳产业，低碳发展，打造绿色生态型矿井

实现由资源环境制约向生态环境友好型转变，必须坚持循环经济发展理念，推动节能减排工作，加快科技创新和新技术研发，推进煤矿绿色开采，建立矿区生态环境恢复与治理机制，以最小的资源和环境消耗支撑经济又好又快发展。翟镇煤矿按照“采动不影响、矸石不升井、井下不排水、煤炭不落地”的思路，推进绿色开采，强化环境整治，打造绿色生态矿井。

1. 以矸换煤实现绿色开采

翟镇煤矿井田范围内地面涉及村庄10多个，并且镇政府机关宿舍等建筑物密集，“三下”压煤量占整个地质储量的70%以上。为进一步解放“三下”压煤，提高煤炭回收率，对七采区、一采区进行充填开采，并且沿空留巷。为克服充填矸石液压支架专用充填设备投资大、技术复杂等不足，与北京煤科总院共同开发了ZZ2600/13/20.5BC四柱式充填液压支架及架后悬挂充矸机等配套设备，持续优化升级设备，研制了ZC5200/14.5/30六柱式充填液压支架和全自动SGZ630/264型不规则开口液压充矸机，增加了捣实装置，月充填量最大可达4.8万t，采充比达到80%以上，地表破坏程度明显降低，建筑物附近地表最大下沉值为297 mm，比原开采方案地表最大下沉减小了503 mm，小于Ⅰ级变形。

2. 矸石“不升井、不上山”

立足矸石不升井，消除地面矸石山污染，建成地面下矸系统。该系统主要包括地面垂直钻孔、地面矸石装运、洗矸以及粉煤灰下料系统。其中地面垂直钻孔深562 m，下料能力350 t/h，充填配料为地面矸石和电厂粉煤灰，采用自动控制，电子计量，定量配比。在井下建成了浅槽重介煤矸分离系统，该系统由破碎机、重介浅槽机、脱介筛等设备组成，采用先进的重介浅槽分选工艺，实现块状煤与矸石的分离，设计处理能力50万t/a。井下矸石经矸石脱介筛进入矸石仓，块煤经块煤脱介筛进入破碎机，经40 t刮板输送机进入块煤仓完成最后分离。两项系统的应用实现了矸石不升井、不上山，消除了矸石山对环境的污染。

3. 矿井水综合循环利用

一是建设井下水全向流处理系统。采用先进的全向流分离水工艺处理技术，对水体中悬浮物通过投加微磁絮凝药剂，对悬浮物快速分离，大大地缩短水力停留时间，净化效果好，净化后的水体悬浮物为小于 10 mg/L。同时采用反渗透技术进行脱盐处理，利用袋式过滤器及保安过滤器两道安全保障，出水水质好，处理后的矿井水全部用于矿井防尘和设备冷却，年利用矿井水 40 余万吨，矿井水利用率达到 100% 。二是改造生活污水处理设施。利用水解酸化、接触氧化、混凝絮凝、过滤和消毒联合处理工艺对生活污水进行深度处理，水质达到《城市杂用水水质标准》。建设中水回用系统，处理后的中水回用于电厂循环水、选煤厂补充水和煤场地面防尘用水，年可回用污水 20 余万吨。洗选厂选煤水采用絮凝、浓缩、压滤的处理工艺，增加四台压滤机，闭路循环，做到选煤水零排放，选煤水年循环利用量 700 余万吨，回收煤泥 30 万 t。

4. 强化煤场整治，实现煤炭不落地

通过新建和改建原煤仓，精煤仓，调整煤仓存煤品种，使各品种的煤炭达到了均衡存储，实现了原煤、中煤、精煤不落地。在原煤泥场的基础上，重新规划设计，建设了双层结构立体化煤泥场：一层为钢筋砼框架结构，作为维修间、配件库使用；二层为轻钢结构，为煤泥储存和铲车作业空间，可存煤泥量达 1300 t，实现了煤泥不落地，消灭了煤场的重大污染源。对煤场实施无尘化管理，利用防尘喷水设施，每天两次对煤场道路集中冲刷清扫，同时加强煤场绿化，栽植各类苗木，使场中有绿，绿中有场，改善了煤场生态环境。

（三）以煤为基，适度多元，打造内涵增长型矿井

坚持资源开发与储备并重，积极实施“走出去”战略。按照优势互补、合作共赢的思路，依托管理、人才、技术等优势，坚持优先整合资源条件好、自然灾害少、市场有保障，能够实现安全高效开采的原则，通过收购、参股、托管等方式，加快外部资源整合，建设山西、新疆、内蒙古三大基地，有效规避安全风险、政策风险和投资风险，使企业经济总量大幅增加，经济实力显著增强。

随着煤炭市场化改革的稳步推进，煤炭上下游产业联合发展机制逐步建立，传统以煤炭生产为主的产业格局悄然变化，煤炭、煤化工、机械制造、电力、物流等密切相关产业通过产业延伸、兼并重组等形式快速发展，体现为科技含量的提高、产品附加值的增加和产业层次的不断提升。翟镇煤矿坚持在发展中转变，在转变中提升，将企业发展建立在优化结构、提高质量、增进效益的基础上，把转变经济发展方式和全面提升企业核心竞争力、实现又好又快发展紧密结合起来，推动煤炭产业由资源开采向深加工、清洁高效利用方向转变，逐步建立起以高新技术为支撑的新型能源产业。一是强化产业结构调整，坚持立足煤，延伸煤，发展煤，突出煤炭核心业务的同时，依托重点项目和优势项目优化产业体系，发展煤炭循环经济，发展战略性新兴产业，发展先进生产性服务业，推动制造业服务化，拉长产业链。二是强化产品结构调整，推进煤炭深加工转化，鼓励原煤全部入洗，构建购煤—选煤—配煤—销售的产业链，加强多煤种配洗、销售业务，大力实施精煤增收战略，提升整体效益。

（四）环境优美，幸福和谐，打造文明和谐型矿井

作为国有煤炭企业，必须担当相应的社会义务，履行相应的社会责任。坚持不断发展生产，增

加物质财富，发展依靠职工，发展成果由职工共享，提高生活水平，增强职工的认同感和满足感。时刻关注弱势群体，不断加大扶危济困网络体系建设，组织开展“慈心一日捐”、“金秋助学”、“扶贫解困”、“残疾人帮扶”等公益活动，解决家庭实际困难。实施职工带薪休假制度和职工健康体检制度。积极开展创建和谐矿区工作，制定切实可行的建设规划。围绕建设安全和谐社区，加强治安消防管理。加强精神文明建设，深入开展“三立”、“四爱”等精神文明创建活动，深入挖掘宣传五类道德模范典型，大力弘扬诚实守信、爱岗敬业的精神，通过持续提升矿区文明程度和企业形象，逐渐形成了“讲文明、除陋习、知荣辱、有秩序”的社区环境，营造出风清气正、团结和谐、积极向上的良好氛围，实现了矿区内部和谐、与周边村镇和谐的良好局面。

引进战略投资者资本运作模式

兖矿集团有限公司　李士鹏

一、资本运作的基础理论

资本运作，又称资本运营，是指利用市场法则，通过对资本本身的技巧性运作，实现资本的增值。换言之，就是通过股票发行、配股，企业合并、收购、分立等，实现资本结构和负债结构的改善，也是企业筹资管理的重要组成部分。2009 年中国重汽（香港）有限公司引入全球第三大重卡制造商德国曼集团签署战略合作协议，德国曼集团斥资约 60 亿港元入股中国（香港）重汽 25% 股份，中国重汽获取德国曼集团技术使用权，实现技术和质量大幅提升。兖矿集团近年来在澳洲公司，及我国内蒙古、贵州、新疆的资本运营正在有效推进。有关项目寻求的正是兖矿集团这个战略伙伴，他们看重的也是兖矿集团的资金和技术优势。兖矿集团通过合并或收购，实现了企业资本运营管理。从上可以看出，引进战略投资者是资本运作的首要之举。

二、引进战略投资者的概念和要求

（一）引进战略投资者的基本概念

按照证监会的解释，战略投资者是指与发行人具有合作关系或有合作意向和潜力，与发行公司业务联系紧密且欲长期持有发行公司股票的法人。国外风险投资机构一般认为战略投资者是能够通过帮助公司融资、提供营销与销售支持的业务，或通过个人关系增加投资价值的公司或个人投资者。

（二）引进战略投资者的基本要求

从引进战略投资者的概念来看，作为战略投资者一般应具备以下条件，一是战略投资者与企业的经营业务应紧密联系。如中国（香港）重汽引入的德国曼公司均属于重型汽车制造业，兖州煤业并购的菲利克斯公司均属于煤炭开采制造业。二是要出于长期投资目的而较长期地持有公司股票。如 2004 年潍柴动力股份成功重组湘火炬，潍柴动力持有目的就是长期持有湘火炬股份，从而实现双方市场优势的互相拉动，实现战略协同，提高市场竞争力。三是要具有相当的实力，且持股数量较多。三一重工 2006 年成功收购三一印度公司，持有股权 99.99%，该收购项目完成后，80% 以上在印度销售的产品将实现本地化制造。以上案例表明，寻求在资金、技术、管理、市场、人才方面具有一定实业基础和较强投融资能力的战略合作伙伴是企业运行资本运作的重要前提。

三、引进战略投资者的作用

由于战略投资者在资金、技术、管理、市场、人才等方面具有优势，在一定程度上能够增强企业的核心竞争力和创新能力。通过建立伙伴式合作关系，可增强企业经营实力，改善公司治理结构，提高公司管理水平。

（一）增强公司形象，提高资本市场认同度

战略投资者一般都是境内外大公司、大集团，甚至是世界知名大企业，他们对企业股权的认购，是对企业潜在未来价值的认可和期望。2003年，华瑞创业旗下的华瑞雪花斥资25亿元收购蓝剑集团全部权益，成功收购四川和贵州15家啤酒公司的全部控股权。除与华瑞雪花的合营之外，蓝剑集团还将从事多项其他业务及投资，重组后，蓝剑集团资产包括1亿元现金、合营企业38%的权益、贵州公司全部股本权益及“蓝剑”商标。蓝剑集团与华瑞雪花的收购是强强联合，实现了资本有效运作。

（二）健全法人治理，优化股权结构

战略投资者在公司占有一定的股权并长期持股，其参与公司管理，能够优化公司治理结构。仍以中国（香港）重汽股权置换德国曼公司技术使用权为例。中国（香港）重汽未获取技术使用之前，其重型汽车的环保问题是企业技术的攻关难题。与德国曼公司的合作，促进中国（香港）重汽卡车产业结构的调整升级。同时德国曼公司以参股25%，对其享有权益分配权，企业的利益和权益分享得到约束，优化了企业的股权结构。

（三）提升资源整合能力，增强企业核心竞争力

战略投资者具有较好的企业基础，能够带来先进的工艺技术和广阔的产品销售市场，并实现长期股权投资的长期合作，促进企业产品结构和产业结构的调整升级，有助于企业形成产业集群，整合公司的经营资源。2000年，华光科技引入北大青鸟战略合作伙伴，最终北大青鸟控股华光科技。北大青鸟看中的正是华光科技的技术和市场优势，华光科技在广电网的技术上积累了大量经验，而且有它自己的在全国29个城市的销售网络。北大青鸟的运作，形成了以光纤传输程控的产业集群，整合了华光科技的企业资源。

（四）加快上市公司融资进程

战略投资者具有较强的资金实力，并与发行人签订了有关配售协议，长期持有发行人股票，能够为新上市公司提供长期稳定的资本，帮助其运用较低的成本融资到较多的资金，提高企业的融资效率。目前，我国上市公司确定战略投资规划仍遵循募集资金最大化的实用原则。谁的申购价格高，谁就能成为战略投资者。资本市场中的战略投资者，一般是追逐股价差、有较大承受能力的股票持有者的大型证券投资机构。

四、引进战略投资者的流程

企业引进战略投资者需经历以下流程（图1）：

（一）引进战略投资者前，应制定可操作的企业战略规划

每个企业都有自己一套独特的生产经营和企业管理模式，企业在运行资本运营之前，应首先对企业环境进行分析，对企业所需要的生产、管理和市场环境进行综合论证，并充分进行市场调研，制定企业可以操作的企业战略规划。对企业引进战略投资者的目的，以及引进战略投资者的哪方面

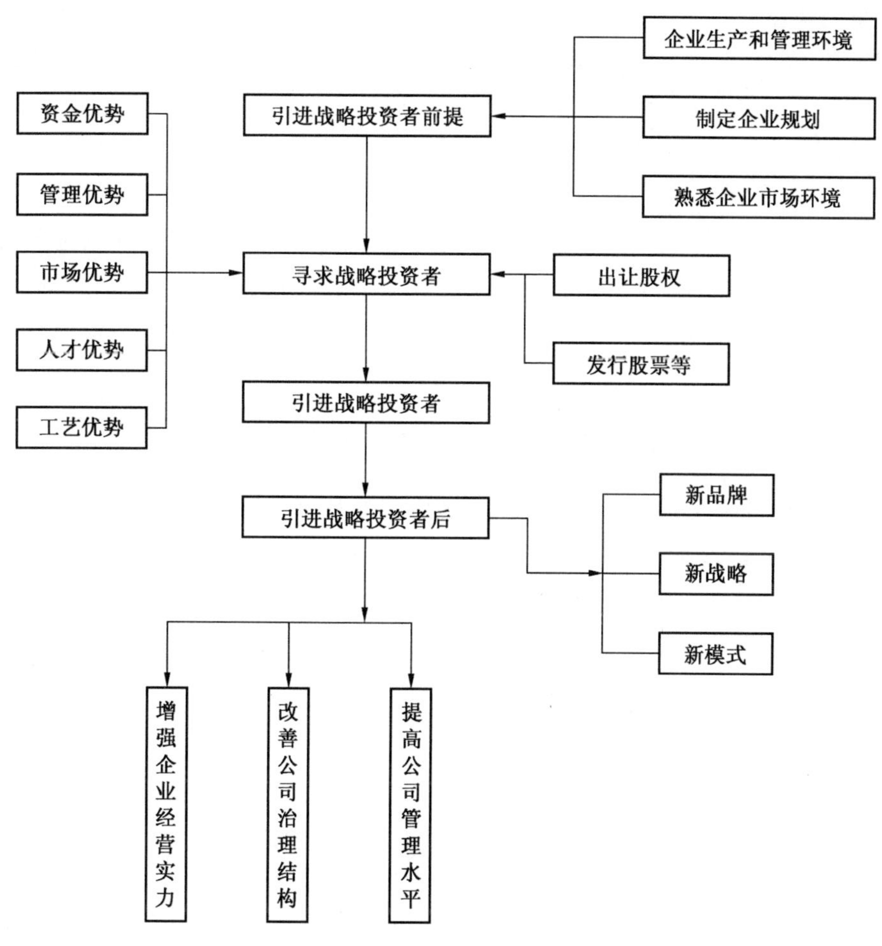

图 1　引进战略投资者流程

技术做出充分的分析，形成可行性调研报告。

（二）寻求战略投资者，应适合企业的发展规划要求

按照制定的企业发展规划，寻求市场中具有资金、人才、市场、管理和工艺等优势的大企业，通过出让企业股权或发行股票等方式引进新型战略投资者。

（三）引进战略投资者后，应尽快提升企业经济实力

充分利用战略投资者的先进生产工艺技术，努力提高企业管理水平，完善公司治理结构，促进企业新品牌的形成，构筑适合市场的新型战略模式。

五、引进战略投资者的风险

（一）引进战略投资者的技术不适合企业的运营模式

目前，部分上市公司引进战略投资者时，仅考虑短期的市场融资行为，不能充分利用引进战略投资者的技术以及其他资源，往往造成短期的资本运营行为。企业虽筹到资金，但由于没有掌握和运用战略投资者的技术，企业仍运行故有的运营模式。一般战略投资者转让其生产技术时都要付出

一定的代价，如若企业不能及时掌握其生产技术，那么企业将逐渐失去控制权，最终形成股权控制而实质不控制的局面。所以企业引进战略投资者时，应制定企业引入战略投资者规划，对企业的资金运用、技术发展、人力资源能做出详细的规划。

（二）引进战略投资者后不能有效管理融资资金

一般战略投资者都持有大量的资金，企业引进战略投资者，就是希望利用其资金优势，对本企业生产工艺或生产环节进行改造，并寻求企业新的资本市场。若对筹入的资金管理不善，或投资者对投入资金的回报要求非常苛刻，企业一旦对资金管理出现问题，就会对企业造成重大影响，很有可能引发资本结构不合理或无效融资，导致企业筹资成本过高或债务危机。

（三）引进战略投资者后企业内部未提高管理水平

有些企业为实现较大规模的扩张，积极引进战略投资者，而企业管理水平却没有得到提高，内部决策、执行、监督体系交叉错位，没有形成合力，反而产生“内耗”现象。企业要搞好资本运营，必须首先按照公司法的要求规范运作，明确并保证决策、执行、监督三者之间形成各自独立、权责明确、互相制约的关系。只有生产、营销、技术开发、财务控制、融资等功能齐备，才能与资本运营的功能协调，形成整体优势。只有这样，才能真正引进战略投资者。

六、引进战略投资者应注意的问题

（一）引进战略投资者的技术必须适合企业生产需要

引进战略投资者目的是促使企业内部形成以资本效率和资本效益的新机制，实现其资本保值增值的一种经营方式。尽管引进战略投资者后，可以运用其相对技术进行生产经营，也可以与生产经营分层合作，但是若其不能服务于其生产需要，那么就等同于企业资本运作一定时期内很难实现规模的扩大和效益的提高。

（二）引进战略投资者经营实力与企业品牌相结合

企业品牌是企业成功进行生产经营的标志。有些企业具备一定的经济实力后，就贸然通过各种方式进行资本扩张，通过引进战略投资者等以图提高抗风险的能力，而最终却因没有靠得住的品牌而被挤出市场。这说明，企业品牌的无形资产在资本运作中可以作为资本入股，从而减少企业现金等有形资本的流出，也可以通过冠名支持一个企业。

（三）引进战略投资者应与企业管理相结合

企业制定决策、执行决策、监督以及评价是企业管理的重要组成部分，在生产、销售、技术开发、财务控制、企业融资等功能齐备时，才能运行资本运营，才能适合引入战略投资者。如若企业各部职能部门不能有效协调，发挥企业优势，运营资本运作，将失去企业合力，反而不助于企业发展。

管理创新篇

煤炭企业如何实施专业化服务管理研究

神华神东煤炭集团公司

翟桂武　王　澜　姜茂林　贺生忠　王新伟　白　鹏

一、神东专业化建设概况

神东煤炭集团公司地跨陕、晋、蒙三省区，自1985年开发建设以来，累计生产煤炭12亿t。2005年率先建成我国第一个亿吨煤炭生产基地，2010年实现煤炭总量突破2亿t，占神华煤炭板块产量同期60%、全国6.49%。全年实现工业总产值571.16亿元，工业增加值462.53亿元，利税352.77亿元。多年来，公司不仅安全、生产、技术、经济等主要指标达到了国内第一、世界一流水平，而且创建了"生产规模化、技术现代化、队伍专业化、管理信息化"的大型煤炭企业发展模式。

自开发建设25年来，伴随着神东矿区的改革、发展，不断创新、完善专业化管理模式，神东的专业化建设脱胎于传统煤矿模式，主要经历了探索、尝试、展开和提升四个阶段。

第一阶段：探索起步阶段（1985—1991年）

神东矿区从1985年起开发建设，首批布点建设了一批中小型矿井，这些矿井沿用了传统矿井模式，走过一段"小而全"的老路，煤矿的生产、生产服务、后勤服务及部分社会服务职能全部由矿井承担。一个中小型矿井就是一个"小社会"。1989年5月起，矿区的开拓者陆续提出"高起点、高技术、高质量、高效率、高效益"的建矿方针，开始探索矿井大型化、现代化的模式，大柳塔煤矿等大型骨干矿井的初步设计获得批准。围绕对矿井相关服务集中管理的设想，提出了基建生产、辅助生产、生活服务"三条线"管理的框架，试图通过条线划分，克服煤矿"小社会"的弊端。

第二阶段："四条线"尝试阶段（1991—1998年）

根据能源部《新型矿井管理办法》，在大柳塔煤矿等矿井率先试行"四条线"管理体制，在原"三条线"的基础上加了多种经营，当时的基建生产线是整个矿区的核心系统。骨干矿井与辅助生产基本脱钩，与生活服务、多种经营完全脱钩。辅助生产线包括选煤厂、总机厂、热电厂、水厂等单位；自上而下形成系统逐级管理，对矿井提供有偿服务；生活服务线是"四条线"管理的重点和难点，专门组建了生活部，使整个矿区的食堂、住宅、浴池、环保（绿化）、托幼等服务自成一条线，统筹管理，有偿服务。矿区多种经营、集体经济由公司多种经营部统筹规划、管理、自成体系，自主经营，自我发展。基层建设单位一律不办多种经济实体。

实行"四条线"管理克服了一个基层单位就是一个"小社会"的弊端，避免了人、财、物等方面的重复投入，实现了服务的专业化、程序化。生产一线从后勤服务及辅助生产等大量琐碎繁杂的事务中彻底解脱出来，有利于专心致志地抓生产。四大系统之间全部实行经济核算，有偿服务，吃原煤"大锅饭"的局面有所改变。

第三阶段：全面专业化阶段（1998 年 8 月—2009 年 5 月）

1998 年 8 月，原神府东胜两公司整合，实现了设备、人才、技术、管理等资源的充分共享，在全矿区统一推行了“四条线”管理体制。成立了多种经营公司，对生活后勤和多种经营实行专业化服务。1999 年年底，生活后勤业务从多种经营公司分离出来，成立了神东公共事业发展公司。这些重大改革举措为实行专业化服务奠定了重要基础。2002 年，为了配套机电管理信息化建设，公司实行机电设备的统一管理，成立了设备管理中心、物资供应中心、维修中心、信息中心，拉开了神东矿区实施专业化服务的序幕。随后相继成立了洗选中心、生产服务中心、生产准备处、核算中心等专业化生产辅助和服务单位。2004 年 5 月，神东多经公司依据国家主辅分离、辅业改制有关政策改制为非国有控股的神东天隆公司。2005 年 4 月，随着神东主业上市，神东煤炭公司作为上市后存续企业的主体，成为专注矿区电水暖，生活后勤服务的专业化公司。2004 年 4 月，受国华锦能公司委托，神东对锦界煤矿的建设和生产实行专业服务，取得成功，并且对神东周边的煤炭子分公司提供搬家倒面专业化服务进行了有益探索。

第四阶段：大专业化提升完善阶段（2009 年 5 月至今）

按照神华集团的统一部署，2009 年 5 月，神东煤炭分公司、神东煤炭公司、万利公司、金烽公司等四公司整合成立了神东煤炭集团公司，专业化服务取得了一系列重大进展。

（1）以现有专业服务为主体，将大专业化服务延伸到神东矿区的各个矿井，实现了整个神东矿区全面专业化服务的崭新格局。

（2）在全面推进专业化服务的基础上，对业务相近或者经营链条重合的单位进行了重组，如将供电处和水暖公司合并为电水暖公司，将洗选加工中心、运销处、运输销售处整合为洗选中心。

（3）专业化服务延伸到人力资源管理和工程管理，先后成立了人力资源共享中心和工程项目管理公司。

（4）在具备条件的物业服务领域试行社会化外委。通过市场竞争，在生产、机电、信息、运输、后勤等 5 个领域 27 项引入专业化单位实行了专业服务。

（5）专业化服务的战略管理取得重要突破，提出了成为矿业全面解决方案提供商的新构想。

二、神东专业化单位组建原则和运作机制

（一）神东专业化单位组建原则

神东的专业化管理模式，是职能管理模式和事业部制管理模式相结合的产物。神东专业化的建设与发展遵循了以下原则：

1. 模式化原则

实行专业化的业务必须要形成一定的服务规模，如果业务活动的范围小，则由所属单位管理或外包专业化管理，不再实行公司专业化。

2. 高效率原则

专业化业务整合后要能够提高业务运作的效率，有利于人、财、物等的调配和管理。

3. 高效益原则

专业化服务要能够更加有效地控制成本，实现资源的共享，减少重复建设与投入降低运营成本和管理成本。

4. 选择性原则

与公司煤炭生产密切相关的核心业务实行专业化，部分非核心业务专业化外包，积极同神华集团相关子分公司开展专业化协作，办公及小区物业实行社会化外委。

（二）神东专业化服务运作机制

神东专业化服务运作机制可以概括为项目化管理、精细化分工、市场化结算、社会化服务。

1. 项目化管理

以提高效率与效益为基本取向，集合人力、物力、财力、管理等生产要素，实现了资源的集中统一组合管理。围绕着煤炭生产，将专业化单位整合在生产经营价值链主线中。根据生产的需要和环境的变化等情况，将资源（人力、设备）可以在不同的区域间灵活分配，保证了资源的高效利用。

神东专业化管理的核心是，打破原有的以行政单位为标准的单一业务分工模式，以突出主业和发挥技术、管理优势为目的，通过资源整合和组织改革，把辅助性专业中可以独立操作的生产工序、环节等业务分离出来，以设置独立的专业化服务中心运作。这种专业化服务中心的运作方式是既不同于过去原有的以矿为单位的块状结构，也不同于以专业为主线的线状结构，其中既有行政管理的成分（机关职能部门主管），也有自发结合的市场行为，即形成了“两只手”和“两条线”为特色的管理模式。“两只手”是指以“市场结算”为主的一只手和以“行政管理”为辅的另一只手。一方面，各专业化服务中心与被服务矿井以资源、平等的原则，以商业合同的方式形成了市场结算关系，接收业主的监督、考核，甲乙双方是纯经济结算关系；另一方面，为加强管理，促进专业化服务中心的健康发展，公司机关发挥职能部门行政作用，作为协调关系、平衡价格等主体，从而形成了从公司到基层的纵向管理线和专业化服务中心同各基层单位间的横向结算线。

神东在进行生产组织的过程中，通过公司职能部门的协调，将专业化单位视为不同的资源池，根据生产的需要，及时进行组织管理，满足生产过程的复杂性要求。如在采煤过程中，根据生产接续的需要，按照生产工艺流程，由公司职能部门组织开拓准备中心巷道的掘进、设备管理中心设备配套准备、维修中心对设备进行大项修、生产服务中心搬家倒面等。这种专业化单位的不同组合，满足了各种条件下的生产需要，实现了高效连续地安全生产。

2. 精细化分工

神东在大专业化管理体系中，对生产单位的业务范围进行了重新划分，煤矿的全部精力集中在本单位的安全生产上。紧密围绕矿井的安全生产，辅助性工作全部由公司成立的专业化服务单位承担，专业化服务单位分别承担着各自特长的工作任务。

通过专业化管理，各生产单位实现了“轻装上阵”，能全力以赴地抓好安全生产，对于一些辅助性工作主要从事监理任务，不再对该项业务进行过程管理，牵扯过多的精力。而是按照“业务外包”的方式委托给专业化服务单位来管理，而专业化服务中心的专业人员对该项目进行全过程的“专家式”管理。

神东专业化立足于打破单纯地按照横向地、块状地划分行政单位和人员归属的做法，根据煤炭生产的工艺和工序特点，按照工作业务来组织人力资源，遵从现有的煤炭生产各业务流程，组建独立的专业化服务队伍，保持业务流程的连续性和协调性。不仅使企业的分工更加清晰，也使企业从专业化技术角度得以有效提升。

3. 市场化结算

神东对现有专业化服务单位均按照有偿使用的原则同煤矿和各基层单位签订内部有偿服务协议，建立内部市场化结算关系，以经济结算的方式向服务单位收取服务费用，双方以协议的方式规定过程的安全责任、所需要的时间、费用、质量等条款，明确双方的责任和义务。机关相关业务部门，根据生产需要，对各专业化单位下达各项工作任务、综合协调矿井与专业化单位之间的关系，并进行综合考核考评。

通过采用市场化的结算方式，达到了降低成本、节省费用、实现资源优化配置，追求规模效益，提高企业竞争力的目的。同时，通过这种专业化运营方式推动了产业升级，进而把各辅助专业做成产业，开拓了发展空间，实现了产业化发展。

4. 社会化服务

任何企业所拥有的资源都是有限的，资源的能源型企业所受的制约更为突出。所以，要想使资源型企业持续发展，就需要企业不断围绕提升核心能力，发挥企业的竞争优势，集中优势资源，借助社会资源来实现。神东在非核心业务和能力的缺口引进社会专业化的同时，利用自身的技术、队伍、装备、管理等专业化服务优势，探索由单一内部专业化向区域专业化的转变。

三、神东专业化管理的特点

实施专业化服务是神东“四化”模式的重要组成部分，在生产运营中呈现了以下主要特点：

（一）煤矿所有辅助生产和生活后勤服务项目完全从传统矿井组织管理体系中分离出来，构成相对独立的服务体系

彻底改革了传统煤矿生产组织模式，围绕煤炭生产核心业务，整合人力、物力，对原有煤炭生产工序和工艺进行筛选，把能独立的项目从原有的矿井管理体系中分离出来，实施集中统一的专业化管理。目前，公司已形成开拓准备、搬家倒面、设备维修、设备管理、物资供应、洗选装车、地测、信息、车辆、电水暖、矿井后勤、小区物业、经营核算、人力资源服务等14个专业化中心和单位，集中为公司16个生产矿井提供专业化服务。专业化服务的覆盖面达到全矿区，服务半径为200多公里。专业化服务单位的员工总数为9397人，占到公司总人数19549人的48%。专业化组织机构如图1所示。

（二）专业化服务的主体单位走上了产业化发展轨道

如：设备维修中心承担公司机电设备的大（项）修、废旧物资回收、带式输送机及自移机尾生产和设备零配件加工制作任务，同时承担周边神华集团所属公司的设备维修业务。中心设3个专

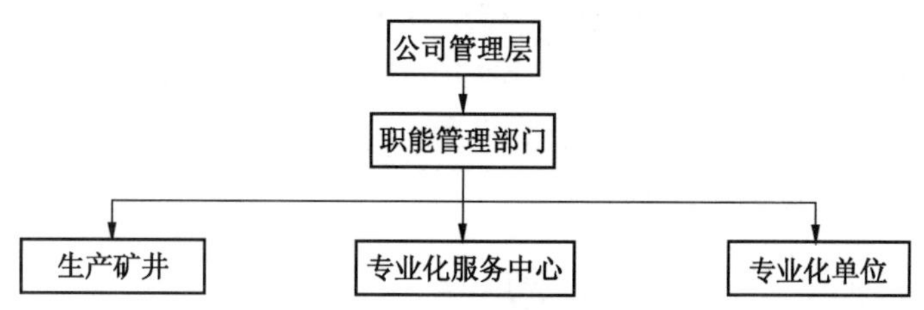

图1 专业化组织机构

业化修配厂，共有25个生产车间，90个生产班组，年维修能力达到23783台（套），为开展高端煤矿机电设备制造打下了坚实基础。生产服务中心具备同时施工3安3撤（6地）、4安4撤（5地）安装、回撤的能力，效率是传统的工艺3~4倍。开拓准备中心经过专业化整合，施工队伍已经由原先的15支发展为现在的47支，对井下巷道掘进、砼底板施工、机电安装、地面土建、环保绿化等工程实行了专业化管理，逐步取缔了沿用多年的外委施工队伍。洗选中心对全公司16个矿井及外购煤系统共计2亿t的洗选、装车两大类业务实行了一体化服务。车辆管理中心在对地面760多台车辆实行专业运营的基础上，对全公司井下3000多台生产用车进行统一调剂和维修管理。矿业服务中心对各矿井的餐饮、住宿、充灯、洗衣、洗浴、环境保洁、绿化管护、有线电视维护、小区管理、服务区域室内设施设备维修等实行了专业化服务，产业化开发。

（三）对部分业务，引入先进的社会专业化服务公司，实行打包外委

1. 部分非核心业务专业化外包

目前开展的业务主要有综合自动化系统软硬件维护、电梯维保、在线测灰仪、加压过滤机、叉车、架空线路、组合开关、耐磨管道、蓄电池维护、CST维护、防爆车及特种车维护等12项非核心业务。与煤科总院太原分院、郑州煤机厂联合建立技术创新基地，在设备国产化、配件国产化以及相关设备大修技术等方面进行深入的研究；委托西安华光公司进行自动化和信息化系统维护。

2. 积极同神华集团相关子分公司开展专业化协作

工程、物资等招标业务打包委托国贸公司之后，委托天泓公司、物资公司开展劳保服装、办公用品、后勤物资等生活和工业用品超市服务，为构建集团内部专业化服务、实现利益最大化进行了有益探索。

3. 办公及小区物业实行社会化外委

2010年，已将20个办公区域及生活小区的物业服务实施社会化运营，减少劳务工630人，达到了精减缩编，精干高效。

（四）推行内部专业化服务的同时，积极创造条件向区域专业化延伸

（1）对国华电力公司锦界煤矿实行了矿井建设和生产经营专业化委托代理。

（2）对神延公司西湾煤矿正在进行基本建设委托代理，投产后将对生产运营提供全面专业化服务。

（3）按照神华集团一体化中大销售战略，神东发挥洗选、装车、煤质检测等专业化优势，积极开展外购煤收购业务，拓展新的价值链，实现神华利益最大化。2010 年，外购煤完成 2630 万 t，同比增加 607 万 t，超计划 930 万 t；2011 年前 5 个月，外购商品煤完成 1325 万 t，同比增加 309 万 t，为提高经济增加值发挥了重要作用。

四、实施专业化服务的综合效应

神东专业化服务经过多年的发展，已经形成了一个完备体系，它是规模发展、技术进步，安全管理等综合因素推动的必然结果。专业化的服务在安全、产量、效率和效益等方面充分体现了无可替代的优势。

1. 推进了规模化生产

神东专业化的构建，是围绕着煤炭生产快速发展展开的。通过对价值链的拆解，将矿井建设、采购、设备管理、后勤管理等虽与煤炭生产相关但可拆分的业务分离，使煤矿专注于煤炭安全生产，致力于保障生产的连续性。在专业服务的体制下，公司统筹考虑各矿井的生产接续计划，对盘区、水平接续提前考虑，尽早规划，深入研究，确保了新水平、盘区按计划投运。合理安排各矿井采掘接续工作，优化队伍配置，保持采掘接续平衡，保证足够数量的备用工作面，防止因地质构造等不确定因素影响矿井正常生产。专业化单位以相关方的方式来支持生产，这样大大地提高了反应速度。如专业化的搬家倒面强化了生产环节的高效率。通过认真研究、分析每个月的采掘接续情况，合理安排综采工作面的并采、配采，优化搬家倒面时间，实现了各矿井均衡稳产高产和公司产量最大化。生产服务中心采用公司创新的辅巷多通道快速搬家倒面技术，实现了 6000 多吨重的综采设备的安全高效回撤，由通常 40 多天缩短在 7 天之内（最快的仅用 3 天），从而增加了矿井的有效生产时间。2010 年全公司实现了 15 个工作面的并采，32 次搬家不停产，多生产煤炭达 940 万 t。

专业化服务已经成为神东安全高效生产体系的有机组成部分。所以专业化服务的最大效应在于推动了神东的规模化发展。从 1999 年开始，神东的产量以千万吨的速度进行跨越，2005 年原煤产量首次突破 1 亿 t，2010 年原煤总量达到 2.076 亿 t，成为我国第一个年产 2 亿 t 的现代化煤炭生产基地（图 2）。

2. 提高了矿井的安全可靠性

煤矿本安体系应用方面，神东专业化单位的总人数达到 9397 人，比煤矿在册总人数（7642 人）多出 22.97%，是煤矿应用本安体系的骨干力量。在服务过程中，能够不折不扣贯彻执行公司和煤矿安全管理的规章制度，着重强化了生产过程中的危险源辨识、风险预控，坚持不懈地进行质量标准化建设，不断提高贯彻技术规程的精准程度，有效地降低了事故率。神东实行专业化服务 10 多年来，仅发生了一起死亡 1 人的事故。设备管理方面，通过设备管理中心统一组织调配和管理，利用资产管理系统（EAM），对设备的使用状况、维修状况等进行全寿命管理，通过计划性地大、项修，使设备始终处于完好状态，消灭了物的不安全状态。而非专业化的单位，则由于维修技术及设备的长时间使用或存放，其可靠性保障相对较差。物资供应方面，在生产运营过程中所需要的物资，能够通过大批量采购或寄售等方式及时供应，也可以通过计划性地调配等措施来保障物资的及时供应，避免了安全或应急物资的断缺。技术保障方面，相关的专业人员集中在同一专业化单位中，实现了技术力量的整合，促进了技能和素质的提升，不但以生产与服务过程中的技术水平保

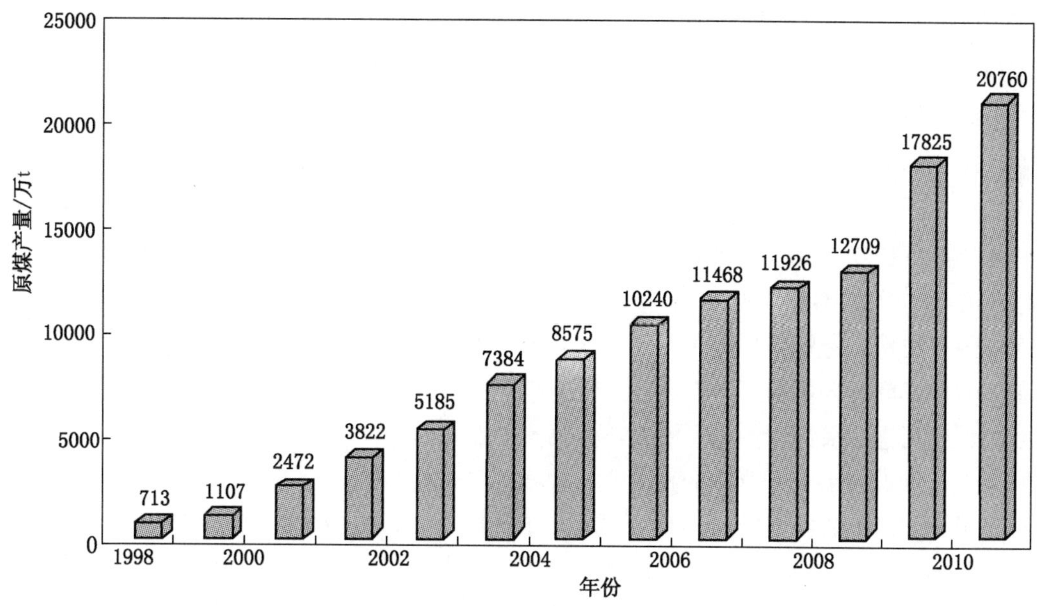

图2 神东历年原煤产量增长情况

障了安全生产，也增加了人员的本身安全可靠性。队伍建设方面，针对外委施工队伍安全管理薄弱的实际，组建了开拓准备中心，对井下巷道掘进、混凝土底板施工、机电安装等全部实行专业化服务，为矿井重要接续、重大改扩建工程的安全生产提供了保障。神东矿区开建25年来，未发生过3人以上重大责任事故，百万吨死亡率控制在0.02以下。大规模生产以来，先后3次创出连续产煤亿吨以上无死亡的安全最佳业绩，“十一五”期间，神东安全生产一直保持国内外领先水平。2006—2010年，神东平均百万吨平均死亡率为0.01318，是全国同期百万吨死亡率的1.09%，达到了世界一流水平。这与全面实施专业化服务是密不可分的（图3）。

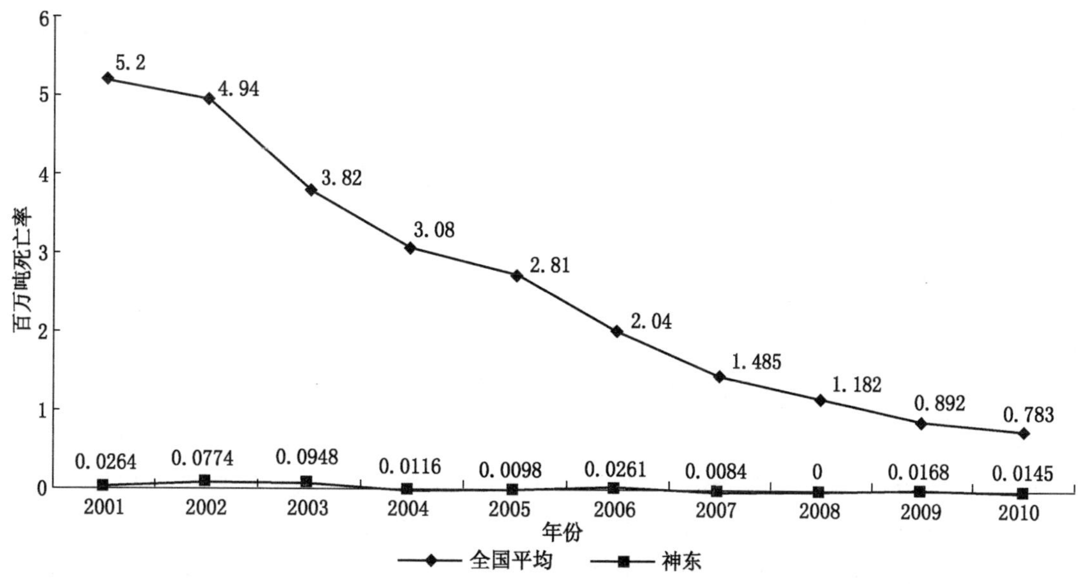

图3 神东与全国平均百万吨死亡率对比

3. 提高了服务精细化水平

专业化服务集中了各种资源优势，专注于最熟悉的业务领域，在反复循环的服务工作中强化精深训练，形成了核心技能。如果在传统煤矿，专业化服务领域的任何技能都只能处于辅助性、从属性的位置，不可能成为核心技能。在专业化服务的实践中，建立全公司统一的专业化服务技术规程、操作规程300多个，并且通过业务流程梳理、优化，制定专业化服务流程1800多条，推行了标准作业工单制，初步实现了流程管理和标准管理的有机结合，形成了服务精细化的良性机制。如设备维修中心在与外方JOY、DBT、Eickhoff等公司合作大修的过程中，主动吸纳外方产品的技术资料及大修核心技术，特别是收集国外采矿设备维修的流程、标准、器具、厂区设施布置等信息，为我所用，为形成具有自主知识产权的专业化维修技术与管理体系进行了充分的准备。设备维修中心组建之初，公司进口采煤设备主要依靠外方服务工程师维修，短短几年，已经形成自主维修的满足1亿t、2亿t生产需求的专业化维修单位。科技创新成果显著，共获得国家专利42项。物资供应中心对公司生产及生活后勤所需的11大类12万个品种的设备、配件、材料的采购、供应实行专业化服务，做到了计划、采购、验收、仓储、配送、核算六方面的统一，收到了计划准确性增加、预测储备降低、供应速度提高、验收标准统一程序严格及物资周转率提高等多方面的显著效果。

4. 提高了企业运营效率

专业化服务提升企业运营效率的作用显而易见。设备使用效率方面，专业化单位的规模发展带动了先进装备的使用，同时最大限度地统一了各矿井生产现场的设备、配件、材料的型号，打破了传统模式矿井自我封闭的壁垒，有效提升了设备管理、维修、使用的效率。管理效率方面，专业化服务横向拓宽，纵向缩短，能够持续不断地理顺机构，改进生产工艺，优化人员结构，培养高素质的队伍，做到了环节少、决策快、服务主动、应急灵敏。如机电专业化管理业务仅700余人，却承担了各生产和辅助单位3.8万台套设备、8万多种备件库存的管理，极大地提高了生产运营效率，设备故障停机率从2007年的0.75%下降至2010年的0.46%，2011年一季度机电设备故障率为0.38%，比年初计划考核指标0.7%下降0.32%，达到了历史最好水平。物资供应体系主要推行库站制，即推行目标总库大规模集中仓储—总库向供应站移拨—供应站向使用单位供应物资的管理体系。周转慢的大型物资一般储备在目标总库，目标总库针对各站实行24 h配送服务；周转快、易耗物资储备在供应站，中心核定库存总额并严格考核，确保安全库存及物资的及时供应。

5. 赢得了巨大的经济效益

专业化服务通过多种资源的充分共享，降低了成套设备的投入，避免了重复建设、重复采购，减少了管理人员，大幅降低了成本。以四公司整合实行大专业化为例，整合后减少一次性重复投资近19.7亿元，每年至少降低各项成本费用支出近8.5亿元，其中通过专业化服务单位的整合，每年减少费用支出3.8亿元，包括：由于一次性减少设备重复投资13.94亿元而减少固定资产折旧1.74亿元、减少财务费用7000万元；由于库存材料配件周转率提高减少流动资金10亿元，相应减少贷款利息和减少配件积压共计8000万元；原四公司专业化单位共35个，整合后重组为18个（物资供应中心四合一，设备管理中心三合一，生产服务中心二合一，安监局四合一）行政管理人员减少258人，每年减少人工成本3900万元。

企业运营过程中，专业化服务的综合效益在设备管理、物资供应等环节得到了充分体现。

JOY7LS06 采煤机设计寿命为 2000 万 t，目前神东使用的 JOY7LS06－580 过煤量已达 2900 万 t；进口支架设计寿命为 30000 次循环，现 1～9 套 DBT 支架循环次数已达到 30064 次，仍然完全满足使用要求；四公司整合前后设备利用率的发展曲线也是一个很好的例子。2008 年，神东综采、连采设备利用率达到 73.44%、60.43%，整合后下降至 60.45%、59.12%，2010 年提升为 65.6%、61.7%。从近 3 年第一季度物资库存总量的对比中也可以看出物供专业化的潜在效益。2009 年第一季度四公司库存总量 37.53 亿元，当年煤炭产量为 1.78 亿 t；2010 年神东煤炭集团生产煤炭 2.076 亿 t，同比增长 16.629%，第一季度库存总量下降为 30.01 亿元，同比下降 20.037%；2011 年生产煤炭 2.157 亿 t，同比增长 3.9%，比 2009 年增长 21.179%，而第一季度库存总量为 32.72 亿元，同比下降 12.816%。用工方面，不妨与传统大而全的国内现代化程度较高煤矿进行比较。兖州集团南屯煤矿，矿井生产能力 440 万 t，其员工人数在 8000 多人。而神东 2000 万 t 矿井定编 500 人，加上各种专业化服务人员，不超过 2300 人。用人少，不仅直接减少了原煤生产的人工成本，还降低了住宅建设、后勤设施及服务等方面的大量投入，增强了企业低成本的竞争优势。

五、神东实施专业化服务的启示

专业化服务是神东对煤矿企业转变发展方式的重大创新。专业化服务的产生和发展与神东“生产规模化、技术现代化、队伍专业化、管理信息化”模式的形成与发展有着密不可分的关系。通过专业化服务与“四化”模式关系的分析，可以深化专业化服务规律性的认识。

1. 实施专业化服务必须建立在生产规模化的基础上

神东的专业化服务是依托神东千万吨矿井群的建设和生产运营逐步发展起来的。规模化生产与专业化服务自始至终是一种良性循环的关系。生产的规模化发展必然带动专业化服务的发展，专业化服务的拓展与延伸必然加速生产的规模化。四公司整合是这方面的成功案例。没有生产的规模化，就不可能产生专业化分工的需求；没有规模的专业化，也不可能产生服务发展的内在动力。没有生产规模化，技术与装备现代化就缺乏实施的平台；队伍专业化也无实现的可能，即使推行专业化也不能发挥其效率，反而造成人力、设备和管理资源的浪费。所以推行专业化服务要以是否达到相对规模为前提，坚持有所为，有所不为。对矿井生产运营中未达到一定规模的服务项目，应依托社会力量，实行专业化外委。对于发展前景明确但暂时条件不够成熟的专业化服务项目，则应从企业战略出发，坚定不移地积极创造条件，不失时机地推行专业化服务。

2. 实施专业化服务要坚持把技术现代化作为与煤矿配套发展的战略重点

神东 2 亿 t 矿区建设与发展的经验表明，实现安全高效生产，关键在于技术现代化；提升专业化服务水平，关键也在于技术现代化。多年来，神东在引进世界最先进的采煤成套装备的基础上，依靠集成创新和自主创新，以建成世界第一个 7 m 大采高综采工作面和首个中厚偏薄煤层自动化工作面为标志，占据了世界采煤前沿技术的制高点。要为神东的现代化矿井提供生产服务，就必须与煤矿同步实现技术现代化。专业化服务的发展也促使传统模式下的辅助、附属、零星项目走上了产业化发展的轨道，满足了伴随采掘现代化而不断进行技术创新的基本条件，在技术现代化的坦途上迈出了坚实的步伐。生产服务中心首创了辅巷多通道回撤工艺，实现了多工种多车辆平行作业，在回撤空间充分利用特种车辆进行设备拆解、装运，并利用无轨胶轮车运送设备减少了运输与中转环节，实现了安全快速的目标。2011 年 5 月完成的世界第一个 7 m 大采高工作面回撤，设备总重量达2亿t，共计用时11天，比计划提前4天。设备管理中心借助EAM系统技术平台，依托设备点检、油样分析、故障诊断，突出均衡生产和预防性检修，强化大型部件管理，进一步降低设备故障停机率，有效地提高了设备运行水平。开拓准备中心在井下砼底板施工中，用现代化的混凝土搅拌站作为核心支撑，取缔了同业外委施工队伍。后勤服务的现代化水平也得到了较快提升，矿业服务中心建成了无人值守矿灯房和自动化洗衣房，还导入、应用了HACCP视屏安全管理体系。

3. 实施专业化服务要把队伍专业化作为打造核心能力的根本环节

队伍专业化的内涵，是根据服务项目的技术要求，发挥知识、技能相近员工的聚合效应。专业化队伍的集体智慧高于个人的智慧，拥有整体搭配的行动能力，同时也加速了个体的成长速度。这是精细化分工对人力资源配置提出的客观要求，是现代管理理念和现代开采技术对专业化服务深刻影响的结果，是专业化服务单位最重要的核心能力。神东打造具有高素质的专业化队伍的措施，一是建立了一整套专业化的服务与技术标准，能够满足规模化生产的需要，与公司的整体技术体系相匹配。二是持续不断地加强专业化队伍的培训，使专业化内部员工具有专业化服务的技能，能够围绕既定服务项目发挥队伍的团队能力。三是完善了专业化队伍的管理体制和机制，建立健全了专业化队伍的运营流程，使专业化队伍的融入规模化生产的整体价值链中，实现流程上的无缝对接。四是以公司整体战略绩效目标为导向，实施了专业化队伍的运营过程与绩效考核，促进专业化队伍的自我不断提升。通过多年来的专业化队伍建设，在设备维修、采煤掘进、搬家倒面等煤炭企业核心领域，神东的专业化队伍具有绝对优势。

4. 实施专业化服务必须依靠管理信息化提供有力的支撑

神东的专业化服务覆盖了16个矿井、产能达到2亿t，服务半径200多公里，专业化服务中心及时制订基于生产高位平台的服务计划和对现场服务实施远程异地管控，全部依赖于信息化的管理。如果没有信息化的支撑，就不可能有高效服务的专业化。神东的专业化模块，是神东赖以高效发展的资源池。通过信息化的管理手段，一是将这些资源根据生产运营需求进行不同形式的组合管理和分配，实现了专业化资源的有效利用和最佳匹配。如神东的生产管理系统，从采掘计划、队伍配备、设备调剂、设备维修管理等方面进行超前谋划，将公司相关的专业化资源以最佳的方式、最佳的状态进行组合，实现了流程的完整运转。二是加速了生产运营流程的运作效率。专业化管理需要公司进行大量的集中决策，以协调、组织、指挥专业化模块的有效运作，利用信息化的手段，加快了信息的传递，消除决策信息的滞延，从而使专业化模块更加有效运作。三是对专业化资源的利用情况进行持续监视和控制，消除了空间对管理的制约，加大了管理的幅度，提高了企业资源的有效利用效率，打通了管理的壁垒和瓶颈，实现了价值最大化。神东的EAM系统，对设备从计划、采购、使用、维修到报废进行全程监测和控制，当设备在不同的专业化模块间运转时进行实时监控，减少了设备的闲置时间，保障了设备的可靠性，提高了设备的利用率。

六、对神东完善专业化服务的建议

神东专业化服务经过多年的实践，已经在体制、机制创新上获得成功，综合效益十分显著，在神华集团甚至全国煤炭行业具有极大的推广价值。为此，建议：

（1）应在集团公司煤炭板块加大专业化服务的推广实施力度。具备条件的煤炭公司应按照专业化分工的要求，尽快优化组合，充分实现设备、技术、人才、管理等资源共享，完善企业内产业链和价值链的传递，进一步增强核心竞争力。

（2）对神东周边煤炭板块的专业化服务加强战略规划和统筹协调，有效避免基础设施和设备方面的重复投资，促使神东发挥专业化服务优势，稳步拓展服务半径，增加服务领域，由企业内部专业化服务转向立足本企业，兼顾集团内部区域专业化服务，实现集团利益最大化。

（3）在统筹规划集团机械加工产业布局的基础上，依托神东设备修配专业化服务的优势，扶持神东自主开发煤矿高端机电设备，实现制造基地由国外向矿区前移，进一步提高神东专业化服务的核心能力和经济增加值。

（4）向国家相关部门及行业协会申报，对专业化服务进行课题研究，以神东专业化服务的实践为基础，构建大型煤炭企业专业化服务的体制、机制，形成涵盖全行业专业化服务各领域的技术规程、工作标准、管理和操作流程，以推进煤炭行业的管理创新。

（5）鼓励神东推进专业化服务的市场化运营，依靠神东安全高效模式和专业化优势，为矿权拥有者提供建设和运营煤矿所需要的一整套技术与管理组合服务。对专业化服务的提供商可以实现由自主生产向管理模式输出转变，对大型煤炭基地建设或许可以成为解决资源分割瓶颈问题的有益尝试。

神华集团多措并举促进并购企业文化融合

神华集团有限责任公司　周大宇　邬京忠　王晓东　王宏伟

文化融合的力量犹如春风化雨，虽是润物细无声，但对于提升兼并重组工作的成效来说，却是不可或缺、至关重要的。“西五局”13年来的实践、“宁新宝”6年来的经验，也都充分说明了这一点。神华集团较为顺利地完成了对各兼并重组企业产权、资产、人员的平稳接收，并将其纳入了一体化的管理体系和组织架构。近年来，兼并重组企业之所以能够实现跨越式发展，也是神华模式、神华文化的巨大成功。

一、用先进的思想引领

神华集团作为煤炭行业走新型发展道路，构建一体化协同发展模式的先锋，在自身发展壮大过程中，“同举一面旗帜，同干一个事业，同奔一个目标”，始终把保持先进性作为企业文化建设和培育的第一要务，制定了《企业文化建设纲要（试行）》，整合统一了企业核心理念和标志，建立了企业文化建设工作运行机制和企业文化传播体系，在落实科学发展观，加快转变经济发展方式，提升价值创造能力，实现“高碳能源，低碳发展”等方面，引领了方向，树立了标杆。神华集团的核心价值观、企业精神与企业使命，已经逐步转化为包括兼并重组企业在内的全体神华员工的共同追求。

在集团公司先进文化理念的统一指导下，兼并重组企业没有机械地生搬硬套，空喊口号，而是结合自身实际，进行了个性化的宣贯和整合。包头矿业公司响亮地提出“陈旧的观念是企业发展的最大障碍”，从融情、融心、融力三个方面出发，使组织上的一家人变成了思想上的一家人、观念上的一家人、行为上的一家人。神宝公司培育和构建了独具特色的企业文化体系，致力于营造尊重人、关心人、理解人的文化氛围，通过内化于心和外化于行的企业文化教育，促使员工责任感明显提高，企业凝聚力显著增强。

二、用优质的发展凝心

企业作为经营性组织，提升赢利能力，拓展发展空间，是基本的追求和存在的前提。为重组企业解决制约其生存发展的瓶颈性问题，用光明的前景赢得尊重和认同，是神华集团促进文化融合的一条重要经验。

（一）指导并购企业确定科学的发展战略

在集团公司整体战略架构的指导下，依托神华集团事业的整体发展布局，重组企业对国家产业政策，行业发展形势，潜在市场机遇和风险把握得更加准确，战略管理迈上新台阶。神宁公司提出了加快建成国家级煤、电、路、化特大型综合能源基地，奋力建设世界一流企业，精心打造世界煤化工“硅谷”的新目标，规划到2015年全面建成国家亿吨级煤炭基地、世界级现代煤化工基地和国家级碳基材料研发基地。神新公司紧紧围绕“东、西、南、北、中”的发展布局做好大文章。

神宝公司高举神华发展的大旗，加快煤炭主业发展步伐，大力推进坑口电厂、煤化工、煤制油项目开发进度，制定了“科学发展，二次创业，打造经济总量百亿元企业”的发展战略。

（二）为并购企业提供了强有力的资金支持

资金问题往往是企业发展过程中面临的最大制约。神华集团加大了对兼并重组企业的资金扶持力度，为其运营发展解决后顾之忧。一是加大注资力度，优化资产结构，为企业发展增添活力。集团公司通过增加资本金、增资扩股等形式，化解了重组企业的“燃眉之急”，发挥了巨大的杠杆效应。二是发挥集团整体的品牌优势和信用优势，为重组企业融资、授信提供支持。三是集团系统内部的财务平台为企业建设运营提供了巨大支持，通过统一的财务管控，实现了资源共享和配置优化。

（三）支持并购企业建设了一批“生命线”工程

2006 年以来，神宁公司共建成 5 对现代化大型矿井，新增产能 4400 万 t/a；开工建设 7 对矿井，生产及在建总规模超过 1 亿 t/a，国家亿吨级煤炭基地形成初步规模。煤化工业务板块得到长足发展，世界级现代煤化工基地已具雏形。准能哈尔乌素露天煤矿是国家“十一五”重点建设煤矿之一，概算总投资 86 亿元，项目包括年产 2000 万 t 的露天煤矿及配套选煤厂、坝系防洪工程、南坪支线等，于 2008 年投入试生产。设计总投资 34 亿元，生产能力为 600 万 t 的李家壕煤矿及配套选煤，是包头矿业的“生命工程”，历经 5 年建设，现已建成。

（四）为并购企业减轻了运营发展的负担

“西五局”和“宁新宝”的企业发展历史普遍较长，一方面积累传承了一定的管理经验，另一方面受传统的计划经济影响，“企业办社会”、人员负担重、机构臃肿问题也较为突出，部分资源枯竭型矿井的转型、破产和人员安置也亟待解决。神华集团在深入研究政策法规，充分了解企业情况，积极进行前期准备的基础上，于 2000 年实施了准能公司的债转股工作，2001 年完成了公司制改造，在短时间内扭转了准能公司由于国家投融资改革造成的生产成本高，还本付息压力大的不利局面。妥善开展了乌达矿务局五虎山矿、包头矿务局白狐沟矿、河滩沟矿等资源枯竭型矿山的关闭破产工作。通过一系列大刀阔斧且稳步推进的改革举措，重组企业甩掉了包袱，全面构建了现代企业制度，长期制约企业发展的体制机制落后、人员冗余、债务沉重等问题得到了较好的解决。

三、用专业的管理聚力

管理的实质就是文化的传承、理念的延伸和行为的固化。神华集团先进高效的专业化、集约化管理平台，以“五型企业”建设为基础的管理模式和管理体系，是保障兼并重组企业全面融合的途径和载体。

（一）积极推进以“两个理念”为代表的本质安全体系和安全文化建设

安全是煤炭企业发展过程中永远无法回避的话题，在煤炭行业的企业文化中永远占据着重要的位置，具有特殊的分量和意义。集团公司提出的“煤矿能够做到不死人；生产时瓦斯不超限，超限就是事故”的安全管理理念，从认知到接受再到深化，也经历了一个循序渐进的过程。随着本质安全体系建设的全面推进，“九位一体”安全生产管理措施的逐步完善，安全投入力度的不断加大，安全质量标准化的深入实施，并购企业的安全生产面貌得到了极大地改观，员工安全生产环境进一步改善，风险源辨识和隐患治理能力得到了增强，百万吨死亡率快速下降。神宁公司在贯彻“两个理念”的过程中，将“生产时瓦斯不超限”发展为“瓦斯不超限”，要求做到不生产时瓦斯也不能超限，拓展了外延，提高了标准。神宝公司创造性地提出“神宝可以做到无伤害、违章违纪就是事故”的安全生产理念，并把这一安全生产理念贯穿于各项工作中。

（二）积极构建以“五型企业”建设为基础的管理体系和管理模式

“五型企业”是集团公司根据企业发展战略和远景，建立的具有神华特色的管理体系和管理模式。近年来，兼并重组企业的“五型企业”建设有声有色，成效显著，以同一个“声音”展现出了神华企业的风采。

一是抓理念植入，统一思想认识。神宁公司将“建设亿吨大矿，打造五型企业”作为战略目标，纳入企业的核心理念体系，从企业文化上奠定了“五型企业”建设的核心地位。企业整体上实现了发展理念由缺失到确立、实践、深化的转变，切实解决了要建设成为一个什么样的企业的问题。包头矿业公司通过“五型企业”建设促进企业管理的制度化、规范化、科学化，逐渐改变员工的思维观念和行为方式，实现精神文化的融合，形成共同的价值追求，增强企业的凝聚力。

二是过程管理得到了全面重视。神宁公司在“五型企业”建设实践中，制定了“体系统一确定、指标统一下达、考评统一进行、奖惩统一兑现”的“四统一”原则，实现了由过去的重结果管理向事前预控、结果管理并重的转变，形成了机关职能部门抓监督指导、基层单位抓组织实施的建设机制。神新公司通过制定“五型企业”建设中期规划（3 年）、长期规划（5 ~ 10 年）的方式，将“五型企业”建设的精髓性要求内化到企业管理的各个基础环节。

三是制度建设和流程管理得到了进一步加强。把制度和流程作为传承文化、植入理念的有效手段，重组企业普遍形成了层次分明，符合实际需要的制度管理体系。管理流程优化成为一项常态工作，内控风险体系建设跃上了一个新层次。

四是管理精细化水平得到了提高。重组企业转变了过去只注重产品质量、工程质量的狭隘质量观，树立了包括产品结构、成本管理、资金管理在内的大质量观，形成了以销售为龙头、市场为导向、煤矿生产为重点的全过程煤炭质量管理体系。通过大力实行品牌营销，神宁公司的“太西牌”无烟煤、“神宁一号”动力煤等五大优势品牌得到了用户的广泛认可。积极推行全面预算管理，深入开展“双增双节”活动，建立了全面成本控制体系。普遍完善了涵盖质量控制、进度控制、投资控制、安全管理、设计管理以及商务和采购管理等关键环节的建设工程监管体系。

五是管理架构进一步优化，建立了科学先进的现代化治理体系。神宁公司在专业化管理、集约化运营思路的指导下，按照现代企业管理制度，建立了规范的董事会、监事会、经理层管理模式，撤销了宁煤集团成立初期的矿区指挥部，机关部门由原来的 23 个减少为 16 个。按照产业结构及工作业务需要，对业务相近的基层单位进行整合，基层单位由 64 个减少到 46 个。通过合并重组和专业化管理，管理运行更加顺畅，管理成本进一步降低，管理效率大大提高。

六是绩效考核评价体系进一步健全。神宝公司通过推进“五型企业”建设，形成具有鲜明特色的考核体系，把机关部室纳入“五型企业”建设绩效考评体系，用经济利益的杠杆“刺激”机关部室管理人员，促进工作作风转变，提高工作质量和工作效率。神新公司全面扩充“五型企业”考核内涵，指导基层单位编定科区、班组的责任指标考核体系。目前，已实现了“五型企业”业绩考核体系的纵向延伸，形成了集团对神新公司、神新公司对基层单位、基层单位对科区、科区对班组、班组对个人的五级考评体系。

（三）引导重组企业重视技术进步，使科技强企的氛围日益浓厚

一是集团公司对科技创新工作提出了明确的考核要求，通过研发投入强度和专利数量两项指标，在体制机制上极大地促进了兼并重组企业科技创新工作的开展。二是加大科研投入和支持力度，保障重点项目的有限开展。包头矿业公司水泉选煤厂尾煤泥的高水分、低热值直接导致混煤发热量整体降低，商品煤质量无法保证，多次出现因商品煤质量而导致的用户拒收。集团公司出资1125万元，支持实施水泉选煤厂煤泥干燥项目，项目投产运行后，热值稳定，可直接配煤外运装车，解决了多年来困扰包头矿业公司发展的煤质难题。三是全面加强了对科研费用的专项管理，进一步加强与规范了集团系统科技资金的统计和管理，使基层单位充分享受到国家和地方的税收减免政策。四是集团公司根据各企业发展的实际情况，对各单位的信息化建设给予了大力支持。

四、以人为本关心员工

企业文化中最活跃的因素是人，兼并重组企业员工能否发自内心地对神华文化认可并践行，是衡量文化融合和思想融合效果的主要标准。集团公司始终坚持以人为本地关心员工，把人作为实现企业跨越式发展的核心因素，激发重组企业干部员工干事创业的热情和激情。

（一）千方百计，实现重组企业员工的妥善安置

一是本着尊重历史，兼顾现实的原则，最大限度地维护干部队伍的稳定，消除了部分干部的思想包袱和后顾之忧。二是对于因资源枯竭等因素出现经营困难的基层单位员工，采取全员配置到新建项目的方式，并提供了更具吸引力的就业条件。三是对于实施破产改制、主辅分离辅业改制单位的员工，最大限度地争取国家政策支持，充分听取员工诉求，注重职工权益的维护。四是尊重新疆、宁夏等民族地区的风俗习惯，维护少数民族权益。乌鲁木齐“7·5”事件期间，神新公司保持住了良好的稳定态势。

（二）搭建平台，拓宽重组企业员工的发展道路

一是帮助重组企业建立健全了人力资源管理体制，在制度和体系层面，提供了便于员工岗位成才、提升素质的平台和机会。加大绩效考核分配和岗位风险管理力度，推行薪酬与绩效挂钩并向苦脏累险、科技人才和关键岗位倾斜的政策。二是培训工作得到了加强，培训体系逐步完善，重组企业的培训工作纳入到科学化、规范化轨道。三是重组企业员工的职业发展通道拓展到了整个神华系统。得益于神华集团事业快速发展所提供的机遇，通过集团公司搭建的公开竞聘等平台，重组企业各级优秀员工除了服务于本企业建设之外，还被输送到了集团总部以及板块子分公司施展才华。

（三）建设幸福工程，确保重组企业员工共享改革发展成果

一是重组企业员工的安全生产环境和条件得到了很大地改观。吃上热乎可口的班中餐，洗上热水澡，住进舒适的值班公寓已经成为神华集团产业工人特有的幸福。二是积极推进沉陷区治理和棚户区改造，员工的居住条件得到了极大地改善。包头矿业公司新建的民馨家园，使几代矿区工人告别了条件艰苦的石拐地区，搬入了宽敞明亮的市区新居。2010年3月，胡锦涛总书记还专门到由神宁公司开发建设的采煤沉陷区搬迁安置工程——锦林小区视察并慰问了矿区职工。

五、一体化协同彰显优势

集团公司的板块协同发展模式，“大物流”、“大销售”体系，先进的生产指挥系统，是加快转变经济发展方式，建设世界一流企业的直接体现。这一优势资源和管理理念为兼并重组企业优化了发展环境，提供了发展机遇，带来了无可比拟的核心竞争优势。

（一）神宁公司积极融入“大营销”体系，商品煤销售实现了由区域市场进入全国市场的战略转变

神宁公司销量由2005年的2300万t，增长到2010年的6006万t，年均增长率达到21.2%。铁路运量连年攀升，管外运输取得重大突破，有效保障了产能急剧释放的宁东煤炭均衡安全的运输，2006—2010年铁路运量由1553万t增至3016万t，年均增长率18.9%。销售体制实现了从生产销售型向生产销售与经营销售并举型的过渡，通过加强外购煤收购和管理力度，采取优质优价、劣质底价、低劣参配等灵活多样的收购方式，不仅有效弥补了资源缺口，而且还贡献了一定的利润增量。

（二）“一块煤的市场都不能丢”，神宝公司市场份额迅速提高

重组前，神宝公司煤炭主要在黑龙江、吉林等区域市场销售。在集团公司“大销售”战略指引下，该公司提出了“一块煤的市场都不能丢”的理念，在巩固东北市场的前提下，加大市场开拓力度。与营口港形成战略合作关系，搭建了下水煤物流平台延长了销售半径，拓宽了销售渠道，扩大了市场空间。在集团公司的统一部署下，该公司抓住“西煤东运”机遇将褐煤发往煤城鸡西、鹤岗、双鸭山等地区，华电、大唐、国电部分电厂也用神华、神宝煤掺烧成功，掺烧比例由最初的10%提高到目前的60%。

（三）“捆绑销售”为神新公司破解电煤销售难题

针对新疆地区的实际情况，集团公司将“捆绑销售”的思路引入到神新公司的电煤销售中，起到了非常好的效果，提高了合同兑现率。2011年神新公司与华电、国电、华能签订的合同量大幅提高，合同量共540万t，比2010年提高了165万t，合同量增幅达到20%。

（四）煤源置换为神华系统内部电煤供应再辟新途径

为了保证2007年收购的国华徐州电厂“上大压小”项目2×1000 MW机组投产后的供煤安全，集团公司积极组织开展神华煤与徐矿煤资源置换、神华煤与淮南煤置换，实现了矿区直供、港口中转和煤炭置换三条供煤渠道。2008年12月28日，首列满载神华煤的列车安全抵达徐州发电公司，突破了神华煤不能通过铁路运输到达徐州发电公司的瓶颈。

六、多种形式促进文化建设

除了依靠神华模式为重组企业在运营管理上提供支持，彰显神华文化的优势和吸引力之外，集团公司通过多种形式，采取有力措施，促进企业文化建设。

（一）加强理念文化建设

加大宣传和培训力度，使重组企业员工进一步提高对企业文化重要性的认识，理解、掌握企业

文化的内涵、功能和意义，培养自觉的文化意识。通过选树典型、开展安全专题活动、“双增双节”、“百日会战”等一系列活动以及各类集团层面的专项管理会议，寓理念于实际，抓好观念变革和价值统一。把学习实践科学发展观，“创先争优”等专项工作，与促进文化落地紧密地结合在一起。

（二）加强行为文化建设

注重把理念、规范和准则转化、落实到企业和员工行为上，落实到重组企业生产经营、基本建设的各个环节，逐步形成符合文化要求的行为习惯。将重组企业的各级干部作为推进文化融合的关键和重点，要求各级领导率先垂范，以身作则。

（三）加强形象文化建设

以《神华集团视觉识别系统手册》为基础，全面导入视听觉识别系统，加强 CIS 建设，全面统一了各重组企业的形象标志，统一应用于企业外在宣传的各个方面，员工的品牌自豪感进一步增强。全面开展了环境刷新，加大工业环境、工作环境、生活环境、生态环境的持续刷新力度，使重组企业员工切实感受到由神华模式造就的现代工业气派和时代审美风尚。

（四）为重组企业构建良好的外部运营环境

神华集团作为中央企业，推进兼并重组，壮大企业实力，离不开地方政府的大力支持。集团公司通过积极履行企业社会责任，推动地方经济社会快速发展，则是从外部更广阔的平台上，彰显企业文化的先进性，践行企业使命的集中体现。一是履行合作承诺，加大投资力度，拉动 GDP，促进就业。二是积极缴纳税费，重组企业成为财政贡献大户。三是促进高效发展、清洁发展，支持了地方政府的节能减排。把煤炭资源充分利用放在重要位置，重组企业的采出率水平进一步提高。通过加大节能减排投入力度，实行多种资源的循环利用，万元产值综合能耗大幅度下降。四是积极开展社会公益和帮贫扶困活动。2006—2010 年，神宁公司累计为社会捐赠金额为 954 万元；神新公司 5 年间公益捐赠 656 万元。1998—2010 年，准能公司社会捐赠金额累计达到 1401 万元。

七、集团公司促进重组企业文化融合的基本经验

煤炭企业重组面临着安全压力大、人员负担重等诸多困扰和挑战。近年来，集团公司在促进重组企业文化融合和价值认同方面，走出了一条独具特色的道路，提升了兼并重组工作的整体效果，初步实现了“多赢”的局面。这主要得益于神华集团始终坚持按客观规律统筹运作，注重了企业发展、员工利益、社会责任等关键领域的协调兼顾。

（1）神华集团强大的实力、良好的形象、先进的管理、一体化协同的运营体系，在短时间内为企业发展解决瓶颈问题，提供了强大的资金支持和必要资源，快速提升了企业经营效益，关注员工福利待遇的改善，这些本身就是信心和力量的源泉，重组企业对神华文化和理念的认同感大大加强。

（2）将重组企业纳入了集团公司一体化的战略布局，企业发展方向更加明确，干部员工的干劲更足，很好地解决了企业在发展壮大方面的后顾之忧。

（3）通过贯彻“两个理念”、推行“五型企业”建设，稳妥地对企业管理的各个方面进行变革，使重组企业安全生产、运营管理、科技创新、制度建设等方面的能力和水平全面提升，核心竞

争优势更强。

（4）集团公司勇于承担责任，履行责任，为重组企业健康发展营造了良好的环境氛围，实现了地企关系的全面和谐。通过为重组企业争取政策支持，为企业发展减轻了负担，甩掉了包袱。

（5）尊重了企业文化建设和融合的基本规律，既注重自上而下，又提倡自下而上，坚持了共性与个性相结合的原则。重组企业进入集团前基本上都经历了一段较长的发展历程，形成了一些深入人心，被广泛认同的文化理念。集团公司充分尊重了对企业发展有益的差异性元素，在统一核心价值理念的基础上，形成了共性突出、个性明显，更具凝聚力和感召力的充分融合的企业文化。

（6）不搞形式主义，注重内化于心，外化于形。企业文化的融合和建设是一项综合的、复杂的系统工程。集团公司在统筹推进的过程中，注意为基层单位减轻不必要的压力和负担，文化建设与企业运营发展相同步，更加注重其成长性与内生性，落实到员工的行为上，促进理念向行为转化，文化向管理推进。

推行集中采购、降低采购成本 打造神东电力集约化、信息化、标准化、专业化的动态供应链管理体系

神华神东电力有限责任公司

李 荣 郭振华 冯小丽 卫 星 梁继云

2009年以来，神东电力公司在神华集团公司的正确领导下，以科学发展观为指导，践行“大物资、大采购”战略，增强内涵式发展能力，坚定不移地推行物资集中采购管理模式，由采购中心履行公司物资管理职能，负责集中采购工作，实行统一计划管理和供应商管理、集中采购和自行采购相结合、资源共享、库存物资统筹调配的集约化、信息化、专业化、标准化供应链管理模式。通过两年多的运作，公司物资管理工作从点多、面广、线长的分散管理模式成功转型为专业、高效、规范的集中管理模式，全面建立起科学的物资集中管理体系，充分发挥出信息化平台支撑作用，网上采购全面覆盖，库存管理不断深入，集采效益不断凸显，这表明神东电力公司实行物资集中采购管理的决策是正确的，执行是到位的，效益是显著的。

一、管理现状

随着神东电力公司的蓬勃发展，在建电厂逐步投入运营，如何有效地提高物资采购工作效率，提高资金效率，优化物资采购运作流程，加强采购过程控制，实现规范化、制度化、透明化管理，确保物资采购管理流程的高效规范运行，满足企业生产建设物资供应，已经成为神东电力公司发展的迫切要求。

按照神华集团公司的统一部署，进一步推行扁平化管理体制，遵循“大集中、大采购”的管理战略，实现专业、规范、高效的集中管理模式，提高效率，降低成本，提高企业的核心竞争力成为神东电力公司物资管理的重要目标。

2009年3月神东电力公司采购中心正式成立。作为神东电力公司物资管理的专业部门，负责公司机关及公司全资、合资、控股单位的基建、生产期间的物资采购和管理工作，负责集中采购的推行和实施，进行仓储、供应商的全面管理、综合考核和分析等业务。神东电力公司以“统一管理、统一采购、统一储备、统一结算、统一监督”的“五统一”作为实现物资集约化管理、优化供应商资源的战略目标，加快物资供应管理体制改革创新的步伐。

统一管理：要整合神东电力公司物资管理资源，建立统一的采购供应管理制度、统一的标准、统一的业务流程和统一的信息管理平台。

统一采购：要整合神东电力公司物资采购资源，建立企业内部各单位、部门之间协调互动、统一对外的采购体制，杜绝相关部门分头采购，减小二级单位自行采购业务范围。

统一储备：要整合神东电力公司物资储备资源，利用信息化手段逐步建立统一的物资储备体系，降低储备规模，逐步打破分散储备、重复储备的储备体系。

统一结算：要整合神东电力公司采购资金和结算资源，实现采购资金和对外结算的统筹使用和统一控制，提高资金运营效率和结算效率。

统一监督：要通过信息化平台的支持，实现关键业务控制点实行职权分离的审核体制，对公司所有物资采购供应业务进行全程跟踪、审核监督。

（一）统一管理

1. 统一的信息化管理

公司深切地意识到了信息化支持对精细化供应链管理、优化业务流程的重要推动作用，结合先进的物流和供应链一体化管理理念，建设了神东电力公司物资管理系统和采购网平台，并于2010年3月正式上线运行。通过建立集成、同步的神东电力公司物流供应链信息化沟通体系，实现了物流、信息流、业务流、资金流的有效集成和统一，为公司管理目标的实现提供了可靠的保障。

信息化建设融合了供应链管理、物流管理、内控体系、准时供应、项目管理等先进的管理理念，对需求提报、计划、采购、合同、物流配送、到货验收、出入库、财务结算等业务处理以及质量、价格、供应商管理等业务全部实现了网上办公和系统自动监督控制，大大加快了信息的传递和反馈，增强了信息的准确性、及时性。

通过信息平台建立了神东电力公司物资管理的信息门户，实现了与供应商的信息实时沟通，完成了价值链的内外网上链接，实现了神东电力公司与供应商之间的在线交互平台。包括供应商网上在线注册和档案提交，管理制度、规章、考评结果发布、采购信息、通知、招标公告、竞价公告、物资处理、新闻等信息的综合管理，供应商在线留言BBS，供应商新产品收集等功能。通过与供应商之间建立实时共享、信息畅通的发布与反馈渠道，极大地促进了供应商战略合作联盟的运作和实施。

2. 统一的计划管理

建立了以项目管理为龙头、需求计划管理为核心的计划管理制度，加强需求计划的规范性、预见性、准确性。通过需求计划的网上管理，实现了各二级单位的需求计划网上提报和审批，信息自动流转。需求计划提报后在二级单位采购部门汇总平衡，经主管领导审批后，采购中心编制采购计划，经公司主管领导审批，形成正式采购计划。通过逐级审批，严禁了虚增消耗现象的发生。同时，落实计划提报的依据、资金来源、使用方向和结算依据，明确使用方向、订货时间和要求。及早掌握需求信息，摸索消耗和需求规律，变被动采购为主动服务。

通过对计划物资、合同物资、期货物资、库存物资、储备定额的实时平衡，协助业务人员提早掌握需求信息，借助信息化平台强化需求计划的统一管理，向用户端延伸，实现二级单位计划部门、生产部门、技术部门、使用单位的信息沟通，同时深入实际现场，加强与用户的联系，提早掌握需求信息，组织现场服务，变被动采购为主动服务，取得良好效果。

3. 统一的供应商管理

以“动态考核、扶优汰劣”作为管理目标，通过电子商务平台建立的供应商全生命周期管理体系，能够对供应商的静态历史和动态交易历史进行全面的跟踪、分析和评估，实现从潜在供应商开发、供应商注册与审核、资质认证、电子档案、供应商授权采购、历史交易记录、供应商绩效评估 KPI，供应商淘汰的全过程管控，为物资采购工作中的供应商选择提供决策支持，为供应商的考核管理工作提供依据。同时通过管理平台，实现了供应商级别、类别（生产商、流通商、代理商）以及供应品种等多层次多角度的管理。

神东电力公司在供应商的动态管理过程中充分考虑了供应商分类分级因素，如物资分类和重要性程度、供应商供货能力、供需关系、采购方式等因素，制定了供应商分类分级指标体系，明确了战略供应商、主力供应商、一般供应商、潜在供应商的分类分级标准以及相应的供应商管理策略。

4. 统一的编码管理

神东电力公司高度重视物资编码信息的标准化工作，成立了专业的物资编码管理组织，根据物资代码编制工作技术路线，建立了编码编制工作的标准化步骤，主要包括高位码分类、模板描述、特征分隔、专家审定和代码配置等内容。经过三个月的物资分类和编码标准化工作，建立了神东电力公司《物资统一分类与代码标准》管理体系。该标准结合了神东电力公司生产、建设的实际情况，参考国家相关标准进行编制。同时，依据《物资统一分类与代码标准》建立了《物资代码特征模板》，通过特征模板对具体物资描述规则进行定义，良好地解决了物资描述的规范化问题。

《物资统一分类和代码标准》和《物资代码特征模板》的制定和发布实施，有效避免了物资信息多人操作产生不同描述结果的情况，大大加强了编码的科学性、规范性、唯一性、标准性，最大限度地降低了人为因素造成的重码、错码，可靠性保证了物料信息在神东电力公司范围内的一物一码。

（二）统一采购

1. 借助信息化平台，全力推行网上采购

神东电力公司采购网实现了全面的采购交易过程管理，对采购的招标过程、询价过程实行全面的流程监督和控制，确立了“业务公开、全程受控、永久追溯”的信息管理机制，构建了公开、公正、公平的阳光采购平台。通过网上采购的方式有效避免了“采购黑洞”和暗箱操作，使得采购工作的全过程处于可控状态和受控状态。

电子商务网上报价变革了传统的招标和报价方式，从现场的手工报价转变成为动态的、异地的实时报价。这个改变从小的方面看大大提高了采购中心的工作效率，使采购提前期缩短 50% 以上；从大的方面来看，则可以更快地响应生产的需要，从而增强了神东电力公司的市场适应能力。

电子商务交易系统有效降低了供应商的交易成本和采购中心的采购成本，提高了业务效率。通过系统的投用，供应商的响应速度和采购执行情况得到很大的提高，极大地减少了采购人员的工作量。

2. 实施战略采购，建立供应商合作伙伴管理

通过战略采购方式的实施，从总体成本最优出发，与供应商建立长期的合作伙伴关系，充分共享需求、库存等信息，从而缩短了采购响应时间，降低了采购资金占用，加快了采购资金周转，大幅度提高了供应商的服务能力。

(三) 统一储备

物资库存和储备工作是供应链管理环节上的关键和重点。实现公司库存信息二级动态平衡，进行库存优化、调度和调剂是神东电力公司库存管理的重要目标。

通过大力推进战略储备、联合储备、物资寄售储备等管理优化和提升措施，建立了多方面的物资储备体系，同时实现了库存信息的实时共享。对于重要物资建立实施了库存储备定额管理和库存物资高、低储预警机制。

(四) 统一结算

建立了神东电力公司的物资财务结算和核算制度，采用供应商滚动加权平均价的实际价格计价方式，由信息系统自动完成库存物资价格处理和出库成本核算，实现了与现有财务系统的紧密集成，完成了应付、付款、月末成本核算的自动过账。极大地减轻了财务人员统计和核算的工作量。

严格按照“先收料后发料”的原则和财务账务处理要求记录“器材明细账”。“器材明细账”是全面反映库存物资收发存、数量、资金动态情况，详细记录物资收发存的明细台帐账，是统计报表和财务对账的基础。要求器材明细账真实反映物资代码、名称、特征属性、计量单位、批次、单价、金额、货位号，坚持日清月结。

(五) 统一监督

通过神东电力公司物资管理系统的建立，为实现采购过程的事前监督和控制提供了必要的手段和工具。通过系统的分时段工作警示，为各级业务人员和管理人员实时掌握物资采购运行动态提供了方便快捷的信息展示平台，同时实时掌握业务人员的执行情况和各级审批流程的执行情况，对业务控制环节进行监督和督促，避免出现业务堵塞，提高了信息的通畅度。

通过综合分析功能对业务员已经完成工作的效率进行评估，建立了定量的绩效考评体系，使对业务人员的工作强度和工作效果的评价从人为感性评定变为定量数据评比。

通过对物资采购供应工作中的量化数据进行分析，掌握了物资采购总体业务运行情况，为采购中心提供了全局数据分析和统计支持。

通过对历史交易数据和业务数据的对比分析，有效地掌握了物资采购过程发展趋势和数据呈现的内在规律，为领导掌握全局情况、监督业务执行情况提供了依据，从而辅助管理人员进行业务预测和信息决策，提高了物资采购的综合效益。

二、实施效益

(一) 集约化采购实现规模效益

2010 年公司集中采购物资金额 2.47 亿元，初步测算节约采购资金 3964 万元，节约率约为 9.6%。对石灰石、点检仪、除渣系统备件等组织进行了批量化采购，大幅降低了采购成本。运营电厂公司级和厂级长约、寄售采购占总采购量的 15.74%，出库占总出库的 24%，集约化采购的规模效益显著提高。

（二）打造神东电力公司供应链集成办公平台

通过信息系统实现了全面的网上办公、电子办公和异地办公，实现了神东电力公司物资管理从需求、计划、平衡利库、采购、合同、到货验收、入库、仓储、出库、财务结算的全部业务网上操作，并与企业的具体实践结合，规范了物资供应管理工作和采购行为。

通过集成办公平台实现了神东电力公司物流、资金流、信息流的统一；数据处理和设置灵活方便，可按数据权限灵活调整业务人员的管理范围和职责；业务覆盖全面，增强了采购供应工作的透明度；增强了各类数据的准确性和及时性，既降低了业务人员的工作量，也降低了错误概率，简化了工作流程，提高了工作效率；实现了从定性管理到定量考核的转变，加强了管理的科学化和规范化。

（三）建立了以项目资金管理为龙头，需求计划为核心的管理体制

原来的手工模式下各二级单位计划的准确性很差，各分厂数据量大，一年的计划提报物资将近10万~15万项，各分厂的查询电话不断。业务员为了掌握库存、入库、出库情况，不断地下仓库、翻手工账本，耗时耗力也不能完全准确掌握，经常因为供货不及时遭到批评。计划的费用来源不清楚，经常发生多购、错报、乱报的现象。

在系统投用的同时制定了二级计划提报管理制度和控制制度的前提下，通过执行统一计划提报，统一计划审批，统一计划接收，自动生成公司的需用计划，从平衡、采购、合同、入库情况直线跟踪的业务控制和反馈机制，实现了供应链上的用户需求延伸。

（四）推行多种采购方式，大力推进网上采购，实施了电子商务交易平台

原手工合同询比价流程：起草询价方案→询价方案审批→询价书发布（传真/邮寄）（1~4天）→供应商报价（2~4天）→报价书返回（3~5天）→报价揭示（开标）（1~3天）→确定合同成交方（1天）→签订合同（5~7天）。

从询价书发布到报价揭示（开标）至少需要7~14天，而通过网上报价系统和网上开标系统，不需要手工传真和信件传递，可以把以上流程压缩至2~3天，既可以节省费用，又能大大提高效率。目前神东电力公司的网上采购率达90%以上，取得了良好的经济效果。

（五）深化库存管理，推进战略储备、联合代储、寄售物资等多种库存优化方式

1. 供应商战略合作储备

通过备件库存的供应商战略合作联合代储体系，建立了大型备件的储备定额管理和库存异常自动预警机制，初步建立了国内三大动力厂家与公司备件供应的战略合作关系，节约库存储备资金近970万元。

2. 企业合作联合储备

建立了与兄弟单位的备件联合储备机制，并签订了联储框架协议，通过库存备件的信息共享，有效降低了紧急供应风险，为生产的稳定运行提供了可靠的保障。

3. 供应商寄售物资储备

在通用物资库存上，大力推行了物资寄售方式，通过供应商寄售管理，建立了低成本、高效率、响应性好、敏捷性强的物流管理机制。2010 年与通用材料、通用备件厂家和代理商签订电子寄售采购物资协议 63 份，金额约 1.87 亿元，大大节约了库存储备资金。

4. 物资利库优化储备

在拓展多种物资库存管理方式、降低库存资金占用的同时，也加强了库存积压物资的分析管控，充分发挥了两级平衡利库作用。2010 年，全公司完成利库金额近 767.75 万元，为进一步开展库存积压物资处理奠定了基础。

（六）优化供应资源，精细化供应商管理，建立供应商动态评估体系

进一步制订和完善了神东电力公司供应商管理制度和动态考评制度，确立了神东电力公司的供应商准入、认证、绩效考核和退出等全生命周期管理指标体系。以“动态考核、扶优汰劣”的供应商管理策略为基础，以供应商准入、认证、考核和退出四阶段为依据，以交付能力、产品质量、服务水平和成本控制四方面为核心，对供应商进行全方位评估，明确了供应商管理评估办法、指标评分原则、计算方式以及评价组织权限等内容，建立了全面的考评指标体系。

三、问题和困惑

在推进集中采购，降低采购成本，打造集约化、信息化、标准化、专业化的动态供应链管理体系的进程中，神东电力公司目前迈出了关键的一步，也打下了初步的基础。但是，如何确保公司大物资战略的顺利实施，如何提升采购中心价值创造力，如何在各方面跻身一流行列，还任重道远。特别是在目前工作中还存在着一些问题，需要在今后的规划中予以考虑和解决。这些问题主要是：

（1）物资信息化建设处于基本应用阶段，实施效益未充分体现。

（2）采购监管和绩效评估体系还未完全建立，评价手段欠缺。

（3）计划管理薄弱，管理界面不清晰，信息沟通不畅。

（4）采购策略研究缺乏创新，采购精细化管理深度不够。

（5）需求计划准确率和领用率不高，库存增长压力较大。

（6）供应商库建设水平较低，尚不能完全满足采购需要。

（7）物流专业人才匮乏，业务培训力度不够。

四、后期规划

（一）总体目标

确立“专业化服务为主线、信息化管理为手段、精细化管理为核心、降低成本为目的”的思路，通过建设专业化、信息化、标准化的“供应链技术、供应商资源、供应管理流程”三大支持平台，培育意识领先、专业精深、责任到位的一流物流专业技术团队，实现资产全寿命周期管理及总成本最优，为神东电力公司持续提升价值创造力和可持续发展力提供保障与支撑。

（二）具体规划

1. 综合管理

（1）制度建设。进一步完善信息管理制度体系，最大限度回避物资管理风险。逐步配套出台各项规范性制度，形成标准化、流程化、规范化制度管控体系。

（2）机构岗位优化。各单位物资岗位人员配置按照精干高效的原则合理配置，根据中心和基层单位采购金额所占比重，进一步优化中心和基层单位物资管理岗位设置。

（3）学习型组织建设。用2~3年的时间建设一支业务熟练、管理精细、保障有力的专业化物资供应管理队伍，把员工打造成识设备、知结构、懂原理、晓用途、会谈判、通商务的专家型人才。

（4）物资信息化建设。物资信息化应用采取“三步走”建设策略，从基本应用、精细化应用最终进入战略化应用阶段，实现物资管理水平全面提升和拓展。

（5）物资管理绩效考核。中心按照符合目标管理和量化考核的原则，建立基于内部计划、采购、出入库等全新的流程管控评价指标和专业的定量绩效考核指标体系。

2. 计划与统计分析

第一阶段，计划管理模式随着公司的管理策略、采购管理思路的调整而进行动态的调整和优化，制定出台集采目录实现两级计划管控体系，并通过资产系统数据库与物资系统高度集成，实现两个系统间的计划需求无缝链接。

第二阶段，实现集中长约采购物资品种的确定不再单独来源于计划，而是从历史采购、领用数据中挖掘，以支持采购部门实现超前采购（长约协议）、风险预控，并培养计划工作标杆单位，开展对标活动，提升公司物资计划管控水平。

第三阶段，通过借助信息化手段和一系列管控措施实现物资需求的高度集约化、信息化和智能化，全面配合战略采购和长约采购的实现，最终实现公司物资采购总成本最低的战略规划。

3. 采购管理

第一阶段，基于发电企业采购特征，实行采购类别管理，形成符合神东电力公司需求的物资类别矩阵以及采购策略。

第二阶段，由交易型和服务型的集中采购模式向管理型和分析型的集约化采购模式转变。

第三阶段，全面推行战略采购和长约采购策略。

4. 物资储备管理

（1）物资定额管理。第一阶段，要求各单位按照公司审核通过的备品配件储备定额目录完成数据导入物资系统工作，实现备品配件信息化管理、资源共享和网上调剂调拨机制。第二阶段，通过对备品配件的使用频率、使用质量、供货周期、后期服务等因素的分析研究每年修订一次定额目录，并根据各单位具体情况，将定额维护、定额修订、定额储备等管理内容列入生产经营责任书，由各单位具体管控相关事宜。第三阶段，实现与集团大物资网并网进一步整合资源，达到互通有无，集团内统一调配的效果。

（2）库存管理体系规划。第一阶段，初步建立代储、联储、自储等多元化储备方式。第二阶段，深化应用多元化储备方式。第三阶段，实现跨集团合作，检修备件一体化服务。

（3）仓储管理规划。第一阶段，强化库存管理基础建设，开展仓储管理达标评级工作。第二阶段，在库房达标的基础上推行“6S”现场管理和“TPM”看板管理，使物资仓储管理上了一个新的台阶。第三阶段，建立信息化和现代化的立体仓库，通过先进技术的应用实现公司仓储管理水平跨入电力行业仓储领域一流行列。

5. 供应商管理

第一阶段，加强供应商商库建设，满足正常生产供应需求。

第二阶段，实现供应商两级准入，即集中准入和分散准入，同时实现供应商短名单等级管理。

第三阶段，对供应商进行动态的差异化分类管理，持续优化公司的供应商网络。

6. 基建生产一体化

整合基建和生产的供应管理，缓解和解决生产运维期物资供应管理的诸多问题，为未来更好地进行物资的供应管理提供了良好的环境。

整合板块资源　发挥协同效应　推进规模化经营

神华集团有限责任公司

祁　玮　罗梅健　张瑞平　胡延波　郑学峰

神华集团实现“科学发展、再造神华”，在管理体制层面，需要重点解决两个问题：一是加大总部的集中管控力度，强化执行力，在解决法律路径、规则路径的前提下，实现统一指挥，充分发挥资源共享、深度合作、协同效应、低成本运营的优势；二是针对神华煤电路港航油（化）一体化开发，产运销一条龙经营的核心竞争优势，要对所属业务板块和子分公司加强专业化分工、集约化运营和精细化管理。

按照这一思路，2008 年 5 月，集团整合了神华煤制油化工业务板块的七家公司，成立了中国神华煤制油化工公司；2008 年 10 月，对地处内蒙古乌海地区的四家公司进行了整合，成立了神华乌海能源公司；2009 年 5 月，对地处神东地区的四家公司进行了整合，成立了神东煤炭集团公司。目前，集团的电力、煤制油化工均实现了板块化管理，煤炭板块由于盘子较大，所以按区域整合，实行专业化运营管理。

一、煤炭板块区域化整合（神东煤炭集团公司和神华乌海能源公司整合）

（一）适应形势，整合资源，服务集团发展战略

为进一步优化资源配置，实现资源共享，推进专业化、集约化、现代化生产，加快神华集团做强做大步伐，神东地区四公司（神东分公司、神东煤炭公司、金烽分公司、万利分公司）和乌海地区四公司（乌达矿业公司、海勃湾矿业公司、乌海煤焦化公司、蒙西煤化公司）根据集团公司统一部署，在战略布局和资源分布上进行重大调整，解决原先各公司分散经营、各自为战、自成体系、“小而全”现状，解决机构重叠、重复建设和资源浪费等问题，实现生产、人员、设备、资金等各类资源的合理配置。

（二）科学设计，合理布局，全面推进重组整合

1. 整合思路

围绕集团公司发展战略，合理配置资源，调整管理模式，降低运营成本，提高规模效益，推进神华事业又好又快持续发展。

2. 整合原则

坚持服从集团发展战略的原则；坚持“改革、发展、稳定”原则；坚持“集团利益最大化”

原则；坚持“专业化分工、集约化经营”原则；坚持“精干高效”原则。

3. 具体做法

按照“搭建一个领导班子、确立一个领导关系、配置一套组织构架、实现一个最终目标”的运行模式，开展重组整合工作。主要步骤：一是成立新的领导班子，冻结财务，清产核资，确保资产不流失；二是召开领导班子会议，确定重组方案和领导分工，确保改革稳步推进；三是确定各单位负责人，确保改革上传下达、政令畅通；四是召开干部大会，明确管理人员职责，确保各项工作有效衔接；五是确定各单位机构设置及人员编制方案，组织人员上岗到位；六是发布各项重要规章制度，确保重组整合后续工作的稳步推进和各项工作的有序开展。

4. 相关举措

一是注重对干部职工进行思想教育。原先各企业积淀的文化各有特点。如何促进不同文化融合，实现企业发展目标一致性，成为重组整合后的重要工作。

神东煤炭集团公司推动实施企业文化诊断提升项目，对原四家公司企业文化进行系统诊断，确立了新的企业愿景和企业发展战略，提炼出新的企业核心理念，形成了独具神东特色的企业文化体系，同时促进大神东文化核心理念深入人心、落地生根。

神华乌海能源公司遵照集团公司确定的“安全、稳定”两大主题，积极宣传重组整合工作的重要性和必要性；通过班子会、干部会、电视电话会等不同形式，传达改革精神，让广大员工了解改革并支持改革；加强与员工的沟通，开导员工适应改革；最大限度为员工创造良好的工作、生活条件，保障重组整合平稳、有序推进。

二是注重加强整合期间的安全生产管理。神东煤炭集团公司和神华乌海能源公司所属生产矿井安全管理水平参差不齐，重组整合中安全问题成为重中之重。

神东煤炭集团公司将安全生产列为重组整合中各项工作之首，全面推进本安体系、质量标准化动态达标工作，利用信息化手段共享危险源辨识成果，基本杜绝了各矿井“零打碎敲”事故。抓住公司整合契机，优化生产组织，落实“四减”措施，减少外委工程项目、作业面及井下人员，更新生产设备，提高了矿井安全可靠性。

神华乌海能源公司将安全生产指挥和业务重组放在首位，成立安监局，下设乌达、海勃湾、煤化工三个安监分局，分片、分线检查、指导和管理安全生产。贯彻“瓦斯超限就是事故”和“煤矿可以做到不死人”两个理念，将安全生产责任落实到每一个层级、岗位和个人。严格执行24小时值班、跟班、查岗制度，实施安监人员派出机制。

三是注重整合改革的快速高效、平稳过渡。重组整合的最大问题是如何处理好各种利益关系，最大的难点是如何合理配置广大干部职工，最大的挑战是如何激发员工的工作激情。

神东煤炭集团公司对人员配置进行了周密安排和合理部署。成立了六个专业工作小组，制订了明确的实施方案；下发了人力资源管理和薪酬管理方面两个文件，顺利完成了公司机构设置及人员划转。坚持公开选拔机制，选拔了助理级及以上干部58名，科级干部200多名，公司机关新进人员实行公开招聘。

神华乌海能源公司本着调整上层、稳定中层的原则，对126名处级干部和202名科级管理人员全部按照职级、岗位合并进入新公司，保留职级和待遇暂时不变。对于企业员工工资和福利待遇的差别，坚持“两低于”和“效率优先、兼顾公平”原则，逐步调整达到“一碗水端平”。

四是注重科学合理构建组织管理模式，提升企业管理运行效率。企业重组整合的关键之一是重新构筑内部控制力，重塑起规范、系统的公司治理结构和管控构架。

神东煤炭集团公司将推广应用管理创新项目成果作为加速业务融合的重要方式和手段。首先是对原先企业业务流程进行重新梳理优化；其次是实施全面预算管理，建立公司统一的信息化预算编制平台，构建生产经营活动事前目标制定、事中过程监控、事后绩效评价新机制；最后是整理五型企业绩效考核制度及相关管理办法，重新制定了“公司—矿—区队—班组—员工”五级绩效考核体系。

神华乌海能源公司按照决策、执行、监督相分开原则，设立董事会、党委会、经理层，制定了董事会、党委会、党政联席会和总经理办公会议事规则。按照专业化分工、集约化管理原则，综合设置 21 个职能部室。结合行业特殊性和矿区实际，成立 9 个下属中心，对分布在各地的 29 个生产单位实行集中统一管理。

五是注重企业管理创新工作，提升企业管理水平。神东煤炭集团公司和神华乌海能源公司以重组整合契机，全力打造“五型企业”建设。

神东煤炭集团公司实施推进大专业化管理进程。按照煤炭生产、生产服务、生活服务三大板块及生产准备、设备管理等八个方面专业化服务进行对口整合，打造了八个专业化服务中心。内部模拟市场化经营，建立了矿井与专业化服务单位之间合同契约关系。对于技术含量低、准入门槛低的项目实施专业化外包。技术含量高、专业化程度高的领域，与科研院所建立合作关系。成立了人力资源共享中心，实行人力资源专业化、标准化管理。

神华乌海能源公司按照管理职责、产业分类、业务运营特点，对财务、供应、质量和计量、销售、党群实行统一集中管理。第一，将 4 家公司财务整合为一个财务部，撤销各矿、厂的财务科，成立了 9 个核算中心为矿区集中服务。第二，新组建物资供应中心，整合了原乌达矿业等公司物资供应管理资源和业务。第三，成立质量管理中心，统一管理全公司的质量、计量工作。第四，整合成立销售中心，统一对公司的产成品进行买断销售。第五，对纪检、监察、审计实行垂直管理，对各矿厂分片派驻纪检组。

（三）运筹帷幕，措施得力，改革成效显著

神东煤炭集团公司和神华乌海能源公司重组运营后，在较短的时间内呈现出积极良好的发展态势。主要特点为：管理费用大幅下降、发展建设突飞猛进、产业整合效果显著、科技创新步伐加快、运营更加顺畅、社会形象大幅提升。

一是实现了资源共享，优化了产品结构。实施整合改革后，公司内各类资源实现流通、共享和互补，产品结构更趋合理，产品销售更趋灵活，市场竞争力进一步增强。神东煤炭集团公司打造了八大专业化服务中心，实现专业化管理和服务。同时实现对矿区的统一指挥调度，有效解决生产、技术和管理骨干队伍建设不平衡的问题。神华乌海能源公司通过重组整合，改变了原先企业各自为政、分散封闭、产品品种单一问题，如乌达公司主要以中、高硫肥煤为主，海勃湾公司主要以主焦煤、1/3 焦煤为主。整合后，各类资源内部实现流通、共享和互补，市场竞争力更强。

二是节约了资金成本，降低了管理费用。神东煤炭集团公司重组整合后，由于机构和人员减少，管理费用和财务费用大幅下降，同比减少 1.76 亿元/年；由于实现资源共享和专业化服务，每年可减少费用支出 3.82 亿元；由于后勤服务等费用由社会化结算转变为内部价格转移，以及销售驻地改在矿区，可减少税费支出 1.27 亿元；由于实现管理和技术共享，降低运营成本 1.61 亿元。

神华乌海能源公司整合后2009年第一季度管理费用节支2831万元，财务费用节支2607万元；同时实现集中管理内部资金，调剂使用，减少流动资金贷款，减少票据贴现，达到了节约资金的效果。

三是发挥了资金集中优势，确保了重点工程进度。神华乌海能源公司整合后的2009年1—2月份，在基建贷款未到位的情况下，利用内部存量资金相对充足的条件，在保证生产资金需求的基础上，富余资金用于垫付基建项目，使用量达6亿元，确保了重点基建项目正常进行。

四是降低了采购成本，减少了储备物资。整合后，神东煤炭集团和乌海能源公司解决了原来各公司重复储备导致储备资金占用量大、储备资金周转速度慢的现象，杜绝了大量呆滞物资和积压报废现象的发生，加大了代储代销业务，完善了物资代储机制，实现了向零库存的迈进。

五是提高了设备利用率，减少了备用设备。神东煤炭集团公司通过优化生产接续和设备配套计划，相互调剂使用设备，整合后生产2亿t原煤购置4.5套综采设备，比整合前少购置6套综采设备（以液压支架计算），可减少重复投入13.94亿元。另通过办公楼房调剂、清理工程项目和统一维修厂房等办法，共计可节约资金5.76亿元。神华乌海能源公司整合后加强了内部设备无偿调拨与调剂，通过设备整合节约资金1.35亿元（不含配电设备、铺运设备），同时各种大类部件和备品备用率降低，利用率提高，节约成本支出和投资3300万元。

六是实现了销售统管，增强了企业抗风险能力。神东煤炭集团公司整合前由于煤质不同，部分低热值煤炭只限于区内销售，销路不畅，效益不佳。整合后通过配煤，有效解决了此类问题。神华乌海能源公司在销售业务整合后产品销售机制更趋完善，销售费用大幅降低。

七是优化了人员结构，促进了人员合理流动。整合后实现了人员的优势互补，神华乌海能源公司洗选、焦化和煤化工的人员力量均得到加强，技术实力大幅上升。整合前各家公司技术人才匮乏，四家公司之间互抢人才，整合后人力资源得到更加科学合理的优化配置，形成了人尽其才、各尽其用的格局，促进了人员的健康流动。

（四）整合改革中需要重点关注的问题

神东煤炭集团公司和神华乌海能源公司在重组整合中成果斐然，效果明显，为下一步两家公司的快速、健康发展奠定了良好的基础。但改革中也面临着许多新问题，需要进一步深研究和不断探索。

1. 企业重组与文化冲突的问题

企业重组涉及战略、资源、组织等关系的重新组合，特别是企业文化的融合。如果忽视文化冲突与融合的问题，导致企业“内耗”，将影响到企业运营的协调性、目标的一致性，容易导致企业重组失败。从提升企业核心竞争力角度考虑，必须重视文化冲突与融合。通过文化整合，尽快实现员工价值观、人生观和行为准则与企业发展理念、发展战略和管理规则的统一和融合，既是企业成功重组的需要，也是实现企业高效运营的需要。

2. 企业重组与利益冲突的问题

企业重组是产业关系、经营关系和人际关系等多方面利益的重新调整与组合。企业重组中的较大问题，往往来自于内部人员安置和相关利益调整所带来的冲突。要实现平稳过渡，就要把一些问题放到不断地发展中去解决，避免或减缓利益冲突，积极而稳妥推进整合改革。

3. 企业重组与强化控制力的问题

控制力是维持企业持续运营、做大做强的关键因素。在企业重组中，如果解决不好控制力的问题，就会影响到企业重组的质量和目标，企业的优势和潜力也很难发挥出来。关于企业控制力，体制是最为关键的因素，起着“血脉”或“骨架”的作用。体制解决不好，再好的机制、再规范的管理也很难发挥作用。在优化管理流程上往往尽可能少设一些界面或环节，而强化企业控制力往往需要多设一些界面或环节，这是一个现实的矛盾，需要继续探索研究。

二、煤制油化工板块整合

（一）填补短缺，提升实力，实现板块集中管理

自集团公司决定发展煤制油与煤化工业务以来，神华煤制油公司、包头煤化工公司通过不断努力，在项目管理、生产运营和科研开发上逐步形成自身的管理特点，凝聚了一批管理人才和科技人才，新的项目也逐渐加快推进。但随着煤制油化工业务的发展，煤制油化工业务也逐步显现出了制度标准不够统一、资源配置不尽合理、整体合力发挥不足等问题。为解决此问题，神华集团决定设立中国神华煤制油化工有限公司，作为集团煤制油化工业务的板块管理公司，加强对煤制油化工业务板块的统一管理。

（二）立足特色，四位一体，明确战略定位职责

1. 整合思路

推进煤制油化工板块的科研开发、工程建设、工厂运营、产品销售“四位一体”的体系建设，实现煤制油化工板块集中管理。

2. 整合原则

有助于实现集团赋予的使命与发展战略；符合现代企业管理和市场经济的要求；符合实际、优化配置资源要求；符合专业化分工、集约化经营原则。

3. 方法步骤

一是集团党组确定整合的战略决策，提出改革方向和目标；二是组建公司新的领导班子，形成新的决策团队；三是明确板块公司定位和主要任务，确定了公司发展思路；四是明确板块公司组织机构设置、部门职责，实行扁平化管理模式；五是按照全员竞聘、择优上岗原则，对板块公司职能部门负责人及相关岗位实行公开竞聘；六是重新梳理流程，创新管理模式，保障业务进展。

4. 相关举措

一是明确了板块公司的构成和运营模式。中国神华煤制油化工有限公司，下属神华煤制油化工研究院、神华煤制油化工工程公司、神华鄂尔多斯煤制油公司、神华包头煤化工公司、神华呼伦贝尔煤化工公司、神华煤制油化工销售公司、神华陶氏榆林煤化工项目、神华沙索煤间接液化项目。板块公司按照现代企业制度建立完善的法人治理结构，履行板块公司的管理职责，统一管理其下属

公司。板块公司下属公司按子公司或分公司方式运作。原则上独资公司按分公司设置，合资公司为子公司设置。

二是明确了集团公司、板块公司和子分公司的定位。集团公司定位：对煤制油煤化工板块业务的管理主要是发展战略及投资决策管理，负责研究确定煤制油与煤化工业务的总体发展战略，决定项目的投资选择。板块公司定位：作为集团公司的全资子公司，统一管理煤制油与煤化工业务，是煤制油与煤化工板块业务的决策中心、资源配置中心、投融资管理中心、科研中心、工程建设指挥中心、利润中心。负责落实集团公司确定的煤制油与煤化工业务总体发展战略，提出业务发展规划、计划并组织实施；对集团公司赋予的资源以及本业务拥有的内部资源进行统一配置；统一管理本业务内的投融资管理；统一实施生产运营和产品销售管理。子分公司定位：科研单位负责科研开发任务；工程建设单位负责工程项目建设实施；生产单位负责工厂生产运行，是成本、利润中心。

三是明确了子分公司的主要任务和职责。神华煤制油化工研究院主要负责煤制油煤化工板块的技术研发、产品方案验证、产品标准研究、工艺路线验证、专利技术管理等职责。神华工程有限公司作为专业公司负责煤制油与煤化工项目的前期开发和建设管理。各生产公司主要负责神华煤制油、煤化工产品的安全生产。

四是明确了集团公司与板块公司及子分公司的管理关系。科学合理设置集团公司与板块公司及其下属子分公司的管理关系，是板块公司高效运作的重要前提，是板块公司在资源整合、协调支持、风险控制、引导方向、管理服务、提高效能等方面的重要保证，是实现板块公司价值的基础。集团公司、板块公司及其子（分）公司具体关系见表1。

表1 集团公司、板块公司及其子（分）公司具体关系

管控内容	集团公司	板块公司	子（分）公司
战略管理	制定战略	执行集团战略制定子战略	提出规划建议
投资管理	审批决定	投资建议权及一定额度的投资权	投资实施
生产性资产管理	资产处置权及账面资产管理	一定额度的资产处置权及板块公司全部实物资产管理	资产处置建议权及全部实物资产管理
非生产性资产管理	资产购置及处置的决定权	除公车、住房之外的资产购置及处置权	资产购置处置建议权
领导班子配备及薪酬管理	决定领导班子人选及薪酬额度	板块公司领导班子副职及子分公司领导人选及薪酬建议权	子分公司领导副职人员及薪酬建议权
组织机构及干部职数管理	决定板块公司组织机构及领导职数	板块公司组织机构及领导职数建议权，子分公司领导职数的建议权及决定所属子（分）公司的组织机构及干部职数但事后向集团备案	板块公司所属子分公司组织机构及干部职数的建议权
财务融资	决定财务融资方案及资金投向	提出资本运作、融资方案，建议资金投向，集团批复资金额度下的统筹调配权	按规定使用资金
人力资源	审定适合煤制油化工板块人力资源发展的政策	制定人力资源规划及设定板块统一的人力资源政策，提出适合板块发展的政策建议	实施人力资源规划，执行板块公司的人力政策
生产运营	制定生产运营目标及利润目标	生产运营目标建议权，制定生产运营计划，决定生产性子（分）公司成本目标	执行生产计划，完成成本控制目标
工程管理	制定统一的工程管理目标及标准	提出工程管理目标及标准建议，决定工程管理模式	保质、保期完成工程任务

（三）整合资源，集中优势，有效推进综合能源企业建设

中国神华煤制油化工有限公司的组建，是神华煤制油化工板块发展的一个重要里程碑，标志着神华集团公司向国际一流综合能源企业发展迈出了坚实的一步，具有深远的意义。

一是切实落实了党和国家领导人的重要指示。2006 年 6 月，温家宝总理在视察煤直接液化工程现场时指出，神华集团的煤直接液化是国家能源战略的重要组成部分，也是一次重大的科技探索，要求神华集团在掌握煤直接液化技术基础上形成自主知识产权；2007 年 11 月，胡锦涛总书记在视察煤直接液化工程现场时强调，神华集团的煤液化是具有创新意义的产业；2008 年 5 月，国务院副总理张德江同志视察煤直接液化工程时指出，掌握煤制油技术对于保证国家能源安全和国民经济平衡运行具有重要意义。中国神华煤制油化工公司组建后，加快了神华集团煤制油化工业务的发展，进一步提升了神华集团在煤制油化工领域的发言权。

二是加快了解决我国能源短缺问题的研究探索。我国为能源短缺型国家，又是能源消费大国，能源安全问题始终困扰着我国经济发展，能源短缺尤其是石油短缺将是我国发展长期面临的难题。据相关部门预测，2030 年我国石油对外依存度可能超过 70%，能源问题直接关系到国家经济发展命脉。神华集团确立发展煤炭液化，实施石油替代战略，组建中国神华煤制油化工公司，集中力量承担起发展煤制油煤化工的重任，协助推进国家能源建设，有利于煤制油化工领域的技术进步，有助于国家降低对国际石油市场的依赖，是保障国家能源安全的重要战略部署和举措。

三是有效提升了神华集团的企业核心竞争力。煤炭液化项目是一项全新工程，为高新技术密集、具有创新意义的新型产业，成熟后投资回报率高。中国神华煤制油化工公司的组建，加快了煤制油化工业务的发展，其意义不仅仅在于生产几百万吨的油品和化工产品，更重要的是在神华集团确立了一个新兴产业，全面提高了神华集团的自主创新能力，提高了神华的核心竞争力。

大型煤炭企业发展与管控模式研究

大同煤矿集团发展战略研究院　张岚祥

大型煤炭企业的最新组织方式是煤炭企业集团，其管控模式体现为企业集团的管控模式，实质上是煤炭集团母公司对子公司的管理模式。目前，各煤炭企业集团都已按照现代企业制度要求，结合自身实际，建立了多样化的治理结构和管理模式，但由于多数企业仍处于转型发展和产业结构调整的进行时，选择什么样的管控模式需要在变化中因时、因势、因企制宜，逐步成熟。理论界按照煤炭集团母公司的集分权程度不同和管控工具的不同而划分成战略管控型、财务管控型和运营管控型三种管控模式。因此，煤炭企业集团管控模式的基础是企业形成方式，这种管控模式不是一成不变的，而是随企业内外部条件改变逐步转型的一种管理选择。根据目前我国煤炭企业集团普遍经历的变化发展规律，可以按其成长过程分为三个阶段：形成—发展—成熟，依此选择对应的管控模式。

一、形成时管控模式——运营管控型

这是一种高度集中或垂直的管控模式。集团总部以追求企业经营活动的统一和优化为目标，从战略规划、经营决策到生产指标控制等，几乎对所有资源进行集中控制，直接管理煤炭集团的生产经营活动或具体业务，各种职能管理也非常深入。主要特征是表现出经常性地对下属企业同样管理领域的组织协调和集中化处理，包括财务、营销、研发、市场等方方面面。如人事管理，不仅负责全集团人事制度政策的制定，而且负责管理各下属公司二级管理团队及业务骨干人员的选拔、任用。选择这一管控模式的原因是由企业集团创立组建初期的特点所决定的。我国的大型煤炭企业集团基本上是在原有的矿务局基础上，直到20世纪中后期，通过改制、重组两步走发展而成的公司制企业或企业集团。形成时一致存在的问题与面临的主要任务有以下四点。

一是计划经济下积累形成的一些矛盾还在消化之中。如与公司制不相适应的观念、知识、业务的转变和掌握，企业运营方式、执行机制变化，各环节管理流程再造，管理制度的确立，劳资、社保、福利分配的市场化改革，内部资源和要素的整合，等等。

二是下属企业的业务相关性较高。煤炭处于绝对主导地位，围绕煤炭生产的相关产业如机修、制造、建筑安装、材料配件等多种经营，形成了一些辅助产业，林林总总，重复多、规模小、水平低、竞争力不高。

三是独立工矿区办社会职能尾大不掉，移交或改制为自我经营实体的难度很大。煤炭企业大都位于远离城市的偏僻山区，形成了后勤和社会服务自成一体的“大企业、小社会”格局，多数社会职能与主业纠缠在一起，机构庞大，分离、移交、接收成本较高。

四是企业创造价值的能力有限。产业链条短，价值增值环节不多，长时期处于煤炭一业独撑的局面，对市场依赖性强，抗风险能力十分脆弱；辅助产业先后经过承包经营、模拟法人运作到实施公司制改制，都要有一个先试点、后实施的过程，在改革中注意维护企业的稳定。

这一阶段，煤炭企业集团管理可以说多在形式上做工作，构建起了母子公司管理的组织框架，同时对部分下属单位实施了改制，但基本上改为国有独资或国有控股公司。整个企业实行二级管理，组织结构较为简单。

第一，管理主体和责任几乎集中于集团总部，工作内容繁杂。企业的主要任务是按照现代企业要求做好现有产业的基础管理，理顺体制机制。

第二，企业融资渠道少、投资能力弱，延续生产经营方式。重点还是夯实基础、积累资金，处理好生产、改革、发展、稳定的关系。

第三，集团的主导作用突出，体现出权力的集中度较高。新旧矛盾在改革中暴露出来，焦点集中到集团，也只有依靠集团的主导，才能协调推进各项改革。

从总体上看，煤炭企业改制以后，就其组织结构来说，形式与内容不尽统一。大部分煤炭企业改制为公司制以后，其组织结构仍然保留了长期计划经济时期形成的“工厂制”的煤矿组织结构，体现为单一型、层级型、全能型的集权管理模式，即通常所说的直线职能制。

二、发展中管控模式——战略管控型

这是一种偏重于制度管理、控放适度的管控模式。集团母公司主要作为战略决策、投资决策和人事决策中心，以追求集团总体的战略控制和协同效应为目标，管理方式通过战略规划和业务计划体系展开，并辅以一套完整的考核体系保证目标的实现。实际中，母公司除了在资产上对子公司进行控制外，还负责集团的资金统一、销售集中、资产运营和企业集团的整体战略规划，如子公司的战略发展规划、企业资产运用、全面预算划拨、企业绩效管理、统一技术开发、信息网络监管、无形资产管理等。各下属企业（或事业部）同时也要制定自己的业务发展规划，并提出达成规划目标所需投入的资源预算。总部负责审批下属企业的计划并给予有价值的建议，批准其预算，再交由下属企业执行，母公司对子公司的管理主要通过年度或季度报告的形式来体现。这是目前我国大型煤炭企业普遍采用的管控模式。

选择这一管控模式是由企业延伸发展后适应现代管理的要求所决定的。煤炭企业实施改制后，经过一段时间的调整、发展，母子公司管理向实质内容延伸；体制机制健全规范，战略定位更加明晰，战略体系更加完善，战略运用更加成熟。企业运营模式由生产经营型向资本运营型转变，由原有的按上级下达计划组织生产，逐步向以制定并实施自己的中长期发展规划转变。这一阶段，企业基本面表现在以下三方面。

一是经营总量扩充了。如对下属企业进一步改制，抓住时机在同行业实施兼并、重组，进行低成本扩张，以及加大对新产业、新项目的投资等，业务众多，成员单位不断增加，有的分布在不同省、市多个区域，甚至在国外也有子公司或分支机构。

二是管理层级拉长了。投资主体已不限于母公司一级，拥有法人资格的子公司同样以主体资格开展业务合作。产业链进一步延伸，子公司延伸到三级甚至四级或更多，股权结构多元化，资产成为连接母子公司的主要纽带。

三是管控压力增加了。企业外部面临各大煤炭集团迅速扩张的激烈竞争，现有的集权管控模式逐渐暴露出束手束脚的弊端，信息链条长，决策效率低，对环境适应能力差；企业内部随着产业链条和业务规模的拓展，母子之间、子公司与子公司之间派生出更加复杂的管理关系。原有的事无巨细都集中到总部决策，与子公司加快项目推进的自主性需求产生矛盾，责权利不对等，母公司承担了更多责任，职能部门疲于应对，内耗严重。

这一阶段，大型煤炭企业集团在实践中进一步探索、总结经验，应对管控的能力、手段较强，推动了总部职能的提升。而子公司为达成目标对自主权诉求的呼声很高，集团总部也意识到现有决策执行机制在灵活、高效方面的不足，着手进行以集分权为重点的管控模式的相应调整，搭建战略管控的转型平台。

第一，完善并运用战略管理。大型煤炭企业开始转变传统挖原煤、卖原煤的粗放式经营方式，树立节能减排、低碳环保的绿色发展理念，确立以煤为基、就地转化、综合利用战略，重点围绕煤—电、煤—化工两条主导产业链，向下游延伸。如延伸煤电，发展电铝、冶金、建材、多金硅等高能耗产业；延伸煤化工，发展煤制甲醇、聚甲醛、二甲醚、醋酸以及煤层气、煤制天然气等高效、清洁能源，业务相关性较高，便于母公司进行综合平衡，提高整个集团的综合效益。

第二，进行相关业务的专业化整合。集团根据与战略的紧密程度及管理需要，突出煤与非煤两大板块，重组下属矿、厂、公司为若干的专业化经营单位，如煤炭、电力、煤化工、建材、生活后勤或社会事业等，他们可以是子公司，也可以是分公司，作为集团下一级投资和管理主体；每个战略经营单位下属若干子公司或生产经营单位，成为专业化事业部。

第三，形成规范管理的组织体系。整个集团实行三级公司、二级管理。母公司主要行使出资人三项权利，即决策收住，管理分开，监控到位；子公司是利润中心，主要负责落实好集团战略分解到的各项规划，并承担一级资产经营者的责任；三级单位为成本中心，具体负责按计划组织生产、抓好安全和产品质量管理、优化要素配置、科学控制成本费用。

第四，畅通多元化执行渠道。精干职能部门，再造管理流程，企业内部搭建起人力资源流、资金流、产品和物资流、信息流等流程平台，并健全内部市场运行机制，以制度约束下属经济体的经济行为。

第五，总部职能向决策和智能方向转变。下属企业自主决策范围扩大，需要总部决策的事项层级越来越高。集团董事会主要研究战略、投资、股权、资本、改革、政策等全局性、方向性课题，下设战略规划、投资资本和人事编制等若干专业委员会，对需由董事会决策事项提出初步意见，提交董事会决策。

三、成熟时管控模式——财务管控型

这是一种更为开放的管控模式，可以说是与运营控制型模式相对的另一端。采用财务管控模式的煤炭企业集团，集团母公司主要作为投资决策中心，以追求资本价值最大化为目标，管理方式以财务指标考核、控制为主。其主要的特点是母公司将注意力集中于财务管理和领导的功能，只负责集团的财务和资产运营、集团财务规划、投资决策并实施监控，以及对外部企业的收购、兼并工作。母公司最为关注的往往只是子公司的赢利情况和自身投资的回报、资金的收益，每年审核给定子公司的财务目标，而对子公司的生产经营不予过问，它们只要达成财务目标就可以。

这一管控模式是现代煤炭企业治理的理想模式。当然，理想并不是只有未来才可实现的，有的集团形成时就采用这种模式，如从事煤炭等行业的投资公司、业务相关性很小的煤炭企业等，下属企业星星点点，分布在不同行业、不同区域、自成一体、自主经营，专业性很强，总部不可能对每一个专业公司都做出准确决策，最多的权力下放可能是最佳的管理办法。而对于我国现有大型煤炭企业来说，多数是从煤炭生产发展起来的，其管理体制必然经过改制、成长、成熟的过程，其管控模式也摆脱不了集权→适度放权→开放式管理这样一个转变轨迹。目前，大型国有煤炭企业仍然面临深化改革的艰巨任务，还不能完全适宜采用这种管控模式。具体表现为以下三方面。

一是辅业改制进入攻坚阶段。有的煤企有相当一部分辅业实体单位、生活后勤、社会事业还主要依附主业生存。同时，老矿逐步进入资源衰竭期，新井接替吸收人员有限，下游产业对专业技术提出新要求，现有职工技能单一，大量富余人员留在集团，改制分流、自主经营、自我发展任务艰巨。

二是母公司规模仍然很大。有些煤企除了多数资产质量差的辅业和社会职能留在集团外，部分老旧矿井也不得不保留在母公司，用以支撑辅业的生存。这些老矿井普遍以劳动密集型为主，同样存在大而全、小而全的问题，价值创造空间有限，人员分离难度大，一定时期还得母公司管起来。

三是母公司资金实力不足。作为投融资主体，母公司可以运用的融资手段不多。虽然目前煤炭企业普遍都有煤炭板块或电力板块的上市公司，有的还发行了企业债，但上市公司盘子并不大，发行债券成本也不小，再融资受诸多因素制约。新兴产业特别是煤化工产业，技术含量高、市场不稳、赢利较弱，母公司可以集中运用的资金有限，还不具备单一投资主体条件。

综上而言，煤炭企业还需要走一段“瘦身变性”的路子。因而，在过渡时期，集团仍不得不保持相对较强的掌控手段，以集中平衡内部资源，并通过子公司效益转移，协调职工之间的收入差距，在发展中逐步走出集权困境。

煤炭企业跨入财务管控阶段，是母子公司管理的最佳境界。这一阶段，母公司可以摆脱日常具体事务的纠缠，专事战略、投资、发展方向、品牌延伸、政策信息的研究，真正发挥总部大脑的决策功能。可见，只有下属业务整体实现自我发展，母公司规模缩小，财务管控职能才能到位。实践中，大型煤炭企业在战略管控阶段已经和正在为此做准备。

第一，企业发展战略为财务管控奠定了基础。跨行业、跨地区、跨所有制经营成为煤炭企业集团发展战略的一致取向，它突破了产业、业务的紧密关联，为传统模式输入新鲜血液，增强经营整体活力，形成多元经济增长点。

第二，内部改革借助政策支持加快辅业分离。母公司拓展资源资产化思路，利用内部和周边及新兴市场，走出去承揽外部设计和技术，引入民营资本发展港口运输、物流传输、建筑建材、旅游商贸、地产酒店以及专业化服务等，盘活辅业资产；社会保障逐步完善，政府接收企业办社会职能的条件具备。

第三，集团母公司功能偏重于资产运作。母公司认识到，只有市场能提供随时可用的充足条件，只有发展是解决瓶颈的根本出路。进一步摈弃传统经营模式，转向以资本运营和资产收益为重点抓手，主要集中一批财务管理人员以及金融领域的高级顾问，把脉问诊，制订方案，构建资本运营的效率平台，实现现有资源的高效利用和价值倍增。

以上是对大型煤炭企业集团管控模式的一般性认识。现实中，这三种管控模式各有优缺点，即使在同一管控模式中，由于各煤炭企业受多重因素制约，内部实际不同，管理结构、管理幅度、管理层次、管理流程、管理制度等亦存在不小差异。煤炭企业集团的内部管控往往是以一种管控模式为主导的多种模式的综合。

煤矿可控成本项目内部市场管理模式研究

河南煤业化工集团城郊煤矿　何灵通

煤炭企业由于受产业特性的影响，成本管理有其独特个性，如：煤炭企业的成本控制易受地质构造、储量等因素的影响，成本构成复杂；原材料投入不构成产品实体，辅助费用较高；在生产过程中集回采、掘进、通风、运输、机电管理等为一体，工艺复杂，工序分散，造成管理难度大等。

自20世纪90年代初期开始，国内一部分企业陆续将市场机制引入企业管理，实施企业成本的内部市场化管理。内部市场化管理把市场机制引入煤炭企业的内部管理，通过构建内部市场，运用价值规律和价格杠杆，并借助于市场的自我调控能力，成为转变煤炭企业经营机制的一种非常有效的方式。城郊煤矿正是借助于内部市场这一有效手段，通过优化企业内部环境和建立市场机制，将市场机制与企业成本管理有效结合，实现了企业成本管理的不断降低。

一、煤炭企业成本要素分析

根据煤炭企业成本是否可以控制，可将成本划分为可控成本和不可控成本。由于煤炭企业管理权限及控制范围的大小有限，因此本文将重点对可控成本进行分析。

始建于1999年，投产于2003年的城郊煤矿是河南煤业化工集团的主力矿井之一，原设计生产能力240万t，后经多次技术改造达到500万t。为适应现代市场经济条件下的矿井管理，城郊煤矿自2000年11月26日起，在全矿各生产单位就进行了内部模拟市场化管理工作，从2002年1月1日开始在全矿推行内部市场化管理。

目前，城郊煤矿根据企业内部管理需要，将原煤制造成本划分为11大项内容，分别为材料、职工薪酬、电力、折旧费、安全费用、维简及井巷费、机电设备修理费、矿山治理保证金、地面塌陷赔偿费、资源成本、其他支出。其中，第11项其他支出里又包括劳务费、租赁费、运输费等各项费用。

按照可控成本和不可控成本划分，在煤矿企业原煤制造成本的各项要素中，矿井折旧费、安全费用、维简及井巷费、矿山治理保证金分别按照2.5元/t、15元/t、6元/t、5元/t的标准进行提取，地面塌陷赔偿费和资源成本分别按照650万元/月和48.8万元/月的标准进行提取，因此以上6项成本构成要素均为不可控成本，在本文中不再具体阐述。本文将重点介绍材料、职工薪酬、电力、机电设备维修费及其他支出等可控成本费用的管理。

二、内部市场化理论在成本管理中的应用

为有效将内部市场化理论应用到煤矿企业成本管理中，城郊煤矿进行了积极有效的探索和实践。

（一）构建贯穿于成本管理的内部市场化体系

构建内部市场化成本管理体系，是城郊煤矿为加强内部管理、降本增效，实施制度创新、技术

创新和管理创新的生产经营管理方式的总称。它是按照市场经济原则，充分利用价值规律、经济杠杆和竞争机制的作用，使职工个人与基层单位、基层单位与基层单位之间变单纯的行政隶属关系为行政隶属和经济关系有机结合的管理机制，使单位之间的协作关系和管理关系转变为等价交换的经济往来关系。

城郊煤矿首先通过划分企业能够独立核算的市场主体，形成矿井为一级，区队为二级，班组为三级，个人或岗位为四级的内部市场四级市场主体。其次对每一个市场主体的工资收入采用“工资 = 收入 - 支出”的方式进行核算，打破传统的工资结算方式。最后通过完善企业内部涉及各个要素的定额、价格及计量手段，使工资结算方式日趋科学、规范和透明，从而最大限度地调动广大干部职工的劳动生产积极性和主动性。

（二）构建专业市场，发挥专业科室的管理功能，形成全矿成本管理齐抓共管

城郊煤矿能够根据企业具体实际，将产量、进尺、劳务、服务、时间、技术、资金、空间、物资、信息等作为资源的要求，统统纳入到内部市场化的管理范畴，实现内部市场化运作。根据各要素的特点，城郊煤矿分解建立了产品市场、物资市场、人力资源市场、电力市场、设备管理市场、安全市场、修理市场、运输市场、物资市场、科技市场等 10 个专业市场，每个专业市场明确管理部门，发挥各科室的专业管理职能；每个专业市场独立化运作，每个内部市场主体的工资都是由以上 10 个专业市场的工资性收入之和计算而来，从而建立横向到边，以业绩为导向的成本管控架构。

（三）城郊煤矿可控成本项目内部市场管理模式的具体实施

1. 针对物资管理，建立物资市场

城郊煤矿为加强物资管理，杜绝材料浪费，建立物资市场，首先根据生产需要给各生产单位核定物资定额收入，生产单位实际消耗物资量作为其支出，收入减支出即为各生产单位的物资市场工资性收入，作为该生产单位月底结算工资的物资市场工资。

2. 针对职工薪酬管理，建立人力资源市场

城郊煤矿为降本增效，建立人力资源市场，根据“增人不增资，减人不减资”的内部市场化工资结算原则，促进各市场主体合理组织人员生产，主动想办法减人提效，确保了人员合理有序流动，最大限度挖掘企业员工的潜力。

3. 针对电力管理，组建电力市场

随着矿井的机械化率提高，电费在矿井原煤制造成本中所占比例越来越大，因此，城郊煤矿按照市场化核算理念，将供电管理、电力成本控制纳入电力市场考核，以各市场主体对外支付电费为支出，以根据生产完成量的定额核定量为电费收入，差额即为月底结算工资的电力市场工资，从而实现对用电单位的考核达到节约电力成本的目的。

4. 针对机电设备维修费，建立修理市场

城郊煤矿为加强设备管理，建立修理市场，每月根据各市场主体的生产任务量核定修理费收入，同时，以各市场主体委托机修厂或外委单位实际修理量为其支出，差额即为各生产单位修理市

场的内部市场结算工资中的修理市场工资，从而调动了各设备使用单位积极加强设备检修，降低设备损坏率，对能够自行修理的设备积极自修，最大限度地降低设备维修费用。

5. 针对其他支出中的主要成本项目分别组建相应的专业市场

针对其他支出项目中子项目较多的情况，城郊煤矿根据成本费用所占比例大小分别采取不同的考核方式。例如，对租赁费用管理组建租赁市场，针对运输费用管理组建运输市场；针对排版费用、印刷费、检测费等费用较小项目采用科室分管，发生时层次审批的方式进行管理等。

6. 划分专业市场分管科室，通过市场闭锁循环实现内部有机结合

划分专业市场分管科室，将各项指标的完成情况与各科室的绩效考核挂钩，形成各部门之间的有效联动，最大限度地调动全矿每个人员降本增效的积极性。同时，通过市场运作闭锁循环，做到事前有预算，事中有控制，事后有考核，实现了内部市场核算和落实各项承包经营责任制的有机结合。

三、实施效果

城郊煤矿通过将降低成本的动力和压力转移到每个部门、每个环节和个人，实现了人人节约成本、不断寻找降低成本的措施和办法，形成了长效机制。变领导确定工资奖励（上报审查）为自己赚钱给自己发工资，自我加压，不断推动自主核算、提高下属单位努力程度。多年来，企业内部人、财、物、信息等资源的配置明显优化，尤其是人力资源得到了充分而合理的使用，每个人都在节约成本、创造价值、追求效益，每个环节井然有序，每个部门分工协作，在追求企业价值最大化的同时，也获得了显著的经济效益和社会效益。城郊煤矿自 2003 年投产以来，成本逐年降低，2003—2010 年城郊煤矿原煤制造成本明细如表 1 所示。

表 1　2003—2010 年城郊煤矿原煤制造成本明细　　元/t

项　目	2003 年	2004 年	2005 年	2006 年	2007 年	2008 年	2009 年	2010 年
原煤制造成本	208.57	195.56	182.3	181.58	175.32	169.82	168.23	150.87

线性规划在煤炭生产计划中的应用

神华集团战略规划部　王晓燕

计划管理对于经历过30多年“计划经济体制”的中国企业来说一点也不陌生。当前，很多人认为在市场经济的今天，“计划管理”是落后管理方法的代表，再提“计划管理”是不合时宜的。但从国内外大型能源企业的管理实践来看，在国内市场波动频繁、行业竞争日益激烈、企业资源有限的内外环境下，计划管理可以统筹协调企业有限资源，综合平衡各方利益，其作用不但没有削弱，而是日益加强了。

年度计划工作是根据中长期计划规定的目标和当前的实际情况，对各种活动做出的详细说明和规定，是一个指导性、科学性、预见性很强的管理活动，在企业的经营管理中处于举足轻重的地位。

国内外能源企业，特别是大型综合煤炭国有企业，已经形成了矿、电、路、港、航、油（化）一体化开发，产、运、销一条龙经营，更依赖各板块有效协同、资源共享和深度合作。年度的产运销平衡成为了年度计划平衡统筹核心资源、实现企业整体利益最大化或费用最小化的重点工作之一。

企业以往的年度产运销工作并没有科学而有说服性的依据，只倚重于专业人员的以往经验，即通过对业务量的历史完成情况和未来短期趋势的简单判断，主观提出几种计划方案，对领导决策的支持作用不大。

随着运筹学理论在经营活动的应用日益广泛，再加上信息化技术的强有力支撑，煤炭企业在进行年度计划尤其是生产、运输和销售环节一体化统筹计划时，可以利用线性规划的资源分配方法，提出更可靠可行的计划实施方案，最终达到科学决策的目的。

一、单纯形法的原理

线性规划是运筹学的一个重要分支，1947年丹捷格提出了一般线性规划问题的求解方法——单纯形法之后，线性规划理论日趋成熟，实际应用也逐步深入，特别是在计算机能批量处理上万个约束条件和决策变量后，线性规划已成为企业现代科学管理的重要手段之一。

单纯形法是目前解一般线性规划使用最多的一种方法。单纯形法的理论是根据线性规划有可行解，通常它的可行解是无穷多个，需要从无穷多个可行解中找出最优解。一般情况下可行解集是凸集，凸集必然有极点。如果线性规划有最优解，则有意味着某个极点是最优解。同时极点的个数是有限的，我们就可以把从无穷多个可行解中去找最优解变为从有限个极点中去找最优解。

单纯形法的基本思路是，先找到一个极点，然后从该极点出发，迭代到与它相邻的另一个极点，在每碰到一个极点的时候，要检查一下它是否是最优解。这样逐步迭代下去，极点的目标函数值逐步向最优值靠近。因为凸集的极点个数有限，所以我们可以通过有限次迭代得到最优解。

二、单纯形表的应用

用单纯形法解线性规划时，简单的问题可采用单纯形表解决。迭代计算中找到一个新的基可行解时，就重新画一张单纯形表。

下面我们看一个用单纯形法解决的线性规划问题的计算步骤。

写出系数矩阵，确定非基变量为 x_1，x_2，基变量为 x_3，x_4，如式（1）所示。

$$\begin{cases} \max z = x_1 + 2x_2 \\ x_1 + x_2 + x_3 = 3 \\ x_2 + x_4 = 1 \\ x_1, x_2, x_3, x_4 \geqslant 0 \end{cases} \tag{1}$$

表1就是线性规划的初始单纯形表。在以下单纯形表中，基变量 x_3，x_4 在目标函数中的系数都等于0，基变量 x_3，x_4 在约束条件中的系数矩阵是一个单位矩阵。这是任何一张单纯形表所必须满足的性质。具备了这些性质，单纯形表就实现了目标函数用非基变量表示，基变量用非基变量表示。

表1

$c_j \to$			1	2	0	0	
C_B	X_B	b	x_1	x_2	x_3	x_4	θ_1
0	x_3	3	1	1	1	0	3/1
0	x_4	1	0	[1]	0	1	1/1
z		0	1	2	0	0	

$$X(0) = (0,0,3,1),\ z_0 = 0 \tag{2}$$

非基变量在目标函数行中的系数称为非基变量的检验数。在单纯形表中，如果所有的非基变量的检验数都不是正数（即全为负数或0），该单纯形表为最优单纯形表；否则，选取检验数为最大正数的非基变量作为换入基的变量。

在表1中，x_2 的检验数为2，大于 x_1 的检验数为1，选择 x_2 作为换入基的变量，并计算右边常数与换入基的变量在约束条件中系数的最小比值 $\min\left\{\frac{3}{1},\ \frac{1}{1}\right\} = 1$（两项比值写在单纯形表的右边），确定基变量 x_4 作为换出基的变量。以换入变量列和换出变量行的交叉元素1为主元，进行旋转运算，将主元变成1（本例的主元已经是1），主元所在列的其他元素为0，得到单纯形表2。

表2

$c_j \to$			1	2	0	0	
C_B	X_B	b	x_1	x_2	x_3	x_4	θ_1
0	x_3	2	[1]	0	1	-1	2/1
2	x_2	1	0	1	0	1	
z		2	1	0	0	-2	

$$X(1) = (0,1,2,0),\ z_1 = 2 \tag{3}$$

用同样的方法则确定 x_1 作为换入基的变量，x_3 作为换出基的变量，确定主元并进行旋转运算，得到单纯形表3。

表 3

$c_j\rightarrow$			1	2	0	0	
C_B	X_B	b	x_1	x_2	x_3	x_4	θ_1
1	x_3	2	1	0	1	-1	2/1
2	x_2	1	0	1	0	1	
z		4	0	0	-1	-1	

$$X(2)=(2,1,0,0),\ z_2=4 \tag{4}$$

非基变量 x_3，x_4 的检验数分别为 -1 和 -1，都小于 0，以上单纯形表已获得最优解。最优解为

$$(x_1,x_2,x_3,x_4)=(2,1,0,0),\ \max z=4 \tag{5}$$

在最优单纯形表中，获得一个最优基以及相应的最优解后，我们还可以从非基变量 x_j 的检验数中是否有 0 来判断这个最优解是否是唯一的最优解。在最优单纯形表中，如果所有非基变量的检验数都小于 0，则相应的最优解是唯一的；如果对于非基变量 x_j 的检验数等于 0，并且这个非基变量在约束条件中的系数至少有一个为正值，这时仍可以将 x_j 换入基变量，同时可以确定换出变量，但这一次基变换并不改变目标函数的值。这样就得到了目标函数值相同的两个不同的最优解。

三、搭建煤炭产运销模型

下面以一个简单例子来介绍单纯形方法在产运销问题中的应用。首先需要梳理煤炭产运销链条上所有可供选择的产运销方案，梳理从煤矿/外购点到装车站，从线路到卸车站/用户的路线关系，形成不同的可供选择的运输路线。然后将产运销平衡的限制条件设置为线性规划求解的限制条件。例如设置各煤矿/外购点的能力限制，设置各条铁路的运量，各交口的交口能力，各港口的作业能力等。最终要对产运销链条上的价值量进行整理，设置价值量参数，以平衡业务量和运费之间的关联关系，确定目标函数，搭建产运销平衡模型。

设有两个煤矿要采用三种不同的销售方式，铁路直达、下水和汽运三种方式，所有煤矿都有产能约束，而同时所有的销售方式（代表了客户需求）也有相应的运力限制条件，数据见表 4。

表 4

运价	铁路直达	下水	汽运	煤矿产量
煤矿 1	7	9	3	9
煤矿 2	1	3	4	6
需要量	5	6	4	15

只要我们将此例中的运输单价、运输数量、产量和需要量代入产销平衡问题数学模型的目标函数和约束条件，便可得到此问题的具体的目标函数和约束条件如下式：

$$\begin{cases}\min z = 7x_{11} + 9x_{12} + 3x_{13} + x_{21} + 3x_{22} + 4x_{23} \\ x_{11} + x_{12} + x_{13} = 9 \\ x_{21} + x_{22} + x_{23} = 6 \\ x_{11} + x_{21} = 5 \\ x_{12} + x_{22} = 6 \\ x_{13} + x_{23} = 4 \\ x_{ij} \geqslant 0,\ i = 1,\ 2;\ j = 1,\ 2,\ 3 \end{cases} \tag{6}$$

事实上，由于此问题为产销平衡问题并且系数矩阵不符合用单纯形表计算的形式，所以我们可以通过方程的基本变换和引入人工变量以后，采用两阶段法进行求解，我们引入的人工变量为 x_1，x_2，x_3，x_4，构造辅助问题，进入第一阶段求解。

$$\begin{cases}\min z = x_1 + x_2 + x_3 + x_4 \\ x_{11} + x_{12} + x_{13} + x_1 = 9 \\ x_{11} + x_{21} + x_2 = 5 \\ x_{12} + x_{22} + x_3 = 6 \\ x_{13} + x_{23} + x_4 = 4 \\ x_{ij} \geqslant 0,\ i = 1,\ 2;\ j = 1,\ 2,\ 3 \end{cases} \tag{7}$$

表5～表9为第一阶段的单纯形表。

表5

C_j			-1	-1	-1	-1	0	0	0	0	0	0	
C_B	X_B	b	X_1	X_2	X_3	X_4	X_{11}	X_{12}	X_{13}	X_{21}	X_{22}	X_{23}	θ_1
-1	x_1	9	1	0	0	0	1	1	1	0	0	0	9
-1	x_2	5	0	1	0	0	1	0	0	1	0	0	5
-1	x_3	6	0	0	1	0	0	1	0	0	1	0	6
-1	x_4	4	0	0	0	1	0	0	[1]	0	0	1	4
$-z'$		-24	0	0	0	0	2	2	2	1	1	1	

表6

C_j			-1	-1	-1	-1	0	0	0	0	0	0	
C_B	X_B	b	X_1	X_2	X_3	X_4	X_{11}	X_{12}	X_{13}	X_{21}	X_{22}	X_{23}	θ_1
-1	x_1	5	1	0	0	-1	1	1	1	0	0	-1	5
-1	x_2	5	0	1	0	0	[1]	0	0	1	0	0	5
-1	x_3	6	0	0	1	0	0	1	0	0	1	0	6
0	x_4	4	0	0	0	1	0	0	1	0	0	1	
$-z'$		-16	0	0	0	-2	2	2	0	1	1	-1	

表 7

C_j			-1	-1	-1	-1	0	0	0	0	0	0	
C_B	X_B	b	X_1	X_2	X_3	X_4	X_{11}	X_{12}	X_{13}	X_{21}	X_{22}	X_{23}	θ_I
-1	x_1	0	1	-1	0	-1	0	[1]	0	-1	0	-1	0
0	X_{11}	5	0	1	0	0	1	0	0	1	0	0	
-1	X_3	6	0	0	1	0	0	1	0	0	1	0	6
0	X_{13}	4	0	0	0	1	0	0	1	0	0	1	
$-z'$		-6	0	-2	0	-2	0	2	0	-1	1	-1	

表 8

C_j			-1	-1	-1	-1	0	0	0	0	0	0	
C_B	X_B	b	X_1	X_2	X_3	X_4	X_{11}	X_{12}	X_{13}	X_{21}	X_{22}	X_{23}	θ_I
0	x_{12}	0	1	-1	0	-1	0	1	0	-1	0	-1	
0	X_{11}	5	0	1	0	0	1	0	0	1	0	0	
-1	X_3	6	-1	1	1	1	0	0	0	1	[1]	1	6
0	X_{13}	4	0	0	0	1	0	0	1	0	0	1	
$-z'$		-6	-2	0	0	0	0	0	0	-1	1	-1	

表 9

C_j			-1	-1	-1	-1	0	0	0	0	0	0	
C_B	X_B	b	X_1	X_2	X_3	X_4	X_{11}	X_{12}	X_{13}	X_{21}	X_{22}	X_{23}	θ_I
0	x_{12}	0	1	-1	0	-1	0	1	0	-1	0	-1	
0	X_{11}	5	0	1	0	0	1	0	0	1	0	0	
0	X_3	6	-1	1	1	1	0	0	0	1	1	1	
0	X_{13}	4	0	0	0	1	0	0	1	0	0	1	
$-z'$		0	-1	-1	-1	-1	0	0	0	0	0	0	

第一阶段最优解 $z'=0$，而且人工变量 x_1，x_2，x_3，x_4 均已换出，最优基 $B=[x_{12}, x_{11}, x_{22}, x_{13}]$，因而可以转入第二阶段。

在第一阶段最优单纯形表换入原问题的目标函数，去掉人工变量 x_1，x_2，x_3，x_4 以及相应的列，得到第二阶段问题的单纯形表 10。

表 10

C_j			0	0	0	0	0	0	
C_B	X_B	b	X_{11}	X_{12}	X_{13}	X_{21}	X_{22}	X_{23}	θ_I
-9	x_{12}	0	0	1	0	-1	0	-1	0
-7	X_{11}	5	1	0	0	1	0	0	5
-3	X_{22}	6	0	0	0	1	1	1	6
-3	X_{13}	4	0	0	1	0	0	1	4
$-z'$		65	0	0	0	0	0	-7	

原问题最优解为 $(x_{11}, x_{12}, x_{13}, x_{21}, x_{22}, x_{23})=(5, 0, 4, 0, 6, 0)$，$\min z=65$。

由上述讨论，我们可以知道运输问题只不过是线性回归问题的一种特殊情况。我们可以采用单纯形方法来求解。但是由于运输问题中的决策变量比较多，系数矩阵也随之变为比较大型的矩阵，因此采用一般的单纯形表进行求解运算量非常大。

四、运输问题的进一步讨论

1. 产销不平衡问题

若产量大于销量，即

$$\sum_{i=1}^{m} a_i > \sum_{j=1}^{n} b_j$$

这时即为产销不平衡的运输问题，其模型为

$$\min z = \sum_{i=1}^{m}\sum_{j=1}^{n} c_{ij}x_{ij} \tag{8}$$

$$\begin{cases} \sum_{j=1}^{n} x_{ij} \leqslant a_i,\ i = 1,2,\cdots,m \\ \sum_{i=1}^{m} x_{ij} = b_i, i = 1,2,\cdots,n \\ x_{ij} \geqslant 0,\ i = 1,2,\cdots,m;\ j = 1,2,\cdots,n \end{cases} \tag{9}$$

对于上述模型，我们可以虚设一个销地 B_{n+1}，其销量为

$$b_{n+1} = \sum_{i=1}^{m} a_i - \sum_{j=1}^{n} b_i \tag{10}$$

这样模型就转化为一个产销平衡问题，其模型为

$$\min z = \sum_{i=1}^{m}\sum_{j=1}^{n} c_{ij}x_{ij} \tag{11}$$

$$\begin{cases} \sum_{j=1}^{n} x_{ij} \leqslant a_i,\ i = 1,2,\cdots,m \\ \sum_{i=1}^{m} x_{ij} = b_i,\ i = 1,2,\cdots,n \\ x_{ij} \geqslant 0,\ i = 1,2,\cdots,m;\ j = 1,2,\cdots,n \end{cases} \tag{12}$$

由于销地 B_{n+1} 是虚设的，从而有产地 $A_i(i=1, 2, \cdots, m)$ 到销地 B_{n+1} 增加的运量对总运费没有任何影响，故可设 $x_i(n+1)=0(i=1, 2, \cdots, m)$。即产地 $A_i(i=1, 2, \cdots, m)$ 到销地 B_{n+1} 的单位物品的运价为0。此时我们就可以采用单纯形法或表上作业法进行求解。

2. 有转运的运输问题

前面我们介绍的运输问题都是较为简单的情形，即物品直接由产地发往销地，没有经过转运。事实上，物品由产地直接发往销地的情形比较少，通常会将物品经过中间转运站后运往销地，这样费用会更加节省，下面我们讨论有转运的运输问题。首先考虑有中间转运站的情形，可以把产地的物品集中到某个或某几个中转站，再运往销地。中转站对于销地来说，是供应物品的产地，对于产地来说，是销售物品的销地。我们当然也可以把物品运往某个销地或产地集中后，再运往销地，这

里，产地和销地也可以视为中转站。这样一来我们就得到了一个扩大化的运输问题，即产地可以视为担任中转站和销地的角色，而销地可以视为中转站和产地的角色，中转站也可以视为产地和销地。

在有转运的运输问题中，解决问题的时候要注意以下几个方面：

（1）对于自身到自身的调运，由于实际情形下不需要有这样的调运，所以可设其运价为0。

（2）对于不可能的路径，可规定其运价为一个很大的正数。通过表上作业法的寻求机制，会很快将对应此运价的决策变量取为非基变量。

（3）我们需要给中转站给定一个产量或销量，一个合理的运输方案不能出现物资倒运的现象，同时每个中转站的最大运转量不能超过总产量（或总销量）。

最终，我们可以把此问题转化为一个产销平衡的运输问题，然后利用相应的方法进行求解。事实上，无论是产销不平衡运输问题还是有转运的运输问题，我们解决方案的思想是一致的，那就是将它们都转化为产销平衡的运输问题。

在计算机技术和软件计算飞速发展的今天，求解线性规划问题（当然包括各种运输问题）的方法已经不再局限于简单的表上作业等方法，而更多采用先进的线性规划软件如 Lingo 和 Frontline Solver Premium Platform 来解决实际问题，这些软件是目前最流行也是最有效的解决线性回归问题及各种优化问题的数学软件，没有变量个数和约束条件的限制，只要几个简单语句就可以很快地求出最优解，同时，这些软件和 Excel 也有非常方便的接口，两者可以交互使用，使输出的结果更加易懂和通用。在企业运营中的使用前景还是非常广泛。

大型煤炭企业只有通过改革创新，优化和创新科学的计划管理工作，才能在经营管理中更好地落实整体战略目标，协调利用资源，规避经营风险，增加企业经济效益，最终实现经济发展方式的转变和业务板块的一体化、集约化经营，推动企业走上长期可持续发展的道路。

以安全管控模式为载体创新煤炭企业安全发展的实践

淮北矿业集团公司孙疃矿井　程新明　刘传宝

孙疃矿井作为淮北矿业集团公司“大开发、大跨越、大发展”战略发展重要建设矿井之一，充分利用安全预防理论与西方过程研究成果，抓住矿井安全工作的关键技术，进行了理论与实践的创新探索，并取得明显效果。

一、构建矿井纵向“四级”安全自主管控体系

矿井纵向“四级”安全自主管控是矿井安全生产目标控制的重要内容，也是煤矿安全生产客观规律的体现。管理始终要体现在动态的安全生产控制过程中去，做到始终处于有效的在控、可控的安全管控模式之中，对生产系统出现的动态隐患、问题、危险源，做到及时发现、及时鉴别、及时处理、及时解决和落实，确保矿井安全生产的有效运行和可持续、和谐发展。孙疃矿井安全自主管控模式信息反馈图如图1所示。

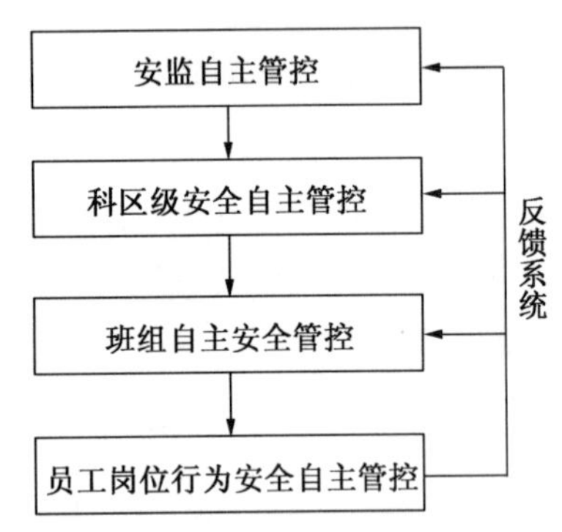

图1　孙疃矿井安全自主管控模式信息反馈

(一) 安监自主管控

安全监察是煤矿企业安全生产控制系统的核心环节和重要内容，也是矿安监处主要工作的体现。孙疃矿井安监处代表矿方行使对矿井各个生产子系统、环节以及各外围施工项目部施工地点进行安全检查、监督，落实安全生产中出现的动态安全隐患和各类危险源的排查、整改和落实工作。同时，矿安监处采煤、掘进、通风、机电、运输斜巷等各专业科室进行对口业务检查监督，及时检查、督导矿井生产系统出现的各类隐患和危险源的整治情况与落实状态，并对各类隐患和危险源进行整理、归类及系统分析，找出存在的主要矛盾和问题，通过矿网络信息系统反馈，做到信息上反馈至相关部门领导、主要领导，下反馈至各生产单位，使矿井各类隐患、危险源反馈到矿井安全生产系统的各个角落，方便、及时、有效进行处理和落实。2010年1—4月份，矿安全检查系统在现场隐患排查方面取得较为理想的管理效果，其中排查安全隐患为649条，并全部实现隐患闭合处理，隐患落实率达100%，排查一般性“三违”事件944件，排查典型“三违”事件130件，安全生产系统各类罚款为51.5575万元。特别是4月份，全矿安全生产系统处罚款为12.6575万元，其中外围项目部处罚达8.02万元，占全矿处罚比例的63%，这对规范外围施工项目部安全生产管理起到了积极促进作用，规范了外围施工项目部员工的安全行为，推动了矿井安全生产的可持续、和谐发展。系统、专业的“帮助、引导”，是实现安全自控管理的关键因素。矿上成立安全自主管理领导小组，由各分管矿长任组长，成员由安监、技术、调度等部门专业技术、管理人员、机关各

科室正职组成。职责是正确引导帮助科区，重点解决整体系统的安全问题，消除不安全因素，实现人、机、物的优化配置；指导制定专业安全自主管理各项管理制度，特别是各级人员安全生产责任制，做到明确职责、责任到人；制定岗位操作规范、操作标准、手指口述、培训教材等，并强推“手指口述”安全确认法，严格执行安全周循环法；制定本专业安全质量标准化达标计划，并组织实施等。

（二）科区级安全自主管控

科区级安全自主管理是矿井安全发展的重要组成部分和关键环节，孙疃矿井科区相应成立了安全自主管理领导小组，由正职任组长。同时矿相应成立了11个科区级安全检查站，并配备了11名专职安全检查站站长，具体负责本单位分管范围内的安全生产工作。科区相应在班组配备130名各类兼职安监员，安全监察站代表驻矿安全监察处行使安全监察权力，人员享受专职安监员同等权力。其兼职安监员主要职责：一是监督施工全过程，制止施工中存在的违章行为；二是检查工作范围内存在的安全隐患，组织人员消除隐患，隐患不消除，不允许施工；三是监督本单位“手指口述”安全确认活动开展、质量标准化创建、文明环境卫生整治、工程质量等情况；四是发现施工现场存在重大安全隐患，威胁员工生命安全时，有权停止作业、撤出人员，并及时向矿调度所和安监处汇报；五是围绕单位安全生产过程中出现的问题，提出合理化建议。科区级职责是：帮助指导班组建立、健全、完善、修订各工种安全生产岗位责任制，做到职责明确，恪尽职守，自主管理；制定一整套安全自主管理制度，其中包括教育培训、技术措施、事故处理、奖罚等制度，落实规程措施，解决职工实际遇到的问题。

（三）班组自主安全管控

班组是企业的细胞，是其最底层组织，也是矿井各项安全生产工作的基础。班组通过自我教育、自我检查、自我约束、自我警戒，自我提高安全素质，自觉抵制不安全行为，辨别和整改安全隐患，积极主动地创造良好的安全作业环境：坚持全员安全教育，覆盖面达到100%；建立联责、互补、联保制度，并同区、队、班签订安全生产责任书；开展安全工作点评和职工安全程度评价活动，根据综合素质进行工作评价，将职工进行分类管理，职工之间相互监督、相互制约、相互提醒、相互关照，切实做到班前巡查、问题处理、安全确认，班中监管、安全自主，过程监控、严细流程，班后评估、总结考核。班组要做到“四有”、“九能”。“四有”包括：有自主管理规划措施和制度；有自主学习培训试题库和自主培训办法；有班组绩效自主考核办法；有自主管理文化。“九能”包括：能完成生产工作任务；能自主管理班组安全工作；能自主治理班组工作范围内安全隐患；能自觉严格按质量标准化施工；能自我规范安全生产操作行为；能主动挖潜增效、自主节支降耗；能自主创新；能主动坚持班务公开；能主动开展思想政治工作。

（四）员工岗位行为安全自主管控

岗位是矿井安全生产系统中的关键点位，而每个岗位的员工将在各自的工作岗位上发挥重要安全生产作用。岗位员工要牢固树立“自己的安全自己管，依靠他人不保险”、“我要安全、我会安全”的安全理念；在主体自我约束的安全管理模式下，牢记责任，坚持“思想认识到位、工作方式方法到位、工作作风到位、工作落实到位”的原则；突出“以人为本、珍爱生命”的安全观；在安全、产量、质量、现场管理等方面积极主动地做到自我落实、自我检查、自我整改、自我完善、自我提升、自我安全，熟练掌握本岗位安全生产操作规程、技术规范、岗位标准、行为规范、“手指口述”；自查自纠个人不规范行为，纠正不良习惯，在保证自己不违章的前提下，实现“三不伤害”，实现以个体安全来保证矿井群体组织的安全生产；主动辨别岗位危险因素，主动处理，积极汇报，让自己的岗位安全，自我监督、自我管理、自我发展、自我约束，实现自己管理自己，自己提高自己。

二、构建“三级”安全自主管控的考核体系

（一）对专业系统的安全效果考核

矿安监处代表矿方行使专业化安全效果考核，按照矿年初制定的安全生产一号文件精神和安全目标管理进行动态考核，并根据矿井每周安全例会进行每周考核，及时查找一周内矿井安全生产中出现的动态隐患和各类危险因素，以及质量标准化检查情况，做到及时检查，及时通报，及时处理和落实。做到以每周考核安全情况来累加每月考核安全情况，以每月安全生产考核来累加全年矿井安全生产有效考核的实现。对动态出现的问题、隐患、危险源进行动态排解落实，做到动态解决落实，有效消除各类不安全因素，确保矿井安全生产的实现。同时，要对专业安全自主管理领导小组每月考核，每季评估，每年表彰；还要考核系统的责任制落实情况、安全状况、自主管理情况。对子系统发生事故的要追究该系统领导及责任人的责任，检查专业安全自查、隐患闭合处理情况，定期检查职工业务技术培训情况，查试卷、培训资料、资格证等。

（二）对科区安全自主管理的考核

科区安全自主管控考核是矿井安全目标考核的关键。科区安全自主管控考核的重点是对本单位内部班组和重要岗位进行考核，具体科区安全考核工作由该单位安全检查站站长进行。专业系统制定对科区的安全自主管理考核细则，考核单位各工种安全生产岗位责任制、安全管理制度、规程措施落实情况，做到职责明确，责任到人，恪尽职守，自主管理；考核工伤、“三违”情况、自觉遵守纪律情况；重点开展“反事故、反‘三违’、反隐患、反松散、反自由管理”活动，并与班子成员工资挂钩，提高职工遵章率，每月考查职工安全积分情况。

（三）对班组安全自主管理的考核

班组安全自主管控考核是矿井最底层对安全目标的检验，班组安全自主管控考核的重点是员工安全行为、操作技能、“手指口述”等方面的考核。科区每周检查班组责任关联、自主互补、安全联保情况、职工工伤、“三违”情况；考核班组安全工作点评和职工安全程度评价活动的开展情况，结果与工资挂钩。每月考核班组长违章情况；管理人员要查井下“班组安全生产工作记录本”情况；认真考核现场安全隐患排查、闭合处理，“手指口述”安全确认、安全精细化自主管理等情况。孙疃矿井从各方面加强班组长管理。在安全自控管理上，给予班组长特殊权力。班组长的权力包括：班前会科（区）长不交代现场安全状况或不部署安全工作，有不安排职工下井作业的权力；有权制止和处理职工违章行为，抵制违章指挥；在紧急情况下，有权停止作业或采取可能的应急措施后撤离作业场所，带领班组人员避灾。在政治上，班组长的任用须经矿政工部门和矿党政联席会议研究。在经济上，班组长工资分配按职工人均 1.3 ~ 1.5 倍执行；班组长安全奖享受科（区）副职待遇；生产一线、井下辅助、地面单位班组长的津贴，分别为每天 10 元、8 元、5 元。在精神

上，该矿推荐有突出贡献的班组长为劳动模范和先进工作者，可以享受外出疗养和培训。同时，将员工安全行为考核纳入班组考核之中。

三、构建安全自主管控的保障体系

安全自主管理的根本在制度，关键在领导，成败在保障。为保障安全自主管理措施的实施，实现个人安全、班组安全、科区安全、矿井安全的目标，必须构建安全自主管理保障体系，并以六大保障系统来支撑。

孙疃矿井安全自主管控模式防控支撑保障体系如图 2 所示。

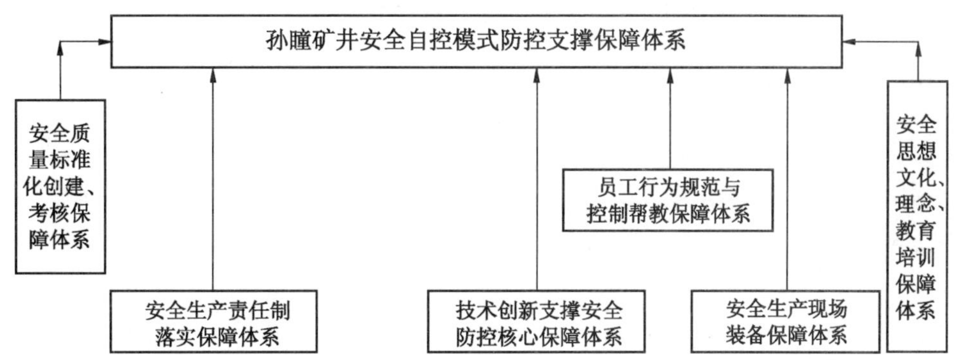

图 2　孙疃矿井安全自主管控模式防控支撑保障体系

（一）构建安全质量标准化创建、考核保障体系

质量标准化考核是检验安全生产工作成效的有效途径，也是实现矿井安全生产持续改进、完善、提高的重要手段。对此，矿井在投产前及时成立以矿长为组长的安全质量标准化领导小组，依靠质量标准化来提升矿井安全生产的能力和水平，并推行“矿井月查、系统自查、动态检查、科区周查、班组班评估”的检查模式，全面提升安全质量标准化水平。2010 年度矿井质量标准化建设达到了一级标准，实现了进入集团公司前三名的目标，也进入了集团公司质量标准化创建第一方阵行列。

（二）构建明细职责、严细管理的安全生产责任制落实保障体系

责任是实施各项工作的基础，职责明确，各负其责，严格落实矿井各项安全生产责任制，对阻碍安全生产发展的进行责任追究，并以此来保障矿井安全生产。对此，矿建立以行政正职为首的安全生产责任制落实保障体系，对各级管理干部、各岗位工种的安全生产责任制进行按时修改，与时俱进，切实提高针对性和可操作性，明确责任，按照责任轻重和所承担的风险，实现工效挂钩、绩效考核，形成风险公担、压力传递的考核激励机制。在员工行为责任防控方面，孙疃矿井把员工的行为责任与工作质量即安全生产的效果有效结合，并形成统一体。孙疃矿井自筹备、投产到矿井稳步发展以来，在矿主要领导指示、安排下，形成了包括 3 家外委施工项目部在内的全矿井 26 家基层单位 520 个岗位工种的岗位行为责任制度，形成了孙疃矿井各工种、各岗位行为责任体系，做到工作尽心尽责，以良好的工作行为来提升工作质量，实现矿井的安全效果，以此来保证矿井安全发展，从而形成孙疃矿井安全生产自主管控模式，也符合集团公司 54321 安全体系建设之要求。

(三) 强化技术创新支撑安全防控核心保障体系

科技是第一生产力，技术是矿井安全生产的核心。对此，矿井建立以矿总工程师为首的技术业务保安体系，并强化生产技术部重要作用，发挥好职能部室和各级技术管理人员的业务保安作用，明确工作职责，细化考核制度，为安全生产提供技术支持和可靠保障；全面加强生产技术管理；强化技术管理体系，健全以总工程师（技术负责人）为首的技术管理机构，配备采矿、通风、机电及测量等专业技术人员。在技术创新支撑安全的核心防控体系中，孙疃矿井坚持科技创新，实现技术创新保矿井安全发展。坚持科技创新是孙疃矿井安全发展的第一生产力，并从源头上实现矿井安全发展，控制、消除各类矿井危险源，促进本质安全型矿井建设。

1. 创新、优化矿井设计，科学布置采场

创新、优化矿井设计是实现本质安全型矿井的必然要求，也是煤矿企业开采的规律，也就是在矿井设计、采区设计、综采工作面设计、综掘工作面设计以及综合设计等方面，对矿井存在的各类有害因素和危险源进行科学评估，按照其规律性进行科学、有效解决，化解各类风险，从本质上、规律上实现矿井安全生产。如孙疃矿井北二采区上提 1022 综采工作面技术创新设计，使该综采面的上提回采边界实现了最优化，回采走向边界最大化，即顺着 F5 倾斜大断层（落差 230 m）呈阶梯形布置，实现了矿井边界煤炭资源开采的最优化、最大化以及安全高效回采的最佳化。同时于 2010 年 12 月份创造了淮北矿业集团综采工作面单产最高历史水平，月度单产达 20. 5566 万 t，实现了技术创新保安全、增效益之目标。由于上提回采边界实现了最优化，解放了回采煤量达 96. 91 万 t，而且实现了从设计到掘进准备再到回采结束，杜绝了轻伤以上事故的发生，安全回采煤量 220 万 t，真正体现了依靠技术创新，实现了矿井本质安全生产的目标。

2. 严格执行技术规程、措施，提高施工质量

规程、措施是矿井安全生产过程中动态的技术方案、技术创新的安全生产之方法，也是动态地解决矿井生产过程中的各类有害因素和危险源，使之及时化解、消除，促进现场安全生产，并以现场安全生产来保证矿井安全发展大目标的实现。

3. 创新地测预测预报，科学指导现场安全生产

有些危险源及有害因素通过现场可以排查，但有些危险源、有害因素必须经过仪器、仪表观察才能及时发现，对此，孙疃矿井加强井下现场地质、测量的预测预报，及时解决了一些重要危险源和有害因素。特别是对矿井 F9、F7、F5 等落差在 200 m 的大断层进行重点监控和预测预报，对巷道贯通进行复测，及时预报施工单位，指导现场安全施工。同时对每一个工作面进行电法超前探测含富水地质构造以及三维地震勘探，进行预测地质构造，科学指导现场安全施工。

(四) 构建安全生产现场装备保障体系

装备精良是矿井安全生产的基础。采用精良装备可以积极推进采掘机械化，提高矿井机械化装备水平，从而保障矿井安全生产。装备保障就是指积极推广新技术、新成果，加大安全技术改造，运用先进的生产技术装备和监测监控设施，不断改善和提供煤矿安全生产条件；加快技术改造，以矿井机械化、数字化控制技术改造和技术装备更新换代为着力点，全面推行以改善安全生产条件为

目标的安全技术改造，采用先进的设备，改善安全生产条件，提高装备现代化、系统自动化、管理信息化水平。2010年度矿井采掘机化水平达到了集团公司的前列，矿井北翼采区1022综采工作面实现了年产150万t综采队，1024机巷综掘月度单进756 m，创出集团公司煤巷综掘单进最高纪录，使矿井综采、综掘及配套装备走在了集团公司前列，创造了新井建设之先河。

（五）强化矿井安全思想、文化、理念、教育培训保障体系

安全思想上的“防”是矿井安全生产一切防范措施的关键。安全思想上的“防”也是矿井安全文化、安全理念的体现。要做好“防”，首先在思想上进行“防”，思想上“防”是一切防的关键，而且至关重要，也是实现安全的基石。常言道：思想是行动的先导，也是行动之灵魂。思想放松使人行为产生偏差，甚至错误，在现场就容易产生行为风险，甚至容易发生事故。特别是井下现场条件复杂多变，各种危险源处于潜伏状态、隐蔽状态，如果思想上不重视，不细心观察，不认真工作，就不能及时辨识各类危险源，更不能及时采取相应办法、措施处理和化解，极容易造成伤害和事故的发生，对矿井安全生产造成较大威胁。因此，思想上“防”是一切防之根基和关键，应时刻不能放松和懈怠，务必高度重视。

矿井安全文化是企业安全发展的重要内容，也是引领矿井安全发展的核心，对此，矿井建立了以党委书记为首的安全文化宣传、教育培训保障体系。把安全教育培训作为控制人的行为，保障安全生产的第一基础和第一关口，结合学习型组织的创建，持续强化矿井安全文化教育和安全培训工作。针对不同层次、不同类型的特点，着力在培训对象、培训渠道、培训模式、管理机制上实现多元化，提高培训的实效性，形成一套教育培训体系。积极开展安全教育、宣贯安全方针政策、典型案例教育，增强了安全文化教育的效果。

孙疃矿井2010年度进行各专业、特殊工种、特殊岗位员工技术、安全培训48起，实际操作技能流动课堂培训120次，累计培训员工达2800人次。这些培训班次的开展，有效促进了企业员工安全技术素质的提高，有效实现了矿井连续安全生产三周年的健康发展。在学习培训提高的基础上，提高员工的技术、技能等综合素质，从而进行工作创新，包括技术创新和管理创新。通过技术、技能、管理的创新，推动矿井安全生产长效机制的实现，促进矿井安全发展、和谐发展，从而给每一位员工带来更多的创新成果的收益和实惠，也体现安全是最大的财富之理念。

（六）构建矿井员工行为规范与控制帮教保障体系

行为上“防”就是规范员工的工作行为，按章操作，要求时时上标准岗，处处干标准活，严格按照工作流程和施工程序进行工作，积极推行孙疃矿井“安全确认、手指口述”工作流程法，使员工的工作行为始终按照孙疃矿井科学工作行为流程进行规范，实现科学工作行为能够体现煤矿开采的安全规律性。目前孙疃矿井科学工作行为流程，即“安全确认、手指口述”工作流程法已在全矿范围内积极推广和应用，并收到良好的工作效果。在做好行为上防，应侧重以下四方面。

1. 及时制定适合矿井安全发展本身的员工工作行为规范、流程和制度标准，并积极实施和推广

如：“安全确认、手指口述”工作流程法就是充分体现煤矿开采的安全规律性，这些规律性也是以往发生的事故案例的凝结和概括，并通过理性总结，针对工作行为如何避免井下现场各类危险源、有害因素以及各类隐患的科学总结的方法。假若是违反科学的工作行为，就有可能造成员工的

人身伤害和各类事故的发生。因此，规范员工的工作行为是搞好煤矿安全生产刻不容缓、时不我待和义不容辞的责任。对此，矿主要领导多次安排，亲自领导，组织矿专业技术人员与中国矿业大学进行科学研究，亲临井下施工现场，并积极在新区孙疃矿井实施，特别是在综采一区、综掘一区、保运一区、通风区等单位实施效果较好，并有安监部门动态督办考核，做到每月考核与员工收益挂钩，形成工作行为与工作收益成为同一体系，积极促进员工由不规范、不安全的工作行为向科学、安全的工作行为进行转变，安全效果较为明显。

2. 积极学习行为标准、技术规程、技术措施和安全行为规范，并积极应用到现场工作实际中去

常言道，实践是检验工作效果的标准，只有将工作行为标准在井下工作现场中应用，并积极完善，才能将科学的工作行为规范转化为具体的实际效果、工作业绩，才能充分体现具体的安全效果。因此，只有学习具体行为规范标准，学会具体行为标准，才能更好应用于具体的工作实际中去，并逐渐完善和进一步检验实施效果。加强员工工作安全行为规范、技术规程、技术措施的学习、培训显得尤为重要和关键，开展多种形式的安全、技术、技能、岗位学习培训，促进员工的工作行为规范，使井下各类危险源、有害因素、各类隐患能够及时有效进行排除，做到化险为夷，从而实现矿井安全发展的目的。

3. 通过规范员工行为，来达到排解危险源、各类隐患，从而防范各类事故发生的目的

常言道，防范事故也能产生效益。如何防范事故的发生呢？主要在于人的行为风险控制上。美国安全工程师海因里希的1933年安全统计原理充分体现出工作行为隐患是造成事故的根本原因，因此，防范人的不安全行为是治理煤矿安全生产的关键。通过治理人的不安全行为和工作行为风险，来达到防范事故发生的目的，从而实现零事故的现象，以此达到节约的目标，实现化风险为零，即化险为夷的目的，并减少财产损失，实现安全是最大效益的理念。

人是生产力中最活跃的因素，矿井安全发展更离不开人的参与，调动人的积极因素，激发人的安全生产激情，提高员工素质是矿井安全发展的关键和重要内容，强化人的行为控制，规范员工安全行为，对减少、降低事故能够起到积极的正向作用，并能有效阻止负面效应的发生。特别是针对矿井外围项目部外来人员流动性大、素质普遍偏低、安全行为不规范等特点，提高素质、规范行为是矿井安全生产的关键。对此，严抓“三违”查处、帮教工作，消除人的不安全行为，构建、形成行为控制及“三违”查处、帮教体系，严细“三违”行为的界定和处罚标准，强化“三违”升级处理的措施，采取抓“三违”、“定性与定量”考核与干部抓“三违”年度积分考核相结合的措施，强化安全管理。同时，构建立体交叉、严细求实的安全监管保障体系，建立以安监处长为首的安全监管保障体系，采取安全监管的有效手段，不断提高守法自觉性，构建立体交叉、全面防范的安全监管体系；加强安监队伍建设，不断强化现场安全监督检查，搞好安监队伍整顿，提高安全监管队伍整体素质。

4. 实施安全风险控制，及时有效消除隐患和危害因素

从企业安全生产管理理论来看，安全生产管理就是风险控制与管理，也就是危险因素、隐患的控制与治理，使井下现场的危险因素、隐患及时消除和治理，并转化为安全状态。其主要控制流程

如图3所示。

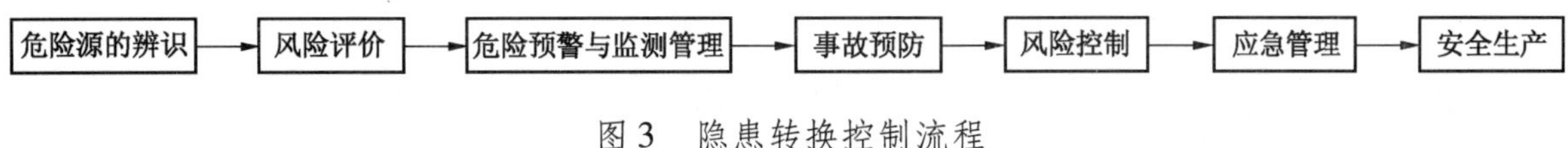

图3　隐患转换控制流程

（1）严格井下施工现场危险源的辨识。只有通过井下现场施工地点危险源的辨识，查找各类危险源和隐患，才能及时辨别、判断、分析、处理，并及时采取相对应措施和办法，进行有效解决和消除。假若现场有危险源，而没有及时识别出来，而且客观存在，就可能在条件具备时发生事故，危及安全生产。因此，辨识、查找危险源、各类隐患显得尤为重要。一方面，加强员工技术、技能培训，提高员工识别各类危险源、隐患的本领和能力，让员工知道什么是危险源、有害因素和隐患，出现隐患有哪些征兆和反常现象；另一方面，对辨识排查出的危险源、各类隐患，应按照煤矿开采规律、轻重缓急、危险程度和风险级别采取相应措施，进行科学有效的处理和解决。

（2）实施各类危险源、隐患、风险评价，有效控制矿井有害因素。煤矿安全生产是一个动态的变化过程，并存着动态的不确定有害因素和不确定的变量，如何有效使动态的不确定有害因素转化成可控目标，显得尤为关键和重要。对此，在对危险源、有害因素以及各类隐患进行有效辨识、风险评价的基础上，重点对其进行有效控制是安全发展的关键和手段。面对施工现场变化的各种条件、不利因素、隐患和危险源，正确认识其危险性和危害程度，及时采取相关措施和办法，进行有效排除和化解是安全防护的关键。也就是对现场的危险源、隐患进行有效评价，即风险评价。在对现场存在的各类危险、隐患分辨、评价过程中，按照危险性的大小、隐患的危害严重程度，依次按照轻重缓急进行有效处理。即现场发现危险、隐患、有害因素后，做到及时采取相关技术安全措施，消除解决，消除危险因素，促进现场安全生产。对不能及时消除解决的有害因素和隐患，通过管理人员及时填写隐患信息卡，来反馈给基层单位、区队和班组进行处理解决，并通过隐患处理落实的信息闭合进行管理，做到限期、限时处理解决隐患和危险，确保隐患和危险源始终处于控制状态，即达到在控、可控的安全生产状态。对处理隐患和危险因素不力或超过规定范围，按照矿井安全生产一号文件进行处罚和经济挂钩考核，并追究相关责任人员的责任，从而做到安全风险评估有效可靠，促进矿井安全发展。孙疃矿井动态持续进行有效安全风险评估，2010年度矿井动态排查各类隐患和危险因素达2640条，并以五定表的形式进行有效落实和解决，消除了各类隐患和危险因素，促进了矿井安全发展。同时，对危险认识不足、排查隐患不及时，违反矿井安全管理规定、违反规程、措施和施工标准的行为，对照矿井安全生产一号文件进行处罚和经济收益挂钩考核，2010年度矿井处罚各类“三违”3700人次，其中严重“三违”260人次，实施经济处罚174万元，包括3个外委施工项目部，通过经济杠杆的负激励作用，及时控制了矿井员工的不安全行为，控制了井下现场危害因素和隐患的升级，并降低到安全控制目标之内，使矿井的安全风险始终处于在控、可控的安全控制范围之内，有效实现了矿井安全生产。

大型煤矿标准工序管理体系构建与实施

河南煤化焦煤公司赵固一矿

白云来　马国红　崔炳雷　张　雷　申海军　周建功　郭晓军

一、大型煤矿标准工序管理的实施背景

（一）由建设单位向生产经营单位转变的需要

焦煤赵固（新乡）能源公司自2008年11月经原河南煤炭工业管理局批准开始试生产时，人员组成为焦煤公司其所属其他煤矿抽调部分及招聘人员。这支队伍在生产管理方面存在的主要问题：一是市场观念不强；二是缺乏现代化矿井设备及管理制度和经验；三是企业员工构成复杂，没有共同的企业文化等。这些问题制约着该矿的生产和安全高效。为此，构建标准工序体系是大型煤矿由建设单位向生产经营单位转变的需要。

（二）企业自身管理创新的需要

焦煤公司有着百年的采矿历史，长期采用炮采和普采生产工艺技术，没有现代化的技术装备和生产工艺，但赵固一矿作为焦煤公司、河南煤化集团公司的骨干矿井，承载着百年焦煤未来发展的希望。河南省副省长、河南煤化集团公司原董事长陈雪枫对赵固一矿也寄予厚望，要求“向安全高效更高目标迈进，倾力打造河南第一矿”。现实和重托要求赵固一矿管理层，针对管理存在的问题，强化标准观念，以生产工艺流程和精细化管控体系为框架，建立内部市场责任主体。为此，制定采煤、掘进和机电三大标准工序体系，以管理创新满足企业发展成为迫切要求。

（三）标准工序操作，适应煤化集团公司“三化”管理工作要求

焦煤公司自整合到河南煤化集团公司后，按照制度化、规范化、内部市场化“三化”管理工作的要求，强化所属各煤矿和单位标准化工作的考核。赵固一矿投产后经过借鉴和总结认为：传统的三大标准（管理标准、技术标准、工作标准）和生产工艺流程，其编制主体为独立的生产区队和科室，具有局限性，不能从整个矿井层面编制标准，特别是区队之间配合协调缺少标准，如综掘机的井上拆卸、装车、运输和井下安装作业需要密切配合，井上拆卸装车的顺序、运输环节的车辆进车方向等都会对井下安装产生影响，同一项作业（工序），不同区队的操作方法、程序，使定额和结算单价很难统一。赵固一矿作为新型的现代化矿井，需要做到“工序流程化、管理程序化、操作标准化”，按照统一尺子，共享标准，构建矿井安全高效的运作平台，标准工序操作制定的思路和实践，适应河南煤化集团公司“三化”管理工作的要求。

二、大型煤矿标准工序管理的基本内涵和特征

（一）煤矿标准工序管理的基本内涵

标准工序是指对工作性质相同的工序制定统一的标准、规定统一的流程、形成标准的工作内容，也就是对相同的劳动对象，在相同的劳动时间内，使用相同的劳动资源，消耗相同的费用，完成相同的工作量和安全要求的生产活动。

煤矿标准工序管理的内涵主要是：把煤矿在多年生产中积累的经验、知识收集起来加以分析组合形成标准，让一线生产员工清楚每班生产中应完成的标准工序、所需成本和产出效益；按照标准工序进行核算，使班组和职工岗位成为结算主体；区队、班组和职工间形成链式结算体系；深化内部市场化，丰富工序精细化，为管理流程再造奠定坚实基础。

（二）煤矿标准工序管理的特征

1. 经验知识标准化

把煤矿在多年生产积累的经验、知识收集起来加以分析组合并形成标准，用于指导工人的日常工作，使煤矿生产作业标准化、规范化、程序化，在确保安全生产的同时提高劳动生产效率。

2. 职工操作规范化

煤矿生产工序繁多，工人的工作对象变化大，实行标准化工序管理，可使每一个工序、环节和工艺流程都有相应的标准来规范和约束，有利于员工实现操作规范化，进而使员工的“经验整理成规则，规则训练成习惯，习惯沉淀为文化”，逐步形成科学、规范、安全、文明生产的企业文化。

3. 班组核算市场化

标准工序的成本约定，使生产班组和各位员工明白自己当班生产的工作量和成本与标准的差距，能够做到算着干、干着算，按照成本安排生产工效和费用，避免出现浪费，使班组和员工真正成为市场主体，从而把班组和岗位核算落到实处。

4. 生产作业一体化

标准工序管理要求区队管理者从现代化矿井生产链条中，确定区队生产工作在整体矿井生产作业链条中的位置，使之在安排好本区队生产工序的同时，也要把下道工序（其他区队）的单位作为用户为其打好基础，从而实现矿井一体化协同作业，提高矿井的整体效率。

5. 管理精细化

标准工序详细界定了工序范围、生产准备、作业流程、质量标准、安全标准、定额标准，使煤矿采掘和机电等生产管理专业化、流程化、数量化，管理责任具体化、明确化，使源头煤质管理、班组安全管理和“双基”建设等落到实处。

6. 创新可持续化

标准工序管理既强调稳定、规范，又鼓励标准工序创新。由于将工序管理与市场化相结合，班组、职工为了减少投入、增加产出、提高收入，会主动进行标准工序创新，而职工的岗位创新经过总结提升，成为新的标准工序，如此周而复始，使企业创新常规化、可持续化，企业的整体安全高效就可以实现。

7. 职工培训标准化

加强职工队伍建设，严把职工入口素质关，是煤矿安全生产的有效保证。标准工序管理已经规范了培训内容，将原来“经验式指导”、“师傅带徒弟式学习”转变为标准化工序培训，使职工学习有了指南，确保了培训具有针对性和实效性，使职工培训实用管用，从而有利于职工队伍综合素质的提升。

（三）煤矿标准工序管理的构成要素、框架体系及主要内容

1. 煤矿标准工序构成要素

煤矿标准工序具体包括五项要素（图1）：

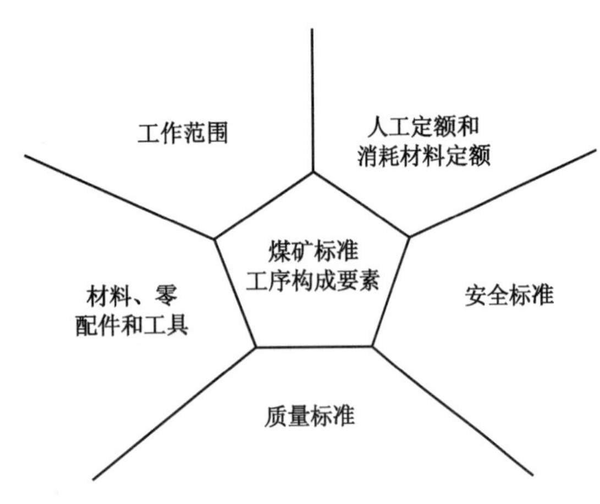

图1　煤矿标准工序构成要素

（1）工作范围。规定了工序成本包括范围的生产条件、运输距离等。为工序成本的确定设定条件。

（2）材料、零配件和工具。在标准工序中列出了整套设备零部件和配备工具清单。其内容尽可能详细和数量尽可能精确。

（3）质量标准。即每一项操作程序中要达到的具体标准，是工人操作的准绳，也是管理人员检查工作的准绳。

（4）安全标准。在安全规程要求的基础上，说明每个工序操作中具体要达到的安全标准。是完成本工序的基础条件，也是必须执行的标准。

（5）人工定额和材料消耗定额。对任意一个标准工序所要完成的人工定额和所消耗的材料定额均做出了详细规定。是完成本工序最佳的劳动组织和最合理的材料消耗。

2. 煤矿标准工序框架体系

煤矿标准工序框架体系共分三大部分，二级母子工序。包括：采煤标准工序、掘进标准工序和机电装备工艺标准工序三篇二十八章内容，二十四道标准母工序、一百二十五道标准子工序。其标准工序框架体系示意图如图2所示。

3. 煤矿标准工序管理的主要内容

赵固一矿在标准工序管理实践经验的基础上，总结提炼的煤矿标准工序，内容涵盖矿井生产管

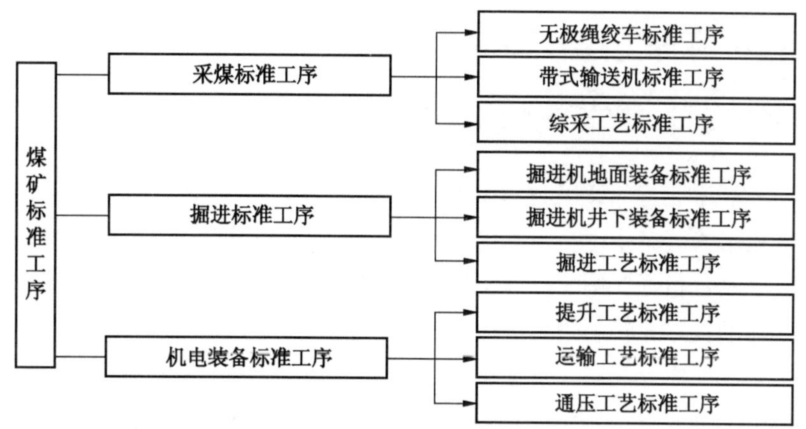

图2 煤矿标准工序框架体系示意

理的各主要方面。采煤标准工序、掘进标准工序和机电标准工序三篇内容。

（1）采煤标准工序。该工序按照实际生产流程将矿井采煤作业划分为工作面安装、工作面采煤生产、工作面拆除三部分。

①综采工作面安装标准工序。综采工作面安装涉及单位、岗位多，其关键是准备工作的完善程度和上下工序之间的配合程度。赵固一矿根据实际安装的顺序将综采工作面安装分为无极绳、带式输送机、绞车、工作面刮板输送机、转载机、支架、采煤机安装等7道母工序，每个母工序根据安装的复杂程度又具体分解为5~10个不等的子工序。

②综采工作面采煤标准工序。综采工作面采煤标准工序编制的重点在综采工作面内各生产岗位的操作上。分为煤机割煤、移架推槽、端头超前支护、煤机检修、支架检修、三机检修、工作面联网、移移动列车等8个子工序。

③综采工作面拆除标准工序。综采工作面拆除作业的重点是上网上绳等方面。分为拆除准备、上网上绳、转载机拆除、破碎机拆除、采煤机拆除、刮板机拆除、支架及液压泵站拆除等8个子工序。

（2）掘进标准工序。矿井掘进工作按照实际操作流程和常用设备分为掘进机地面装备、掘进机井下二次装配、掘进头掘进、调度绞车安装、带式输送机安装、刮板输送机安装等6个母工序。每个母工序又分为3~15个子工序。

①掘进机装备标准工序。掘进机装备标准工序按照掘进机型号，把拆卸装车分为13车，对每车的装车内容、下井顺序都做了具体的规定，施工人员和验收人员只需按标准操作即可。

②掘进头掘进标准工序。掘进头掘进标准工序的工作重点是各岗位的操作，主要是对动作进行优化、降低循环时间、提高循环次数。包括截割工艺、挂网联网、临时支护、顶锚杆帮锚杆、顶锚索帮锚索、拉机尾等15道子工序。

③其他标准工序。其他工作如调度绞车安装、带式输送机、刮板机安装等也根据实际分为4~8个子工序。

（3）机电标准工序。机电部分标准工序根据日常工作安排分为主井提升机更换扁尾绳、副井蹿绳、车工常用配件加工、机修、锅炉、地面运转、主井更换提升绳、电器维修接线、综采工作面移动列车安装、两述法等10个母工序。每个母工序分为2~10个子工序。

三、大型煤矿标准工序管理的主要做法

(一) 建立煤矿标准工序管理组织体系

根据《赵固一矿标准工序管理实施办法》的要求，煤矿成立以矿长为组长，生产矿长、总工程师、机电矿长为副组长，各生产科室和区队负责人为成员的煤矿标准工序管理领导机构。其主要职责是提出标准工序制定目标，细化标准工序管理责任，明确每个时间节点的工作内容，保证标准工序编制和实施工作的良好运转。管理层分设三个专业组，分别是采煤标准工序专业组、掘进标准工序专业组、机电标准工序专业组。管理层的职责是负责审核确认发布标准工序，督促标准工序的实施和总结各类标准工序执行中发生的问题并提出相应措施；基础层按专业组确定，成员由4~5人组成：各专业区队主管技术员、班组长、井下一线员工等。基础层各专业组明确责任和时间节点，每周小组人员集合1~2次，对本周标准工序执行情况进行总结，提出新的标准工序申请和现有标准工序修改建议，并对下周标准工序管理的工作做出安排。

(二) 煤矿标准工序管理的实施过程

煤矿标准工序管理体系通过不断改进和充实，运行程序基本成熟，整个体系的运行较为顺畅。这套体系的主要流程如图3所示。

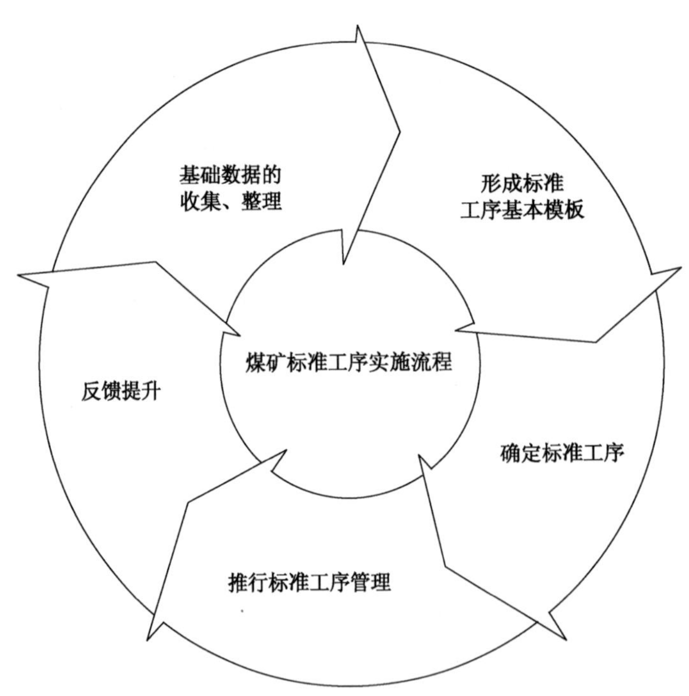

图3 煤矿标准工序管理体系流程示意

煤矿标准工序管理体系整个流程分为五大步骤：

1. 基础数据的收集、整理

在此阶段，按照数理统计原理，采用统计数据抽样中随机抽样和分层抽样相结合的方法。各专

业组人员根据其标准工序制订计划，在早、中、晚三班分别对不同工序作业在征求有经验、有技术熟练工人意见和建议的基础上，针对同一项工序，测定时间和成本投入；之后再组织区队、班组和熟练技术工人进行论证，将5次以上测定的标准工序进行加权，确定相应的最佳标准工序方案；通过现场测算和总结已有资料，形成标准工序基础数据。

2. 形成标准工序基本模板

在此阶段，在专业组将标准工序基础数据收集、整理结束后，经管理层研究论证形成标准工序的基本模板：要求横向覆盖到采煤、掘进、机电管理三大专业口；纵向包括了每个工序的具体内容、施工准备、施工顺序、安全要求、质量要求和工序成本。对于基础数据不完整或不准确的标准工序方案继续由专业组重新现场测算。

3. 确定标准工序

在此阶段，为了确保标准工序的科学合理性，矿井邀请专家组来矿井指导工作。经过专家组审核论证，矿标准工序管理机构确定发布，编制符合矿井实际生产工艺过程要求的标准工序分为采煤、掘进、机电管理三大部分。

4. 推行标准工序管理

标准工序管理，是煤炭企业生产工艺流程再造和精细化管理的基础。推行“三全”管理必须以标准工序管理为前提，着重岗位创新，提升岗位价值，通过用心做正确的事，按标准工序从事生产活动，进而在生产工艺流程再造中提高效率、增加效益。赵固一矿结合新型现代化矿井特点，建立了“横向覆盖到采煤、掘进、机电管理三大生产环节，纵向包括了每个母子工序的具体内容、施工准备、施工顺序、安全要求、质量标准和工序成本”的煤矿标准工序管理体系，实现了生产过程的全员参与、全面覆盖、全过程控制的“三全”管理。

5. 反馈提升

略。

四、大型煤矿标准工序管理的实施效果

2010—2011年上半年，赵固一矿通过实施标准工序管理，各项工作都取得了显著的成效。主要体现在以下四个方面：

（一）基层员工素质和业务水平快速提升

全面实行标准工序管理后，煤矿新进员工能够很快进入状态，熟练周期大大缩短，煤矿老员工的工序作业有了标准和对照，效率普遍提高，员工素质和业务水平得到快速提升。

（二）班组自主管理能力显著改善

标准工序对各个环节进行了细化，班组管理人员依据标准工序来安排生产工作。这样不仅规范了工序操作方法，合理安排了劳动组织，还避免了少带工具、材料不是多就是少、人员误工误时等过去常见的问题，从而使班组自主管理能力显著改善。

（三）区队等生产单位的生产效率屡创新高

标准工序效率的提高、班组自主管理能力的改善，区队等生产单位的生产效率快速增长，使赵固一矿在完成各项计划预算指标的前提下，屡屡创造了焦煤公司乃至河南煤化集团的历史最好水平。

例如，赵固一矿综掘一队通过综掘标准工序的实施，使操作工序更加科学化、人性化，2011年3月份，在11111工作面轨道顺槽（15.75 m^2 断面、锚网支护），单头月进尺716m，刷新了河南煤化集团单头月进尺的最高纪录。

（四）矿井综合效率、效益显著增加

员工素质的改善、班组自主管理能力的提升、区队综合效率的提高，带动了全矿综合效率、效益的逐年递增，为安全高效、体面实现河南第一矿打下了坚实的基础。2009年与2010年赵固一矿标准工序管理实施效益对比分析如表1所示。

表1　2009年与2010年赵固一矿生产经营情况

项　　目	2009年	2010年	差　额	比率/%
煤炭产量/百t	29938.01	50357.64	19419.63	65
完全成本/万元	132493.32	168143.39	35650.07	27
单耗成本/(元·t^{-1})	442.56	340.66	-101.90	-23
营业收入/万元	143940.02	222785.48	78845.46	55
利润总额/万元	34174.05	53523.17	19349.12	57

表1对2009年与2010年赵固一矿煤炭产量、完全成本、单耗成本、营业收入、利润总额进行了简要对比。由表1看出，推行标准工序管理以后，赵固一矿煤炭产量2010年同比提高了65%，完全成本2010年同比提高了27%，单耗成本2010年同比下降了23%，营业收入2010年同比提高了55%，利润总额2010年同比提高了57%。显著经济效益和安全高效生产的局面，使赵固一矿增强了全面推进和不断完善标准工序管理的信心，把标准工序管理工作作为推动技术进步、管理创新的契机和手段，为打造本质安全的高效现代化矿井而努力奋斗。

煤炭生产矿井科队对标管理体系的构建

河南煤化集团永华能源有限公司

程东全　李平安　孟国平　王启善　刘明文　温学亮　牛福君　许冰冰

一、目的意义

所谓对标管理就是对比标杆找差距。推行对标管理，就是要选取对标标准值，建立对标管理指标体系，通过对各实施主体进行各项指标的对标考核，明确自身与标杆单位的差距，从而指明工作的总体方向，达到“对比标杆、改进短板、总体提升、争创一流”的目的。对标管理是一种科学的企业经营管理方法，主要是帮助企业改善绩效、持续提升企业经营管理效率和水平。

生产矿井科队对标管理体系是精细化管理的重要组成部分，旨在加快构建企业内生机制，增强发展动力，鼓励各生产矿井基层单位争创标杆，激励员工争创一流业绩，争做一流贡献，加快提升煤炭生产水平，着力提升企业核心竞争力。通过一年的实施，取得了较好的效果。

二、主要内容

生产矿井科队对标管理体系通过对生产区队、辅助区队、科室分别选取不同对标指标，构建起不同的对标体系。生产区队横向对标指标指数确定为工效指数、材料消耗指数、质量指数、安全指数、出勤指数等五项指标；生产区队纵向对标指标指数确定为工效提升指数、材料消耗提升指数、质量提升指数、安全提升指数等四项指标。辅助区队横向对标指标指数确定为工作量完成指数、材料消耗指数、质量指数、安全指数、生产误时指数、出勤指数等六项指标；辅助区队纵向对标指标指数确定为工作量提升指数、材料消耗提升指数、质量提升指数、安全提升指数、出勤提升指数、生产误时提升指数六项指标。科室横向对标指标指数确定为单位制造成本指数、标煤工效指数、标尺掘进工效指数、人均利润指数、安全管理指数五项指标；科室纵向对标指标指数计算确定为单位制造成本提升指数、标煤工效提升指数、标准进尺工效提升指数、人均利润提升指数、安全管理提升指数五项指标。

三、实施方法

（一）对标指标指数体系的确定

（1）引入对标指标指数，评价区队、科室的生产经营管理水平和发展提升速度。指标指数是指规定标准与实际值的比值，以及纵向环比值。指数大小反映该单位在矿井整体中所处的优、差水平或发展提升水平。

（2）生产矿井的中心任务主要是在保证安全的前提下提高质量、控制成本、提高效率、保持持续稳定生产和发挥提升生产能力，所以采用安全指数、材料消耗指数、质量指数、单位制造成本指数、标煤工效指数、标准进尺工效指数、人均利润、出勤指数等指数进行对标。

(二) 生产区队对标指标指数的确定

1. 生产区队横向对标指标指数

(1) 生产区队横向对标指标指数确定为工效指数、材料消耗指数、质量指数、安全指数、出勤指数等五项指标，总分确定为50分，各项指标分数设置如表1所示。

表1 生产区队横向对标指标指数分数设置

项　目	分　数	备　注
工效指数	15	1. 采煤队以煤质发热量考核质量； 2. 开拓、掘进队以工程验收表考核质量，合格为1，优良为1.2，不合格为0.7，经过整改后合格为0.9
材料消耗指数	10	
质量指数	10	
安全指数	10	
出勤指数	5	
合计	50	

(2) 单项指数计算：

$$工效指数=\frac{实际工效}{定额工效}$$

$$材料消耗指数=\frac{定额标准应消耗额}{实际消耗额}$$

$$质量指数=\frac{实际考评结果}{计划标准}$$

$$安全指数=\frac{实际考核分数}{标准分(100分)}$$

$$出勤指数=\frac{实际出勤总天数}{计划出勤总天数}$$

2. 生产区队纵向对标指标指数

(1) 生产区队纵向对标指数确定为工效提升指数、材料消耗提升指数、质量提升指数、安全提升指数等四项指标，总分确定为50分，各项指标分数设置和横向对标指标项目分数相同。

(2) 单项指数计算：

$$工效提升指数=\frac{本月实际工效}{上月实际工效}$$

$$材料消耗提升指数=\frac{上月材料单耗水平}{本月材料单耗水平}$$

$$质量提升指数=\frac{本月实际考评结果}{上月实际考评结果}$$

$$安全提升指数=\frac{本月实际考评结果}{上月实际考评结果}$$

$$出勤指数=\frac{本月实际出勤总天数}{上月实际出勤总天数}$$

（三）辅助区队对标指标指数的确定

1. 辅助区队横向对标指标指数

（1）辅助区队横向对标指标指数确定为工作量完成指数、材料消耗指数、质量指数、安全指数、生产误时指数、出勤指数等六项指标，总分确定为50分，各项指标分数设置如表2所示。

表2 辅助区队横向对标指标指数分数设置

项目	分数	备注
工作量完成指数	10	1. 运输队、机电队任务完成以原煤和开掘各占50%考核，皮带队任务以原煤运输考核； 2. 运输队以轨道和设施考核质量；机电队以设备“三率”考核质量，由机电科提供；皮带队质量按煤质、设备各半考核，机电科提供设备质量考核； 3. 生产误时由调度室提供； 4. 通风队、探防队以计划任务完成比例作为考核；质量以瓦斯抽放量、防治水效果为考核依据
材料消耗指数	10	
质量指数	8	
安全指数	10	
生产误时指数	7	
出勤指数	5	
合计	50	

（2）单项指数计算：

$$工作量完成指数=\frac{实际工作量}{计划工作量}$$

$$材料消耗指数=\frac{计划消耗指标}{实际消耗指标}$$

$$质量指数=\frac{质量实际考评结果}{计划标准}$$

$$安全指数=\frac{实际考核分数}{标准分(100分)}$$

$$生产误时指数=\frac{计划误时指标}{实际误时}$$

$$出勤指数=\frac{实际出勤}{计划出勤}$$

2. 辅助区队纵向对标指标指数

（1）辅助区队纵向对标指数确定为工作量提升指数、材料消耗提升指数、质量提升指数、安全提升指数、出勤提升指数、生产误时提升指数六项指标，总分确定为50分，各指标分数设置和横向对标指标项目分数相同。

（2）单项指数计算：

$$工作量提升指数=\frac{本月实际工作量}{上月实际工作量}$$

$$材料消耗提升指数=\frac{上月材料单耗指标}{本月材料单耗指标}$$

$$质量提升指数=\frac{本月实际考评结果}{上月实际考评结果}$$

$$安全提升指数=\frac{本月实际考核分数}{上月实际考评分数}$$

$$生产误时提升指数=\frac{上月实际误时}{本月实际误时}$$

$$出勤指数=\frac{本月实际出勤}{上月实际出勤}$$

(四) 科室对标指标指数的确定

1. 科室横向对标指标指数

(1) 矿井科室横向对标指标指数确定为产品单位制造成本指数、标煤全员效率指数、标尺掘进工效指数、人均利润指数、安全指数五项指标，总分确定为50分，各项指标分数设置如表3所示。

表3 科室横向对标指标指数分数设置

项目	分数	备注
单位制造成本指数	10	1. 根据各科室的职责划分，将5项指标分为主要考核指标、一般考核指标； 2. 各科室的主要考核指标以考评结果计分，一般考核指标以标准分计分； 3. 主要考核指标划分：(1) 安监科为安全管理；(2) 生产科为单位制造成本、标煤工效、标尺掘进工效；(3) 机电科、调度室为标煤工效、标尺掘进工效；(4) 供应科、企管科、劳资科、财务科为单位制造成本、人均利润；(5) 综合办、保卫科、培训科以以上各科室考核结果的平均数计分
标煤工效指数	15	
标尺掘进工效指数	10	
人均利润指数	5	
安全管理指数	10	
合计	50	

(2) 单项指数计算：

$$单位制造成本指数=\frac{单位制造成本计划数}{单位制造成本实际数}$$

$$标煤工效指数=\frac{实际标煤工效}{计划标煤工效}$$

$$标尺掘进工效指数=\frac{实际标尺掘进工效}{计划标尺掘进工效}$$

$$人均利润指数=\frac{实际人均利润}{计划人均利润}$$

$$安全管理指数=\frac{实际考核分数}{标准值(100分)}$$

2. 科室纵向对标指标指数

(1) 矿井科室纵向对标指标指数确定为单位制造成本提升指数、标煤工效提升指数、标尺掘进工效提升指数、人均利润提升指数、安全管理提升指数五项指标，总分确定为50分，各项指标分数设置与科室挂钩，考评原则同横向对标指标项目。

（2）单项指数计算：

$$单位制造成本提升指数=\frac{上月单位制造成本实际数}{本月单位制造成本实际数}$$

$$标煤工效提升指数=\frac{本月实际标煤工效}{上月实际标煤工效}$$

$$标尺掘进工效提升指数=\frac{本月实际标尺掘进工效}{上月实际标尺掘进工效}$$

$$人均利润提升指数=\frac{本月实际人均利润}{上月实际人均利润}$$

$$安全管理提升指数=\frac{本月实际考核分数}{上月实际考评分数}$$

（五）评分办法

每项指标指数考评结果为1时，该项为满分；考评结果每增减0.1，增加或扣减1分；加分不超过该项分值的50%；扣分以该项扣完为止。

（六）对标考核结果的应用

1. 区队

对标考核设置为100分，月末考评得分的应用如表4所示。

表4　区队对标月末考评得分的应用

考核得分	奖励金额/元	考核得分	奖励金额/元
110分以上	10000	85～89分（含85分）	不奖不罚
100～110分（含100分、110分）	8000	80～84分（含80分）	-3000
95～100分（含95分）	6000	75～79分（含75分）	-6000
90～94分（含90分）	3000	74分及以下	-10000

2. 科室

对标考核设置为100分，月末将对标考核结果与绩效考核结果各按50%进行加权后与科室管理人员的效益工资挂钩。挂钩系数如表5所示。

表5　科室对标月末考核得分的应用

考核得分	考评等级	效薪兑现系数/%
110分以上	特优	115
100～110分（含100分、110分）	优秀	110
95～100分（含95分）	优良	105
90～94分（含90分）	良好	100

表5（续）

考 核 得 分	考 评 等 级	效薪兑现系数/%
85~89分（含85分）	合格	95
80~84分（含80分）	基本合格	90
75~79分（含75分）	较差	85
74分及以下	很差	75

四、推广效果

（一）员工意识发生根本改变

对标管理既是一项常变常新的动态的、不断探索、不断前进的实践过程，更是一项超越自我的过程，只有起点，没有终点。通过实施对标管理，彻底摒弃了强调客观、不讲主观，只比收入、不比贡献，只看成绩、不看差距等与市场经济不相适应的各种思维方式，促使广大员工思想进一步解放，视野进一步拓宽，作风进一步转变，敞开引进先进技术和经验的大门；通过实施对标管理，选树一批标杆岗位、标杆班组、标杆区队、标杆项目等，使广大员工学有榜样、赶有方向，增强追赶一流、创造标杆的信心和决心。

（二）全面提升企业核心竞争力

通过对标管理的实施，建立了一系列的指标体系，在安全生产、经济运行、经营业绩等方面与最佳标准值进行对比与借鉴、分析与判断，不断改进，形成追赶与超越标杆单位的最佳实践活动和良性循环，达到企业可持续发展的目的；通过实施对标管理，营造了一种良好的学习氛围，推动了学习型企业的建立，有效地提升了全员素质，使企业始终保持健康向上，充满活力的良好发展状态，从而全面提升企业的核心竞争力。

五、改进措施

（一）成立机构

为确保对标管理工作客观、公正、高效、快速实施，须成立对标管理领导小组，全面负责对标管理的领导工作。对标管理领导小组主要为开展对标管理工作定向把关，组织、指导开展对标管理工作；负责组织审定开展对标管理工作实施方案、考评奖惩机制及评价结果；组织调度对标活动开展情况，平衡解决在对标管理工作中出现的重大问题等。

对标管理领导小组下设对标管理办公室。对标管理办公室在对标管理领导小组领导下，具体负责沟通协调、了解进度、把握动态，拟定措施和建议，进行对标数据的收集、整理、分析和计算。

（二）强化宣传培训

充分利用办公信息平台、内部保证、橱窗、站板等宣传媒介，广泛宣传对标管理，让全体职工明确对标管理的指导四项、目的意义、内容形式、方法步骤和具体要求。举办对标管理培训班，重点培训管理干部、骨干人员，为对标管理工作的顺利实施提供了强有力的人才支持。

（三）建立完善的对标管理数据库平台

对标管理办公室负责，通过内部渠道、文献资料、实地考察等方式进行搜集整理，建立本单位动态、全面、完整的对标指标数据库，利用办公网络，建立完善的对标管理数据库查询平台，供所属单位查询标杆单位及对标标准等信息资料，为各单位选取标杆单位提供依据。对标数据库查询平台设置年度、专业、单位内部指标及标准索引。其对标标准包括先进值、平均值、同期值、预算值以及可以作为对标标杆单位的指标值。对标数据库查询平台的管理、数据的陆续补充及修改由对标管理办公室负责。

（四）强化考评兑现

对标管理的过程就是把企业发展的压力和动力，传递、分解到每一层级的管理者和员工的过程，从而形成“人人有职责、事事有程序、干事有标准、过程有痕迹、绩效有考核、改进有保障”的长效管理机制和模式。为了确保对标管理取得实实在在的效果，必须建立对标考核制度，并强化考核。

市场化精细管理长效机制建设初探与实践

开滦集团钱家营矿

魏金奎　郑庆学　周立冰　吴　庆　樊建军　李守忠
姚久莉　杨锐利　王明杰　王冠喜　陈　威

构建市场化精细管理长效机制的根本目的是在安全管理中引入市场机制，从企业内部的安全管理体制、机制上进行重大改革和创新，将覆盖企业内部各个环节的管理工作以市场价值链的形式链接起来，运用价值规律和价格杠杆作用，使企业内部的管理工作科学合理，从而达到不断提升企业管理水平，提升经济效益的目的。

一、深刻理解市场化精细管理长效机制的基本内涵

市场化精细管理长效机制是指企业通过采取各种措施，引入市场机制，运用市场经济体系中各种要素之间的有机联系和相互作用及其对资源配置的调节功能，即运用价值规律调节商品生产和流通，从而将企业内部的各生产系统、各单位以及单位内的各班组、员工，用价值链的形式加以链接，促使生产经营责任主体下移，实现压力传递、风险共担、利益共享的目的。

市场化精细管理，是现代企业管理模式中具有科学性、前瞻性、系统性的创新型管理模式，其宗旨，就是通过业务流程整和机制再造，将市场机制引入企业内部管理，将企业内部职能部门和基层生产单位作为企业内部市场的经营主体，按照市场经济价值规律的原则，及切实可行的价格体系、结算体系，将企业内部服务与被服务的关系，产品在各道工序之间的转移，由原来的行政管理手段转变为等价交换的经济往来。同时，将经营目标层层分解，关注每一个细节和环节，把对收入、成本、利润的监督与控制转变成每个员工的自觉行为，做到市场机制和精细化管理的有机结合。因此，市场化精细管理的推进工作，绝不是简单意义上的“照抄照搬”，而是在充分领会和理解其实质及精髓的基础上，充分考虑本单位的实际情况，在总结过去成功经验的基础上，不断建立和完善以市场手段为主要调控形式的经营管理模式，最大限度地减少和杜绝行政干预和主观指挥，变经营管理工作中的“人治”为“法治”；同时，细化管理流程，通过压力的层层分解和传递，充分调动每一名员工的主观能动性，从细节处着手，把企业经济效益的完成情况同员工个人的薪酬紧密地联系起来，力图在经营管理中形成“处处有人抓，事事有人管”的良好局面。

二、结合实际构建市场化精细管理长效机制

市场化精细管理的本质是将企业内部组织结构进行脱胎换骨的改造，由原来的行政隶属关系转变为市场主体之间的经济往来关系。各单位在推行市场化精细管理的过程中，必须把管理流程再造与优化摆上突出位置，使工序之间以价值链及其相应的责任链构成新的市场分配关系和经营服务体系，实现精干高效、管理扁平、经营分权，从根本上解决管理层次多、效率低等问题，达到节省人力资源、降低管理成本、提高管理效能和经济效益的目的。

结合企业实际，可以将市场化精细管理划分为以下几种类型：一是产品价格型。将原煤生产、掘开进尺、精煤生产等视为产品，按其完成量及核定的收购价格进行结算。如综采、掘进、开拓、选煤等。二是单项工程预算型。对安、拆工程及单项工程的工资及其他费用实行全面预算，按预算指标考核结算，如安装单位等。三是劳务服务型。以市场化运作方式在服务与被服务主体之间根据市场的原则和内部市场价格进行有偿结算，如开机队、机采科等。四是岗位工资型。对各基层单位内部无价可计的岗位按岗位性质核定工资总额进行结算。五是单项考核型。对各单位的材料费、电费、修理费、托运费、坑木加工费、建材装卸费、炮工费、安全管理、工程质量等实行单项考核，考核结果与单位收入挂钩。六是对机关部室、生产技术部等职能部门，采用责任指标挂钩考核的办法，与责任单位和个人收入挂钩。

与此同时，还要制定和完善《工资审批程序的规定》、《单项工程预算管理办法》、《单项奖励管理办法》、《内部投资和安全费用管理办法》和《材料及费用管理规定》等一系列保障机制，保证市场化精细管理的有效运转。

制定机制时，要努力做到现行承包考核机制与市场化精细管理模式的有机融合，要经过充分调查和测算，制定出一套较为完备的产品收购综合价格，包括回采、掘进、开拓、运输等；对于生产辅助和服务单位，要制定出可行的单一价格，如机电、机采、皮带、通风等。在此基础上，组建产品市场，开拓运输市场、设备市场、电力市场、物资市场、劳动力市场、安全市场等市场。每个市场将按照不同的要求核算其经营状况。

第一，组建产品市场要按照市场化原则的要求，根据产品收购价格核算各个市场的收入情况。例如，经过测算，产品市场回采吨煤收购价格 8.64 ~8.74 元/t，掘进进尺收购价格为 2653.13 元/m，这样，根据各单位的原煤产量和进尺，以及其他一些单项工程结算情况，可以计算产品市场的收入情况。同时，根据各单位每月发生的工资、材料、电力、设备租赁等相关费用计算产品市场的支出，并计算其盈亏，这样可以使得现有经营机制和市场精细化管理模式有机地融合起来。

第二，开拓运输市场要根据年初开拓进尺综合收购价格 5302.26 元/m 和矿车运输单价，以及单项工程结算收入，计算开拓运输市场收入情况，并按照实际发生额归集各项相关费用支出，据以核算开拓运输市场的盈亏情况。同时还要完善托运单价的标准，将现有的部分工资单价转换为综合价格，据以核算市场盈亏。

第三，物资市场的建立有着相对较为完备的现状，现有各种材料物资的计划价格，可作为计算物资市场收入情况的依据，并根据实际发生额计算其各种采购、加工、修理和其他相关费用支出，真实反映其经营状况。同时，要进一步完善材料物资的领用和消耗的业务流程，变过去的事后监督为事前控制，真正达到精细化管理的目的。

第四，设备市场可以收取的各单位设备租赁费为收入，电力市场可以收取的内外用户的电费为收入，以支付公司设备折旧费和集团公司设备租赁费，以及对外支付电费为支出，以自主经营获取经营收益。要进一步完善设备折旧和设备租赁费的计收标准，规范核算，逐步完善设备市场和电力市场的精细管理。

第五，安全市场、劳动力市场可以安全管理机制为依据，结合市场精细化管理的要求，以公司拨付的各项专项费用为控制指标，以收取的各项有偿服务费为收入，以安全检查服务和奖励费用与员工培训等相关费用为支出，核算市场部的经营收益，自主盈亏。

三、落实责任，重点突破，确保市场化精细管理取得实效

推行市场化精细管理要结合实际，实施重点突破，在成本和费用的核算与考核上，可以根据实

际建立两种核算与考核办法。一方面，对于工资、一般材料、修理费、坑木加工费、建材装卸费、托运费、炮工费等，按照完全成本计入单位盈亏核算，并全额参与效益工资的考核；另一方面，对于大型材料、支护材料、电费等，考虑到全额计入盈亏会对单位考核结果产生较大影响，故按照其完成的超降情况，采取按照一定比例进行考核的方法，避免了在工资考核和计提上的大起大落。同时，针对一些单位的特殊运行模式，采取不同的应对策略。如按照市场化精细管理理念，将选煤厂的产品分为精煤产品和其他产品，分别制定综合收购价格，由公司进行收购，以此作为选煤厂的主营业务收入，同时，鉴于选煤厂成本投入的特点，将选煤厂的成本控制纳入到精确定位、细化考核的精细管理上来，着重对铁粉、捕捉剂的投入进行核算考核。而对于加工修理市场，可以打破行业划分和行政隶属的制约，针对目前加工修理行业的特点，分别制定出如针对机采科、开拓小厂、坑木厂、支架厂等单位的考核办法，将全年加工修理费用指标分解到各个使用单位，然后由使用单位按照每月发生情况，通过内部银行向加工修理市场进行结算，计入加工修理单位的主营业务收入，并据此计算盈亏情况和考核情况。

推行市场化精细管理更要落实责任，加强督导。按照集团公司、煤业公司推行市场化精细管理的进度要求，为克服公司内部价格体系基础工作薄弱、基数测算量大、需理顺规范的环节多等实际困难，可采取挂图作战、倒排工期的做法，逐阶段抓落实、抓兑现，确保市场化精细管理工作的按期兑现。与之相适应，在试运行阶段，抽调专人对口督导各单位的落实情况，进行专业性指导，帮助解决机制运行中出现的问题，并由公司市场化精细管理办公室定期组织专门会议，平衡解决公司和基层单位机制运行中出现的问题，提出整改意见，总结经验，确保市场化精细管理的稳定健康运行。

岗位价值精细化管理在原煤生产企业管理中的应用

平煤股份天力公司　张玉佩　闫遂业

一、实施岗位价值精细化管理的必要性

国家产业政策的调整，对原煤生产企业的安全生产提出了更高要求。国内原煤生产企业在响应国家号召加大安全和技改投入的同时，面临着资源减少、战线拉长，用工成本增加，以及原材料涨价等成本增长因素，另外原煤售价受市场影响，使企业赢利能力下滑，经营管理难度加大。因此，原煤生产企业要做到多方面兼顾，只有通过挖掘内部潜力，加强内部管控，提高工效，使企业适应外部条件变化。然而，原煤生产企业一贯的管理模式是重安全生产、轻经营管理，在这种惯性管理模式的主宰下，煤炭生产企业的经营管理工作更是雪上加霜。那么，要改变现在粗放的管理方式，将经营管理工作从“粗”引领到适应形势需要的“细”上，岗位价值精细化管理是个有效的举措。它是通过让员工体面劳动，自我管理，自我体现，实现岗位增值，最终实现企业目标的较好途径。

二、构建岗位价值精细化管理机制

岗位价值精细化管理是通过将岗位的人、机、物进行价值评估，将评估后的价值作为企业投资交与岗位，由岗位自主经营管理，企业通过对岗位下达工作目标，适时进行预警和工作指导，并制定和执行相应的考核制度，对岗位按照增值增资、减值减资的方法进行考核管理，充分发挥职工的工作积极性和主观能动性，克服客观因素给企业增加效益、员工增收带来的负面影响。

为推进岗位价值精细化管理工作的顺利开展，企业可以成立岗位价值精细化管理专业领导小组，通过组织分工，由各专业组集中力量研究制订符合本专业实际的实施计划和实施方案，经充分论证后，先在专业组内部基础比较好的岗位进行试点，在试点实施过程中不断进行补充完善，最后形成本专业的岗位价值精细化管理模式，试点成功后在本专业内部逐岗推广。无论各专业组采用哪种管理模式，都应遵循岗位是独立经营的单元细胞，每个岗位都是价值实体、负债体，通过建立和完善内部市场体系的精细化管理方法开展工作，从矿到基层区队、班组、岗位分级建立以财务管理为中心的市场机制，由“统计核算”变为“会计核算”，以完全成本为核心的纵向核算体系，和单位之间的以价格结算为纽带的横向复合核算体系。通过精细化管理，把人、机、物潜在的价值发挥到极致，最终达到杜绝负价值岗位，减少零价值岗位，增加正价值岗位的目的。

三、实施岗位价值精细化管理

岗位价值精细化管理企业首先应对实施岗位价值进行科学评估，并以历史数据为参考，会计核算结果为依据确定岗位各项成本指标（人的工资指标基数、机的折旧和磨损、物的消耗定额），月初企业将成本指标总额以债务的形式贷给岗位，由岗位进行负债经营，并对岗位进行适时指导，岗位则根据岗位规程要求进行生产经营，并每天将经营结果通过信息化网络平台传递给企业经营管理软件控制中心，控制中心利用软件自动对岗位经营信息进行处理，得出岗位当天经营结果：保值、

增值或减值，这样剔除人为因素对结果的影响，保证结果的公平、公正。并由控制中心将岗位经营结果及时反馈岗位。

1. 岗位价值评估

通过对岗位固定设备（机）、消耗材料（物）、劳动资源（人）的价值评定，评估出现有设备的剩余价值、材料消耗定额、岗位人力资源价值。对设备剩余价值、材料消耗定额而言，作为岗位精细化管理对象，可以通过系统程序，实行超奖节罚管理。对于岗位人力资源价值，为让员工在岗位上发挥潜能，就必须让员工知道自己在企业中的作用与位置，而岗位价值在企业中的位置和作用具体体现在岗位绩效工资等级上。因此，最终要让员工明白只有岗位保质保量完成上级下达到岗位的工作目标任务，才能得到基本岗位工资，若岗位员工在生产经营中工作不努力，经营无方法，管理不到位，核算不认真，造成岗位减值就要从岗位员工收入中扣减相应的价值部分。员工想提高收入只有工作努力，实现岗位增值，克服岗位出工不出力、混日子现象。

2. 岗位价值精细化管理

岗位价值评定完成后，按照市场运行机制，将岗位的人、机、物交给岗位，由岗位结合实际进行经营管理。企业通过与全面预算管理相结合，将经营指标逐级闭合分解，最终落实到每个岗位，让每个岗位成为独立核算的经济单元，成为员工规范操作的展示平台和安全管理的强有力支撑点，把企业的投入、产出通过岗位价值链接，把“双浮动”（即目标成本与质量成本上下浮动，工资指标与目标成本完成情况上下浮动）、“双控制”（即对完不成目标成本的单位，实施货币资金与工资指标双向控制）考核体系结合起来，坚持管理关口前移，管理重心下移，发挥区队、班组在岗位价值精细化管理中的重要作用。把目标任务和目标成本下达到各岗位，对各岗位实行计量统计管理和会计核算，形成岗位员工收入随目标成本、煤炭产品质量完成情况和岗位价值增值情况上下浮动。岗位围绕上级下达的目标任务，通过价值管理寻找增值之源，制定增值之策，实现岗位价值的增值目标。比如通过对设备物资实行编码管理，杜绝设备物资丢失；严格精细的班组核算，彻底杜绝材料浪费；加大物资回收复用、修旧利废力度，减少新品投入；精准材料计划，避免物资设备积压浪费。

在实施岗位价值精细化管理过程中，企业科学评估和测定岗位各种组成价值及消耗定额，明确岗位职能，界定岗位职责，尽量对岗位下达定量工作任务，由岗位进行精细化管理，对岗位的管理由指令性、完成型管理改为以财务管理为中心的岗位价值精细化管理，充分体现人的价值、岗位的价值、物的价值在岗位价值精细化管理中的作用。岗位价值精细化管理以管理系统软件开发为支撑，对岗位收集整理的数据进行程序处理，以网络为平台，通过量化岗位人、机、物价值，实现“四化”管理，即复杂问题简单化，简单问题程序化，程序运作信息化，信息反馈精准化。

3. 考核管理

对岗位的考核尽量以量化形式进行，做好裁判和兑现。比如把岗位设备物资增减使用寿命、回收复用、修旧利废等体现出的价值，按增值额的百分比以工资指标形式作为对岗位的奖励，若因岗位经营管理不善，出现丢失、浪费、损坏等减值现象，则按减值额的100%对岗位进行扣减工资指标。岗位之间的上下衔接以合格安全的产品和服务为依托，以价值为纽带，通过会计核算来实现。企业内部不同岗位的产品、施工、劳务、服务等往来业务，参照外部市场运行机制及关联交易价格，岗位可以通过比价、比质、协商和内部公平竞争形式进行，促使岗位上下游间传递合格安全产品和优质服务，使生产经营价值链上的每个岗位既是客体又是主体，即在提供服务的同时，又是服务对象，在对自己的产品和服务负责的同时，还对来自上游的产品把关。

四、建立岗位价值精细化管理制度保障

制度是实现组织目标的激励和约束，是促进企业提高管理水平和优化组织结构的保障。为此，在实施岗位价值精细化管理中要有一整套与之相配套的管理制度，通过严格的制度管理，规范岗位职责、员工职责，把企业的经营管理工作规范到岗位价值精细化工作上，从而确保员工的工作积极性不断得到提高。

五、实行岗位价值精细化系统核算管理

信息在岗位价值精细化管理中的作用与地位举足轻重，为决策者随时掌控企业的生产经营情况，适时战略布局提供可靠依据，保证企业安全生产经营，是实行岗位价值精细化管理工作的重要组成。

为切实加强岗位价值精细化管理，做到岗位信息收集安全可靠，信息传递迅速便捷，信息反馈及时准确，针对岗位生产经营实际，依托岗位开发岗位资源管理系统，并将岗位的人、机、物价值信息通过软件稽核、比对、整理，以网络为平台，实现岗位价值管理程序化、信息化。

1. 科学管理

通过对岗位各个环节的价值远程管理和信息控制，使系统终端的岗位上的固定（人、设备）信息通过科学测算、整体评估，以量化货币形式编程。岗位责任人将本岗位当天（当班）信息（出勤人数，各类物资材料、水、电消耗数量，生产产品质量和数量，下游市场的信息反馈等）输入信息系统，经过服务器进行识别处理，核算出岗位当天（当班）安全生产经营盈亏情况，并把数据和结果传到管理终端，保证岗位信息的真实有效，确保会计核算的公正准确，使复杂的企业管理量化、简单、规范、直观。

2. 适时预警

系统通过把岗位经营情况与原设定值相比较，结果位于正常区间时，字符呈绿色；对比结果超出正常区间但未达到预警时，字符呈黄色；对比结果达到或超出预警值后，字符就呈警示性闪烁的红色。管理端工作人员要进行持续关注出现的颜色，对于连续三天出现黄色的岗位，反馈信息色将自动变为红色（预警色），提醒岗位存在管理漏洞，岗位责任者要及时进行自查、自省、自纠，上级管理者也要及时对岗位出现的问题进行指导、研究，以保证各岗位生产经营管理工作正常运行。通过对岗位经营管理状况适时进行预警管理，可以有效防止企业经营偏差值的进一步扩大，保证岗位经营管理始终处于良性状况。

3. 信息共享

单位内部工作内容性质相同的岗位，输入管理口令后就可以直接登录本岗位查看信息，以及单位内部相同岗位的相关信息，实行信息资源共享，设有岗位精细化管理论坛，岗位在实践中总结出的好经验和好做法，以及期待解决的问题，都可以在论坛上进行交流。这样可以保证岗位之间信息

相互沟通，促使岗位间相互学习，取长补短，共同提升岗位价值，有效降低单位成本，从而实现岗位价值的精细化管理。

通过岗位价值精细化管理的实施和完善，将企业经营管理单元划小到各个岗位，形成每个岗位都有成本指标和经营指标两个指标，每个人心中都有经营指标和成本理念，成功地将单位员工的思维模式从“微观”导向“宏观”，岗位的管理从“宏观”化为“微观”，实现员工岗位职能和角色转换。将员工管理从原来的指派性被动接受型转变成自发主动型。员工参与管理的热情被充分调动，由以前“要我工作”转变为“我要工作”，形成员工人人参与管理经营，人人都是岗位能手，为岗位建设献计献策，促进岗位增值增效、企业增效，加强班组建设，激发员工工作兴致和创新管理激情，为企业创造一个和谐、向上、进取、奉献的发展氛围。

班组自治管理模式在煤机装备制造企业中的应用与推广

山东能源机械集团有限公司

冯培杰　郭彦光　潘立强　马中正　陈文思

近年来，山东能源机械集团坚持包容提效、转调发展，企业的综合实力得到近一步提升。但随着企业规模的不断扩张，所处地域不断扩展，人员设备不断增多，企业在安全、质量、人员等方面管理的难度也随之加大，特别是进入“十二五”以来，煤机装备制造企业间的竞争日益激烈，传统意义上的人管人、粗放型的班组管理模式已经无法适应当前企业发展的需要。要想在竞争激烈的煤机行业中占据制高点，探索实施一种自我管理、自我约束、健康发展的班组管理模式成为山东能源机械集团发展过程中亟待解决的一项问题。

正是在这种背景下，山东能源机械集团大族再制造有限公司塔高激光班组在班组管理模式上进行了积极大胆的创新，实现了由被动管理到自我管理，由“小”管理意识到“大”管理意识的转变，形成了一套具有先进经验的班组自治管理模式。

一、班组自治管理模式的具体情况

（一）塔高激光班组介绍

塔高激光班组成立于2010年8月，激光器2台，现有人员20余名，平均年龄23岁。班组设立组长、副组长、主操、副操、技术员、安全员、设备员、卫生员、质检员、群监员、信息收集员等，并成立质检小组。该班组自成立以来，认真遵章守纪，严格落实标准化作业，自我管理、自我加压，做到了安全生产零事故，产品出厂合格率100%、无报废现象，班组管理方面也体现出了制度化、人性化的特点。

（二）班组自治管理模式的特点

大族再制造有限公司根据山东能源机械集团实施的安全自治、质量自治等经营管理创新模式，结合塔高激光组距离本部较远的实际，将自治管理向班组管理延伸，通过人人参与管理，人人接受管理的实践，取得了较好效果。

1. 全员参与，形成人人主动管理的氛围

以往的班组安全管理局限于上级的条条框框，处于被动管理和监督的局面，缺少主动性、自制性，群众参与的积极性不高。

塔高激光班组是远离母体公司管理建立起来的一支在外独立作业，完全靠自身自治管理的班组。没有车间主任，没有安监员，没有质检员，仅靠班组长来管理，难度非常大，只有让大家都参与到班组的日常管理中来，人人都能尽到一名管理者的责任，才能真正把班组管理工作搞上去。基于这种想法，塔高激光班组将班组分为3个小组，每组设主操1名，副操2名，并根据员工的专长设立技术员、安全员、设备员、卫生员、质检员、信息收集员等职务，一人可兼多职，确保人人都有自己管理的范围，同时还成立以班组长和质检员为中心的质检小组，开展“人人都是质检员”活动，调动大家参与管理的积极性。班组管理模式由过去的“过分依赖公司，公司安排什么，员工就抓什么”转变为现在的“以班组长为核心，全体成员分工负责，全面实行自主管理”，实现管理的有效辐射、增容放大。

2. 严格管理，建立系统规范的管控体系

完善的管理流程，可以实现班组管理的系统化、标准化、规范化。塔高激光班组成立初期，由于制度建设等方面存在的不足，导致员工行为不一致、操作不规范等不安全行为的出现。为此，从制度建设入手，根据班组自身的需要，结合实际，将班组通用管理流程细分为开好班前会，班前、班中、班后安全检查，制止、纠正、处理违章行为，组织隐患整改，处理各种事故等七个环节，制定《班组安全管理标准》，内容包括班组安全生产责任、巡回检查、交接班、隐患排查等六项制度和工序验收记录、班前会记录、交接班记录、隐患排查等五项档案模本。要求班组重点抓好安全质量作业控制、重点隐患处理控制、跟踪现场标准控制。班前分析危险因素，班中勤细检查，确保每个操作环节都符合规范要求。

在管理过程中，特别要求“凡事有标准，凡事有人管，凡事有监督，凡事有考核”，注重管理制度的确立和完善，使每项制度更符合实际，更具有可操作性。比如在交接班管理上，要求每班岗位工必须对所分管的设备进行检查，对激光器及其附属配件、电力电缆线路、配电开关柜、行车、吊具等重点部位及环节进行安全大检查，并整理记录存档，对存在隐患的设备及时汇报，做好与上班岗位工交接的原始记录，对问题进行有针对性的检修。在精细化管理方面，每天对设备进行隐患排查，每周一进行一次隐患大排查活动，有效避免设备失管、失修现象，形成“时时有人管、处处有人管、台台有人抓”的设备隐患排查体系。

保障设备安全稳定运行，认真、精心的巡检和监控是最基本也是最关键的保证。该班组从严肃工艺纪律做起，要求班组员工当班期间现场岗位报表记录一定要在现场真实记录。为防止报表假记录，班组长在做好员工思想教育工作的同时，认真履行监督责任，经常到现场看现场仪表数据指示，回来后和员工所填写的巡检报表进行对比，长期如此，使员工养成认真记录的好习惯，确保记录的真实性。

3. 积极探索，打造敢于创新的优秀团队

塔高激光班组在缺少专业技术人员指导的情况下，不断努力，自主创新，取得多个问题的突破，不仅提高了自我生产能力，还提高了员工的积极性。自治管理模式下，班组成员相互激励，勇于发现问题，提出问题，在班组技术员的带领下组织讨论拟定方案并顺利实施，并最终解决问题。

塔高激光班组在生产中不断进行改革创新。经过反复试验，将激光设备单轴承的送粉器改为双轴，增设缓冲器，进行细微调节，杜绝送粉嘴掉落渣滓现象，可一次性不间断熔覆整根立柱，从而缩短每天停机的时间，提高生产效率；另外，经过大量试验后，将立柱表面熔覆层厚度降低到+1.5 mm左右，在保证质量的前提下，减少粉末消耗量，大大降低成本，自2010年9月至今，节

省粉末3.2 t，价值53万余元。

经过对日常停机时间记录的总结，计算出一台设备每天停机时间为1 h 20 min，剩余时间一台设备的日熔覆面积为4.53 m^2，而常规熔覆面积仅为3.8～4 m^2，在理论上还有0.5～0.8 m^2可以提升的空间。该班组以此为目标，不断查找熔覆过程中存在的细微不足，优化改进生产工艺与流程，终于将每台设备的日熔覆面积提高到4.5 m^2左右，在工作效率方面又取得了一个不小的突破。

4. 提升素质，建立综合全面的培训机制

作为班组来讲，在实践中培养人才是最好的途径。塔高激光组把“一日一题”安全学习培训移到日常工作中，在生产现场设立了“安全知识看板”，每天更新看板内容，有针对性地确定学习重点和努力方向。该班组每天抽出1 h的时间学习激光器应用、设备维修、粉末合成等方面的知识，做好学习记录，并记下心得体会，定期进行讨论与测试。另外，把提高班组成员的安全素质作为突破口，实施创新管理。针对新人员经验不足、年轻人易冲动的特点，采取“一对一”签订师徒合同，以师带徒和现场提问、现场指导等形式来加强员工培训，每个老师傅帮扶一个新工人，并进行现场监管，使新工人快速地提高业务技术水平，同时也达到了对现场危险点的控制的目的。比如，把安全操作规程印制成员工随身携带的卡片，便于员工随时学习，并定期检查员工对安全操作规程和手指口述内容的掌握及应用情况。

班组在员工的技能培训上下了大工夫，制订了详细的培训计划，将考核成绩直接和奖金挂钩，并根据不同水平、不同岗位的需要及时调整培训内容，将员工的理论知识培训和互动交流相结合，重视将员工的所学与实践相结合。根据每个人的特点制定最适宜的培训方法，通过大胆尝试和创新培训模式，在班组内形成一种“比、学、赶、帮、超”的良好氛围，掀起了钻技术、赛技能、比贡献的热潮，提高了班组员工驾驭生产设备的能力，为设备的“安、稳、长、满、优”生产奠定了基础。

5. 以人为本，营造和谐团结的工作氛围

为充分发扬民主，调动全体员工工作的热情，该班组每月月底召开一次员工碰头会。碰头会由班组长主持，会上大家对班组一个月来遇到的问题、取得的成绩、收获的感想等进行交流学习。针对班组生产生活中提出新的方法与思路，在经全体员工举手表决同意的情况下，新的方法与思路可以结合班组实际情况运用到日常生产生活中。

工资分配事关员工的切身利益。该班组始终一碗水端平，做到民主公开。每天班前会时间，由班组带班人员向员工说明班组当天的各类罚款和个人工分分配情况，一方面让员工知道自己当天的劳动报酬，另一方面让员工清楚分配的过程，这样员工的工作标准、工作质量和工作积极性大大有所提高。

二、班组自治管理模式在公司范围内的推广

大族公司塔高激光班组在生产过程中，不断探索班组管理新方法。通过全员参与，人人都是管理者，造就了一支业务技能精、安全行为规范、懂规程措施、现场处理问题能力强的职工队伍。山东能源机械集团对大族公司塔高激光班组自治管理经验给予充分肯定，并将该管理模式在整个集团范围内进行推广。

(一) 认真组织班组学习

山东能源机械集团要求下属各单位所有班组对大族公司塔高激光班组的先进管理经验进行学习。山东能源机械集团将塔高激光班组的自治管理经验以文件的形式进行印发，号召公司全体班组进行学习。各单位积极实施各种学习方案，例如带领本单位班组去塔高激光班组现场学习、邀请塔高激光班组长现场讲授经验等方式，认真学习塔高激光班组的自治管理经验。通过学习，山东能源机械集团其他所有班组知道了班组自治管理的先进性、重要性与可行性，及亟须进行班组管理模式革新的必要性。各班组结合自己班组的实际，积极在班组内部进行班组自治管理经验的交流学习，并纷纷写出了自己的学习心得体会，还将心得体会与班组其他成员进行交流。山东能源机械集团范围内形成了积极学习班组自治管理经验的热潮。

(二) 对照先进找差距

在公司大力组织广大班组学习班组自治管理经验的基础上，各单位也积极召开各类形式的班组民主会，组织班组成员结合塔高激光班组的先进管理经验，对照自己班组在管理模式方面存在的问题，切实查找差距，提出改进方案，充分进行提高。同时，班组成员们也以塔高激光班组成员们的标准来衡量自己，认真对照他们在日常生产生活中的有关做法，不断查找自己在工作中存在的问题与不足，并以此为动力，切实加强学习，努力提高自己的思想觉悟，进一步培养自己班组主人翁意识。

(三) 召开各个层次座谈会

为将班组自治管理经验充分进行推广，在全公司内掀起积极学习班组自治管理经验的热潮，山东能源机械集团组织召开了全公司范围内的班组长座谈会，公司各单位优秀班组长参加了本次会议。会上，由塔高激光班组班组长李伟明现场对该班组的自治管理经验进行了口述，其他各班组长也相互将本班组的有关开展班组自治管理的思路进行了交流。班组长座谈会的召开，在公司内起到了以点带面的积极作用，对于推广班组自治管理经验也起到了积极的作用。同时，在山东能源机械集团的大力号召与积极推广下，各单位也纷纷采取不同形式，积极组织召开班组内部成员座谈会，围绕如何学习、怎样学习班组自治管理经验进行多种形式的大讨论。各层次组织召开的班组座谈会都非常有形式、有内容、有效果，通过召开座谈会，把学习塔高激光班组自治管理经验的活动不断引向深入。

(四) 理清整改思路，制定整改措施

班组查找差距和问题的过程，也是理清班组管理思路和制定相应整改措施的过程。班组之间在管理模式方面存在的差距，不是短时间之内可以追赶的，这需要一个非常科学的整改措施与改进思路，需要班组全体成员认真对待，切实发挥自己在班组中的主人翁意识与主人翁精神，也需要公司制定各种有效的措施促进班组管理模式的推行。班组管理的创新，是班组赖以生存与发展的必要因素，因此，各单位通过注意结合实际，把握有效的方法，采用领导重视推动、抓好典型促动、学习讨论互动、搭建平台联动等多种方式方法，切实把差距和问题找准，努力把整改措施进行落实，有效促进了班组自治管理模式在山东能源机械集团范围内的推广。

以提高煤炭企业核心竞争力为目标的科技创新管理与实施

中煤矿山建设集团有限责任公司　陶　萍　杨益荣

一、以提高煤炭企业核心竞争力为目标的科技创新管理与实施的背景

当前，国内经济发展企稳向好，国内煤炭运营平稳态势短期内不会改变，中煤矿山建设集团（以下简称集团）矿山主业依然有着较大发展空间，铁路市场、公路市场、地铁市场等结构调整领域也面临着巨大的市场机遇。如此好的市场环境，为集团科技创新搭建了良好的施展平台，提供了较好的基础保障。与此同时，随着科技的快速发展，矿山工程领域科技创新也进入了日新月异的阶段，新技术、新工艺、新装备、新材料层出不穷，呈现出集成化、信息化、智能化、实时化的发展趋势，这为集团尽快培育和形成独有的技术优势，迅速加快和提升产业结构调整与专业化发展的技术水平及创新能力，支撑集团健康、快速、可持续发展创造了有利条件。同时，特大特深煤矿开采深度在1000～2000 m、地质条件呈现多样性、高风险的危险因素越来越多，这是对科技工作者的考验，也是给科技工作者提出的新的挑战。唯有科技创新，才是集团快速发展的不竭动力。

（一）煤炭开发的地质条件日趋复杂带来的影响

一是煤矿开采深度越来越大。我国煤矿约95%是井工矿井，煤炭资源埋藏深度在1000～2000 m的约占总储量的53.2%。我国东部地区经济较发达，煤炭需求量大。目前东部地区浅部煤炭资源逐步减少，但是在地下深处仍然有着丰富的煤炭储量，仅安徽省－2000 m水平以上的煤炭资源就已达到896亿t，因此开发中东部深部煤田已势在必行。

二是地质条件呈现多样性。在东部地区，许多煤田埋藏于400～800 m的深厚冲积层下面。在陕西北部、宁夏、内蒙古鄂尔多斯、新疆等西部地区，新建煤矿具有井型大、新生界地层薄、矿井穿越地层以白垩系、侏罗系为主，含煤地层具有抗压强度低、遇水泥化、空隙小、注浆困难、涌水量大等特点，施工面临着巨大的技术挑战；煤矿深井建设随着井筒穿越表土地层厚度的增加，遇到诸多技术难题，无论是对深部地层土的冻土物理力学性质或地层可钻性的认识，还是深井冻结法或钻井法设计方法及其工艺技术都存在许多问题急需科技攻关解决。

三是高风险的危险因素越来越多。由于开采深度的增加和地质条件的多样性，煤田面临的瓦斯、水害、冲击地压、地热等灾害威胁增多，安全施工的难度日益加大。

（二）集团战略转型的需求

煤炭基建对煤炭生产企业依存度较高，周期性波动明显。通过目前的形势分析，煤炭供求关系的变化势必带来煤炭投资的回落，在这样的大环境下，必定严重影响企业的生存空间。集团根据所面临的发展环境和经营条件的变化，发展战略由原来的单一发展型向相关多元化转变，即在继续巩

固矿山建设主业的基础上，以施工为中心，向公路、铁路、市政工程、房地产等领域拓展，抵御目前所面临的风险。

由于集团在公路、铁路、市政工程等施工领域的施工技术实力相比国内其他专业施工集团无明显的技术优势，通过引进、再吸收、消化，同时利用集团在矿山基建领域的技术优势，创新新技术、新成果，提高企业的市场竞争力。

（三）提高煤炭企业核心竞争力的需要

科学技术是第一生产力，是企业的核心竞争力，是引领集团始终走在中国乃至世界建井行业前列的基础和保障。世界金融危机已经告诉我们，那些没有自主知识产权，没有独特技术优势和创新能力的企业，不可能维持长久发展，也不可能经得起市场经济风风雨雨的考验。目前，随着国家宏观政策的调整，我国煤炭建设投资增速趋缓，市场竞争更加激烈。尤其是在煤矿基建市场上，存在着具有竞争实力的多家集团，这几家企业发展速度越来越快，对集团主业市场上的领跑地位已经构成严重威胁。同时，部分企业受利益的驱动，大量的施工队伍利用挂靠等方式，也相继进入煤炭基建市场，导致低价竞争等恶性竞争现象严重，集团主业市场的竞争更加激烈。

二、以提高煤炭企业核心竞争力为目标的科技创新管理与实施的成果内涵及主要做法

（一）成果内涵

贯彻“科学技术是第一生产力”的理论，以科学发展观重要思想为指导，以集团发展的总体战略为依据，以集团公司成为一流企业为目标，以攻克集团公司发展中迫切需要解决的关键技术问题为首要任务，以为集团可持续发展提供技术支撑为核心，以提高企业管理水平和经济效益、保证集团的安全稳定运行为重点，以体制创新、机制创新、管理创新为保证，坚持“自主创新、重点跨越、支撑发展、引领未来”的科技工作方针，建设创新型中煤矿建。以科技创品牌、以科技促发展，围绕产业结构调整，培养企业核心竞争力和经济增长点。强化科研体系建设，形成较强创新能力，掌握一批行业高精尖技术，引领行业技术发展。大力推进高新技术的应用，实现集团技术进步的跨越式发展。迅速扩大高新技术产业化规模，实现技术创新的良性循环。坚持自主创新，积极抢占若干优势领域和比较优势领域的科技制高点。加强联合研究与开发，广泛利用优势资源，尽快培育和形成独有的技术优势，进一步提高科技创新的效率和水平。加大管理信息技术的开发力度和应用力度，满足企业集团化、现代化管理的需要。深入实施科技兴企、人才强企和自主创新的跨越发展战略，坚持自主开发与引进消化吸收相结合，走产学研一体化的道路，重点加强工程技术瓶颈攻关，加强具有自主知识产权的核心技术开发，注重具有自主知识产权先进技术的开发及产业化，充分发挥集团公司的整体优势，全面提高集团公司的综合技术实力。

（二）主要做法

1. 加大技术装备投入，建设一流专业科研机构

企业技术信息中心为集团公司技术创新和技术开发的主体，并以此为主要形式建设企业技术创新体系。企业技术信息中心设立以集团公司董事长为主任、总工程师为常务副主任领导下的“两

个委员会”（技术委员会、专家委员会）、技术中心管理办公室等组织机构、数个研究检测中心及职能部门等。中心成立了科技领导小组，以加强对科技工作的领导，推进科技创新体系建设，促进科技工作的科学决策。同时，健全以集团技术机构为龙头、工程处技术机构为骨干、项目部技术机构为重要补充的层次分明、协调互补、适应集团多元化发展的技术机构体系（科研组织结构如图1所示），形成一批达到国内先进水平的国家实验室、技术中心。重视并充分发挥基层技术机构作用，加强工程处级技术机构建设，充实项目部技术机构力量，实现技术机构在规模和技术水平上与集团快速发展相适应。

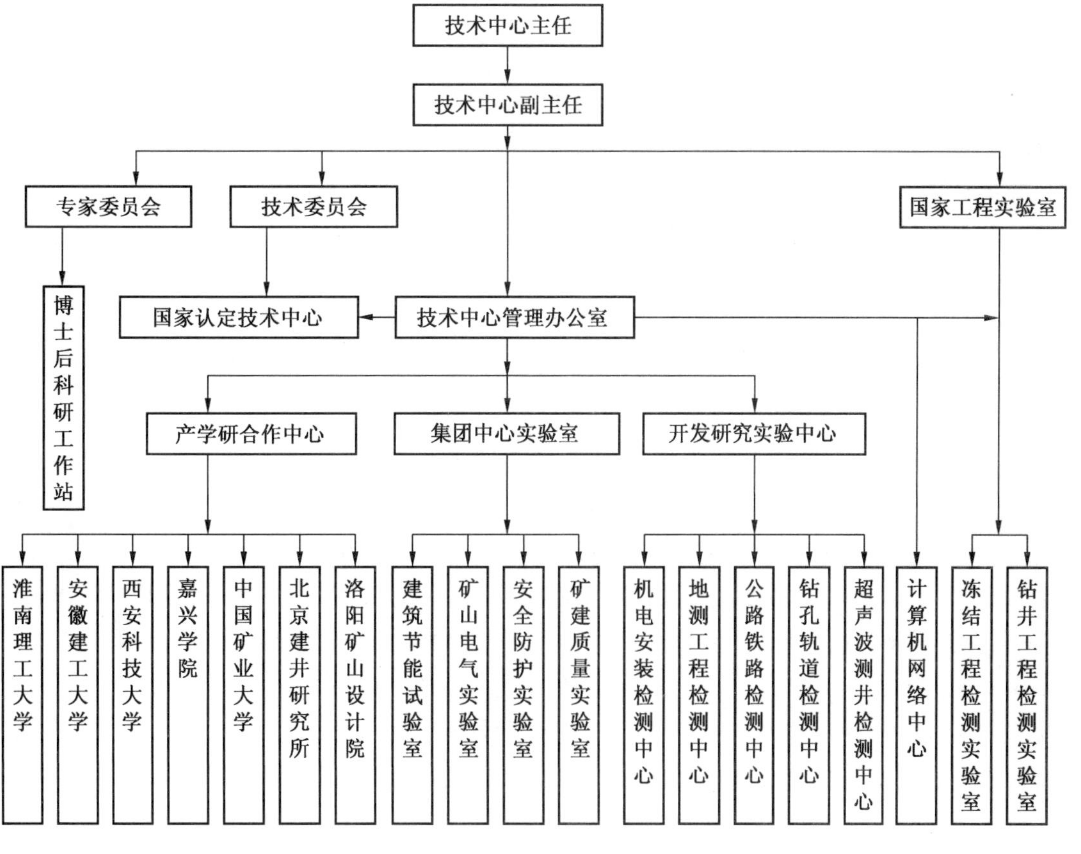

图1　科研组织结构

要加快煤矿深井建设技术国家实验室基础设施、配套设施的建设，加大技术机构装备投入，打造国内一流、国际先进的行业研发平台，促进实验室更好地为国家和行业服务。要紧紧围绕我国煤矿开采对深井建设技术的迫切需求，研究深厚冲积层冻结法凿井、深厚冲积层钻井法凿井等关键工程技术，开发特殊凿井工程所需装备和关键零部件，建立深井建设特殊凿井技术基础数据库，形成较为完整的技术体系，应具备指导600 m以上深厚冲积层特殊法凿井能力，形成“一扩成井”等钻井新工艺和新工法。

2. 借助外部资源，加强产学研合作联合创新

集团本着“平等互利、优势互补、成果共享、协调促进”的原则，将开展产学研合作作为科技创新的一条重要途径。集团加强与有关院校的技术引进、科技合作与交流，拓展合作领域，扩大合作成果，不断提高合作层次和水平，形成长效机制，引导科技工作走产学研结合

的道路。

集团紧紧围绕发展需要和技术工作需要，加强与高等院校的联合，攻关和推广应用在西部地区冻结法凿井关键技术、特大断面冻结立井掘砌施工工艺、矿山深井建设关键技术、在西部地区钻井法凿井关键技术、共性技术，转化应用一批生产、质量管理、安全监管等领域的科技成果。加大重点项目、重点课题的研发力度，完成省部级以上科技成果要逐年递增的目标。

3. 完善创新机制，提升企业软实力

要完善创新机制，大力提倡敢为人先、敢冒风险、勇于竞争、宽容失败的精神，努力培育和锻造具有前瞻性的核心竞争力；要完善知识产权管理体系，加大知识产权宣传和普及力度，不断推动知识产权管理、保护工作；要加强科技创新人才队伍的建设，发挥科技工作者的积极性、创造性，完善激励和约束机制，激励专业技术人员积极创新，多出成果、快出成果；要加强群众性科技创新活动，紧紧围绕施工生产实际，大力开展“五小发明”、合理化建议征集、“金点子”评选、QC小组活动，努力在集团范围内营造人人学习科技知识、人人关心科技活动、人人参与科技攻关的良好氛围。通过以上活动，争取每年申报省部级以上工法5~10项，申请专利20~30项，完成科技成果鉴定6~12项，荣获省级以上科技进步奖1~2项，创省部级以上优质工程20项。同时，注重对发明专利的研发与申报工作，建立符合集团自身特点的专利和技术集成，为集团发展积累自主知识产权核心技术。

要推进管理创新，提高对管理创新重要性的认识，把管理创新提高到增强企业软实力、推进企业实现集约发展的高度，认真谋划好、组织好、实施好，进一步创新管理思维，在推进集团转变发展模式上取得成效；要逐步建立和完善集团的管理创新机制，健全管理创新工作网络，建立管理创新课题申报、立项、研究、评审、奖励机制，把管理创新工作推向制度化、规范化。力争每年能够拿到3~5项省部级以上管理创新成果奖，并切实推广好管理创新成果的运用。

要大力推进经营模式创新。要在整合优化企业内部资源、提高资源使用效率的基础上，利用好外部资源，通过生产要素市场，吸收利用更多的社会资源，为企业加快发展服务。要在企业规模不断扩大的情况下，做到生产施工和资本经营并重，把企业的发展由依靠相对单一的工程施工逐步延伸到资本运作、资产经营、项目经营上来，通过引进战略投资者和对外投资、并购等方式，迅速优化企业的施工与产业结构，壮大企业规模和竞争力。要通过“复制”、“嫁接”等方式，推广先进的经营理念、成功的经营方法、成熟的项目管理模式，让经营管理模式创新成果迅速转化为推动企业发展的先进生产力。

要促进科技成果的转化，大力推广新技术、新工艺、新工法，及时把科技成果转化成促进集团发展的先进生产力，增加施工的科技含量，加快施工速度，提高施工质量，降低施工成本，从而推动产业结构调整和产业升级、新产品的开发，进一步巩固企业自主创新的第一主体地位。

4. 建设人才队伍，增强集团发展内驱力

人是发展的核心动力，是企业最重要的资源。要切实树立“以人为本”的理念，建立健全科技人才吸引、培养、选拔、使用的有效机制，最大限度上开发“人”的价值，培养一批有较强创新能力的学科带头人、一批具有一流水平的工程技术专家、一大批岗位能手和技术工人，进而打造一支高水平、高素质的科技队伍。要结合企业管理需求和结构调整的需要，大力引进高端管理人才、紧缺专业人才，坚持用事业留人、感情留人、待遇留人，改变企业科技人才结构。要完善竞争

和激励机制，建立公平、公正、科学、合理的薪酬分配与考核评价体系，切实发挥科技人员的工作积极性，对作出重大贡献的科技人员给予重奖，把综合素质高、管理能力强的科技人员提拔到领导岗位上来，调动职工的积极性、创造性，形成各类人才脱颖而出的良好局面。

5. 完善激励机制，重奖科技创新成果与人员

按照国家有关科学技术进步奖励办法及其实施细则的规定，集团公司建立相应的科技进步奖励制度，并把它作为一种促进科学技术发展的机制，表彰那些为集团工程技术进步作出重要贡献的科研集体和个人。集团定期举办科技大会，设立科技进步奖、科技论文奖、专利奖、优秀工法奖、标准编制奖等奖项，表彰优秀科研项目、优秀科技人员、优秀科技论文。通过科技大会的召开，激励集团广大科技人员的技术创新热情，不断推动集团科技进步。

通过不断地摸索，持续完善《中煤矿山建设集团科技创新工作管理办法》、《中煤矿山建设集团有限责任公司专利管理办法》、《中煤矿山建设集团有限责任公司“五小”成果管理办法》、《中煤矿山建设集团职工奖励表彰制度》和《中煤矿建集团薪酬激励制度（暂行）》等一系列制度，规范集团科技创新工作管理，优化集团技术创新体系和运行机制，在集团内营造出良好的科技创新氛围。根据《集团职工奖惩暂行规定》等有关规定，职工有下列行为之一的，按不同情形分别予以奖励：

（1）在生产、经营管理等方面，有创造发明、技术创新、管理创新或合理化建议，对集团公司科技进步有特别贡献，并获国家级一、二、三等奖，项目完成单位及主要贡献者，授予先进荣誉称号并给予5万~30万元奖励；获省（部）级一、二、三等奖，项目完成单位及主要贡献者，授予先进荣誉称号并给予3万~10万元奖励；获市级一、二等奖，项目完成单位及主要贡献者，授予先进荣誉称号并给予1万~5万元奖励；获集团公司科学技术进步一、二、三等奖，项目完成单位及主要贡献者，授予先进荣誉称号并给予1万~5万元奖励。

获得与工程建设相关的国家发明专利、实用新型专利、外观设计专利及“五小”成果：对取得发明专利证书者，专利权人属单位的奖励20万元；对取得实用新型专利或外观设计专利证书者，专利权人属单位的奖励5万元；专利权人属于个人的，专利权所有人如将专利权变更为单位的，单位给予报销申请专利的所有费用并负责专利的年维持费，由集团公司按上述标准给予奖励；经集团公司专业评审委员会评审，对获“五小”成果一、二、三等奖的分别奖励0.3万元/项、0.2万元/项、0.1万元/项。

在企业工法的开发与推广应用上成效显著，被认定为集团公司企业工法的项目，给予项目完成人员1万元奖励；经推荐申报，被认定为省部级工法的，给予项目完成人员5万元奖励；经推荐申报，被认定为国家级工法的，给予项目完成人员10万元奖励。

在具有国家统一刊号的国家级刊物发表本专业论文的，给予0.1万~0.5万元奖励；省（部）级给予0.1万~0.3万元奖励；院校级给予0.05万~0.1万元奖励；市级给予0.03万~0.05万元奖励。结合本专业出版学术专著者，给予3万~5万元奖励。

（2）保护职工生命和集团公司财产，消除事故隐患、职业危害，预防和制止重大人身安全和机械设备事故发生或事故处理有功，使集团利益免受或减少重大损失的，授予先进荣誉称号并给予0.5万~2万元奖励。

6. 加强技术标准化，保护科技创新成果

科技创新工作以取得专利为首要目标，以形成技术标准为基本出发点，使研究成果迅速转化为

技术规范、技术导则和技术标准，指导集团系统的工程建设，发挥科研与技术创新工作的最大效能。建立规范化的科技成果推广应用机制，推动集团的技术进步（科技创新成果审批流程如图2所示）。

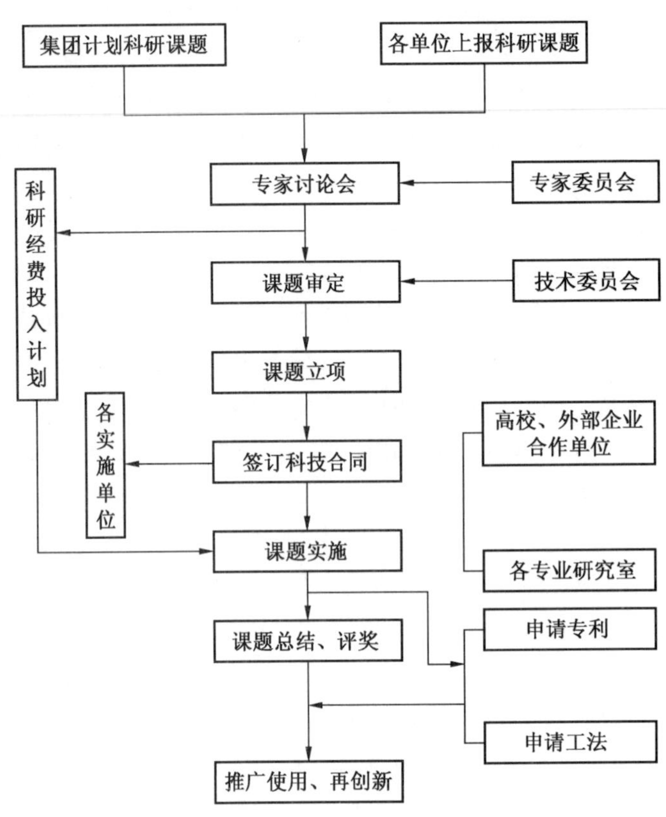

图2　科技创新成果审批流程

(1) 努力申请、利用专利技术，提高企业的知名度和市场竞争力。集团公司将加强保持与政府各有关部门和同行业部门的联络，充分挖掘行业内有相当经验的科技人员的潜力，为本集团提出编制各种施工规程、规范的国家标准和行业标准计划，实行行业标准工作的归口管理。

(2) 建立有效的技术和产品认证制度。对于在集团内应用的技术和产品，都要具有有效的技术检测认证证书，保证技术先进，功能和质量满足技术标准要求，提高工程建设质量，消除安全隐患。

7. 提高管理水平，引领企业科学发展

(1) 着力推进信息化建设。集团正在开发建设矿山施工企业信息化系统，实现项目各层次、全方位、全同期管理。开展计划与财务、物资与库存、人力资源、办公自动化及网站等专项信息化管理系统项目建设，即通过开发建立全方位的管理平台，开发和应用施工过程监控管理软件，准确及时地采集数据，高效率地传递与分析信息，实现项目关键要素的实时动态监控，提高集团的科学决策和控制协调能力。

(2) 加强工程质量管理。要以技术创效益，以质量求生存，以创新谋发展，以“三标一体”规范企业生产活动，继续做好管理体系运行工作，推进标准化建设。开展好 QC 小组质量管理活

动，组织好QC成果发布会，评选、推荐优秀QC成果，争取每年获得5~10项省部级以上QC成果奖。

（3）促进安全发展。要进一步创新安全生产监控手段，结合信息化建设，利用计算机网络技术，研究开发融信息收集、分析、诊断、评估、反馈和安全预警为一体的项目安全监测信息管理系统，实现对施工项目的全面监测监控，特别是对重大灾害、重大隐患进行有效预防与控制，从技术上为杜绝各类事故提供保障。要加快发展快速抢险救援技术，建立覆盖矿山、市政、路桥等应急救援指挥体系，改善应急救援技术装备，提高快速反应与应急处理能力。要努力改善职工作业环境，务必做好矿井“一通三防”和防治水工作，杜绝重大事故发生，为集团安全生产持续稳定、实现经济效益最大化贡献智慧与力量。

三、以提高煤炭企业核心竞争力的科技创新管理与实施的效果

（一）完善创新体系，搭建科研平台

近年来，集团不断完善科技创新体系，搭建了宽阔的科技创新平台，技术信息中心为集团公司技术创新和技术开发的主体，并以此形成创新决策、管理、执行三个层次的企业技术创新组织体系。强化科研体系建设，形成较强创新能力，掌握一批行业高精尖技术，引领行业技术发展。明确了技术信息中心为科技创新主管部门、战略发展部为管理创新主管部门、生产管理部为工程质量主管部门，各子、分公司主要领导和项目经营承包人为创新第一责任人，构建了一级对一级负责的工作体系，形成了纵向互动、横向联合、全员参与的科技工作格局。同时，煤矿深井建设技术冻结工程和钻井工程两个现场检测国家实验室项目获得审批，省级技术中心通过了评估审核，为集团科技工作的持续发展夯实了坚实的基础。

（二）注重科技研发投入，科技创新成果累累

1. 加大科技研发投入

科研经费支出的多少，在很大程度上反映了企业经济增长的潜力与可持续发展的能力，也是衡量企业科技活动规模的尺子。2007—2010年，集团不断加大科技研发经费的投入（图3），保障了集团各项科技项目的实施，提升了企业的科学技术攻关能力，引领了行业科技的进步。

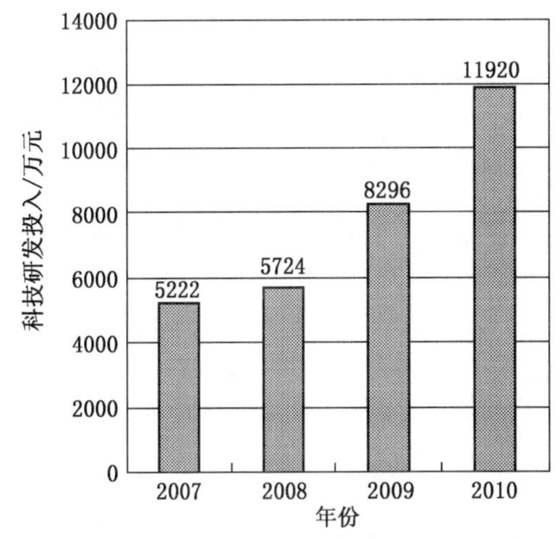

图3　2007—2010年集团科技研发经费投入

2. 研究和制定矿山建设技术标准和工法

集团积极参与矿山建设工程技术和设备标准及工法的研究制定，主编和参编的国家标准有《煤矿电器设备安装工程施工与验收规范》等6项，行业标准有《煤矿井筒装备防腐蚀技术规范》等4项（表1）。

3. 编写了国家、省部级工法和特凿工程手册

集团编写了6项国家级施工技术工法（表2）、23项省部级施工技术工法、70项企业级施工技术工法。主持编写了《钻井施工手册》和《冻结法施工手册》，参与编写了《简明建井工程手册》。

表1　集团研究和制定的矿山建设技术标准和工法

序　号	标　准　名　称	标准等级	参与程度
1	煤矿设备安装工程施工规范	国家标准	主编
2	煤矿电器设备安装工程施工与验收规范	国家标准	主编
3	煤矿选煤设备安装工程施工与验收规范	国家标准	主编
4	煤矿设备安装工程质量验收规范	国家标准	参编
5	煤矿井巷工程施工规范	国家标准	参编
6	煤矿井巷工程质量验收规范	国家标准	参编
7	煤矿井筒装备防腐蚀技术规范	行业标准	主编
8	预制混凝土井壁	行业标准	主编
9	钻井井筒永久支护通用技术条件	行业标准	参编
10	底卸式吊桶	行业标准	主编

表2　集团编写的6项国家级施工技术工法

序　号	工　法　名　称	工法等级	工法编号
1	深厚表土层冻结井高强高性能混凝土井壁施工工法	国家一级	YJGF043—2006
2	特大型井架竖立工法	国家一级	YJGF348—2006
3	风积砂地层巷道小管棚超前注浆配合网喷砼施工工法	国家一级	YJGF089—2008
4	立井冻结表土机械化快速施工工法	国家二级	YJGF224—2006
5	立井井筒机电安装工法	国家二级	YJGF348—2006
6	大直径立井高强高性能混凝土液压滑模套壁施工工法	国家二级	EJGF216—2008

4. 创造和保护企业自主知识产权

集团公司坚持将知识产权工作与科技创新、产业发展紧密结合，大力推进知识产权创造、运用、保护和管理工作。近年来，集团公司专利申请数达84项，已获授权62项。

5. 扩大科技创新成果，增强企业竞争实力

集团先后获得了290余项科技成果，其中14项成果获得国家科技进步奖（表3），70余项成果

获省部级和行业协会科技进步奖。2010 年有 5 个项目获得省部级以上科技奖。

表 3　集团 14 项获奖科技成果项目

序号	获奖科技成果项目名称	获奖励等级
1	钻井法凿井技术	国家科技进步一等奖
2	两淮矿区复杂地层条件下深大井筒特殊法凿井关键技术与应用	国家科技进步二等奖
3	龙固主井（双井筒）近 600 m 钻井法凿井技术研究与应用	国家科技进步二等奖
4	人工冻土基本力学性能研究与应用	国家科技进步二等奖
5	陈四楼矿主副井深井冻结凿井技术	国家科技进步二等奖
6	冻结井复台井壁新技术	国家科技进步二等奖
7	钢筋混凝土井塔预建整移	国家科技进步二等奖
8	钻井法凿井废弃泥浆的控制与处理技术	国家发明二等奖
9	两淮冻土试验研究	中国科学院科技进步二等奖
10	复合型竖井楔齿破岩滚刀材料研究	国家科技进步三等奖
11	AS－9/500 型钻井机研制	国家科技进步三等奖
12	500～600 m 深井钻井法凿井技术研究	国家优秀成果奖
13	液压滑升机板极筑壁工艺（立井井筒）	全国科学大会奖
14	钻井法试验成功（4.5 m 钻机）	全国科学大会奖

6. 管理创新成果显著

集团“在推进战略转型中引领企业快速发展”的课题，被评为全国优秀管理创新成果二等奖；“煤矿井下特殊工种心理资源开发与安全行为管理”、“以风险控制为导向的煤炭工程项目预算管理系统”、“以风险控制为核心的合同管理”等课题，被评为省部级优秀管理创新成果奖。这些管理创新成果奖应用于施工生产，为企业赢得 2680 多万元的收入，取得了较好的经济效益和社会效益。

7. “五小”科技活动富有成效

“五小”科技活动是企业经济技术创新的一项重要内容，是企业工艺革新、提高质量、改进管理、降低成本、增加效益，实现企业又好又快发展的有效途径，也是职工施展聪明才智、提高技能水平、实现自我价值的良好平台。2010 年，集团共完成“五小”科技成果 210 多项，创造效益 860 多万元，有力地推动了集团科技进步。

8. 集团荣获诸多荣誉称号

近年来，集团先后获得“全国五一劳动奖状”、“全国优秀施工企业”、“全国煤炭行业优秀企业”、“全国科学技术奖技术创新先进企业”、“安徽省创新型企业”等荣誉称号。

（三）应用科技成果，屡创精品工程和品牌

集团以科技指导施工，对风险大、技术难度高的重、特大工程项目，组织开展技术研发，对特殊的、高端的、重大的工程装备和附属物，在引进基础上消化吸收并开展自主创新，形成了一批引领行业技术水平的施工新技术。这些新技术、新工法、新工艺、新装备的应用，科技创新成果的转

化，极大地提高了施工的安全生产效率，掀起了屡创精品工程和品牌夺杯的高潮。

1. 机电设备安装工程创中国企业新纪录

集团在淮南国投新集口孜东煤矿竖立千吨级以上世界最大井架，创中国企业新纪录。集团施工的潞安矿业屯留煤矿主井系统机电安装工程、淮南矿业集团顾桥矿井工程分别荣获中国建筑业最高奖——鲁班奖，山东鲁能煤电公司阳城矿井工程荣获国家优质工程银质奖。

2. 矿井井筒掘进工程屡创国内同类工程新纪录

集团在陕西彬长矿区胡家河煤矿风井施工中，采用短段掘砌的混合作业方式，同时采用中深孔爆破法进行掘进，连续三个月进尺超过 120 m，创国内同类工程月进尺新纪录。

3. 平硐、斜井工程刷新纪录

集团施工的陕煤集团张家峁煤矿副平硐工程，平均月成井速度 215 m，创全国平硐施工新纪录。内蒙古蒙泰不连沟煤矿工程，首次在国内斜井表土施工中掘进采用综掘机、砌碹采用自行设计加工的导轨式整体液压模板台车，月掘砌成井 321 m，创国内煤矿斜井最高纪录。

4. 钻井法施工达到国际领先水平

在深厚冲积层、大直径钻井法施工领域，钻井法施工克服了深厚膨胀黏土层、岩石破碎、切削直径大等施工难点，首次使用目前世界上性能最高的、自行研制的 AD130/1000 型钻机，一次钻进成井的施工方法，取得显著效果。成井最深的国投新集板集煤矿主井为 660 m，钻井直径最大的淮南矿业张集煤矿西区进风井直径为 10. 8 m，均创国内钻井法凿井工程的新纪录工程。山东龙固煤矿主井 1 号、主井 2 号、风井，三口井同时采用钻井法施工，该项目技术获得国家科技进步二等奖。目前集团钻井法凿井工程技术在国内市场占有率为 94. 6%，已达到国际领先水平。

5. 冻结法施工达到国内领先水平

集团已成功建成的淮南国投新集口孜东矿主井创表土最深 570 m、冻结深度 737 m，属国内之最，冻结壁厚度 11. 5 m，成为“亚洲第一井”，创造了煤矿立井冻结新纪录，该项目技术获得国家科技进步二等奖。集团冻结法施工工程技术在国内市场占有率为 45. 8%，该技术已达到国内领先水平，并跨入国际先进水平行列。

（四）产学研合作项目成果显著

产学研合作是集团开展科技创新的一条重要途径。集团已先后与同济大学、西安科技大学、中国矿业大学、安徽理工大学、煤炭科学研究总院建井研究所、中信重机洛阳矿山机械研究院等高校及科研院所建立了长期的合作关系，达成了为集团培养从博士到专科生的各层次专业人才和联合科研创新的战略协议，使之成为集团科技创新中的一支强有力的技术外援。通过加强校企合作，充分发挥了集团在人才资源、科学研究、生产实践上的优势，进一步提升了企业的科研水平，促进了企业生产技术进步，增强了企业的核心竞争力，为企业健康、快速、可持续发展提供了科技支撑。近年集团完成的产学研合作部分项目如表 4 所示。

表4　近年集团完成的产学研合作部分项目

合作项目	合作单位	成果及应用
两淮矿区复杂地层条件下深大井筒特殊法凿井关键技术与应用	安徽理工大学 煤炭工业合肥设计研究院 煤炭科学研究总院北京建井研究所	2008年国家科技进步二等奖
AD130/1000型动力头钻机研制与工程应用	中国矿业大学 安徽理工大学 中信重机洛阳矿山机械研究院	2008年安徽省科技进步二等奖
“煤炭资源高效采选关键技术与设备研发”课题——《深厚冲积层冻结法凿井技术》	中国矿业大学 煤炭科学研究总院北京建井研究所 安徽理工大学 煤炭工业合肥设计研究院	“十一五”国家科技支撑计划重点项目
“深厚冲积层千米深井快速建井关键技术”课题——《“一扩成井”快速钻井法凿井关键技术及装备研究》	煤炭科学研究总院北京建井研究所 安徽理工大学 北京科技大学	“十一五”国家科技支撑计划重点项目

（五）取得的效益

2007—2010年，集团完成的结算收入分别为38.54亿元、49.85亿元、66.04亿元、102.57亿元，实现利润分别为3.19亿元、2.51亿元、3.75亿元、4.49亿元。科技创新实现的利润4年累计为7.14亿元，非本成果实现的利润为6.8亿元，科技创新项目成功率为100%，没有发生实施科技创新成果的损失费用。科技创新成果效益贡献率为51.2%；科技创新成果投入产出率为192.8%。企业经济规模和综合实力连续5年蝉联在全国煤炭基本建设行业中排名第一位。

膏体充填绿色采矿管理项目的实施与应用

河南煤化焦煤集团 郭利坤 王 聪

一、膏体充填绿色采矿管理项目实施的背景及意义

(一)项目实施背景

近几年来，在国家大力扶持资源型公司优化重组、力求创新的大环境下，河南煤化焦煤集团鑫珠春公司依托膏体充填技术，实施膏体充填绿色采矿管理项目，不断探索管理体制和管理方法创新，提高企业核心竞争力和管理水平，进而促进公司实现效益增长和可持续发展的目标。

1. 项目实施资源环境

河南煤化焦煤集团鑫珠春公司前身为原河南煤化焦煤集团朱村矿，主业仍为煤炭开采，煤炭开采主体为朱村矿。目前已进入后期生产，可采资源十分有限。一方面，村庄建筑物压煤问题十分突出。据统计，朱村矿村庄建筑物等压煤总共436.9万t，占总经济基础储量的44%。另一方面，留设断层防水煤柱造成大量资源无法回收。根据开采资料统计，井田内共揭露落差大于0.5 m的断层560多条，其中落差大于20 m的断层有7条，按照有关规程规定，整个焦作矿区对于落差大于5 m的断层均留设了宽度最小为40 m的防水煤柱，而朱村矿个别大断层的防水煤柱宽度达到180 m，据初步估算，仅构成矿区边界的断层防水煤柱资源储量就高达350万t。

2. 项目实施社会环境

当前村庄压煤现象是制约河南省煤炭工业发展的老大难问题，也是推进矿区新农村建设亟待解决的问题。如能解决村庄压煤问题，不仅可使国家宝贵煤炭资源充分利用，煤矿增加效益，还可以改善农民的居住条件，提高农民的生活质量。

根据国家宏观政策要求，构建环境友好型煤炭企业关键在于三个方面：一是资源高效利用。由于“三下”压煤受到种种原因、社会关系等因素影响，造成生产成本高、单产低等后果，不利于公司健康持续发展。如何解决“三下”压煤，促使资源利用最大化，是煤炭企业急需解决的重要问题。二是资源高效转化。资源能源与环境是一对矛盾的统一体，环境污染实质上是资源能源转化率低的结果。在我国煤炭生产中，每年产生的废料——煤矸石高达1亿多吨，严重危害环境。为此，煤矸石再利用被列入国家“863计划”。如何有效利用煤矸石等废料，是建设环境友好型煤炭企业的重要研究课题。三是构建和谐矿区。采用传统采煤工艺，不可避免地造成地表沉陷，大多需要地面村庄整体搬迁，大大增加工农协调工作难度，造成公司与当地居民社会矛盾的产生，不利于和谐矿区、和谐社会建设。

3. 项目实施安全环境

威胁朱村矿安全生产的因素主要来自三个方面，一是顶板，二是瓦斯，三是突水。朱村矿水文

地质条件复杂，大断层和含水岩层较多，导致顶板控制难度较大。近年来虽然不断进行支护改革，强化支护强度，但由于煤矿开采进入后期，顶板破坏较为严重，一直无法从根本上解决顶板管理问题，顶板事故仍然时有发生，严重制约了矿井安全生产。采用传统方法开采过程中受断层透水和顶底板突水威胁较大。朱村矿建井至今，共发生突水210次，其中开采二1煤突水173次，开采一5煤突水37次；突水量大于1.0 m^3/min的达65次，最大水量25.4 m^3/min。1979年4月朱村矿曾发生过一次由小断层引起的二1煤层底板L8灰岩岩溶水突水淹没采区的事故，1998年8月一5煤南区因水大停采至今。朱村矿属瓦斯高突矿井，目前主力采区瓦斯赋存含量较高。

根据以上环境分析可知，鑫珠春公司的生存和发展面临资源瓶颈，按照最低产能要求35万t/a计算，以传统管理模式开采期仅剩5.7年，同时面临安全、社会等诸方面压力；鑫珠春公司濒临难以生存的危险境地，迫切需要转换管理模式，有效处理好生产、安全、生产成本、效益最大化、绿色环保、可持续发展等关系。为此，鑫珠春公司提出实施了膏体充填绿色采矿管理项目，促进了企业安全、生产、经营管理模式的重大变革，有效降低了安全生产综合成本，解决资源瓶颈获取受制资源的边际收益最大化，承担和履行环境保护责任，促进企业的和谐发展。

（二）项目实施意义

1. 克服资源瓶颈制约，拓展企业生存空间，延长企业生命周期

通过项目的实施可解放呆滞煤量436.9万t；通过项目实施大幅提高采出率，减少新增呆滞煤量270万t；通过项目实施增加扩界储量570余万吨，回收保护煤柱350万t，共计可增加可采经济储量1626.9万t，按照35万t/a的产能规模，可延长开采期46.48年；按照矿井设计系统最大产能规模75万t/a，可延长开采期21.69年。通过项目的实施，有效克服企业面临的资源瓶颈，增加企业在煤炭整合中的竞争优势，拓展企业生存空间，延长企业生命周期。

2. 提升机械化开采水平，发挥企业生产潜能

由于受地质条件和资源条件制约，鑫珠春公司在机械化开采的道路上探索多年，一直无法取得突破，通过项目的实施，可大幅提高机械化开采水平，实现综掘、综采，产能可以在30万t的水平基础上提高到70万t，充分发挥原有矿井生产系统能力，充分挖掘资源配置潜力，实现系统功能优化效益。

3. 改善生产作业环境，提高本质安全水平

通过项目实施，降低或减弱采动造成的围岩变化影响，探索矿压变化新规律，消除矿井瓦斯、顶板、突水三大威胁，提高质量标准化水平，实现矿井生产安全本质化。

4. 优化产品成本结构，提升企业经济效益

通过项目的实施，进一步优化产品成本结构，在保证员工收入稳步增长的前提下，进一步降低吨煤人工费成本；降低排水费用总量，大幅度降低吨煤排水费用；通过产能的提升，降低单位固定成本费用；大力压缩非生产费用支出，合理提高安全费用支出，使成本水平保持在合理水平。同时，提高煤炭销量和质量，大幅提高企业赢利能力。

5. 保护资源环境，建立和谐矿地关系

通过项目实施，尽可能降低和减少土地塌陷程度与范围，实现不搬迁采煤，保护地下水资源不受破坏，同时，实现资源的重复、循环使用，使固体废物得以资源化利用，如粉煤灰、矸石山等，在利用的过程中，减少废弃物（如矸石山）的土地占用，保护矿区生态环境，实现公司绿色发展。努力减少工农协调工作量，避免企业与当地居民的社会矛盾的产生，促进和谐矿区、和谐社会建设。

二、膏体充填绿色采矿管理项目的内涵与实施的理论基础

膏体充填绿色采矿管理项目以解决企业资源瓶颈为核心，以提高产能效益为目的，以膏体充填技术的研究应用为依托，致力于延长企业生命周期，实现企业可持续发展。

（一）项目内涵

该项目是以管理创新引导技术创新，通过对企业内外部环境分析，确定以核心技术创新为企业发展战略支撑，同时，依托核心技术创新成果，从创新管理组织、改进生产方式、优化成本结构、改善安全环境等管理环节入手，进行管理模式的创新匹配，从而克服资源瓶颈限制，提高安全本质水平，提高机械化开采水平；通过产能提高、优化成本结构，降低产品综合成本，获取边际收益最大化，最终实现延长企业生命周期、提高经济运行质量的目的。

（二）项目主要管理环节

该项目主要管理环节包括：企业经营环境分析—确立企业发展战略—选择核心技术创新方向—实施“膏体充填绿色采矿”技术创新—进行管理创新匹配：调整生产管理模式，建立充填工艺系统，选择前进式回采工艺；调整劳动组织结构，合理配置采辅力量，采辅人员比例由3.5∶1调整为2.3∶1；调整、优化运输系统，增加运输能力；产业升级，由炮采、炮掘传统工艺转化为综采、综掘机械化开采工艺；调整经营目标管理体系，建立精细化目标控制体系和精细化成本管控体系。

三、膏体充填绿色采矿管理项目实施的效果分析

（一）实施膏体充填绿色采矿管理项目带来的成本变动分析

按照我国现行会计制度规定，原煤生产计算采用制造成本法。原煤产品的制造成本包括以下内容（按费用要素划分）：①材料，指煤炭产品所耗用的各种材料；②提取的包干工资；③提取的职工福利费；④电力；⑤折旧费；⑥提取的井巷工程费；⑦提取的维简费；⑧修理费；⑨安全费用；⑩其他支出。

实施膏体充填绿色采矿管理项目后，成本结构发生了较大的变化。一是生产组织的变化，改变了人工费用比重。2007年，产量35.6万t，职工1634人，人均工资2.9万元，职工薪酬合计6634.04万元，吨煤费用186.35元，占完全成本487元/t比重为38.27%；2009年产量50.65万t，职工1326人，人均工资5.8万元，职工薪酬合计11536.2万元，吨煤227.76元，占完全成本326.04元/t比重为69.86%，扣除增资因素5768.1万元，吨煤成本降低274.85元。从以上数字可以看出，职工收入翻了一番，因工资增长吨煤成本增加113.88元，总成本降低160.96元/t。二是

电力成本中排水费降低。由于项目实施，总涌水量由 40 t/min 降为 17 t/min，排水费用总额降低 621 万元，吨煤费用降低 17.94 元/t。三是由于生产工序增加，增加了回采直接成本 60.8 元/t，主要反映在材料费、人工费和折旧费总额增加，同时，由于减少了掘巷费用，直接成本减少 35.09 元/t。四是塌陷赔偿费同比减少 452 万元，吨煤成本降低 13.4 元/t。五是完全成本大幅降低，2007 年吨煤成本 487.52 元/t，2009 年降为 326.04 元/t，降低 160.96 元/t。从以上成本变动可以看出，项目的实施使成本构成发生了显著变化，完全成本大幅降低，原来比重较高的材料费、电费大幅降低，人工费由于工资水平的大幅提高比重明显提高，项目的实施为职工收入水平的提高释放了成本空间，技术创新和管理变革使成本产生的条件发生了根本改变，这是通过成本控制手段无法实现的成本水平质的变化（图 1）。

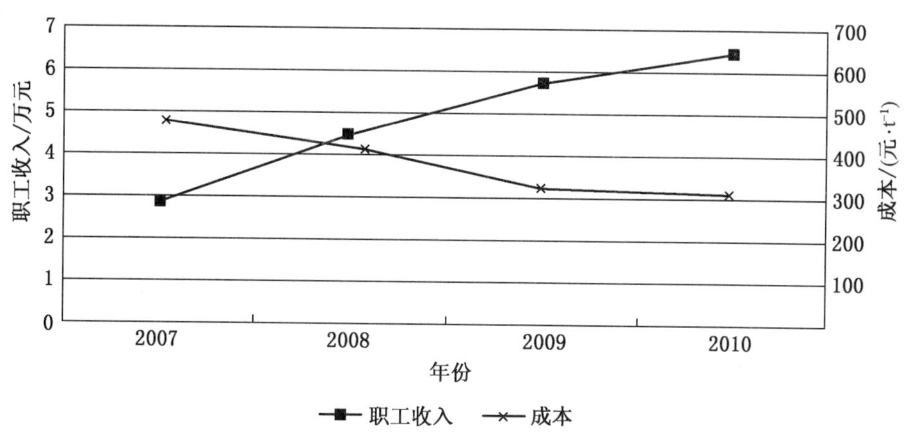

图 1　成本变动及职工收入变动对比

（二）膏体充填绿色采矿管理项目实施后公司成长性分析

项目实施后，2008 年度公司煤炭产能达到 41.1 万 t，2009 年度产能达到 50.65 万 t，2010 年度产能达到 61.45 万 t，2011 年度产能达到 70.25 万 t。按照平均售价 630.24 元/t 计算，2008—2011 年度公司销售收入情况如表 1 所示，销售收入变化趋势如图 2 所示，利润变化趋势如图 3 所示。

表 1　2008—2011 年度公司销售收入情况

指　　标	2008 年	2009 年	2010 年	2011 年
产量（销量）/万 t	41.1	50.65	61.45	70.25
销售单价/(元·t^{-1})	554.74	570.69	630.24	630.24
销售收入/亿元	2.28	2.89	3.87	4.43

（三）膏体充填绿色采矿管理项目实施后公司收益性分析

项目实施后，2008 年度公司增加边际收益 3803.85 万元，2009 年度增加边际收益 9083.85 万元，2010 年度增加边际收益 8271.65 万元，2011 年度增加公司边际收益 9271.65 万元。2008—2011 年度公司增加边际收益变化趋势如图 4 所示。

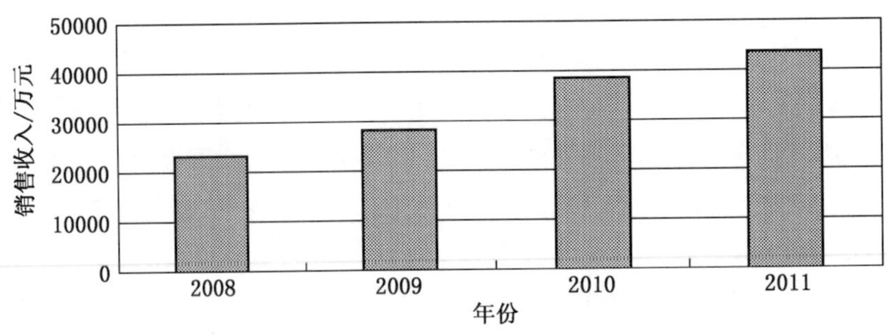

图 2 2008—2011 年度公司销售收入变化趋势

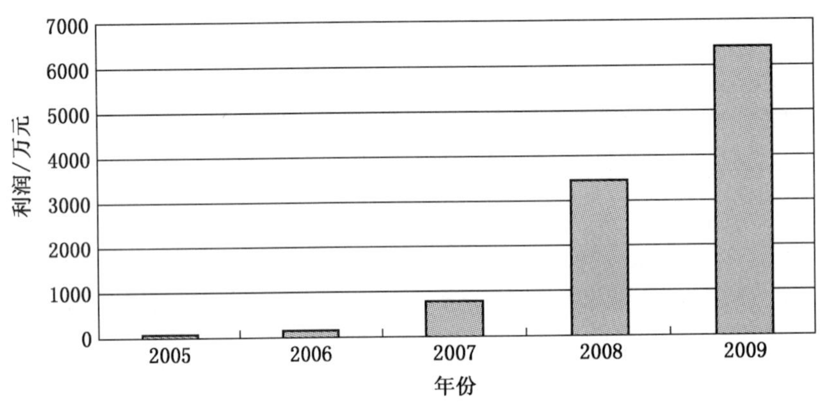

图 3 2005—2009 年度公司利润变化趋势

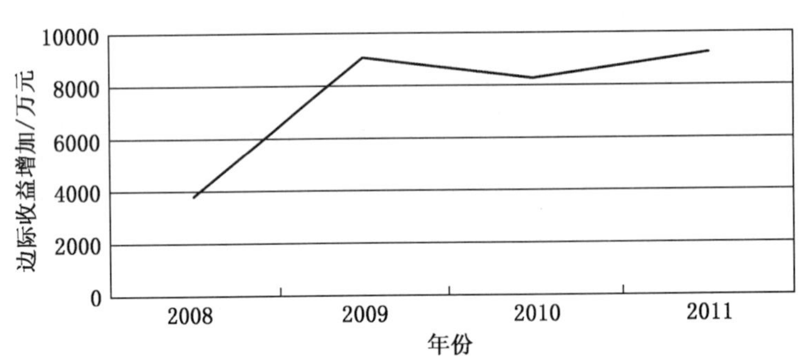

图 4 2008—2011 年度公司边际收益增加变化趋势

(四) 膏体充填绿色采矿管理项目的实施促进了公司管理创新，提高了企业核心竞争力

通过膏体充填绿色采矿管理项目的实施，为构建和谐型、环保型、节能型煤炭企业提供了有力支撑，实现了“五化”，有力促进了公司和谐健康持续发展。近几年来，公司抓住机遇，时刻准确把握技术创新和管理创新的范畴以及它们之间的互动关系，选择最佳的创新战略组合，构建了公司技术创新和管理创新之间动态的、双向的匹配、协同与互动的创新模式，使公司创新系统整体功能趋向最优化。

1. 实现公司发展持续化

煤炭资源具有有限性、不可再生性，在当今时代，占有资源就是占有市场，就是拥有希望和明天。对于鑫珠春公司这个老矿井来说，开发和解放现有煤炭资源显得尤为珍贵。通过成功实践，截至2010年年底，共消化废矸石、建筑垃圾等废弃物40万t，粉煤灰22万t，置换原煤47.49万t。在现有基础上，一5煤全部保护煤柱资源用膏体充填开采，平均按照采出率80%计算，将回收煤炭资源405.6万t，以核定生产能力计算，朱村矿将还能够维持9年正常生产。二1厚煤层膏体充填开采试验成功，将多回收煤炭资源108万t，考虑与一5煤均衡生产，将多延长矿井稳产服务年限4年。

2. 实现生产利润最大化

根据帕累托定律（又称80/20法则、二八定律），原因与结果、投入与产出、努力与报酬之间的关系往往是不平衡的。若以数学方式测量这个不平衡，得到的基准线是一个80/20的关系。因此，作为被村庄、建筑物等占压煤炭资源，如果实施传统管理模式，需要村庄整体搬迁，投入费用与产出效益比例将严重失衡。通过膏体充填，可有效解决传统管理模式带来的成本高的问题，大大提高公司生产利润。预计通过膏体充填绿色采矿管理项目，按照采出率80%计算，可解放一5煤煤炭资源405.6万t，按照500元/t，可增加收入20.28亿元；解放二1煤炭资源108万t，按照600元/t，可增加收入6.48亿元，累计可增加收入26.76亿元。同时，采用膏体充填法采煤，回填煤矸石，处理大量的粉煤灰，可以减少环境污染。采用充填以后，可以减少塌陷补偿费5000余万元。

3. 实现生产环境安全化

对于鑫珠春公司来讲，顶底板破碎始终是影响矿井安全生产的一个重要因素。通过实施膏体充填绿色采矿管理法，大大减少了采煤过程中带来的顶底板破坏、围岩松动和瓦斯压力变化问题，从而降低了顶板、瓦斯、水等自然灾害的发生概率，提高了安全开采系数。同时，借助这一有效平台，解除了一5煤实施机械化采煤的制约因素——底板突水，改善了安全生产条件，目前充填工作面已实现了普通机械化采煤。下一步鑫珠春公司将进一步积累经验，在现有的基础上，逐步在二1煤推广综合机械化采煤。

4. 实现煤炭资源再生化

公司发展与自然环境的冲突日益加剧，是循环经济理论产生的根源。认真承担和履行环境保护责任，促进公司与自然环境的和谐，是当代公司的重要标志之一。作为一种绿色采矿管理方法，膏体充填不仅有效控制了地表开采沉陷，尽可能降低和减少了土地塌陷程度和范围，实现了不搬迁采煤，而且能够保护地下水资源不受破坏。同时，在物质流动的全过程中进行充分挖掘，实现了资源的重复、循环使用，使固体废物得以资源化利用，如粉煤灰、矸石山等，在利用的过程中，减少了废弃物（如矸石山）的土地占用，保护了矿区生态环境，实现了公司绿色发展。

5. 实现发展环境和谐化

和谐不仅是一种理念，更是一种实实在在的管理实践。作为一个已开采50年的老矿井，有限的煤炭资源大量被村庄、建筑物等占压，如果使用传统的开采管理手段，大多需要地面村庄整体搬迁，工农关系处理困难，而且社会遗留问题比较多。而膏体充填项目的实施，可以有效地控制地表沉陷，大大减少工农协调工作量，避免公司与当地居民社会矛盾的产生，有利于促进和谐矿区、和谐社会建设。

铁路运输企业“事精人星”岗位管理体系的构建与应用

陕西陕煤黄陵矿业铁路运输公司

赵小兵　王金星　翁建军　任旭博　郭庆秋　王耀岳

近年来，陕煤黄陵矿业铁路运输公司（简称铁运公司）秉承“诚信敬业，追求卓越”的理念，结合煤炭和铁路两大行业的共同特点，创新管理，2011年，铁运公司在整合管理资源的同时，形成了以深化“五精”管理为基础，以创建“五星”示范岗位为重点的“事精人星”岗位管理，将“五精”管理与“五星”员工动态管理有机地结合起来，实现了人与事的链接，企业文化与企业管理一体化、企业发展与职工发展和谐、企业文化优势与企业竞争优势相促进，为实现公司又好又快发展提供了强有力的支持和保证。

一、铁运公司“事精人星”岗位管理的实施背景

现代企业管理理论将企业管理分为三个阶段：第一阶段是规范化管理阶段，主要以制度管理为特征；第二阶段是精细化管理阶段，主要以现代科学管理追求卓越精益求精为特征；第三阶段是人本管理，主要以文化管理、自主管理和自觉执行为特征，要求关注到每件事、每个人、每一时、每一处，而岗位就是这些要素的结合点。因此，实施“事精人星”岗位管理是企业管理理论与实践发展的必然趋势。

虽然影响企业赢利的因素有很多，但内部管理，尤其是岗位管理依然是一个最重要的因素。如何实现由岗位价值最大化达到企业效益的最大化，企业只有不断地深化岗位管理，减少零价值，消灭负价值，创造正价值，才能健康稳定地发展，才能在未来的竞争中立于不败之地。

随着市场经济的发展，要求煤炭铁路运输企业必须实现生产作业型向经营作业型、粗放松散型向集约严细型、生产经营型向经营效益型转变。而要实现这“三个转变”，只有抓住企业管理的核心——岗位，用岗位管理来整合各种资源要素，以系统的、全面的和整体的观念意识来推动这项工作的开展和运行。为此，铁运公司开展“事精人星”岗位管理创建与实践。

二、“事精人星”岗位管理的内涵

岗位管理是指以企业的观念、战略、管理、制度和人才等因素为依据，对岗位这个企业最低的管理层、最小的经营体所进行的计划、组织、领导和控制的过程，以实现人和事的最佳结合，使每一个岗位成为企业经营管理的责任点、价值源和动力芯。

“事精人星”即“事要做精，人要上星”。

“事精”——事要做精：岗位操作过程中做到“精细、精准、精确、精益、精美”，达到“五精”标准。

"人星"——人要上星：按照岗位考核标准，分为本质安全诚信星、质量标准规范星、创新创效增值星、学习成长成才星、快乐和美文明星五个层级。要求每名员工在各自岗位上体现自己的价值，成为星级员工，使每个岗位成为职工成才的舞台，使每个职工成为公司核心竞争力的活力源泉。

"事精人星"具体指每个员工在岗位操作中（做事过程中），按照公司"五精"管理要求，做到全身心地投入，把岗位工作做好，在公司的"五星"考核中，职工按照铁运公司制定的"五星"员工评价标准，努力提高自己的素质和能力，成为闪耀的明星，最终实现"无人不文明、无事不完美、无物不完备、无处不精彩、无时不卓越"的目标。

"事精人星"岗位管理实现了做事与做人的完美统一。做事符合老子"天下难事，必作于易；天下大事，必作于细"的思想；做人符合孔子"居处恭，执事敬，与人忠"的思想，体现了陕煤黄陵矿业铁路运输公司岗位管理的特色。

三、"事精人星"岗位管理的主要做法

（一）舆论引导，营造良好氛围

"事精人星"岗位管理的最终实施主体是一线职工，没有职工的理解、接受、支持和积极参与，要取得理想的结果是不可想象的。因此，必须通过各种途径全面提高员工对岗位管理的认识，对陈旧观念加以根本转变。一是运用各种形式，开展强有力的舆论宣传，营造氛围，将岗位管理创建的方法、步骤、目的、意义向广大干部职工讲清、讲明、讲透，使职工真正理解、接受、参与岗位管理建设。二是加强形势教育，使职工真正明白实施"事精人星"岗位管理是企业发展的必然选择，是向管理要效益的必由之路，认识到每一个岗位都是企业价值的增值源，是企业财富的利润源。三是通过分阶段召开推进会、座谈会等形式，及时总结推广先进经验，鞭策后进，明确方向，坚定信心，使"事精人星"的理念被广大职工所认同，成为新的心智模式，使广大职工主动参与，成为推进岗位管理文化品牌建设的主体。

（二）创建具有铁运特色的"事精人星"岗位管理体系

"事精人星"岗位管理是"五精"管理和"五星"员工动态管理的有机结合。铁运公司通过分析公司特点，整合管理资源，将公司以前开展的"五精"管理、全面预算管理、安全质量标准化管理、岗位价值精细化管理、"6S"现场管理、"ABC"三卡考核、"四工"转换、"双述"技能提升等管理集成，经多次专题会议研究，集思广益，提炼汇总，大胆创新，最终建立了一整套以岗位为载体的管理体系。即"3式"岗位安全管理体系、"6法"岗位作业管理体系、"141"岗位经营管理体系及"3卡5星"岗位考评管理体系（图1）。

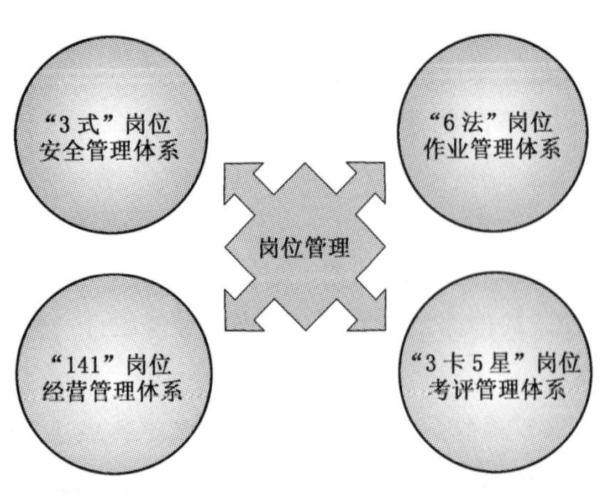

图1 "事精人星"岗位管理体系

1. "3式"岗位安全管理体系

即风险抵押式安全预防、干部走动4卡安全

监督、互联互控式安全联防。

铁运公司从岗位安全理念入手，采取岗位风险抵押的形式将岗位安全与员工利益紧密地联系起来；通过签订岗位安全责任书，使每个岗位员工明晰自己岗位的安全责任；再通过提升员工岗位安全技能，确保安全责任书的顺利完成；通过干部走动 4 卡（A 卡为走动式管理检查卡，B 卡为安全隐患整改卡，C 卡为隐患监督落实卡，D 卡为隐患落实卡）安全监督和互联互控安全联防对岗位安全进行监督与检查；通过岗位安全考评结果对员工岗位安全实施奖惩；最终通过岗位安全奖惩的激励与优化实现建设“本质安全型企业”的理想愿景（图 2）。

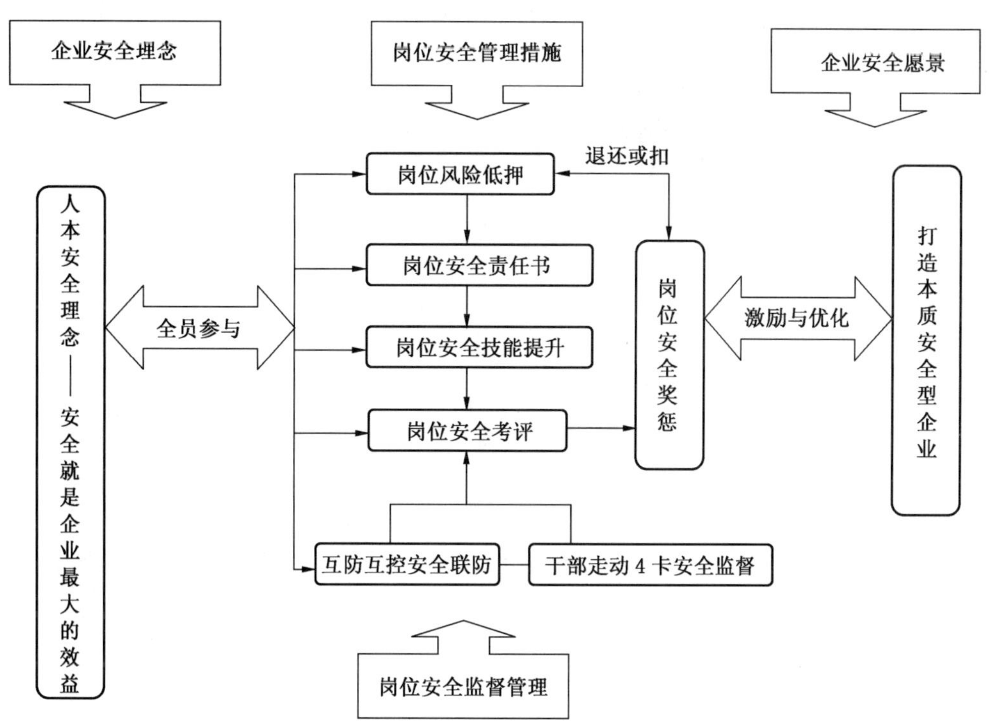

注：4 卡：A 卡为走动式管理检查卡；B 卡为安全隐患整改卡；C 卡为隐患监督落实卡；D 卡为隐患落实卡

图 2 “3 式”岗位安全管理体系

2. “6 法”岗位作业管理体系

铁运公司结合本行业的具体特点，总结出了行之有效的“6 法”岗位作业管理体系，具体有岗位模拟现场工作法、岗位三三整理工作法、岗位双述实践法、岗位现场 6S 管理法、岗位精优作业法以及岗位信息管理法（图 3）。

3. “141”岗位经营管理体系

“141”岗位经营管理体系即 1 个岗位管理理念、4 个岗位管理体系以及 1 个岗位管理平台（图 4）。

铁运公司结合岗位价值精细化管理，在“人人都是经营者，岗位就是利润源”的岗位经营理念下，通过信息化平台建立起 4 个岗位经营管理体系，即内部市场化运作体系、岗位价值核算体系、岗位绩效考评体系、岗位薪酬管理体系，最终实现岗位增值、企业增效、员工增收，确保安全的“三增一保”目的的实现。

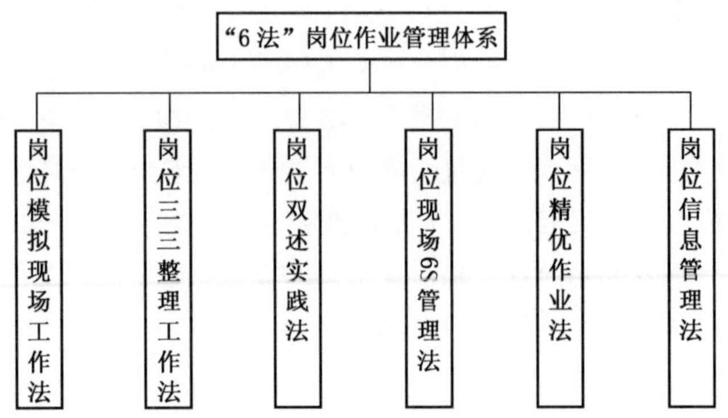

注：岗位三三整理工作法指班前、班中、班后三次整理作业环境、工作心情、岗位生产设备和工器具。岗位信息管理法包括定置管理法、看板管理法、标识管理法、编码管理法

图 3 "6 法"岗位作业管理体系

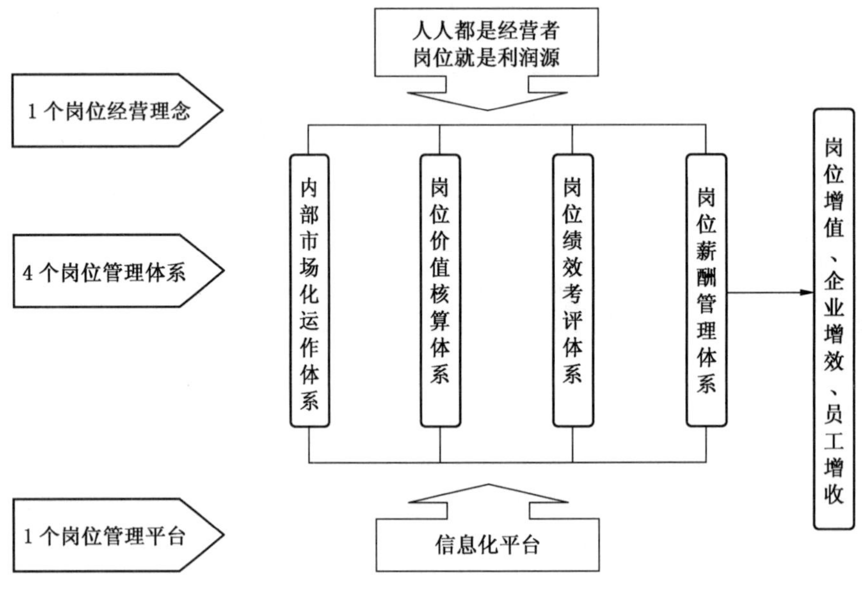

图 4 "141"岗位经营管理体系

4. "3 卡 5 星"岗位考评管理体系

铁运公司将企业对人的考评与岗位考评相结合，创立了"3 卡 5 星"岗位考评管理体系，即通过 A 卡（现场6S）和 B 卡（岗位价值日公分）以及 C 卡（月总评）的"3 卡"考评，最终评选出 1 星级、2 星级、3 星级、4 星级以及 5 星级员工（图 5）。

（三）完善管理体系，夯实"事精人星"岗位管理基础

健全的管理体系是确保岗位管理机制运行的基础环境。因此，铁运公司根据实际情况，紧密结合"五精"管理和岗位价值精细化管理开展情况，按照要求，通过整合多年的安全管理、质量标准化管理和岗位价值精细化管理等管理办法，提炼总结，深化完善，建立健全了"3 式"岗位安全管理体系、"6 法"岗位作业管理体系、"141"岗位经营管理体系和保障机制。重点是将星级员工

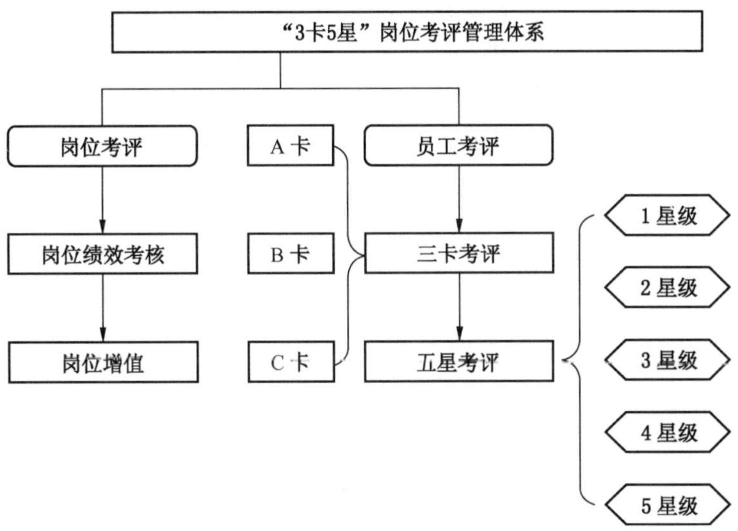

图5 "3 卡 5 星"岗位考评管理体系

考评与岗位价值精细化管理三卡考核，四工转换相结合，在原有体系上补充与完善考核内容和办法，创建了"3 卡 5 星"岗位考评管理体系，实施不同星级不同考核周期：本质安全诚信星、质量标准规范星实施日考核，月兑现；创新创效增值星实施月考核，月兑现；创新创效增值星实施月考核，季度兑现；快乐和美文明星实施季度考核，半年兑现的原则，实施星级员工动态管理，充分调动广大职工学技术、练本领、提素质的积极性、主动性，激励职工由低星向五星奋斗，不断增强公司的核心竞争力。

（四）加强制度建设，强调执行力，实现制度与行为一致化

制度是管理的基础，其有效性和实施率在很大程度决定了企业发展的质量和效果。"事精人星"岗位管理不仅要求有相关的管理制度，而且要求这些制度要全方位地覆盖管理范围，不留死角，不留盲区。因此，铁运公司在岗位管理制度建设过程中，对计划、审核、执行、监督、评价等全过程，明确权责，先后制定和完善了《岗位价值精细管理综合考核办法》、《职工薪酬分配管理办法》、《岗位价值精细管理信息化管理办法》等 20 余项规章制度，建立了"个人保班组，班组保车间，车间保站段，站段保公司"的自下而上、逐级指标控制的保证体系，确保了公司岗位管理制度齐全、流程清晰、责任明确。

同时，强调执行力，实现制度与行为一致化。为了使"事精人星"岗位管理体系有效运转，铁运公司采用"边运行、边完善、边提高"的原则，从 2011 年年初开始相关试点，通过不断修订和完善各项制度，细化考核内容，优化考核程序，规范信息化管理等，使公司岗位管理更加科学合理，"四个体系"全面细致，信息化平台协同运转，职工满意度不断提高。

（五）强化"三功两素"修炼，促进职工逐步实现"事精人星"

"三功两素"修炼是实现"事精人星"的基础和条件。"三功"即知识功底、专业功力、技能功夫。"两素"是指身心素质、职业素养。只有培育出作业功底扎实、专业功力雄厚、技能功夫突出的员工，才能在做事过程中达到"五精"的要求。同时，也正是通过员工的"三功两素"修炼，才为"五星"员工的评选奠定了基础，提供了标准。"三功两素"修炼将"事精"和"人星"有

机联系起来，是企业管理重点下沉的表现，为实现自主管理奠定了基础。铁运公司通过实施“125”措施，即重视“岗位”这一个细胞，紧抓“做事”与“做人”两个环节，实施专业知识技能培训、职业技能帮带、专业功力训练、技能功夫提升、素质素养强化五项工程，努力将岗位打造成文化的落脚点、创新的改善点、价值的创造源、责任的承担点、执行的发力点、学习的进步点，使职工的整体素质和岗位操作技能不断提升，并形成了车辆段分解组装13型车钩钩头、工务段组装起拨道机、机务段检修工蒙眼拆装单阀、机务段乘务员50 m车辆连挂等多项作业功力和功夫展示亮点，为实现“事精人星”岗位管理文化品牌目标奠定了坚实基础。

（六）提炼总结，形成岗位管理文化新理念

实践证明，成功的企业总是与成功的企业文化联系在一起，优秀的企业都有优秀的企业文化。浓厚的企业文化是推动企业发展的动力源泉。

为此，铁运公司在进行“事精人星”岗位管理创建的同时，把提炼、总结岗位管理先进理念和管理方法与公司企业文化建设同安排、同部署、同宣贯，不断深化公司企业文化内涵，现已提炼出了“用价值规范岗位、用价值核算岗位、用价值考核岗位、用价值激励岗位”的岗位管理理念；“我的承诺我履行、我的誓言我遵守、我的行为我负责”的本质安全诚信星理念；创新无止境，精品出效益，创新创效增值星理念；工作学习化，学习工作化，学习终生化的学习成长成才星理念等。同时，通过总结公司岗位管理的初步成果，编辑出版了《铁路运输公司“5+5”岗位管理文化探索与研究》、《铁路运输公司岗位管理品牌宣传册》、《五星员工“群英谱”》以及《铁路运输公司“事精人星”岗位管理文化专题片》，用于指导和宣传公司岗位管理文化的深入开展，全力打造“事精人星”岗位管理文化品牌。

四、铁运公司“事精人星”岗位管理的主要实施效果

1. 夯实了公司安全基础

通过实施“事精人星”岗位管理文化建设，严格本质安全诚信星、质量标准规范星、学习成长成才星考核，创新开展“三功两素”修炼工程，促使职工学习安全知识，掌握操作规程，提升岗位技能，从而使标准化作业成为常态，职工的安全意识不断提高。截至2011年11月1日，公司累计实现安全生产3859天的好成绩，防止行车事故32起。

2. 提高了公司经济效益

实施五星员工动态管理改变了以前的考评模式，分别制定出了五星考评详细准则，职工为了达到五星要求，在日常工作中积极探索岗位创新创效增值有效的办法，促进了岗位自主管理和岗位创效积极性，为全面完成各项指标奠定了坚实的基础。截至2011年10月底，公司累计完成运量1082.9万t，实现利润3865.96万元，职工收入稳步提升，各项指标创同期最好水平。

3. 激发了职工岗位成才的积极性

“三工两素”团队建设，将重心放在作业功力和专业功夫的训练上，使职工感觉到学习的趣味性。同时，将“三功两素”建设和五星员工的评选结合起来，激发了职工岗位成才的积极性，“三功”训练现已成为职工主动修炼的必修课。

4. 变文化“软实力”为公司发展“硬功夫”

岗位管理文化品牌的建设，进一步突出岗位“二自”特色，实现了“六个上升”。“二自特色”，即自主管理和自觉执行。“六个上升”：由过去被动的企业管理上升为主动的员工自我管理；由“要我安全”上升到“我要安全”；由“企业逼我做”上升为“我要为企业做”；由“企业监督我做”上升为“我想方设法做”；由“完成本职工作”上升为“不断创新工作”；在全公司形成了良好的工作、学习、生活氛围，全面提升了公司的管理水平。

5. 延伸了企业文化内涵，形成了具有铁运特色的“事精人星”岗位管理文化品牌建设总框架

铁运公司选择了以“岗位”这一连接点为突破口，突出“做事”与“做人”两个环节，通过提炼总结，形成了“五精”管理做事，“五星”标准塑人的“事精人星”铁路运输公司岗位管理文化品牌建设总框架，提出了“总体规划，系统设计、整体推进、重点突破”的岗位管理文化品牌建设思路和十多种分项文化的建塑内容，明确了具体的实施责任部门，努力建设符合公司发展方向、具有铁运特色的岗位管理文化品牌建设体系，形成了用岗位文化促公司发展的创新之路。

“事精人星”岗位管理是一个系统而复杂的工程，铁运公司只是初步创建与实践，要根据企业的特点分步实施，并且随着科技的发展，人们观念的更新、认识能力的提高，细化管理的要求和水平会逐渐提高，最终真正实现“岗位增值、企业增效、员工增收、确保安全”的目的。这些体现了“事精人星”岗位管理的相对性、长期性，表明岗位细化管理是无止境的。

新巨龙公司企业战略与文化现状研究报告

山东能源新汶矿业集团新巨龙公司

辛恒奇 李同琦 孙长海 郭立众 丁芳强

一、新巨龙公司正处于管理软系统建设期

依据企业生命周期和发展理论，企业成长的路径分为筹建期、启动期、发展期、成熟期和衰退期等五个阶段，它们对企业战略发展的相应要求不同，侧重点也存在差异。其中，筹建期是完成硬件系统的建设，而启动期则应完成与之相配套的管理软件系统建设，保证硬件顺利长效运转。

企业发展阶段转换的优劣快慢取决于经营者的主动性和创新能力。新巨龙公司充分认识到推进企业快速转型的重要性和紧迫性，开展了大量卓有成效的工作，明确提出了以“八化”为突出表现的“双高两型”现代化矿井的目标，全方位争创第一，突出高新特色，努力创建“两大基地”，构建内控体系和部门与岗位职责体系，提高了企业经营可控性，实现了快速投产、显著创效的历史性突破；同时，积极开展有效的心理援助活动，着力提高员工的幸福感，增强凝聚力。

但是，如同这个时期的所有企业一样，新巨龙公司某些共性问题难以在如此短的时间内逾越，当前的工作特点还具有一定的短期性和内向性，因而还存在着不足。这些不足，一方面来自于项目建设阶段和企业经营阶段下的工作目标与工作特征所存在的巨大差异；另一方面来自于项目建设阶段形成的管理惯性难以在短时间内调整完毕。一种管理模式的形成是长期磨合的结果，其管理观念与管理行为已经被一定程度地固化，因而，调整也必然是一个较为长期的工作。

与工程项目建设不同的是，企业经营阶段必须面对更复杂的内外部环境、更外向的经营视角以及更多的不确定因素。这要求企业必须具有更加全面而前瞻的战略来引领未来的方向以及更加优秀的企业文化来统领员工的思想和行为。否则，将弱化对未来的预见性，降低对消极文化的免疫力，从而难以有效地应对外部威胁，也无法及时发现并准确把握市场机会。

因此，战略规划和文化建设是这个阶段所有企业进一步完善管理软系统的两个核心环节，新巨龙公司也不例外。

二、新巨龙公司发展潜力巨大但企业机能有待强化

新巨龙公司还很年轻，企业机能虽然已经发育，但能力较弱。

(一) 战略愿景清晰，但战略路径模糊

在新巨龙公司，几乎每个人都能够清晰地说出“国内一流，世界领先”的战略愿景。但很少有人能够清晰阐述“一流”与“领先”的具体内涵，使得战略愿景难以具体落实到实际工作中，不足突出表现在资源结构不合理，管理体系不完善。

1. 资源条件丰富但结构有待优化

新巨龙公司煤炭资源储量丰富，煤种稀缺，具有较高的市场接受度。同时，新巨龙公司的社会形象较好，使得其在煤炭、财务和社会资源方面具有突出的优势。

但是，在人力资源方面，一方面，中间梯队比例不足，橄榄形年龄结构尚未形成，管理人员中30岁以下占44%，而31～40岁仅占27%，从管理成熟周期来看，显然整体人力资源成熟度偏低，中间梯队缺乏；另一方面，技能结构上，拥有专业技术背景的人才高达67%，管理技能人才比例和多样化程度均偏低。而这恰恰是经营阶段每个企业都高度依赖的重要的核心资源。

在技术资源方面，尽管新巨龙公司拥有着很多行业领先的技术，但主要集中于煤炭生产、采掘方面，而在其他领域（如一些专业化外包环节）的技术积累上尚显不足，这将会制约企业未来战略方向的多元化选择。

2. 管理意识严谨但系统性和均衡性尚需加强

新巨龙公司表现出了极其严谨而踏实的管理意识，安全生产管理水平较高，不仅有着现代化的技术装备，而且有着较为完善的制度和保障措施。但是，企业是一个由各种元素构成的有机系统，在这个系统中，各级部门、各类制度和流程以及各种人员相互协调，均衡发展，保证了企业经营的效率和效果。由于管理惯性的作用，新巨龙公司在组织发展管理、人力资源管理和信息管理等方面显得系统性和均衡性存在一定的缺陷。

第一，在组织发展管理方面，局部效率较高，系统效率偏低；部门边界模糊，部门职能不全；组织制度系统规划不足，监督落实不力。导致问题存在的关键原因，一方面在于职责不清，使很多员工在制度中找不到自己的责任，其中既包括制度的执行者，也包括制度的监督者；另一方面还在于制度本身的超前性与员工工作意识和行为习惯的冲突，例如很多人抱怨内控制度太复杂，降低了效率，这不仅有赖于制度的调整，还有赖于文化的建设。

第二，在人力资源管理方面，缺乏科学的人力资源规划，员工职业生涯路径较为模糊；培训虽然得到高度重视，但培训的系统性却有待加强；绩效考核虽然已经有效地开展，但绩效管理系统尚未建立，薪酬体系也有待进一步完善。

第三，在信息资源管理方面，需要进一步树立信息集成的理念，尤其是集成各种管理信息，提高信息流动效率，实现信息共享，减少信息孤岛。同时，进一步优化信息管理平台，提升知识管理水平。

（二）企业文化思路亮点活跃，但系统整合偏弱

新巨龙公司的企业文化建设是丰富多彩的，其中不乏充满创新的亮点，例如幸福指数的提出，对员工心理的关怀，生活娱乐的优化等，但当前企业文化与经营的匹配性较弱，文化中未能清晰地传达出具有自身特色的文化主轴，缺乏贯穿与统领的核心理念，弱化了文化的体系性和独特性，多元背景的文化元素有待进一步整合。

新巨龙公司文化发轫于项目建设文化和新矿集团的文化，蕴涵着丰富的文化元素，具有丰富多彩的文化载体，使得新巨龙公司表现出了鲜明的企业个性。具体体现为“五重五轻”（重奉献轻索取；重和谐轻失调；重争先轻落后；重学习轻无知；重规范轻散漫）和“五强五弱”（执行性强规划性弱；服从性强自主性弱；事务性强系统性弱；本位性强协调性弱；短期性强长期性弱）。例

如，超过56%的被调查员工认为人际关系较为复杂。企业的这些个性中显然包含了一些消极元素，需有效引导，适当调整。

三、新巨龙公司企业战略与文化研究的建设方向

新巨龙公司存在的现状问题也是发展中的问题，公司已经认识到并着重解决，目前基本完成安全达产，所需要解决的核心问题在于明确发展方向，塑造企业文化，打好管理基础，提升企业素质，锻造出独特的新巨龙模式。

（一）企业战略规划

企业战略规划将主要实现三个方面的目标，第一，以优势元素为核心的业务模式整合。第二，基于现代企业制度的治理模式与管理模式选择。第三，建立在新型价值平衡基础上的多维度资源整合。具体包括宏观环境与行业发展分析、各业务单元发展的优劣势分析、竞争分析、业务单元战略与三年发展规划、主要资源需求预测及对策、战略管理机制规划等工作。

（二）企业文化建设

企业文化建设将通过对理念、行为及载体的系统整合，完成两大任务，一方面是基于多元价值网络的理念整合，另一方面为基于现代化特大型煤炭企业的系统行为模式构建。具体包括企业愿景与使命、核心价值观及价值体系的整合、企业精神塑造、企业文化的内在机制模型构建、行为规范以及企业Ⅵ系统等方面内容的规划与建设。

没有战略的企业是没有未来的企业，没有文化的企业是没有灵魂的企业。通过对新巨龙公司的现状研究，我们更加深切地感受到在当前提出并实施战略规划和文化建设研究的前瞻性、重要性和紧迫性，需要扎实推进。

大力推进企业文化建设　提升企业管理品味

皖北煤电集团有限公司祁东煤矿　许翼鹏　吴义东　王清超

企业文化，或称组织文化（Corporate Culture 或 Organizational Culture），是一个组织由其价值观、信念、仪式、符号、处事方式等组成的其特有的文化形象。杰出而成功的企业都有强有力的企业文化，即为全体员工共同遵守，但往往是自然约定俗成的而非书面的行为规范；并有各种各样用来宣传、强化这些价值观念的仪式和习俗。正是企业文化这一非技术、非经济的因素，导致了这些决策的产生、企业中的人事任免，小至员工们的行为举止、衣着爱好、生活习惯。一个成功的、百年长青的企业必然有其自身独特的企业文化背景。祁东煤矿隶属皖北煤电集团有限公司，作为集团公司主力矿井之一，祁东煤矿通过强化企业文化建塑，提升企业软实力，营造出一种积极的工作氛围、共享的价值观念和管理机制，从而产生一个合适的鼓励积极创造的工作环境，提升了企业的管理品味。

一、推动企业文化管理的实施背景

在矿井建设和生产过程伊始，祁东煤矿党政就确立了“三个同步发展”战略，即建矿与育人同步发展，经济建设和企业文化建设同步发展，煤炭主业和非煤产业同步发展，构建了完善的安全保障体系。矿区物质文明、精神文明、政治文明健康协调发展，成为皖北煤电集团有限公司跨越式发展新的经济增长点和企业文化建设的亮点。先后荣获“全国首批管理创新示范单位”、全国文明煤矿、行业级安全高效矿井等称号，并通过了 ISO 9001 国际质量管理体系认证。

祁东煤矿通过营造氛围，文化熏陶，转变建塑方式，推动“企业文化”诸要素由价值观逐渐转化成价值形态。企业文化的核心价值观开始成为员工做人的道德标准、做事的行为准则。优质文化的渗透、感化、复制功能开始发挥作用。通过培育团队文化、建立新型员工激励机制，实现由制度管理到自主管理的过渡；通过大力弘扬、实施企业文化管理，推动了企业的增收、增效，提高了企业的管理品味。

二、祁东煤矿实施企业文化管理的内涵和做法

（一）经历四个阶段的逐层推进，培育四大文化体系

一是皖煤文化诸要素的宣灌和认知，即意识培植阶段；二是“皖煤文化”诸要素由价值观逐渐转化成价值形态，即价值观认同阶段；三是不断开发新的管理工具，实现建塑要素“本土化”阶段。目前已进入第四阶段，即人本精细化管理和“五精”管理。培育出“安全、绿色、管理、党建”四大文化体系。“安全文化”：以先进的文化理念为导向，以强化考核为关键，以规范管理为保障，贯穿于煤矿管理的全过程。“绿色文化”：建立人与自然的伦理关系，倡导企业履行社会责任。在这种理念的指导下，目前，祁东煤矿污水处理厂、煤泥矸石电厂、煤矸石砖厂等循环经济项目运行状况良好，产生了可观的经济效益和社会效益。“管理文化”：将精细化管理、企业文化

建塑、员工培训三者紧密融合成为一体，同安排、同考核、同奖罚，共同发展、形成合力，进一步提高管理水平和管理品位。“党建文化”：努力构建党建工作与中心工作相互融合、联动发展的“345”和谐党建新格局，为文化建设指引方向。

（二）深化安全文化建塑，推动本质安全型矿井建设

一是强化安全理念渗透。如利用各种宣传阵地、手段，灌输集团公司的核心安全理念，通过开展“安全演讲下基层”、员工安全承诺、安全文化长廊、诵读安全誓词、征集安全哲理故事、安全恳谈会等活动，不断强化员工的安全意识。二是拓展“隐患预警”机制。建立和完善了安全质量举报制度、跟值班汇报制度、生产沙龙制度、生产领导高层论坛研讨制度等，充分暴露和协调解决了现场管理中存在的问题。建立科室级安全预警制度，实行安全隐患曝光、排查，上网公布。三是深化“班前讲评”制度。员工登台对生产现场和作业行为进行分析、评价，指出存在问题，提出改进意见和建议，讲解操作技能，传授工作经验；对差距不足反思改进，对好的做法推广共享。四是创新安全文化载体。祁东煤矿组织专门力量，将“手指口述”、岗位描述、危险源预知组合在一起，建立“两述一知”安全文化工程，三位一体，同时推进。完善了安全确认制度，并制作成可视化电子版教材，作为岗位作业精细化的范本和实操性培训的先导。现已拍摄制作完成了23个工种的“两述一知”光盘，在电视台、班前会循环播放。基层单位出现了修护区“员工安全积分登记卡”，开拓区“党员、群监员班中帮带协议签名表”，采煤二区“安全文化三字经”、“安全责任排”等一批创新做法，为矿井安全生产管理工作注入了新的活力。

（三）以内部市场化为先导，全面推进精细化管理

祁东煤矿按照意识培植、实践操作两条线全面推进，经历了意识培植、自主践行、规范推进三个阶段，取得了显著成效，初步构建了具有祁东特色的精细化管理模式。尤其是内部市场化建设，不断健全内部市场要素，强化模拟市场核算管理，深挖企业内部潜力，掀起了一场向管理要效益的管理变革浪潮。一是确定经营主体。根据内部市场的理论基础、运行规则及内部三级市场管理层次的基本模式要求，确定经营主体；根据生产任务和服务质量，自行组织生产和经营管理活动，全面行使生产组织权、人员配置权、内部分配权等，实现自主核算、自负盈亏。二是构建专业市场。以市场化为基础、以专业化为指导，构建了产品、产量、安全、运输、设备租赁、劳动力、放炮、用电、物资回收、宣传报道等内部分市场。根据提供产品或服务的综合单价，实行“内部收购制”或结算制。三是完善价格体系。通过对大量原始资料的参考和大量实地测算，制定了《祁东煤矿内部市场化综合单价》、《祁东煤矿内部市场化分项定额》，同时对业务有量可计的生产经营型和后勤服务型也制定了单价，共完善了工资、材料、电力、运输、放炮、安全、出车、物资回收等20多项单价体系，并以内部价格为基础制定内部市场结算凭证，形成一套较为完整的内部市场结算体系。四是实现日清日结。为不断提高工作效率，减少管理成本，祁东煤矿开发和应用了内部市场化管理系统，一、二、三级市场的数据、报表实现了网上填制、核算、传输和查阅，大大地缩短了手工核算和填制的时间，做到了信息及时有效共享，实现了“日清日结”。通过推进内部市场化建设，充分发挥了内部市场的利益机制、竞争机制、风险机制作用，为深入推进精细化管理构建了强大的动力机制，逐步将原有经济往来中的行政隶属关系转变成为单位与单位之间、单位与职工之间、职工与职工之间的市场利益关系，使各市场主体在协作中竞争、在竞争中提高。

（四）围绕价值观落地，推动建塑工作与企业管理有机融合

祁东煤矿在做好皖北煤电集团有限公司《企业文化建塑指导意见》规定动作的前提下不断开发管理工具，推动企业文化与日常管理工作有机融合。

1. 建塑要素“本土化”

生产一、二线单位在完成集团公司规定动作的同时，根据本单位的工作性质，不断开发新的管理工具，实现建塑要素“本土化”。修护区、通防科综掘区、采煤二区、掘进二区、产品质量部等单位的管理品位显著提高，培育出各自的管理品牌，推动区队文化模式逐步成熟。如建塑区队文化，出发点是要有思路，支撑点是安全文化，着力点是将“皖煤文化”本土化，关键点是管理者的人格力量。

2. 诚信文化为矿井导行

确立了“建档是基础、运用是关键、管理抓重点”的“诚信档案”应用原则。矿重点掌控的一是商品煤运销过程中的诚信与违信事实；二是对各类“三违”现象及时建档，公开发布信息。各基层单位将诚信档案的应用与员工日常考核及“三工并存、动态转换”有机结合，建立起以诚信档案为基础的新型员工激励机制。

3. 学习型组织为创新型矿井加力

“学习与工作同心圆”理论，推动祁东煤矿管理干部和员工自觉地将工作中出现的问题作为学习的主要内容，实现了员工综合技能的“螺旋式”持续提升。矿井投产 9 年来，自主创新各类科技成果 260 余项，吸收应用新技术 125 项，其中，煤层注水和喷孔防护装置两项瓦斯防治应用技术处于全国领先地位，掘进单进提高了 20% 以上，采煤单产提高了 30% 左右。循环经济、瓦斯治理、企业文化、卓越党建等一批管理品牌在皖北煤电集团有限公司乃至全省同行业处于领先地位。

（五）选准转型方向，突出企业文化建塑的行业特征和本土化趋势

祁东煤矿在坚持皖煤文化核心地位的前提下进行企业文化建塑转型。思路是，在巩固既有企业文化建塑成果的基础上，突出生产型企业文化是管理文化的本质属性，导入人本精细化和“五精”管理，不断接近文化管理这个最高境界。力求做到“三个起来”，四个突出。即，让企业文化亮起来，为人本精细化和“五精”管理塑型；让企业文化动起来，为人本精细化和“五精”管理造势；让企业文化舞起来，使人本精细化和“五精”管理为矿井导行，实用管用。突出行业特征和矿井特色，“四大文化体系”的统摄功能全面发挥；突出管理文化的本质属性，以人本精细化和“五精”管理理念为指导，建立具有祁东煤矿特色的本土化精细管理模式；突出安全文化，推动人本精细化管理十一项要素和“五精”管理模式融入区队文化、班组建设；突出“四四三”工作法，即以四大文化为统领，以“内部市场化体系，干部走动式管理体系，精细化岗位作业管理体系，三工并存、动态转换新型员工激励体系”四个基本体系为框架；以“管理流程优化再造，分项文化延伸拓展，学习型组织培育”为拓展途径，为生产型企业人本精细化管理诸要素的深层达标和高效运作奠定基础。

(六) 找准转型结合点，建立皖煤文化与“人本精细化”管理的融会贯通机制

皖煤文化诸要素主要包括四大识别系统和十项建塑要素，它们与人本精细化六项基础工作在本质上是互通的，有的是概念表述上的区别，有的是排列顺序上的差异。如人本精细化六项基础工作中的“举旗”，皖煤文化将其纳入建塑要素中的“愿景激励”一项；“铸魂”即皖煤文化中的“理念识别系统”，凡此种种。祁东煤矿在坚持皖煤文化“四个一工程”和十项建塑方式的前提下，找准皖煤文化与人本精细管理的结合点，统筹兼顾、突出重点，将企业文化建塑的重点准确定位在管理文化上，将工作重心移植到工作行为固化、现场岗位和管理流程再造上。一是完善“5E”标准，建立完善的岗位精细标准；二是完善干部走动式管理体系；三是实行 ABCD 四卡动态管理，达到细化到位，落实到位，执行到位，完善三工并存，动态转换机制，激发员工的积极性。

在企业文化转型过程中，祁东煤矿加强文化品牌建设。2010 年祁东煤矿举办了 3 月读书月，开展了 11 月感恩月活动。2011 年一如既往地进行，放大矿井的文化符号。基层单位成立创新工作室，有条件的单位已经成立由专业技术人员组成的生产班组，如大学生采煤队、大学生钻机队等，最大限度地发挥专业技术人员的聪明才智和创造力。

(七) 把握转型着力点，以“五精”管理为路径不断接近文化管理

鉴于祁东煤矿近年才引入“五精”管理，而且只是在部分单位进行试点，进行初步尝试，所以，祁东煤矿主要抓好四项工作。一是大力宣传“五精”管理，让广大干部员工深刻领会“五精”管理的内涵。二是围绕“团队文化”开展主题实践活动。把区队和班组建成安全自主化、作业流程化、工序标准化、设备材料定置化、岗位改进自动化、结算市场化的“五化”精细管理团队。三是把创纪录作为“五精”管理的导入路径。参照“两述一知”的模式，让所有的管理流程、管理环节、管理人员、操作人员真正养成确认的习惯，形成确认的机制，学会签字确认的办法。四是倡导英雄行动和英雄命名，提炼以企业英雄命名的最优作业法、最优管理法。

(八) 建立三条延伸拓展途径，推动人本精细化的深层达标和高效运作

第一，管理流程优化再造。结合祁东煤矿的实际情况，本着由易到难、先急后缓、优化扬弃、渐次再造的原则，从干部走动式管理、材料管理信息化、“CIA”持续改进这三个方面的优化再造开始，为各项流程的优化再造实验探路。第二，分项文化延伸拓展。一是安全文化，着重建设“136”安全文化工程。二是质量文化，固化新型煤质控制体系，不断扩大各类“示范工程”覆盖面，建立行业级质量标准化矿井。三是班组文化，引入“小班组，大战略”的文化理念，通过完善星级班组考评体系，确立班组权责对等的一级管理平台地位。四是伦理文化，着重开展“廉洁从业”为核心内容的廉政文化建设，以刚性的法规法纪为基础，辅以个人的道德自律，集体的是非荣辱观，共同建设风清气正的矿井廉政文化。

三、大力建设企业文化后，企业收到的实效

1. 提高了矿井的管理品味

管理人员的综合素质显著提高，心智模式明显改善，反思文化渐行渐长，系统思考成为习惯，协同意识、创新意识、进取意识显著增强，直接或间接转化成为现实生产力，如管理扁平化、新型

煤质管理体系、采煤系统“2916”工作制、掘进系统“九大平行作业法”、设备租赁及废旧物资内部专业市场、生产系统“5W1H”闭合管理等管理创新成果，提高了矿井的“双效”。

2. 提高了矿井的科技含量

煤层注水工艺、突出煤层防突工艺、防喷孔装置技术等，从根本上解决了炮后瓦斯超限、突出煤层喷孔超限和瓦斯突出等难题。创新应用气囊封堵上隅角技术，已获得国家实用新型专利证书；260多项科技成果孕育而出，产生了巨大的经济效益和社会效益。

3. 提高了英雄模范的影响力

皖煤文化的核心价值观为“企业英雄”的成长提供了肥沃的土壤。先后涌现出“恪守职业道德、维护企业形象”的铲车司机张武，“全国能源化学系统优秀女职工”、全国三八红旗手潘金兰，“风口浪尖勇救落水母子”的胡朋，“雪夜救农妇、爱洒伤员心”的“中国好人”刘为新，安徽省爱岗敬业道德模范赵立业，全国百名优秀青年矿工罗虎，全国煤炭行业优秀科区长张敬会等一大批英雄模范人物。他们既是“合格皖煤人”的代表，又是践行企业文化核心价值观的鲜活标本。

4. 提高了矿井的社会影响力

不断放大“皖煤文化”中创新这个基本元素，全力打造创新型矿井。循环经济、瓦斯治理、卓越党建等一批管理品牌在集团公司乃至全国同行业处于领先地位。相继赢得了全国文明煤矿、高产高效矿井、全国首批管理创新示范单位、省级文明单位、全国文明煤矿等荣誉称号，工人村先后被授予“安全文明小区”、“绿色小区”、“省级文明小区”等称号，成为皖北煤电集团有限公司新的经济增长点和企业文化的亮点。

加强文化建设　提升管理水平

大同煤矿集团公司燕子山矿　冯　超

党的十七届六中全会从深远发展和战略高度指出："当代中国进入了全面建设小康社会的关键时期和深化改革开放、加快转变经济发展方式的攻坚时期，文化越来越成为民族凝聚力和创造力的重要源泉、越来越成为综合国力竞争的重要因素、越来越成为经济社会发展的重要支撑，丰富精神文化生活越来越成为我国人民的热切愿望。"

大型国有煤炭企业应当如何深化文化体制改革，突破传统管理模式，实现文化强企目标，促进企业健康快速发展？笔者认为，必须要清醒认识文化建设的新要求、新形势和文化建设中存在的问题，找准关键、对症下药，大力实施和推进企业文化建设，以文化提升软实力、增强凝聚力，实现由经验管理向文化管理的重大转变，走文化强企之路。

一、充分认识煤炭企业文化建设面临的新形势，进一步增强紧迫性和坚定性

"当今世界正处在大发展大变革大调整时期，文化在综合国力竞争中的地位和作用更加凸显，维护国家文化安全任务更加艰巨，增强国家文化软实力、中华文化国际影响力要求更加紧迫。"作为国家重要能源的煤炭企业，在竞争中走文化强企之路，首先要认识文化建设所面临的形势，深刻把握、深入理解。

（一）世界经济发生了巨大深刻的变化

随着国际经济合作与交流的不断加强，世界范围内的竞争日益显现，特别是经济全球化加快了现代企业管理制度和经济结构调整步伐，改变了企业竞争环境、竞争条件和竞争规则，使得无国界竞争逐步形成。无论是主动还是被动，一个企业面临着严峻挑战，这种挑战不仅仅来自生产、管理、销售的竞争，也不仅仅是国内、国际市场的竞争，更重要的是文化深层次、高水平、全方位的竞争，传统的基础管理越来越不能满足大企业集团化发展的要求。因此煤炭企业只有把产业结构、文化发展战略作为竞争发展的关键，在全球产业结构调整的大背景下充分考虑，以卓越和前瞻的眼光推进企业文化建设，才能赢在文化上。

（二）企业发展战略发生了转变

改革开放三十多年来，国有煤炭企业深化改革稳中有进，大集团、大发展、大战略更加突出，成为企业普遍认可、谋求发展的根本要求。传统上的企业发展模式远远不能在日益激烈和变幻莫测的市场竞争中争得一席之地，要发展、要做大做强，走在煤炭行业发展前列，煤炭企业不得不转变发展方式，以争取更大的发展空间。由此，以战略发展的新一轮竞争逐渐拉开帷幕，单一、粗放的煤炭产业也逐步被"以煤为基、多业并举"的战略发展所取代，短暂的发展也必将被纳入到长远规划中，特别是企业战略发展与企业文化建设的兼容性不断增强，让我们再一次清晰地看到企业文

化建设在战略发展中的重要地位和作用，依靠文化治企管人、做好文化大文章，不仅可以加快调整、提升效益，促进企业战略发展，而且是企业增强核心竞争力、强化员工执行意识，推动人本精细管理向更高层面延伸的必由之路。

（三）企业管理理念进入全新时代

以人为本是科学发展观的核心，是我们党全心全意为人民服务宗旨的深刻体现。人是发展的目的，也是发展的根本动力。企业文化作为一种以人为本的高层次管理模式，要求我们在管理过程中以人为出发点和中心，围绕激发和调动人的主动性、积极性、创造性展开，以实现人与企业共同发展为目标的一系列管理活动。因此，以人为本的管理方式要求企业要重视人的需要，鼓励培养员工实现个人的全面发展，以人为中心致力于个人目标与企业目标相吻合。换句话说就是要尊重人、信任人、理解人、关怀人、激励人，合理用人，达到人与企业平衡发展，这也是国有大型煤炭企业走国际化发展道路，进军世界500强的根本和基础，是国际人文价值观和国际竞争的充分体现。

二、清醒认识煤炭企业文化建设中存在的问题

企业文化是具有中国特色社会主义文化的重要组成部分，是先进文化在企业的具体体现。但是在实践中，一些企业在推行企业文化建设中还存在一些问题，比如认识不到不想做，境界不高不愿做，思路不清不会做，方法杂乱做不好，效果不好不坚持等，从一定意义上说，在文化认知和培养、形式与实质、大众化与稳定性等关键环节上还做得不够成熟，具体体现在以下三方面：

（一）文化培育和认知没有统一

改制以来，企业成为市场主体，员工也由成员化走向社会化，各种思潮涌入，员工思想和价值观呈现多样化，很难形成一种主流文化，加之煤矿员工素质普遍不高，对文化的判断、认知和接受不一，因此文化培育还具有长期性、艰巨性。

（二）形式和实质没有统一

在企业文化建设上大致有两种情形。一是重形式轻实质。表现在：口号化、概念化、公式化，大儿化，操作起来没有抓手，浮于表面，缺少特色。二是重实质轻形式。缺乏形象内容，看不见，摸不着。表现在：不总结，不提炼，不升华，文化停留在无规律、凌乱状态，缺乏系统推进模式，人文基础和价值渗透不深。不论哪种形式对企业发展都是极为不利的，反之，也只有实现形式和实质的统一，企业文化建设才能取得实效。

（三）具有大众化、稳定性的文化没有形成

企业文化不是一个人、一个部门的事情。如果一种文化没有被大众所悉知认可，与企业发展实际相脱节，那么就是“个人文化”、“领导文化”。同时，企业在文化建设上相对缺乏稳定性，在改革创新、制度执行、文化氛围形成中，一些口号和理念烦琐或者更替频繁，员工吸收跟不上步伐，达不到应有的效果。

三、以人为本，大力推进企业文化建设

要适应风云变幻的新形势，克服推进企业文化建设中存在的问题，使企业文化发展与现代企业

制度相适应，达到优秀、卓越的管理境界，企业必须要坚持以人为本，大力推进企业文化建设，运用文化引领企业前进方向，凝聚奋斗力量，实现企业管理的理论性、实践性和创新性的整体统一，打造特色鲜明的文化品牌。

（一）以思想凝聚、精神统一为前提，培育企业核心价值观

企业文化对外是一面旗帜，对内是一种向心力。加强企业文化建设的首要前提是要在思想和精神上形成统一共识。思想不齐，基础不牢，文化建设将无从谈起。

一要宣传教育聚思想。要通过宣传灌输，培训教育、思想引导、军事化管理等方式，不断夯实举旗、铸魂、塑性、造势、引导、刷新等基础工作，将企业目标愿景、发展理念和企业精神深深扎根到员工思想中，培育员工对企业价值观的认同感，增强员工的大局意识、团队意识、奉献意识，使员工自觉将个人理想与企业发展目标融为一体，在企业发展中成就自我。要充分发挥党组织在团结凝聚、永葆先进、创先争优中得作用，不断增强吸引力、感召力和战斗力，会聚成为强大的发展动力。

二要弘扬精神强动力。要大力弘扬社会主义荣辱观，结合煤炭企业实际，加大井上井下文明创建力度，深入开展各类评选活动，树立典型，弘扬精神，使学习典型、争当典型成为时尚。要注重发挥文化的熏陶、感染、教育、启迪作用，建设各类文化阵地，完善文化窗口，创办学习刊物，组建文体协会、文工团等文艺团体，形成富有时代精神、具有行业特性、蕴涵矿区特色的文化品牌，充分满足员工群众的精神文化需求，以精神引领、凝聚人气、鼓舞士气，不断推动企业向更高台阶迈进。

（二）以管理转型、突出精细为抓手，增强企业执行力

管理在企业发展中体现得最直接、最明显，也与实际工作结合得最紧密。当前，山西省提出了转型跨越战略，大同煤矿集团公司也吹响了“转型跨越‘十二五’，再造一个新同煤”的进军号角，要转型跨越，首先要在管理上转型。特别是煤炭企业长期与自然作斗争，点多、线长、面广，工作条件艰苦、员工素质不高等诸多因素，造成管理范围广、难度大。要彻底转变管理模式，以文化人、管人，不断提升工作标准，增强执行力，必须立足企业实际，强力推进以“精细、精准、精确、精益、精美”的“五精”管理。

一要倾力打造“三基九力”团队。“三基九力”团队是推行“五精”管理的有力保障。要按照打基础、抓基层、强化基本功的要求，围绕企业组织、人事、安全、生产、供应、财务、科技、研发、环保、培训等基础管理职能和制度、机制、计划、标准、质量、经营、信息、文化等基础管理要素，将工作重心放在现场，向行业领先标准看齐，着力打造具有“凝聚力、亲和力、执行力、管控力、经营力、现场力、创新力、学习力、文化力”的团队，提高企业核心竞争力。

二要全面铺开岗位描述和手指口述。作为精细管理的岗位描述和精确管理的手指口述，是推进“五精”管理的重要基础工作。要按照由易到难、循序渐进的原则，选好试点单位，从固定岗位向动态达标逐步转换，同时要以试点岗位员工为典型，由他们对同一岗位的其他员工进行培训，并提高他们的效益工资，激励广大员工学好用好岗位描述和手指口述，做到精细确认，提升员工的安全操作技能。

三要强力推进“七路并进”英雄行动。“七路并进”英雄行动是提升企业管理境界的有效途径。要在广大员工中组织开展“精优作业法”的提炼行动、“卓越管理法”的历练行动、“创新成

果”的锤炼行动、“精英品牌要素”的提炼行动、“权威首席员工”的修炼行动、“素质金字塔”的磨炼行动、“创纪录”的合练行动，激发人人创先争优的积极性和主动性。要结合实际工作，对需要提炼、推广、普及、结合的，及时予以开展，实现效应最大化。

四要扎实开展星级员工培育。星级员工是员工在企业中实现人生价值和体现岗位价值的最高荣誉。要通过五星级员工的选树，最大限度激发员工学习专业技能和争当星级员工的热情，鼓励员工主动学习、自觉提高、成就自我，锻造高素质员工队伍。

（三）以快乐工作、人文关怀为内容，提高企业亲和力

经济、社会高速发展，必然引起工作、生活节奏的不断加快，员工经受的各种压力蜂拥而来。坚持以人为本，推行快乐工作，加强心理辅导，有助于培养、调动员工工作积极性，加快构建和谐企业步伐，营造敬业乐业的良好氛围。

一要提升员工快乐指数。要推行快乐工作法，把快乐工作法作为深化企业文化建设的重要举措，以“876”为快乐工作法推行体系的重点，通过自上而下分步实施，由点带面整体推进，焕发员工激情，推动企业发展。同时要针对煤矿员工工作任务重、心理压力大的实际，成立员工心理咨询辅导站，开通服务专线、电子信箱，定期深入基层，开展心理测试，特别是对“三违”员工进行“一对一”心理健康分析和心理疏导，有效消除“三违”人员的心理障碍，排除潜在的安全隐患。

二要加大帮扶工作力度。要充分发挥扶贫帮困组织机构的作用，对困难员工进行及时救助；因地制宜发展第三产业，组织青年就业创业，帮助解决员工子女就业问题；要广泛开展志愿者服务和访贫问苦帮扶活动，关心井下员工工作和生活，努力把企业发展的成果惠及到员工，增强员工对企业的认同感和归属感。

（四）以环境整治、矿区建设为纽带，增强企业感染力

创造良好的环境可以促进人的发展，促成文化的形成。煤炭企业生产直接导致生态环境的破坏，要保护环境，维护生态平衡，实现人与自然和谐共处，企业与环境同步发展，企业必须要抓好环境整治和矿区建设两个关键环节，营造和谐共融的生态环境。

一要全面加强环境治理。要大力实施绿化美化工程，改善矿山生态环境，对工业区、生活区，以及“两区”拆迁覆土进行大规模绿化，拓展绿化面积，提升绿化品位。要科学规划矸石山综合治理，新建矿井水处理厂，从源头上对重点污染源进行整治，努力建设碧绿秀美新矿山。

二要大力实施矿区建设。以“井下现代化、地面园林化”为目标，全力为员工打造安全、健康、舒适的工作、生活环境。在井下作业环境建设上，要以打造本质安全型矿井为目标，加强粉尘治理达标矿井建设，开展矿井质量标准化会战，加强盘区、巷道、硐室的标准化建设，改善井巷运输条件，保证员工安全健康；在地面环境建设上，不断加大矿区道路、照明、小区建设、文化阵地、交通设施、休闲娱乐广场等基础设施建设，下大力气从办公楼、无烟换班室等工作场所到员工餐厅、单身公寓和职工浴室等后勤服务进行改造，营造温馨氛围，建设美好家园。

社会责任篇

煤炭企业社会责任成本研究

中国煤炭经济研究会课题组

一、研究背景

（一）煤炭工业可持续发展要求研究煤炭企业社会责任成本问题

煤炭是我国的主要能源和重要原料。煤炭开采加工业是我国主要的基础产业，在国民经济发展中具有重要的地位和作用。在计划经济时期，煤矿归国家所有，建矿投资、物资供应、产品销售、价格和盈亏等都由国家统一管理，煤炭成本是直接生产成本。改革开放之后，尤其是进入新世纪以来，伴随着我国煤炭产品市场化和成本完整化的进程，煤炭企业的社会责任问题日益引起政府、企业和社会公众的重视，逐步增加了煤炭企业的社会责任：改革煤炭产品税收制度，由低税率扶持转变为税负最高的行业之一；实施资源有偿使用制度，不断提高煤炭资源税征收标准；加大了煤炭开采生态环境治理恢复支出，建立了矿山环境治理恢复保证金制度；强化了安全生产投入，煤矿安全生产状况持续好转；提高了煤矿职工社会保障水平，承担了矿区和谐发展的社会责任等。煤炭企业感到社会责任成本越来越大，社会上对煤炭企业履行社会责任的期望值却越来越高。煤炭企业履行社会责任会发生哪些社会责任成本，煤炭企业社会责任成本对企业经济效益影响有多大，所发生的社会责任成本能否得到经济补偿，政府和企业对企业社会责任活动如何决策等，这些问题是煤炭工业可持续发展亟待研究和弄清的问题。

（二）煤炭企业披露社会责任信息要求合理确认和计量社会责任成本

随着国内外市场化与信息化的快速发展，煤炭企业应当重视社会责任信息披露，定期发布社会责任报告，展示履行社会责任的绩效，同时也应披露履行社会责任而支付的成本费用。当前国内外的企业会计准则还没有企业社会责任成本确认和计量方法，社会实践要求我们依据企业会计准则关于成本费用确认和计量的基本原则和方法，结合煤炭企业实际情况，明确煤炭企业社会责任成本概念，统一规范煤炭企业社会责任成本项目，研究制定煤炭企业社会责任成本费用确认和计量方法，减少煤炭企业社会责任成本计算的随意性，并提供实务操作范例，为煤炭企业合理计量披露社会责任成本提供帮助，为社会公众了解和合理评价煤炭企业履行社会责任绩效和成本提供参考。

（三）煤炭成本核算与管理发展趋势要求加快社会责任成本会计建设

随着我国煤炭产品市场化和成本完整化的发展，煤炭产品生产成本占成本费用的比重越来越小，社会责任成本占成本费用的比重越来越大。随着煤炭企业 IT 技术的运用，企业使用计算机管理信息系统来管理和核算成本，加快了成本管理会计的发展。煤炭生产成本管理精细化，社会责任成本管理科学化，是大型煤炭企业集团成本管理的两个发展趋势。煤炭企业社会责任成本会计，包括环境会计、资源会计、税政会计等。本课题研究从企业社会责任成本理论和实务操作方法上，为企业社会责任成本会计的成长提供帮助。

二、煤炭企业社会责任成本理论研究

对于企业社会责任成本的研究，国内外学者有一定的论述。但在煤炭企业社会责任成本研究方面，国内外学者的研究还不多。开展煤炭企业社会责任成本的研究，首先要从理论上阐明煤炭企业社会责任成本。此部分内容有煤炭企业社会责任成本的相关理论、煤炭企业社会责任成本的法律法规依据和煤炭企业社会责任成本的内涵共三部分，由于篇幅所限，此处只介绍煤炭企业社会责任成本的内涵。

（一）煤炭企业社会责任的含义

目前，被理论界所广泛接受和认可的企业社会责任概念，是美国佐治亚大学管理学教授阿尔奇·卡罗尔对企业社会责任所下的定义：企业社会责任是社会寄希望于企业履行的义务，社会不仅要求企业实现其经济上的使命，而且期望其能够守法律、重伦理、行公益。完整的企业社会责任，为企业的经济责任、法律责任、伦理责任和慈善责任的总和。

世界可持续发展企业委员会（WBCSD）提出："企业社会责任是企业承诺持续遵守道德规范、为经济发展作出贡献，并且改善员工及其家庭、当地社区、社会的生活品质，也就是指企业对社会合于道德的行为，特别是指企业在经营上必须对所有的利益相关人而非对股东负责。"

世界银行将企业社会责任定义为：企业与关键利益相关者的关系、价值观、遵纪守法以及尊重人、社区和环境有关的政策和实践的集合，它是企业为改善利益相关者的生活质量而贡献于可持续发展的一种承诺。

国内学者大都认为：企业社会责任是企业在其商业运作过程中，对其利益相关方应负的责任，其理念是企业在创造利润、对股东利益负责的同时，还要承担对员工、对社会和环境的社会责任，包括遵守商业道德、生产安全、职业健康、保护劳动者的合法权益、节约资源等。

《中国工业企业及工业协会社会责任指南》认为"社会责任是责任主体在自我发展中履行对利益相关方的责任，履行对环境和社会的责任。企业社会责任是企业在追求经济效益、实现企业自我发展的同时，承担对经济、环境和社会可持续发展的社会责任。"同时又提出"企业社会责任是指企业在追求经济效益的同时，应该承担对政府的责任、利益相关方的责任、对消费者的责任，以及对社会、资源、环境、安全的责任，以及保护弱势群体、支持妇女权益，关心保护儿童、支持公益事业等。其总称为企业社会责任。"

通过对国内外学者、机构对企业社会责任定义的总结和分析，课题组认为，煤炭企业的社会责任是企业在谋求经济效益，实现企业自我发展的同时，对利益相关方，包括员工、消费者、债权人、政府、所在社区和当地环境等承担的责任。煤炭企业的社会责任包括法律和制度对煤炭企业要求的社会责任，以及煤炭企业自发履行的社会责任。

（二）煤炭企业社会责任成本的含义

对于企业社会责任成本，国内外文献对此探讨较晚较少，部分学者从不同的角度进行了阐述。随着社会经济的发展，会计的社会责任成本问题也逐步产生并发展起来。1968 年，美国会计学家戴维·林诺维斯率先提出了"社会责任会计"的概念，揭开了社会责任会计研究的序幕。社会责任成本是社会责任会计的重要组成部分。

国内学者认为，企业的社会责任成本有广义和狭义之分。狭义的企业社会责任成本是除企业经济责任成本之外的促进社会进步和改善社会公益的成本；广义的企业社会责任成本是多元的，包括经济责任成本、法律责任成本、道德责任成本和慈善责任成本。认为企业社会责任成本是指在持续经营期间企业因直接或间接承担社会责任而发生的各项耗费，环境恢复治理成本，职工福利改进增支额、对社会事业的捐赠和赞助、承担的公益和社会福利方面的支出等，是企业社会责任成本的主要内容。

通过对国内外学者对企业社会责任成本含义的回顾和分析，课题组认为，煤炭企业社会责任成本就是企业在追求经济效益的同时，承担对消费者、债权人、政府、员工等利益相关者的责任，以及承担节约资源、环境保护、社区建设、支持公益事业等责任而发生的成本费用支出。

（三）煤炭企业社会责任成本的分类

1. 相关机构对企业社会责任的分类

一是中国社会科学院企业社会责任研究中心编辑出版的《中国企业社会责任报告编写指南》，把企业社会责任绩效分成了三类。

（1）市场绩效。企业的市场绩效责任可分为对自身健康发展的经济责任和对市场上其他利益相关方（主要是客户和商业伙伴）的经济责任。股东责任包括两个部分，即投资者关系管理制度和财务绩效，财务绩效视为股东责任的绩效表现；客户责任主要描述企业向客户提供合格产品及满意服务的制度保障及取得的工作成效；伙伴责任主要描述企业对商业伙伴负责任的行为，如公平竞争、责任采购、合同履约及合作共赢等。

（2）社会绩效。社会绩效主要描述企业对社会责任的承担和贡献，主要包括政府责任、员工责任、安全生产和社区参与四个方面的内容。政府责任主要描述企业响应政府号召，对政府负责的理念、制度、措施及绩效；员工责任主要描述企业对员工负责、促进员工与企业共同成长的理念、制度、措施、绩效及典型案例；社区参与主要描述企业对社区的责任贡献。

（3）环境绩效。环境绩效主要描述企业在节能减排、保护环境方面的责任贡献，主要包括环境管理、节约资源能源和降污减排三大板块。环境管理主要描述企业的环境管理理念、制度、措施以及管理方针，是企业履行环境责任的制度保障；节约资源能源板块主要描述企业在节约资源能源方面的理念、制度、措施和绩效；降污减排主要描述企业在减少自身运营对环境负面影响方面的理念、制度、措施和绩效。

二是中国工业经济联合会与十家工业协会联合发布的《中国工业企业及工业协会社会责任指南》，将工业企业社会责任分为8类。即科学发展、公平运营、环保节约、安全生产、顾客与消费者权益、合作共赢、和谐劳动关系、社区参与和发展。

2. 国内学者对企业社会责任成本的分类

国内学者对社会责任成本的分类有多种见解，比较典型的有三种。

第一种是从广义和狭义两个角度进行了分类，广义的企业社会责任成本有经营责任成本、维权责任成本、环境责任成本、制度责任成本四类。狭义的企业社会责任成本不包括经营责任成本，只包括维权责任成本、环境责任成本、制度责任成本三类。

（1）经营责任成本。它包括企业生产经营过程中发生的产品生产成本、经营业务成本、期间费用及其他必要支出。

(2) 维权责任成本。它包括维护消费者权益和劳动者权益发生的成本。

(3) 环境责任成本。它包括污染治理成本、资源环境保护成本、环境影响评价成本、排污权购置成本、环保项目投入成本、内部环保监审成本，以及基于生态环境和公共道德建设所发生的其他环境责任成本。

(4) 制度责任成本。包括正式规则责任成本和非正式规则责任成本。

第二种是按社会责任成本支出的经济用途进行分类，可分为7类：

(1) 社会人力资源成本。是指企业为发展人力资源所发生的耗费与支出。包括对员工的招募录用费用、劳动报酬、集体福利、教育培训支出、职工社会统筹保障金等。

(2) 自然资源耗用成本。是指在我国境内的企业，因其对资源的开采和使用而向资源所有者支付的资源使用费。

(3) 土地使用成本。这是企业因使用土地而应支付的成本，特别应包括企业因过度使用土地而使土地退化、质量下降计量的成本。

(4) 环境支出成本。是指企业本着对环境负责的原则，为防止环境污染而发生的各种费用和为了改善环境、恢复环境的数量或质量而发生的各种支出。

(5) 社区公益成本。是指企业为社区及公共事务、公益事业和社会福利事业所发生的各项耗费和支出。

(6) 外部不经济成本。是指一个公司或企业从事谋利经营活动而消耗的并未记入自身成本费用中的社会资源或给社会带来的损失，企业应充分计量这种消极外部效应，并加以内部成本化。

(7) 其他责任成本。包括企业对政府、股东、供应商、债权人以及顾客等承担的责任成本。

第三种是按社会责任内容不同进行分类。根据履行社会责任内容不同将社会责任成本划分为4类，即社会经济责任成本、社会法律责任成本、社会生态责任成本和社会伦理责任成本。

(1) 社会经济责任成本。主要是指企业为履行传统的、基本的经济责任而付出的成本。包括对投资者经济责任成本、对债权人经济责任成本、对政府的经济责任成本和对经营者的经济责任成本。

(2) 社会法律责任成本。指企业按照有关法律法规的规定，照章纳税和承担政府规定的其他责任义务成本，以及职工的福利、安全、教育等方面承担义务成本。

(3) 社会生态责任成本。指企业一方面按照有关法律的规定，合理利用资源、减少对环境的污染程度，另一方面要承担治理由公司所造成的资源浪费和环境污染的相关成本。

(4) 社会伦理责任成本。指企业在自身社会形象、维护社会稳定、支持社会慈善事业和其他公益事业等方面的社会责任成本。

3. 课题组对煤炭企业社会责任成本分类

1) 煤炭企业社会责任成本分类要处理好三个关系

(1) 企业社会责任分类与社会责任成本分类的关系。通过对企业社会责任分类和企业社会责任成本分类的分析，课题组认为企业社会责任分类和企业社会责任成本分类的依据不同，前者主要是依据社会责任的性质和内容进行分类，后者主要是依据社会责任成本支出的经济用途进行分类，企业社会责任分类与社会责任成本分类难以统一起来。

(2) 煤炭企业社会责任成本分类与煤炭产品成本分类的关系。煤炭企业社会责任成本与煤炭产品成本的内涵不同，但都属于成本的范畴，两者的分类依据应具有共性，都可按成本支出的经济用途分类。煤炭产品成本中包括着一些社会责任成本，如职工薪酬、环境治理补偿费、安全生产费用等。煤炭企业社会责任成本，不仅发生在煤炭产品成本和期间费用中，也发生在企业利润分配和资金流转环节，如流转税金及附加等。煤炭企业社会责任成本与煤炭产品成本交叉部分的分类与成本项目应尽量保持一致。

（3）煤炭企业社会责任成本分类与成本项目构成的关系。煤炭企业社会责任成本分类与其成本项目的构成应保持一致，把社会责任成本分类落实在社会责任成本项目上，使社会责任成本分类与相应的社会责任成本核算对应起来，形成煤炭企业社会责任成本的会计核算依据。

2）煤炭企业社会责任成本项目和主要内容

通过上述分析，课题组从零散分布在煤炭企业产品成本、期间费用、利润分配和资金流转中关于社会责任成本要素的内容，按照经济用途进行归纳分类，统一规范煤炭企业社会责任成本项目为：员工责任成本、环境责任成本、安全责任成本、资源责任成本、税务责任成本、市场责任成本、社区公益成本。

（1）员工责任成本。是指煤炭企业为获得员工提供的服务而给予各种形式的报酬、集体福利、社会保险、教育培训及其他相关支出。

（2）环境责任成本。是指煤炭企业专项用于矿区生态环境治理保护、地质灾害防治、采动区民房搬迁、节能减排支出等。

（3）安全责任成本。是指煤炭企业为实现安全生产和处理安全事故发生的相关费用。

（4）资源责任成本。是指煤炭企业按照国家规定摊销的煤炭资源资产折耗、因开采煤炭资源而向作为资源所有者的国家缴纳的矿产资源补偿费和探矿权、采矿权使用费等。

（5）税务责任成本。是指煤炭企业依法缴纳的各种税金和按政府规定缴纳的行政性收费和基金。

（6）市场责任成本。是指煤炭企业对使用煤炭产品或其他劳务的用户和合作伙伴承担相应责任中所发生的耗费。

（7）社区公益成本。是指煤炭企业为社区基础设施建设、公共事业发展、保护弱势群体、防灾救灾等支出。

三、企业社会责任成本的确认与计量

（一）煤炭企业社会责任成本的确认

1. 煤炭企业社会责任成本的确认原则

（1）符合企业社会责任成本定义，与本期经济活动高度相关，且能确切地以货币形式进行计量或合理地估计的导致经济利益流出企业的所有支出。

（2）在企业生产经营过程中发生的各种与社会责任有关的费用，应当以权责发生制为基础进行会计确认、计量和报告。

（3）确认为社会责任成本的支出，不论是反映在企业会计报告的哪个部分，都应当计入相应的社会责任成本。

（4）社会责任成本中符合资本化标准的，尤其是与煤炭矿业权有关的支出应予以资本化，在会计当期和后面各受益期间加以摊销，按摊销额计入当期相关社会责任成本。不满足资本化条件的作为费用支出计入当期相关社会责任成本。

(5) 本期计提的安全生产费、矿山环境治理恢复保证金等专项储备资金不纳入社会责任成本。按本期使用的并确认为煤炭产品成本支出的金额计入相关社会责任成本。

2. 安全责任成本的确认

1) 安全责任成本的内涵及分类

安全责任成本是指企业为了保证和实现安全生产而发生的费用。安全责任成本可分为：安全专项工程成本（固定资产的投入等）、安全防护与保健支出成本、应急救援成本（包括设备）、安全管理成本（包括培训费）等。

安全工程专项成本就是安全工程项目投入的成本，是企业为了保障生产安全和职工健康，针对特定危险以及职业危害而进行的工程项目的费用；安全防护与保健支出成本是企业为保障生产过程中职工的安全与健康而投入的防护用品以及职工保健的费用；应急救援成本是企业为了有效控制突发事故而预先计划的应急救援系统的费用，以及实施应急救援而发生的相关费用；安全管理成本是企业安全生产管理部门正常开展工作所需的投入。

2) 安全责任成本的确认

(1) 安全专项工程成本的确认。

安全专项工程成本主要包括：

①安全设备购置费。安全设备购置安装费及生产设备的安全防护装置的建筑材料等费用。

②安全设施费。安全工程设施的建筑材料费、购置费、工时费。

③安全监测仪器仪表费。安监设备、仪器仪表的购置费用。

④安全技术引进费。就是对安全项目从技术方面所采取的安全技术措施及整改而发生的费用。

(2) 安全防护与保健支出成本的确认。

企业为保障生产过程中职工的安全与健康而投入的防护用品以及职工保健的费用。具体包括以下三方面。

①劳动防护用品。主要包括劳动防护服、安全帽、防护鞋、防护手套、防护眼罩等费用。

②劳动保健费。主要包括职业病预防治疗费用以及防暑饮料等费用。

③安全事故赔偿费。由于生产事故等对生产者造成伤害，而发生相应赔偿的费用。

(3) 应急救援成本的确认。

企业为了有效控制突发事故而预先计划的应急救援系统的费用，以及实施应急救援而发生的相关费用。

①应急救援设备费。包括应急救援设备购置费、修理费和使用费等。

②应急救援仪表仪器费。包括购置费和使用费。

③应急救援组织办公费用。包括应急救援专业组织和临时组织办公费用。

④应急救援培训及演练费用。包括应急救援专业队伍和群众性的培训及宣传费用。

⑤事故处理费。在事故发生后，企业为了控制事故扩散、减少损失、恢复正常秩序等处理事故所必需的花费，主要包括事故处理活动费用、对伤亡职工的救治费用等。

(4) 安全管理成本的确认。

企业安全生产管理部门正常开展工作所需的投入。

①日常安全管理费用。企业安全生产管理部门正常开展日常安全工作所需的费用。

②安全教育培训费。企业开展安全教育、安全培训、安全考核等所需的费用。

③安全活动费。主要包括购置或编印安全技术和劳动保护书刊、宣传品，电化教育所需设备；设立安全教育室，举办安全展览会等所需费用。

④各类安全罚款。由于发生事故，政府相关部门对企业进行的各类罚款。

3. 员工责任成本的确认

1）员工责任成本的内涵和分类

员工责任成本是指煤炭企业为获得员工提供的服务而给予各种形式的报酬以及其他相关支出。包括煤炭企业为员工在职期间和离职后提供的全部货币性薪酬和非货币性福利，既包括提供给职工本人的薪酬，也包括提供给职工配偶、子女或其他被赡养人的福利等。员工责任成本可分为职工工资奖金及津贴、职工福利费、社会保险费、住房公积金、工会及职工教育经费、解除劳动关系补偿和其他薪酬支出等。

2）员工责任成本的确认

（1）职工工资、奖金、津贴和纳入工资总额管理的补贴。是指按照国家统计局的规定构成工资总额的计时工资、计件工资，支付给职工的超额劳动报酬和增收节支的劳动报酬，为了补偿职工特殊或额外的劳动消耗和因其他特殊原因支付给职工的津贴，为了保证职工工资水平不受物价影响支付给职工的物价补贴，已经实行货币化改革的企业给职工按月按标准发放或支付的住房补贴、交通补贴或者车改补贴、通信补贴，企业给职工发放的节日补助和未统一供餐而发放的午餐费补助等。

（2）职工福利费。职工福利费是企业用于增进职工物质福利，支付给职工及其配偶、子女或其他赡养人解决生、老、病、死等方面的困难所支付的费用，包括发放给职工或为职工支付的各项现金补贴和非货币性集体福利。

（3）社会保险费。指企业按照国务院、各地方政府或企业年金计划规定的基准和比例计算，向社会保险经办机构缴纳的养老保险费，包括向社会保险经办机构缴纳的基本养老保险费和向企业年金基金相关管理人缴纳的补充养老保险费（年金）、医疗保险费（包括按规定由企业成本支付的补充医疗保险费）、失业保险费、工伤保险费和生育保险费等社会保险费。

（4）住房公积金。是指企业负担的按照国务院《住房公积金管理条例》规定的基准和比例计算，向住房公积金管理机构缴存的住房公积金。

（5）工会经费和职工教育经费。是指企业为了改善职工文化生活、为职工学习先进技术和提高文化水平和业务素质，用于开展工会活动和职工教育及职业技能培训等相关支出。

（6）因解除与职工的劳动关系给予的补偿。是指由于分离办社会职能，实施主辅分离、辅业改制，重组、改组计划，职工不能胜任等原因，企业在职工劳动合同尚未到期之前解除与职工的劳动关系，或者为鼓励职工自愿接受裁减而提出补偿建议的计划中给予职工的经济补偿，即国际财务报告准则中所指的辞退福利。

（7）其他与获得职工提供的服务相关的支出。是指除上述六种薪酬以外的其他为获得职工提供的服务而给予的薪酬，比如企业提供给职工以权益形式结算的认股权、以现金形式结算但以权益工具公允价值为基础确定的现金股票增值权等。

4. 环境责任成本的确认

1）环境责任成本的内涵和分类

煤炭企业环境责任成本的确认就是将煤炭企业在有关环境方面的支出进行归结，将能够归属于环境责任成本的部分正式记入环境成本科目。环境责任成本是煤炭企业按照科学发展观、建设环境友好型与资源节约型社会的要求所发生的与环境治理有关的各类各项成本。由于环境的外部性较为明显，因此环境责任成本是煤炭企业社会责任成本的重要组成部分，也是最为突出的、易于暴露在公众视野下的、能够深刻体现社会责任的成本形式。

2）环境责任成本的确认

（1）矿山环境治理恢复保证金（弃置费用）。

按照国家有关规定从煤炭成本中提取矿山环境治理恢复保证金或弃置费用，专项用于矿山环境治理恢复和矿井资源枯竭关闭后的生态环境恢复。主要用于矿区生态环境和水资源保护支出、矿区资源综合利用和“三废”治理支出、煤炭开采引发的地质灾害防治支出、矿区自然生态和地质环境恢复支出等。不是从煤炭成本提取的矿山环境治理保证金，不能确认为环境责任成本支出，应当按使用保证金计入煤炭成本的金额确认为环境责任成本支出。

（2）压煤村庄建筑物搬迁费。

压煤村庄建筑物搬迁费是为了开采村庄建筑物下面的煤炭资源，保障村庄建筑物安全和环境友好而发生的各种费用。主要包括压煤村庄建筑物采动损坏维修加固费、压煤村庄建筑物搬迁费、压煤村庄搬迁配套工程支出和压煤村庄居民安装费。

（3）采煤塌陷地治理支出。

采煤塌陷地治理支出，是指煤炭企业因开采煤炭资源导致地面塌陷而发生的各种费用。主要包括因采煤塌陷导致的青苗补偿费、减产绝产补偿费、绝产土地征购费、塌陷土地治理费、塌陷区域生态环境修复支出、小型路桥涵坝堤维护加固费等。

（4）矿井水和煤矸石排放费。

矿井水和煤矸石排放费，是指因开采煤炭资源而排放矿井水、煤矸石发生的各种费用。包括矿井水排放费、煤矸石排放费、矿井水和煤矸石排放污染治理费、煤矸石排放占地费、煤矸石粉尘和自燃治理费、矿井水排放污染罚款等。

（5）造林育林费。

造林育林费，是指按照国家规定从煤炭成本中提取的专门用于造林育林的资金。

（6）区域环境治理费。

区域环境治理费，是指与煤炭资源开采相关的区域性生态环境治理费，如河道治理费、水土流失费等。

（7）其他环境责任成本。

除上述支出之外的属于环境责任成本的各项支出。

5. 资源责任成本的确认

1）资源责任成本的内涵和分类

煤炭企业资源责任成本是指煤炭资源开采过程中耗用、占用和损失的煤炭资源资产及相关的各类支出。资源责任成本可分为煤炭资源矿业权无形资产折耗、煤炭资源勘探成果无形资产摊销、矿业权使用费、矿产资源补偿费和资源税等支出。

矿业权资产折耗是煤炭企业依法取得矿业权形成的无形资产，在商业化生产期间按规定摊销的耗费。资源勘探资产摊销是指在矿产资源勘探阶段发生的资本化处理形成勘探成果无形资产，在商业化生产期间按规定摊销的费用。矿业权使用费包括探矿权使用费和采矿权使用费。矿产资源补偿费是指开采矿产资源的单位或个人按照规定依法计算缴纳的一种资源补偿费用。

2）资源责任成本的确认

（1）矿业权资产折耗。

矿业权资产是指煤炭企业依法取得矿业权的支出资本化处理形成的无形资产。矿业权取得支出包括探矿权价款、采矿权价款、探矿权使用费、采矿权使用费、中介费及直接归属于矿业权取得的其他支出。按产量法或直接法计提折耗计入煤炭产品成本。按产量法计提折耗的，可以按单个煤矿计算，也可以按矿区计算，计算公式如下：

$$\text{矿业权资产折耗额}=\text{期末矿区矿业权账面价值}\times\text{矿区矿业权折耗率}$$

$$\text{矿区矿业权折耗率}=\frac{\text{矿区当期原煤产量}}{\text{矿区期末剩余资源量}\times\text{矿区回采率}+\text{矿区当期原煤产量}}$$

矿区回采率是依法取得的矿区资源量与预计产出量之比。

（2）资源勘探资产摊销。

资源勘探资产，是指煤炭企业取得煤炭资源探矿权至商业化生产之前，煤炭资源勘探开发期间发生的，勘探支出资本化处理形成的资源勘探无形资产。进入商业化生产之后，按无形资产摊销的有关规定摊入煤炭产品成本。商业化生产后的补充地质勘探是煤炭生产所需技术手段，与煤炭资源量无关，不纳入资源责任成本。

（3）矿业权使用费。

矿业权使用费包括探矿权使用费和采矿权使用费。

（4）矿产资源补偿费。

煤炭企业按照国家规定依法计算缴纳的煤炭资源补偿费。

（5）煤炭资源税。

煤炭企业按照国家规定依法计算缴纳的煤炭资源税。

6. 市场责任成本的确认

1）市场责任成本的内涵和分类

市场责任成本是企业管理层为保障企业生产经营活动的正常进行和维护企业长久的繁荣稳定发展，出于战略层面的考虑而在维护客户、合作伙伴和股东权益等方面发生的相关支出。市场责任是企业履行社会责任的重要方面，包括客户责任、合作伙伴责任和股东责任三大责任，股东责任也是法定的经营责任，履行社会责任主要是关注客户责任和合作伙伴责任，本课题市场责任主要包括客户责任成本和伙伴责任成本两部分。市场责任成本可分为客户管理成本、客户服务及投诉成本、伙伴沟通成本、战略合作机制成本、诚信经营制度成本等。

2）市场责任成本的确认

（1）市场责任成本的范围。

①为了维护客户与合作伙伴利益相关者的合法权益而发生的所有直接和间接支出。

②为保障客户（消费者）所购产品或服务的安全、优质、适用、人性化等发生的成本，以及

按照《消费者权益保护法》、《产品质量法》等法规的规定和公众传媒的道德舆论进行督导所发生的支出。

③在遵守国家法规的前提下，为了协调各利益相关者的经济关系，对企业内部的责任分工、行动指南、激励与约束、业绩度量等方面的内部规则进行设计、实施和不断创新所发生的成本。

④引导、培育、监督各利益相关者的和谐、诚信、忠诚等核心价值观所发生的成本。

⑤在生产经营过程中由于观念、管理等落后和对于社会责任的忽视而发生的不必要的额外支出。

(2) 客户责任成本的确认。

客户责任主要指企业为了保证向客户提供合格产品及满意的服务而建立相关的制度及取得的工作成效。客户责任成本是指为维护客户权益等而发生的相关支出。具体包括两方面内容。

①建立客户关系管理制度成本：建立客户档案，完善客户意见反馈机制、投诉处理机制和快速响应机制而发生的支出。

②客户服务及投诉成本：对客户满意度进行调查，提高煤炭产品售后服务满意度而发生的支出，煤炭产品质量出现问题后应对投诉及弥补客户损失而发生的支出。

(3) 伙伴责任成本的确认。

伙伴责任主要指企业为了对商业伙伴负责而采取的一系列行为，如公平竞争、责任采购、合同履约及合作共赢等。伙伴责任成本是指为维护合作伙伴（企业的合作伙伴主要有债权人、上游供应商、煤炭运输者、同业竞争者及其他社会团体）权益等而发生的相关支出。具体包括两方面内容。

①伙伴沟通与合作成本：指为了企业的供、产、销业务顺利进行而与合作伙伴进行及时沟通、协调而发生的支出，以及企业与商业伙伴建立的战略共享机制及平台，如长期的战略合作协议、稳定的沟通交流平台等，而发生的支出。

②建立诚信经营的理念与制度保障成本：建立“诚实守信、依法经营”的经营理念，大力发扬“诚信、守约、协调、高效”的团队精神，严格履行对客户的承诺和应对客户检查而发生的支出。

7. 社区公益责任成本的确认

1）社区公益责任成本的内涵与分类

社区责任成本是企业为支持社区发展而发生的成本支出。社区责任成本包括：建立企业与社区之间的沟通机制，支持企业所在社区建设成本；企业办社会及支持企业所在社区开展公益活动，适当为该社区提供资金的援助成本等创造企业与社区的友好和谐发展的成本。

公益事业成本主要包括：要积极保护弱势群体，维护妇女权益，关心爱护儿童的成本；支持社会灾害防治，参与社区公共服务，参与社会爱心体系的建设的成本；创造条件，接纳社会需要就业的人员的成本，积极参与预防灾害活动，支援受灾地区与群众的成本；积极支持公共教育事业，为贫困地区捐资办学的成本；积极支持社会公共卫生建设，支援贫困地区公共卫生建设的成本；积极支持社会公共文化建设，资助贫困地区公共文化建设的成本；捐赠和社会其他公益活动的成本。

社区公益责任成本可分为：支持社区建设成本、企业办社会支出、扶贫济困助学支出、灾区捐赠、社会管理费支出和其他相关支出。

2）社区公益责任成本的确认

（1）支持社区建设成本。包括为社区基础设施改造和建设、社区健身器材购置安装等援助支出。

（2）企业办社会支出。包括企业承办的社会职能机构支出、支持企业所在社区公益活动提供的经费支出等。

（3）扶贫助学就业支出。包括企业救济贫困职工和社会公民、支持贫困学生上学、对希望工程捐赠、对经济困难职工安置子女就业等支出。

（4）社会管理支出。按照当地政府有关规定缴纳的社会管理费。

（5）灾区捐赠支出。企业为支援灾区和灾区群众恢复生产和生活而发生的支出。

（6）其他相关支出。除上述内容外有关社区公益责任的支出。

8. 税务责任成本的确认

税务成本是指煤炭企业当年在矿产资源取得、勘探、开发和生产过程中按照政府有关规定向政府或政府委托机构缴纳的各种税金。

国务院批准的由国家税务局和地方税务局征收的各种税金。主要包括增值税、营业税、企业所得税、车船使用税、印花税、房产税、城镇土地使用税、城市维护建设税、耕地占用税、教育费及附加等。

（二）煤炭企业社会责任成本的计量

1. 社会责任成本的计量方法

煤炭企业社会责任成本的计量方法主要有历史成本法、现行成本法等。

1）历史成本

历史成本就是在取得一项资产时支出的现金数额或其他等值。按照资产购置时支付的现金或者现金等价物的金额，或者按照购置资产时所付出的对价的公允价值计量。负债按照因承担现时义务而实际收到的款项或者资产的金额，或者承担现时义务的合同金额，或者按照日常活动中为偿还负债预期需要支付的现金或者现金等价物的金额计量。

2）现行成本

现行成本，即重置成本，是指假设在本期取得相同或类似的资产时将支出的现金数额或其他等值。在采用现行成本计量属性时，资产按照现在购买相同或者相似资产所需支付的现金或者现金等价物的金额计量，负债按照现在偿付该项债务所需支付的现金或者现金等价物的金额计量。

3）可实现净值（或可清偿净值）

可实现净值是指资产在正常业务进程中可望变换为非贴现的现金数额或其他等值（应扣除直接费用），清偿净值是指在正常业务进程中为清偿各项负债应当支付的非贴现的现金数额或其他等值（如果有的话，还要包括偿付的直接相关费用）。可实现净值（或可清偿净值）对于存货类成本的减值评估等后续计量具有较好的适用性。

4）公允价值

公允价值是资产和负债按照在公平交易中，熟悉情况的交易双方自愿进行资产交换或者债务清偿的金额计量。市场价格是公允价值的基础和最佳估计，但公允价值与纯粹的市场价格是有区别的，主要体现在：①公允价值不是建立在过去已经发生的交易或事项的基础上，也不是建立在现行交易的基础上的，而市场价格是建立在现行交易的基础之上的；②公允价值是熟悉交易情况的双方自愿进行的交易，参照现行交易所达成的购买资产或清偿负债的金额；③虽然交易契约已经签订，但交易尚未开始进行或正在进行中，在这种情况下，不可能产生已经发生交易的成本或价格。因此，公允价值只能是一种参照现行交易的估计价格。目前，公允价值在对具有活跃市场、价格敏感的生产要素的成本，以及金融产品成本的计量是最科学的有时甚至是唯一的计量属性。

5）市场价值法。是指因煤炭企业的生产经营活动而造成的环境污染和资源消耗，相应地对煤炭产品产出水平有影响，因而用其导致的商品销售额的变动来衡量环境责任成本的方法。

2. 社会责任成本的计量实务

1）社会责任成本计量对计价方法的选择

按照财政部发布的企业会计准则及有关规定，煤炭企业以权则发生制和历史成本法为基础进行会计确认、计量和报告。煤炭企业社会责任成本计量对计价方法的选择要遵循上述原则，能够取得历史成本资料的，应当以历史成本作为计价依据。无法取得历史成本资料或不宜以历史成本资料为计价依据的，应当以评估价格或协商价格为计价依据。

2）社会责任成本计量应当保持应有的谨慎性

随着国有及国有控股煤炭企业的改革与发展，政府与社会对煤炭企业社会责任履行情况越来越高度重视。煤炭企业社会责任成本的确认、计量和报告是一项新生事务，具有较高的专业性和难度，应当保持应有的谨慎性，客观真实地反映煤炭企业社会责任现实成本水平。对隐性社会责任成本更应谨慎地评估，当前的主要问题是对隐性的社会责任成本认识不足。

3）深入研究环境责任成本的计量方法

煤炭企业环境责任成本的计量是项非常复杂的难度很大的工作。一是矿山环境治理恢复保证金或弃置费用的计量问题，国外采用历史成本和利率调整法，我们应采取什么计量方法。二是采煤塌陷地青苗补偿费、减产绝产补偿费、绝产地征购费等，采用协商价格或当地政府规定的价格。三是压煤村庄建筑物维修加固费、搬迁费等，采用工程预算或决算进行计量。

4）市场责任成本的计量方法

市场责任成本的计量是指为了维护客户、合作伙伴等利益相关者的合法权益而对发生的所有直接和间接支出进行计量。企业在维护客户、合作伙伴等利益相关者的合法权益过程中所发生的实际支出可以采用历史成本法和评估价值法进行计量。通常情况下，在维护客户、合作伙伴和股东等利益相关者的合法权益过程中发生的实际支出按照历史成本法计量，无法用历史成本计量的部分按照评估价值法计量。

（三）煤炭企业社会责任成本分析

1. 社会责任成本分析的内容

煤炭企业社会责任成本分析的内容包括多个方面，从分析的对象看，包括煤炭企业社会责任成本总体分析和单项成本分析等内容；从分析的指标体系看，包括多指标综合分析和单一指标分析等内容；从分析的方法看，包括定性成本分析和定量成本分析、指标对比分析和因素分析等内容。煤炭企业社会责任成本的综合分析，应包括以下主要内容。

1）社会责任成本完成情况分析

一般采用与计划指标和同期实际对比的方法，分析企业社会责任总成本完成情况。由于影响社会责任总成本的因素较多，要分析煤炭产量变化对社会责任总成本的影响，分析社会责任单位成本的变化对社会责任总成本的影响，分析社会责任成本结构的变化对社会责任总成本的影响，分析社会责任政策和管理制度的变化对社会责任总成本的影响。

2）社会责任成本投入产出分析

一般采用总结履行社会责任取得绩效的方法显示社会责任成本的投入产出效果。社会责任投入产出匹配性强项目，安全责任、员工责任、环境责任、社区公益责任等，应当按社会责任项目分析投入产出效果。社会责任投入产出匹配性不强或难以量化的项目，如客户与合作伙伴责任，可以将取得的社会责任成果进行定性的分析。

3）社会责任成本的问题与对策分析

分析社会责任成本存在问题，既要分析社会责任成本补偿不足的问题与原因，又要分析社会责任过重与越界的问题与原因，也要分析社会责任成本管理制度问题，向企业和主管机构提出解决问题的措施和建议。

2. 社会责任成本分析的指标

1）绝对数指标

根据煤炭企业社会责任成本的确认、计量和汇算，可以获得一定时期内的社会责任总成本和社会责任分项总成本，可以据此分析社会责任成本发展情况及社会责任成本结构变化情况，并对其未来发展趋势进行研判和预测。

2）相对数指标

反映煤炭企业社会责任成本的相对指标比较多，主要有3类指标。

（1）单位成本指标。如单位原（选）煤产品分摊的社会责任成本（吨煤社会责任成本，单位：元/t）、单位煤炭产品销售收入应分摊的社会责任成本（百元销售收入分摊的社会责任成本，单位:%），反映煤炭企业社会责任成本负担水平变动情况及对未来发展趋势进行研判和预测。

（2）增长速度指标。如社会责任成本环比增长速度和平均增长速度，反映煤炭企业社会责任成本的增长速度。

（3）比重指标。如社会责任成本占煤炭产品完全成本的比重，煤炭产品完全成本是指煤炭产品制造成本、期间费用、流转性税收与基金、营业外支出之和，社会责任分项成本占总成本的比重等，反映社会责任成本对煤炭产品完全成本的影响及社会责任成本结构性变化。

四、煤炭企业社会责任成本实证研究

为了客观地反映煤炭企业社会责任成本情况，课题组以阳泉、开滦、兖矿、平顶山、皖北等煤炭企业集团为调研对象，着重反映晋冀鲁豫皖地区大型煤炭企业社会责任成本情况。

（一）调研企业社会责任成本总体分析

1. 社会责任成本发展情况

1）社会责任成本发展情况总体是健康的

从表1可以看出，调研企业2010年本部原煤产量16411万t，销售收入1380亿元，利润总额

149.3 亿元，分别比2006 年增长28.95%、164.81%和145.75%。2010 年企业社会责任成本总额570.2 亿元，比2006 年增长113.03%，社会责任成本的增长幅度高于原煤产量的增长幅度，是带有补还欠账性质的，但低于销售收入和利润总额的增长幅度，煤炭企业是可以承受的。

表1 调研企业社会责任成本总体发展情况

项　目	单　位	2006 年	2007 年	2008 年	2009 年	2010 年	2010 年比2006 年增幅/%
原煤产量	万 t	12727	12550	13336	15035	16411	28.95
销售收入	万元	5211435	5922760	9767942	10686428	13800158	164.81
利润总额	万元	607575	688635	1381340	1090348	1493130	145.75
社会责任成本	万元	2676797	3112231	4669024	4802198	5702365	113.03
单位社会责任成本	元/t	210.32	247.99	350.11	319.40	347.47	65.21

2）各企业社会责任成本发展不平衡

从表2 看出，调研企业的社会责任成本发展很不平衡，社会责任成本增长幅度较低的是兖矿和开滦集团公司，都处于东部沿海发达地区，企业履行社会责任起步早，2006 年社会责任成本基础高，吨煤社会责任成本分别为230.10 元/t 和277.17 元/t。而处于中原地区的平顶山和阳泉煤业集团，2006 年吨煤社会责任成本仅190.89 元/t 和135.54 元/t，阳泉和平顶山煤业集团社会责任成本增长幅度大，带有补偿的性质。

表2 调研企业社会责任成本发展情况

项　目	2006 年社会责任成本/万元	2007 年社会责任成本/万元	2008 年社会责任成本/万元	2009 年社会责任成本/万元	2010 年社会责任成本/万元	2010 年比2006 年增幅/%
兖矿集团	816846	934219	1526644	1217373	1382863	69.29
阳泉煤业	457170	502220	704894	1093715	1333483	191.68
开滦集团	668260	698206	1018671	954231	1163632	74.13
平顶山煤业	474556	680308	970657	1046688	1203418	153.59
皖北煤电	259965	297278	448158	490190	618969	138.10
合计	2676797	3112231	4669024	4802198	5702365	113.03

3）社会责任成本分项增长差别很大

从表3 可以看出，调研企业“十一五”期间社会责任成本分项增长差别很大。增长幅度最大的是环境责任成本和税务责任成本，2010 年比2006 年分别增长166.74%和150.49%。环境责任成本增长幅度最大，体现了煤炭企业加大煤炭开采生态环境的治理、保护和补偿力度。税务责任成本增长幅度大，主要是恢复增值税17%的税率、提高资源税征收标准和所得税增长形成的。增长幅度最小的是社区公益责任成本，2010 年比2006 年增长14.11%，而且从2009 年开始呈现大幅度下降趋势，主要是落实国家剥离和移交企业办社会职能政策取得明显效果。

表3　调研企业社会责任成本分项增长情况

项　　目	2006 年社会责任成本分项/万元	2007 年社会责任成本分项/万元	2008 年社会责任成本分项/万元	2009 年社会责任成本分项/万元	2010 年社会责任成本分项/万元	2010 年比 2006 年增幅/%
安全责任成本	293553	313372	368024	405543	475863	62.1
员工责任成本	1134505	1304781	1816543	1939429	2465178	117.29
环境责任成本	142633	132087	575340	271156	380466	166.74
资源责任成本	108809	132865	166918	193399	212014	94.85
市场责任成本	5014	5975	7042	8282	10310	105.62
社区公益责任成本	252694	324345	422140	398477	288354	14.11
税务责任成本	739589	898806	1313017	1585912	1870180	150.49
合计	2676797	3112231	4669024	4802198	5702365	113.03

2. 社会责任成本构成情况

（1）员工和税务责任成本在企业社会责任成本中占主导地位。从表 4 看出，2010 年员工责任成本和税务责任成本占全部社会责任成本的比重为 43.23% 和 32.80%，两项合计占比为 76.03%，在企业社会责任成本中占主导地位，是国家法律法规强制执行的社会责任，在企业社会责任中的强势地位呈继续增强态势，特别是税务责任成本在新一轮税制改革中大幅提升，在调研企业社会责任成本中的比重 2010 年比 2006 年增加 5.17 个百分点，增大幅度为 18.71%。

（2）市场责任成本是煤炭企业社会责任成本中的薄弱环节，从表 4 可以看出，调研企业的市场责任成本在全部社会责任成本中所占比重很低，有的企业对市场责任成本难以拿出统计数据来，这与国有重点煤炭企业市场化发展态势不相适应。

表4　调研企业社会责任成本构成情况　　%

项　　目	2006 年	2007 年	2008 年	2009 年	2010 年	2010 年比 2006 年增减幅度
安全责任成本	10.97	10.08	7.88	8.44	8.34	-2.63
员工责任成本	42.38	41.92	38.91	40.38	43.23	0.85
环境责任成本	5.33	4.24	12.32	5.67	6.67	1.34
资源责任成本	4.06	4.27	3.58	4.02	3.72	-0.34
市场责任成本	0.19	0.19	0.15	0.17	0.18	-0.01
社区公益责任成本	9.44	10.42	9.04	8.30	5.06	-4.38
税务责任成本	27.63	28.88	28.12	33.02	32.80	5.17

3. 社会责任吨煤成本情况

从表 5 可以看出，调研企业社会责任吨煤成本差别很大，总体趋势是东部地区高，2010 年开滦集团和皖北煤电集团社会责任吨煤成本达到 429.86 元/t 和 447.23 元/t。阳泉煤业集团社会责任吨煤成本增长幅度最大，2010 年比 2006 年增长 1 倍多，但阳泉集团社会责任吨煤成本水平仍然较低。

表5 调研企业社会责任吨煤成本统计表

企业名称	2006年社会责任吨煤成本/(元·t^{-1})	2007年社会责任吨煤成本/(元·t^{-1})	2008年社会责任吨煤成本/(元·t^{-1})	2009年社会责任吨煤成本/(元·t^{-1})	2010年社会责任吨煤成本/(元·t^{-1})	2010年比2006年增幅/%
兖矿集团	230.15	284.56	460.51	361.11	385.07	67.31
阳泉煤业	135.58	160.10	202.44	263.93	280.85	107.31
开滦集团	277.17	280.80	416.63	391.24	429.86	55.09
平顶山煤业	198.89	259.26	337.97	277.56	302.29	51.99
皖北煤电	257.65	275.26	360.04	374.19	447.23	53.01

(二) 煤炭企业社会责任成本特殊项目分析

煤炭行业是一个矿产资源开采和加工行业，煤炭生产企业社会责任成本的特殊性，主要体现在安全、资源和环境责任成本上。

1. 安全责任成本

1) 安全责任成本构成情况

调研企业安全责任成本2010年为475863万元，比2006年293553万元增长62.1%。其中安全专项工程成本和安全防护与保健支出持续稳定增长，2010年比2006年分别增长61.75%和67.79%。应急救援支出增长较快，2010年比2006年增长91.12%。安全管理支出波动较大。安全责任成本的主体是安全专项工程成本，占安全责任成本的比重保持在65%左右。详情见表6。

表6 调研企业安全责任成本构成情况

项　目	2006年企业安全责任成本/万元	2007年企业安全责任成本/万元	2008年企业安全责任成本/万元	2009年企业安全责任成本/万元	2010年企业安全责任成本/万元	2010年比2006年增幅/%
安全专项工程成本	192753	208077	238170	249207	311786	61.75
安全防护与保健支出	76973	65034	88547	103752	129154	67.79
应急救援成本	8733	6910	7573	13082	16691	91.12
安全管理支出	15094	33351	33734	39502	18232	20.79
安全责任成本合计	293553	313372	368024	405543	475863	62.10

2) 各企业安全责任成本情况

兖矿煤业是低瓦斯矿区，安全责任吨煤成本由2006年10.3元/t增长到2010年13.72元/t，增长了27.8%。阳泉、开滦、平顶山、皖北都是高瓦斯矿区，阳泉煤业“十一五”期间安全责任成本增长幅度最大，由2006年10.24元/t提高到2010年的20.6元/t，增长了101.17%，见表7。平顶山煤业集团安全责任吨煤成本起步高，投入大，进入相对稳定时期。

表7 调研企业吨煤安全责任成本情况

企业名称	2006 年吨煤安全责任成本/(元·t^{-1})	2007 年吨煤安全责任成本/(元·t^{-1})	2008 年吨煤安全责任成本/(元·t^{-1})	2009 年吨煤安全责任成本/(元·t^{-1})	2010 年吨煤安全责任成本/(元·t^{-1})	2010 年比 2006 年增幅/%
阳泉煤业	10.24	16.01	12.75	12.20	20.60	101.17
兖矿煤业	10.73	11.56	12.16	13.56	13.72	27.8
开滦煤矿	38.60	40.60	56.46	53.34	43.90	11.63
平顶山煤业	41.04	40.41	42.50	35.65	39.05	-4.8
皖北煤电	29.67	19.16	19.80	34.17	39.37	32.69
调研企业平均	23.07	24.97	27.60	26.97	29.00	25.70

2. 资源责任成本

1）资源责任成本构成情况

调研企业资源责任成本 2010 年比 2006 年增长 94.85%，增长幅度最大的是矿业权使用费，2010 年比 2006 年增长 5 倍多，主要是有些地区的矿产资源使用费实施较晚造成的。增长幅度最低的是资源税，2005 年各地普遍提高了煤炭资源税征收标准，“十一五”期间税率稳定，资源税增长幅度与原煤产量增加幅度同步。资源税和矿产资源补偿费是资源责任成本的主体，占资源责任成本的比重为 60% ~70%。详见表 8。

表8 调研企业资源责任成本构成情况表

项　目	2006 年企业资源责任成本/万元	2007 年企业资源责任成本/万元	2008 年企业资源责任成本/万元	2009 年企业资源责任成本/万元	2010 年企业资源责任成本/万元	2010 年比 2006 年增幅/%
矿业权资产折耗	23461	31394	28467	36364	43849	86.90
资源勘探资产摊销	6782	17461	12017	25774	20099	196.36
矿业权使用费	2435	2402	14773	14970	14971	514.83
矿产资源补偿费	32468	31469	60181	61876	67522	107.96
资源税	43663	50137	51480	54415	65573	50.18
资源责任成本合计	108809	132865	166918	193399	212014	94.85

2）各企业资源责任成本情况

调研企业资源责任成本增长幅度较大的是开滦和阳泉煤业集团，分别由 2006 年 4.56 元/t 和 6.08 元/t 增长到 2010 年的 12.80 元/t 和 11.79 元/t，增长了 182.46% 和 93.91%。皖北煤电集团资源责任吨煤成本由 2006 年 29.47 元/t，2010 年下降到 19.84 元/t，降低了 32.68%，主要是由于煤炭资源资产摊销成本由 2006 年 20.85 元/t 下降到 2010 年的 10.73 元/t，降低了 48.53%。详见表 9。

表9 调研企业吨煤资源责任成本情况

企业名称	2006年企业资源责任成本/(元·t^{-1})	2007年企业资源责任成本/(元·t^{-1})	2008年企业资源责任成本/(元·t^{-1})	2009年企业资源责任成本/(元·t^{-1})	2010年企业资源责任成本/(元·t^{-1})	2010年比2006年增幅/%
阳泉煤业	6.08	5.72	10.64	7.96	11.79	93.91
兖矿煤业	7.89	10.47	13.06	14.09	14.26	80.74
开滦煤矿	4.56	7.68	9.29	11.03	12.88	182.46
平顶山煤业	8.20	12.31	12.01	13.41	10.68	30.24
皖北煤电	29.47	27.45	24.08	22.27	19.84	-32.68
调研企业平均	8.55	10.59	12.52	12.86	12.92	51.11

表10 调研企业矿业权资产摊销吨煤成本情况

企业名称	2006年企业矿业权资产摊销/(元·t^{-1})	2007年企业矿业权资产摊销/(元·t^{-1})	2008年企业矿业权资产摊销/(元·t^{-1})	2009年企业矿业权资产摊销/(元·t^{-1})	2010年企业矿业权资产摊销/(元·t^{-1})	2010年比2006年增幅/%
阳泉煤业	0.11	0.12	0.22	1.63	3.58	3.47
兖矿煤业	0.19	2.32	0.52	1.00	0.54	0.35
开滦煤矿	0.15	0.18	0.55	2.08	2.36	2.21
平顶山煤业	0.43	0.72	0.74	0.79	0.96	0.53
皖北煤电	20.85	19.53	18.38	13.92	10.73	-10.12
调研企业平均	1.84	2.50	2.13	2.42	2.67	0.50

从表10看出，调研企业煤炭资源资产摊销成本差别很大，既与各地政府矿业权资产价格和有偿使用制度有关，也与煤炭企业矿业权资产摊销办法有关。除皖北煤电集团矿业权资产摊销成本偏高外，其他企业矿业权资产摊销成本都偏低。

3. 环境责任成本

1）环境责任成本构成情况

调研企业矿山环境治理恢复保证金从2007年陆续开始计提，提取金额逐年增加（表11）。矿井水排放费增长幅度很大，从2006年的570万元增长到2010年的8339万元，增长了13.6倍，主要是山西阳泉煤业集团公司排水费由2006年的152万元增长到2010年的6025.9万元，增长了38.6倍。压煤村庄建筑物搬迁费和采煤塌陷地补偿费是环境责任成本的主体，从2006年的116040万元增长到2010年的269620万元，增长了132.35%，占环境责任成本的比重在70%左右。

表 11　调研企业环境责任成本构成情况

项　　目	2006 年企业环境责任成本/万元	2007 年企业环境责任成本/万元	2008 年企业环境责任成本/万元	2009 年企业环境责任成本/万元	2010 年企业环境责任成本/万元	2010 年比2006 年增幅/%
环境治理保证金		29688	43571	43257	53264	
区域环境治理费	824	2275	7063	6188	5594	34.4
压煤村庄搬迁费	78206	59927	112102	137624	183714	134.9
煤矸石排放费	6941	4264	5556	9453	7214	3.9
矿井水排放费	570	754	965	8262	8339	1362.9
采煤塌陷地治理支出	37834	28576	71956	44429	85906	127.06
造林育林费	1281	1301	1505	1634	1654	29.22
其他环境责任成本	16977	5302	332622	20309	34781	104.87
环境责任成本合计	142633	132087	575340	271156	380466	166.74

2）环境责任成本负担情况

煤炭企业环境责任成本差别很大，从 2010 年调研企业看，皖北煤电集团公司为 71.23 元/t，平顶山煤业为 3.50 元/t，相差 20 多倍（表 12）。东部沿海地区的开滦、兖矿、皖北煤电集团公司的压煤村庄建筑物搬迁费和采煤塌陷土地补偿，是环境责任成本的主体，吨煤成本分别达到 16.42 元/t、27.21 元/t 和 71.71 元/t，分别占环境责任成本的 52.41%、82.8% 和 99.97%。阳泉煤业集团环境责任成本的主体是矿山环境治理恢复保证金，占环境责任成本的 74.3%，除此以外的环境责任成本与平顶山基本持平。

表 12　2010 年调研企业环境责任成本吨煤负担情况　　元/t

项　　目	阳　泉	兖　矿	开　滦	平顶山	皖　北	平　均
环境治理保证金	10.00	0.28	2.04	0	0	3.25
区域环境治理费	0.10	0.87	0.91	0	0.12	0.34
压煤村庄搬迁费	0.06	15.63	12.01	1.43	64.27	11.19
煤矸石排放费	1.19	0.01	0.44	0	0.23	0.44
矿井水排放费	1.26	0.01	0.84	0	0	0.51
采煤塌陷地治理支出	0.44	11.58	14.15	0.30	6.90	5.23
造林育林费	0.12	0.05	0.07	0.16	0.21	0.10
其他环境责任成本	0.29	4.60	0.87	1.61	0	2.12
环境责任成本合计	13.46	33.03	31.33	3.50	71.73	23.18

（三）煤炭企业社会责任成本问题分析

从上述调研企业社会责任成本分析中可以看出，煤炭企业社会责任成本存在一些制度性和普遍性问题，主要体现在矿山环境治理恢复保证金、煤炭资源资产折耗和市场责任成本等方面。

1. 矿山环境治理恢复保证金制度不完善

2006 年国务院批复实施的深化煤炭资源有偿使用制度改革试点方案，提出建立煤矿矿山环境治理恢复责任机制，分年预提矿山环境治理恢复保证金，计入成本按照“企业所有、专款专用、政府监督”的原则管理。同年财政部颁布的企业会计准则，确定采掘企业建立弃置费用制度。从调研的五家企业看，只有阳泉煤业集团按照试点规定提取了矿山环境治理恢复保证金，其余四家企业都没有建立起规范的矿山环境治理恢复保证金制度。反映出山西省按照国务院关于同意在山西省开展煤炭工业可持续发展政策措施试点意见的批复，国有及国有控股煤炭企业建立了矿山环境治理恢复保证金制度。河北、河南、山东、安徽等重点产煤省都没有规范地建立起矿山环境治理恢复保证金制度，有些地方政府把矿山环境治理恢复保证金变成了政府行政性收费项目。由于弃置费用的提取办法和税收政策不明确，煤炭企业也没有实施。

2. 煤炭资源矿业权资产折耗问题

调研企业矿业权资产摊销成本差别很大，皖北煤电煤炭资源矿业权摊销成本由2006年的20.85元/t逐步降低到2010年的10.73元/t。其他企业的煤炭资源矿业权摊销成本都是逐步上升的，摊销成本水平是偏低的。煤炭资源资产摊销存在的问题，应从政府矿产资源管理和企业矿产资源资产核算两个方面进行分析。一是从政府对煤炭资源管理分析，对国有煤炭企业存量资源如何进行计价和收费至今没有妥善解决，导致煤炭企业难以对存量资源资产合理计量和摊销。二是我国企业会计准则对矿产资源资产计提折耗的规定过于笼统，煤炭行业对煤炭资源资产摊销办法没有统一规定，导致煤炭企业煤炭资源资产摊销随意性较强。

3. 市场责任成本管理与核算问题

从调研企业社会责任成本构成情况看，市场责任成本是煤炭企业社会责任成本的薄弱环节，调研企业2010年市场责任吨煤成本只有0.52元/t，与煤炭企业市场化发展态势不相称。其原因是多方面的。首先煤炭企业市场责任成本的确认非常困难，理论界对企业市场责任的范围界定比较宽泛，把企业经营责任和社会责任搅在一起，给课题组科学合理地确认煤炭企业社会责任成本的范围带来很大困难。课题组慎重界定了市场责任成本范围，主要包括客户和商业伙伴责任成本。没有把股东责任成本以及煤炭价格调节基金、铁路建设基金、港口建设费等政府性基金和收费纳入市场责任成本。二是煤炭企业市场责任成本统计归纳比较麻烦。煤炭企业客户和商业伙伴责任成本零散分布在产品成本、管理费用和销售费用中，没有单独的会计科目，统计归纳比较麻烦，有的调研企业没有统计填报市场责任成本，统计填报的也不一定能够全面反映市场责任成本情况。

五、政策建议

（一）完善煤炭开采生态环境治理恢复政策

煤炭企业对煤炭资源开采与加工引发的矿区生态环境损坏进行治理恢复，因地制宜形成新的可以利用的生态环境，是煤炭企业应当承担的重要的社会责任。从调研情况看，煤炭企业履行环境保护和治理恢复的责任，需要政府的政策支持和制度保障。

1. 完善矿山环境治理恢复保证金制度

2006年国务院“关于同意深化煤炭资源有偿使用制度改革试点实施方案的批复”，提出建立煤矿矿山环境治理和生态恢复责任机制，“分年预提矿山环境治理恢复保证金，并列入成本，按照

‘企业所有、专款专用、政府监督’的原则管理”。山西省煤炭企业按照试点方案建立了矿山环境治理恢复保证金，政府监管手续复杂，保证金难以发挥作用。有些省的矿山环境治理恢复保证金制度尚未建立起来。建议国务院有关部委和地方政府相关部门进一步完善矿山环境治理恢复保证金提取和使用管理办法。一是进一步明确矿山环境治理恢复保证金提取标准计算办法；二是明确规定分年提取的矿山环境治理恢复保证金在企业所得税前列支成本；三是地方政府要简化煤炭企业使用保证金计划项目审批手续，督促和帮助企业发挥保证金作用，着重监督企业保证金项目的实施和竣工验收。

2. 建立煤矿塌陷区生态恢复机制

建立煤矿塌陷区综合整治和生态恢复责任机制，鼓励煤炭企业进行矿区塌陷土地综合整治和生态重建。一是制定煤矿塌陷区整治出来的土地所有权、使用权、转让权和受益权的界定和激励措施。煤矿塌陷土地没有办理绝产征购手续的，由企业支付塌陷地农作物损失补偿费，整治出来可以复垦的土地，移交原土地所有者，视复垦情况逐步减少或停止农作物损失补偿费。煤矿塌陷土地已办理绝产征购手续的，整治出来的土地权益归煤炭企业，优先用于压煤村庄搬迁和居民安置。二是煤矿塌陷区治理复垦和补偿支出，压煤村庄和建筑物搬迁支出，应参照农产品采购按一定比例纳入增值税进项税抵扣。三是煤矿塌陷土地治理恢复形成新的可利用生态环境后，煤炭企业不再缴纳该土地相关税收。

3. 建立老矿区生态环境治理恢复补贴机制

改革开放之前建成投产的老矿区，在计划经济管理体制下形成的煤矿塌陷区治理欠账，单靠企业的力量难以补还，政府应加大财政补贴力度。由当地政府与煤炭企业共同制定煤矿塌陷区综合治理方案，政府与企业按适当的比例共同出资，由企业或委托第三方完成实施方案。对煤矸石发电、生产建材、矿井水综合利用等矿区环境综合治理，加大财政补贴力度和税收优惠政策。

（二）完善企业会计准则和煤炭成本核算制度

煤炭企业社会责任成本的确认计量和统计管理是以会计核算为基础的，只有进一步完善企业会计准则和煤炭产品成本核算制度，提高煤炭成本核算的规范性和真实性，才能如实反映煤炭企业社会责任成本情况。

1. 修改完善企业会计准则

煤炭是我国重要的基础产业，煤炭开采具有一定的特殊性，决定了煤炭开采会计核算和报告也有其特殊性，这些特殊性主要体现在煤炭资源勘探、矿业权资产、煤炭开采和环境治理等煤炭开采上游活动。我国企业会计准则自2006年颁布实施以来，在实施过程中呈现出不能完全适应煤炭开采活动的要求，导致煤炭企业会计核算和报告的规范性下降，建议财政部修改完善企业会计准则，增加煤炭开采具体准则。

2. 完善煤炭产品成本核算制度

由于煤炭开采的特殊性，使煤炭成本核算纳入新会计准则体系遇到一些问题，主要体现在环境责任成本、资源资产摊销、专项资金提取和使用等方面。要围绕煤炭成本核算的特殊会计事项深入开展研究工作，提出会计处理方法，完善煤炭成本核算制度，减少煤炭产品成本核算的随意性。

（三）引导煤炭企业加强煤炭成本管理工作

随着我国煤炭产品市场化和成本完整化的发展，煤炭产品工料直接成本在成本费用中所占比重越来越小，政策性、社会性宏观成本费用在煤炭产品全部成本费用中的比重越来越大。煤炭企业在推进精细化管理和作业成本管理的同时，应加大企业政策性、社会性宏观成本费用的管理。煤炭行业协会要组织和引导企业开展社会责任成本会计的研究和建设工作，提升企业管理会计水平，提升企业履行社会责任的能力和效果。

煤炭企业履行社会责任管理促进和谐发展的研究

山东能源淄博矿业集团公司　马忠德　王利民　王德龙

一、煤炭企业履行社会责任促进和谐发展的必要性

国有企业要做履行社会责任的表率，是由公有制经济在国民经济中的主体地位所决定的，是国有经济发挥主导作用所要求的。煤炭企业履行社会责任，不仅是经济社会发展对企业的要求，也是其自身发展的内在要求，有利于提升社会形象、构筑品牌和信誉优势。近年来，淄矿集团作为省国资委履行出资人职责的国有独资企业，坚持把履行社会责任与创建和谐企业结合起来，把履行社会责任作为提升企业管理水平、增强企业综合竞争力的重要内容，把依法合规经营、推进企业持续发展、保障企业安全生产、维护职工合法权益放在重要位置，不断转变发展方式，促进职工全面发展，实现了企业与职工、企业与社会的和谐发展。淄矿集团实施以和谐发展为目标的社会责任管理与履行，既是由国有企业特殊性质决定的，也是企业健康持续发展的必然要求，对于转变发展方式、推动安全发展、塑造企业形象、构建和谐企业具有重要的现实意义。

1. 严格遵守法规政策，诚信合规经营，是履行社会责任的最基本要求

市场经济是法制经济、信用经济，依法经营、诚实守信是市场经济的必然要求，也是企业最基本的社会责任。淄矿集团作为公司治理结构试点单位，始终带头树立依法经营、诚实守信的意识，严格遵守国家法律法规和有关方针政策，认真贯彻《公司法》、《国有资产法》、《会计法》、《税法》以及《企业会计准则》等法律法规，有力地推动了企业健康运行。尤其是按照《公司法》、《公司章程》、《董事会议事规则》及省国资委有关要求，围绕“三重一大”等发展项目的审议决策，突出规范和效率两个重点，进一步完善了以决策质量为中心，以风险防控为重点，包含沟通、决策、督导一体化的规范运作机制，有效地防控了决策风险和发展风险。同时，坚持把提高产品质量和服务水平作为企业形象的最直接体现，改善产品性能，完善服务体系，努力为社会提供优质安全健康的产品和服务，最大限度地满足消费者的需求。实践充分证明，作为国有独资企业，严格遵守法规政策、诚信合规经营是企业发展的生命线，也是企业生存发展的“底线”。只有守住底线，企业才能生存发展，才能在市场竞争中实现科学发展、和谐发展和又好又快发展。

2. 提升企业赢利水平，增强发展后劲，是履行社会责任的重要基础

保持良好的经营状况和持续赢利能力，是企业履行和实践社会责任的根本保证。近年来，淄矿集团认真贯彻落实省国资委等上级制定的一系列重大决策，把实现国有资产保值增值作为各项工作的出发点和落脚点，积极转方式、调结构、促转型，推动企业跨越发展、转型发展，使集团公司赢利水平大幅度提升，国有资产收益和上缴税收明显增加，辐射、带动区域发展水平不断增强，较好

地实现了国有资产的保值增值，在企业加快发展中践行了社会责任。但长期以来积累形成的粗放式增长格局尚未根本改变，单纯依赖产量增加、被动适应市场拉动依然是增长的主要方式，依靠优化产业、产品结构提高发展质量还有较大差距。尤其是近年来，随着国家宏观调控力度加大、政策趋紧以及煤炭形势的变化，依靠资源能源消耗、以牺牲环境为代价的经济增长已经难以为继，甚至成为制约企业发展的“命门”。因此，淄矿集团把推进科学发展、安全发展、绿色发展、低碳发展和人的全面发展作为履行社会责任的重要内容，建立完善有利于转变发展方式的考核机制，引导企业在加快发展的同时更加注重履行社会责任，更加注重转变发展方式，对于增强企业发展后劲、做大做强企业具有重要的推动作用。

3. 保障安全生产，推动安全发展，是履行社会责任的根本保证

安全生产事关人民群众生命财产安全，关系社会稳定大局，是一项非常重要的社会责任。党中央、国务院和省委、省政府历来高度重视安全生产工作，从维护社会稳定、保障职工生命、加强职工培训、推进职业卫生健康等方面提出了明确要求。贯彻落实好上级关于安全生产的一系列规定，杜绝安全事故发生，是煤炭企业必须履行的社会责任、经济责任和政治责任。作为资源类企业，安全具有不确定性、不可预见性和各种潜在风险等特性，尤其是水、火、瓦斯、煤尘和顶板五大自然灾害严重制约矿井的安全发展。淄矿集团在云南开发建设的吉克煤矿属于高瓦斯矿井，陕西亭南矿井煤层自然发火、煤尘爆炸指数高，济宁矿区随着战线拉长、环节增多等因素安全风险进一步增大，这些问题稍有疏忽就有出问题的可能，安全发展压力仍然较大。近年来，淄矿集团高度重视安全生产工作，以高度的政治责任感，从维护稳定的大局出发，把安全工作摆到高于一切、重于一切、先于一切的位置，正确处理好安全与发展、安全与生产、安全与效益的关系，牢固树立“生命至高无上”的理念，提出了零事故、零违章、零死亡的目标，杜绝了重大安全事故的发生。保障职工群众的生命安全和职业健康，是煤炭企业必须履行的重要社会责任之一，是坚持以人为本、关注职工生命的重要体现，尤其是在当前煤炭事故频发、国际国内普遍关注的形势下，加强安全生产就是煤炭企业基本价值的充分体现，是维护社会稳定大局、促进和谐发展的重要保障。

4. 推动节能减排，促进绿色发展，是履行社会责任的重要内容

加强资源节约和环境保护，是落实科学发展观、实现人与自然和谐发展的必然要求。煤炭企业既是能源生产大户，又是重点耗能和污染排放企业。近年来，淄矿集团坚持以打造“资源节约型、环境友好型”企业为目标，大力发展循环经济，不断强化节能减排工作，推进矿区生态环境治理和保护，企业的清洁发展能力和节约发展水平显著提升。但用科学发展观的标准审视，淄矿集团在节能降耗减排上仍然存在煤炭资源开发利用、环境保护和经济效益发展不够协调，资源高效利用水平总体较低，内涵发展能力尚待提高等问题。如何更有效地实现资源节约和环境保护，统筹好煤炭开发与生态环境协调发展，已经成为煤炭企业实现科学发展、落实社会责任的重要课题。淄矿集团作为全国1000家、全省103家重点耗能企业之一，理应贯彻落实国家有关节能减排的各项方针政策，主动承担节能减排的企业主体责任，切实转变经济发展方式，使经济增长建立在节约能源资源和保护环境的基础之上，努力提高资源综合利用效率和投入产出水平，实现企业和社会、环境的协调可持续发展，在实现自身发展、创造更多财富的同时，自觉承担更多的社会责任。

5. 维护职工合法权益，参与社会公益事业，是履行社会责任的重要体现

不断改善职工劳动条件和福利待遇，加强职工素质教育和培训，促进职工全面发展，是贯彻

“以人为本”理念的重要体现，是创建和谐企业的重要内容。近年来，淄矿集团坚持把发展成果最大限度地惠及职工群众，在经济效益稳步增长、劳动效率逐步提高的前提下，稳步提高职工工资收入，发展和谐劳动关系，完善职工的居住环境和生活条件，持续改善职工医疗生活环境，推进职业卫生健康工程，有力地保障了职工身心健康，激发了广大职工支持企业改革发展的积极性。同时，热衷公益事业，积极回馈社会，热心参与社会救助和慈善事业，在汶川大地震、玉树大地震、舟曲泥石流自然灾害以及“4·28”铁路交通事故等重大自然灾害和突发事件的情况下，坚持以大局为重，积极提供财力、物力和人力等方面的支持和援助，妥善应对危机，帮助共渡难关，促进社会和谐。实践充分证明，关注民生、回报社会，这是中华民族的传统美德，是对每一个公民，包括企业公民的道德要求，也是企业应尽的责任和义务。

二、煤炭企业履行社会责任的深刻内涵

社会责任，是企业的品质内涵和本质形象，要求企业旨在创造利润、对股东承担法律责任的同时，还要承担对员工、消费者、社区和环境的责任，更加强调对人的价值关注，更加注重对消费者、对环境、对社会的贡献。煤炭企业特别是国有老煤炭企业在履行社会责任方面更有其特殊性，由于历史的原因和资源赋存地域的差异，过去计划经济时期以及传统发展遗留下来的问题仍然十分突出，承担的社会责任更重、更大。淄矿集团作为具有百年开采历史的国有煤炭企业，坚持从企业实际出发，认真学习借鉴《中央企业履行社会责任指导意见》，按照建设“低碳、生态、节约、绿色新淄矿”的总体目标，紧紧抓住煤炭资源和人力资源两大关键性要素，突出依法经营诚实守信、提高持续赢利能力、提高产品质量和服务水平、加强资源节约和环境保护、推进自主创新和技术进步、保障生产安全、维护职工合法权益、参与社会公益事业等重点，着力推进企业模范履行社会责任，积极争做依法经营、诚实守信的表率，节约资源、保护环境的表率，以人为本、创建和谐企业的表率。同时，淄矿集团在制定实施“十二五”发展规划的过程中，把社会责任作为企业基业常青、实现可持续发展的战略选择，将社会责任理念融入企业的使命、价值观和愿景，形成了具有淄矿特色的“为社会创造财富、为员工创造幸福”的社会责任观，使社会责任成为企业发展的内在要求和重要动力。

三、煤炭企业履行社会责任促进和谐发展的重要性研究

近年来，淄矿集团高度重视履行社会责任工作，坚持以人为本、民生优先，以创建和谐企业为目标，以构建本质安全型、安全高效型、资源节约型、环境友好型企业为重点，积极探索以社会责任的理念、要求和方式推动各项工作，将履行社会责任融入企业日常经营管理中，用持续发展、和谐发展的思路解决资源、环境、发展和人才的协调问题，树立起了负责任、勇担当的大型国有企业形象。

（一）坚持履行社会责任与促进改革发展相结合，提升企业持续发展能力，落实国有企业的保值增值责任

加快企业改革发展，是企业履行社会责任的必要前提。近年来，淄矿集团牢记责任和使命，不断深化改革，调整结构，强化管理，积极转方式、调结构、促转型，增强了企业的可持续发展能力。同时，按照有所为有所不为的原则，充分利用国家政策平台，综合运用股权转让、改制退出等资本运营手段，加快实施衰老矿井关闭破产和主辅分离、移交企业办社会等改革，既调整了存量结

构，盘活了存量资产，又提高了企业核心竞争力。

1. 以国有资产保值增值为目标，提升企业持续发展能力

实现国有资产增值保值，是国有企业应当履行的首要社会责任。“十一五”以来，淄矿集团秉承“为社会创造财富”这个理念，紧紧围绕科学发展这个主题，突出转变发展方式这条主线，深入推进企业转方式、调结构、促转型。在资源开发方面，大力实施“走出去”战略，先后获取省外资源近54亿t，规划总产能达到4000万t/a。在产业调整方面，突出煤炭主业的规模发展，加快煤炭项目建设步伐，运用资本运营手段推动煤炭产业布局向高质、低害、有利于发挥规模优势的地区转移；以总部经济圈发展为重点，以医疗健康、水泥建材业、新材料产业为主体的非煤项目逐步做大做强，非煤总量已占到经济总量的50%以上。在内涵发展方面，立足挖内潜、练内功，积极推进“五个根本性转变”，着力建设“绿色、生态、节约型淄矿”，推动煤炭生产方式转变和经营管理方式转变，提升内涵发展质量。2010年，资产保值增值率达到117%、总资产报酬率为7.5%、净资产收益率为14%，全面实现了国有资产保值增值的责任和义务。淄矿集团在实现国有资产保值增值、自身不断得到发展的同时，2010年，上缴税金、国有资本收益和国有股转持社保基金累计22.8亿元，为国家和社会贡献了巨大财富。

2. 以增强发展活力为重点，持续深化企业改革

富有活力、充满生机的体制机制是履行社会责任的重要基础。近年来，淄矿集团以利润最大化和资本保值增值为目的，深化企业内部改革，改善企业资本结构，理清产权关系，使企业资源集中到主业发展上来。始终坚定不移地推进企业改革，利用国家政策先后完成了西河、南定、双沟、岭子、石谷等6个矿井的关闭破产，创大、中舜、翔宇、先河、天晟、圣世达等单位的主辅分离改革；实现了中小学的全部移交。经过不懈努力，关闭破产6对衰老矿井，分离12个辅业单位，向地方政府移交了11所中小学和1个公安分局，实现了国有资本从衰老矿井和非主业中的稳步退出，产业集中度进一步提高。对康业公司、东华能源公司的股权进行结构调整，推行了产权理顺和产业整合工作，使产权和管理链条保持在了三级以内；引进战略投资者，实现了东华水泥公司与中联公司的战略合作。不断深化三项制度改革，实施了管理人员竞争上岗、劳动合同规范和以绩效为导向的分配制度改革，调动了各方面的积极性。在继续完善后勤服务社会化的基础上，进一步转换经营机制，在职工食堂、治安保卫等岗位实施了后勤服务社会化管理，完成了以物料运输为突破口的辅助专业化管理。积极推进管理体制和经营机制创新，有序推进管控体系建设，加强了以财务控制为主的内控机制建设，健全了全面风险管理的制度体系和工作程序，深化了全面预算管理，有效地防控了各类风险。

3. 以完善公司治理结构为保障，体现和反映出资人意志

作为省国资委履行出资人职责的国有独资企业，董事会必须完整准确地执行和体现出资人的意志，落实和承担应尽的社会责任和政治责任。完善的公司治理结构对于科学民主决策、防范投资风险、推进资本运营、实施战略控制具有重要的保障作用。淄矿集团作为省国资委确立的首批公司治理结构试点单位，围绕建立现代企业制度，建立起了母子公司体制，制定了董事会、党委会议事规则和总经理办公会议制度。围绕如何加强董事会规范化建设，重点加强了管理体制、资本运营等方面的制度建设，制定了战略管理、母子公司管理、对外投资、对外担保、全面预算、风险控制以及

法律事务等一系列管理制度，强化了战略控制、财务控制、人事控制等出资人权利，初步建立起了层层对出资人负责的运行机制和管理体系。2010 年以来，董事会审议议案包括制度建设、对外投资、项目建设、改革改制、资产重组、资本运营、对外捐赠等重大事项 43 项，涉及金额 105.5 亿元。作出的这些重要决策，进一步突出了资本运营在产业结构调整、加快企业发展中的重要作用，进一步突出了企业应当承担的社会责任、政治责任和经济责任的重要使命，有力地推动了企业可持续发展。

4. 落实国家宏观调控政策，保障经济平稳健康发展

多年来，淄矿集团在落实国家宏观调控政策、保证市场供应、维护国家经济安全等方面发挥了积极作用，为全省经济社会平稳较快发展作出了重要贡献。坚决贯彻落实国家对水泥建材行业的宏观调控政策，对董事会决策的日产 4500 t 水泥熟料项目暂停实施，把工作重心及时转到合理布局粉磨站、强化内部挖潜和外拓市场上，从注重规模扩张向注重内涵发展转变。按照“有保有压”的原则，认真贯彻落实国家支持发展医疗健康行业和物流发展的产业政策，依靠资本运营控股发展山东新华医疗公司，大力发展以物资供应和煤炭运销为主体的物流产业，总部经济圈经济和产业进一步做实、做强。2010 年，山东新华医疗公司资产、收入和利润分别达到 14.9 亿元、13.4 亿元和 7790 万元，分别同比增长 44%、52% 和 48%，经济效益创出了历史最好水平。同时，在战冰雪、迎奥运、保电煤、抗震灾等重大事件面前，淄矿集团都能够挺身而出，为国出力。尤其是认真执行保电煤政策，克服电煤价格长期偏低、经济效益受损、可持续发展能力受到严重制约所带来的各种困难，站在讲政治、讲大局的高度，千方百计保障电煤供应，为提升全省整体产业的竞争力提供了能源支撑。2010 年，在省政府下达的电煤供应量偏高的情况下，发运电煤 450 万 t，电煤合同兑现率达到 97% 以上。

（二）坚持履行社会责任与安全生产稳定相一致，提升安全发展水平，落实国有企业的安全发展责任

安全工作事关职工生命和企业财产安全，事关矿区社会稳定和国家形象。科学发展首先是安全发展，抓好生产安全、保障职工生命安全，是煤炭企业应当承担的重要社会责任。淄矿集团把安全作为履行社会责任的一项重要内容来抓，狠抓安全责任落实，大力实施素质提升工程，深化本职安全体系建设，构建安全管理长效机制，推动企业安全发展、和谐发展。

1. 着力创新“三大机制”，提升安全管理的层次和水平

紧紧围绕安全责任、安全激励、安全检查 3 个关键环节，提升安全管理水平。一是建立纵横到位的安全责任落实机制。按照纵到底、横到边、无缝隙的原则，成立了集团公司和矿两级安委会，设立了煤炭生产、矿井基本建设、生产技术等 9 个专业组，突出安全决策、安全技术、组织落实、群防群治、安全培训、监督考核 6 个责任体系的落实，层层完善了 5 级、268 个工种、6189 个岗位的安全生产责任制。二是完善安全导向的工资分配机制。把安全成效作为工资分配的重要因素，坚持正向激励、过程控制、效果考核相结合，创造推行了“433”结构工资，实现了工资增长由效益型向安全效益型的转变。“十一五”以来，安全性收入占到职工总收入的 40% 以上，安全在分配中的权重不断提高。三是构建抓源治本的隐患排查治理闭合机制。坚持预防为主，实施了安全风险预控管理，不断强化危险源预控及隐患排查治理，对重大危险源从排查、确认、整改、验收 4 个环节

实施了闭环管理，使重大危险源得到了有效监控。2006 年至今，全公司实现了连续安全生产。截至 2010 年年底，集团公司有 5 对矿井实现连续安全生产 1000 天以上。

2. 着力提升“三大水平”，不断改善安全环境

围绕形成“人”“物”相宜、互为补充的安全保障体系，着力从系统、装备、监控和解决关键性难题四个环节入手，提高安全保障能力。一是提高系统可靠水平。坚持把“一通三防”、机电运输等作为矿井系统建设的重点，不断进行优化改造。“十五”以来，共投资 28 亿元，完成系统改造工程 87 项。济北矿区以系统简约、生产集约为目标建设“轻型大矿”，劳动用工比同规模矿区减少 40%。安全可靠的生产系统，成为有效防范事故的基本保障。二是提高装备机械化水平。坚持提升水平和淘汰落后相结合，大力推行综合机械化技术，先后开发、应用了一次性采全高综采、电液阀自动化控制、大倾角采煤、超前液压支架等新技术、新装备。2005 年以来，淘汰落后设备 1000 多台（套）。2010 年全公司采掘机械化水平分别达到 97% 和 99%，济北各矿和陕西亭南矿井均达到 100%。三是提高监控自动化水平。建成集中自动控制、生产调度指挥、安全管理预警综合信息中心，实现了对生产系统和设备运行的实时监控以及主要供电、排水、供风系统的远程集中管控，建立起了井下五大灾害实时监测预报系统和井下无线通信及人员定位系统。

3. 积极推进“三大工程”，打造本质安全企业

安全风险防控事关企业搞管理的方方面面，必须系统抓、抓系统，综合施策，稳步推进。着眼企业安全生产实际，淄矿集团大力推进以素质提升、安全文化、安全预控为主要内容的三大工程。一是大力实施素质提升工程。为从根本上解决职工队伍的素质问题，综合施治，着力优化职工队伍结构。把优化管理队伍放在首位，所有矿长都达到矿业类大学本科以上学历，高瓦斯矿井都配备了高级职称专业人员作为第一副矿长。把转变招工方式作为前提，以所属山东煤炭技术学院为平台，变招工为招生，所有新入矿职工先送进学院进行两年以上的专业技能培训，对符合条件的 8554 名农民工转招为井下合同制工人，取消“包工”形式，从根本上解决了农民工的“临时”思想。着力建设促进职工素质提升的长效机制，建立了行政职务和技术技能“双通道”发展机制，鼓励职工多渠道、跨专业、跨工种成才。推行有突出贡献的中青年专家和首席技师制度，实施职工技术技能星级管理。二是大力实施安全文化工程。推行了以人为本的 REC 精细控制管理模式，形成了企业文化直接作用于安全管理的操作平台，“六力”、“六预”、“五精”管理、拓展训练等一批企业文化建设成果和模式应用到安全管理之中。倡导开展职工岗位行为规范集中教育、准军事化管理、“手指口述”操作法等活动，近 6 年累计投入安全费用 16 亿元，人员和系统安全程度稳步提高。并积极倡导安全诚信建设，推行安全自主管理和全员安全承诺制。先后投入 8000 多万元，建成 1 个二级、3 个三级、6 个四级的高标准安培中心和 1 个涵盖整个矿井生产系统的实物培训基地，推行“631”培训模式，开发应用了多媒体仿真教学和微机考试系统，建立了 50 套、4000 道覆盖各工种专业的题库，形成了三级配套联动、理论与实践结合的安全培训体系。三是大力实施安全预控工程。认真学习国家立法部门相继制定的《安全生产法》等近 30 部关于安全生产的专门法律和行政法规，结合本企业生产经营的特点，建立健全安全生产方面的规章制度、操作规范和应急预案。积极开展职业健康安全管理体系建设，为职工提供安全、健康、卫生的工作条件和生活环境，保障职工职业健康，预防和减少职业病和其他疾病对职工的危害。大力实施安全风险预控管理，严格落实超前预控责任，强化危险源预控及隐患排查治理，坚定“能控”信心，创新“可控”手段，保

持“在控”状态，有效实现了安全工作的有序管控，杜绝了安全事故的发生。

（三）坚持履行社会责任与低碳生态发展相协调，建设绿色、生态、节约型淄矿，落实国有企业的环境保护责任

煤炭工业作为国家实施节能减排的重点行业，当前因煤炭资源开采造成的生态环境破坏，已经成为全社会共同关注的问题，也已经成为制约煤炭产业健康发展的关键性问题。煤炭企业如何更有效地实现资源节约和环境保护，统筹好煤炭开发与生态环境协调发展，已经成为煤炭企业实现科学发展、和谐发展的重要课题和社会责任。淄矿集团牢固树立“高碳企业、低碳生产，黑色煤炭、绿色开采”的理念，认真贯彻落实国家的政策方针，坚持走新型工业化道路，发展循环经济，保护生态环境，实现企业和社会、环境的协调可持续发展。

1. 建立四大责任体系，构建节能减排长效机制

随着国家节能减排目标的确立，节能减排将真正成为企业发展的“命门”。近年来，淄矿集团从自身实际出发，不断强化基础性工作，建立完善组织领导、目标责任、监督考核和管理制度四大体系，为节能减排提供了有力的组织保障和制度支撑。一是组织领导体系。健全组织体系和管理网络，成立了集团公司节能减排领导小组、循环经济发展领导小组、节能减排办公室等领导机构，切实承担起节能减排的主体责任。按照定时间、定人员、定资金、定责任“四定原则”逐一进行分解落实，形成了管理节能减排、结构节能减排和技术节能减排有机结合、相互作用，各部门、各层级协调联动、紧密衔接的节能减排合作框架和管理机制。二是目标责任体系。坚持把节能减排、循环经济发展纳入到发展总体规划中，编制了节能减排“十一五”规划、循环经济总体规划和矿井综合利用规划，分年度安排了综合利用煤矸石、粉煤灰、矿井水、生活污废水为主要内容的节能减排项目。以节约煤炭资源、节能、节水、节材和综合利用为重点，建立了节能减排的目标体系，将集团公司下属生产单位划分为煤炭生产、地面生产、综合利用电厂三个组，每年都编制年度能源消耗计划，下达节能技措和环保治理项目。三是考核监督体系。实行节能减排工作“一把手”负责制，落实奖罚分明的节能减排责任制，建立了经济增长质量、经济效益、安全生产、节能减排、自主创新、环境保护为主要内容的科学发展考核指标体系。坚持把产值综合能耗、原煤综合能耗、矿井水综合利用率、煤矸石综合利用率等10项节能减排指标纳入生产经营年度考核体系，作为对下属生产经营单位领导班子成员业绩考核的重要内容。四是制度保障体系。强化基础管理工作，完善节能减排制度体系，建立健全节能环保工作责任制、环境保护管理办法、重点用能单位节能管理办法等管理制度，使节能减排工作逐步实现了制度化、规范化、科学化。

2. 着力推进四个重点，提高节能减排水平

加强资源节约和环境保护，既是落实科学发展观、实现人与自然和谐发展的必然要求，也是企业履行社会责任的重要内容。近年来，淄矿集团依靠技术创新和科技进步，积极采用新技术、新工艺、新设备，淘汰落后生产力，提高资源回收率，为企业节能减排工作提供了强有力的科技支撑。一是淘汰落后生产力。落后生产力是能源资源浪费、环境污染的源头。淄矿集团积极推行机械化、自动化、信息化“三化”建设，进一步加大落后生产力的淘汰力度，不断引进代表国际、国内先进水平的大功率、数控式的排水、提升、运输等装备，实现了安全高效生产，有效地提高了煤炭资源回收率。二是大力提高资源回收率。淄矿集团认真落实“三化、两创新、一集中”的生产理念，

不断深入研究提高煤资源采出率的生产工艺和技术手段，大力实施可持续发展和绿色开采战略，先后研究推广了膏体充填、村庄群下宽条带开采、矸石充填置换开采等技术工艺，最大限度地提高矿井煤炭资源回收率。通过实施置换开采，不仅解放了建筑物下煤炭资源，而且避免了矸石堆放造成环境污染和采空塌陷对地表的破坏。三是切实推进清洁生产。坚持将清洁生产作为节能工作的重要措施来抓，较好地实现了煤炭资源的环保、高效、高回收率和安全回采。先后建立和实施了ISO 14001环境管理体系，积极开展清洁生产审核试点工作，编制和实施了清洁生产实施方案，投资2800万元实施12项水污染处理利用工程，同时进行了40多项重点污染治理和综合利用工程建设，矿区环境质量有了明显改观。四是着力推进节能技术改造。淄矿集团以节能、节材、节矿、节电、节水为重点，以五大节能工程为载体，不断加大投资力度，积极开展节能技术改造，大力推广应用“四新”节能技术，狠抓老旧设备更新换代，取得了明显成效。

3. 创新实践四种模式，大力发展循环经济

循环经济作为一种以可持续发展为目标的新型经济发展模式，本质就是一种经济效益和生态效益“双赢”的生态经济。淄矿集团以增值循环、再生循环、转化循环、园区循环为发展模式，大力推进节能减排工作，提升资源综合利用水平，实现了由高投入、高能耗、多排放、低产出的传统经济向低投入、低能耗、再利用、高效益的循环经济转变。一是大力发展增值循环经济。淄矿集团坚持在煤炭资源的深度开发上做文章，推进煤炭资源梯级开发、链条延伸、高效利用。依托煤电联营的比较优势，建设上项了两条日产5000 t的新型干法水泥熟料生产线，与之相配套的3座水泥粉磨站已经建成并投入生产，形成淄博老区的煤炭替代产业。二是大力发展再生循环经济。淄矿集团对煤炭开采和生产过程中大量的废弃物进行综合开发，实现“废弃物”排放最小化，使经济活动对自然环境的影响降低到最小。充分发挥建材、电力等废弃物的消纳功能，提高矿井水、煤矸石、电厂粉煤灰、炉渣综合利用率，变废为宝，把资源吃干榨尽，以发展循环经济推进生态环境治理。目前，淄矿集团煤矸石综合利用率达到76%以上。三是大力发展转化循环经济。淄矿集团依靠技术进步，不断加强煤层气的综合开发利用，广泛组织调研论证和设备选型，积极与重庆煤科院合作，开展了高瓦斯防治技术研究，实现既可以开采洁净的煤层气资源，又减少排放瓦斯对环境的污染，达到经济效益、社会效益和环境效益三方共赢的目的。四是大力推进园区循环经济发展。淄矿集团在加快调整产业结构、推进煤炭工业新型化的进程中，本着布局集中、产业集聚、资源集约、产业延伸的原则，积极推进“东华、埠村、济北”三大循环园区建设，使企业步入了良性发展的轨道。在埠村园区框架内，紧紧抓住国家环保和综合利用政策，为解决好埠村煤矿电厂粉煤灰排放问题，促进煤电材产业链的形成，与济南中海建筑劳务有限公司、山东众诚建设项目管理有限公司共同投资设立济南城隆建材有限公司，投资1000万元控股建设年产10万 m^3 的粉煤灰加气混凝土砌块生产线，不仅节约了土地资源和改善了矿区环境，而且使产业结构得到了优化调整，有效解决了煤矸石带来的资源浪费、占地、环境污染等一系列问题。在东华水泥循环经济园区内，充分利用生产熟料产生的余热配套建设余热发电项目，投资5000万元建设了窑头余热发电项目，发电量占到水泥生产总用电量的1/3左右，既减少了余热排放，又提升了经济效益。

（四）坚持履行社会责任与创建和谐企业相统一，着力维护职工合法权益，落实国有企业的和谐发展责任

国有企业广泛开展的创建和谐企业活动，与履行社会责任的要求是一致的。近年来，淄矿集团

始终坚持把履行社会责任与创建和谐企业结合起来，把维护职工合法权益放在重要位置，营造和谐劳动关系，帮助职工解决实际问题，促进职工全面发展，实现企业与职工、企业与社会的和谐发展。

1. 坚持以人为本，维护职工合法权益

履行社会责任，建设和谐企业，首要的是从解决员工最关心、最直接、最现实的利益问题入手，使广大职工共享改革发展成果。在具体举措上，淄矿集团着重突出了三大重点：一是以强化民主维权维护职工利益。巩固完善了以职代会为基本形式的民主管理机制，继续加强厂务公开、民主协商、集体合同等形式的民主管理，及时向职工群众通报企业大政方针和普遍关心的问题，进一步落实职工的知情权、参与权、表达权和监督权。二是以完善协调机制维护职工利益。以新《劳动合同法》的实施为契机，依法解决好随意性用工、合同不够严肃、程序不够规范等问题，与全体员工签订了劳动合同，依法维护和保障职工在劳动用工、劳动报酬、社会保险和福利、劳动安全职业卫生等方面的合法权益，形成现代企业制度条件下稳定和谐的劳动关系。三是以搞好扶贫济困保障职工利益。进一步完善了扶困救助机制，以两级困难职工援助中心为载体，建立完善了信访接待、法律援助、就业服务、生活救助一体化的帮扶机制，筹资500万元成立困难职工救助中心，注入启动资金50万元新设“扶困助学专项基金”，建立起了企业内部困难职工长效救助机制。“十一五”以来先后筹集资金1672万元用于帮扶救助困难职工，使困难弱势职工的合法权益得到了进一步维护。

2. 坚持民生优先，提高职工生活水平

近年来，淄矿集团突出以人为本，注重协调各方利益，使企业改革发展成果更多地惠及广大职工群众。职工收入稳步提高，2010年全公司人均工资收入达到5.2万元，连续保持了15%以上的增长幅度。不断完善职工利益保障机制，提高职工住房补贴标准，调整职工住房公积金比例，积极推进职工医疗补充保险，落实职工带薪休假制度。大力实施安居工程，“十一五”以来新建住房30多万平方米，改造完善主辅分离单位社区基础设施，持续改善了职工居住条件。大力推行职业安全健康管理体系认证，建立和推行职业安全健康管理体系，加大环境治理力度，职工作业环境和生产条件得到了进一步改善。狠抓了新《劳动合同法》、职工带薪休假等劳动法律法规的贯彻落实，进一步加强职工疗养和荣誉疗养工作，加快职工家属参加医疗保险统筹步伐，实现和维护好职工群众的合法权益。加强尘肺病定点医院建设，出资1000万元在中国煤矿尘肺病治疗基金会设立了“淄博矿工爱心基金”，积极开展尘肺病职工治疗康复工作，取得了良好效果，为尘肺病患者和家庭带来了福音。

3. 强化全面培训，培养造就新型职工队伍

集团公司始终把提高职工素质作为实施“人才强企”战略的重要抓手和关键要素，牢固树立抓素质提升就是抓生产力，就是抓效益、抓发展后劲，就是培育核心竞争力的理念，立足实际，明确目标，拓展内容，创新载体，紧抓不放，在职工素质提升上取得了显著的成效。素质提升工程从安全入手，逐步向经营、管理、科技、企业文化等多个领域延伸，从注重职业技能素质，向思想政治、职业道德、科学文化和健康身心等素质全方位提升转变，形成了“三支队伍”同步建设、“五大素质”协调发展的良好局面。从集团公司到各单位，建立健全了领导机制、工作机制、激励机

制和考核评价机制，出台了一系列行之有效的制度和政策规定，推动素质提升工程深入发展的长效机制逐步形成。在继续坚持一些行之有效活动的同时，与企业文化建设、学习型组织创建、“五精”管理、首席技师制度、素质拓展训练和信息化技术有机结合，多渠道、分层次地予以推进。以创建“精细化管理示范矿区”为切入点，积极组织开展了以精细、精准、精确、精益、精点为主要内容的“五精”班组管理模式，以班组愿景、班组目标和班组管理体系为核心的班组文化建设取得显著成效。深入开展了创建新型班组活动，实施新型班组建设“千百工程”，即：激励1000名职工成为素质明显提高、杜绝各类事故、出色落实任务、践行企业文化的优秀职工；培育100个班组成为安全生产好、完成任务好、创造效益好、文化管理好的特色班组。集团公司先后选派300多名职工脱产到高校学习深造，与南开大学联合，对110多名中层管理人员进行了工商管理知识培训。目前，职工队伍中中专以上文化程度、中级职称和技师以上人员，与实施素质提升工程初期相比，分别提高了50.1%、33.9%和18.5%，人才的总量、质量和效能进一步改善。

4. 高度重视信访稳定，推进和谐矿区建设

以和谐理念统领企业发展，是新时期企业履行社会责任的新要求。淄矿集团是一个具有百年开采历史的老煤炭企业，近年来不断深化改革，推进结构调整，企业实现了长足发展。但是由于当前职工群众思想观念深刻变化、价值取向日趋多元、利益诉求更加实际的情况下，信访稳定工作不确定因素和潜在风险增多，和谐企业建设的压力较大。淄矿集团面对复杂的信访稳定形势和繁重的维稳综治工作任务，始终紧紧围绕发展大局和中心工作，大力实施固本强基工程，以建设“平安淄矿”为总抓手，重点解决好影响企业稳定的突出矛盾和问题，特别是高度重视关闭破产、主辅分离等改革改制企业职工具体问题的解决，化解矛盾，凝心聚力，为和谐矿区建设提供了有力保障。针对信访稳定中的问题，认真履行企业应尽的责任和任务，坚持不推诿、不应付、不推向社会，积极落实稳定工作四个体系，畅通信访渠道，注重人文关怀和心理疏导，妥善处理内部矛盾，使信访工作符合时代要求和群众期待，最大限度地增加和谐因素。同时，以及时解决各类合理诉求、妥善处置和化解各种矛盾纠纷、保障企业稳步发展为落脚点，将信访稳定工作、社会治安综合治理、平安建设、法律法规宣传教育、生产安全管理及干部队伍建设等有机融入固本强基维稳工程之中，统筹兼顾，扎实工作，有力地维护了矿区稳定大局，为集团公司和谐发展创造了良好环境。2010年，集团公司公开接访、联合接访、重点约谈238次，各级干部下访164批次，及时发现问题，分析研判，研究制定了相关措施，督导基层抓好落实，妥善解决了疑难信访案件25起，案件办结率达到98%，结服率达到92%。

（五）坚持履行社会责任与参与公益事业相融合，积极为社会创造财富，落实国有企业的道德操守责任

企业是社会的经济细胞，也是社会的一个重要成员，关注民生、回报社会是企业应尽的责任和义务。淄矿集团作为负责任的国有企业，近年来，在遵守法律规范、体现企业价值的基础上，坚持做到有善心、有善意、有善举，热心参与社会公益事业，积极回馈社会，促进区域经济发展，为经济社会发展作出巨大贡献。

1. 顾全大局，履行企业公民责任

坚持依法照章纳税，2005年以来累计上缴税费近90亿元，被评为“全国AAA级信用企业”。

积极参与社会公益事业，在重要事件、重大灾情出现时，总是积极主动地承担起应尽的社会责任。汶川大地震发生后，淄矿集团在第一时间向灾区捐赠1858万元，并派出专业救护人员赴灾区支援抗震救灾。玉树大地震、舟曲泥石流特大自然灾害中，淄矿集团发扬爱心、弘扬善心，捐款捐物近500万元，积极支持灾区灾后重建工作。同时，淄矿集团还积极参与地方教育、道路建设以及扶困帮扶等社会管理工作，仅2010年就对口帮扶禹城市十里望乡民族中学和淄博市临淄区凤凰镇北罗村100万元，树立起了淄矿集团新形象。2010年，淄矿集团又认购慈善捐款5000元，为中国慈善事业作出了积极贡献。

2. 积极实施就业和再就业工程，促进社会稳定

近年来，淄矿集团妥善安置了农村富余劳动力10000多名，接收安置了退伍转业军人和残疾人400多名，引进大中专毕业生3000人，招收子女就业3000人，变招工为招生安置社会人员1000多人，为社会稳定发挥了积极作用。金融危机爆发以来，集团公司及时作出并兑现了“不裁员、不降薪”的承诺，既体现了国有企业政治责任感，又为维护社会稳定发挥了重要作用。在全国煤炭系统率先改革劳动用工管理，与近万名农民工全部签订了劳动合同，并从没有发生过拖欠职工工资等现象。在关闭破产、主辅分离和移交企业办社会等政策性改革中，坚持不关井走人、不推向社会的“双不”原则，采取转移分流、转产分流、转岗分流等途径，分流安置7对关破矿井和主辅分离单位职工近万人，稳定了队伍，凝聚了人心，实现了政府、企业和职工三方满意。

四、煤炭企业通过履行社会责任实现了和谐发展

近年来，淄矿集团以和谐企业建设为目标，积极履行企业的社会责任、经济责任和政治责任，树立起了负责任、强品牌、重民生的国有企业形象，有力地推动了企业与社会、环境的全面协调可持续发展，使企业实现了科学发展、安全发展、和谐发展和又好又快发展。

（一）企业经济实力显著提升

淄矿集团通过实施基于和谐发展的社会责任管理与履行，企业的经济实力、社会影响力、美誉度进一步提升。集团公司先后荣获全国五一劳动奖状、全国煤炭行业优秀企业、全国企业信息化百强企业、山东省首批“AAA”级信誉企业、省级“重合同、守信用”企业、中国最具成长性企业等荣誉称号。此项成果的实施，有力地促进了企业经济效益的提升。2011年实现销售收入175亿元，实现利税40亿元，资产总额228.6亿元，创出了企业发展的历史新水平；资产保值增值率达到117%、总资产报酬率为7.5%、净资产收益率为14%，全面完成了省国资委下达的考核指标。企业的经济位次明显前移，在全国煤炭企业百强中位列22名，连续8年入选全国500强企业。

（二）可持续发展能力明显增强

在煤炭主业方面，淄矿集团按照“稳定省内、开发转化省外”的煤炭产业发展思路，大力实施“走出去”战略，先后获取后备资源34亿t，集团公司煤炭资源占有量达到53亿t。“十一五”期间，累计完成基本建设投资36.85亿元，增强了企业的可持续发展能力。在非煤产业方面，以水泥建材和现代物流等项目为支撑，实施扶优扶强战略，非煤产业的规模和效益显著提升，2010年实现销售收入93亿元，实现利润1.8亿元，分别是“十一五”初期的2.9倍和3.5倍。在发展方式转变方面，以“三化、两创新、一集中”为主攻方向，加快煤炭生产方式转变，采掘机械化水

平分别达到97.1%和99%，管理信息化、生产自动化和装备重型化水平得到显著提高；导入人均指标，突出效率观念，初步构建起了促进发展方式转变的考核体系，2010年全员效率达到20.9万元/人，人均创利7.82万元，分别是“十一五”初期的1.9倍和5.7倍；坚持依靠自主创新和提高劳动者素质推动发展方式转变，累计投入科研经费14.8亿元，完成科技创新成果600余项，完成管理创新成果300多项。在资本运营方面，依靠资本运营手段控股山东新华医疗公司和内蒙古黄陶勒盖煤炭公司，转让贵州淄矿能源和兴安煤业公司股权，对促进产业结构优化升级起到了重要作用。

（三）发展思路进一步清晰

随着国家宏观形势和企业发展实际的变化，淄矿集团全面实施“开放融合、调整转型、科学发展”的战略指导方针，认真落实“内部挖潜、外部扩张、纵向延伸、横向拓展、高端引导、创新推动”的战略转型思路，围绕“四个翻一番，实现大跨越，再造新淄矿”的战略发展目标，突出产业升级、自主创新、资本运营三大重点，积极推进发展方式转变，加快提升企业的核心竞争力，在“优而特、富而强”的愿景目标下，努力建设实力突出、主业强健、活力迸发、低碳生态、和谐幸福的新淄矿。到“十二五”末，集团公司的煤炭产能、销售收入、利税总额、资产总量在2010年的基础上翻一番。以构建“三三一”产业布局为重点，争取到“十二五”末，形成山东济北、陕西彬长、内蒙古鄂尔多斯三个千万吨级矿区，继续完善济北矿区、埠村煤矿、东华水泥公司三个循环经济园区，加快一个总部经济圈建设，构建起以煤炭产业为基础，医疗器械及健康产业、水泥建材及新材料产业为支柱，生产配套服务业等为补充的“121”新型产业体系。以建设低碳生态新淄矿为目标，大力推行绿色开采和清洁生产，发展循环经济，集约利用资源，降低能源消耗，加强环境治理和保护，基本建立起绿色开采、低碳发展的资源节约型、环境友好型生态企业。以建设和谐幸福新淄矿为方向，实现企业外部环境更加协调，内部关系更加和谐，矿区更加安定有序，职工生活品质不断提升，职工收入与经济发展同步提高，把淄矿建成内部人自豪、局外人羡慕的幸福企业。

（四）节能减排工作取得显著成效

淄矿集团坚持“高碳产业低碳发展”理念不动摇，走资源综合利用、循环发展的路子。2010年集团公司万元产值综合能耗、原煤生产综合能耗、原煤生产电耗分别同比降低2.3%、2.29%、1.37%，实现节能量18600 t标准煤。“十一五”以来，累计实现节能量17.57万t标准煤，污染物减排6572 t，提前两年完成了省政府下达的“十一五”节能减排指标。以绿色、生态、低碳、循环发展为目标，依靠科技创新和技术进步，大力实施膏体充填、不规则面开采等绿色开采技术，煤炭资源回收率进一步提升，尤其是山东济北矿区通过采取各种措施，使采区煤炭资源回收率由原来的77.2%提高到90%，实现了经济效益、社会效益、环保效益的共赢，创出了一条资源开发与环境保护协调发展的新路子。企业先后荣获山东省环境保护先进企业，煤炭工业环境保护先进集体，淄博市环境保护突出贡献奖和资源节约、节能降耗、循环经济先进企业，山东省循环经济先进试点企业，山东省环境友好型企业等称号。

（五）和谐企业形象显著提升

淄矿集团通过实施以和谐发展为目标的社会责任管理，安全管理水平进一步提升，和谐企业建设取得显著成效，为集团公司科学发展创造了良好环境。“十一五”时期，全公司百万吨死亡率控制在0.07以内，连续五年被省政府评为“全省安全生产工作先进单位”。积极践行国有企业的社会责任，在依法纳税、扩大就业、灾害救助、保障电煤的同时，积极参与社会公益事业，先后为慈善机构、地震灾区等捐款4468万元，集团公司先后荣获“中华慈善突出贡献奖”和“最具爱心企业”称号。2010年集团公司被山东省委、省政府授予全省信访稳定工作先进单位，被山东省社会治安综合治理委员会授予平安建设先进单位，被山东省全民普法依法治理领导小组授予“五五”普法依法治理中期先进单位，被淄博市委、市政府授予创建全国社会治安综合治理优秀市暨实施固本强基维稳工程先进单位等荣誉称号。

煤炭企业履行社会责任研究

河南煤化焦煤公司　袁　泉

一、煤炭企业在履行社会责任过程中存在的问题

(1) 煤炭企业在履行社会责任方面普遍存在没有树立正确的生产经营意识，盲目追求经济效益，忽略安全建设。2009 年山西省焦煤集团屯兰矿“2·22”特别重大瓦斯爆炸事故，2009 年重庆市能源投资集团松藻煤电公司同华煤矿“5·30”特别重大煤与瓦斯突出事故，2010 年山西华晋煤业公司王家岭“3·28”特大透水事故等，这些事故的发生在社会上引起了强烈的反响，给煤炭企业的声誉带来了很多负面影响。一桩桩血的教训还在我们身边上演着，但是煤炭企业始终无法根治重特大事故的发生。

(2) 煤炭企业普遍对环境保护重视不足。伴随着煤炭的开采，矸石占地堆放、矸石的污染、采空区地面塌陷、污水的排放等一系列环境问题应运而生。比如废水，每年煤矿排出的废水约为 22 亿 m^3，利用率仅为 40%。矿区周围的煤炭村饮水困难，农业生产受到影响，每年都发生土地沉降、塌陷。煤炭塌陷村庄每年占地达到 50 万亩，还在逐年增加，对环境造成了破坏。煤炭企业在创造巨大财富的同时，也对周围环境造成了巨大的创伤。煤炭企业追求经济效益与环境保护之间的矛盾日益尖锐。

(3) 煤炭企业员工的工作环境虽然得到了很大的改善，但与其他行业相比较依旧比较恶劣。煤矿职工退休后诊断患有职业病的案例频频发生，患有职业病的职工维权之路也是异常艰辛。

(4) 煤炭企业浪费资源现象比较普遍。据中国社科院统计调查，作为我国最大的煤炭产区山西省的平均资源回收率只有 40%，而开采技术落后的乡镇煤矿的资源回收率仅为 10% ~20%，每挖 1 t 煤要消耗 5 ~10 t 的资源，这就意味着在低回收率的生产条件下，煤炭产量越多，浪费的资源就越多。而在美国、德国等国家，每挖 1 t 煤仅消耗 1.2 ~1.3 t 资源，资源的回收率为 80% 左右。2003 年，阳煤集团生产矿井共抽放煤层气 2.5 亿 m^3（纯甲烷），但年利用率仅为 3414 万 m^3，其余全部排向大气，利用率不足 20%。

二、煤炭企业履行社会责任应采取的措施

煤炭企业履行社会责任主要采取企业内部措施和企业外部措施两方面。

（一）企业内部措施

1. 增强煤炭企业承担社会责任的意识

煤炭企业应将增加对履行社会责任意义的认知和将企业社会责任纳入企业战略选择中，要有主动承担社会责任的意识。煤炭企业应当充分考虑到自己企业行为对社会各个角落所造成的影响，不能单方面地考虑自己眼前的经济利益，而应该从社会稳定和谐、环境保护等综合方面考虑。这样煤

炭企业在履行社会责任的同时，才能更好地发展。

2. 加强煤炭企业社会责任文化的建设

企业社会责任文化是企业文化建设的有机组成部分，坚持科学发展观为指导，围绕企业履行社会责任的目标和要求，抓住企业涉及履行社会责任的关键部位，找准企业在履行社会责任过程中存在的薄弱环节，梳理和确定企业履行社会责任的工作重点，其目标就是通过强化企业社会责任文化的建设，让社会责任文化成为企业全面、全员、全过程、全方位履行社会责任的基础和开端，使企业社会责任文化与企业发展战略相适应、与企业提升核心竞争力相促进、与企业生产经营管理相融合、与社会各界期望要求相符合，进而促进企业经营管理水平提高，推进企业发展质量和履行社会责任能力的进一步提升。

3. 加大安全投入，认真贯彻和执行煤炭安全生产法律法规，坚决杜绝重特大事故的发生

具体有以下几点建议：

（1）加强对煤炭企业各级领导和职工的安全教育，使之从内心感受到煤矿安全工作的重要性，坚决杜绝由于人为因素发生的各类事故。

（2）加大安全检查力度。当前，安全检查作为安全管理的主要方法不能从根本上有效减少安全事故的发生。要减少安全事故的发生，必须增加发现和处理安全隐患的层次，使安全隐患及时得到发现和处理，变隐患发生—检查发现—处理的传统安全检查模式为通过规范人的行为、增加发现隐患的环节、确保不产生隐患或产生隐患后及时得到发现和处理的安全管理模式。

4. 煤炭企业在发展的同时更应重视环境的保护，力争做到变废为宝

例如：煤矸石堆放不仅占用土地资源，并会对环境造成破坏。但是煤矸石并不是废物，而是一块货真价实的宝贝。煤矸石可被用于生产矸石水泥、混凝土的轻质骨料、耐火砖等建筑材料，此外还可用于回收煤炭，煤与矸石混烧发电，制取结晶氯化铝、水玻璃等化工产品以及提取贵重稀有金属，也可作肥料。煤炭企业可以根据煤矸石的这些功能进行深加工，这样不仅能有效地降低环境污染，还能促进企业的发展，更能为社会带来经济效益。

（二）企业外部措施

1. 政府的正确引导是一项重要举措

现阶段，社会责任的推行离不开政府的介入和引导，政府依然处于推进社会责任的主导地位。具体建议有以下几点：

（1）建立企业履行社会责任信息披露机制。政府及有关部门对企业履行社会责任的情况要通过一定方式向社会公布。鼓励行业组织、消费者组织及其他社会团体、新闻媒体、金融机构等根据实际情况建立企业履行社会责任信息披露机制。鼓励企业向社会发布企业社会责任报告，公布本企业履行社会责任的承诺、取得的成绩、存在的问题和改进的措施，接受社会监督。

（2）引导企业完善履行社会责任的内部管理机制，发挥主体作用。鼓励、引导企业树立符合履行社会责任要求的企业文化和企业价值观、责任观。引导企业在企业章程中明确企业的社会责

任，将社会责任作为经营管理的重要内容，建立健全相关管理制度，保障企业员工、消费者的合法权益，维护生态和环境，努力建立和发展与利益相关者的良好关系。

（3）充分发挥大企业的表率和带动作用。引导、鼓励和支持大企业、关系国计民生或对公共安全卫生和环境有潜在重大影响的企业，率先实行企业社会责任报告制度，展示履行社会责任的成绩，接受社会的监督；带头实施企业社会责任标准化工作，积极贯彻实施企业社会责任准则。鼓励有条件的大企业逐步在本企业供应链中实施社会责任审核，带动更多的企业履行社会责任。

（4）开展试点工作。选择部分领域和行业，开展企业履行社会责任试点工作，及时总结经验，制定和完善相应的政策措施，逐步加以推广。

2. 完善工伤保险制度，提高安全事故赔偿标准，以此来保障职工的合法权益，从而推动社会责任

建立费率与事故挂钩的费率调节机制，落实煤矿井下职工意外伤害保险制度，鼓励企业投保安全责任保险，逐步形成安全互动机制，提高煤矿事故伤亡人员赔偿标准，加大煤矿安全事故成本，促进煤炭企业变安全投入的压力为追求经济效益的动力。

3. 社会要形成完善的煤炭企业社会责任监督体系

煤炭企业的社会责任除了需要政府的引导外，还需要更多的社会组织来监督。例如：企业工会要推动《劳动争议调解仲裁法》和《劳动合同法实施条例》等法律法规的实施，监督企业依法经营，促进实现体面劳动。要进一步完善党和政府主导的职工维权机制，广泛开展创建劳动关系和谐企业活动，发挥好工会与政府的联席（联系）会议制度、劳动关系三方协商制度的作用，加强利益协调、诉求表达、矛盾调处、权益保障等机制建设，努力实现企业发展和维护职工利益互利双赢。要认真分析排查影响职工权益和职工队伍稳定的突出问题，加强劳动关系矛盾预警监测、信息报送、应急处理等机制建设，对劳动关系矛盾尽早发现、快速反应、及时介入，努力把劳动关系矛盾化解在基层和萌芽状态。要加强心理疏导，引导广大职工正确对待利益关系的调整和遇到的暂时困难，以理性合法方式表达利益诉求，切实保障企业发展，自觉维护社会稳定。

充分发挥媒体宣传教育和舆论监督作用，利用报纸、广播电视、网络等媒体宣传履行社会责任的企业典型，刊登、播放一定数量的企业社会责任公益广告，并加强对企业履行社会责任的舆论监督。环保部门可以监督和指导煤炭企业的环境治理工作，有利于企业自身节能减排工作的开展。煤炭企业社会责任的工作需要社会各个阶层的力量来共同完成。

建立健全煤炭企业CSR认知和评价体系 积极探索企业实现社会责任的新维度

大同煤矿集团大同煤炭职业技术学院　张达文

企业社会责任（Corporate social responsibility，CSR）这一概念最早可以追溯到20世纪80年代，是由西方发达国家提出的。企业社会责任就是企业在承担对出资方责任的同时，还必须承担对员工的责任、对消费者的责任、对资源和环境的责任、对公益事业的责任，等等。实践证明，履行社会责任越出色的企业，可持续发展能力也越强，未来企业承担社会责任将不再是选择性行为，而是企业为保持基业常青的必然选择。近年来，我国也越来越重视企业履行社会责任工作，并于2005年10月27日通过新《公司法》明确提出了企业的社会责任；党的十六届六中全会也明确提出“广泛开展和谐创建活动，形成人人促进和谐的局面。着眼于增强公民、企业、各种组织的社会责任”；胡锦涛总书记在中央经济工作会议上也明确指出：“要引导企业树立现代经营理念，切实承担起社会责任。”履行社会责任，促进和谐发展，已经成为我国实施可持续发展的必要条件。

一、以同煤集团为代表的煤炭企业履行社会责任的成绩

煤炭企业是我国的支柱型能源产业，在我国以煤炭为主要能源的现实情况下，由于行业的特殊性，煤炭企业特别是国有老煤炭企业在履行社会责任方面更有其特殊性，它肩负着包括对生态环境的保护、对资源的合理开采、对生产的安全保障、对员工的发展、对债权人和合作商、对社区、对社会慈善和福利事业、对政府等诸多方面的责任，可以说承担的责任更重、更大。同煤集团作为与共和国同龄的国有特大型煤炭生产企业，在60多年的发展中，孕育了“强企报国，敬业奉献，创新发展，卓越至上”的同煤精神。正是在这种精神的指引下，企业勇于承担政治、经济和社会责任，累计生产煤炭近20亿t，上交利税近500亿元，创造了100多项全国第一。特别是2008年“抗击雨雪冰冻，支援抗震救灾，保障奥运供电”的“三讲四保”大决战；“两区”治理改造工程，完成建筑面积502万m^2，安置住户6.0706万户的壮举；为汶川、玉树地震灾区捐出的善款，“煤海希望”阳光助学工程资助学生，更是同煤集团积极履行企业社会责任的浓墨重彩；近年来，履行社会责任更加受到企业重视，企业已连续几年率先发布社会责任报告：2009年同煤集团向社会发布了题为“中国情，同煤心”的第一份企业社会责任报告，之后2010年发布第二份“同煤大道，中国脊梁”社会责任报告，2011年5月26日，在由国家发展改革委、工业和信息化部、国务院国资委和国家安全生产监督管理总局等八部委共同指导，中国工业经济联合会主办的“2011中国工业经济行业企业社会责任报告发布会”上，同煤集团又发布了题为“中国同煤，仁行天下”企业社会责任报告。同煤集团连续三年在京发布企业社会责任报告，彰显了集团公司高度重视社会责任，主动履职尽责，特别是在关键时刻，充分发挥示范表率作用的国有大型企业风范。为此，同煤集团先后荣获“中国企业社会责任十大杰出企业”、“中国公益事业十大先锋企业”等多项荣誉称号。

二、同煤集团等煤炭企业加强履行社会责任的正确途径

以同煤集团为代表的煤炭企业在履行社会责任方面所作出的成绩有目共睹，但从整体上考察，与跨国企业相比，与国内先进行业相比，还存在着理论建设不足，认识不够深刻和实施手段单一等问题，对症下药，煤炭企业在今后履行社会责任的路上，要做的事情很多。

（一）建立健全企业社会责任的认知和执行机制，推动煤炭企业自觉履行社会责任

一位社会学家说："当今中国的经济社会发展阶段要求企业树立和落实科学发展观和正确的价值观，要求企业在自我发展中注重履行好推动和谐社会建设的社会责任，如果企业能够深刻领悟并以此为己任，那它就树立了符合客观实际的社会责任感，企业的生命之树将会是常青的。"还有专家建议："中国企业要履行社会责任，只有通过中国式的创新，从干部加深对企业精神的理解开始，把加强企业发展与思想政治教育联系在一起，鼓励工人的参与，提高企业员工对社会责任的认识，增强企业的社会责任意识，进而引导企业正确履行社会责任。"以上都是强调企业履行社会责任，必须要加强"履行社会责任"的理论建设；必须要加强对"煤炭企业履行社会责任"认知和执行体系的建设；必须要加强思想政治宣传工作，使得社会责任感能够深入到企业每一位员工的内心，培养责任理念，提高责任意识，只有这样才能使企业履行社会责任由被动到主动，由消极到积极，由盲从到科学，从而把发展自我和履行社会责任两者统一起来，使其相互促进，和谐发展。目前，在同煤集团已经形成了包括企业道德、安全、经营、管理、发展、质量、科技、创新、人才、竞争、培训、标准化、销售、服务等在内的14项企业理念，其中也不乏含有企业履行社会责任的元素在其中，但却没有独立、明确地制定出一系列关于企业履行社会责任的理念，这是煤炭企业在履行社会责任方面的一大缺憾。为此就要求煤炭企业今后要致力于以下两方面：

1. 煤炭企业必须建立健全企业社会责任理论体系和认知体系

煤炭企业文化建设应该站在现代文明社会的坐标上，把担负社会责任的核心价值观融入企业的成长之中，为企业的科学价值观的形成融入新的生命力；把培养员工的社会责任意识作为企业思想政治工作的主要任务和职能之一。以同煤集团为例，在原有工作的基础上首当其冲要树立有煤炭企业特色的社会责任理念，构筑重心突出、内容明晰的社会责任模型，提出煤炭企业的责任使命，明确责任目标，同时结合自身发展实际，进一步深入完善社会责任工作规划，提出阶段性企业社会责任战略目标，明确实现该目标的战略思路和重点措施，确定每个措施的分年度工作目标、重点和任务，建立完备的理论体系；在此基础上，加强员工认知体系建设，可以通过党建工作、工会工作、共青团工作等多种宣传渠道，采取知识竞赛、文艺演出、员工考试、媒体报道等多种形式，宣传企业的社会责任理念和责任目标，形成一个企业有理论、员工学理论、人人知理论、个个明责任的良好氛围。

2. 煤炭企业必须建立健全企业社会责任执行体系

有理论贵在实践，有制度贵在执行。作为企业应该从方方面面入手努力将社会责任理念全面融入企业经营管理、发展战略、企业文化、责任管理的实践之中，进一步健全社会责任执行体系，从组织、制度、信息、评估等多方面入手，充分利用党政工团多方面的力量，建立健全相关职能部门，加强执行和监督工作。通过对员工承担社会责任，提供较好的工作环境和培训机会，保障员工

的社会保险和福利等，使员工感受到企业的温暖，增强对企业的归属感、责任感和团队意识，最大限度地调动员工的生产积极性；通过协调处理企业外部的各种关系，特别是企业与消费者的关系，使企业员工真正认识到自己不仅是生产者也是消费者，有义务对消费者和社会承担责任；通过推动企业在各种社会公益和慈善事业中发挥作用，树立起良好的社会形象，从而为企业的长远发展创造良好的人文条件。

（二）加强企业社会责任建设，建立健全行业 CSR 评价体系

正确合理的评价机制是企业履行职责的强大动力。在“企业社会责任评价体系”等相关制度的制定上，本文先进行如下梳理：

1. 在国内

（1）“企业社会责任”自 20 世纪 90 年代传入中国后，经过理论界和实务界的共同努力，于 2005 年结出了法律的果实，这就是将企业“承担社会责任”写进了新修订的《中华人民共和国公司法》（简称《公司法》）。

（2）在新《公司法》颁布实施以后，国家有关部门、行业协会以及一些地方，开始探索制定自己的企业社会责任标准。由中国纺织工业协会于 2005 年所制定的中国最早的一部企业社会责任行业标准体系——《中国纺织企业社会责任管理体系（CSC9000T）总则及细则》；浦东新区于 2007 年 7 月发布了《浦东新区企业社会责任导则》；山东企业信用与社会责任协会于 2007 年制定了《中国企业社会责任评价体系》，尽管内容有所不同，甚至差异较大，并且存在着内容单一，第三方评价的模式目前在全国面上推广尚有困难等问题，但毕竟在评价体系的制定上进行了一些可贵和有益的探索，积累了丰富的经验。

2. 从国际上来看

（1）以 SA 8000 为代表的社会责任标准，如同质量标准（例如 ISO 9000 质量认证体系）和环保标准（例如 ISO 14000 生态认证体系）一样，逐渐成为经济发展和参与国际竞争的基本要求。随着社会责任运动的高涨，越来越多的国际采购商将其作为订单的附加条件，已经被许多人认为是一种新的“贸易壁垒”。

（2）国际标准化组织于 2010 年 11 月发布 ISO 26000 社会责任指南国际标准，对社会责任的定义和主要内容作出了规定。该标准是目前全球最完整、最具代表性的社会责任国际标准，不仅内容全面，而且还对如何将社会责任内容融入组织的运营管理实践之中提供了行动指南。

3. 从企业自身来看

（1）为了从理论体系和实践上对社会责任进行全方位的研究，同煤集团与以中国科学院研究生院管理学院副院长赵红为组长的中国科学院品牌课题组联合进行了“企业科学发展的社会责任科学评价体系与实践路径”的课题研究，已经在努力探索具有普遍性、科学性的我国大型企业社会责任评价体系。

（2）同煤集团迄今为止，已经连续三年向社会发布了高质量的社会责任报告。

（3）同煤集团目前还没有形成符合煤炭行业特色的 CSR 理论体系，缺乏煤企 CSR 的报告体系。

这样的国际国内形势和煤炭企业已有的成绩对于像同煤集团这样的控制力强、公益性强、规模大、效益好的煤炭企业来说是一次机遇和挑战，煤炭企业不能消极等待，而需要乘机借势，借鉴国内许多地方和行业制定的企业社会责任评价体系，并以ISO 26000社会责任指南标准为指导，在前期工作的基础上，结合企业、行业和我们所在地区的特色，开门定制，广泛听取各方意见，立足适应中国企业社会责任实践需要，对煤炭企业社会责任的内涵进行原创性的探索，深入研究煤炭企业履行社会责任的范围、方式与过程，有组织、分步骤地制定并完善CSR行业评价体系，并且在参与制定、认知、理解和使用本行业通用的SA 800标准方面同煤集团公司也应该走在前面，在这里我们期待着更具针对性和可行性的评价成果的诞生。

（三）实施战略性社会责任，积极探索企业履行社会责任的新维度

在企业社会责任刚刚引入我国时就有专家指出，企业不要盲目跟风随便捐款开展公益项目，或捐巨资用于自己不擅长的领域。然而，在企业承担社会责任已经成为全球共识时，绝大多数企业的社会责任项目仍然只停留在慈善和捐助阶段，同煤集团在履行社会责任的形式上也似乎难脱传统形式的窠臼。

在企业履行社会责任的形式内容上，现代营销之父科特勒认为："企业社会责任应该支持企业目标"；迈克尔波特在《战略与社会：竞争优势与企业社会责任的联系》一文中也将企业社会责任分为反应型和战略型两种：反应型企业社会责任，是指"企业做好自己的本分工作"，即传统做法，而战略型社会责任，则是"寻找能为企业和社会创造共享价值的机会，包括价值链上的创新和竞争环境的投资"，"只有通过战略性地承担社会责任，企业才能对社会施以最大的积极影响，同时收获最丰厚的商业利益"；现在的社会问题非常多，而且都是很重大的社会问题。但是，作为一个企业，不可能什么都去做，因为这样，资源就分散了，最后的结果其实是你什么都没有做好。所以对于一个企业而言，"使用自身资源去参与，才能实现效果最大化"，Akhtar Badshah把这种做法称为"可管理的公益"；一位经济学家也曾说："如果你的公司五年内还在以同样的方式做着同样的生意，那么你的公司离倒闭的日子不远了。"同样的道理，我们在履行社会责任方面也需要有所创新。要坚持履行社会责任与企业实际相适应，实事求是地确定、创新煤炭企业履行社会责任的重点、形式、途径和方法，尽力而为、量力而行。企业履行社会责任不仅形式上可以不断创新，而且必须结合自身特点，才能充分发挥企业社会公民的角色和作用。企业的社会责任应该延展至一个更加广泛的时间、空间范畴。除以上理论的支持之外，我们下面不妨再来借鉴一些国外先进企业的成功做法，比如：英特尔公司2011年12月7日在京发布了跨国公司在中国的首个以社会创新为主旨的企业责任报告。报告涉及过去一年来英特尔在中国环境保护、社区建设、推动社会信息化水平及人才培养方面的工作和进展。报告显示，2011年以来有170多万名中小学教师在英特尔未来教育项目中接受了培训，该项目帮助众多教师在课堂教学中运用信息技术，创造了活跃的学习环境。截至2011年6月底，英特尔援建的200间计算机网络教室已全部建成并投入使用，惠及学生人数超过15万名。再比如：来自广西、江西的20多名小学生日前参加了"三星Anycall希望小学广州亚运会之旅"。在为期四天的亚运旅程中，他们不仅在赛场观看了精彩的亚运体操比赛，还参观了广州亚运城、三星亚运科技馆、广州科技馆等。三星大中华区总裁朴根熙示，希望通过此次亚运之旅，为孩子们展现机会体验课本之外的精彩世界。广西都安瑶族自治县拉仁乡三星希望小学的带队老师表示："这些现代化的体育场馆、国际化的盛大赛事，深深震撼了贫困地区的孩子们。他们带着美好的憧憬走出大山，感受科技的力量和祖国发展的脉搏。这些难忘回忆将激励他们去实现理

想、建设家乡。”实际上，不论是英特尔的社会创新报告，还是三星助力孩子们看亚运，这些社会公益活动背后展现着创新的思路，蕴涵着企业各自的社会公益理论和思考。总之，国外许多知名企业将社会责任嵌入核心业务，选择与企业价值相契合的领域作为战略重点，与企业目标相一致的社会活动以及与核心产品及市场密切相关的社会问题，并对这些能够为企业提供机遇的社会问题予以支持，将企业社会责任融入企业战略之中，并以战略性的高度将其付诸实施，使之成为能创造企业价值的竞争优势。

借鉴以上，煤炭企业也应确定自己履行社会责任的核心哲学，有明确的理论作为行动指针，针对企业自身实际情况因地制宜、因时制宜，选择那种与煤炭企业整体定位、产品品牌定位相一致的社会活动项目，探索融入企业价值观和使命的、有能力创造独立价值的、可持续的、系统的新型企业社会责任模式，实施战略性社会责任，积极探索企业实施社会责任的新维度。具体来说，就是专注于一个重要但并非高不可攀的领域，然后以结果为导向，在这个领域内实现效率最大化的公益管理，为企业的发展带来前所未有的机遇！

中俄机组对比情况以及对提高超超临界机组效率的思考

神华国华电力公司

秦定国 金 强 袁 军 张 翼 石 磊 王玉田

随着我国自2002年对传统的发、输、配、用垂直统管电力体制实行以“厂网分离”为主要特征的市场化改革以来，国内电力行业在材料研发、系统设计、装备制造、运营管理等各方面都呈现出了高速度、高质量、多层次、全方位的跨越式发展势头，不仅用电短缺的局面得到有效扭转，电源结构也迅速优化，在短短的8年时间里，国内火电行业就从高温高压、亚临界机组进入到了更高参数、更大容量的超临界和超超临界机组时代，完成了发达国家通常需要几十年才能实现的产业升级换代之路，火电机组整体资源利用水平显著提高，电网结构更加合理，为我国社会经济又好又快发展作出了积极贡献。

为深入分析我国机组与国外机组在设备性能、工程造价、经济效率等方面的优势，本文以神华集团国华绥中发电公司一、二期工程为样本，进行了百万千瓦超超临界机组和80万超临界机组之间主要性能与指标的对标，并在此基础之上，针对在实际运用过程当中制约当前百万千瓦超超临界机组发挥效率效能的主要因素提出了一些思考和建议，以期能够进一步发挥百万千瓦机组优势，并进而对我国发展主汽温度在700 ℃以上的超超临界机组相关工作有所帮助。

一、国华绥中发电公司中俄机组对比分析

国华绥中发电公司位于辽宁省，是大型国有控股企业，目前运营着一期两台800 MW超临界机组和二期两台1000 MW超超临界机组，总计装机容量达360万kW，是东北地区最大的火力发电厂，对连接东北和华北两大电网起着重要的电源支撑作用。

一期工程于1993年开工，是中国与前苏联政府间的易货贸易项目，两台800 MW超临界燃煤机组从前苏联引进，是当时我国单机容量最大的超临界机组。工程开工不久后，因苏联解体导致工程设备订货中断，使得双机分别在2000年6月和10月方才投产竣工。

二期工程于2007年8月1日开工，安装两台由东方电气集团生产的1000 MW超超临界燃煤锅炉、汽轮发电机组，两台机组分别于2010年2月和5月一次通过168 h试运，正式投入商业运行，整个工期历时2年10个月。

（一）性能指标分析

为了在一个统一的边界条件和工况中反映当前绥中国华绥中发电公司一、二期机组能耗和效率水平，以有效进行设备比对，本文选取了最近一次一、二期设备性能试验（即机组处于额定工况下）的数据作为设备分析的样本基础，并将其主要指标分列，具体见表1。

表1　一、二期机组性能指标

序号	主要技术		单位	800 MW 机	1000 MW 机	差值（二期）
1	主汽温度		℃	545	605	60
2	主汽压力		MPa	25.01	26.25	1.24
3	排烟温度		℃	134	127	-7
4	锅炉效率		%	93.25	94.19	0.94
5	汽机效率	高压缸	%	84.64	87.66	3.02
		中压缸	%	89.74	92.34	2.6
		低压缸	%	82.67	92.14	9.47
6	发电机效率		%	98.75	99	0.25
7	热耗率		kJ/kW·h	8150	7418	-732
8	供电煤耗		g/kW·h	326	282.5	-43.5
9	直接厂用电率		%	6.55	3.94	-2.61

注：一期为2009年A修和脱硫投入后的性能试验数据；二期为2010年投运后的性能试验数据。

由于压力、温度等运行参数的提高以及机组主设备工况条件的改善，国华绥中发电公司二期百万千瓦超超临界机组与一期超临界机组相比，供电煤耗降低在43 g/kW·h以上。此外，由于俄制机组其设计理念是以设备的高冗余来保障机组的高可靠性，这样就造成了一期机组厂用电率较高，并进而导致了供电煤耗等能耗性指标的进一步上升。因此，二期机组相比而言具有明显的高效、节能环保和低排放、低成本的优势，为改善国华绥中发电公司整体市场竞争力奠定了良好的基础。

（二）设备可靠性与收益表现

一期工程投产10年以来，俄制机组曾多次发生因主设备重要缺陷故障而造成机组长时间停运的事件，对国华绥中发电公司的经营效益产生了较大的负面影响，其历年几次主设备事故及其对效益的影响见表2。

表2　俄制机组历年几次主设备事故及其对效益的影响

年份	故障名称	全厂利用小时数/h	故障影响小时数/h	事故原因	全厂全年利润/亿元	故障对利润影响/万元
2003	1号发电机线棒损坏事故	5415	303	设计与质量缺陷	1.74	3954
2005	1号主变线圈烧损事故	5839	1238	制造质量缺陷	0.84	12945
2008	2号机高压转子叶片断裂事故	5198	974	设计及质量缺陷	-2.09	9224
2010	2号主变铁芯烧损事故	3756	3323	制造质量缺陷	-3.82	24830

俄制机组的这些主设备事故应该说在电力行业是极其少见的，且都是因为生产厂家的设计缺陷或制造质量缺陷而造成的，无论是直接损失还是间接损失都很大。与此形成对比的是，二期工程自2010年投产以来，一直保持了比较良好的运行状态，主设备完好率达到100%，两台机组共实现三个超百天长周期运行时段，其中三号机组投运后，实现连续稳定运行103天，创造了国内同类型机组纪录。

（三）主要辅机设备的配置比较

国华绥中发电公司一期工程主要辅机数量达到34台，是二期百万机组主要辅机数量的148%，一期工程俄制机组主要辅机不但数量多而且可靠性低，极大地增加了机组检修维护工作量；一期工程主要辅机的配置总功率比二期增加21071 kW，同时辅机效率偏低，这些因素都是导致直接厂用电率比二期高出2.61%的主要原因。运行实践也证明，一期工程俄制机组主要辅机运行的可靠性和经济性都低于二期工程投产的国产百万机组。具体配置情况见表3。

表3　一、二期工程主要辅机设备的配置比较

主要辅机	800 MW			1000 MW			差　值
	功率/kW	台数/个	效率/%	功率/kW	台数/个	效率/%	二期减一期
磨煤机	800	8		1000	6		-400
送风机	5600	2	82.5	2400	2	88.3	-6400
引风机	5600	3	82.5	6700	2	86.1	-5600
一次风机	3150	2	87	3950	2	87.78	1600
空气预热器	30	3		15	2		-60
凝结水泵	500	9	80	1600	3	82.8	300
电动给水泵组	8000	2		0	0		-16000
汽动给水泵组	16035	2	84	16527	2	86	984
循环水泵	4000	2	88	2950	3	85.5	850
电除尘	2171.2	1	99	5825.8	1	99.8	3654.6

注：一期工程循环水泵为意大利设计制造，二期工程电除尘器因设计煤种为准格尔煤（灰分中含 Al_2O_3 52.6%）而增大容量。

（四）造价水平分析

国华绥中发电公司一期工程总投资高达104.98亿元，单位千瓦造价水平6561元，高于国内电力建设单位千瓦造价平均水平近40%（国内同期火电工程造价水平为4808元/kW）。如果依据国家公布的历年CPI指数，将一期投资按照二期投产日期进行折算，一期单位造价达到8655元/kW。

二期工程从开工到投产，历时仅34个月，在两台机组同步建设烟气脱硫装置，4号机组建设烟气脱硝装置的情况下，最终实现工程总投资控制在68亿元之内，折合每千瓦造价3373元，比一期降低5282元/kW，降幅达61%，与同期全国平均水平相比低20%。

（五）小结与分析

从20世纪90年代起，为了加快提升火电行业装备制造水平，我国从前苏联引进了多个火电项目。作为世界上发展超临界技术最为坚决的国家，前苏联在当时已具有一套比较完整的超临界产品系列，俄制机组也以高参数和基于高冗余配置的高可靠性在业内著称。而这些技术经济条件，在当时恰恰是与我国以保证供电安全与稳定为主要任务的行政统管式电力管理体制相适应的，因此俄制机组在我国的出现具有其必然性和合理性，也为我国的电力事业作出了积极贡献，其历史地位和作用值得肯定。

但是随着电力市场化改革的深入推进，电力行业管理模式和运营规则都发生了诸多重大变化，在各发电公司以独立主体身份进行市场化运作，更加追求“安全与效益”并重的条件下，俄制机组的弊端也开始日益凸显，逐渐不能适应新要素约束环境下的市场竞争要求。由上述比较可以看出，国华绥中发电公司一期俄制设备由于缺乏对经济性的考虑，过于追求稳定性和可靠性而留出了较多的设备冗余，造成直接厂用电率就高达6.55%，比二期高出近40%，进而导致即使是在超临界的工况下，其供电煤耗也只有326 g/kW·h。如果以利用小时5000 h进行测算，一年仅煤耗一项，一期就要多消耗标煤34万t，增加燃料成本1.5亿~2亿元，这对于一期工程这样一个年利润在2亿~3亿元的项目来说，显然是影响赢利水平的重要因素。俄制机组的这种设计思想和设备实际状态水平，与当前我国加快转变经济发展方式，积极提倡节能减排，对包括煤炭在内的资源产品重新进行定价，以提高发展内在质量的宏观趋势是不适应、不匹配的，因此，寻求更高效、更经济、更可靠、更环保、低成本的替代产品就成为了包括设计、制造、使用各方在内的整个电力行业的必然选择。

而反观当前我国百万千瓦超超临界机组的整体水平，应该说，经过十几年来的持续提升和改善，已经具备了大规模工业化生产、商业化开发的条件。无论是在设备制造和运行可靠性方面，还是在整体造价和综合成本控制方面，与当前市场上主流的60万等级亚临界、超临界机组相比，都具有相当的比较优势。比如国华绥中发电公司二期工程2010年全年利用小时数为6026 h，单位发电成本控制在236.74元/MW·h，投资回收周期只需9年，这些指标都表明目前百万千瓦机组不但在工程技术上是成熟的，在商业经济性上也是可行的。因此，大力推广以百万千瓦机组为代表的超超临界机组，进一步改善我国的电源结构和提高能源综合利用水平已恰逢其时，应当逐渐成为我国近期火电主推的技术和机型。

二、关于提高百万千瓦超超临界机组效率的建议

超超临界机组的性能优越性自不待言，然而在实际运行过程当中，却仍然存在着一些制约其充分发挥效率的因素，这里面既有技术层面的内因，也有体制机制方面的外因。为进一步发挥百万千瓦超超临界机组的优势和效率，本文针对这些因素提出以下几点实践中的思考和建议。

（一）大力开展厂内经济调度

在电力分配方面，目前我国的电力调度模式仍然是由政府、电网公司的相关部门对发电量利用小时进行“分配电”的传统方式，并没有按照燃煤机组容量大小、能耗和效率高低、市场化的原则开展实质性的节能经济调度，造成包括百万千瓦超超临界机组在内的节能环保大容量机组与高能耗的小机组具有相当的利用小时。这虽然在形式上体现了公平性，但实质上却降低了效率，增加了能耗和排放。

如果说上述考虑历史成因并统筹协调不同发电公司利益的做法，在当前电力市场改革尚未完全到位的情况下，有一定的特殊性和合理性的话，那么，对同一发电公司内部按照机组效率高低进行电量分配，将更多的电量转移到同厂内效率更高的机组，即执行所谓的“厂内经济调度”，则可在充分满足现有调度体制的前提下，既不影响电网电量分配，又能够进一步发挥高效率机组潜力，对电厂来说可以获得更大的综合效益，对社会来说能够降低能耗和污染物排放水平，可以经济而简便地实现节能减排，具有很好的可操作性和可行性。

比如，若国华绥中发电公司一期能够每年向二期转移10亿kW·h电量，相当于提高二期利用

小时数约10%，则由于二期具有较强的获利能力（每兆瓦时成本低72.18元），可实现增加利润约6500万元，另外随着二期负荷率的提高，造成供电煤耗进一步降低（一、二期不同负荷下煤耗比较见表4、表5），可每年节约标煤4万t，节约燃料成本2300万元，减少排放二氧化硫320 t，氮氧化物290 t。

表4 国华绥中发电公司一期800 MW机组煤耗

序号	内容	指标表现			
		1号		2号	
1	负荷率/%	100	75	100	75
2	供电煤耗/($g \cdot kW \cdot h^{-1}$)	324	340	328	339

表5 国华绥中发电公司二期1000 MW机组煤耗

序号	内容	指标表现			
		3号		4号	
1	负荷率/%	100	75	100	75
2	供电煤耗/($g \cdot kW \cdot h^{-1}$)	283	291	281	287

这样一来，只是通过调整厂内机组出力组合和搭配，并未牵涉到同一厂内总体电量的调整和不同厂间的电量重新分配，并未对现有调度制度、体系进行变动，就可以方便地实现企业经济效益和社会效益的双赢，这对于在当前条件下加强我国节能减排工作而言，不啻是一个现实而又快捷的选择。

（二）提高煤炭商品化程度

由于火电机组在设计和生产过程当中，对于煤种和锅炉等主设备的匹配性有着特定的要求，因此，煤炭燃烧特性是影响机组性能发挥的另一个重要关键因素。

国华绥中发电公司二期机组设计煤种为平均热值在2.09×10^4 kJ左右的准格尔2号煤。由于该煤炭在2010年供应紧张，造成不能按供货协议足额提供，国华绥中发电公司为保障机组发电，采用了准格尔煤、神混煤、石炭煤掺烧的替代方式。其结果就是导致燃煤平均热值下降超过419 kJ，降低2%，使得在全年机组平均负荷率为70%的情况下，供电煤耗300 g/kW·h，较同等情况下采用设计煤种煤耗增加7 g/kW·h左右，锅炉效率降低0.43个百分点，使得百万机组整体效能未能有效发挥出来。

这种现象在目前我国火电行业具有一定的代表性，要有效解决这一问题，需要各级电力、煤炭、铁路等主管部门从管理机制和行政法令等方面着手，进一步提高煤炭商品化程度，加强煤炭供应履约保证，使得电厂合约用煤能够得到有效保障，让煤炭能够更加适应高效发电的需求。这对于落实国家节能减排政策、发挥百万机组效率、科学安排煤炭产量和铁路运力等诸多方面具有积极的作用。

（三）加强对炉内燃烧方式的研究

超超临界机组超过600 ℃、26 MPa的高参数、高压力运行条件，决定了若要充分发挥机组性能，必须要把炉内温度控制作为突出矛盾解决好。当前我国对炉内燃烧的控制方式还是主要采用炉外安装测点等间接方式进行，这些监测方式虽然可以实现在线实时监测，对掌握炉内情况起到了积极作用，但是其本身也存在一些弊端。

一是测量元件使用寿命不长。从既往的经验来看，一般在发生短期过热的情况下，炉外测温点的使用期间在3～5年，不足一个大修周期，在长时超温等恶劣工况下，甚至只能保证几个小时。这使得这种方式容易失去进行温度控制的基础。

二是测值不准，误差大。测点测量的是主汽管屏外的金属介质温度，尽管为了接近炉内实际温度，在使用过程当中根据数学模型进行了一定程度的补偿，但是从对锅炉管材过热故障处理的结果来看，测量温度与实际温度间仍然存在着30～50 ℃的偏差，而这种偏差又并非是恒定和线性的，也正是因为这个原因，为了保障设备和人身安全，在实际使用过程当中，人们往往对锅炉进行降参数运行，牺牲了部分效率。

因此，若要充分发挥百万机组性能，间接测量只能是作为一种辅助措施，而通过实践已证明，解决这一问题的根本手段还是回归到优化炉内燃烧控制方式上来。比如在太仓电厂锅炉管材热偏差燃烧调整技术攻关中，就是通过调整和控制炉内风量，使得热偏差系数从燃烧调整前的1.4～1.5降到了设计值1.3以下，主汽管材超温现象得到了明显改善，其最终效果就是使得主汽温度从之前的545 ℃升高到了560 ℃，机组的效率得到了进一步提升。从这个思路出发，如果通过调整运行方式这种直接手段，继续对炉膛火焰中心的位置、燃烧高度、偏斜角度、风量等燃烧控制要素不断进行研究和优化（这在目前信息化水平下是能够可以实现的），以充分发掘设备最佳工况和效率的提升。而这种目光向内，调动和挖掘现有设备潜力的方法，与单一地使用高温度参数管材的方式相比，无论是在经济性方面，还是在可行性方面，都能够更好地弥补超超临界机组由于超温过热造成效率受限方面的短板问题。

综上所述，可以认为，通过厂内经济调度提高超超临界机组负荷率，加强煤炭商品化程度和积极进行炉内燃烧控制方式优化研究等方法，可以进一步有效提升当前百万千瓦机组的性能和效率，充分发挥出其高参数、高效率、低排放、低成本的优势，在不增加设备和投资的情况下，实现超超临界机组装备的“软升级”，这对于在当前高煤价的环境下，提升火电企业市场竞争力、降低能源消耗、促进节能减排、提高整体行业可持续发展等多方面都有着积极的作用。

当前，我国已将发展主汽温度在700 ℃先进的超超临界燃煤发电技术作为“十二五”期间火电行业的一项重要工作，这需要不但要在设计、制造等方面有所突破和推进，也需要在深化应用层面的工作能够统筹协调合作、齐头并进地开展起来。在这一过程当中，对于高温材料的研究和开发固然是最为关键的一环，但相对于材料研究的长周期、高投入和艰巨性，如果在使用等其他配套工作方面不能及时跟进，显然会进一步加大这项工作不必要的难度，造成该项技术及时转化和应用普及的困难。而如果能够对上述基于600 ℃超超临界机组的工作进行更加深入的研究和实践，尤其是对炉内燃烧控制方式进行大力攻关，充分研究现有技术下的机组性能水平和控制条件，做好基础性工作，一定能够为下一步700 ℃先进的超超临界技术的发展提供有力的支持和借鉴，更好地为我国电力事业发展服务。

财务会计篇

开滦集团公司内控制度实施研究与探讨

开滦集团公司

张志芳　郝常安　肖爱红　张晓玲　任玉良
张月楠　杨长英　巩利民　刘　洋

2008 年 5 月，财政部、证监会、审计署、银监会、保监会联合发布《企业内部控制基本规范》，要求自 2009 年 7 月 1 日起在上市公司范围内施行，鼓励非上市的大中型企业执行。2010 年 4 月 26 日，上述五部门又联合发布了《企业内部控制配套指引》，要求自 2011 年 1 月 1 日起首先在境内外同时上市的公司施行，自 2012 年 1 月 1 日起扩大到在上海证券交易所、深圳证券交易所主板上市的公司施行；在此基础上，择机在中小板和创业板上市公司施行，鼓励非上市大中型企业提前执行。《企业内部控制基本规范》和《企业内部控制配套指引》，共同构建了中国企业内部控制规范体系。

在上述环境和背景下，为保证企业经营管理合法合规，资产安全、财务报告及相关信息真实完整，提高经营效率和效果，促进企业实现发展战略，开滦集团公司与上海视野国际咨询公司合作，制定了开滦集团公司内部控制制度。内控制度共包括四部分：开滦集团公司内部控制管理体制、开滦集团公司内部控制基本规范、开滦集团公司内部控制具体规范和开滦集团公司内部控制手册。

内控制度制定完成之后，关键问题是落实，只有把内控制度真正落实到位，才能发挥其应有的作用，如果不落实或落实不到位，那么内控制度就是一纸空文，就会流于形式，不论多全面、多完善，内控制度也不可能起到作用。本文结合公司实施内控的实际情况，就如何高效落实内控制度进行研究与探讨。

一、深入宣传内控制度

内部控制不是某一个部门、一个单位的事情，而是全体员工的事情，内控制度要顺利地实施，就要提高全员的内控意识，提高全员实施内控的自觉性，要让大家明白什么是内控，为什么要实施内控，怎么实施内控，本公司、本部门的责任是什么，所在科室、所在岗位的任务是什么。只有通过学习宣传，才能使内控深入人心，才能为内控制度的实施奠定良好的环境基础。

落实内控的第一步就是开展深入、广泛的宣传活动。公司充分利用集团公司报纸和内部网络的优势，分别在《开滦日报》和集团公司局域网开辟了“内部控制制度宣传月”专栏，由集团公司财务部和新闻中心负责组稿，把内部控制相关知识和宣传材料发布到报纸和网络上，通过报纸和网络的系统宣传介绍，使公司全体员工系统了解了集团公司制定内控的背景，内控的作用，内控制度的体系结构及内容，内控制度实施时间等内容，为下一步内部控制的实施营造出了良好的大环境。

二、进行部门分工，落实责任主体

在广泛宣传的基础上，公司专门下发总财字〔2010〕213 号文，并召开内控实施责任分工会议，将《开滦集团公司内部控制具体规范》和《开滦集团公司内部控制手册》等18个具体准则和内部控制手册的落实责任进行分解，逐一落实到10个牵头部门，并确定了21个相关的配合部门，内部具体规范及内控手册实施的分工见表1。

表1 内部具体规范及内控手册实施的分工

内控具体规范及内控手册	牵头部门	配合部门
货币资金、财务报告编制与披露	财务部	审计部
预算	财务部	预算委员会各成员部门
筹资	财务部	法律事务部、资本运营部、审计部
成本费用	财务部	生产技术部、设备中心、人力资源部、企业管理部、通风部、机电部、洗选部、战略发展部、建管办、技术中心
对子公司的控制	股权办公室	财务部、资本运营部、法律事务部、战略发展部、审计部、人力资源部
采购与付款	物贸事业部	企业管理部、财务部、法律事务部、审计部
销售与收款	物贸事业部	企业管理部、质检中心、审计部、法律事务部、财务部
存货	企业管理部	财务部
对外投资、企业并购	资本运营部	战略发展部、法律事务部、财务部、审计部、股权办公室、人力资源部
工程项目	建管办	战略发展部、企业管理部、审计部、财务部
固定资产	企业管理部	房地产管理部、设备中心、财务部
合同协议	法律事务部	企业管理部、财务部、审计部
担保	财务部	法律事务部、审计部
人力资源开发与管理	人力资源部	企业管理部、财务部、社保中心、工伤管理中心、党建部、团委、工会
信息系统一般控制	信控中心	财务部
内部审计	审计部	财务部、人力资源部

通过分工，明确了各牵头部门及配合部门在内控落实时各自的责任：牵头部门要对实施效果负总责，对相关规范及手册学懂弄通，找出控制节点，落实控制规定，制定配套措施，明确岗位责任，开展实施检查，统筹配合部门，共同完成任务；配合部门要对本部门职责范围内的相关部分负实施责任，配合牵头部门工作，切实保障实施效果。

通过分工布置，把内部控制的落实责任分解到了具体的部门，让相关部门共同参与、负责内控的实施，各部门齐心协力，共同推进内控制度的实施。

三、强化内控培训

内控制度落实的好与坏，和各部门、各公司对内控的理解程度和掌握程度是紧密联系在一起的，只有真正掌握了内控的精髓和真谛，才能在推进内控、落实内控时得心应手。集团公司内控培训分为下面三个环节进行。

1. 组织内控培训

集团公司的内控培训共举办两次：

第一次培训主要是针对集团公司高管的培训。聘请上海视野经济研究所所长陈国庆和石家庄经济学院会计学院院长宋绍清进行培训，培训对象主要是集团公司有关领导，各二、三级公司的单位负责人、总会计师或主管财务工作的经理、财务部主任。本次对高管的培训，提高了集团公司各级领导及相关管理人员对实施内控制度重要性的认识，有力促进了集团公司内控制度的贯彻落实。

第二次培训是集团公司的全员培训，培训老师邀请上海视野经济研究所的陈国庆所长和朱荣喜老师，还特意邀请了财政部会计司刘玉廷司长为大家进行培训，培训对象则包括了各公司高管、全体在岗财务人员、负责内控实施工作的牵头部门和配合部门的人员。

2. 组织内控考试

在内控培训的基础上，为了进一步提高大家的学习热情，也为了检验大家的学习效果，集团公司组织了财务系统内部控制制度全员考试。集团公司在岗财务人员共840余人参加了考试。按各单位所在的不同区域，全员考试共分为唐山、蔚州、内蒙古、新疆、国和、兴隆6个考场同时进行。通过这次内控制度全员考试，极大地促进了广大财务人员学习内控制度的积极性，加深了广大员工对内控制度的理解，也为有效落实集团公司内控制度奠定了坚实的基础。

3. 组织内控电视大赛

在内控制度全员考试成功举办之后，集团公司又组织了内部控制制度电视大赛。由煤业分公司、服务分公司、股份公司、蔚州公司、多经事业部、物贸管理部、兴隆矿务局、国和汽车集团及集团总部各选派一个参赛队，比赛内容就是对内控制度相关知识的考察。这次电视大赛把全员学习内控的热情推向了高潮。

通过上述一环扣一环的活动，集团公司全体员工的学习内控制度的热情空前高涨，每个人对内控基本规范、具体规范和内控手册都有了比较深入的掌握和理解，为内控的顺利落实提供了坚实保障。

四、具体推进落实

各部门、各单位落实内控，主要是对照《开滦集团公司内部控制制度》的18个内部控制具体规范和内部控制手册，逐一对照规范和手册要求的控制目标、控制风险、适用范围、内部控制措施、内部控制关键业务流程等内容，找出关键控制节点，找出自身的缺陷和不足，逐一进行完善。

一是明确控制目标。在各单位、各部门落实内控的过程中，首先明确了18个具体规范的控制目标，控制目标不但是内部控制的总体要求，也是实施内控情况考核的工作标准，只有明确控制目标，内控的实施才能有的放矢，所以内控落实的第一步，就是明确内部控制要达到的控制目标。

二是防范控制风险。各部门、各单位将本部门的职责、实际情况和现有的工作制度，及每项内控具体规范所指出的控制风险逐一进行对照，检查风险是否存在，存在则按照内控的要求进行改进，进一步健全制度。

三是落实内控措施。各部门、各单位按照内控具体规范规定的内控措施，逐条具体地进行落实，把内控措施融入工作流程和工作制度。

四是理顺关键流程。各部门、各单位按照内控手册上的业务流程图的要求，将主要的风险控制点具体落实到岗位，将工作程序按要求逐一进行规范。

五、监督检查

内控制度的落实离不开有效的监督检查，只有通过监督检查才能及时掌握落实适时动态，了解实施中遇到的情况，采取措施及时调整。

集团公司在推动内控制度落实的过程中，采取了定期和不定期相结合的监督检查方式。集团公司在每月召开的财务例会上，定期调度各牵头部门及各公司的内控落实情况，对实施过程中遇到的问题及时解决。

在每月定期汇报、定期调度的基础上，集团公司又适时组织了内控制度落实情况专项检查。检查方式采取了内控牵头部门和各二级公司互相检查的方式，抽调专门人员组成检查组，内控牵头部门组成的检查组检查各二级公司的执行落实情况，二级公司抽调人员组成的检查组检查各部门内控执行落实情况。检查内容主要包括内控制度的学习宣传情况、贯彻落实及部署情况，各牵头部门实施责任逐级落实到科室、岗位情况，各二级公司实施责任分解到所属部门及单位情况，内控制度与现实工作对照情况，差距和不足在哪，建立完善相关制度并解决存在问题的措施及实施情况等内容。

六、建立健全内部控制评价体系

在集团公司内部控制制度的实施中，内部控制的评价制度是关键的一环。通过自我评价和内审评估，不仅拓展了公司层面内部控制的深度和广度，促进了公司治理结构的完善，而且也提升了公司内部控制的整体管理水平，增强了公司的风险识别能力和风险防范能力。集团公司在内部控制制度实施过程中，将内部控制分成三个阶段进行评价。

第一阶段，组织所有独立核算的会计单位开展内控制度执行情况自评并向本公司领导及上级单位提交报告。

第二阶段，由集团公司审计部抽评所属单位内控制度执行情况并提交专题报告，集团公司在年底对两个二级公司内部控制的整体有效性进行评价并出具评价报告。

第三阶段，结合会计师事务所的年底审计，附带开展集团公司内部控制执行情况评价并向集团公司董事会提交专题报告。

七、实施过程中应注意的问题

第一，各级领导要重视内部控制的实施工作。内部控制不仅是控制公司风险的工具，还是提高管理水平的手段。行为的改变源自观念的转变，只有公司领导重视，公司全体员工才会参与并重视内部控制。

第二，内控实施过程应该结合自身的实际情况，因地制宜。各单位的实际情况千差万别，要根据自身实际情况找准内控实施重点，设计适合自己特点的内控制度，切忌生搬硬套，照搬照抄。

第三，加强内部控制的监督与评价。要正确发挥内控制度的作用，必须重视内部控制制度的运行质量。通过内部控制评价了解和分析在执行内控中存在的问题，并针对这些问题采取切实有效的改进措施，才能提高内部控制的运行质量。

煤炭企业预算单元成本控制研究与实践

河南煤化焦煤公司　李乔成　张五星

一、煤炭企业预算成本管理现状

近年来，随着国家宏观经济调控，煤炭售价大幅提高，经济效益显著提升，但是随着安全生产、技术投入、人员安置、环境治理、村庄搬迁等方面支出的加大，煤炭企业成本管理中存在的问题逐渐暴露出来。主要表现在以下几个方面：

（1）预算成本观念还比较薄弱、预算成本控制责任体系还未细化分解到真正成本发生过程的源头，预算成本过程控制的广度与深度不够，成本与技术、成本与安全、成本与质量的衔接控制还存在欠缺。

（2）财务成本预算的末端监督控制职责缺乏过程控制的有效支持。预算成本控制核心是超前预算控制、过程事中监督控制、末端财务核算监督反映。财务部门是核算结果的反映监督部门，诸多业务部门缺乏过程上的控制，造成过程监督缺位，预算成本管理的全方位链条断裂：前面有超前预算控制，后面有核算监督，缺乏最有效的过程控制。同时，煤业集团公司运作环节较多，过程的梳理和控制力度不够，作业成本过程管理有待优化。

（3）预算成本责任考核，仅仅对当期成本进行考核，缺乏长效考核机制，不利于生产矿井的持续发展、统筹发展、安全发展能力的稳步提升。同时，在预算指标分解过程中各职能部门根据各生产矿井的实际状况提供相关资料进行指标分解，但往往只重视各生产单位的纵向分解，缺乏对横向职能部门的责任分解，形成预算成本控制的“单打独斗”局面，未形成全员参与的预算成本控制体系，控制效果较差。

（4）成本管理事后核算多，事中控制协调和事前预算控制少，治理措施多，技术措施少，致使成本控制措施不力。煤炭生产单位由于受自然和技术手段制约，生产的超前计划性与实际存在较大差距，使得总体成本投入的预算控制性较差，财务成本预算与生产预算不匹配，成本投入的随意性较强。例如，大部分煤业集团成本指标考核主要是通过预算总额目标进行分解和控制，总额预算成本控制虽然简便易行，但基层单位在按照自己情况分解预算时，造成上下分解不一致、存在上下两层皮现象，容易造成成本项目间的大幅度调整，致使“消极投入”（诸如非生产性费用、地面设施整修）指标挤占“积极投入”（诸如人工成本的刚性增支、区域瓦斯治理等安全投入等）指标，形成不该投入的投入、该投入的又不得不投入的预算成本控制局面，造成总体成本预算目标的失调。

二、构建预算单元成本控制模型体系

为进一步健全和落实目标成本责任制，依托作业成本管理理念，注重长期经济行为的综合评价，组织实施全员、全过程、全要素的成本费用控制体系，加大成本费用的预算控制与考核激励力度，实行成本预算单元控制模型体系和动态考核体系，不断传递分解压力和考核压力，实现指标分解的“无缝对接”，增强煤炭企业成本考核评价导向作用，提升成本预算与生产预算的融合性，提高企业经济效益。

(一) 预算单元成本控制模型的概念

预算单元成本控制模型，是结合煤炭生产单位实际情况，依托作业成本控制理论，通过深入剖析成本项目动态，细化成本作业环节流程，将成本要素按照会计要素和作业环节进行细化分解，并以指标分解为导向明确责任主体、细化职责分工、强化业绩评价考核，构建超前预算单元控制、过程管理控制、末端财务核算评价监督的全方位预算单元成本控制模型，增强煤炭成本的管理效果。预算单元成本控制模型注重生产预算与成本预算的有机结合，通过单项预算成本控制，将成本责任主体进行细化分解和优化，优化成本控制导向，夯实成本控制基础，有利于调节经营指标计划的均衡性和执行效果的稳定性，提升成本管理效果。

(二) 预算成本单元目标的分解

煤业集团按照“单项要素控制、费用总额考核、成本性态分析、对标查找差距”的原则，强化动态考核和预算超前控制，注重“横向到边，纵向到底”的预算指标分解和责任目标下移，按照自下而上、上下结合的原则编制成本预算。为保障预算成本目标的实现，集团公司层面按照横向处室职责进行业务预算与成本预算的分解。各责任处室按照年度目标预算分解计划，制定切实可行的管理措施，强化管理和监督，严格考核。

1. 剖析成本现状，明确预算成本控制目标

煤炭成本消耗不构成产品实体，固定成本占到成本总额的60%以上。通过对成本项目的深度剖析，从控制程度、成本性态以及投入效果等方面对成本项目进行剖析，针对不同类型的成本项目，明确不同的预算成本控制措施和业绩评价导向。煤炭成本项目简要分解如图1所示。

同时，依托成本项目分析划清和优化成本责任主体，明确职责权限，规避成本责任转嫁，实现责、权、利相统一，构建成本全面控制责任体系。

2. 依托作业成本理念，划分职责

作业管理是一种以作业为核心，由作业成本计算和作业分析过程有机结合的管理方法。作业管理一般包括确认作业、作业链和成本动因分析、业绩评价以及报告不增值作业成本四个步骤，主要采用作业消除、作业选择、作业减低和作业分享来降低成本。对于煤炭企业预算单元成本控制，预算单元是作业管理环节的成本动因在成本单元要素的体现，依托作业成本对多过程管理环节进行全面梳理，通过优化作业环节，增强作业责任，强化作业控制，提升单元控制力。例如煤炭企业材料费用的投入不构成产品实体，材料投入的环节过程需进一步细化和剖析，从而更加有效地控制成本。下面以材料控制为例：

(1) 采购环节。明确集中招标采购的优化，建立稳定的客户供应关系，确保招标环节的公开、透明，实现批量采购优势和拳头优势效能，使得采购成本优化。同时，可以根据矿井生产规模和物料消耗周期，计算经济储量和经济采购周期，确保采购环节成本最优。

(2) 使用环节。按照生产过程环节对材料费用投入情况进行全方位剖析，根据各地点、各投入环节进行指标细化和分解，明确各个环节主体的成本控制责任，增强现场管理控制力度。同时，应做好矿井技术优化的前置评价，做好大型材料的台账记录和优化管理，强化修旧利废等工作。

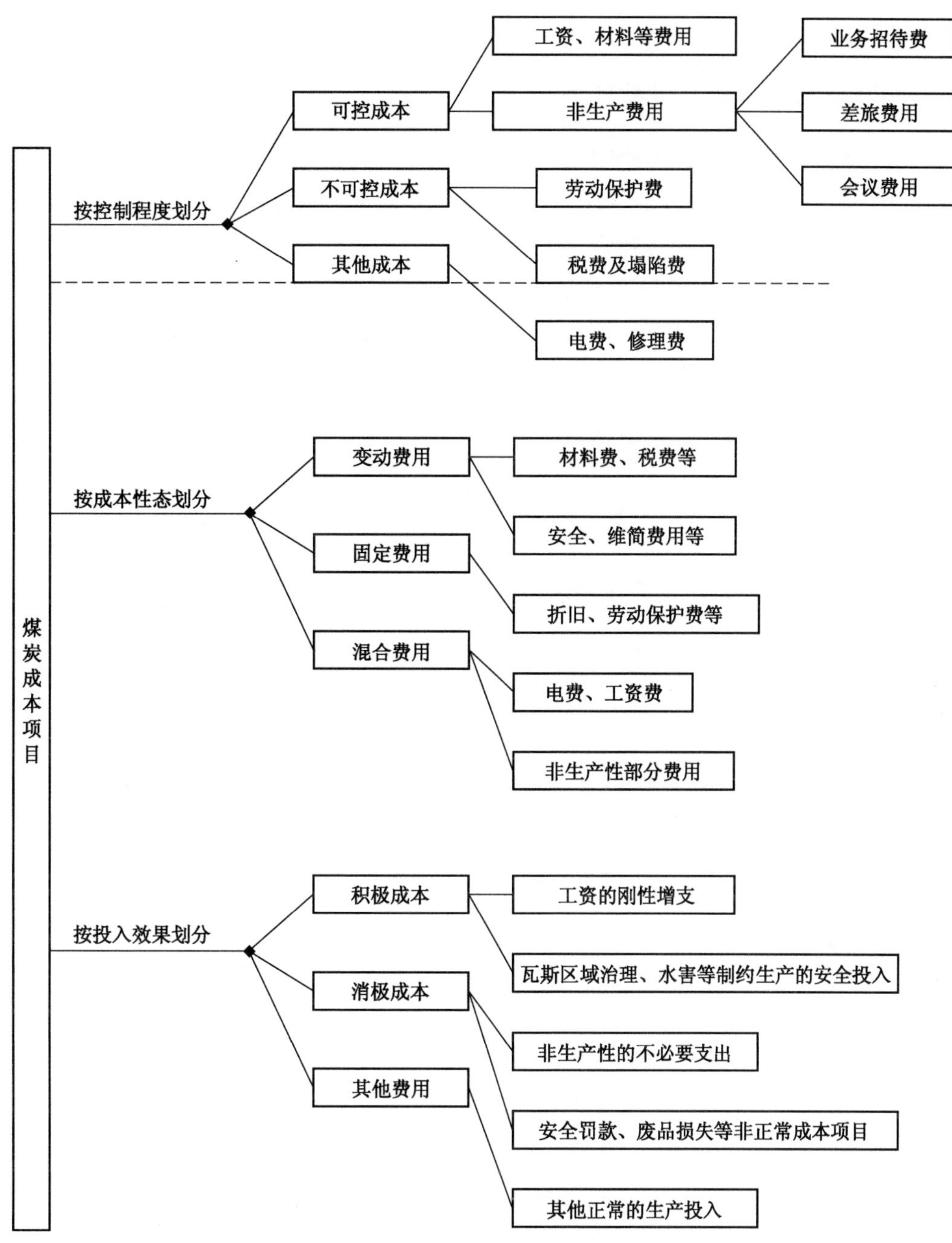

图1 煤炭成本项目简要分解

（3）核算环节。按照生产过程使用环节主体，细化投入分类，依托信息化技术手段，强化核算监督管理。

（4）考核环节。通过优化预算成本环节责任主体，建立责、权、利对应的管理流程和环节，依托市场化管理手段，强化相互监督和相互制约的链式结算关系。

煤炭成本作业环节简要分解如图2所示。

3. 预算目标分解

通过深度剖析成本要素和优化作业环节，按照责任主体和作业环节，煤业集团层面进行逐步、

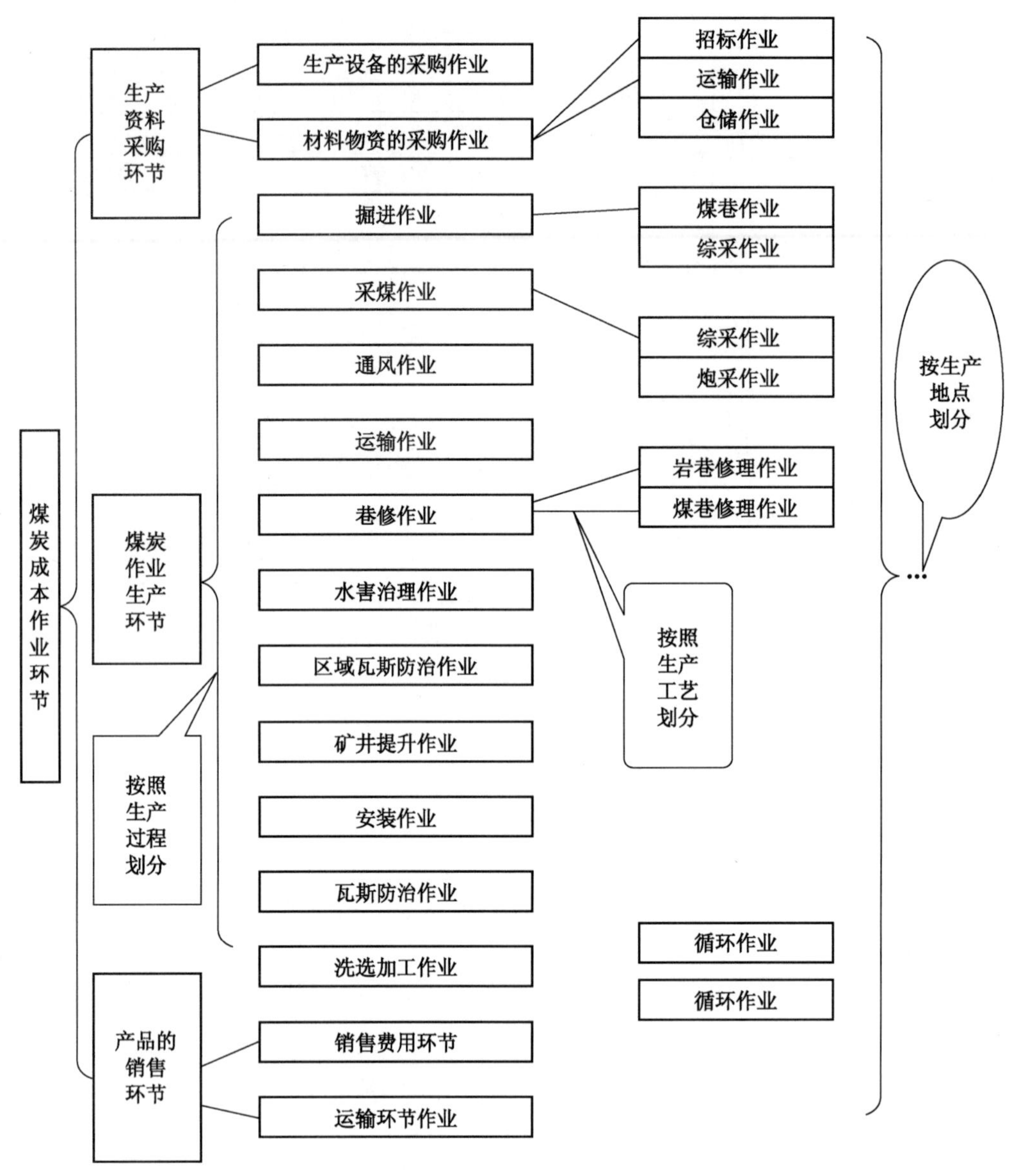

图2 煤炭成本作业环节简要分解

逐项细化分解。预算目标简要分解如图3所示。

集团公司经营指标预算下达后，各基层单位根据产量计划、采掘接替、煤质等资料，本着先进、科学、合理的原则，对预算成本进行横向月度分解和纵向成本要素分解，结合内部市场化运作体系，将预算成本逐级分解到区队、班组等基本核算单元，将成本管理责任落实到位，明确责任人和责任处罚措施（原则上矿井和选煤厂的预算成本应按照成本要素责任分解到矿、厂级领导班子成员），同时依托预算超前控制功能，加强生产工序、班组、区队的指标分解工作，做到预算超前控制机制，增强成本管理的精细化程度和成本总预算目标的实现。通过责任细化和分解，建立责任强化、指标覆盖面广的预算单元成本控制的网络责任体系，实现“人人头上有指标、个个肩上有任务”的全员预算成本。

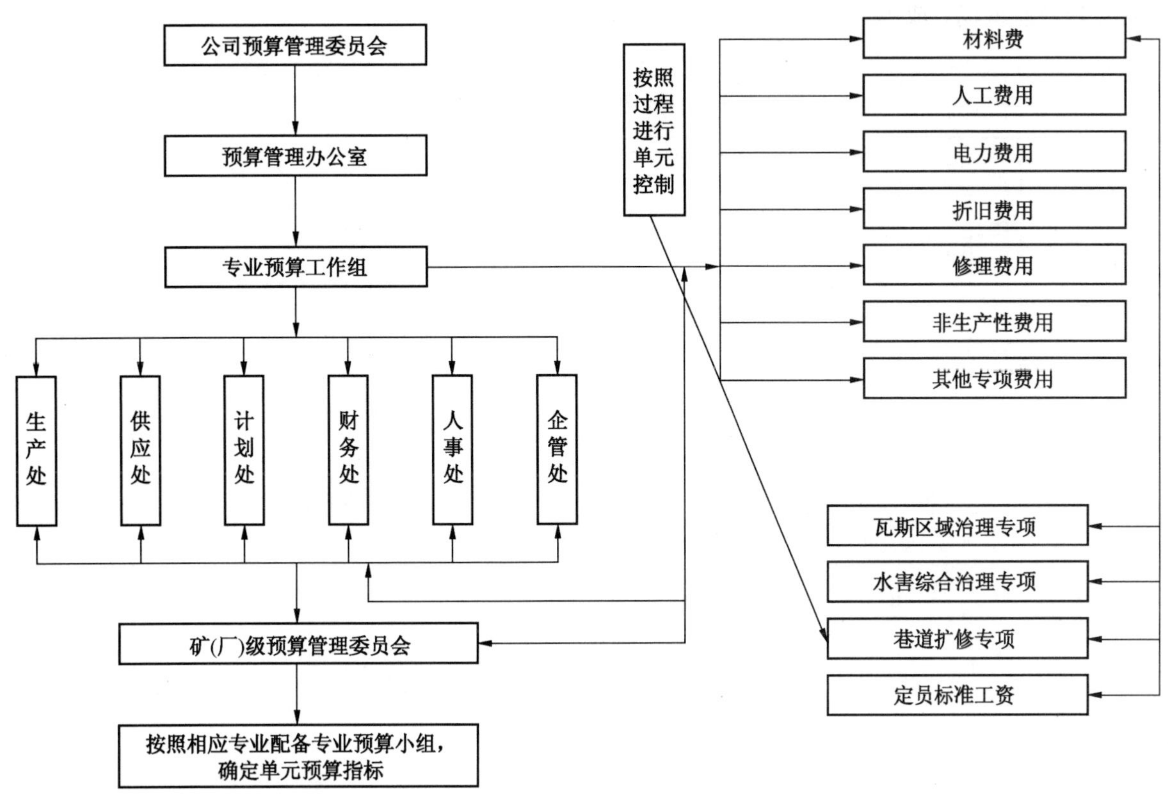

图3 预算目标简要分解

4. 注意事项

因煤炭企业成本受地质条件等诸多自然因素影响，成本的不可控因素较多，成本的波动性较大，在预算指标确定时，应保持成本单元预算控制模型与生产实际合理的弹性空间，确保与实际贴近性、适应性，提升成本预算单元控制的可操作性，实现预算目标的合理控制，提升全面预算的战略管理能力。对单项指标计划应按照差异率对横向职能部门进行考核，增强横向职能部门分解指标的科学性、适应性。

（三）建立保障机制，确保预算单元成本控制的有效性

（1）为保障预算成本工作的科学、客观以及与生产实际的贴近性，建立预算成本动态调整机制、成本预算事中预报制度和动态监控机制。同时，为了有效控制预算外成本支出，建立成本预算与资金预算联动，最大限度发挥成本预算的控制性、前瞻性，凡无正常因素成本预算超支的，原则上不再安排资金预算。

（2）建立预算对标机制。为进一步提升成本预算管理效果，增强责任意识、节约意识、差距意识，明确“优化生产系统、强化现场管理、挖掘成本源头、注重过程控制、横向对标分析、挖掘管理差距”的预算成本管控思路，建立以成本动因作业环节为基础的成本对标机制，通过成本生产过程财务数据的分类、分析，明确生产自然条件、工作效率、比例协调因素、煤层附存因素等数据，实现自然因素人为控制，效率因素通过管理优化，比例协调通过强化生产组织、优化生产设计调整，煤层附存因素通过改进生产工艺、技术革新调节，经营指标通过过程环节控制、煤质过程

控制实现效益最优。成本对标基础动因要素见表1。

表1 成本对标基础动因要素

动因项目		动因项目	
自然因素	瓦斯矿井级别	效率因素	其中：机关管理人员占总人数比例
	瓦斯含量		地面后勤福利等人员占总人数比例
	分钟涌水量		辅助区队职工占总人数的比例
	平均提升高度		井下运输方式及各占比例
	井下平均运距		五类大型材料周转率
效率因素	生产能力释放程度	比例协调因素	万吨开拓率
	矿井剩余生产年限占总年限比例		万吨生产进尺率
	采煤机械化水平		万吨巷修率
	掘进机械化水平	煤层附存因素	煤炭属性
	机电设备利用率		井下块煤率
	全员效率		生产块煤率
	地面工作人员占总人数比例		发热量

（3）鉴于生产矿井成本要素的性态特征，建立动态成本预算和可控成本预算绩效挂钩考核机制，引入作业成本管理理念，对生产矿井、矿厂分置选煤厂成本预算考核，按照成本要素的属性建立成本绩效挂钩。对材料费用、电力费用、修理费用、非生产费用以及其他可控费用等变动成本进行专项考核，按照超降比例与工效工资挂钩，工资、社保费用等固定性费用原则上不再与工效工资进行绩效挂钩。同时，对制约矿井安全生产的瓦斯区域治理、水害防治等积极成本投入，采用预算单元考核，实行反向积极预算成本考核政策，以业绩评价方式鼓励安全效果投入，夯实矿井的安全生产基础。

（4）针对煤矿投入与产出的时间性存在差异，为规避期间考核引导的煤炭企业短期经营行为，依托“大产品”理念，引入“经济价值”评价指标，对煤炭生产过程按照配比性原则，对开拓巷道、生产巷道、瓦斯治理、水害防治、巷道修理等多项影响煤炭生产成本的项目按照模拟完工边际贡献进行综合价值测定。将“经济价值”作为经营者业绩评价的引导指标，提升煤炭生产经营者更加注重长期经济效益的综合评价，推动煤炭生产单位更加注重统筹发展、更加注重协调发展、更加注重安全发展的导向评价作用，提升煤炭生产单位的健康持续发展能力。同时，加大对预算成本责任人实行正激励奖励制度力度。

经济价值系数是指通过预算单元控制、对标分析评价，依托“大产品”理念，摒弃以利润为中心的现在价值评价，建立以现有模拟产品为依托的未来现金流量经济价值量评价。经济价值评价，主要涵盖的信息数据有报表利润、可采工作面回采煤量、开拓煤量、回采煤量、瓦斯区域治理、水害综合防治、开拓巷道、准备巷道、回采巷道等。通过测算各个项目的边际利润贡献效果，综合评价煤炭企业的经济价值。

（5）实行“触壁考核”理念，优化业绩评价体系。目前，预算指标分解测算时按照“蹦一蹦够得着苹果”理论进行指标分解，试图通过考核触动，增强各被考核主体的经营责任，增强其创造价值、强化内部管理、挖潜增效的主动性、能动性，实现压力的无缝传递和考核的有效对接。

“触壁考核”是指在预算指标相对压力一致时，凡通过内部挖潜增效、强化管理、加强外部市场营销、提升市场占有率的情况，“触”摸到预算考核指标时就将预算成本工资容量予以全额审批（切块分项考核可分块设置壁顶指标）。以后期间除了集团公司整体或特殊性工资奖励政策可单独进行考核外，其余部分由各单位对工资进行管理、以丰补歉，实现工资管理与预算成本控制的融合性、一致性，确保预算工资成本的均衡性和可控性，通过“触壁考核”，“压”出动力，“挤”出效益。

基于全过程控制下的企业成本管理与控制

皖北煤电集团恒源股份有限公司任楼煤矿 谢 申 薛 清 段明远

成本管理，是企业生产经营活动的关键环节，是企业参与平等竞争的重要前提，是反映企业工作质量和劳动成果的综合性指标。任楼煤矿是皖北煤电集团恒源股份有限公司主力矿井之一，于1997年正式投产，年生产能力达到300万t/a。投产前，矿井经营管理带有明显的计划经济色彩，企业经营困难重重。随着企业经营向现代化企业管理制度转变，企业不断发展，矿井逐步建设了年入洗原煤200万t的选煤厂，1.2万kW机组的煤泥综合利用电厂，一期3×600 kW·h瓦斯电厂和年产6000万块标砖的煤矸石砖厂各一座。与此同时，成本管理成为企业发展壮大的主要制约因素，成本管理有待加强。

一、煤矿成本管理中存在的问题

1. 煤矿生产组织和成本管理比较复杂

由于煤炭生产的全过程遍布井上井下、点多、面广、线长，并且大部分在井下，经常受到水、火、瓦斯、冒顶、片帮、断层、煤尘等自然条件的威胁，因此给生产组织和成本管理带来了很大的困难。

2. 成本管理手段单一，水平参差不齐

长期以来，由于煤矿生产的特殊性，矿和基层区队始终把安全生产作为自身工作的重心，在经营管理方面重视程度不够，管理方法粗放，经营管理水平不高。虽然这种情况近些年来有所改变，但距离企业经营精细化管理要求仍有较大距离。

3. 员工成本意识、效率效益意识淡薄

受“重安全生产，轻经营”思想的影响，安全生产与员工切身利益密切相关，造成他们只关心生产任务完成情况，常常以投入大量成本要素为代价，换取生产任务的完成；员工成本意识、效率效益意识淡薄，常常造成“生产上去了，效益下来了”的尴尬局面。

4. 成本管理基础薄弱，系统不规范

由于重视程度不够，企业对经营活动缺乏系统性思考与对策，基础建设不健全、不规范，常常是有计划无落实，有落实无监督，不考核，盲目管理，给企业造成较大浪费。

5. 成本管理滞后，时效性差

当前煤矿企业成本管理多是以会计核算为基础进行的，成本消耗已经发生，很难再加以影响和改变，属于典型的“事后诸葛亮式”管理。成本信息搜集不及时，反馈滞后，不利于及时发现问

题，解决问题，给企业的决策者正确决策造成很大困难。

二、基于全过程控制下的企业成本管理与控制

随着精细化管理的不断深入，任楼煤矿结合矿井实际，形成了一套符合自身发展需要，基于全过程控制下的企业成本管理与控制模式，即全面成本管理与控制。所谓全面成本管理与控制，是企业为实现既定经营目标，综合运用全面预算管理、作业成本管理、差异化管理理论方法，依托内部市场机制作用，对企业的经营活动进行事前预算（全面预算管理）、事中控制（作业成本管理）和事后改进（差异化管理）的一系列的管理与控制方法。

全面成本管理与控制以成本控制为核心，实施“统一管理，分级控制，全员参与，增收节支”的管理原则，把企业的经营活动系统地划分为事前、事中、事后几个阶段，并在各个阶段采取相应有效的措施，实现对企业经营活动的全方位、全过程精细管理与控制，确保企业经营目标的顺利完成。通过实施成本闭环管理，可以使企业的经营管理水平实现台阶式的向上跃升，满足精细化管理的要求。成本闭环管理模式如图 1 所示。

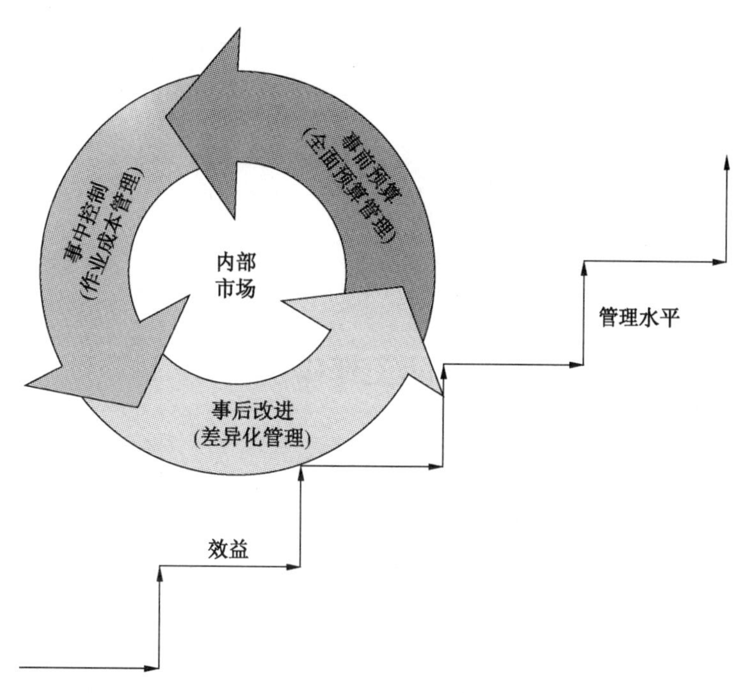

图 1　成本闭环管理模式

事前预算是企业经营管理活动的开始，通过实施全面预算，制定企业经营目标，对全矿生产、经营活动和各项经营指标进行预先规划、分解、安排，包括安全、生产、经营管理的方方面面，如生产任务编排，经营收支、资金预算等，并把经营过程中可能存在的问题考虑在前，积极预防，做到目标明确，责任具体，精细管理。

事中控制是企业为确保顺利实现经营目标而采取的手段，通过实施作业成本管理的办法，对企业所有作业活动进行追踪并动态反映作业活动的合理性，进行成本链分析，指导企业有效地执行必要的作业，消除和精简不能创造价值的作业，从而达到降低成本，提高效率的目的。

事后改进是企业经营管理活动的延续，通过对企业经营目标完成情况、采用方法、影响因素的分析，找出预算指标与实际指标之间产生差异的原因和制约因素，制定新的具体的改进措施，不断

地改进经营管理工作，实现企业经济效益和管理水平的不断提高。

内部市场为全面成本管理与控制的有效运作提供了必要支持和保证。企业正是通过价格、交易等市场机制把企业经营目标（预算指标）向市场主体（单位、班组、个人）层层传递，并通过经济利益驱动市场主体的积极工作行为，加强作业管理，降低作业成本，提高工作效率，确保工作质量，来确保最终完成企业的经营目标。企业内部市场运作如图2所示。

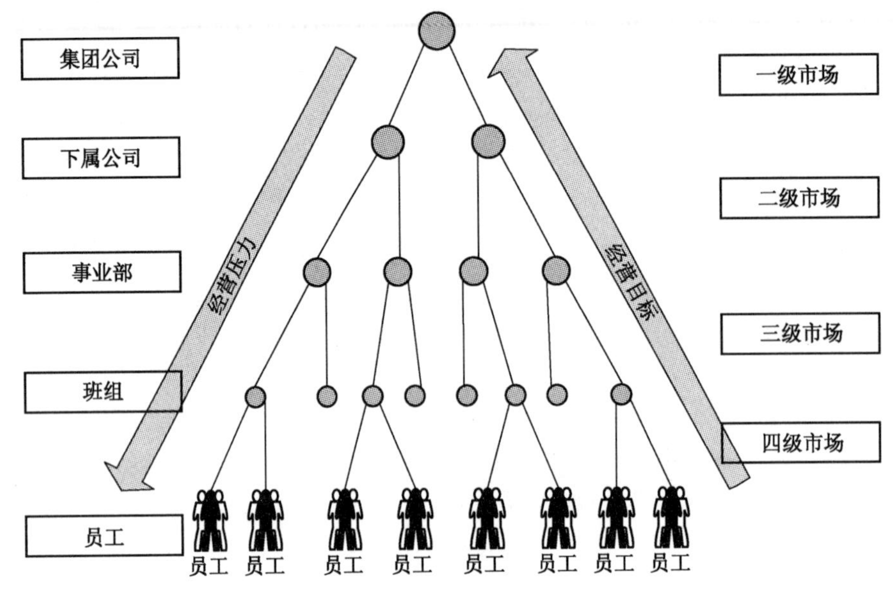

图2　企业内部市场运作

三、全面成本管理与控制在实际工作中的应用

1. 建立全面预算管理体系

预算管理是采用价值形式对全矿的各项经济活动进行预测、决策和目标控制的管理方式。预算管理包括预算的编制、审批、执行、调整、考核及监督等环节。

全面预算编制采用自上而下、自下而上、上下结合的编制方法。整个过程为：先由高层管理者提出企业总目标和部门分目标；各基层单位根据一级管理一级的原则据以制定本单位的预算方案，呈报分部门；分部门再根据各下属单位的预算方案，制定本部门的预算草案，呈报预算委员会；最后，预算委员会审查各分部预算草案，进行沟通和综合平衡，拟订整个组织的预算方案；预算方案再反馈回各部门征求意见。经过自下而上、自上而下的多次反复，形成最终预算，经企业最高决策层审批后，成为正式预算，逐级下达各部门执行。

例：2010年6月份任楼煤矿掘进系统月度生产经营预算表

任楼煤矿利用信息化技术，使预算的编制工作较以往简便许多。

（1）根据企业下达的生产作业计划、工程设计和施工技术措施编制正常情况下的生产施工预算，见表1（摘取部分内容）。

（2）根据当月可能出现的特殊情况，编制预算调整。

（3）根据预算组织三班生产和经营。

（4）根据当天预算执行情况分析未能完成的原因，制定整改办法，并对责任人进行奖罚考核。

表1 掘进系统月度生产经营预算

填报单位：掘进二队　　预算起始日期：2010－06－01　　施工单位：掘进二队

单据编号：TJ_JJ08050402　　预算截止日期：2010－06－31

日期	单位	施工地点	掘进方式	岩性	支护形式	巷道断面/m^2	倾角/(°)	计量单位	综合单价/(元·t^{-1})	日进尺/m	合计/元	费用明细						
												材料	人工	运输	维修	加工	租赁	费用
1	掘进二队	8211机联巷	炮掘	煤巷	锚梁网锁	10～12	0	元/m	2049	5.6	11474	7760	2600	650	38	37	54	130
2	掘进二队	8212机联巷	炮掘矿车出货	岩占21%～50%	对棚	10～12	－5～－12	元/m	1553	21	32613	17950	9800	1770	130	170	380	560

2. 建立系统的作业成本控制体系

作业成本管理是通过对作业及作业成本的确认、计量，最终计算产品成本，同时将成本计算深入到作业层次，对企业所有作业活动追踪并动态反映，进行成本链分析，包括动因分析、作业分析等，为企业决策提供准确信息，指导企业有效地执行必要的作业，消除和精简不能创造价值的作业，从而达到降低成本，提高效率的目的。

作业成本管理的着眼点与重点从传统的“煤炭产品”转移到了“生产煤炭的各作业”，以完成每一道工序所投入费用为重点，以作业为成本分配对象，提供较为客观的成本信息，并通过作业分析，不断优化现场工作程序，消除旁枝末节，合理进行费用投入，实现持续降低成本的目标。

实施作业成本管理，突出成本管理的过程控制、过程分析，使成本管理向细化、量化的目标推进，从而达到管理的闭合状态。在实施作业成本管理过程中，首先是进行作业的分类，比如以具体工作面和掘进头为作业点，进行成本管理与控制。其次是明确作业消耗的成本费用支出，包括物料、能源、设备、资金和人工等，比如任楼煤矿把成本核算的内容划分为直接费用和间接费用两部分，直接费用指材料费、工资、福利费、电费、维修费、加工费、运输费、设备租赁费、单体租赁费等；间接费用指部分制造费用、管理费用、营业费用、财务费用等。最后是明确作业成本形成的动因，比如设备调整次数，以及消耗的人力、技术、资源等。任楼煤矿掘进和采煤系统内部直接消耗汇总见表2。

3. 建立科学的差异化分析管理体系

差异化管理就是以网络信息化系统为平台，依托内部市场，建立健全区队成本账，以区队实际发生成本与预算指标的对比、与其有同等施工条件的其他区队对比、与区队自身以往的同等条件对比，形成“横向”、“纵向”、“计划与实际”相互交叉、互为补充的成本管理与分析控制体系，并通过对比发现问题，将问题可视化，制定措施解决问题，从而促进区队管理水平的提高。“横向”即单位之间比较，强调的是向他人学习；“纵向”即过去与现在的比较，强调的是向过去学习；“计划与实际”即确定的目标与实际完成的比较，强调的是向优秀学习。

任楼煤矿成本差异化管理以区队为单位，采煤系统以区为单位，掘进系统以队为单位，逐步延伸到班组。包括工效、可控性成本费用和工程质量三个方面内容，利用比较分析法和鱼骨分析法，通过对每工工效、可控性成本费用和工程质量高低、好坏、优劣差异的对比分析，找出其中关键的影响因素，制定切实可行的应对措施，持续改进，不断提高经营管理水平。

表2 掘进和采煤系统内部直接消耗汇总

掘进系统内部直接消耗汇总表

单位	队别	施工地点	成本项目									合计	进尺	每米成本
			材料	工资	福利费	电力	维修	加工	双机配件	设备租赁	单体租赁			
钻掘区	钻探1队		261483	205633	43032									
掘进二区	二队	中三二车场	117819	260383	45369	1276	30163			398846			34	
掘进二区	三队	7231 机巷	9898	248423	45369			1408				330925	8	41365.62
综掘一区	一队	8211 抽架巷	444226	323334	51128	5161	34769	1082		70187		1061459	130.6	8127.56
开拓二区	六队	五一轨道石门	160352	279768	44400	952		395				587701	37.7	15588.87
修护一区		南部维护	339315	393667	62611		685	1272		13729		904558	84	10768.55
合计			3670594	5006443	841191	24235	124644	15919	2423	659140	0	12095621	1665.7	7261.58
每米消耗			2204	3006	505	15	75	10	1	396	0	7246		

采煤系统内部直接消耗汇总表

单位	施工地点	成本项目									合计	产量	吨煤成本
		材料	工资	福利费	电力	维修	加工	双机配件	设备租赁	单体租赁			
综采一区	Ⅱ8210 工作面	204419.5627	727245.8268	123310	93553.18	67258	574		673492	44800	2048086	100870	20.30
综采二区	Ⅱ7222 工作面	264048.3007	732558.3574	109620	81205.00	98820	2138		741163	35700	2114869	92001	22.99
综采三区	8244 工作面	142926.9163	688928.0022	115005	66919.58	51684	61		765110	34700	2059114	75312	27.34
预备区	Ⅱ7214 工作面	261469.8	721426	132066		1309	3968	2626.66	42242		1938653	12045	160.95
合计		872864.5797	2870158.186	480001	241677.76	219071	6741	2626.66	2222007	115200	8079521	280228	28.83
吨耗		3.11	10.24	1.71	0.86	0.78	0.02	0.01	7.93	0.41			

（1）工效。包括生产任务完成情况、员工出勤、每工工效的差异对比分析。

（2）可控性成本费用。包括材料、电力、加工维修费、运输费等费用指标的分析。材料又细划为木材、火工品、支护用品、建材、大型材料等小项，诸项对比分析。

现分别举例说明，见表3、表4。

表3为综采一区2010年2月份与1月份差异化对比分析表，纵向过去与现在比。

表3　（月度比）综采一区2010年2月份与1月份差异化对比

序号	对比项目	综采一区8211					备注
		2 月 份		1 月 份		2月份与1月份差额	
	单 位	元	元/万t	元	元/万t		
1	总成本	896956	74264	882538	64956	14418	
2	产量/t	120779	—	135868	—	-15089	
3	开采体积	89466	—	100643	—	-11177	
4	煤层情况	断层155 m、老硐0 m		断层50 m、老硐0 m		断层152 m、老硐0 m	
5	煤质情况/%	40	—	40	—	0	
6	出勤人数/人	179	—	166	—	13	
7	出勤工数/工	4338	—	4230	—	108	
8	工效/$(t \cdot 工^{-1})$	28	—	32	—	-4	
9	工资单价/$(元 \cdot t^{-1})$	4	—	4	—	0	
10	产量工资	527804	43700	593743	43700	0	
11	零星工程工资	47878	3964	27264	2007	1957	
12	工资合计	575682	47664	621007	45707	1957	
13	人均工资	3216	266	3741	275	-9	
14	材料指标	310931	25744	250492	18436	7307	
15	1. 木材		0	6607	486	-486	
16	2. 油脂及乳化液	28339	2346	27677	2037	309	
17	3. 大型材料	1404	116	4298	316	-200	
18	4. 支护	3660	303	5689	419	-116	
19	5. 其他材料	33613	2783	24063	1771	1012	
20	6. 配件	243498	20161	181958	13392	6768	
21	7. 建材	418	35	200	15	20	
22	加工费用	1363	113	6002	442	-329	
23	维修费用		0		0	0	
24	运输费用	8980	744	5037	371	373	
25	奖罚情况	-2803	-232	-6492	-478	246	
26	使用设备	四立柱支架		四立柱支架			
说 明		本月产量比上月减少1.5万t，主要因为8211工作面本月过断层和后期接7344工作面。出勤增加108个工，由于出勤增加、产量减少，工效比上月减少4 t/工。本月材料费用比上月增加，主要因为8211工作面本月过断层和后期接7344工作面用配件较多，由于产量减少，材料费用总额增加比例较大，万吨增加0.73万元。建议3月份加快8211工作面和7344工作面推进度，严格控制顶板，减少材料费用投入					

表4为综掘一区一队与二队2月份差异化对比分析表，横向比，计划与实际比。

表4 综掘一区一队与二队2010年2月差异化对比

对比项目	综掘一队						综掘二队					
	计划		实际		差额		计划		实际		差额	
	元	元/m^3	元	元/m^3	元	元/m^3	元	元/m^3	元	元/m^3	元	元/m^3
一、进尺及工效												
1. 进尺/m			87.7						103.8			
2. 进尺折合立方米			911.35						1343.542			
3. 出勤工数/工	2025		1847		178		1937		1975		-38	
4. 工效/($m^3\cdot$工$^{-1}$)	0.45		0.49		-0.04		0.69		0.68		0.01	
二、材料成本	108675	119.25	112261	123.18	-3586	-3.94	216382		208444		7938	
1. 木材	28323	31.08	27340.95	30.00	982	1.08	12293	9.15	12239.00	9.11	54	0.04
2. 炸药	3686	4.04	3283.20	3.60	403	0.44		0.00		0.00	0	0.00
3. 雷管	1492	1.64	773.90	0.85	718	0.79		0.00		0.00	0	0.00
4. 支护	59024	64.77	63977.51	70.20	-4954	-5.44	157242	117.04	161153.45	119.95	-3911	-2.91
5. 建材	350	0.38	0.00	0.00	350	0.38	3274	2.44		0.00	3274	2.44
6. 油脂及乳化液	509	0.56	461.77	0.51	47	0.05	6985	5.20	3740.00	2.78	3245	2.42
7. 配件	2149	2.36	1975.50	2.17	174	0.19	7344	5.47	4296.00	3.20	3048	2.27
8. 钢管、轨道		0.00		0.00	0	0.00	4069	3.03		0.00	4069	3.03
9. 其他材料	13142	14.42	14448.45	15.85	-1306	-1.43	25175	18.74	27016.00	20.11	-1841	-1.37

分析说明：

1. 工效：综掘一队本月进尺87.7 m，计划工效为0.45 m^3/工，实际工效为0.49 m^3/工，比计划工效提高0.04 m^3/工；综掘二队本月进尺103.8 m，进尺计划工效为0.69 m^3/工，实际工效为0.68 m^3/工，比计划工效低0.01 m^3/工；综掘一队工效比综掘二队工效低0.19 m^3/工，且出勤率低，说明综掘一队在人员安排，劳动组合上存在管理问题，建议科学安排员工轮休，加强管理，提高出勤率。

2. 材料消耗：综掘一队、综掘二队本月支护材料领用过多，造成支护材料超支，建议加强支护材料管理；综掘二队在建材使用上节约，由于复用旧管路、轨道所致，较好，值得其他单位学习

全面成本管理的推行，使任楼煤矿摸索出了一条符合自身实际需要的成本管理与控制的新思路、新方法，较好解决了传统煤矿成本管理中存在的管理粗放、混乱等问题，同时建立了较为系统的成本管理与控制体系，明确了成本管理的范畴、形式、内容、方法、标准、流程，制定了配套的保障、激励机制，为矿井的高产高效发展提供了有力保障，为其他兄弟矿井提供了有益的参考和帮助。

陕西陕煤黄陵矿业有限公司一号煤矿全面预算管理模式简析

陕西陕煤黄陵矿业有限公司　唐恩贤　雷　达　徐永涛

陕西陕煤黄陵矿业有限公司一号煤矿坐落在黄陵县店头镇，始建于1990年10月，2001年11月正式投产，为国有重点大型企业，矿井核定生产能力600万t/a。煤矿井田面积242.5 km^2，地质储量6.44亿t，可开采储量4.51亿t，地质构造简单，煤层平缓，便于开采。煤层厚度平均为2.2 m，矿井采用单水平平硐开拓方式，长壁工作面综合机械化采煤，井下装有两个日产万吨的综采工作面，目前分两区两面开采，机械化装备率达100%。

一、全面预算管理

一号煤矿实施以现金流为核心的全面预算管理是在公司全面预算委员会的领导下，紧密结合矿情实际生产接续计划和预算大纲进行，从建立预算制度、预算编制、指标分解、成本费用控制措施、经营分析、全方位的绩效考评制度等预算体系，按照特定方法及程序编制的经营预算、投资预算、筹资预算和财务预算，实现预定期内的战略规划和经营目标。

一号煤矿全面预算管理实施三年来，已经形成了一套成熟的管理体系和管理经验。

（一）建立预算制度

一号煤矿在全面预算基本制度即《全面预算管理制度》和《全面预算管理组织制度》的基础上，继续出台了预算管理相关制度，包括《一号煤矿关于成立全面预算管理委员会的通知》，明确了公司全面预算委员会及其办公室的工作职责和议事规则，保障了全面预算工作顺利开展；还制定了《全面预算编制制度》、《全面预算控制制度》、《全面预算考评制度》等10项工作制度，制定了全面预算经济指标分解办法、预算指标考核管理办法以及预算编制大纲和预算报告。结合实际情况，编制了矿一级的预算组织体系、制度体系和全面预算管理流程图以及工作流程图。

（二）精心编制预算报告

根据公司预算编制大纲，结合年度生产接续计划任务，以实际发生的材料费单价、电费、水费和非生产性费用支出为依据，参照同期数据，考虑生产工艺流程的改善（比如巷道支护参数或锚杆、锚索材料的改变），各相关主管部门综合运用固定预算、弹性预算、概率预算等方法，精心编制预算说明书和预算报表。同时，注重编制月度资金预算，定期上报每月的资金收支预算报表。

（三）预算指标的分解

严格按照公司下达的年度预算指标，依照矿—区队、区队—岗位进行层层分解，横向到部室，纵向到区队、岗位，不留空挡。全面预算办公室将可控性管理费用分解到各部室，包干使用，月度考评；将建工材料、支护用品、专用工具、油脂、配件、水费、电费等预算指标对基层区队（厂）进行纵向分解，区队将预算经济指标再分解至岗位，实行岗位精细核算，形成了“横到边、纵到底”的预算指标分解体系。预算指标的分解，一方面有利于责任中心明确各自的工作职责，另一方面有利于事后执行绩效考核。预算指标的纵横分解，真正做到了“千斤重担众人挑，人人肩上有指标”的预算管理理念。

（四）预算控制体系

建立了与一号煤矿内部控制制度相结合的全面预算控制体系，完善并细化了成本费用控制措施。

一是积极搞好岗位价值精细化管理工作。将全面预算管理和岗位价值精细化管理相结合，应用信息化载体，真正把管理具体细化到生产经营的每一个环节，量化到岗、核算到岗、考核到岗、激励到岗，做到精细管岗、精细管人、精细管事、精细管物。充分利用一号煤矿岗位价值核算中心和物资超市，使材料消耗实现日清日结。通过岗位最小经济核算单位，利用岗位精细化管理手段，来促进材料水电费成本节约，全面提升一号煤矿整体经营管理水平，最终通过岗位价值管理实现矿井“三增一保”（岗位增值、企业增效、员工增收，确保实现安全零目标）的管理目标。

二是实行生产成本精细化、期间费用定额化管理。一号煤矿作为煤炭成本中心，不断加强成本控制措施，加大对非生产费用支出的考核，对各区队的材料费、水电费、运输费、中小修理费进行严格控制，节超费用按规定转化或扣减工资；对部室主管控制的材料水电费消耗节超按照比例上下浮动，对可控性管理费用实行总额控制，超预算支出的费用财务部门一律不予报销。重点是对各种生产用材料的消耗要逐步实行精细化核算，制定各种材料消耗定额管理制度，比如供排水管路刷漆定额、瓦斯钻孔封堵定额、截齿吨煤消耗定额、机头硐室材料定额、密闭墙及过桥建工材料消耗定额、标准化巷道喷白定额、胶套轮公里消耗定额等。

三是加强井下现场材料的监督管理，加大物资的回收复用、修旧利废及交旧领新工作力度。煤矿消耗材料的监管重点在井下，尤其是掘进工作面（开拓巷道和回采巷道），比如，喷浆用的水泥、沙子、石子配比不当，造成回弹料多、材料浪费而且工程质量难以保证，水泥长期搁置凝固失效、塑料托盘崩落无人回收等浪费材料现象，加强回采巷道锚索梁退锚奖罚考核，能回收的务必回收，能复用的尽量复用，对浪费材料行为必定严厉处罚。严格执行物资交旧领新制度，对能修复利用的安排车间及时改造修复，每月各区队交旧领新材料由职能部室在工资结算会上给予通报，财务科执行节超转化考核，这一系列措施有效地节约了材料成本，杜绝了材料浪费现象的发生，减少了新品投入，降低了材料消耗。

（五）预算分析例会制度

为了及时掌握预算执行结果与预算分解指标之间的差异，改进生产经营中存在的不足，找出产生差异的原因，并确定其责任归属。一号煤矿全面预算委员会每月定期召开经营工作分析例会，对上月的预算指标执行情况进行通报，深入分析成本费用节超原因，超过设定差异率的要做出专门解释，对存在的问题提出针对性的措施和建议，以促进预算管理工作水平不断提升。

（六）预算考评制度

一号煤矿全面预算委员会将全面预算管理纵向深入推进到岗位，实行岗位价值精细化管理考核。把全面预算管理和岗位价值精细化管理相结合，实行三级绩效考核体系：第一层级是矿对科室、区队进行考核，形成区队及部室绩效；第二层级是区队对岗位的考核，形成岗位绩效；第三层级是班组对个人的考核，主要是通过 ABC 三卡考核，形成个人绩效。

预算考评实行月度考核，每月定期通过工资结算会的形式进行，由考核部室成员参加。预算考评实行生产费用节余转化工资，培养职工“边干边算”的生产经营理念，极大地调动了职工的生产积极性和增强了职工厉行节约的意识；机关部室工资结算一酬多挂，由考评办公室进行部室工资考核，考核结果实行比例浮动制。目的是使每位职工明确节支降耗是增资增效的有效途径，在保证安全生产的前提下，通过全面预算管理来降低成本费用，以实现效益最大化，从而使企业和职工都能得到较好的经济回报。

二、全面预算管理的实施效果

一号煤矿以现金流为核心的全面预算管理实施三年以来，从管理机制和经营效果来看，是科学有效的，主要表现在以下三个方面：

（一）节约了成本，强化了意识，提高了企业效益

一是材料成本节约明显。2010 年吨煤材料成本较上年节约 0.38 元，2011 年吨煤材料成本较 2010 年节约 0.53 元，累计节约资金 800 多万元。二是通过实施成本现场监督管理，井下材料浪费现象大大减少，强化了广大干部职工的成本节约意识，有效地降低了煤炭生产成本，切实提高了全矿经营效益。

（二）完善了资金管理，提高了资金使用效率

资金是企业赖以生存的血液，资金链条断链，企业的生产经营活动将无法正常进行，甚至陷入瘫痪状态，最终导致企业破产。通过实施全面预算资金月报，对收支进行科学预测，充分发挥全面预算的事中控制作用，使企业资金按计划使用，随时掌握资金的使用情况，保证资金的有序周转。一号煤矿自实施全面预算以来，为了加强资金管理，库存现金始终保持在一个合理的水平上，每天下班前由出纳对其进行仔细盘点，并由出纳定期与内行核对银行账，以确保收付款业务准确无误。每月末按时向公司内行报送次月的资金月报表，付款业务严格控制在申请资金范围内。同时，由往来会计对个人欠款逐月进行清理，防止不正当的资金占用，从而保持了资金的流动性，极大地提高了资金的使用效率。

（三）健全了内部价格体系，完善了内部市场化运行机制

一号煤矿在实施全面预算过程中，以劳动及各类消耗定额为基础，以成本项目为对象，在充分考虑市场主体可控性的前提下，对工资、材料、用电、修理及其他各类费用等项目和各类工作量进行测算，形成内部各项产品、劳务的综合价格，建立“横到边、纵到底”覆盖全矿的内部价格体系。年初，矿向各部室下达经营指标，各部室将指标分解到区队，各区队再把可控性成本费用全部落实到生产班组和岗位。这种成本核算方式与内部市场化管理相结合，并随着预算考评制度的建立和完善，落实到了煤矿角角落落，职工自觉地把生产经营过程中所发生的各类费用变为自己的费用进行管理，在价格一定的前提下，超支就要减少收入，节约则增加收入。如材料费用支出减少，工资就会增加，强化了全员成本管理意识，人人为成本而算，人人为效益而干，促进全矿节支增收，从而进一步发挥了内部市场化运行机制的作用。

资产人本化管理模式助推装备制造企业强势发展

山东能源机械集团有限公司

周 峰 冯培杰 郭彦光 潘立强 杨 强

一、资产人本化管理的理论界定

(一) 企业科学发展、资产人本化管理的政策理论依据

科学发展观，第一要义是发展，核心是以人为本，基本要求是全面协调可持续，根本方法是统筹兼顾。坚持以人为本，就是要以实现人的全面发展为目标，从人民群众的根本利益出发谋发展、促发展，不断满足人民群众日益增长的物质文化需要，切实保障人民群众的政治权益、经济权益和文化权益，让全体干部职工共享改革发展的成果。由主要依靠增加物质资源消耗向科技进步、劳动者素质提高、管理创新转变。合理的收入分配制度是社会公平的重要体现，要坚持和完善按劳分配为主题、多种分配方式并存的分配制度，健全劳动、资本、技术、管理等生产要素按贡献参与分配的制度。因此，在国有企业中积极探索职工参与的资产多元化经营机制符合以人为本的科学发展观的基本精神。

(二) 资产人本化管理是深化国有企业改革的主要内容

我国国有企业的改革过程，核心就是重塑人本化的资产运营主体的过程。企业从本质上认识，就是具有人本化资产营运主体功能的、内部分工协作和分层结构的经济组织，是契约关系的连接，是为了提高协作生产效率和降低交易成本而产生的，其远期目标是成为资本所有者、经营管理者和一般员工联合起来的“利益共同体”。

资产人本化的理论与实践，是以党的十四届三中全会为标志而进行推广实施的。1993 年 11 月中共中央《关于建立社会主义市场经济体制若干问题的决议》中，明确使用了“资本”、“资产”、“资产经营”等概念，提出建立现代企业制度的伟大任务。这些都为社会主义条件下资产人本化的研究提供了极其重要的理论支持。在国有企业的战略重组中，在“抓大放小”，转让、出租、拍卖等各种形式的资本运作中，资产人本化的问题日益明朗，其作用日益显得重要。可以毫不夸张地说，社会主义条件下资产人本化问题的解决不仅是全社会资产有效运作和成功流转的前提，更是国有企业提高效率，成功地二次腾飞的关键所在。

(三) 资产人本化管理的逐级深入是转换国有企业经营机制的关键

资产人本化管理的逐级深入正是目前国有企业资产管理的焦点问题。具体而言，在国有企业中

资产人本化可以细分为三个层次的问题，主要是国有资产所有权主体人格化问题、企业法人产权主体人格化问题，以及企业内部不同车间、不同工段、不同班组、不同岗位资产人格化管理问题。在理论和实践中，人们往往偏重于对资产所有权主体人格化和企业法人地位及其两者之间关系的研究和探索，而忽视了企业内部资产人本化管理问题。实际上，仅有资产所有权主体的明晰化、人格化和企业法人地位的确立是不够的，关键还在于企业内部经营机制的转换。前者是后者的基础，后者是对国有资产人本化管理的逐步深化和层层落实。当前，不少所谓建立现代企业制度的企业仍然不具有真正的市场活力，原因很大程度上就是仅仅换了一块牌子，而没有在内部真正建立以市场绩效为中心的经营机制。

资产人本化管理的逐级深入就是将资产经营的思想和观念传递给中层管理人员和一般员工，让每一位员工都成为其岗位及其资产的“虚拟经营者”，实现资产控制权、剩余索取权和经营风险承担的统一，从而真正激发各层次员工参与经营的积极性、主动性和创造性，从根本上创建一切以市场绩效为中心的内部经营机制。

二、山东能源机械集团资产人本化管理的内涵

（一）人本管理的内涵

所谓人本管理，指管理的对象是以人为中心，根据人的思想、行为规律，运用各种手段，充分调动和发挥人的主动性、积极性和创造性，从而促进企业及员工个人的不断发展。其核心是充分体现“人性化”和“柔和”的管理思想，尊重个人价值，全面发展人力资源，依靠全体员工的努力来促进组织的生存和发展。其关键在于员工的参与。根据参与程度的不同，可以将以人为本的管理模式分为四个阶段：第一，控制型参与管理；第二，授权型参与管理；第三，自主型参与管理；第四，团队性参与管理。

在组织管理中，人本管理通过组织文化建设，培育员工共同的价值观，运用各种激励手段，充分调动和发挥人的积极性、主动性和创造性，引导员工实现组织的目标，依靠全体员工的努力来促进组织的生存和发展。其本质充分体现“人性化”和“柔和”的管理思想。

首先，实行人本管理，就必须尊重和欣赏员工，这是实施人本管理的前提条件。

其次，加大人力资本投资也是组织走向人本管理的关键一步。组织中的管理者不仅要关心投资的回报，而且也要关心人才投资的增值。还必须针对员工的个人情况，将其放在合适的工作岗位上，让其对工作产生认同感，并从工作中受益，从而更好地为组织工作。

最后，实行人本管理，必须让员工参与管理。管理者与员工是一个团队，要充分调动员工的积极性、主动性和创造性。员工参与管理后，管理者鼓励员工参与探索，勇于尝试，即使出现错误，也不要过分地责备和苛求他们；同时，通过建立教育和培训，使员工逐步提高自身的知识技能和决策水平，并能够对自己的决策负责。

（二）山东能源机械集团对科学发展的理解与做法

山东能源机械集团领导班子成员认真学习体会科学发展观精神，认为国有企业改革发展的目的要求是促进发展，发展的体现在于可持续发展，实现经济、社会和环境的协调发展，不论是采取何种发展形式，都要使职工受益，让职工充分享受到企业发展带来的经济效益、社会效益和环境效益。因此，必须在企业发展过程中尊重和依靠广大职工，充分发挥广大职工的聪明才智，积极吸收

职工参与企业经营管理、参与决策、参与监督，更重要的是参与企业的资产管理，将职工工作的一个个有形的资产真正与其使用者建立良好的使用关系，使其像管理自己的财产一样爱护、合理使用和维护自己使用的企业资产，并且建立相应的分配机制，使其从自己资产合理有效使用所获得的超额收益中获取相应的分配额度，真正健全劳动、资本、技术、管理等生产要素按贡献参与分配的制度。只有将企业的资产使用权、维护保养权和剩余收益分配权真正落实到职工个人或班组，才能真正做到职工广泛监督、广泛参与和广泛收益的目的。

同时，山东能源机械集团的发展必须时刻牢记创新的重要性，不仅仅是靠科技创新来提高企业生产效率、产品竞争力和企业效益，而且发展中更要靠劳动者素质提高和管理创新来提高企业生产效率、产品竞争力和企业效益。多年来，山东能源机械集团不断探索适合集团发展的组织架构体系和经营管理机制，从组织制度上保障公司战略目标的实现，先后完善了集团公司母子公司的组织架构体系，通过“会计委派制”和集中采购、集中销售与分散销售相结合，有效解决了山东能源机械集团管理中存在的集权与分权的矛盾，在企业飞速膨胀式发展的进程中保障了一切受控的根本要求。在经营模式上逐渐做到了集约化经营，以专业生产为龙头，充分发挥集中的合力搞好专业化分工，避免了资源的浪费和闲置，逐步由产品专业化过渡到了工序专业化。所有这一切都是公司贯彻以人为本、推行人本资产管理、构建和谐企业的结果。

（三）山东能源机械集团资产人本化管理的内涵

从目前来看，山东能源机械集团实现了授权型参与管理和自主型参与管理的结合，授权型参与管理赋予员工小量的决策权，使其能够较灵活地处理本职工作以内的一些事务，目的在于让员工养成自主决策，并对决策负责的工作习惯；允许员工犯错误，但不能连续犯同类的错误，管理者的职能逐渐从管理转化为指导。自主型参与管理时员工有更大的决策权限，但也要为决策的失误负更大的责任。公司对每位员工实行目标管理，管理人员从指导职能逐渐转化为协调职能。

从更高的层面来讲，山东能源机械集团正在推行团队型参与管理，它是参与管理的较高形式，打破了传统的行政组织结构体系，根据公司发展需要临时组建或撤销职能团队。每个职能团队中的成员可以自由组合，也可以由公司决策层指定，成员自主选择团队协调人，团队协调人没有公司的正式任命，可以根据团队的需要随时选举和撤销，他不是团队的领导，没有给其他成员安排工作的权力，只有在团队内部或者外界沟通发生冲突时起到调解人的作用。团队协调人也有自己的岗位工作，与团队其他人员享有同等待遇。

山东能源机械集团资产人本化管理的内涵主要是职工全员参与管理，在不改变资产所有权国有性质和保证国有资产保值增值的基础上以一定的方式拥有特定经营性资产的使用权和剩余收益分配权，让职工充分参与管理，以拥有资产经营权和参与分配为契机，让职工全面参与企业管理并监督经营者的经营行为，同时能够直接享受到资产保值增值带来的好处，完全符合人本管理理念和科学发展观的要求。

三、山东能源机械集团资产人本化管理的具体做法

山东能源机械集团资产人本化管理的中心是将经营性资产与操作者紧密联系起来。

(1) 科学测算公司现有经营性固定资产（主要是机器设备）的生产能力和生产消耗，确定职工取得资产使用权和剩余收益分配参与权的代价。

公司进行了大量的前期调研准备工作，利用2009年1—9月份的机器设备等固定资产的产出资

料合理确定每台机器设备的生产能力，同时通过安装电表等方式摸清每台机器设备的生产消耗状况，从而为公司合理地确定资产与职工联系纽带的数量多少提供了基础性资料数据，也让职工认识到参与人本化管理是真正享受公司发展带来效益的有效途径，增强了职工的参与意识。

（2）将相关的机器设备等固定资产以个人或班组为单位签订使用权协议，确定设备使用费用的缴纳方式和缴纳额度以及相应的返还办法，确定资产使用权让渡的有效期限以及到期的处理办法。

（3）确定工资、设备使用费的计算和结算原则与方式，及价格测算依据。

（4）完善员工或团队取得机器设备等固定资产使用权的相关规定，包括人员管理规定、物资采购规定、安全生产管理规定、质量管理规定、设备管理规定和设备任务安排管理规定，等等。

四、山东能源机械集团资产人本化管理的优越性

经过一段时间的试运行，证明了通过设备资产人本化管理增强了员工养护设备的意识，电费、辅材及维修费等与工资挂钩，提高了员工的节约意识，充分调动了员工的劳动积极性，全面提升了设备管理水平，提高了设备的使用率和完好率，高效合理地发挥了各类设备的技术性能，保质、保量全面完成了公司下达的各项生产计划指标。

总结来看，山东能源机械集团资产人本化管理模式有着如下优越性：

（一）能够形成强大的动力机制

资产人本化管理旨在形成员工内在追求的强大动力，主要包括物质动力和精神动力，即利益激励机制和精神激励机制。通过职工以有偿的方式取得设备一定期限的使用权，能够激发职工寻找更多市场机会的潜力，对于提高产品质量和数量都会起到积极作用，而由此带来的设备利用效率提高的经济效益职工可以按照约定方式进行分配，必然首先从经济层面形成强大的动力机制，鼓励职工多揽活、多干活、干好活。同时通过直接参与管理能够真正提升职工的使命感和责任感，提升其对企业的忠诚度，通过强烈的示范效应形成强大的精神激励机制，从而真正实现改革成果全体职工受益的科学发展观要求。

（二）能够形成强大的压力机制

资产人本化管理的代价是要有偿取得相应资产的使用权，市场的不确定性带给资产使用权的获得者以一定的风险，揽不到活、产品质量干得不好都有可能形成风险损失。为了收回使用成本并取得更大的收益，必然要求使用者更多地去开拓市场、更好地注重产品质量和安全生产，从而能够形成有利于企业长远可持续发展的压力机制，没有压力就不会有动力。

山东能源机械集团资产人本化管理的压力机制包括竞争压力和目标责任压力。竞争经常使人面临挑战，使人有一种危机感；正是这种挑战和危机感，会使人产生一种拼搏向前的力量。因而在用人、选人、工资、奖励等管理工作中，应充分发挥优胜劣汰的竞争机制。目标责任制在于使人有明确的奋斗方向和责任，迫使人去努力履行自己的职责。

（三）能够形成有效的约束机制

一方面，资产人本化管理将单项资产落实到了具体对象，责任职责更加明晰和明确，所有管理行为都有具体的行为负责人，公司通过健全以人为本的管理规章制度能够形成对员工行为的有效受

控。制度是一种有形的约束，是企业的法规，是一种强制约束，是所有人必须严格遵守的，因此在资产人本化管理模式下相应管理制度的重构也是必要的。

另一方面，通过职工参与资产经营管理的示范效应必然形成一定的伦理道德规范，使人的行为有所遵循，使人知道应当做什么如何去做并怎样做对。它是一种无形的约束，主要是自我约束和社会舆论约束。

（四）能够形成完善的保证机制

山东能源机械集团的资产人本化管理模式配合公司的专业化生产框架必然带来公司组织结构、管理流程的再造，要求公司全体员工的管理素质和经营能力更加适应开放的市场经济要求，势必为建立公司经营管理上完善的保障体系创造条件，包括规章制度保证机制和社会保障体系的保证。规章制度保证机制的完善主要是指通过健全有效的公司规章制度来保证公司运行的安全、便捷和高效。社会保障体系主要是保证员工在病、老、伤、残及失业等情况下的正常生活。在社会保障体系之外的企业福利制度，则是作为一种激励和增强企业凝聚力的手段。

（五）能够形成健全的选择机制

山东能源机械集团的发展应该是一个开放的循环，通过资产人本化管理给职工以选择的权利。主要指山东能源机械集团的员工有自由选择岗位的权利，有应聘和辞职、选择新职业的权利，以促进人才的合理流动；与此同时，企业也有选择和解聘的权利。实际上这也是一种竞争机制，有利于人才的脱颖而出和优化组合，有利于建立企业结构合理、素质优良的人才群体。

（六）能够构建起山东能源机械集团有效的环境影响机制

通过资产人本化管理，增强了职工自己管理资产的意识，缩短了职工与决策层的距离，能够创造和谐的人际关系；由于企业的发展带来了企业经营环境的进一步改善，构建起了欣欣向荣、蒸蒸向上的企业文化氛围，使职工真正有归属感，以企为家、以公司为荣。

人的积极性、创造性的发挥，受人际关系和工作条件等环境因素的影响。一方面，和谐、友善、融洽的人际关系，会使人心情舒畅；另一方面，工作场所的宽敞、洁净、明亮、舒适程度，以及厂区的绿化、美化、整洁程度会改善和提高人们的工作效率。因此，创造良好的人际关系环境和工作条件环境，不仅有利于激发员工的工作积极性和创造性，而且能更好地改善和促进组织的生存和发展。

煤炭企业变动成本模型的建立

开滦集团公司东欢坨矿 高 斌 王致远 王 超 邹世春

一、模型建立的背景

东欢坨矿300万t主井续建工程已接近尾声，正在由在建矿井向生产型矿井转变，企业管理方式也由过去注重矿井建设的粗放型管理模式向生产型矿井的精细化、可持续发展型的管理方式转变。与此同时，东欢坨矿的原煤产量、公司规模不断扩大，集团公司也在深入推行全面成本管理，为了使集团公司全面预算管理体系进一步向下延伸，实现闭合，真正实现集团公司的战略规划和预算目标，同时也便于全矿指标向基层单位科学合理地进行分解传达，为领导决策提供相对精确的依据，这就对财务成本管理方式提出了新的要求，需要更加准确、快速地测算出全矿一定时间段的总体成本规模。

但是由于煤矿企业成本包含的项目繁多，预计预测成本支持情况存在不确定性因素，比如材料的使用、电力的消耗变化较大，这就对成本的预测制造了很大的困难。为了使这些不确定性因素产生的影响尽量缩小，节约成本预测的时间及难度，提高预测的准确性，我们提出了建立煤炭企业变动成本模型的设想。

二、成本习性分析

成本按其与业务量之间的依存关系，可以分为固定成本与变动成本两大类。固定成本是指其总额在一定时期和一定业务量范围内，不受业务量增减变动影响而保持不变的成本，如按直线法计算的固定资产折旧、管理人员的工资等。变动成本是指其总额随着业务量的变动而成正比例变动的成本，如直接材料、直接人工等。

煤炭企业中，成本项目较多，主要包括职工薪酬、材料、电力、材料修理费、折旧、维简及安全费、塌补费、租赁费等。针对各项成本的习性，我们进行了详细分析。

1. 职工薪酬

根据开滦集团公司会计准则实施细则规定，职工薪酬包括工资、职工福利、社会保险费、住房公积金、工会经费和职教费、辞退福利、非货币性福利、劳务费及其他薪酬。

（1）由于集团公司内部上级单位对其所属单位每年通过预算的方式核定包干工资提取数，各单位按照预算核定的全年包干工资提取总额分月提取包干工资，故职工薪酬中的工资部分在政策不发生变化时，可视为固定成本，其全年发生数为年初预算数。

（2）工资附加费中的保险费及住房公积金均按上年工资总额的一定比例提取，工会经费及职教费按本年工资总额的一定比例提取，故也可视为固定成本。

（3）福利费按照其收益对象，据实归集计入相关成本费用，亦可以预期，视为固定成本。

（4）职工薪酬中变化较大的为劳务费，由于业务量的上升即产量的提升，必然会导致劳务工人数相应上涨，其产生的费用随之增加，所以将劳务费视为变动成本。

2. 材料

材料包括木材、支护用品、火工用品、大型材料、配件、专用工具、劳保用品等项目。

(1) 木材：煤炭生产所耗费的各种木材，包括坑木、胶合板、纤维板等木质产品。支护用品：用于原煤生产的井下木材支护以外的其他支护材料，包括单体支柱、金属支架、金属网和塑料网、锚杆、水泥轻轨、单体柱租赁费等。火工用品：包括火药、雷管等。大型材料：包括钢铁管、钢丝绳、钢轨、电缆、运输皮带等。配件：生产维修用的各种设备配件。建工材料：指生产用水泥、料石、沙子、砖瓦等。油脂及乳化液：指原煤生产用的汽油、柴油、机油等。

随着原煤产量的增减变动、巷道系统的不断延伸、生产系统的不断复杂，以上材料的消耗也随之加大，如运输皮带、电缆、各种管线随着巷道的延伸必然会加长，木材支护材料随着巷道的不断向前使用量也会增加，因此以上材料可视为变动成本。

(2) 劳保用品指用于劳动保护，按规定发给职工的工作服、胶鞋、雨衣、手套、安全帽、毛巾、肥皂等。专用工具指煤炭生产专用的风镐、电风钻、矿灯等。

这两种材料有两个成本习性。一是当下井职工和采面、巷道数量不变的情况下，这两种材料的消耗量会保持一定的稳定性。二是如果下井职工和采面、巷道的数量增加的话，增加当月会有明显变化，以后会保持相对稳定，因此以上两种材料的成本习性为半固定成本。

3. 电力

东欢坨矿电力主要分外部用电和内部用电两大部分，其中外部用电可以预期视为固定成本，内部用电主要有采掘用电、维持井下生产用电、井上单位用电等。其中井上用电较为稳定，视为固定成本；井下用电、采掘用电等随着产量的上升、巷道的延伸等不断加大，视为变动成本。

4. 材料修理费

随着产量的提升、巷道的延伸，井下所使用的材料量加大，故障率也相应加大，因此材料修理费也会增加，视为变动成本。

5. 维简及安全费

维简费是按照国家对顶的标准，按照原煤实际产量，从原煤成本中提取，用于维持煤矿简单再生产的一项专用资金。安全费是按照国家有关安全费用文件规定，煤炭生产企业和其他高危行业企业，按照国家规定标准提取，在成本中列支，专门用于完善和改进企业安全生产条件的资金。根据相关文件规定，唐山、新疆、山西区域各煤类公司井巷资产已提足折旧的按 8.5 元/t 的标准提取维简费，未提足折旧的按 6 元/t 提取；根据“开滦集团公司安全费用提取和使用管理办法”，集团公司内部煤炭生产企业分别根据实际月产原煤量，从成本中按标准不低于 15 元/t 逐月提取，并纳入各自经营预算。

从定义及规定来看，维简及安全费随着产量的提升会增加，因此为变动成本。

6. 塌补费

塌补费指进行原煤生产而引起土地塌陷所应补偿的费用（包括青苗补偿费、征地费等）和一次50户以下（含50户）的民房搬迁补偿费。可以预期，视为固定成本。

7. 租赁费

租赁费指生产部门租赁资产支付的租金，如综采综掘设备租赁费等。随着产量的提升、巷道的延伸，需要的综采综掘设备也随之增加，因此需支付的租赁费也会增加，视为变动成本。

综上所述，煤炭企业变动成本包括：职工薪酬中的劳务费；材料中的木材、支护用品、火工用品、大型材料、配件、油脂及乳化液、建工材料；电力、材料修理费、维简及安全费和租赁费。

三、如何建立变动成本模型

我们对煤炭企业成本中的项目分别进行成本习性分析，找出其中的变动成本之后，接下来要做的就是建立变动成本模型。

设 y 代表总成本，a 代表固定成本总额，b 代表单位变动成本，x 代表业务量，则总成本的计算公式可写成：$y=a+bx$。如图1所示。

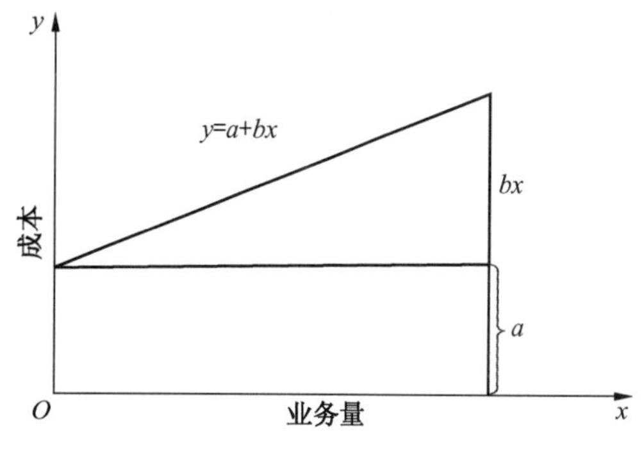

图1 总成本习性模型

式中：x 是自变量；y 是因变量；a 是常数，即截距；b 是直线的斜率。显然，若能求出公式中 a 和 b 的值，就可以利用这个直线方程来进行成本预测、成本决策和其他短期决策。

由于我们已经能够比较准确地测算出固定成本 a 的数值，自变量 x 包括产量、进尺、人数等，因此变动成本模型中我们只需要算出 b 的数值，即斜率。为了更加准确地算出 b 值，我们运用了统计的方法，即做出了一张成本费用统计表来对2011年全部的成本项目进行统计，以期望对 b 值进行准确计算。

成本分析表中我们分为5个工作表，分别对材料、薪酬、电力、折旧和租赁费进行统计。每张工作表的横向为2011年1—12月份发生的成本，纵向为费用渠道。

以材料为例，纵向我们设置了基本生产、制造费用、选煤加工费、管理费用、其他业务、其他应付款、在建工程、专项储备几个大项，每个大项中又根据单位细分，如基本生产中按照采、掘、开、准、皮带、井运和通风设置，并将每个单位负责的区域继续细分，如综一队有3088及2086两个采面，同时还设置了单项工程、劳保工具等单项项目。与此同时，纵向栏目中我们还设置了各项技术指标，包括采面的储量、日产量、开工和收尾的时间、持续开采的天数；掘进面的规格、煤岩类别、支护形式、总工程量、掘进方式；开拓巷道的规格、资金来源、煤岩类别、巷道断面、支护方式、计划进尺等项目。横向我们设置了2011年1—12月份的成本发生量，分为计划、实际、实际费用、比较4个部分，其中计划和实际两项又分为单价和进尺产量两方面，比较分为单价、进尺产量和费用三方面。这样我们通过这个统计表就可以对各项材料的发生额以及各项材料与产量、进尺等因素的关系进行统计分析，找出其中的关联及变化的规律，通过线性回归的方式计算出每个变动成本的斜率，即 b 的数值。

通过统计发现，职工薪酬中的劳务费与劳务工人数有直接关系，劳务工人数上升，劳务费随之上升；维简及安全费与原煤产量有直接关系，原煤产量上升，提取的维简及安全费随之上升；材料修理费与材料使用量有直接关系，材料使用越多，其材料修理费也就越多；材料中的木材、支护用品、火工用品、大型材料、配件、油脂及乳化液、建工材料以及电力中的井下用电与原煤产量及巷道掘进进尺均有关系，因此可以得出下列公式：

变动成本 = 劳务费 + 维简及安全费 + 材料修理费 + 材料 + 电力

材料 = 木材 + 支护用品 + 火工用品 + 大型材料 + 配件 + 油脂及乳化液 + 建工材料

设劳务工人数为 X_1，原煤产量为 X_2，掘进进尺为 X_3，材料为 Y_1，变动成本为 Y，则有：

$$Y_1 = b_{木材1}X_2 + b_{木材2}X_3 + b_{支护1}X_2 + b_{支护2}X_3 + b_{火工1}X_2 + b_{火工2}X_3 + b_{大型1}X_2 + b_{大型2}X_3 + b_{配件1}X_2 + b_{配件2}X_3 + b_{油1}X_2 + b_{油2}X_3 + b_{建工1}X_2 + b_{建工2}X_3$$

$$Y = b_{劳务}X_1 + b_{维简}X_2 + b_{安全}X_2 + b_{材料}Y_1 + Y_1 + b_{电力1}X_2 + b_{电力2}X_3$$

由于 X 为自变量，我们可以从不同渠道获取准确数据，因此只需要通过统计表计算出各个 b 的值，从而计算出 Y 即变动成本。

四、建立变动成本模型的意义

(1) 在集团公司深入推行全面成本管理的背景下，建立变动成本模型实现了集团公司全面预算管理体系进一步向下延伸，实现闭合，能够更好地实现集团公司的战略规划和预算目标。

(2) 能够快速、准确地测算出一定时间段内的变动成本总额，提高了财务工作的效率。

(3) 为领导的短期决策提供了相对真实可靠的财务信息。

(4) 通过运用变动成本模型，有利于企业成本规模的控制，同时在企业采取以销定产的政策时，可以随业务量的变化而机动地调整产量，具有弹性。

关于衰老矿井成本管理的调查

山东能源新汶矿业集团万祥矿业公司

邹长新　辛成会　孙玉峰　张　涛　孟庆续

万祥矿业公司隶属山东能源新矿集团，下设潘西煤矿和东港煤矿。近年来，他们加强成本管理，增收节支，提高企业综合实力，实现了企业平稳较快发展。

一、基本现状

万祥矿业公司位于山东省莱芜市钢城区，始建于1958年，1960年简易投产，设计生产能力为30万t/a；后经矿井改扩建，实际生产能力为100万t/a以上。2007年在潘西煤矿的基础上改制而成。现下设潘西、东港两个矿及一批非煤项目。近年来，公司以“三个代表”的重要思想为指导，积极实施管理创新，做强主业，扩张非煤，企业呈现出了“多业并举”的强劲发展势头。

随着矿井开采年限的延长，煤炭储量逐年减少，煤炭开采条件差，致使生产成本逐年，历史债务多。同时，由于企业办社会，人员多，包袱沉重，企业生存发展面临诸多困难。主要表现在：第一，资源枯竭。地质条件复杂，受水、火和瓦斯等自然灾害威胁。第二，高硫高灰。属于高硫高灰矿井，目前开采煤层为3层、4层、19层，其中19层为主采煤层，约占总产量的70%，该层煤灰分33.40%，硫分4.44%；3层、4层煤硫分较低，为1.10%，但灰分高达59.78%，主要依靠3层、4层进行配采，由于受地质条件限制，配采后灰分、硫分仍分别高达41.31%和3.43%。第三，人员多、包袱重。

二、具体实践

（一）管好材料

1. 加强对材料领用情况的考核，实现过程控制

主要是杜绝公料私用、材料使用过程中的损失浪费和超范围领用材料等现象，以促进各单位合理领用使用材料。主要做法：公司采用两级审核方式，首先，由经考科对各单位每月材料领料单按各主管副总分管范围进行分类，按专业对口原则首先由各主管副总进行审核，并提出审核意见转给经考科；然后，由经考科专职人员再次进行审核，并根据两次审核意见找单位材料员进行了解、询问，并现场核对，对重要材料、大型材料、专用设备、专用工具等进行跟踪考核，根据材料审计过程中存在的问题提出意见，报有关矿领导审批处理。在材料签发方面推行“5S”管理模式，实现纵向到底横向到边的管理体系。同时将材料实际领用与材料计划进行对比，对材料节超情况每月进行分析。

2. 对材料管理实行全面考核，实现事后把关

针对材料管理中易出现的问题，公司制订了详细的考核细则，主要从以下几方面进行考核：

（1）对材料管理基础工作进行考核。主要是从制度落实，指标是否及时分解，材料收、发、存手续记录是否规范等6个方面进行考核，该项占总考核分数的10%，主要采用现场查看方式，每日由材料考核员到考核单位进行现场检查，按“5S”管理要求及时指出并提出限期整改意见。

（2）对材料计划管理进行考核。该项考核占总考核分数的10%，主要从材料计划上报的及时性、计划编制的规范性、计划外领料是否按要求办理相关手续、材料计划编制是否符合实际等7个方面进行考核。

（3）从材料领取、使用方面进行管理考核。主要从材料领出和使用两方面进行考核，并采取审核材料领料单及现场查看相结合的办法，重点从材料是否超范围、材料使用去向、材料收发存记录是否规范、是否存在公料私用等17个方面进行考核。该项内容是考核的重点，占总考核分数的60%。

（4）从相关材料管理工作方面进行考核。主要包括从管理创新、材料节约、问题整改落实等9个方面进行考核，该项考核占总考核分数的20%，目的是促进各单位合理组织施工，加强现场管理，减少人为材料损失浪费，鼓励实行新工艺、新材料节约，发挥修旧利废作用。

（二）完善体系

1. 健全组织机构，完善管理体系，确保预算工作有效运行

万祥矿业公司成立了由矿长任组长，其他矿领导任副组长，各副总师及各科室负责人为成员的预算管理领导小组，由总会计师牵头，一名矿长助理配合，具体负责全面预算管理的组织、平衡、协调，同时由综合管理办公室和矿产项目部共同负责全矿预算管理，并对有关人员收取了风险抵押金，进一步明确各专业分管领导是本专业成本管理的第一责任者，各分公司经理是本单位成本管理的第一责任者，将预算指标层层分解到各班组和个人，形成矿、专业、区队、班组四级预算管理体系。

2. 科学划分项目，严格落实责任，确保预算编制的准确、完整

万祥矿业公司的全面预算主要分为原煤综合成本预算管理、原煤制造成本预算和资金预算。其中，原煤综合成本预算管理包括材料费、工资及福利费、电费、修理费、地面塌陷赔偿费、销售费用等。原煤制造成本预算主要包括变动成本、材料费、工资、电费、修理费、地面塌陷赔偿费、职工福利费和其他支出。资金预算主要是对月度资金收支情况进行预测，降低其他应收款、应收账款等资金占用。为了确保预算编制的准确、完整，将各预算项目分解到各相关单位，由各相关单位对各预算项目进行预测，并上报书面材料，由财务科、矿产项目部汇总编制月度预算报表，主要包括原煤综合成本预算表、原煤制造成本预算表、资金收支预算表、预计利润表、预计成本费用表。

3. 强化过程控制、运行分析，严格落实兑现奖惩，不断提高经济运行质量

为真正实现事前有预算，事中有控制，事后有考核，万祥矿业公司由体改办、综合办、人力资源中心、财务科等部门负责具体对经营预算执行情况实施考核管理，并对生产经营过程中出现的

跑、冒、滴、漏及损坏、丢失、浪费现象进行落实，对不执行预算、擅自改变预算进行工作的严加处罚。矿产项目部具体对所属各公司执行原煤制造成本预算的情况进行控制和考核，对是否按预算的生产方案组织生产条件，具体生产条件与编制预算使用的定额是否存在差距等情况进行考核。建立了月度预算分析制度，对预算指标与各单位实际完成情况偏离在5%以上的进行重点分析，对定额差距较大的项目，分巷道，分工作面具体分析原因；对不编入预算的资金支出，财务科一律不予支付。同时，为切实做好各项预算工作，控制成本项目指标，提高预算准确率，万祥矿业公司实行抵押金管理制度，并做到了严格兑现奖惩。

（三）严格制度

1. 严格执行集团公司收支两条线管理规定

所有资金收入全部纳入财务统一管理，各种货币资金收入全部存入结算中心，银行承兑汇票三日内上缴财务处，任何单位和个人不得私自设置“小金库”或公款私存，否则，没收全部款项，并对当事人等额罚款，联责扣罚单位主管全部经营风险抵押金，单位主管及经办人调离工作岗位。

2. 严格禁止坐收坐支现金和私自转让承兑汇票现象发生

财务库存现金要控制在规定限额5000元以内，超过限额当日必须送存结算中心，严格按会计制度规定使用现金，如不按规定要求办理，出现丢失或被盗事件，由责任人承担完全责任，赔偿全部经济损失。

3. 严格取消备用金制度

对零星采购费用、差旅费、会务费及各项活动经费实行个人垫支制度，由财务科根据月度报销情况落实办理，报矿批准后支付。

4. 严格费用报销制度

一是各单位、部门持经矿长批准的支出计划和按规定取得的合法发票或原始凭证，本单位盖章、单位负责人和矿分管领导签字后分别于当月20日前报综合管理办公室审核统计，经矿长批准，由财务科按规定报销；财务科负责对原始凭证的合法性、真实性进行审核，对不符合会计制度规定、弄虚作假的单据，有权作废，并追究当事人责任。二是工资、奖金等个人收入，经矿长批准后，全部由银行统一办理代发，杜绝了克扣截留职工工资的现象。三是各非煤厂网点统一由财务科代理收付和记账业务，按规定开具增值税发票，其购销业务由综合管理办公室审核后按规定办理。四是学校、医院、供销分部等分离单位，为矿提供的服务每月20日将有关资料报综合管理办公室审核，经矿长批准后，月末一次结清。

5. 严格煤款结算纪律

所有煤款实行现款结算制度，杜绝了新的煤款拖欠，同时，加大对外欠煤款的清欠力度，严格控制非货币结算，最大限度地减少企业损失。

（四）加强物资购销管理

（1）严格计划申报审批管理制度，有关计划准确率必须达到90%以上，努力减少储备资金占用，杜绝积压报废现象发生。

(2) 严格执行集团公司《供应物流管理办法》，坚持比质比价、择优选购的原则和外购申报审批制度，努力降低采购成本。

(3) 生产物资由矿产项目部审定计划并核定价格，有关价格必须控制在市场价格范围以内，物资到矿，矿产项目部要对价格的执行情况进行落实。其他专用物资由使用单位提出申请，业务主管部门平衡、选型，有关部门核定价格，报矿长批准后，由业务主管部门落实采购。

(4) 废旧物资处理必须由专业分管领导组织有关部门鉴定，矿产项目部、综合管理办公室等有关部门核定价格，报矿长批准，经检斤计量、财务收款后方可处理。

(5) 价格审定对有关责任部门按降低额10%予以奖励。

(6) 有关价格转分管矿长助理审核后落实办理，否则，追究有关人员的责任。

(五) 全过程控制

企业筹集资金—采购原材料—投入生产—销售产品—收回增值的资金，这一过程循环往复表现出生产经营的连续性，在每一环节上加强成本管理。对公司及所属关联公司的银行账户实行集中管理，原则上保留现有的结算中心账户及一个银行账户（用于贷款、纳税等方面），银行账户不得私自开设。对因贷款、验资等事宜必须对外新开银行账户的，由公司申请经财务部审核后，确需开户的，由财务部报总会计师批准开设，并由财务部备案。银行账户印鉴的使用实行3章分管并用制，不得一人统一保管使用，由两名会计人员分别保管。资金收付——严格执行收支两条线管理规定，各关联公司的所有收入应于当日交财务部，不得坐收坐支。会计人员办理所有对外支付款项，记账凭证需附付款审批单。付款审批单由申请付款部门负责办理报批，付款申请部门应按合同总额报批，报批时应注明应付款总额、已付款总额，不按规定报批的，财务人员有权拒绝付款。应收款项管理——应收账款、其他应收款、预付账款发生必须根据经核对的工程合同和购销合同（附出库单）及汇款（付款凭证）为依据，明细账应按照不同的应收款项或供应单位名称设置。建立应收款内部管理报告制度及对账制度。

三、取得的效果

成本管理的研究与探索,极大地促进了企业经济效益的提高。2010年,原煤入洗量79.47万t，精煤产量32.84万t，比计划增加10.84万t。掘进进尺21010 m，比计划增加1010 m；其中潘西矿完成13956 m，东港矿完成7054 m。商品煤销量93.32万t，比计划减少13.68万t；其中精煤销量31.81万t，比计划增加9.81万t。综合成本544.83元/t，比计划增加125.83元/t。商品煤销售收入66220万元，比计划增加10176万元。利润11080万元，比计划减少3587万元。人均工资41790元，同比增长8482元，增长幅度为25.47%。非煤产业完成产值42746万元，比计划增加6486万元；实现利润2464万元，比计划增加164万元。2011年1—10月，在生产条件困难的情况下，各项工作仍然取得了较好的成绩。

煤矿企业利润转移模式及控制研究

山东能源新汶矿业集团赵官能源有限责任公司 何希霖

一、煤矿企业的利润转移模式

企业是通过提供生产或服务而获取赢利的经济组织，是“综合了设计、生产、销售、运送、管理等活动的集合体”。企业创造价值的过程包含供应、生产、销售等一系列相互关联的增值活动，并形成了供应商价值链、生产单位价值链、销售渠道价值链和买方价值链等价值链条，这些价值链条综合构成“价值系统”。利润就在这些价值链条之间转移变化。综合各行业的利润转移模式，大体概括为“利润从产品的制造环节转向销售环节、从销售环节转向消费环节、从中间环节分别转向上下游环节、从内在环节转向外围环节、从实体环节转向虚拟环节、由物质领域转向非物质领域”六个方面。煤矿企业作为生产销售一体的企业，对照上述利润转移模式，其利润转移模式主要为从产品的生产销售环节转向消费环节、从中间环节转向上下游环节、从内在环节转向外围环节。具体表现为如下几种形式：

（一）利润向以满足生产过程需求的供应商价值链转移

煤企作为价值链的中间环节，利润向供应商价值链转移，且分为两部分：

第一，利润向设备、材料供应商转移。煤炭行业是高危行业，实现安全生产是煤企的“天字号”大事。煤炭企业要满足安全生产，需要加快装备升级，优化生产系统，实施自动化系统改造，完善安全设施，加强基础建设，为安全生产保驾护航。在这个过程中，需要消耗大量的钢材、木材、水泥、电缆、动力、设备等，而绝大部分煤企不具备生产制造这些材料、设备的能力，需要向供应商购买，实现部分利润转移。

第二，利润向拥有专业技术的服务商转移。煤炭行业作为高危行业，从业人员大部分是劳务工、农民工、技校生等，从业人员素质相对较低，科技创新能力相对较低。在矿井勘探、设计、测量、通风等关键技术环节，需要借助专业化公司的力量。这部分专业化公司以煤矿为依托，拥有自主知识产权，通过为煤炭企业提供技术服务赚取利润。

（二）利润向以煤炭产品为重要原料的买方价值链转移

煤炭是全国最重要的一次能源，约占能源消耗比例的2/3。每年约有2/3的煤炭用于发电和冶金行业，煤炭产品成为电力、冶金、建材等行业的重要原材料。

第一，利润以高效利用方式实现转移。作为电力、冶金的重要动力原料，煤炭产品在电力、冶金行业实现了高附加值利用。1 t煤约发电3000 kW · h，约炼钢2 t，1 t动力煤的价格在600元左右，而3000 kW · h电约有2000元的收入，冶炼、建材行业也是如此。他们通过技术创新，实现煤炭资源的高效利用，赚取了煤企无力实现的部分利润空间。

第二，利润部分转向以煤炭伴生资源为原料的新型产业。为了环境保护的需要，煤矸石、煤层气等伴生资源往往作为废弃物处理，或免费提供给建材等行业，而新型建材、废气发电项目通过设备升级、技术创新，实现了资源的综合利用，变废为宝，进而实现了资源的价值转移。

(三) 利润向技术领先、生产效率高的竞争价值链转移

在整个行业所属企业的利润总和持续稳定或不断增长的条件下，利润在行业内企业与企业之间存在着分布变化，从而形成企业与企业之间的竞争价值链。在这种格局下，率先采用新技术、新工艺，积极培养自主创新能力，改善管理模式的企业，更具有竞争优势，利润也趋向于这类企业转移。

第一，利润趋向技术领先的企业。通过采用新技术，推广新工艺，提高装备水平，企业生产效率提高。在同等投入的情况下，产出更高，或者说在同等产出的情况下，生产成本投入更低。按照“收入-成本=利润”的理念，成本投入的降低本身就在创造利润。同时，生产效率高，自主创新能力强的企业，适应市场的能力更强。当产品价格受市场影响出现波动时，这类企业能更好地随行就市，适当地调低价格，实现“薄利多销”，赚取更多的利润。

第二，利润趋向管理水平先进的企业。企业创造价值的活动不仅包括基本价值活动（物料储运、产品生产、市场营销、售后服务等），还包括辅助价值活动，具体指企业管理工作，是制度建设、信息共享、管理流程等管理手段的融合。管理水平先进的企业具备高效简捷的业务经营模式和业务流程，在满足客户需求的前提下，全面降低经营成本，提高了价值传递效率。

二、利润转移模式控制研究

煤企是从事生产销售的经济组织，其基本价值链是煤炭产品的生产与销售。基于以上对煤企利润转移趋势的分析，煤企要做好利润转移的应对，关键是围绕生产与销售这一价值主链，建立适合企业发展的产业链发展模式。

(一) 建立以价值主链为核心的煤炭产业链

1. 稳定和发展基本价值主链

以“大规模、集中化、现代化、低成本”为基本方针，以赢得煤炭主业持续竞争优势为目标，建立具有强大竞争力的综合性煤炭企业。

一是加大技术创新力度，研究适合矿井地质条件的采掘工艺，提高工效，降低成本。以赵官能源为例。作为黄河北煤田的高瓦斯、大水、薄煤层矿井，复杂的地质条件严重制约矿井生产能力的提高。为此，公司始终坚持科技进步，建设完善科技创新体系，积极推动技术创新，完成了“薄煤层安全、高效、高回收率开采技术研究与应用”、“大水高瓦斯复杂地质条件下薄煤层安全高效开采成套技术”、“‘Y’型通风技术研究与应用”、“低浓度瓦斯发电利用”等30多个批科技成果，技术创新成为推动企业快速发展的重要支撑。2010年原煤产销量达到102万t，超计划12万t，实现销售收入49007万元，增收10667万元，实现利润6103万元，增盈2863万元，创造了薄煤层安全高效生产的佳绩。

二是实施大集团化扩张，实现集约化发展。企业组织实施大公司、大集团战略，是经济发展的大趋势。以市场为导向，以技术为支撑，以资本为纽带，通过兼并、联合、重组，实施“走出去”战略，努力抢占资源，实现“一矿变二矿、二矿变三矿”的目标，努力把企业做大做强，逐步形

成跨地区经营、主业突出、实力雄厚、核心竞争力强的大型煤炭企业，增收增效，增强企业竞争能力。

三是走绿色开采道路，实现资源开发与生态环境的协调发展。随着社会的进步、文明程度的提高和人们环保意识的不断增强，解决资源开发与环境破坏的矛盾显得尤为重要。煤企要适应未来的市场竞争，必须走绿色开采道路，推广“充矸换煤”和沿空留巷充填技术，解决地面沉降和环境破坏，提高煤炭资源利用率。2010 年赵官能源推广应用了沿空留巷和矸石充填技术，全年消耗矸石 12.4 万 t，减少主井提升费用 360 万元，有效解决了地面沉降，降低塌陷补偿费用 200 余万元。

2. 延伸煤炭深加工价值链

煤炭企业基本价值链短，产品深加工层次浅，附加值低，利用率差，总投资回报率不高。因此，煤企要从实际出发，从人次状况和技术水平出发，依托现有资源优势，延伸价值链。

一是进行煤炭深加工，建设选煤系统，提高产品附加值。根据市场变化，生产适销对路的产品，应对价格波动。赵官能源针对薄煤层，煤质差的实际，建设了重介选煤系统和跳汰选煤系统，实现了重介选煤系统和跳汰系统的同步运行，提高了原煤入洗能力，全年入洗原煤 163 万 t，洗混煤 81 万 t，商品煤价格由入洗前的 420 元左右提高到了 600 元左右，每月增加收入 1080 万元，为全年经营指标的完成奠定了基础。

二是发展配煤经营，利用自身优势、季节优势、区位优势，做好配煤销售和煤炭贸易工作。抓好物流贸易，按照“物流企业—物流基地—物流体系”的方向，利用区位优势，整合市场资源，建立现代物流业，形成煤炭运输为支点，其他商业运营为补充的物流网络，培育新经济增长点。2010 年购进煤炭 36 万 t，实现配煤收入 8800 万元，利润 264 万元。

（二）建立以辅价值链为核心的非煤产业链

资源的逐步减少甚至枯竭，是每一个煤炭企业都必须面对的难题。要实现煤炭企业不随资源的衰竭而死亡的问题，就必须从调整产业结构上找出路，坚持有所为有所不为，彻底摒弃“大而全、小而全”的传统观念，围绕实施“大煤炭”，加快结构调整步伐，努力构建以煤炭资源为依托的非煤产业链。在这方面，赵官能源进行了卓有成效的尝试。

1. 科学规划非煤产业

重点抓好煤层气、煤矸石、矿井水等煤的各种伴生物的开发。

一是抓好瓦斯抽采发电利用。赵官能源是国家安全总局核准的高瓦斯矿井。为此，公司牢固树立“瓦斯不治，矿无宁日”的理念，按照“采前预抽、以抽保采、以采促抽、以抽促用”的思路，建立“立体式”瓦斯抽采系统，实施高位钻场、本煤层钻孔和采空区抽采，提前抽采煤层瓦斯，变废气为资源，建设了低浓度瓦斯发电站，2010 年累计抽采瓦斯 310 万 m^3，发电 288 万 kW · h，实现收入 184 万元，节省电费 172.8 万元。同时利用瓦斯发电入网的有利条件，积极调研生物质发电、太阳能发电、余热发电、乏风回收利用发电等项目，补充瓦斯发电气源，增加发电量，减少利润转移。

二是抓好水害防治利用。赵官矿井位于黄河北煤田中西部，是山东省规划的黄河北一块实验性矿井。矿井南部山区奥陶纪石灰岩裸露，雨季接受大气降水补给，径流进入煤田，煤田内静水压力大，静水储量达 100 亿 m^3，威胁矿井安全开采。为此，公司坚持“超前物探，不探不掘”的矿井水治理原则，利用物探、电法等手段，研究奥陶系顶部的岩性结构、隔水层的宏观展布规律，完成矿井赋水区域、富水异常区的调查，提前施工岩石探查孔，疏放含水层，确立了“地面抽排，井下疏放”的治水思路，抽采奥灰水，建设日供水 15 万 m^3 的供水项目，向济南市供水，实现了水资源的综合利用，解放了受水威胁的煤层储量。供水项目建成后，年供水能力达到5400 万 m^3，年销售收入6000 余万元，利润2500 万元，实现了废水的综合利用，增加了利润空间。

三是建立矸石利用产业链。赵官矿井共有4 个可采煤层，前期设计可采煤层为7 煤层，煤层平均厚度为0.9～1.1 m，万吨掘进率高，煤矸石产量大，矸石年产量将达到45 万 t，按照建设高效、节能、环保矿井的要求，建成了年产1.2 亿块标砖的矸石砖厂项目，2010 年全年生产矸石砖 2100 万块，实现销售收入443 万元。2011 年，通过积极研究解决制约烘干、焙烧、出车速度、窑炉温度等难题，日产达到20 万块以上，全年生产矸石砖7000 万块，实现收入6000 万元，利润750 万元。同时，积极围绕煤矸石资源优势，调研开发矸石制砂、矸石制建筑砂浆、矸石熟料水泥制品、矸石粉加工等建材产品，建设矸石利用产业链。2011 年新上 20 万 m^3 蒸养砌块和 10 万 m^3 干粉砂浆项目，项目建成后年可实现收入6000 万元，利润600 万元。

2. 科学划分主辅产业关系

煤企作为多元化的产业集群，主辅价值链的关系不是绝对分离的，彼此间可以进行优势互补，资源共享。这种共享建立在利益多赢的基础上，突出和加强煤炭主价值链的优势，减少和削弱非煤产业对煤炭主业的影响。积极致力于非煤产业经营单位的改革改制，引入现代企业制度，建立完善的法人治理结构，规范公司化运作体系，让经营者的利益同经营风险挂钩，打破传统体制中“等、靠、要”的局面。

煤矿企业只有加大科技投入，在自己的主价值链上形成核心技术，完善煤炭营销体系，进行产业组合和价值链的优化，理顺物资、人才、资金、技术、信息流动渠道，使有限的资源得到有效配置，提升价值资源转化率，才能提高企业管理水平，适应快速变化的外部市场环境，有效控制利润转移，实现企业利润最大化，进而实现企业的市场价值和社会价值。

煤勘单位矿业权运作会计核算初探

山西煤炭地质115勘查院　张春林

矿业权即矿区权益，指企事业单位取得在某区块内的矿藏勘探、开发、矿产品生产的综合权利。对煤炭矿藏来说，完整的矿业权包括煤炭及伴生矿探采一体化链条上的矿业使用权、勘探权、开发权和生产权四项权利。四项权利既互相联系又相互独立可以分割开来一一进行经营运作。煤勘单位取得的矿业权，一般指某区块内矿藏的使用权、勘探权，大多仅指勘探权。

对煤勘单位来说，拥有矿业权就具有了可开发、可投资、可转让、可经营各项经济权利。虽然具有不确定的风险，但能带来巨大的经济利益预期，面对行业当前发展的内外环境和经济政策形势，进行矿业权取得、经营运作、收支及效益核算，无疑具有深远的意义。

煤勘单位矿业权取得有两种途径：一是申请并支付有关权益取得；二是通过市场竞争购买取得。取得后进行一系列地质技术工作和人财物投入形成的探矿权，是独立拥有的产权，属长期资产类。矿业权运作就是对有经济价值的矿业权进行投资入股、开发经营、出租、抵押贷款、债务重组、非货币性资产交换、拍卖转让等运作，以取得收益的经济活动。开展矿业权运作，必须有适应的会计核算制度，本文试就矿业权运作会计核算制度模式进行探讨。

矿业权运作会计核算制定应坚持以下基本原则：

（1）以新《企业会计准则》基本准则为统领，以矿业权业务实践为基础，参照过去，立足现在，指导未来。

（2）以新《企业会计准则》中38个具体准则及其指南为操作标准。

（3）参考采掘业仅有的《石油天然气准则》，结合煤勘行业主业及延伸业、矿业权运作特殊性制定。

（4）按新《企业会计准则》核算要求进行要素划分、科目设置，收支确认、计量、处理方法、平衡关系等以原地勘会计制度为范式，扬弃取舍，改革新增、形成既符合新准则规范又适合行业业务处理的核算模式。

（5）以原制度科目为基础结合新制度报表格式，在“无形资产”前新设“矿业权”（一级）特殊资产科目，取消原“地质成果”科目。

要设置“矿业权”（已探明有经济可采储量、已探明无经济可采储量、未探明储量）、“矿业权减值准备”（明细同前）、“累计矿业权折耗”、“地勘生产”四个主要科目及有关其他一般科目。具体核算如下：

一、“矿业权”科目中，“已探明矿业权”指已探明有或无经济可采储量的矿区，“未探明矿业权”指未探明储量的矿区。“矿业权”采用完全成本法核算，包括取得时发生的全部实际支出。若延期3个月以上的，按应付款折现值作为资产入账价值，差额记入“未实现融资费用”账户，在以后期间分摊冲减“财务费用”。取得时所有支出直接计入“矿业权”初始成本，勘探期内各年度投入的有关矿业权项目完成验收的，从“地勘生产”分配转入“矿业权”户，并将勘探期内各种可资本化借款费用、负担间接费用分配记入“矿业权”账户。细分为以下方面：

(1)“矿业权”有申请取得和竞争购买取得两种途经。申请取得“矿业权”，取得时计价：“矿业权” =支付的探矿权价款+支付的采矿权价款+土地使用权支出+中介费+申请取得有关其他支出。账务为：借记“矿业权”(三个明细)，贷记“银行存款”或“其他应交款——应交探矿权价款”，或“长期应付款”等。购买取得“矿业权”，取得时计价：“矿业权” =购买价+中介费+有关其他支出等。账务为：借记“矿业权”(三个明细)或“未实现融资费用”，贷记“银行存款”或“长期应付款”等。

(2)后期进行综合投入，完成全部勘探并验收合格时将“地勘生产”转入“矿业权”账户。账务为：借记“矿业权”(三个明细)，贷记“地勘生产——矿业权项目”。

(3)用举债进行矿业权项目勘探的借款利息，债券溢价、折价，外币借款利息、外币借款利息和本金汇兑差，在地质工作验收前发生且符合资本化“三项条件”的，计入“矿业权”成本，其他时期发生的计入当期损益。账务为：可资本化的借记“矿业权”(三个明细)，贷记“长期借款”或“应付债券”或“长期应付款”等；不可资本化的借记“财务费用”，贷记“长期借款”或“应付债券”或“长期应付款”等。

(4)“矿业权”持有期发生的间接费用，按“国家及地方价款项目、社会地质项目、矿业权项目”各自发生的年成本费用占地勘生产总成本费用比例分摊，与矿业权相关的计入“矿业权”。账务为：借记“矿业权”(三个明细)，贷记“管理费用”等。

二、若矿业权是用于开发生产，则“矿业权”视同长期资产投入，采用产量法计提“累计矿业权折耗”

其公式为：

某探明矿业权折耗额=探明矿业权账面价值×探明矿业权折耗率；探明矿业权折耗率=探明当期产量/(期末已探明可采储量+当期产量)。每月末计提“累计矿业权折耗”时，借记“生产成本”等，贷记“累计矿业权折耗”，作为“矿业权”备抵科目。

三、每年负债表日，对矿业权应按单项或矿区组进行减值测试，账面价值与可收回金额相比较，发生减值的计提减值准备，应分不同情况确认减值损失来分摊矿业权运作风险

(1)对探明可采储量矿业权，应按新《企业会计准则》第8号“资产减值”规定处理，对减值范围、减值迹象、可收回金额确定、减值计量及账务处理作了详细规定。

(2)未探明可采储量矿业权，每年进行一次减值测试。单个矿业权成本较大的，以单个为基础进行减值测试，确定各期减值损失额。单个矿业权成本较小的，且与其他矿业权具有相同或类似地质条件的，组成矿区组进行减值测试，将未探明矿业权可收回金额低于账面价值的差额确认为减值损失。账务为：借记“资产减值损失-矿业权减值准备”，贷记“矿业权减值准备”(未探明)。计提后各矿业权账面价值不得低于以下三者之中最高者，该资产公允价值减去处置费用后的净值(可确定的)、该资产未来现金流量的现值(可确定的)和零。对于年末未能分摊的损失金额，应按照各单项矿业权的账面价值比例进行分摊。

四、新模式对“矿业权”成本核算，采用完全成本法，仍沿用现行制度中的“地勘生产”科目，下增设“国家及地方价款项目、社会地质项目、矿业权项目”明细，核算各项目发生的生产费用

“地勘生产”应以工作项目为对象，以费用要素为栏目，设项目多栏成本账。

工作项目包括施工前期准备、勘探施工、室内资料整理、工程验收全过程。一般分地形测绘、测量、物探、电法探、槽探、坑探、钻探、岩心化验、抽水化验、报告编制及评审等，各单位可依

据实际增减工作项目。

费用要素一般分人工费、材料费、燃料费、运输费、其他直接费、间接费，各开支范围及标准由各单位依据实际并结合新《企业会计准则》及应用指南制定。

发生直接费时，借记“地勘生产（三个明细）”，贷记“银行存款、原材料、应付工资”等；发生间接费，先在各“间接费用”户归集，月末再按一定标准分配计入，借记“地勘生产”（三个明细），贷记“管理费用”等；当发生辅助部门的劳务费、材料费、动力费时，先在“辅助生产”归集，月末再按一定的标准分配计入各项目，借记“地勘生产”（三个明细），贷记“辅助生产”。

煤勘单位按月编制“项目成本费用分配表”，计算各项目本月成本和累计成本。能直接计入项目成本的，直接计入相应项目成本，需在几个项目之间分配的，按一定的分配标准（如工作量、人工费用标准）计算各项目应分配的费用。期末结转各项目成本，已完成勘探各环节的矿业权项目，分别结转到：验收合格探明可采储量的，借记“矿业权”（已探明有经济可采储量），贷记“地勘生产”；探明无经济可采储量的，借记“矿业权”（已探明无经济可采储量），贷记“地勘生产”；未施工已取得矿业权的，仍留在“矿业权”（未探明）下；已施工未探明项目仍留在“地勘生产（未探明）”户结转下年。

五、对已探明无可采储量的“矿业权”，在年终一次性计入资产减值损失全部转销，借记“资产减值损失”（已探明无可采储量）账面净值，借记“矿业权减值准备（已探明）”计提数，贷记“矿业权”（已探明无可采储量）。

六、对已探明有经济可采储量的“矿业权”运作

第一，用矿业权自主开发进行矿产品生产或投资入股占控股地位的，会计核算应选择煤炭企业新会计模式核算。第二，用矿业权进行出租或抵押贷款的，应研究现行法律制度是否准许，若准许分别参照新准则“金融工具”中“租赁”和“长期借款”细则“资产出租”和“抵押借款”的会计核算。第三，用矿业权进行债务重组或非货币性资产交换的，应研究现行法律制度是否准许，若准许分别参照新准则下的“债务重组”和“非货币性资产交换”的会计核算。

七、煤勘单位矿业权运作重点是投资入股和出售的核算，用“矿业权”进行投资入股和矿产品开发经营的，投资时应对“长期股权投资”用不同方法进行核算

①“矿业权”投资所折股份对被投资单位占控股权的。②“矿业权”投资所折股份对被投资单位形不成共同控制或重大影响的，且其股票在活跃市场中没有报价，公允价值不能可靠计量的。这两种投资“矿业权”取得的“长期股权投资”用成本法核算。③“矿业权”投资所折股份对被投资单位不具有控制权，但具有共同控制或重大影响，长期股权投资用权益法核算。

1. 在成本法下

若被投资单位为下属单位或子公司时，投资日“长期股权投资”成本为取得被投资单位所有者权益份额账面价值（份额合同约定），同时接转“矿业权”账面价值，二者差额调整“资本公积”，若“资本公积”不足冲减的，调整留存收益。账务为：

借：长期股权投资（所占份额账面权益）

　　矿业权减值准备（投资时账面值）

　　累计矿业权折耗（累计账面值）

　　资本公积（股权初始成本>矿业权账面价值）

　　贷：矿业权（完全成本）

　　　　资本公积（股权初始成本<矿业权账面价值）

在成本法下被投资单位与投资单位无关时，投资日长期股权投资初始成本为转让矿业权公允价加上支付的相关直接费，而“矿业权”账面值与公允价差，借记“营业外支出”或贷记“营业外收入”。账务为：

借：长期股权投资（矿业权公允价值+相关直接费）

营业外支出（矿业权账面价值>公允价值）

矿业权减值准备（投资时账面值）

累计矿业权折耗（累计账面值）

贷：矿业权（完全成本）

银行存款（相关直接费）

营业外收入（矿业权账面价值<公允价值）

这里“公允价”指“矿业权”在投资时作了资产评估并经双方认可，按合同或协议约定的价值，但合同或协议约定不公允的除外。

2. 在权益法下

取得的“长期股权投资”初始成本，为投资日所持被投资单位可辨认净资产余额的公允价值，若转出矿业权公允价大于被投资单位净资产余额公允价，差额视同商誉作为初始成本，一同记入“长期股权投资”账户。账务为：

借：长期股权投资（净资产公允价值+商誉）

矿业权减值准备（投资时账面值）

累计矿业权折耗（累计账面值）

贷：矿业权（账面价值）

营业外收入（评估增值）

当“矿业权”公允价小于被投资单位可辨认净资产份额公允价时，差额计入当期损益。账务为：

借：长期股权投资（净资产份额公允价）

矿业权减值准备（投资日账面值）

累计矿业权折耗

贷：矿业权（账面价值）

营业外收入（差额+增值）

3. 用“矿业权”投资形成“长期股权投资”持有期核算，主要为投资损益核算

（1）在成本法下，后期追加或收回投资时应调整“长期股权投资”初始成本。当被投资单位宣告分派现金股利或利润时，才确认当期投资收益。后期所确认投资收益，仅限于被投资单位接受投资后的累积净利润份额，所获得的利润或现金股利超过上述数额的作为投资成本的收回。

（2）在权益法下，煤勘单位持有期内，按照应享有或应分担的被投资单位实现的净收益份额，确认投资收益并调增长期股权投资账面价值。被投资单位宣告分派利润或现金股利时，调减长期股权投资账面值。

（3）当被投资单位发生净损失，应以长期股权投资的账面价值，及其他实质上构成对被投资单位净投资的长期权益（如长期应收款）减计至零为限。

（4）煤勘单位确认享有被投资单位净损益时，以投资时被投资单位各项可辨认净资产公允价值为基础，对其净利润作调整后确认。如：固定资产，无形资产公允价和账面价差额会影响折旧或

摊销成本，应首先按其差额对其净损益作调整，再确认投资收益或损失。

（5）煤勘单位对被投资单位其他权益变动（如：接受捐赠、重组收益等），应按持股比例计算应享有或承担的份额，调整长期股权投资账面值，同时增加或减少资本公积（其他资本公积）。

八、"矿业权"的另一种运作是"矿业权"投资形成"长期股权投资"出售和"矿业权"直接出售

（1）对"长期股权投资"的出售，转让日将相关各账户结出余额。当出售协议被权力部门批准，同对方办理完必要财产交接手续，且取得出售价款50%以上，已不再获得利益和承担风险时，才确认销售成立。处置时账面价值与实际取得价款的差额，计入当期损益；权益法核算的，因被投资单位其他权益变动原计入的投资收益，按处置比例相应结转；同时结转原计入资本公积的相关金额。账务为：

借：银行存款

　　投资收益（处置净损益+原贷记收益+原贷记捐赠）

　　资本公积（原贷记其他资本公积）

　　长期股权投资减值准备

　　贷：长期股权投资（账面价值）

　　　　应收股利（未领取现金股利）

　　　　投资收益（处置净收益+原借方收益+原借记其他资本公积）

　　　　资本公积（原借记的投资准备）

（2）"矿业权"直接出售，一般指探明储量的"矿业权"出售。"矿业权"成本用完全成本法归集，因此出售时用成本法核算。出售时，对"矿业权"进行充分估价，并办理有关批准手续，双方以合同约定出售价，出售收入记入"其他业务收入"，同时结转各"矿业权"记入"其他业务成本"账户，"其他业务收入"与"其他业务成本"差额为出售净损益。账务为：

借：银行存款

　　贷：其他业务收入

借：其他业务成本

　　矿业权资产减值准备

　　累计矿业权折耗

　　贷："矿业权"（已探明经济可采储量）

　　　　应交税金及附加（或其他应交款）

九、对"矿业权"风险应在三个环节上进行处理

一是取得时风险，参加竞标时，转让方按不同风险设定不同竞标价，会产生不同购买价，坚持高风险的出低价原则。二是持有期负债表日对"矿业权"进行减值测试，若发生减值须计提减值准备，在时间上作均匀处理。三是处置时风险的处理，对于完全无经济可采储量的，取得可靠证据时（一般成熟技术初探时就能确定），应全部核销直接转入"资产减值损失"下。对于探明有经济可采储量的，发生的减值在处置时转入当期损益。

十、煤勘单位每年应在报表附注中披露"矿业权"资产的下列事项

各品种年初年末数量、金额及份数，本年发生"矿业权"取得、勘探、开发各项支出总额，账面原价，累计折耗，减值准备及计提方法，转出投资数，抵押担保数，核销数，投资、出售取得收益（损失）数，与"矿业权"勘探有关的固定资产、辅助设备原价、折旧、减值及计提方法等，

自行开发的还应披露预计弃置费，环保污染和地质灾害治理等支出，这些支出分摊的依据等。

总之，煤勘行业转型改制正逢会计制度重大变革、矿业权重新规划和出让市场化运作、内外经济环境、经济形势及对矿产资源调控政策剧烈变革时期。为适应煤与非煤矿业权的取得、开发、投资、出让等市场化运作的需要，急需设计出一套从矿业权取得成本计价，到持有期损益变动，到处置方式全过程的会计核算模式，对煤勘行业管理制度变革、经济快速发展来说，既是一次挑战也是一次难得的机遇。

人力资源篇

加强工资总额管理 推进薪酬分配改革

河南煤业化工集团 申顺更 曲鸣钟 张国平 龚 鹏 石仁义

河南煤业化工集团是2008年12月5日经河南省委、省政府批准，由永煤集团、焦煤集团、鹤煤集团、中原大化、省煤气集团等5家单位战略重组成立的国有独资公司，是集煤炭、化工、有色金属、装备制造、物流贸易、建筑矿建、现代服务业等产业相关多元发展的特大型能源化工企业。位居2011年世界500强企业第446位、中国企业500强第58位、中国企业成长100强第1位。

集团公司自重组以来，随着公司进一步做强做大，在工资总额管理和薪酬分配方面面临新的挑战。在省委、省政府的正确领导和大力支持下，公司始终坚持以人为本，以业绩为导向，先后在这方面进行了积极的探索，不断地加强薪酬制度建设和考核监督工作，构建公平合理、科学高效的薪酬管理体系，使企业长期呈现持续向好的强劲发展态势。

一、结合集团公司“4+3”板块发展战略，构建薪酬制度管理体系

河南煤业化工集团重组以来，在省委、省政府的正确领导下，其领导班子审时度势，通过板块梳理，构建煤炭、化工、有色金属、装备制造、物流贸易、矿山建筑、金融服务等“4+3”产业发展格局，及时提出了“两调整、两提高”、“两创新、两带动”战略部署，实现了快速发展。为适应集团重组深度融合和健康发展的客观要求，按照集团公司“六统一”精神，迅速确定了集团薪酬管理策略，全面构建与产业发展格局相一致的薪酬制度管理体系。集团公司积极借鉴国内大型企业先进做法，通过创新初步建立起了一整套薪酬制度管理体系，适应和促进了集团公司快速发展。第一，在工资总额管理方面，探索建立了基于效益导向的预算管理模式，对工资总额实行工效挂钩制度内预算、制度外审批，各单位自主管理，集团过程监督、结果考核，适应了集团化管理的宏观调控需要。第二，在企业领导班子薪酬管理方面，制定了基于业绩向效益导向的年薪管理制度。第三，在机关管理技术人员薪酬管理方面，制定了基于职务序列宽带薪酬模式的机关薪酬管理制度。第四，在研发人员薪酬管理方面，建立了基于岗位能效评价的薪酬管理制度。第五，在技术人才薪酬管理方面，建立了以技术人才价值评聘为基础的管理技术“H”型双通道薪酬制度。第六，在操作岗位员工薪酬管理方面，建立了以岗位价值评价为基础的岗位效益工资制度。第七，在员工补充保险管理方面，建立了基于年功、岗位贡献的企业年金制度，增强了企业凝聚力和员工归属感。

上述各项薪酬管理制度互为基础和依托，共同构成集团公司薪酬制度管理体系，从不同方面建立起了各类员工业绩贡献和个人收入相联系内生机制，促进了集团各板块深度融合，实现了资源共享和优势互补以及国有资产额度大规模增加。

二、加强工资总额管理，促进企业快速发展

按照集团公司“4+3”产业结构，在实施工资总额工效挂钩管理基础上，强化工资预算管理。根据集团公司各产业板块发展水平，对整体利润、营业收入、产量、质量安全等相关经济技术指标

确定与之相适应的工资挂钩比例，实行事业部考核与专业化区域公司管理相结合的管控模式。对煤炭、化工、有色金属、装备制造和金融等战略支撑产业实施经营管控，对工资总额实行月度预算、月度审核，以加强经营过程和结果的跟踪管理；对矿山建筑、物流贸易和实业等重点发展产业实施战略管控，对工资总额实行季度预算、季度审核，重点对经营结果进行监控和管理。建立健全“预算+监控+统算”的工资管理体制，强化预算执行力。

根据集团公司年度各项生产经营目标，确定工效挂钩指标，把安全、营业收入、利润总额和总资产收益率等作为共性指标，按照发展水平确定相应的工效挂钩比例和效益工资提取比例。个性指标结合各单位行业特点和相关指标对企业发展影响程度，确定相应的切块比例。对于产量、营业收入和利润总额等量值指标主要与计划目标完成水平挂钩，适度拉开单位之间初次分配差距，体现大发展、大增长，不发展、不增长，以发展保增长，以增长保提高。同时，引入科学发展指标，工资总额除与各项经营指标总量挂钩外，增加与人均经济效益指标挂钩的比例和幅度，实行经济效益总量指标与人均效益指标双考核。人均经济效益指标按各单位人均利润、人均产量（产值）和人均营业收入本期当月和累计月人均水平分别除以上年相应指标平均月水平确定，实行动态同向考核，即本期当月与累计同向提高或降低时，按当月人均水平提高或降低幅度的一定比例增减当月结算工资。着力引导各单位转变经济发展方式，减人提效，实现发展向主要依靠科技进步、劳动者素质提高、创新管理转变。

三、构建以企业价值评价为基础、以经营业绩和效益为导向的年薪制度

集团公司进一步规范年薪制度，构建以企业价值评价为基础、以经营业绩和效益为导向的基薪坐标体系，科学设定“基薪+效薪”结构的年薪管理模式。

成员企业负责人年薪按照集团公司年薪制规定由基薪、效薪、奖励薪金、津补贴四部分构成。基薪按照企业价值评价排序确定，企业价值评价主要根据企业资产规模、职工人数、年营业收入、年创利润水平、安全环境条件和企业覆盖区域大小及所在地域（艰苦边远地区、省外环境艰苦地区）等企业指标，结合企业特点，将上述指标赋予相应系数权重，适度考虑企业所处地区艰苦程度做好系数修正后进行企业价值评价。按照企业价值评价值，确定企业领导班子成员基薪标准，同一价值区间的企业领导班子成员基薪标准一致，实行同价值同标准。效薪根据年度经营目标完成情况、EVA 考核、管理评价及年度考评得分等经营团队业绩效益完成情况，按照基薪 1～3 倍浮动确定效薪基数。

根据价值评价制定基薪区间标准，以企业经营起点公平的规范体现基薪的规范有序性。根据实际经营成果核算效薪，以企业经营终点的效率不同体现效薪差异性，以效薪不同实现工资分配活力，不断探索高效有序的企业经营人员激励机制，倾力打造和培育企业家队伍，体现经营者在企业管理中的主导作用，促进企业管理水平和经济效益不断跃升。

四、建立管理技术“H”型双通道薪酬制度，培育和发展人才队伍

为解决专业技术人员发展通道狭窄的发展瓶颈，实现高绩效与高收入同步，培育和发展人才队伍，河南煤业化工集团重组以后，淡化行政级别，倡导职业化理念，制定了“H”型人才发展双通道薪酬制度。根据河南煤业化工集团管控模式，建立了河南煤业化工集团职务序列。专业技术职务序列包括首席专家、资深专家、研究员级专家、高级专家、中级专家、尖端人才、特聘师、主任

师、技术员、试用期员工（新分大学生）共10级，与行政管理职务序列一一对应。通过评聘，让在业务、专业技术上有建树的人才进入业务技术通道，尖端人才以上实行模拟年薪或机关绩效工资发放，可以晋升到薪酬的较高等级，从机制上引导人才向经营管理和专业技术两个方向发展，提高专业技术人才勇于创新，多出成果的主动性和积极性，拓展专业技术人才职业发展空间，提高了企业核心竞争力。

五、建立工资正常增长机制，保障员工共享企业发展成果

集团公司秉承“关爱员工、依靠员工”的理念，建立正常工资增长机制，着力改善民生。首先，在加强工资总额调控方面，根据政府工资指导线等薪酬管理有关政策、工效挂钩有关规定和CPI（居民生活费价格指数）涨幅等因素，综合考虑各单位实际工资水平和经营目标，在立足历史、承认差异的基础上，合理确定各单位工资增长基数，并与工效挂钩上下浮动，体现市场化分配导向，向效益好、效率高、艰苦偏远地区和岗位倾斜。其次，按照劳动法、公司法和劳动合同法等国家相关法律法规，集团公司建立了行政、工会、员工代表三方参加的工资分配、工资增长决策和协调机制，从制度上保障了员工工资增长合法权益。明确了集团公司工资制度的制定、公司奖励制度的制定、工资水平增长及其工资分配关系的调整，都要通过与工会协商、签订集体合同、员工代表民主参与表决等劳资共商决策流程，使员工充分依法享有工资分配参与权、工资取得权、工资知情权、工资支配权、工资保障权。

集团重组以来，通过建立正常工资正常增长机制，员工工资实现了大幅度增长，2010年人均工资水平是重组时的1.5倍，是省属国有企业中工资水平增长最快的企业之一，实现了工资增长幅度、增长比例科学合理和员工与企业共同发展，改善了民生，顺畅了民意，凝聚了民心，形成了聚力发展的强大合力。

六、现行工资总额管理办法存在问题及建议

1. 现行工资总额管理办法存在问题

现行工资总额管理办法中企业效益与工资增长挂钩相关因素指标不够完善和系统，主要是：

（1）工资总额与企业效益挂钩，仅以效益增长确定工资增长，没有考虑行业不同影响因素，导致行业间收入差距拉大。

（2）采用企业工资总额与经济效益纵向环比方式，不能反映不同企业及企业不同发展阶段工资增长问题。如现行的税利指标挂钩基数是以上年完成税利作为本年税利基数，对于快速发展型企业因利税增速快工资指标可能大量节余，对处于稳定发展期的企业要保持工资增长幅度、吸引和留住人才，可能会导致工资指标严重不足。再如：现行工效挂钩方案中，生产型企业和贸易、金融、物流型企业的新增效益工资计提方式一致。但贸易、金融、物流型企业税利高增长的特性，将导致生产型企业在同等利润情况下工资增长水平远远低于贸易、金融、物流型企业。

2. 改进和完善现行管理办法的意见和建议

（1）建立全面系统的工资总额管理指标体系，不但要考虑当期各项指标完成情况，也要考虑长远各项指标完成情况，如三年各项指标完成情况；不但要采用纵向环比方式，也要采用不同行业、地区企业相关指标完成情况，达到横向比较。

（2）建立国有企业人工成本管理和职工收入水平双调控制度。由政府部门或政府委托的中介机构对企业人工成本的编制、报告与执行情况进行全方位、全过程的监督管理。企业严格按照人工成本项目支出规律和周期，合理安排各项成本费用的支出进度，同时对企业工资水平进行调控。通过对企业人工成本和工资水平与行业内、与社会平均水平相比较合理确定增长幅度，一是可以解决不同企业在不同发展阶段和企业多元化发展带来的指标难以确定和考核问题；二是可以实现对员工工资总额和员工总收入（含各项福利）的监管，实现对国有企业分配秩序的有效管控。

3. 国有企业工资总额管理配套政策

随着我国市场经济体制的不断完善，现代企业制度和治理结构的逐步建立，目前现行的工资总额管理办法已不能适应与市场机制、现代企业制度的对接。因此，在市场经济条件下，政府应逐步放松对企业工资总额工效挂钩管理的直接管控，通过制定工资增长指导线、最低工资标准、最低保障标准和人工成本监控以及税收等配套政策实现间接管控，促进形成由企业通过集体协商、法人治理结构控制，并结合企业发展战略自主决定工资增长比例和水平。

4. 国有企业内部分配制度做法和改革方向

（1）适应企业发展战略和外部市场竞争环境，加强集团公司管控，按照企业发展的不同阶段采用不同薪酬管控战略，通过建立统一工资制度体系，实现文化理念和管理深度融合，提高员工归属感，加强集团管控。

（2）在统一薪酬制度管理体系下，进一步搞活内部分配，将劳动、资本、管理、技术等多种要素按贡献参与分配，全面调动员工生产经营积极性。

（3）建立企业内部高层管理人员薪酬制度，通过企业价值测评和对企业效益的贡献度，制定企业内部不同行业、单位高层管理人员薪酬标准，合理拉开高层管理人员与一般员工分配差距，经职工代表大会通过后执行，促进企业和谐发展。

（4）建立正常工资调整机制。根据相关法律法规和“两低于”原则，综合考虑企业经济效益、CPI（居民生活费价格指数）涨幅，建立与工会集体协商工资正常增长机制，定期调整工资增长比例和水平，实现发展成果与员工共享。

（5）加强企业薪酬管理信息化建设，对企业内部各单位工资预算执行情况进行及时监督和调节，对不同类员工收入水平和分配结构进行快速统计和分析，实现对企业内部工资分配的有效管控。

以平衡计分卡为导向的集团总部全员业绩考核评价指标体系构建研究

临沂矿业集团有限责任公司　李守举　孙运海

一、传统绩效考核指标在集团总部考核运用中存在的弊端

传统绩效考核指标在实际运用中存在的弊端主要是缺少科学系统的指标体系设计，主要体现在以下六个方面：

1. 缺少战略指引

往往会出现考核指标与战略方向、组织目标等相脱节的现象，甚至缺少明确清晰的公司战略目标导向，未将公司战略目标分解为清晰的年度经营工作目标，进而分解为部门年度工作目标。

2. 缺少针对性

指标设计与总部工作性质、员工岗位职责、关键绩效相脱离，传统的总部机关考核大多直接套用集团公司整体生产经营指标，如产值、收入、利润等，与部门工作目标和岗位职责任务很少挂钩，极易形成“大锅饭”现象和忽视基本职责热衷于完成临时性任务的现象。

3. 缺少量化标准，忽视科学合理性

如总部人员能力素质的考核，直接采用测评人员打钩的方式进行，因缺少量化标准导致考核经常流于形式或出现考评结果“轮流坐庄”的情况。

4. 缺少运作流程和效率考核

忽视公司部门间协作配合及工作满意度激励，严重影响了集团内部效率、管理业绩提升和经营业绩的持续改善。

5. 缺少学习和成长激励

忽视员工学习与成长能力的考核，如员工士气、员工满意度、平均培训时间、再培训投资和骨干员工流失率等。

6. 缺少系统性、均衡性

传统绩效考核指标多以财务指标为主，如成本（费用）利润率、总资产报酬率、净资产收益率等。单一财务指标考核具有很大的局限性，主要表现在：一是财务指标反映的只是过去已经发生的事情，属于结果性指标，无法反映未来的发展潜力和发展前景；二是对财务指标的过分关注容易

导致管理层的短视行为，忽略企业长期价值创造和对企业长期价值动因的关注与投入；三是财务指标难以进行过程性管理，只有被动接受财务结果或者在下一周期进行修正。

因此，现行考核指标设计不利于公司愿景实现，不利于客观反映总部员工的工作成绩，不利于引导总部员工充分创造价值，“平衡计分卡”的引入为解决上述问题提供了一个有益的思路。

二、集团总部全员业绩考核评价指标体系构建思路

省管企业（集团公司）建立健全全员业绩考核制度，形成横到边、纵到底的考核全覆盖目标，最困难的是集团公司总部，而集团总部的全员业绩考核最关键的一步是绩效评价指标体系的构建。运用“平衡计分卡”理论构建集团总部全员业绩评价指标体系能够很好地解决这一难题。

“平衡计分卡”（BSC）并不神秘，它是一个具有多维角度的绩效衡量模式，即通过四个层面：财务、客户、内部流程及员工学习与成长能力来实施策略管理。其最大的价值功能在于能保持财务指标与非财务指标之间的平衡，长期目标与短期目标之间的平衡，内部衡量与外部衡量之间的平衡，成果与成果的执行动因之间的平衡，管理业绩与经营业绩之间的平衡等。

平衡计分卡不仅仅是公司层面的绩效评价工具，也完全可以通过分级（即平衡计分卡的逐级分解）将公司层面的战略目标分解落实到具体业务、部门甚至个人等层次，从而形成业务单元平衡计分卡、部门平衡计分卡、岗位平衡计分卡，借鉴该理论设置集团总部部门和个人绩效评价体系。

在集团公司总部导入平衡计分卡，必须结合部门工作性质和岗位特征，不能完全运用集团公司层面的考核指标，在通盘考虑影响公司经营成果因素（价值实现）的基础上，必须突出各部门及员工考核的重点关注点。

1. 部门平衡计分卡构建思路

（1）围绕部门职责任务，关注集团公司年度目标与部门年度目标的高度一致性，并充分考虑可执行性，将总部部门职责任务层面的评价指标修订为部门关键绩效评价指标和一般绩效指标；在部门平衡计分卡的设置中重点考核关键绩效指标。

（2）围绕总部工作性质和业务流程，关注部门之间的协作配合、部门执行力和部门服务机制的建立与运行情况，将客户层面的评价指标修正为部门工作满意度指标，在部门平衡计分卡设置中注重考核满意度指标。

（3）围绕集团公司整体运营质量和增长能力的提高，关注集团公司共性指标，将财务层面的指标扩展为运营质量、发展能力等共性指标，在部门平衡计分卡设置中注重考核集团共性指标。

2. 岗位平衡计分卡构建思路

（1）围绕个人职责任务，关注集团部门年度目标的任务分解和责任落实工作。为了使部门年度工作目标能够进一步根据员工岗位定位和职责得到细化，保障责、权、利落实到人，将总部个人职责任务层面的评价指标修订为关键绩效和职责任务指标，在岗位平衡计分卡设置中重点考核关键绩效和职责任务指标。

（2）围绕员工学习进步、关注总部员工成长，推动集团总部管理水平和绩效水平持续提升，在岗位平衡计分卡设置中重点考核基本技能指标。

（3）围绕总部建设目标，关注员工职业素养和行为准则，通过考核推动集团总部管理水平和

绩效水平持续提升，打造“文明、敬业、高效、廉洁”总部机关，在岗位平衡计分卡设置中重点考核职业素养指标。

三、集团总部全员业绩考核评价指标体系构建的基本设想

根据上述指标体系构建思路，借鉴部分国企成功经验，对构建总部业绩考核指标体系提出如下设想：

1. 总体构想

总部全员业绩考核指标体系包括部门绩效指标体系和个人绩效指标体系两个部分。部门绩效指标体系由部门关键绩效指标、共性指标、部门满意度和季度重要工作事项四类指标组成；个人绩效指标体系由职责任务、关键绩效、职业素养、基本技能四类指标构成。其中，部门绩效考评具体由集团公司业绩考评领导小组每半年量化考核一次，年度总考核。个人绩效考评分两个层次，部门负责人（含副职）的绩效由集团公司考评工作领导小组负责考核，每季度进行一次；部门内部管理人员的绩效考核由各部门组织实施，每季度进行一次。

部门绩效和个人绩效两部分考核评价结果加权总和即为综合考核评价结果。

2. 集团总部部门绩效考核指标体系框架

（1）客户层面的评价指标。集团总部部门的“客户”是指部门服从、服务及协作配合对象，主要包括集团公司领导层、集团权属各公司、集团总部各部室等。客户维度评价指标更多地体现了部门工作满意度，反映的是部门工作执行力、协作配合力和服务质量等。部门工作满意度考核指标包括部门工作作风、办事效率、协作服务等内容。这些指标值越高，部门工作满意度越高；指标值越低，部门工作满意度则越低。

（2）总部职责任务层面的评价指标重点考核部门关键绩效指标。关键绩效指标反映的是各部门承担的集团公司年度主要工作目标。为使集团公司年度目标与部门年度目标高度一致，部门关键绩效评价指标一般通过年度工作目标体现。由于部门承担的职责任务不同，关键绩效考核指标的具体内容也不同。部室关键绩效指标值越高，部门绩效越好；指标值越低，部门绩效越差。

（3）共性指标是反映集团公司整体运营质量和增长能力的指标。集团总部的管理绩效与集团共性指标密不可分，因此，考核时与集团公司主要业绩指标挂钩，如净资产收益率、成本费用利润率、销售（营业）增长率等指标。

（4）季度重要工作事项评价指标。该指标反映集团公司适应外部环境变化，及时调整发展战略，临时决策的重要工作部署。对于完成年度关键业绩指标或项目攻坚起到至关重要的作用，是过程管理的关键环节。季度重要工作事项考核集团公司部署的阶段性重要工作任务。

3. 集团总部个人绩效考核指标体系框架

（1）职责任务。职责与工作任务是反映个人履行职责的基本指标，也是个人绩效考核的基本依据，考核内容依据“岗（职）位说明书”描述的内容为准。指标值越高，个人职责与工作任务完成的越好；反之，指标值越低，部门职责完成的越差。

（2）关键绩效。遵循依据职责设立关键指标的原则，目前大多数集团公司在开展岗位管理过程中，已将个人关键绩效指标写入“职务（位）说明书”，因此，考核时应以被考核人“岗（职）

位说明书”中明确的关键绩效指标为准。指标值越高，个人绩效越好；反之，指标值越低，个人绩效越差。

(3) 职业素养。总部管理人员的职业素养对集团公司未来发展至关重要，是加强总部建设的重要内容。职业素养的考核内容包括纪律性、协作性、积极性、责任心（感）等四个要素。

(4) 基本技能。基本技能考核是个人工作特征考评的重要方面，实践中总部管理人员（中层以下）以考核基本能力为主，重点是考核集团总部管理人员基本业务能力，包括知识、理解力、判断力、执行力、创新力等五个要素。

四、集团总部全员业绩考核评价指标体系的内涵及运用

（一）权重设置

(1) 集团总部部门绩效考核各指标分别按照5：2：2：1的权重设置，即部门绩效考核总得分由部门关键绩效指标、共性指标、部门满意度和季度重要工作四项得分，按50%、20%、20%、10%的权重合计取得。

(2) 集团总部个人绩效考核各指标分别按照3：3：2：2的权重设置，即个人绩效考核总得分由职责任务、关键绩效、职业素养、基本技能四项得分，按30%、30%、20%、20%的权重合计取得。

（二）计分办法

1. 部门绩效考核计分办法

(1) 部门关键绩效指标。由集团公司业绩考评领导小组每半年量化考核一次，年度总考核，基本分为100分，指标分解及各子项的最高加分为20分。

(2) 共性指标由相关部门提供，每季度考核一次，实行百分制考核，完成预算指标得100分，每超（降）1%加（减）1分，最高加分为20分。

(3) 部门工作满意度指标，每季度考核一次，考核结果分四个档次，由集团公司领导、权属二级单位正职及集团部室正职进行考评，所占比例分别为40%、30%、30%。

(4) 季度重要工作事项，每季度考核一次，基本分为100分，具体考核内容及量化办法根据工作性质确定，最高加分20分。

(5) 部门绩效考核总分，由集团公司考核办公室将上述一至四项得分按50%、20%、20%、10%的权重合计取得，考核结果分为四个档次，其中：100分及以上为优秀，90~99分为良好，80~89分为合格，79分及以下为待改进。

2. 个人绩效考核计分办法

(1) 总部个人绩效考核，每季度进行一次，部门负责人和部门内部管理人员实行区分考核。部门负责人的个人绩效，由集团公司考评工作领导小组负责考核；部门内部管理人员的个人绩效考核，由各部门负责组织，采取个人述职、工作人员互评、部门领导评价的方法确定得分，其中，部门主要负责人考评占50%，部门副职考评占30%，工作人员互评占20%。

(2) 个人绩效实行量化考核，四项考核内容的基本分均为100分，职责任务和关键绩效考核

根据“岗（职）位说明书”中明确的职责任务和关键绩效指标栏设定，职业素养评价标准见“总部管理人员职业素养评价表”，基本技能评价标准见“总部管理人员基本技能评价表”。

（3）个人绩效总分由集团公司考评工作领导小组及所在部门将上述一至四项得分按 30%、30%、20%、20% 的权重合计取得。评定结果分四个档次：好（91～100 分）、较好（76～90 分）、一般（60～75 分）、差（60 分以下）。

（三）综合考核评价

上述部门绩效指标体系与个人绩效指标体系既可以自成体系单独考核，又可以合并运行实施综合考核评价。具体操作中，可采取先运行部门绩效考核体系，待积累经验后再将两个考核体系合并，实施综合考核评价。

综合考核评价满分为 100 分，部门绩效和个人绩效两部分考核评价结果加权总和即为总部全员业绩考核的综合考核评价结果。

综合考核评价的计算公式如下：

（1）部门正职绩效综合考核评价得分 = 部门绩效得分 ×70% + 个人绩效总分 ×30%。

（2）部门副职绩效综合考核评价得分 = 部门绩效得分 ×60% + 个人绩效总分 ×40%。

（3）部门内部管理人员绩效综合考核评价得分 = 部门绩效得分 ×50% + 个人绩效总分 ×50%。

实际应用中，部门绩效和个人绩效所占比重可自行设定。

依据综合考核评价得分，可将总部管理人员评定等次分为四等。得分及相应等次如下：90 分以上为优秀，80～89 分为胜任，60～79 分为基本胜任，59 分以下为不胜任。

（四）考核结果的运用

考核评价的目的在于全面、客观、准确地了解总部管理人员的工作表现，激励总部管理人员为公司发展壮大贡献聪明才智。运用好综合考核评价结果是搞好总部管理人员综合考核评价的重要环节。综合各省市国企在考核评价结果运用方面的经验和做法，应着重做好以下几方面的工作：

（1）认真做好考核评价结果的反馈工作。集团公司考评工作领导小组，不仅要向考核对象反馈总的考核评价结论，还应肯定成绩，指出不足，提出努力方向和希望。

（2）发挥考评结果在人员选拔任用中的作用。综合考核评价结果应该成为被考核人员上岗、培训和选拔任用的重要依据，对连续三年考核等次为优秀的应予奖励或提拔，对考核等次为基本胜任的限期改正，对考核等次为不胜任的应适当调整岗位，对考核等次连续两年为基本胜任的应做岗位调整直至降职。

（3）将综合考核评价结果与被考核人员薪酬挂钩，绩效薪酬比例不能低于总薪酬的 40%，应明确总部管理人员综合考核评价等次为优秀的在基本年薪、绩效年薪之上获得奖励年薪；等次为胜任的可获到基薪、绩效薪和奖励薪的一半；等次为基本胜任的只能获得基薪和一半的绩效薪；等次为不胜任的只能获得基薪。

五、集团总部全员业绩考核评价指标体系应用需要注意的几个问题

1. 抓好三项配套

一是抓好全面责任管理工作，确保集团年度工作目标分解到位各部门、各岗位。二是抓好总部

建设工作，推进管理创新，用全新理念引领总部管理人员树立全球视野，实现运用先进的管理手段提升总部管理业绩的目的，打造与集团公司愿景相适应的“文明、敬业、高效、廉洁”总部机关。三是抓好文化引领工作，形成总部上下重工作绩效的风气、创一流业绩的习惯，确保总部机关积极向上、风清气正。

2. 打好两个基础

一是做好总部组织构架优化工作。明确总部各部门职责、核心业务流程，优化总部职能配置和功能定位工作，为实施部门考核做好基础性保障工作。二是做好岗位管理工作。认真细致地制定、修改和完善覆盖总部所有岗位的“职（岗）位说明书”，明确岗位职责、关键绩效、任职资格、考核指标与工作目标等，为开展岗位评价做好基础性保障工作。如果没有制定职（岗）位说明书或者不能覆盖全部岗位，将直接影响到岗位评估和业绩评价，使全员业绩考核大打折扣甚至流于形式。

3. 注意四个问题

一是集团总部考核评价指标具有选择性，不存在普遍适用的指标体系。对于不同的企业或同一企业的不同发展阶段，指标的选择会有所不同，它主要取决于企业战略、企业文化及总部功能定位等因素的影响。战略决定着企业发展路径的选择及资源配置的重点领域，企业文化决定着总部集团绩效评价主体的价值观念和对总部管理绩效衡量的范围和侧重点，总部职能定位决定着集团管控模式和绩效内容，在企业的不同发展阶段其职能定位、工作目标、评价内容等也不尽相同。二是建立完善实施全员绩效考核的配套体系，必须确保组织领导体系、制度保证体系、考核评价体系“三到位”，做到考核结果与员工流动、职级升降、薪酬增减等紧密挂钩。三是部门及个人绩效指标的一致性非常重要，否则会给考核工作带来一定难度，容易形成工作与考核“两张皮”、个人与部门工作目标脱钩，降低整体工作效率和质量。四是建立业绩考核沟通、交流工作机制，畅通部门与个人、被考核部门、个人与考核主管等双向多维度沟通交流渠道，使问题及时被发现，并得到有效解决，公平合理地予以考核确认。否则，容易造成员工的抵触情绪，直接影响到考核结果和具体工作效果。

煤炭企业构建与实施高技能人才培养体系

辽宁铁法能源公司　尤德彬　郭　超　林式巨　黄国丽

煤炭企业构建与实施高技能人才培养体系，是适应煤炭企业加快转变经济发展方式、推动产业结构优化升级、提高企业竞争力、加强高技能人才队伍建设的重要基础。煤炭企业构建与实施高技能人才培养体系，以职业能力建设为核心，抓住技能培养、考核评价、岗位使用、竞赛选拔、技术交流、表彰激励等环节，建立和完善煤炭企业培养、选拔、使用、激励高技能人才的工作体系，形成有利于高技能人才成长和发挥作用的制度环境与社会氛围，就显得尤为重要和迫切。

一、煤炭企业构建与实施高技能人才培养体系的现状和存在的问题

煤炭企业高技能人才培养工作由于历史原因，欠账较多，高技能人才数量少，特别是在一线生产的更少，现有高技能人才年龄偏大，有50%以上的技师、高级技师年龄超过46岁，人才断档问题比较突出，年轻高技能人才严重短缺。由于技能培养经费投入少，现有的煤炭企业技能培训基地规模小，硬件设施差，师资力量弱。此外，煤炭企业高技能人才经济待遇总体偏低，价值未得到充分体现，影响了其主动性和创造性的发挥。从总体上看，煤炭企业高技能人才工作基础薄弱，培养体系不完善，评价、激励、保障机制不健全，轻视技能劳动和技能劳动者的传统观念仍然存在。煤炭企业高技能人才的总量、结构和素质还不能适应煤炭企业发展的需要。煤炭企业高技能人才严重短缺，已成为制约企业持续发展和阻碍产业升级的“瓶颈”。

二、煤炭企业构建与实施高技能人才培养体系的内涵和做法

辽宁铁法能源公司以发展战略为导向，确定高技能人才培养目标，遵循高技能人才的成长规律，创新培养模式，着力构建以技能等级体系为基础的技能等级体系、高技能人才评价体系、高技能人才激励机制“三位一体”的高技能人才培养体系结构，加快培养一批具有精湛技艺和掌握新知识、新工艺的技师及高级技师。着力培养高技能人才的创新能力、精湛技艺和职业道德，不断提高他们的道德素养、职业技能和创业能力。积极推进高技能人才队伍协调可持续发展，确保企业战略目标的实现。

（一）制定高技能人才培养目标和规划

结合煤炭企业的实际发展状况，辽宁铁法能源公司制定了《高技能人才发展纲要》。公司今后的高技能人才工作的目标任务是，加快培养一大批数量充足、结构合理、素质优良的技术技能型、复合技能型和知识技能型高技能人才，建立培养体系完善、评价和使用机制科学、激励和保障措施健全的高技能人才工作新机制，逐步形成与企业发展相适应的高、中、初级技能劳动者比例结构基本合理的格局。到“十二五”期末，高级技工水平以上的高技能人才占技术岗位工人的比例达到25%以上，其中技师、高级技师占技术岗位工人的比例达到5%以上。

（二）开展高技能人才技能培训

1. 建设高技能人才培训基地

辽宁铁法能源公司依托所属的技师学院和安培中心，打造高技能人才培训基地。公司技师学院成立于1958年，每年为矿区输送矿井专业技校毕业生700多人，每年另有上万名员工得到各种专业技能、安全培训。公司在加强师资力量建设的同时，注重学院硬件建设，自2008年以来，累计投入2亿元扩建了教学楼、实验楼、塑胶运动场等基础设施建设。建成了功能完善的有图书馆、标准语音室、多媒体教室、电教直播中心、微机教室，及具有行业先进水平的通风实验室，焊工、电工、钳工实习车间，装备了采煤机、液压支架、防爆配电箱等大中型实习设备。

安全技术培训中心成立于2001年，具备三级安全培训资质；三级培训中心软硬件设施、培训环境、师资力量、培训管理经验都具备了一定的能力和水平；培训中心现设有防灾避灾（含自救器佩戴和瓦斯煤尘爆炸实验）演练室等9个演练室。集中教学优势突出。四级中心具备优越的现场条件和现场兼职师资队伍，现场实操培训优势突出。

目前，辽宁铁法能源公司已经建成了内外结合、功能完善的高技能人才培训基地，不仅为集团公司员工培训提供了可靠的保证，而且还承担了辽北地区地方煤矿特种作业人员资格培训和辽宁省地方煤矿管理人员的培训任务。

2. 开展职业技能培训

根据辽宁铁法能源公司《高技能人才发展纲要》中提出的积极开展技能鉴定培训考核工作，使技术工人职级与技能相符，初、中、高级工的比例保持在3：4.5：2.5。公司依托技师学院和安全培训教育中心及基层厂矿教育培训中心的高技能人才培训基地，结合企业发展的需要，开展职业技能培训。

（1）职业技能鉴定培训。初、中级职业技能鉴定培训由基层培训中心，按照坚定考核培训计划组织培训，采取脱产和半脱产相结合的办法，保证培训质量，由公司职业技能鉴定中心定期进行检查。高级技术工人以上培训由技师学院职业技能鉴定站负责，高级工在技师学院脱产培训两个月。工人技师采取半脱产的培训方式，在技师学院培训两年。培训内容依据公司《工人技术等级标准》中规定的各级别知识要求和技能要求安排培训。

（2）职业技能鉴定考核。凡参加技能鉴定培训学习期满的员工，可参加公司技能鉴定站组织的升级鉴定考核，考核合格者发给相应的职业资格证书。择优安排与资格证相应的岗位，保持他们在技术岗位上的相对稳定。

3. 开展师带徒培训

对于技术学院刚毕业参加工作的新工人，安排单位名师带徒，签订师徒合同，举行拜师仪式，定期考核，并对带徒出色的师傅发给带徒津贴，师徒现场手把手地教与学，使青工尽快成长。

4. 开展全员技术练兵培训

辽宁铁法能源公司整合培训资源，不断创新培训工作，全方位、多渠道、多层次、多形式地开展培训和练兵活动。基层单位严格遵循大赛全员培训的要求，严格制定培训计划和保障措施，做到

"三个结合"：停产培训与日常培训相结合，课堂培训与班前培训相结合，集中培训与分散培训相结合。采取了集中办班、班前班后培训、以师带徒、留家庭作业和发放知识手册等灵活多样的形式，进行全员理论知识培训和实际操作技能演练。

5. 选送优秀青工到高校学习

为提高员工的文化素质，辽宁铁法能源公司积极拓展员工再教育的途径和培训档次，先后与辽宁工程技术大学、阜新职大等高校联合办学，对员工进行学历教育。2005—2009 年公司选拔了 261 名优秀青工，送到辽宁工程技术大学学习深造，其中大专 131 人，本科 130 人，以解决井下专业技术人员缺员问题。

（三）搭建高技能人才成长通道和发展平台

辽宁铁法能源公司为高技能人才设计了一条经过职业技能鉴定和考核评选，一步步成长为初级工、中级工、高级工、技师、高级技师、技术专家、技术带头人等的内部成长通道，并享受相应待遇。

1. 举办技能大赛，搭建技能展示舞台

辽宁铁法能源公司制订了《职业技能竞赛实施方案》，建立了公司每两年举办一次技能大赛，公司所属单位每年至少要举办一次职工技能大赛的职业技能竞赛制度，并将大赛成绩与个人收入、工资晋级、评先选优紧密挂钩。公司自 2007 年以来，成功举办了三届职业技能大赛，每届技能大赛都历时一年，按照宣传发动、培训练兵、选拔选手、比武竞赛和总结表彰五个阶段进行，涉及 120 多个工种，参与者多达 27522 人，为职工搭建了岗位成长成才的广阔舞台，成功实现了全员宣传发动、全员培训考试、全员岗位练兵、全员竞技比武的目标要求。同时选拔的优秀技能人才参加省、煤炭行业、全国职工技能大赛都取得了很好的成绩。

2. 开展评选"首席员工"活动，搭建技术攀升平台

辽宁铁法能源公司在基层单位开展评选以"首席员工"、"星级员工"为重点的技术攀升活动，每年评选一次"首席员工"，季度评选"星级员工"，定期组织鉴定。把员工的技能与实际结合，学习与工作结合，做人与做事结合。着力培养高技能人才的创新能力、精湛技艺和职业道德，不断提高他们的道德素养、职业技能和创业能力。

3. 开展"五小"科技攻关活动，搭建实现价值平台

辽宁铁法能源公司广泛开展"五小"科技攻关活动，鼓励高技能人才积极参与科技攻关和班组管理。总结提炼与推广"精优作业法"和"卓越管理法"，并以发明人的名字命名冠名成果。

4. 开展技术专家评选，搭建人才资源共享平台

辽宁铁法能源公司制订了《优秀技术人才评选办法》和《技术革新能手评选办法》，打破工人和干部身份界限，每两年评选一次。评选在技术革新发明并在科技攻关中取得显著经济效益的员工为技术革新能手、技术专家、技术带头人。公司建立了技术专家库，开展技术交流活动，组织课题项目联合攻关，实现技术人才资源共享。

（四）投入高技能人才教育培训经费

辽宁铁法能源公司将职工教育经费提取比例提高到工资总额的2.5%，每年全公司用于职工培训的职教经费1800多万元。为增加企业人才储备，选派优秀青工到有关院校进行深造，公司承担全部学费，学习期间发放基本工资。2005—2009年选派261人到辽宁工程技术大学等学校委托培养，培训费用1000万元。投入2亿元建设高技能人才培训基地，改善办学条件。由于有雄厚的资金作为保障，辽宁铁法能源公司的高技能人才培育工作得以快速发展。

（五）建立高技能人才评价体系

辽宁铁法能源公司建立了旨在大力加强职业技能鉴定工作，积极推行职业资格证书制度，加快建立以职业能力为导向、以工作业绩为重点，注重职业道德和职业知识水平的高技能人才评价体系。为此，公司制订了《工人技师、高级技师评聘管理办法》。对参加公司或公司以上职业技能竞赛的获奖选手，有重大发明创造、革新项目者，获公司或市、省级科技成果奖者，获省级五一劳动奖章、技术能手等荣誉称号的可以破格晋升为工人技师或高级技师。同时强化标准，健全程序，坚持公开、公平、公正的原则，完善符合高技能人才特点的业绩考核内容和评价方式，着重提高职业技能鉴定质量。在过去各类技能大赛的参赛选手中，由于成绩优秀先后有11人破格晋升高级技师，110人破格晋升工人技师。

（六）建立高技能人才激励机制

企业把职工技能与岗位竞聘、工资晋级、职称评定、评优评先等挂起钩来，建立了培养、使用、考评、待遇相结合的高技能人才激励机制，形成了学习—激励—再学习—再激励的良性循环过程。

1. 健全高技能人才岗位使用机制

引导和鼓励用人单位完善培训、考核、使用与待遇相结合的人才激励机制。进一步推行工人技师、高级技师聘任制度。对在岗的高级技术工人、工人技师、高级技师发给技术津贴。辽宁铁法能源公司制定了《关于实行高级技术工人技术津贴及提高工人技师津贴标准办法》。对具有高级工、工人技师、高级技师职业资格的在岗技术工人发给技术津贴，同时提高高技能人才的技能工资、奖金等待遇。对到企业技能岗位工作的各类职业院校毕业生，合理确定工资待遇，让那些岗位成才、技能高超的人得到实惠，为广大员工学技术增添动力。

2. 完善企业高技能人才评选表彰制度

进一步提高高技能人才经济待遇和社会地位。对作出突出贡献的高技能人才进行表彰和奖励。辽宁铁法能源公司每两年召开科技工作和职工技能大赛表彰大会，采用物质激励的方法，对在生产安全和经营工作中采用科技手段，为企业创造效益的员工给予重奖。让那些岗位成才、技能高超积极为企业作贡献的人才得到实惠。一是进行职工技能大赛表彰。公司授予获得工种前三名的选手“工种状元”、“技术标兵”、“技术能手”称号；授予第四至第六名选手“优秀选手”称号。对技能大赛前三名选手给予每月600元、400元、300元两年期津贴奖励。按照技术比武成绩，对获得状元的选手破格晋升为工人技师。二是评选表彰技术带头人。每两年评选一次，对获得技术专家、技术带头人、专业技术人才称号者给予每月 2000 元、1000 元、600 元两年期的技术津贴。三是评选表彰科技成果。对于职工发明技术创造和小改小革给予重奖。科技成果一、二、三等奖分别奖励 20 万元、12 万元、8 万元，小改小革成果每项奖励 1 万元。

（七）建立高技能人才合理流动机制

辽宁铁法能源公司制定高技能人才职业发展的贯通办法，使高技能人才可以继续向专业技术人才、企业经营管理者，甚至党政领导干部等不同的方向发展。打破了传统的用人方式，破除干部与工人界限，不求全责备，不拘一格选贤任能。起用了一大批政治素质好，技术过硬，业务熟练，肯干、实干，有开拓进取精神，能打开局面的高技能人才到关键岗位或基层主要领导岗位上工作，使他们尽快地锻炼成长。

（八）营造高技能人才发展激励氛围

（1）领导重视。坚持党政工团齐抓共管，按照各自的责任分工，扎实开展好高技能人才培养和技术比武活动。

（2）营造氛围。掀起学先进、赶先进、创先进的热潮，人人争状元、当标兵、做能手，以精湛的技能和优良的作风创造一流的业绩。

（3）工作保障。要从企业发展大局出发，保证必要的投入，创造必要的条件，在人力、物力和财力上给予支持和保障。

（4）搭建平台。搭建增进交流、促进提升的平台。不断完善激励机制和评价、任用机制，让领跑者有动力，让追赶者有目标，让实干者得利益，让有为者更有位。

以素质提升为目的的人力资源创新管理创新性研究

山东省肥城矿业集团泰山铝业公司 石增明 许汝振

随着经济的快速发展和信息时代的来临，企业之间的竞争已经由价格竞争逐步向人才竞争转变，人才在企业发展和竞争中的力量日益凸显。如何挖掘并发挥每名职工的最大潜能，使其在企业发展中展现出更大作用，已经成为现代企业普遍关注的一个重要问题。对于煤炭企业来说，随着生产机械化、信息化、自动化水平的不断提高，亟需一大批具有较高知识水平、较强工作能力的高素质职工。因此，提升职工素质、挖掘职工潜能、释放职工能力已经成为了电解铝企业在激烈的市场竞争中保持持续稳定发展的必然选择。

一、以素质提升为目的的人力资源创新管理的背景和意义

当今世界正发生着深刻而重大的变革，特别是后金融危机时代。以绿色、智能、能为更多数人分享和可持续为特征的新的科技革命和产业革命，将引领人类进入新的时代，全球化、知识化、信息化、网络化加速发展，科技进步日新月异，市场竞争日趋激烈。面对这一重大的变革，国家采取了一系列重大的战略措施，以大幅提高国民素质和能力。所有这些都对企业产生了重大的影响，对职工素质提升工作提出了新的更高要求，需要企业全面分析和系统思考。

（一）提升职工素质是适应国际潮流变化的客观需要

党和国家一直把人才作为强国的根本，历来十分重视人才工作。党中央和国务院着眼于实现全面建设小康社会宏伟目标，专门下达了《进一步加强人才工作的决定》，要求大力开发人才资源、走人才强国之路，明确了人才优先发展的战略布局和“人才优先、以用为本、创新机制、高端引领、整体开发”的指导方针。强调大力提高国民素质，逐步实现由人力资源大国向人才强国的转变。所有这些都对企业做好人才工作、推进职工素质提升提出了新的更高要求。

（二）提升职工素质是增强企业自主创新能力提高核心竞争力的根本举措

当前，全球已进入空前的创新密集和产业变革的时代。人力资源已成为企业增强自主创新能力、提高核心竞争力的最重要的资源，人才优势也已成为企业赢得竞争、获取发展主动权的最可依靠、最可信赖的优势。目前，许多跨国企业为保持其领先地位，都在积极谋划未来，制定了各种各样的鼓励政策培育人才，吸引人才，对外不遗余力地争夺人才，对内创造宽松和谐的环境留住人才。包括电解铝行业在内的国内先进企业，也都在大量招聘国内外高层次人才的同时，采取多种措施加快推进职工队伍素质提升。在依靠高素质的职工在激烈的市场竞争中保持了胜势。实践充分证明：企业只有在人才培养、素质提升上下更大的气力，加快实现从人力资源优势向人才资本优势的转变，才能不断增强核心竞争力，在激烈的市场竞争中赢得主动。

（三）提升职工素质是转方式、调结构的重要支撑

近年来，面对金融危机的严重影响，基于对经济发展现状的深入思考和研判，党和国家做出了转方式、调结构的重大决策和部署，突出要求把经济增长转到依靠科技进步和劳动者素质提高上来。对于企业来说，要想实现生产方式的深刻转变和产业结构的不断调整，从根本上需要一批高素质的职工作支撑，把加强人才队伍建设作为转方式、调结构的关键，依靠提高劳动力素质促进企业发展，真正把推动企业发展的动力从主要依靠物质投入转向主要依靠人力资本上来。把生产要素投入的重心从依赖资源、资金的大量投入转到培养高素质人才和促进技术进步上来，从而凝聚和培养一大批优秀的科技人才、经营管理人才和高级技能人才，特别是高层次、复合型、创新型的人才，为企业的又好又快发展提供坚强支撑。

（四）提升职工素质是改善当前电解铝企业人力资源结构和人才队伍现状的必然选择

作为市场竞争十分激烈的电解铝行业，职工素质直接关系到企业的生产经营。公司一直以来都非常重视人才培养。强调要大力培养安全科技和管理人才，加强生产工艺技术人才培养和职工安全技能培训。不断加强人才引进和职工教育培训，职工队伍的整体素质有了明显改观。但是人才的总量、构成以及综合素质仍不能满足企业安全发展、快速发展的需要。

二、以素质提升为目的的人力资源创新管理的内涵和主要做法

（一）解放思想，转变观念

思想是行动的先导。职工素质提升要想真正取得实效，首先要在思想观念上有突破。应当清醒地看到，当前，制约人才队伍建设和职工素质提升的思想观念障碍仍然存在，唯学历、唯文凭、唯资历的传统选人、用人思维模式仍有很大的影响力。这种情况造成企业一方面缺乏大量的专业技能人才，另一方面又受制于各种条条框框约束使一些人才难以充实储备。对此，企业应当认真审视自身在人才培养方面存在的问题。着力转变选人、用人的观念，努力冲破制约人才队伍建设的思想障碍，打破影响职工素质提升的制度约束，切实解决好思想观念“不适应”、方式方法“不科学”、体制机制“不符合”的突出问题。真正把职工素质提升工程定位为一项关乎企业长远发展的战略性任务，把素质提升工程作为人力资本转变的重要着力点、发展方式转变的重要支撑点和企业持续健康发展的重要推动力来对待。铝业公司通过三项制度改革的契机，破旧立新，在竞争中用人，在实践中选人，坚持一切从实际出发，始终把能否更好地适应本职工作作为用人的唯一标准，真正把科学用人工作做到了实处。

（二）突出重点，协调发展

职工素质提升千头万绪，既要突出重点，着力培养一批企业急需的高素质专门人才，又要统筹开发，促进各类人才协调发展。对于企业来说，发展需要具有战略眼光、开拓能力较强的经营管理人才；需要站在产业前沿、具有创新能力的专业技术人才；需要遵章守纪、技能高超的技能人才；也需要甘于奉献、善于聚力的党群工作人才。素质提升的重点就是要加强这“四支人才队伍”的建设。企业应当综合利用社会和内部教育资源，建立完善多层次、开放型综合培养体系。充分挖掘

现有人才资源的潜力；应针对不同领域、不同岗位的人才需求，搞好各种专业培训，提升专业水平。通过统筹推进人才队伍的协调发展，从根本上解决好高层次创新人才匮乏、拔尖人才和领军人才不足、多功能复合型人才紧缺的问题，形成急需人才跟得上、后备人才后劲足的良好局面，变人力资源为人才优势，进而变人才优势为企业胜势。

(三) 创新载体，搞好结合

随着社会的进步和企业的发展，安全生产、自主创新等工作对职工素质的要求越来越高，而且随着生产条件的不断变化，传统的考试、做题、读文件、背章程的教育培训模式已经不能满足职工素质提升的要求，很难取得应有的效果。因此，在坚持行之有效的传统做法、充分挖掘现有素质提升载体潜力的同时，与时俱进、不断创新已成为保障培训效果的应有选择。应当把素质提升与企业文化建设、精细化管理和群众性创新活动结合起来，积极探索实施“五精”管理、职业生涯设计、员工帮助计划等新举措，不断赋予素质提升新的内涵。同时，应不断转变素质提升的方式方法，充分运用网络、多媒体等现代化、信息化的手段，增强工作的生动性、趣味性和实效性。尤其是在当前职工思想观念深刻变化、价值取向日趋多元、利益诉求更加实际的情况下，必须把素质提升同思想政治教育结合起来，在做好职工技术技能素质提升的同时，更加注重思想政治、健康身心素质教育，切实做好精神激励、思想引导的文章，使职工得到全面、健康地发展。

(四) 培育品牌，扩大影响

保持素质提升工程的生命力和影响力，关键要培育和形成素质提升的优秀品牌。当前，许多先进企业在加强人才队伍建设、提升职工素质的过程中都形成了自己独特的做法。既有利于培养具有多方面共性和企业认同感的高素质职工，推动本企业素质提升工作的系统化、程序化、规范化发展，又能够为其他企业开展素质提升提供参考和借鉴。所以说，企业应当注重总结挖掘素质提升工作中的好经验、好做法，并通过不断地丰富完善，加以系统和固化，逐步形成具有鲜明特质的品牌，从而使素质提升的作用得到长效地发挥。

三、着力构建职工素质提升的长效机制

素质提升工程是一项艰巨的战略性任务，必须一以贯之、常抓不懈。要想使职工素质提升取得实实在在的效果并能长期发挥作用，就应当从领导、投入、考核、激励等方面切实构建起完善、有效的长效机制。

(一) 要构建强有力的组织领导机制

素质提升工程能否抓出成效，领导重视是关键。作为企业领导人，应当牢固树立“人力资源是第一资源、必须优先开发，人才优势是最大优势、必须优先培育”和“一把手”抓“第一资源”的理念，把职工素质提升作为优化人力资源结构的龙头工程、效益工程紧抓不放，将其贯穿于企业发展的全过程，拿出足够时间，投入相当精力，制定有力措施，促进人力资源优势向人力资本优势转变。

(二) 构建完备的投入保障机制

人才投入是战略性投入，是效益最大的投入。应当切实加大在职工素质提升上的投入，进一步

搞好素质提升基地建设，配齐配全必要的教育培训设施，发挥其各类人才培养主渠道的作用。建立职工素质提升专项资金，保证各类教育培训经费足额提取、合理使用，满足在各类人才培养、紧缺人才引进和优秀人才激励方面的资金需要。

（三）构建完善的考核评价机制

应当把素质提升工作纳入企业领导班子业绩考核范围，强化督促检查，确保抓出实效。把素质提升与“三项制度”改革有机结合起来，不断创新人才使用和评价机制。破除论资排辈的陈旧观念，把品德、知识、能力和业绩作为衡量人才的主要标准，切实做到“重在使用、用当适任、用当其时、用当尽才”，激励职工强化素质，提高水平、增强能力，努力开创人才活力竞相迸发、聪明才智充分涌流的新局面。

（四）构建有效的激励促进机制

坚持用事业留人、用感情留人、用适当的待遇留人，努力为职工提升素质创造良好条件、构建良好环境。积极搭建高层次的教育平台，创造更多的培训机会，使各类人才创业有机会、干事有舞台、发展有空间。充分发挥典型引路的导向作用，大力宣传、表彰素质提升的先进事迹，营造尊重知识、鼓励创新、爱岗敬业、甘于奉献的浓厚氛围。逐步建立与工作岗位和业绩相联系、鼓励人才创新创造的分配机制，从物质上激励职工学知识、提素质、强本领。总之，应当在企业中努力营造尊重人才、见贤思齐的内部环境，公开平等、竞争择优的制度环境，鼓励创新、容许失误的工作环境，待遇适当、无后顾之忧的生活环境，为各类优秀人才的脱颖而出创造良好条件。

人才队伍的建立是一项系统工程，必须持之以恒、循序渐进、逐步推进，只有坚定理念指导思想，即坚定细节决定成败，创新无处不在，管理贵在坚持的思想，始终以谦虚、谨慎、负责的态度认识差距，才能保持清醒的头脑；只有建立完善全面预算管理体系的管理机制，才能获得前进和超越的动力。实施全面预算管理是一项长期、艰苦、细致的工作，要由浅入深，循序渐进，不能一蹴而就。只有对管理进行长期的细化，使其根植于管理创新之中，渗透到日常管理之中，融汇于生产经营之中，才能营造出一种无形的约束力。2010 年，公司实施了以素质提升为目的的人力资源创新管理，效果非常显著，促进了公司各项工作的开展。但这只是一个良好的开端，公司在 2011 年仍继续加强这项工作，在取得成功经验的基础上不断进取，进一步提高人力资源工作。在“精”、“严”、“细”、“实”上下工夫，进一步加大工作力度，不断向更高目标迈进，为建立创新性、开拓性企业建设打造良好的条件。

劳务派遣用工承包化的法律研究

神华黄骅港务公司　赵　宁

随着用人成本的加大，不少企业开始将目光转向劳务派遣这种用工模式，以达到降低用人成本的目的，这种用工模式呈现一种“自下而上”的成长轨迹——先在实践中广泛应用再由法律给予“名份”。但基于保护劳动者权益的考量，2008 年实施的《劳动合同法》对劳务派遣进行严格规定，加重了用工单位的责任，随之而来的用工成本的增加使得用工单位转而开始尝试新的用工模式——劳务派遣用工承包化，所以劳务派遣用工承包化在法律上、实践操作中的可行性值得广大用工单位研究。

一、劳务派遣用工承包化的概念界定

与传统的用工模式不同，作为企业用工模式的劳务派遣与劳务派遣用工承包化均具有鲜明的特色，在这种用工模式下，用工单位与劳动者之间不存在直接劳动关系，而是通过用人单位构建起一道坚实的“防火墙”，这道“防火墙”将用工单位与劳动者隔开，减轻了用工单位的负担，使用工单位可以轻装上阵集中精力于主营业务之上。但劳务派遣与劳务派遣用工承包化两者之间也有显著的区别，它表现在用工单位责任程度的不同，在《劳动合同法》对劳务派遣规制更加严格的背景下，后者相对前者能够更有效地减轻用工单位的负担，这就使得企业的用工模式趋向于劳务派遣用工承包化。劳务派遣用工承包化与劳务派遣具体有以下不同点。

（一）内含不同

劳务派遣指用人单位与劳动者签订劳动合同，但用人单位并不直接行使劳动力请求权，而是将这种劳动力请求权通过劳务派遣协议转让给用工单位的用工模式。用人单位即所谓的劳务派遣单位，劳务派遣单位与劳动者签订劳动合同，二者存在劳动关系；用工单位为劳动力的实际使用者，但与劳动者之间不存在劳动关系，劳动力请求权源于用工单位与用人单位签订的劳务派遣协议，协议约定用人单位将劳动者派往用工单位为其从事劳动，用工单位分配任务并监督劳动者完成任务。劳务派遣不仅关注对劳动结果的考核更注重对劳动过程的管理。劳务派遣用工承包化并非一个准确的法律术语，目前法律与实践也未对此加以明确表述。劳务派遣用工承包是指发包方与承包方签订劳务承包合同，并由发包方考核承包方完成工作的质量，根据工作成果支付承包方相关费用的新型用工模式。劳务派遣的承包方为法律上的用人单位；而发包方则是资源优化配置中对外转包非企业业务或企业非核心业务的企业，其与劳动者既不存在劳动关系也不能直接行使劳动力请求权，该种用工模式侧重对劳动结果的考核，而不关注劳动过程的管理。

（二）责任程度不同

随着 2008 年《劳动合同法》出台并将劳务派遣载入，国家对劳务派遣的规定日趋严格，企业的用工责任随之而加重。主要表现为：第一，劳务派遣单位违反劳动合同法的规定给劳动者造成损害的，用工单位应与劳务派遣单位承担连带赔偿责任。而劳务派遣单位种类繁多、质量参差不齐，很多劳务派遣单位为了获得更多的利润侵犯劳动者利益，这在某种程度上加重了用工单位的责任。第二，法律规定劳务派遣应该在临时性、辅助性或者替代性的工作岗位上实施。实践中，劳务派遣用工往往并不同时具备“三性”，一般只具备“一性”甚至“一性”都不具备。大量银行柜员均采用劳务派遣用工模式，但柜员岗位既不具备临时性、辅助性，也不具备替代性。第三，被派遣劳动者享有与用工单位的劳动者同工同酬权利。事实上，劳务派遣用工大量存在于国有企业中，国有企业在改制的过程中要求原有职工在不改变原来工作的前提下与劳务派遣单位签订劳动合同。劳动合同的用人单位已经由国有企业变为劳务派遣公司，用工性质的转变降低了企业的用工成本。而法律规定的同工同酬使得劳务派遣用工模式的优势消失。第四，用工单位对劳动者应履行告知等一系列义务。用工单位基于劳务派遣协议获得劳动力请求权，用工单位与劳动者因事实使用行为形成用工与被用工的关系，若劳动者产生工伤，虽然用人单位将承担主要责任，但无论如何工伤产生于事实使用过程中，即使用工单位尽到了安全培训等义务也无法摆脱连带责任的命运。用工单位采用劳务派遣用工模式的初衷是降低用工成本，集中精力进行主营业务生产，但这些规定大大加重了用工单位的用工成本与责任，打击了用工单位采用劳务派遣模式的积极性。

劳务派遣用工承包化则可有效地解决上述问题，发包方更注重对劳动结果的考核，既不会关注承包方聘用哪个劳动者，也不会关注劳动者在生产过程中的表现，完全由承包方负责劳动者的选聘与管理。权利义务对等性在此得到充分体现，用工单位既然不享有对劳动者的管理权，则无须承担劳动者在劳动过程中的工伤责任甚至于事实劳动关系的用人责任。事实上，劳务派遣用工承包化的法律关系只包括两个平等的合同关系：发包方与承包方之间的加工承揽合同关系，承包方与劳动者之间的劳动合同关系。发包方与劳动者之间并不存在任何关系，发包方所购买的仅是承包方的劳动成果，这就类似于消费者购买消费品而不用对生产者所雇佣的劳动者的工伤负责的道理。发包方因此而免于与承包方承担连带责任，不受“三性”的制约，不存在同工同酬的问题，也没有对劳动者的诸多义务。

二、劳务派遣用工承包化的理论可行性

随着2008年《劳动合同法》和《劳动合同法实施条例》对劳务派遣规定的严格化，以及很多加重用工单位责任的地方规章的相继出台，劳务派遣的规定严格化已是大势所趋。在此背景下，劳务派遣用工承包化的用工模式应运而生。

根据“法无禁止即自由”的法理，现有法律对劳务派遣用工承包化并没有相关规定，那么将劳务派遣用工转化为劳务派遣用工承包化在理论上是可行的，因为至少法律不会禁止。发包方与承包方根据意思自治签订承包合同，承包方组织自有的劳动者进行生产并且生产过程中发包方不会对劳动者进行管理考核，发包方根据承包合同中有关成果验收的约定对承包方完成的成果进行考核验收，并根据成果支付相应的费用。根据理论分析，劳务派遣与劳务承包最大的区别莫过于管理模式，前者侧重于制度管理，而后者则侧重于结果验收，只要是能对结果进行验收的劳务均有可能实现劳务派遣用工承包化。

三、劳务派遣用工承包化的实践可行性

劳务派遣用工承包化的实践可行性主要以某港务公司（简称港务公司）为例展开分析，根据其中存在的问题得出正确操作的方向。

港务公司为渤海湾吞吐量达1亿t的大型机械化煤港，现有劳务用工2023人（占正式合同工的75%），存在合同关系的劳务公司共计13家。港务公司的劳务用工主要分为以下几类：生产生活区物业服务、卸车装船服务、引航艇劳务承包、设备运行服务等。上述几类劳务承包合同均根据劳务派遣公司所报的人数来确定具体的用工量，并根据每个岗位确定劳务费、保险费及其他费用，最后汇总出总的劳务费用，同时合同中存在大量用工单位对劳动者进行考核、检查及现场管理的规定和工资、养老保险与工伤保险支付及缴纳情况的监督等。虽然合同的名称已改为“劳务承包合同”，但合同中大多数的关于制度管理的约定与劳务派遣合同相似。

劳务承包虽然在实践中已经被采用，但从该港务公司的实际运作情况来看并非很完善，尚未形成健全的运作模式。为此，笔者结合自身的工作经验，从以下几个方面提出建设性的措施。

（一）规范劳务承包合同内容，转变管理考核重点

首先，承包合同应尽量避免与劳务派遣协议十分相似的约定。同时，为了保证工作质量，对于买方市场的承包，在实际操作中用工单位要求承包方的规章制度满足自己的管理需求、用工单位来遴选承包方的工作人员、用工单位监督承包方的工资发放和保险缴纳等，但这些内容并不载入承包合同。如此一来，用工单位可避免承包合同派遣化，同时也达到监督承包方工作质量的目的。其次，转变对承包方的考核重点，从以人为主的考核模式转变为以成果验收为主的考核模式。事实上，劳务承包相当于承揽合同，关注的是承揽人完成的成果是否符合公司的要求。所以为避免承包协议派遣化且保证工作质量，首先需要制定自己的成果验收标准，这是构建劳务派遣用工承包化用工模式的重点，也是难点。

（二）严格审核承包方的用工主体资格

原劳动和社会保障部发布的《关于确立劳动关系有关事项的通知》第四条规定：建筑施工、矿山企业等用人单位将工程（业务）或经营权发包给不具备用工主体资格的组织或自然人，对该组织或自然人雇佣的劳动者，由具备用工主体资格的发包方承担用工主体责任。实践中，如果承包方不具备用工主体资格，雇佣不具有从业资质的劳动者来完成承包任务，完工后携承包款潜逃，国家为了保护劳动者会依法要求发包方承担劳动者的工资等用工责任。而且根据法律规定，从事经营性承包的承包方必须为具备相应资质的公司法人，诸如该港口公司的引航艇业务需配备船员，根据国家相关法律规定船员必须取得船员证才能从事引航艇作业，而承包方至少应拥有从事引航业务所需的合格船员才能承包此项业务；设备运行服务承包合同要求承包方为发包方修理机械设备（包括电气设备），根据国家相关法律规定从事电力设备操作的从业人员必须取得相应资质。因此，用工单位在签订承包合同时，应加大对承包人的资格审核，审核承包方是否具有相应的资质，决不能将任务发包给不具有从业资质的单个自然人式的包工头，而应发包给那些有一定经济实力且具有从业资质的公司法人。

（三）保证承包方与劳动者签订劳动合同

不论是劳务派遣用工还是劳务派遣用工承包化，二者存在的前提均为用人单位已与劳动者签订了劳动合同，否则用工单位很容易被认定为与劳动者之间存在事实劳动关系，原劳动和社会保障部发布的《关于确立劳动关系有关事项的通知》（劳社部发〔2005〕12号）第一条规定：“用人单位招用劳动者未订立书面劳动合同，但同时具备下列情形的，劳动关系成立。用人单位和劳动者符合

法律、法规规定的主体资格；用人单位依法制定的各项劳动规章制度适用于劳动者，劳动者受用人单位的劳动管理，从事用人单位安排的有报酬的劳动；劳动者提供的劳动是用人单位业务的组成部分。”所以，发包方在选择承包方时一定要审核承包方是否已与劳动者签订了劳动合同。这是基础也是前提，一旦承包方与劳动者之间不存在劳动合同，无论发包方如何省略管理侧重结果验收都无法回避承担用人责任的事实。

（四）综合分析、循序渐进推进劳务派遣用工承包化

对于非常关键、具有一定操作技术难度且又难以进行结果验收的岗位，可以考虑仍沿用劳务派遣模式，待积累一定经验后此种岗位可以逐步过渡采用劳务承包或者仍沿用劳务派遣模式。事实上，并非所有的业务均可承包化，诸如设备运行服务合同中的设备维修是港口企业的重要岗位，维修量具有随机性，所以不能轻易获得结果验收标准，还需要综合考核维修及时性、备件使用量等内容。但对于生产生活区的物业服务就比较容易进行承包化，将相关的清洁工作发包给承包方，每天只对承包方的工作成果进行验收，检查清洁是否符合承包合同的约定。所以应根据实际情况综合分析，循序渐进地推进劳务派遣用工承包化。

企业薪酬机制浅析

西安煤矿机械有限公司 屈 岳

等级工资制向岗位技能工资制变革是薪酬机制的一场革命，岗位技能工资制的进一步完善也是薪酬机制的一次变革。

随着国家对企业经营体制的改革，薪酬机制也悄然发生着前所未有的变化，更加适应企业经营状况的多元化分配制度在企业分配机制中也已发挥着重要的作用，工资的保障、激励、调节三大功能依据企业的效益和经营模式也被广泛地应用。

一、工资制度改革的概况

我国工资制度起源于20世纪50年代末至60年代初，这一阶段国民经济处于恢复和基本建设时期，企业规模较小，劳动生产率也相对偏低，企业工资分配的政策基本是延用苏联计划经济的分配模式，工资的调整手段完全是国家掌控，这一时期也是我国分配政策建立的初起阶段。70年代根据国情制定的等级工资标准的模式，在实施中趋于完善，并对企业职工工资分配起到一定的积极促进作用，调整频率慢，增资幅度小，涉及人员广是这一时期工资分配的主要特点。党的十一届三中全会之后，随着国民经济的高速发展，企业经营体制发生的变化，经营结构、产品结构、用工结构等劳动要素的变化，使得等级工资制度已经远远不能满足企业分配领域的需要。其主要表现在：等级工资论资排辈因素大于业绩考核因素；平均收入因素大于劳动要素因素；死工资因素大于活工资因素。因此，这种分配制度大大削弱了企业二次分配的力度，是一种潜在的“大锅饭”分配办法。

80年代初期，国家推出岗位技能工资制，这也是我国企业内部分配制度的一次重大变革。岗位技能工资制是将劳动因素（劳动技能、劳动责任、劳动强度、劳动条件）运用到职工的收入之中，基本上体现出了岗酬结合、技酬结合、劳酬结合的原则，同时，引入效益第一的原则理念，以实现企业目标为前提，逐步增强企业工资分配的责任与权利。随着岗位技能工资制的不断完善，在岗位技能工资的基础上衍生出岗位绩效工资、岗位等级工资、岗位薪点工资等，工资结构多元化的格局也逐步形成，在实践中也发挥出了应有的作用。为完善这种工资结构，相续又出现了年功工资、奖金、特殊津贴等附加工资单元，使工资结构的内容更加宽泛，对企业生产经营活动的适应性也进一步加强。

二、薪酬机制的应用

如何根据经营模式选择和确定适合本企业的工资结构，是一个企业决策层和工资职能部门必须关注和解决的一项重要工作。首先要按照企业成本的承受能力，确定企业年度的工资总量。

工资总量是随着企业经济效益变动而进行增减调整的机制，当企业效益较好时，要让职工分享到企业的经营成果，适度增加职工工资；反之，则要适度降低职工工资标准，使其工资标准有较大的适应空间。同时，还要借鉴和考虑市场的工资价位，综合考虑企业各系统（生产、技术、管理、辅助）的工资水平，对企业的稀缺型高级人才，增资幅度要大，对于工资水平已经达到或高于市场价位的简单劳动岗位，增资幅度要小，甚至不增资。具体应按以下几个步骤实施：

（一）工资总量的确定

工资总量是企业年度经营指标中的一项重要指标，主要决定工资总量的因素有产值、成本、利润、职工平均收入等。一般情况下以目标成本确定人工成本中直接人工成本，即工资总额。同时市场工资价位作为调整工资总量的系数，也是要考虑的因素。确定出的年工资总额是企业年度内其他经营指标完成和测算的主要依据，也是根据劳动要素和部门间劳动差异进行合作与指标分解的前提条件。

（二）薪酬结构的设计

企业在选择实行什么样的工资结构时，首先要考虑企业的经营状况，分析现有员工的结构和企业经营成果的承受能力等因素。充分掌握工资分配的三大功能的实质含义和内容。对处于一个新建或恢复性生产企业，需要鼓励员工努力工作，调动员工的工作积极性和主动性，薪酬结构应当着重体现激励和调节两个功能，分配的特点是适当拉开分配档次，通过薪酬机制调整人员能力结构；当企业处于平稳发展和已形成积累阶段，所采取的薪酬结构应当体现保障和调节功能，这种工资结构使得员工能够更加充分享受到企业经营成果，同时保障功能所显示的已经不仅是工资的成分，它在反映企业实力的同时，福利因素是设置它的真实目的，对重要岗位，如营销，技术岗位的主要人员的收入要进行适当调整增资幅度，重金必有勇士；当企业处于衰退时期，运用好薪酬结构的保障和激励功能则显得尤为重要，这种状况下保障功能已不完全是积累时期的保障功能，这时的保障功能仅仅起到一个基本生活的目的和功用，以基本的工资保障其员工稳定的思想，要发挥激励功能的作用，稳定和留住科研、管理、生产骨干队伍，适度拉大分配差距，激励员工工作的动力，用“狼强鹿壮”的方法激励出一支稳定的员工队伍。

其次，员工工资标准的确定也是薪酬管理的一个主要内容，相对固定的工资标准越来越难以适应企业经营状况的变化，往往是因效益变化频率加快，让工资标准的调整工作应接不暇，也就更显得标准工资退出薪酬分配机制的必然性。但没有工资标准也不利于企业员工岗位变更，特别是调入和一些特殊情况下员工收入的确定。为此，我们结合企业特点推出功效工资制来规范员工工资标准。功效工资具体由年功工资、绩效工资、评定工资三部分构成。

年功工资，是对员工工作年限和劳动时间的积累所给予的认可和补偿，即每满一个工作年限，增加一定量的工资标准，来调节工作年限的收入差别。

绩效工资，是体现员工在本职岗位劳动成果的差别，是企业经济效益和部门工作职能，个人业绩情况的综合性收入。在年度工资分配政策中，按照企业部门机构设置和劳动要素，确定出各部门的绩效工资分配系数。员工个人绩效收入由本部门在核定的工资总额中，根据个人当月工作业绩进行二次分配。

评定工资，对新聘人员按照人员类别制定出试工期工资标准，待试工期满考核合格后，按所聘岗位给用工部门核定增资额。这种模式最大的优点就是员工收入与企业效益关联程度大；其二是激活了死工资与活工资的比例调节，多劳多得的分配原则更具体，员工积极性容易被调动；其三便于考核，易于实施。

总之，了解企业经营战略，合理设计薪酬结构，盘活分配机制是做好企业经营工作的重要环节，政策做到有的放矢，决策才会胸有成竹。

（三）岗位绩效工资设置的基本内容

1. 岗位工资

岗位工资是根据岗位责任大小、技术含量、劳动强度和劳动条件四要素确定岗位级别，体现不同岗位之间劳动差别的工资单元。企业根据现有岗位的数量，通过岗位测评确定出岗位数和档次，以岗位要素确定工资标准，而不是以人的因素规定收入，一岗一薪，在确定岗位工资标准时通过岗位系数、调节系数，设置成一岗多档就会使等级工资难以解决的分配矛盾得以较好地化解。

例如：同样是车工工种，但由于车床的型号和性能存在差异，就不能确定成同一个岗位工资标准；同样是一个分公司经理，自身阅历、学历、能力的差异也不能因工作需要确定同一档岗位工资标准。一岗多档主要解决因劳动者能力差异的分配矛盾。同样，都是成本核算员，但所承担的部门有所差异，就可以按照从事该岗位的人数确定为五岗两档，这也就解决了部门规模大小、业务劳动强度上的矛盾。

2. 绩效（技能）工资

绩效（技能）工资是根据部门当期工作任务完成、质量、进度、安全等要素决定收入的工资单元。绩效工资标准确定后，在设置内容上也可以考虑将企业已有的津贴、洗理费、书报费等附加工资列入其中。对于部门的二次分配则是通过对所有员工进行所聘岗位的应知应会理论和实际操作技能考核，依据考核结果将绩效工资标准对号入座。绩效工资解决的是同一岗位，员工不同技能、不同业绩时收入分配的矛盾。

就岗位工资与绩效工资而言，如果把岗位工资看做是死工资，绩效工资就是活工资，每两年对员工进行一次理论和实际考核，来调整员工的绩效工资标准。绩效工资在实际应用中起到的是激励作用。

3. 附加工资单元

附加工资单元中奖金所体现的是员工创造效益差别的工资单元，是员工劳动成果追加的劳动报酬。企业往往是按照部门的工作差异进行分配兑现，一般情况下分为一、二、三线部门，按照一定奖金系数，或以月度奖、季度奖、年终奖的形式进行发放，这一单元体现工资的调节作用。

三、岗位绩效工资的考核

当前，企业在对员工岗位绩效考核方面的一个较为突出的问题，主要表现在考核体系不健全，考核手段不科学，考核程度难深入。实践中最为突出的体现就是量化程度低、人为因素多的岗位难以进行实质性的考核。企业开始采用一些推广的简单排序、对比排序、归档排序，但它们归纳起来相对比较烦琐，往往会出现虎头蛇尾、本末倒置的现象。现就西安煤矿机械有限公司企业考核谈一点体会。

（一）对生产分厂的考核

为了便于考核，公司将对员工核定的岗位绩效工资和预测的附加工资，与对各分厂下达的产值指标换算成百元产值工资含量，用百元产值工资含量提取月工资总额，生产分厂当月实际完成的产值作为工资总额的计提指标，把百元产值成本、品种进度、产品质量、安全操作、劳动纪律等作为考核指标，以分值的形式扣减当月工资总额，计提指标实行上不封顶，下不保底。各部门按照员工完成工时进行二次分配。

产值是企业规模的体现因素之一，虽把其作为计提工资总额的指标并非是最好的一种考核方式，但对于以零部件协作生产的部门，以完成产值作为决定员工工资的基本指标，近几年也被大多数企业应用。这种工资计提和考核方式的特点：便于操作，激励作用增强，人为因素少，部门与员工的积极性容易调动起来。

（二）对技术系统的考核

对于技术系统的考核，公司实行协议工资＋项目工资。协议工资由岗位绩效工资组成，随企业当期效益增减而变动。公司对协议工资的考核内容为，为生产制造过程和产品销售环节提供技术指导和技术服务，采取百分制的形式进行考核扣减。

项目工资是以年度计划新产品设计的进度、质量为内容的考核工资。按项目的种类由项目评审委员会确定项目工资的数额和支付形式。项目工资的分配由技术系统内各部门负责人组织相关人员，按照承担项目的程度进行分配。

协议工资的设立具有调节企业工资差距的作用，从岗位绩效工资的设置标准就已经突出技术系统的平均水平高于其他系统的工资标准。这部分工资所起的作用就是要求技术人员对已设计投入的产品进行跟踪，不断完善投放市场产品的稳定性。

项目工资的设立起到了激励的作用，同时也是激发技术人员不断创新，不断为企业设计出待储的新产品，同时也为企业持续发展奠定基础。

（三）对销售系统的考核

按照销售系统的工作职能，公司把订货量和货款回收作为考核内容。企业要把对市场环境、生产计划、资金现状等作为年度确定订货量与货款回收计提工资比例的依据，订货排产量大于正常生产计划，货款回收计提工资比例就要大于订货量计提比例；订货排产量低于正常生产计划，订货量计提工资比例就要大于货款回收量计提比例。

这种考核直观，攀比性较强，促使区域间营销人员的竞争意识加强，团队精神的作用提高。

对于区域间的客观因素，在确定区域年度指标时作为前期考虑，就会避免区域因市场条件的影响，而挫伤营销人员的工作积极性。

（四）对管理系统的考核

企业职能、业务管理部门量化指标很难形成，特别是职能部门，往往对这类部门的考核流于形式，或主管领导随机性的奖罚成为考核结果，批评多，收入少，工作杂，心情烦成为管理系统的通病。为了解决问题，公司的做法：

首先，封存岗位绩效工资，精简压缩部门，能合并的合并，能兼管的兼管，对合并后的部门进行定岗定员；对定员后的部门按照职能划分类别，把管理部室人员的工资收入与生产系统人员的收入实行联动挂钩，即中层领导收入以生产系统中层平均收入为基数，按照部室类别，分别以一定系数发放，员工以生产系统员工平均收入为基数，也按照部室类别，分别以一定系数发放。

划分部室类别是一种间接的量化考核形式。部室间的类别其实质反映的就是日常的劳动强度、责任大小，以及与生产经营的关联程度，这是作为公司对部门的主要考核，把部门的月度工作计划完成情况作为辅助考核，这样也就增强了对部室的考核力度。

其次，把对各部门员工的二次分配权限交给各部室，根据当月每位员工工作的情况，由领导进行分配。这种方式有利于部门领导的工作使其分配权利相对集中，及员工积极性与主动性的调动，把难以量化的考核转变为无形的责任考核、良心考核，甚至是品德考核。

内控内审篇

神华能源股份有限公司内部控制体系持续改进探索及实践

神华能源股份有限公司 王义兵 王 达

一、神华特色的内部控制体系

（一）以风险管理为导向的内部控制体系

神华能源股份有限公司作为以煤炭为基础的矿、电、路、港、航一体化的大型能源上市企业，按照外部监管的要求，结合内部管理的需要，根据所处行业特点及自身运营模式，以实现公司发展战略为目标，以防范和控制风险为目的，在研究分析内部控制与风险管理主要理论和架构体系的基础上，确立了以风险管理为导向的内部控制理念，建立了神华特色的内部控制体系。

以风险管理为导向的内部控制体系是覆盖全公司、具有神华特色的内部控制体系，是将风险管控的机制融入生产经营管理的各个层面，做到从源头上预控风险，特别是要做到对具有系统性、颠覆性重大风险的有效管控，确保各项重大风险处于可接受水平。

（二）内部控制体系运行机制

以风险管理为导向的内部控制体系的运行机制，是以公司各项目标为核心，以强化内控执行力为原则，辨识评估公司面临的主要风险、制定和执行风险应对措施、建立有效的内部控制监督机制、持续改进内部控制缺陷的风险管理闭环过程。该机制随着内部控制体系的建设与运行，逐步完善与深化，从而持续强化内控执行力，促进内部控制各项管理目标的实现。

1. 实施动态风险识别与评估

在公司内部控制管理工作中，风险识别是查找公司层面、各业务单元、各项重要经营活动及其重要业务流程中有无风险和具体风险种类；风险评估是通过对识别出的风险事项进行评估，分析和描述风险发生可能性的高低、风险发生的条件，明确风险重要性等级的过程。由于公司拥有煤、电、路、港、航高度一体化的业务模式，风险识别与评估工作呈现出时效性要求高、技术难度复杂、涉及层面广、风险传递迅速等特点。在这一背景下开展风险评估工作，除遵循定性与定量相结合的评估原则外，还必须从公司的经营管理特点出发，充分考虑协同性、标准化以及执行力的需求。因此，公司在以风险管理为导向的内控体系中，采用了动态的风险识别、评估、报告的管理模式。

2. 制定和执行风险应对措施

公司风险的管控能否有效，关键在于风险应对措施的设计有效和执行有效。因此设计有效的风险应对措施、确保措施落实到位是风险应对的重点。在公司的内部控制运行机制中，风险应对措施的落实主要包括明确风险管控流程、评估流程风险、制定风险管控措施三项工作。

（1）以各层级职责为依据，明确重大风险相关的管控流程。在完成对风险评估结果的确认后，在公司各单位/部门中明确牵头责任部门与配合责任部门，划分主要风险和风险类别，将风险与部门职责、管理流程关联起来，从而将责任与风险管控挂钩，为后续风险控制活动的实施提供详尽的管控方案。

（2）以流程为主线，识别和评估业务及管理流程中的风险。各部门以部门职责为依托，结合重大风险管控流程中涉及的具体风险加以识别，从而进一步细化管控对象，明确风险发生的原因与条件。本环节是风险识别与评估的细化，采用相似的工作方法，仍然遵循信息收集、风险识别、风险评估的基本思路，随着每一年度工作的深入而不断深化。

（3）以风险控制点为关键，制定相应的管控措施。以各流程细化的风险信息为基础，各部门针对重要管理与业务流程，确定风险管控活动。整体风险管控活动包括流程主要风险、风险控制点、管控方法和活动及自我评估方法、责任单位等内容。

3. 建立有效的内部控制监督机制

内部控制管理有效性包括内部控制措施设计的有效性和执行的有效性。为了确保内控体系的有效运转，保障各项控制措施得到顺利执行，公司实行日常检查监督、风险管控专项检查监督和自我评估相结合的内部控制检查监督机制，检查监督和评价内部控制管理的有效性。检查监督工作采取日常与专项相结合的方式进行，在日常检查监督的同时，根据管理需要和管控重点，进行不定期、有针对性的风险管控专项检查监督工作。年度终了，结合日常和专项检查监督的情况，内控审计部组织开展对一年来企业内部控制管理的整体有效性进行年度评价，编制年度《内部控制评价报告》，向审计委员会汇报，经董事会审批后在年报中予以披露。2011 年开始，审计机构还独立对财务报告内部控制的有效性发表意见，并对非财务报告内部控制缺陷予以关注。

4. 持续改进内部控制缺陷

在以风险管理为导向的内部控制体系中，如何提升风险应对能力是确保体系持续运转，实现风险管理目标的关键。公司在开展风险识别评估、落实风险应对措施和进行风险自评估的基础上，以改进内部控制缺陷为重点，结合公司《自我评估手册》，明确管控缺陷改进程序。缺陷改进程序与内部控制自我评估和检查评价相衔接，将整个缺陷改进工作分为制订改进实施方案、全面实施缺陷改进、执行改进检查与考核、完成风险信息库、边检查边整改五项工作。正是凭借这五项工作在全公司范围内的有效运转，最终确保了整个风险管理机制的闭环运行，持续促进了公司风险应对能力的提升。

二、内部控制体系持续改进

面对着愈加复杂的生产经营环境、不断提高的外部监管要求，为了真正做到管理的持续改进，公司特别注重对于改进情况的汇总分析，不断对风险信息库的相应内容进行更新，总结出了一套有神华特色的工作方法。这一方法的代表就是风险控制文件库体系的创建和使用。

（一）构建风险控制文件库体系

为了能够充分利用各部门和各分子公司风险评估、内控自我评估、风险检查和缺陷改进工作的信息，切实提高风险应对能力，初步建立了风险控制文件库。风险控制文件库是在风险信息库和相关单位、总部相关部门完成的《内控自我评估工作底稿》的基础上进行建设而成。通过对相关文件的分析整合，从制度建设和执行层面反映总部及各板块内相关单位的风险控制制度、执行文档、分级分层管理的情况，旨在为提升内部控制与风险管理工作水平提供重要的支持。风险控制文件库构建起来后，各分子公司根据自身风险评估确定的重要风险事项，明确管控风险的制度条款，建设本单位的具体风险控制文件库，形成由公司层面和分子公司层面两级控制文件库构成的风险控制文件库体系。

1. 风险控制文件库的建设思路

风险控制文件库是在公司风险信息库（简称信息库）和相关单位、总部相关部门完成的《内控自我评估工作底稿》（简称底稿）的基础上进行建设而成。也就是，通过对信息库和底稿的分析整合，梳理查找内控制度体系与风险管控的薄弱环节，强化以风险管理为导向的内控制度体系建设，推进全面风险管理工作，提升公司内部控制与风险管理工作水平，建设完成总部、煤炭、电力、铁路、港口、航运、煤化工、综合板块公司层面风险控制文件库。

公司通过对信息库和底稿的分析，发现信息库中三级风险项下的风险事项描述出自具体业务活动，而这些业务活动与底稿中的管理流程具有紧密关联（部分业务活动就是管理流程），在底稿中管理流程内又设有若干自我评估关键控制点；经过进一步分析发现，自我评估关键控制点的实施证据对风险事件具有控制作用（许多风险事件描述与自我评估关键控制点的含义是相同的，有的自我评估关键控制点就是风险事件描述的内容），而三级风险的管控可以通过控制管理流程来实现。正基于此，经过分析整合，针对信息库中的三级风险和风险事件描述，分别在底稿中选取管理流程和实施证据，探索性地建设风险控制文件库。

风险控制文件库的建设始终把握“以风险管理为导向的内部控制”这一理念；坚持探寻信息库中“三级风险”和“风险事件描述”分别与底稿中“管理流程（控制流程）”和“实施证据（控制文件）”这两方面的内在逻辑联系；最大限度地保证风险控制文件库的准确性、有效性和实用性这三种特性。

2. 风险控制文件库的内容

风险控制文件库包含公司总部、煤炭、电力、铁路、港口、航运、煤化工、综合板块共八个子文件库，各子文件库由各板块及其所属分子公司的“风险分类”、“控制流程”和“控制文件”构成，并且各子文件库后附有风险控制文件情况统计分析。

“风险分类”是信息库中各板块所涉及的一级、二级、三级风险及相互包含关系。

“控制流程”分为“主要控制流程”和“辅助控制流程”，是通过对信息库中各板块所涉及的三级风险及其项下的风险事件描述等风险信息进行分析判断，在对应板块底稿中选取的针对三级风险的控制流程，其中对三级风险管控起主要作用的为主要控制流程，起辅助作用的为辅助控制流程。

“风险控制文件”分为“制度文件”和“执行文件/措施”。风险控制文件取自各单位（部门）控制流程自我评价关键控制点的实施证据。选取的方法是：通过分析风险事件描述的内容和控制流程自我评价关键控制点的问题，判断实施证据对风险事件及三级风险的管控情况。“制度文件”指制度、标准、管理办法等具有规范性质的文件。“执行文件/措施”指在规章制度执行过程中产生的文件，适当选取了清晰明确的执行措施。

3. 完善风险控制文件库，构建风险控制文件库体系

风险控制文件库的建设是一项开放性的工作，需要相关单位从自身制度体系及其执行层面进行补充完善。为此，公司要求各相关单位根据实际情况对风险控制文件库中已完成的涉及本单位的内容进行复核、调整、修订，对风险控制文件库中本单位空缺文件的部分进行补充、完善，从而进一步提升风险控制文件库的准确性、有效性和全面性。

风险控制文件库建设完成后，公司组织各板块内的相关单位，根据风险辨识结果确定重要风险事项，按照风险控制文件库的方法和思路，针对重要风险事项建设本单位的具体风险控制文件库。在建设具体控制文件库过程中，要求将制度文件的具体条款作为对重要风险事项的管控依据，对无法选取控制文件具体条款作为管控内容的重要风险事项，明确其管控责任。在构建起各单位的具体控制文件库之后，形成了由两级控制文件库构成的风险控制文件库体系。

（二）以风险管理为导向的制度建设

通过构建风险控制文件库体系，查找并发现了各类管理制度在发挥风险控制作用方面的不足，进而探索以风险管理为导向的制度建设工作，在总部层面建立了风险审核工作机制，将制度风险审核工作确立为具体的风险管理和内部控制措施，将风险管理工作内化到具体制度规范中，实现了业务规范与风险管控的融合。

1. 将现有制度与风险控制文件库进行对照

在创建风险控制文件库的过程中，公司认识到管理制度作为规范性标准，在规范业务活动和管理流程的同时，应该强化风险管控的效能。为了将业务活动和管理流程中存在的风险事项及管控措施纳入到对应的制度规范，将风险管理植入到具体的业务活动和管理流程，公司推动了以风险管理为导向的制度建设工作，将现有制度与风险控制文件库进行对照。针对尚无具体制度管控的风险事项，向对应的业务部门提出编制管理制度或修订相关管理制度覆盖风险事项的建议；针对虽有制度对应风险事项，但制度对风险管控力度不强的情况，向相关部门提出了具体的管控意见，或建议在制度中明确规范风险管控措施。

通过将现有制度与风险控制文件库进行对照，进一步完善了风险控制文件库的内容，也从风险管控的角度对现有制度进行了梳理，为将风险管控措施固化到具体制度条款，融合到各项业务流程，落实到日常经营管理活动奠定了基础，为制度风险审核工作提供了依据和方法。

2. 建立制度风险审核机制

在制度体系建设和完善过程中，公司编制和修订了大量的管理制度。为了进一步推动以风险管理为导向的制度建设工作，公司在总部层面开展了制度风险审核工作，在《制度管理办法》中明确要求制度起草部门要将制度草案送内控审计部进行风险审核。同时，积极探索制度风险审核的方式方法，制定了《制度风险审核办法（试行）》，规范了制度风险审核工作，建立起了风险审核工作机制。

制度风险审核主要是从制度整体结构和制度所规范的专业层面，审核制度设计上存在的风险。具体的程序和方法是，在制度整体结构风险方面：审核制度是否存在可能导致公司年度风险管理报

告中确定的风险事件的内容；审核制度是否存在可能导致制度起草部门风险辨识工作（如风险信息库和风险控制文件库）中确定的风险事件的内容；审核制度整体逻辑方面是否符合内部控制的原则和全面风险管理的要求。在制度所规范业务的专业层面风险方面：了解、掌握制度编制的具体情况和所规范业务的流程以及已制定的与该制度相关的制度；参考业务流程及其存在的主要风险，与制度起草部门研究确定制度所规范业务的主要控制点；审核制度内容能否覆盖所规范业务的主要控制点；审核制度内容是否包含相关风险的管控方法、措施，能否有效控制相关风险。通过以上的风险审核方法形成风险审核意见，按照统一的格式模板根据制度审核的情况，逐个制度反馈意见或按风险类别逐项风险进行说明，出具制度风险审核意见。

三、实践成果

1. 初步完成风险与控制的整合，构建起风险控制文件库

风险控制文件库以“总体设计、信息支撑、风险控制、上下共建”的方式，针对不同板块和子分公司的特点，采取灵活务实的方法进行建设，在各板块子文件库建设完成后，汇总形成公司风险控制文件库。风险控制文件库中的控制流程较全面地覆盖了各板块内的三级风险见表1。

表1　风险控制文件库中控制流程所覆盖的三级风险

风险控制 / 板块内容	三级风险数量/项	确定了控制流程的三级风险数量/项	控制流程覆盖率/%
煤炭板块	135	124	91.85
电力板块	118	95	80.51
铁路板块	115	105	91.30
港口板块	114	86	75.43
航运板块	100	81	81
煤化工板块	136	105	77.21
综合板块	123	109	88.62

公司根据各单位反馈的内容对基本风险控制文件库进行了修订，修订后的控制文件对风险事件的覆盖更加准确、全面，各板块内相关单位的控制文件对三级风险的平均覆盖率明显提高。其中：煤炭板块提高了8.06%，达到了91.85%；电力板块提高了4.56%，达到了99.65%；铁路板块提高了8%，达到了96.76%；港口板块提高了5.23%，达到了98.26%；航运板块提高了3.7%，达到了90.12%。

2. 建立制度风险审核机制，实现了内部控制的闭环管理

制度风险审核机制是对风险控制文件库的综合利用，是具体的内部控制措施。通过制度风险审核工作出具风险审核意见，逐步推进了以风险管理为导向的制度建设。中国神华在实践过程中不断摸索总结，灵活运用制度风险审核办法，加强与制度起草部门和人员就制度涉及业务流程与专业领域风险的沟通，提高了风险管理人员对专业领域风险的把握能力，也增强了专业管理人员风险管理的意识。在4个月的时间内，共完成了14个部门的59项制度的风险审核工作，出具了具体的审核

意见 87 条。

制度风险审核机制在不断深入推进过程中，将与逐年开展的风险控制文件库建设工作形成协同互动：根据风险控制文件库开展制度风险审核，风险控制文件库检验以风险管理为导向的制度建设工作。通过创建风险控制文件库体系和制度风险审核机制，实现了内部控制的闭环管理，推动了内部控制体系的持续改进，将中国神华以风险管理为导向的内部控制体系推升到了新的高度。

大型煤炭企业财务风险预警指标体系建设

国投新集能源股份有限公司

王　丽　刘　谊　倪井喜　薛　银　王　森

一、财务风险预警指标体系建设背景

随着全球经济快速发展，企业所面对的市场竞争日趋激烈，所面临的内外部环境更加复杂。要想在竞争中立于不败之地，必须不断进行管理创新。在这种形势下，财务风险预警管理作为一种解决上述问题的创新理念，其重要性日益凸显。

但是，国内外对于企业财务风险预警体系的系统理论和财务管理预警模式的研究，主要是针对制造业企业而言，对其他行业的适用性并不强。国投新集作为煤炭企业，如果简单套用这种财务风险预警指标体系，其财务风险预警结果必然与实际不符。此外，近年国内资本市场发生了一系列影响巨大的财务危机事件，使企业进一步意识到财务风险管理的必要性、迫切性，公司的投资者对财务风险预警系统的需求也越来越强烈。鉴于此，国投新集结合企业自身特点，创建具有实用价值、能为企业自身利益及利益相关者提供准确的预警信号的财务风险预警管理模式势在必行。

二、财务风险预警指标体系建设内涵和主要做法

国投新集以资金运动为主线，根据经营特点，建立起一套合理、健全、规范的财务风险预警机制（图1），通过对风险的量化水平评估（图2）实施对公司运营尤其是资金运动层面的风险进行的有效的事前预警和管理。

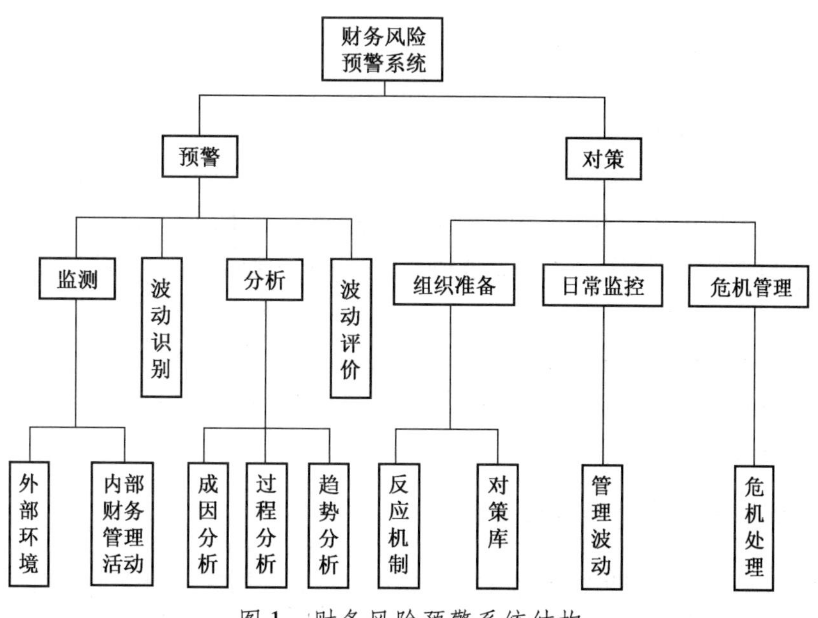

图1　财务风险预警系统结构

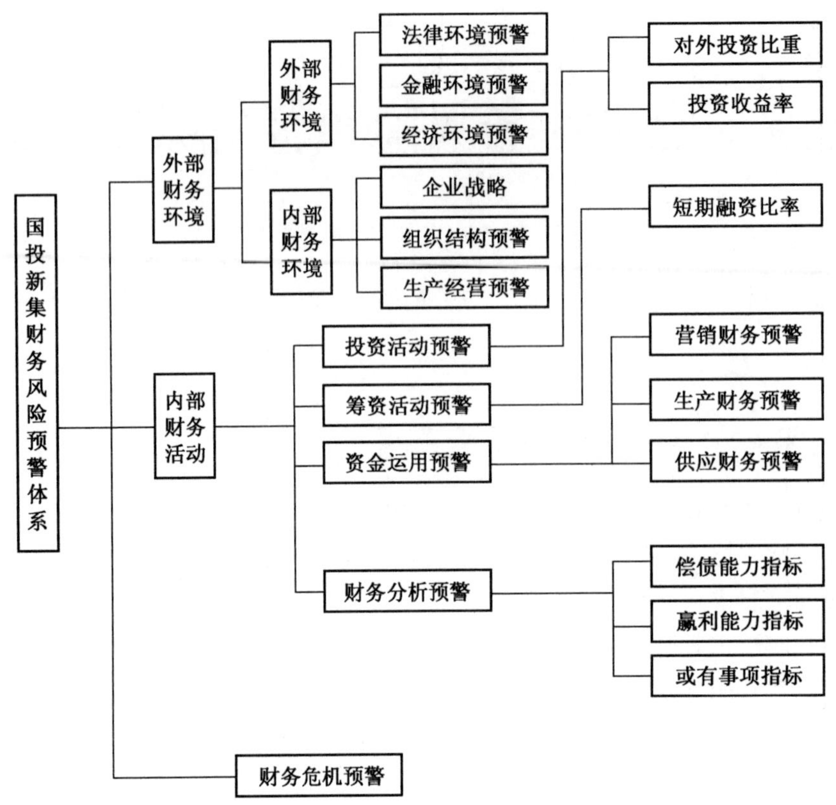

图2 财务风险预警体系的指标基本结构

(一) 标准化、规范化改革、夯实管理基础

一是创新变革财务管理工作。收集规范真实的财务会计信息，完善内部控制制度，进行财务管理与其他管理活动的良好衔接和协调，实现财务信息的规范化和实时动态化，为财务风险预警系统搭建优良的财务核算和管理环境。

二是抓好成本管理工作。对整个供应链流程和资源进行整合，针对各个关键点设置相应的预警指标体系，并用现代信息技术实现快速统计和分析，测定实际指标值，做到事前监控、事中控制煤炭成本，最终实现降低成本的目标。

三是及时采集生产经营中的各类信息。煤炭生产是深层地下作业，要与断层、水、瓦斯等恶劣的自然条件作斗争，且生产场所不断变化，使煤炭企业计划指标的稳定性较差，需要针对不可预见的条件变化及时调整各种计划指标。改造企业内部业务流程，协调企业内部关系，形成完整灵敏的信息反馈机制。

四是进行组织结构扁平化改革，建立时效管理制度。凡涉及对外业务的部门都以时效台账的方式建立时效档案，规定各类部门间业务传递时限，理顺各职能部门间的业务衔接关系，在组织协调和业务时效上提供保障。

(二) 建立财务风险预警信息管理系统

在公司 ERP 信息管理系统和财务信息管理系统中加入一个模块（图 3），主要功能是对财务预警信息进行收集、加工、储存、传递和利用，并用以图标或表盘的形式，简明直观地呈现在决策者

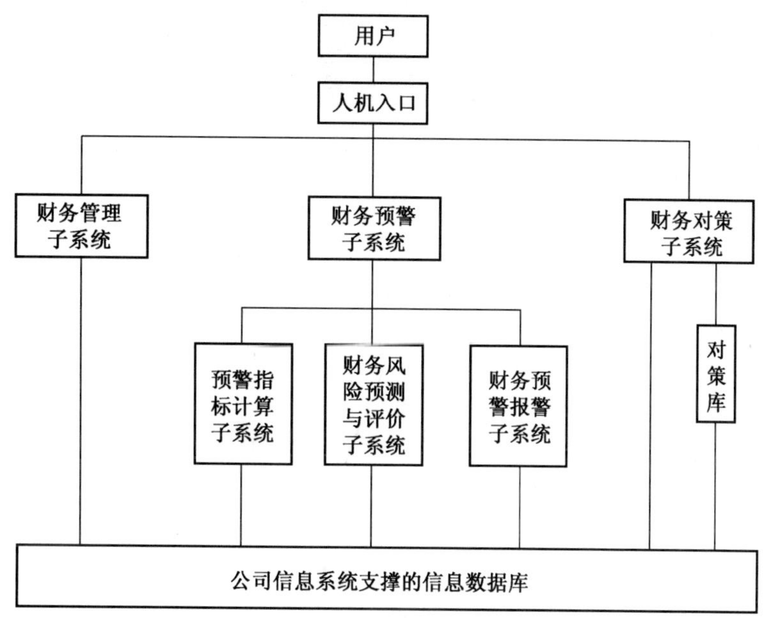

图 3　财务预警信息管理系统

的眼前。

（三）开展财务环境预警

设置相关的职能部门关注内、外部环境的变化，并在此基础上，对财务风险预警体系中预警指标的标准值和临界值进行调整。

1. 企业外部财务环境预警（表 1）

表 1　企业外部财务环境因素

序号	外 部 因 素	主　要　内　容
1	宏观指标	经济增长速度：主要指标为年 GDP 增长率 宏观经济政策：主要指国家的产业结构调整。
2	会计税收政策	会计法规、会计准则、会计制度、税收法规的重大调整
3	金融政策	利率调整 信贷政策
4	竞争对手变化	营销政策和促销行为 竞争对手的兼并收购、合资合作行为 竞争对手的重大融资行为等
5	其他因素	地方政府的支持 可替代产品的出现

2. 企业内部财务环境预警（表2）

表2 企业内部财务环境因素

序号	内部因素	主要内容
1	企业经营战略重大调整	煤炭产量计划 销售收入指标和利润指标 投资战略 筹融资战略 人力资源战略 其他战略
2	企管供应体系的重大调整	实行招投标制度的范围和力度 供应商的重大变更
3	销售体系的重大调整	销售政策的制定 销售网络的建立 销售人员的激励措施 重大促销政策的实施
4	考核体系的重大调整	考核方法和思路的重大变化
5	企业信息化水平的重大变化	实施ERP的范围 企业内外部网络建设
6	企业重大的资本运营行为	兼并收购 资产重组 债务重组 合资、合作 股份制改组
7	企业高级管理人员的调整和组织机构调整	—
8	用工制度和人力资源政策的重大变化	—

（四）开展营销活动财务预警

1. 产销平衡财务预警

产销平衡是成长型企业追求的营销目标之一。产销平衡的衡量指标为产销率。产销率指标反映了企业销售能力的匹配情况。虽然目前执行的是以销定产的经营策略，但企业年度生产量一经确定，应尽可能促进销售，避免存货积压造成损失。产销平衡财务预警框架见表3。

表3 产销平衡财务预警框架

指标范围	警级	对策
95%＜产销率＜98%	Ⅰ级预警	销售部组织策划
85%＜产销率≤95%	Ⅱ级预警	销售部长提交分管副总经理，各部门配合提高销售量
产销率≤85%	Ⅲ级预警	提交总经理

由于产销平衡情况对生产经营安排影响极大，应及时调整，因此对产销率的预警每月测算。

2. 货款回收管理预警

商品交易按货款回收方式划分，可以分为两种。一种是现款交易；另一种是信用交易。与此相适应，货款回收管理可分为现金结算管理、转账结算管理、应收账款管理、逾期应收账款管理。电力煤销售主要为应收账款，地销煤销售主要为现金交易和票据结算。

现金收款业务比较简单，主要是避免出现差错，一般不会出现其他问题。由于从转账到货款到账存在一定时间差，在这段时间一旦出现问题，往往会造成一定损失，所以转账收款应加强预警管理。

货款回收率财务预警框架见表4。

表4　货款回收率财务预警框架

指标范围	警级	对策
88% ≤货款回收率≤95%	Ⅰ级预警	销售部部长组织结算业务人员加强联系，提高货款回收率
80% ≤货款回收率< 88%	Ⅱ级预警	销售部部长提交公司分管领导，策划应对方案
货款回收率< 80%	Ⅲ级预警	报总经理备案

每月财务部门根据当月回款、应收账款余额情况计算当月货款回收率，监控企业资金流动情况并及时预警。

3. 应收账款管理预警

应收账款管理的目的是保证足额及时收回账款，降低和避免信用风险。一般来说，应收账款周转率越高，平均回款期越短，说明应收账款的收回越快。否则，一方面企业的运营资金会过多地呆滞在应收账款环节上，影响企业正常的资金周转；另一方面增加了企业坏账损失的可能性，如果达到相当严重的程度，有可能使企业的资金链中断，出现财务危机。应收账款周转预警框架见表5。

表5　应收账款周转率预警框架

指标范围	警级	对策
13≤应收账款周转率≤15	Ⅰ级预警	营销业务人员经常监督合同执行情况，按合同要求及时收回应收账款
10≤应收账款周转率< 13	Ⅱ级预警	销售主管加强对授信的控制管理，对信用状况较差商户坚决不予授信
应收账款周转率< 10	Ⅲ级预警	销售部部长重新检讨企业信用评估体系，对信用评估体系中存在的问题进行修改，减小授信额度，甚至取消信用交易

每月财务部门编制应收账款账龄分析表，以应收账款周转的预警配合账龄分析，每月进行测算。

4. 销售费用管理预警

销售费用是企业在销售煤炭和运输等过程中发生的各项费用，具体包括折旧费、修理费、广告费、职工薪酬和其他经费等。销售费用预警管理应重点放在销售费用预算平衡和销售费用投入的实际效果上。销售费用计划变化率指标预警框架见表6。

表6 销售费用计划变化率指标预警框架

指标范围	警级	对策
10%≤销售费用计划变化率<20%	Ⅰ级预警	销售主管重新审核销售费用支出，对其进行结构性调整
20%≤销售费用计划变化率≤30%	Ⅱ级预警	销售部部长对销售费用的支出结构进行分析，去除或缩减明显不合理的部分
销售费用计划变化率≥30%	Ⅲ级预警	呈报公司分管领导，在进行结构性调整的基础上，压缩销售费用支出总额，同时对影响销售收入增长的其他因素进行分析并加以改善

注：此指标按月测算。

（五）开展生产活动财务预警

作为资源类企业，煤炭行业的生产环节异于一般生产性企业。国投新集的生产环节主要包括采掘业务、调度管理业务、“一通三防”业务、机电管理业务、地测防治水业务及其他应审查、审批、备案业务。其生产成本为材料费、职工薪酬、电力费、折旧费、井巷工程费、维简费、地面塌陷补偿费、新井基金、安全生产费用及其他支出。

以资金运动为主线，在生产循环中与资金动向密切相关的管理流程为领料投料、投入人工、发生其他费用和成本核算。研发是销售和生产的中间环节，国投新集研发部门主要负责公司新技术、新工艺、新设备的推广和应用，加强对外技术合作，而总体技术支出为人工成本支出和材料支出。

主要原材料投入的管理预警，采用百吨煤主要消耗差异率指标；人工费用管理指标预警，采用百吨人工差异率指标；电力费用管理指标，采用单位电费成本变化率指标；单位成本管理预警，采用单位成本较同期增长率指标；成本费用利润管理预警，采用成本费用利润率差异指标。以上指标均每月计算一次。

（六）开展企业采购供应活动财务预警

国投新集采购业务主要为采购“三材”、采购损耗件、采购大型资产。其关键财务管理流程为制订计划、签订合同、验收、入库保管、出库、付款和盘点。国投新集运营中，由于销售、生产活动较为有序，易于管理。采购供应活动为十分重要的活动，对采购供应的控制成为公司有序运转的关键。以资金运动为主线，采购供应活动中关键流程有采购供应计划业务流程，签订合同业务流程，仓储、出库、盘点业务流程、付款业务流程。

采购供应计划管理预警，采用采购计划变化率指标；签订合同管理预警，采用主要原材料采购价格差异率指标；付款业务管理预警，采用应付账款增减幅度指标；存货管理预警，采用储备资金计划变化率指标。以上指标分别按周、月、季测算。

（七）开展企业基础管理活动财务预警

国投新集管理费用主要归为应付职工薪酬、保险费、折旧费、修理费、无形资产摊销、长期待摊费用摊销、业务招待费、差旅费、办公费、水电费、税金、诉讼费、中介费、董事会费及其他。

管理活动预警的关键指标有管理费用增长率，以及包括办公费、招待费、差旅费用等在内的可控费用增长率。管理费用变动率的影响因素主要为管理费用各项金额变化，由于有些项目受政策性因素影响较大难以进行风险预警，因此把可控费用的指标作为管理活动预警的重要预警指标。

（八）开展企业筹资活动财务预警

国投新集在进行筹资预警过程中，针对不同的筹资方式进行预警。短期借款预警有短期借款比率、短期借款配比率以及短期借款计划变化率等预警指标。票据融资预警有票据贴现率、票据执行率指标。长期借款的预警指标有长期借款展期率、长期资金用途适用率以及长期借款计划变化率等。权益融资预警的一个重要指标是权益资产比，即产权比率或权益占总资产比率。此比率按年测算。财务费用预警指标为财务费用增长率和利息保障倍数。

（九）开展企业投资活动财务预警

国投新集将短期投资纳入货币资金的财务预警体系。企业投资活动财务预警主要是长期对外投资的财务预警。根据长期投资的性质，将其分为证券投资和实业投资两类。国投新集目前的投资均为实业投资，分别由二级子公司和三级子公司执行。实业投资主要预警指标为预期的投资内含收益率，按项目周期内各期测算。

国投新集特别重视项目可行性研究，聘请专家和专业咨询机构进行咨询和论证，提高决策质量；慎重对待对外投资，坚持风险和收益对等的原则；搞好与当地政府或部门的关系和合作，加强对外投资项目的维护和管理；采取组合投资、联合投资、组合战略联盟，实行风险分摊、风险回避、风险控制、风险转移等方法，确保项目的投资收益率。

（十）开展企业货币资金管理预警

就国投新集内部资金状况而言，现金、银行汇票和其他货币资金的区别较小，货币资金作为企业的一种支付手段，其作用已经趋于同质化。因此，为了建立财务预警体系，国投新集对货币资金进行了专门定义。这里所说的货币资金是指一般概念中的现金、银行存款（含定期存款）、短期投资和其他可自由支配并随时可用于支付的货币资金，也可称为现金。为了融资而存入银行的保证金，企业并没有自由支配权，因此不在本概念范围内。

货币资金管理中容易出现的问题是：没有资金计划或计划形同虚设；计划执行不力，人为干扰多；收入不稳定，预测准确性差；支出计划性较差，协调难度大；筹资方式少、渠道窄、人为因素影响大等。企业内部应设立资金计划表，以加强对货币资金的管理。

货币资金管理的预警指标有收入变化率、支出变化率。

1. 货币资金收入变化率

$$收入变化率=\frac{月实际收入-计划额}{计划额}\times 100\%$$

收入变化率的影响因素有计划销售额、价格变动、销售政策变动、竞争对手的重大行为。在制定计划销售额时，对市场把握准确，计划中考虑因素周全，则计划销售额会接近实际收入；价格因素的突发变动，既会引起市场需求量的变化，也会引起销售收入的变动；公司采取的销售政策也会吸引更多的客户或者重点抓住某一类客户；竞争对手的重大行为则可能改变现时的市场格局，对公司客户保持及最终煤炭的销量产生重大影响。收入变化率预警框架见表7。

销售收入按月进行计划编制，收入变化率也按月测算。

表7 收入变化率预警框架

指标范围	警级	对策
-20%≤收入变化率<-10%	Ⅰ级预警	通报至销售部部长，进行市场调查，查明销售减少的具体原因，提出接近方案
-30%≤收入变化率<-20%	Ⅱ级预警	通报对公司分管领导，查找原因，制定相关措施
收入变化率<-30%	Ⅲ级预警	上报总经理关注此指标

2. 货币资金支出变化率

$$支出变化率=\frac{月实际支出-计划额}{计划额}\times 100\%$$

支出变化率的影响因素为企业各项支出，如材料采购、销售费用、管理费用、财务费用、税金支出、其他支出等。支出变化率预警框架见表8。

表8 支出变化率预警框架

指标范围	警级	对策
10%≤支出变化率<20%	Ⅰ级预警	通报企管部及财务部，查明支出超计划部分明细，审核其合理性
20%≤支出变化率<30%	Ⅱ级预警	通报至财务部部长和企管部部长，加强资金计划编制控制，力求计划准确
支出变化率≥30%	Ⅲ级预警	上报至总会关注此指标，严格控制各项支出

资金计划表按月进行编制，支出变化率也按月测算。

（十一）开展企业财务报表分析预警

企业财务报表分析是以财务报表为依据，将大量的报表数据经过处理和加工，使其转换为对决策有用的信息和数据。企业财务报表虽然具有一定的滞后性，但通过分析可以系统评价企业过去财务管理整体效果和变动趋势，通过预警可以帮助企业把握财务管理发展方向。一般情况下，财务分析预警并不能提供最终的对策和方法。财务报表分析预警后，企业应当结合财务环境、行业因素和本企业其他相关财务管理活动信息，经过调查研究，分析原因，提出对策。

1. 偿债能力分析预警

根据国投新集历史数据和行业平均数据，确定偿债能力指标合理区间。其中流动比率和速动比率是企业短期偿债能力指标，分别衡量企业用流动资产偿付流动负债的能力和用可变现流动资产偿付流动负债的能力。而资产负债率和利息保障倍数则衡量了企业的长期偿债能力。偿债能力预警指标见表9。

表9 偿债能力预警指标

预警指标	合理区间	预警方式
流动比率=流动资产/流动负债	1~2	超过合理区间则通报总会
速动比率=(流动资产-存货)/流动负债	0.5~1	超过合理区间则通报总会

表9（续）

预　警　指　标	合理区间	预　警　方　式
资产负债率 = 负债/总资产	40% ~70%	超过合理区间则通报总会
利息保障倍数 = 息税前利润/利息支出	<3 倍	超过合理区间则通报总会

2. 营运能力分析预警

根据国投新集历史数据和行业平均数据，确定营运能力变化率的指标区间。营运能力指标用来衡量企业各种资产的运用效率。一般周转率越高，说明该资产能够提供的销售收入越高。营运能力预警指标见表10。

表10　营运能力预警指标

预　警　指　标	合　理　区　间	预　警　方　式
原材料周转率变化率	-10% ~10%	超过合理区间则通报总会
在产品周转率变化率	-10% ~10%	超过合理区间则通报总会
存货周转率变化率	-10% ~10%	超过合理区间则通报总会
应收账款周转率变化率	-10% ~10%	超过合理区间则通报总会
固定资产周转率变化率	-10% ~10%	超过合理区间则通报总会
总资产周转率变化率	-10% ~10%	超过合理区间则通报总会

注：其他指标包括流动资产周转率、营运资金周转率等。当上述指标发生大幅度变化时，应当预警。

3. 赢利能力分析预警

正向预警指标为指标值越大越有利，主要有销售毛利率、成本费用利润率、净资产收益率、总资产收益率等。根据国投新集的历史情况和80多家采掘企业的行业资料确定合理范围，该类指标大幅度下降或接近0时应当预警。负向指标为指标值越小越好，主要有销售成本率等。当该类指标大幅度提高、达到或接近企业最大承受能力时，应当预警。赢利能力预警指标见表11。

表11　赢利能力预警指标

预　警　指　标	合理区间	预　警　方　式
销售毛利率 = (销售收入 - 销售成本)/销售收入	>25%	超过合理区间则通报总会
成本费用利润率 = 利润总额/成本费用总额	>15%	超过合理区间则通报总会
销售成本率 = 成本费用总额/销售收入	<75%	超过合理区间则通报总会
净资产收益率 = 净利润/平均净资产	>10%	超过合理区间则通报总会

4. 发展能力分析预警

企业发展能力预警指标见表12。

5. 经营现金流量分析预警

经营现金流量预警指标见表13。

表 12　企业发展能力预警指标

预警指标	合理区间	预警方式
销售收入增长率	>0	超过合理区间则通报总会
固定资产增长与销售收入增长比	80% ~120%	超过合理区间则通报总会
利润增长÷收入增长	80% ~120%	超过合理区间则通报总会
利润增长÷资产增长	80% ~120%	超过合理区间则通报总会
净资产增长率	>0	超过合理区间则通报总会
实际销售增长率÷期望可持续增长率	80% ~120%	超过合理区间则通报总会

表 13　经营现金流量预警指标

预警指标	合理区间	预警方式
盈余现金倍数=经营现金净流量/经营净利润	>1.2	超过合理区间则通报财务部门
现金债务保障倍数=经营现金流量/到期债务	>0.5	超过合理区间则通报财务部门
现金利息保障倍数=经营现金流量/利息支出	>4	超过合理区间则通报财务部门

6. 或有事项预警

或有事项也可能造成大笔的资金流动。或有事项包含两个层次：一是或有负债，二是或有资产。根据企业会计准则的规定，或有负债包括已贴现商业承兑汇票形成的或有负债；未决诉讼、仲裁形成的或有负债；为其他单位提供债务担保形成的或有负债；其他或有负债（不包括极小可能导致经济利益流出企业的或有负债）。或有资产理论上也包括很多项目。但由于或有资产事项的发生对企业是有益的，因此，或有事项的预警主要是对或有负债的预警。

（1）对外担保预警（表 14）。

表 14　对外担保财务预警框架

管理的问题	预警指标	对策
没有专门的管理部门	是否有台账	设立专门的对外担保管理部门
被担保人资信变化，没有及时跟踪	被担保人的资信大幅度下降	由专门部门收集、跟踪被担保人资信信息
无原则对外担保	对外担保数增加额	资格审核：签订互保协议、被担保人资信和与被担保人的关系总量控制
被第三方追索	是否被追索	积极应诉和追索

（2）质量事故财务预警（表 15）。

表 15　质量事故财务预警框架

管理的问题	预警指标	对策
事故反馈不及时	是否有快速反应机制	建立快速反应机制
对媒体管理不善	对公司不利的报道	加强公共关系
质量索赔事故统计不真实	质量索赔事故数量、频率和被索赔金额	及时报送有关统计报表
没有内部责任追究制度	是否有内部责任追究制度	建立有效的内部责任追究制度

（3）外部诉讼财务预警（表16）。

表16　外部诉讼财务预警框架

管理的问题	预警指标	对策
信息反馈不及时，没建立快速反应机制	是否建立快速反应机制、专门的部门	设立专门的诉讼管理部门或岗位，建立快速反应机制
对媒体管理不善	公关费用开支比例	增加公关部门的开支

7. 关联方交易预警

基于企业的投资者对企业关联交易的关注，企业内部对关联交易也应进行预警控制。主要预警指标为关联交易占销售收入百分比。关联交易占销售收入百分比的影响因素即为关联交易额，见表17。

表17　关联交易预警框架

指标范围	警级	对策
5% ≤关联交易百分比< 10%	Ⅰ级预警	通报至销售部部长及相关部门领导，查明原因，采取措施
10% ≤关联交易百分比< 15%	Ⅱ级预警	上报至公司分管理领导，重新核实有关关联方信用政策、销售条件等
关联交易百分比≥15%	Ⅲ级预警	上报至总经理，考虑关联交易真实性，在季报、半年报或年报中披露

关联方交易百分比每季测算。

（十二）建立总体财务危机预警模型

国投新集作为煤炭企业，与一般挖掘企业和能源企业类似，其面临财务困难的预警指标主要受偿债能力指标、赢利能力指标、资产周转能力指标的影响。

企业良好的现金流量、净收益和债务结构为企业长期、稳定的发展奠定了基础。因此，企业应当关注上述比率的变化趋势。综合运用这些指标，并在传统预警模型中的 Z 分数模型的基础上加以改造，可得如表18所示的企业财务危机预警框架。

表18　企业财务危机预警框架

指标范围	企业财务状况	指标范围	企业财务状况
$2.675 < Z$ 值	良好	$0 \leq Z$ 值 < 1.81	二级预警：存在财务危机的可能性
$1.81 \leq Z$ 值 ≤ 2.675	一级预警：财务状况不稳定	Z 值 < 0	三级预警：濒临违纪或破产边缘

运用多种财务指标加权汇总产生的总判断分（称为 Z 值）来预测财务危机，模型如下：

$$Z = 0.012X_1 + 0.014X_2 + 0.033X_3 + 0.006X_4 + 0.999X_5$$

式中　X_1 =（期末流动资产 - 期末流动负债）/期末总资产；

X_2 = 期末留存收益/期末总资产；

X_3 =（经营现金流量 - 折旧）/期末总资产；

X_4 = 期末股东权益的市场价值/期末总负债;

X_5 = 本期销售收入/总资产。

该模型实际上是通过五个变量（五种财务比率），将反映企业偿债能力的指标（X_1、X_4）、获利能力指标（X_2、X_3）和营运能力指标（X_5）有机联系起来，综合分析预测企业财务困难或破产的可能性。

三、财务风险预警指标体系建设成效

（一）培育和提高了企业的财务风险意识和能力

国投新集通过自我诊断，挖掘企业内部业务流程存在的不合理的地方，从根本上改变管理思维，把市场需求分析、原煤生产、商品煤洗选加工、产品配送，直至售后服务作为一个完整的企业“作业链”，平衡、调配、控制企业各方面资源。

依据企业生产经营调度管理的业务流程，采用信息化手段，实现矿厂及职能部门管理的有机衔接，使得企业的生产经营信息有效整合、共享各类信息，并及时、敏捷地反馈到财务管理预警系统中去，为企业生产经营决策提供及时、准确的信息支持，使公司领导和职工在应对财务风险的过程中增强了信心，形成了坚强的合力。

利用信息技术将控制体系嵌入到会计信息系统中，并针对关键控制点制定相应的控制手段，从注重事后控制转向重点关注事前预防和事中控制；建立并执行严格的授权控制制度，通过制定财务管理业务手册、管理报表旬报制度、资金预算报批程序等各种作业程序、制度和管理办法，使各部门、各岗位人员各司其职，通力协作。

（二）实行例外管理、提高决策水平

在运行风险预警机制时，公司领导层能够随时捕捉公司财务管理活动中各种管理漏洞、管理失误、重大风险和隐患的管理波动信号，适时发出警报，并提示采取适当措施，形成免疫机制，从而大大加强了公司抵抗风险的能力，提高了公司的适应能力和发展能力，避免了一些不必要的损失。

（三）提高了企业的财务管理水平和档次

国投新集充分利用了公司现有管理基础，充分发挥了公司 ERP、IT 技术的优势，提高了公司的财务管理水平和档次。企业财务管理的重心由数据加工转向协助企业制订和执行战略目标，财务人员通过公司 ERP 系统对财务信息全面集成，并把相关信息及时反馈给采购、生产矿井、煤炭销售等业务部门的经营管理人员，指导、建议和支持各业务部门做出正确的经营决策，实现财务与业务的协调处理，优化了公司的业务组合和资产结构。

山东能源新矿集团全面风险管理系统开发与应用研究

山东能源新汶矿业集团公司　程　伟　孟庆合　郭信英　王　同

一、新矿集团全面风险管理信息系统建设背景

中国国有企业经历了超过20年的高速发展，发展越快，面临的风险也越大，但风险管理水平普遍需要提高。2006年，国务院国资委颁布《中央企业全面风险管理指引》，要求中央企业将风险管理提到重要的管理高度。2008年6月，山东省国资委颁布《山东省省管企业全面风险管理指引》。2010年年初，山东省国资委发出《关于深入开展全面风险管理工作的通知》，要求省管企业建立全面风险管理基本流程；健全风险管理组织体系；建立风险管理信息系统；形成企业风险管理文化。

在各级政府一系列相关规定陆续出台，中国的全面风险管理体系框架已具雏形的大背景下，新矿集团启动了全面风险管理工作，开始开发全面风险管理信息化系统。风险管理信息化是将风险管理工作落到实处的最有效途径，全面风险管理信息系统是一个企业开展全面风险管理工作的动态操作平台和完整的信息系统，支持企业战略决策和日常运营中风险管理的各种活动。其范围覆盖了风险管理的全过程，面向企业内、外部的所有风险，并针对企业重大风险采取合理的应对策略，采用企业战略调整、内部控制、监控预警和风险对冲等技术手段，最终把企业风险控制在风险承受度的范围之内。通过全面风险管理信息系统的运行，使企业建立起实际可操作的风险管理长效机制，能够持续改进风险管理工作的效果。

二、新矿集团全面风险管理信息化阶段性成果及应用效果

（一）新矿集团全面风险管理信息系统覆盖风险管理的主要环节

新矿集团风险管理信息系统主要功能覆盖了风险识别、风险评估、风险应对、风险报告以及日常工作辅助功能，具体包括：

第一，全面风险管理的业务平台。实现集团公司全面风险管理的各个业务环节的功能要求，包括风险环境设置、风险调查、风险评估、风险分析、风险应对、风险监控及风险报告等。

第二，全面风险管理的工作平台。实现全面风险管理的各个组织工作环节的功能要求，包括工作动态和工作成果展示、工作通知、意见交流、工作进度管理、风险知识培训等。

第三，全面风险管理的信息化建设平台。实现全面风险管理信息化持续建设的主要功能要求，包括组织架构、人员角色与权限等基础数据的设置、操作日志审计、与其他业务系统的数据接口等。

（二）新矿集团全面风险管理信息系统的特点

新矿集团风险管理信息化建设的主要目的是开发稳定实用的信息系统，满足全面风险管理对信息处理的实际需要，实现阶段性风险管理的设计功能，建设可持续升级改造的风险管理系统开发平台，满足企业风险管理信息化的阶段性需求。

系统包括三个基本特点、两条设计思路、一项核心技术。

1. 三个基本特点

第一，系统为每一个“风险事件”都指定了不同的“责任部门”和“协作部门”。这样设置有两个作用：一是当某一个“风险事件”出现异常时集团可以及时联系“责任部门”及“协作部门”制定风险应对措施，落实责任。二是在风险评估时针对不同的风险事件系统赋予不同的“责任部门”、“协作部门”及参与风险评估的其他部门不同的“权重”，根据“最内行的人最有发言权”的原则，“责任部门”权重最大，“协作部门”次之，其他部门权重最小，这样做可以让风险评估结果更加客观、更加真实和更加科学。

第二，结合企业目标进行风险评估。系统在进行风险评估时让每一个“风险”或“风险事件”针对年初企业设定的每一个奋斗目标造成的影响做出评估，初步解决全面风险管理的“落地”问题。

第三，实现调查问卷的数据修正、基于调查数据的多维度风险信息展示。包括风险矩阵图、气泡图、波形图等表现方式，能够针对不同部门、不同业务进行风险分析展示。

2. 两条设计思路

第一，调查问卷打分采用描述性语言的方式供用户选择。系统对每一条描述性语言定义出分值区间，问卷汇总时按对应分值进行计算。采用这种方式而不是让用户直接打分是因为集团认为描述性语言能够把抽象的分值让人在脑海中转变为宏观的概念从而更加形象，能让风险评估的结果变得更客观，从而更方便集团全面风险管理工作的开展。

第二，在系统答卷期间“首页”中相关栏目不再显示。目的是减少以前的风险评估结果对答题者参与此次问卷调查的主观干扰。

3. 一项核心技术

数据汇总采用基于发生概率和影响程度的二维数据，通过“全概率公式”的算法进行数据的汇总计算。基于新矿集团全面风险管理的主要业务流程，系统的主要功能如图 1 所示。

（三）新矿集团全面风险管理信息系统的主要功能

1. 风险管理信息系统门户（首页）

主要功能包括风险管理信息交流与展示。主要栏目有：通知公告、工作动态、政策法规、风险管理常识。同时展示风险图谱、风险列表、风险监控指标实时数据。首页提供重要信息提示功能，包括针对风险管理人员、普通用户进行风险答卷、风险事件审批信息、风险应对审批信息等多维度信息提示，是全面风险管理的工作平台。

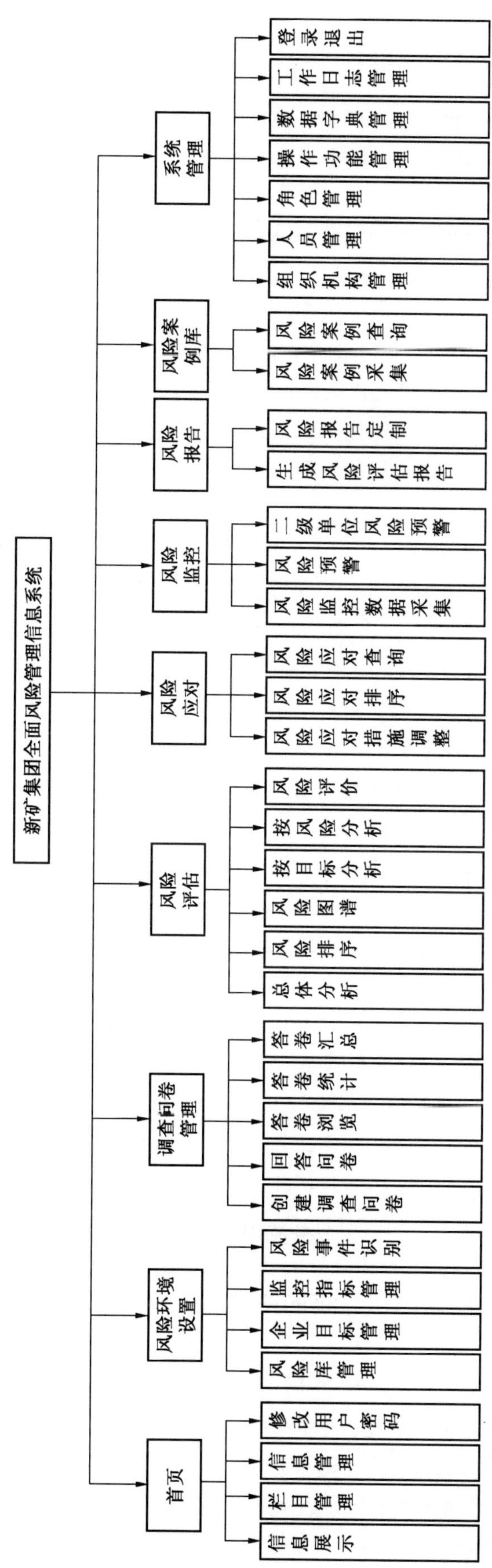

图1 新矿集团全面风险管理信息系统主要功能

2. 风险环境设置

主要功能包括风险管理的基础环境设置，包括风险库管理、风险事件识别、企业目标管理、监控指标管理。根据不同年度设计不同的相应指标。

（1）风险库管理：建立集团风险数据库，采用“一级风险”下包含若干“二级风险”；“二级风险”下包含若干“风险事件”的“三级结构”模式，实现在二级风险下管理风险事件，要求能够及时和数据库进行完善调整，形成集团的风险信息数据库。

（2）风险事件识别：能够在集团层面进行风险的辨识和风险事件的识别，业务部门及二级单位识别的风险事件必须经过风险管理部门的审批才能进入风险事件数据库。

（3）企业目标管理：设置企业年度目标，根据企业目标进行风险管理。

（4）监控指标管理：设置监控指标。监控指标为企业风险监控的一些指标，要求系统对这些指标进行监控，同时可以由集团内其他应用系统提供数据。

3. 调查问卷管理

主要功能包括问题设计、创建调查问卷、回答问卷（含风险应对措施、风险事件的补充与调整等）、答卷汇总、答卷统计、风险评估。数据汇总采用基于发生概率和影响程度的二维数据，通过“全概率公式”的算法进行数据的处理，这是新矿集团全面风险管理信息系统的一项核心技术，风险计算采用“自下而上”、“分层、分类、集中”的方式进行计算汇总，首先根据对每项风险事件评定的可能性分值、影响程度分值计算风险值：

$$风险值 = 风险可能性分值 \times 风险影响分值$$

其次根据“全概率公式”对分值进行逐级汇总。

问卷打分采用“可能”、“很可能”、“基本确定”等描述性语言的方式供用户选择，每条描述性语言对应相应的分值，在答卷汇总时根据分值进行计算。

每年根据风险管理要求设计风险调查问卷，问卷试题包括风险事件对各企业目标的发生概率和影响程度，能够对风险事件进行申报，能够提交风险应对措施。试题可以指定人员指定时间进行回答，问卷答卷情况统计、问卷结果汇总。

最新调查问卷发放后系统会自动提示用户答题，并且系统“首页”中的“最新一级风险图谱”和“最新二级风险排序”显示空白。

调查问卷答题分为“普通用户”答卷和“集团领导”答卷两个层次：“普通用户”答卷方式是让每一个“风险事件”针对每一个企业奋斗目标在“发生概率”和“影响程度”两方面做出评估。“集团领导”答卷方式是让每一个“二级风险”针对每一个企业奋斗目标在“发生概率”和“影响程度”两方面做出评估。这样做是出于领导的“宏观决策”地位考虑。

4. 风险评估

主要功能包括风险调查问卷统计（总体）、风险排序、风险图谱，可以进行各目标受各个风险的影响分析及展示，也可以进行各风险对某个目标的影响分析及展示。

能够在“数据修正列表”中实现调查问卷的数据修正，能够针对风险评估结果进行风险排序，能够针对总体风险、二级风险生成风险图谱进行多维度展示，能够针对部门、针对行业进行风险分析，能够针对企业目标进行风险分析，能够针对风险对企业目标的影响进行风险分析。

（1）风险排序：根据修正后的风险值系统自动对“一级风险”和“二级风险”进行排序，也可以通过“风险条件过滤”功能让各风险针对企业的某一奋斗目标进行排序。风险状态以“红灯”、“黄灯”、“绿灯”的方式形象展示，“红灯”表示高风险状态；“黄灯”表示关注风险状态；“绿灯”表示低风险状态。

（2）风险图谱：系统能够针对总体风险、二级风险生成风险图谱进行多维度展示，能够针对部门、针对行业进行风险分析。展示形式分为矩阵图、气泡图和等值曲线分布图。

（3）按目标分析：风险针对企业奋斗目标做出的分析，表现形式为饼图、气泡图和波形图。

（4）按风险分析：企业奋斗目标针对风险做出的分析，表现形式为饼图、气泡图和波形图。

5. 风险应对

主要功能包括重大风险确认，风险应对措施采集，风险应对措施的审批与业务流程调整，应对措施查询等。

针对辨识出来的风险进行重大风险确认，对重大风险制定应对措施，并指定相关责任部门，各责任部门可以提交应对措施，风险管理部门对其进行汇总整合，并指定相应的责任部门，且可以查询应对措施进展情况和应对效果。

6. 风险监控

主要功能包括风险监控数据采集、风险预警、二级单位风险预警。针对风险监控数据，可以人工录入监控，从而与其他应用系统接口，实现数据共享。针对监控数据可以进行风险预警。

针对每个指标系统都设置了低风险标准、关注风险标准、管控风险标准和应急风险标准，用红灯、绿灯、黄灯的方式展示，同时为了更直观地表示指标状态，系统采用了仪表盘的形式表示各个指标值的大小。

“监控数据导入”功能可以实现监控数据的自动导入，这是新矿集团为防止形成数据孤岛而为将来纳入新矿集团信息系统五年规划留出的数据接口。

7. 风险报告

主要功能包括根据企业管理需要自动生成风险评估报告和风险管理报告两个报告。

针对风险评估结果和日常风险监控数据可定制各类报表，主要包括风险评估报告和风险管理报告，可以保存为 Word 报告格式。由业务人员进行调整后形成正式报告。

8. 风险案例库

实现风险案例的内容管理，主要功能包括风险案例采集、风险案例查询等。

收集整理并展示相应的风险案例，供集团内部参考。

9. 系统管理

主要功能包括机构管理、人员管理、栏目管理、信息管理、角色管理、功能权限管理、数据字典管理、操作日志查询。

(四) 监控的重大风险

1. 为重大风险的监控提供技术条件

系统设计了符合 Web servers 规范的数据接口和相关数据的人工录入界面，可以方便地与其他业务系统实现信息交互，及时更新监控指标的数据。这样既保证了风险管理监控信息的时效性，同时又为下一阶段实现风险管理与其他业务系统的有效融合奠定了基础，此外也满足了新矿集团对集团信息化和信息共享的统一要求。

对所有监控指标提供了形象直观的仪表盘展示方式，便于管理人员及时发现监控和预警信息。

对所有监控指标的实时数据和仪表状况，可以随时导入到系统文档中，方便工作人员及时上报和交换监控信息。

2. 对重大风险进行实时监控

新矿集团全面风险管理信息系统针对重点领域风险，经过广泛调研，根据实际情况由相关专家设计了本阶段监控的定量指标体系，由净资产收益率、销售利润率、成本费用利润率、存货周转率、应收账款周转率、现金回款率、资产负债率、速动比率、税收负担、投资收益率、煤炭资源采储比和运力保障程度等 12 个监控指标组成。

在定量指标体系中对本阶段重点监控的指标分别属于投资决策风险、市场风险和流动性风险等重大风险。

投资决策风险监控指标包括投资收益、投资成本、投资收益率。其关系为：

$$投资收益率 = 投资收益/投资成本 \times 100\%$$

投资决策风险监控标准见表 1。

表 1 投资决策风险监控标准

低风险标准	关注风险标准	管控风险标准	应急风险标准	监控周期
>12	12~8	8~4	<4	每月

市场环境风险监控指标包括煤炭资源储采比、期末经济可采储量、年生产能力。其关系为：

$$煤炭资源储采比 = 期末经济可采储量/年生产能力 \times 100\%$$

市场环境风险监控标准见表 2。

表 2 市场环境风险监控标准

低风险标准	关注风险标准	管控风险标准	应急风险标准	监控周期
>20	20~15	15~10	<10	每半年

流动性风险监控指标包括资产负债率、现金回款率、速动比率、应收账款周转率：

$$资产负债率 = 负债总额/资产总额 \times 100\%$$

$$现金回款率 = 现金/总回款金额 \times 100\%$$

$$速动比率 = (流动资产 - 存货)/流动负债 \times 100\%$$

应收账款周转率(次数) = 主营业务收入/平均应收账款

流动性风险监控标准见表3。

表3　流动性风险监控标准

监控指标	低风险标准	关注风险标准	管控风险标准	应急风险标准	监控周期
资产负债率	≤43.4	43.4～53.6	53.6～63.8	>63.8	每月
现金回款率	≥90	80～90	70～80	60～70	每月
速动比率	≥128.7	99～128.7	63.9～99	<63.9	每月
应收账款周转率	≥9.2	6.1～9.2	3.7～6.1	<3.7	每月

三、新矿集团全面风险管理信息系统存在的不足及改进思路

（1）全面风险管理信息系统风险监控数据还未实现自动采集。由于缺乏对于风险信息的统一认识，尚未形成企业的风险信息标准和传送渠道，对于具体风险量化和信息化的数据支持相对不足，影响风险管理信息化的效率和效果。下一步需要继续完善风险管理信息系统功能，使之与新矿集团现有的财务系统、煤销系统、协同办公系统等有效对接，实现数据的自动采集和信息的及时传递。

（2）信息化系统中各风险管理职责不清，缺乏明确且针对不同层面的风险管理的职能描述和职责要求，还没有真正建立保障风险管理顺利运行的职能架构。确保风险管理工作实现常态化，需要在现有基础上进一步完善新矿集团风险管理组织架构，制定政策明确责任，只有这样才能从组织和制度上保障企业全面风险管理工作顺利推进。

（3）新矿集团全面风险管理信息系统目前还不支持同时对多个单位的风险评估，目前系统只能容纳一套数据，实现对一个单位的风险评估，向集团所属二级单位推广存在困难。今后需要继续拓展系统功能，使系统具备同时对多个单位进行风险评估的功能，以便向集团所属二级单位进行推广，最终达到以该信息化平台为依托使新矿集团构建起由集团本部、二级单位组成的两级风险管理信息化体系，使集团本部与二级单位之间实现风险信息的及时传递与交流。

国有企业转型发展中廉政风险管控探析

开滦集团公司　王　卓　刘士奇

风险管控是指人们用系统的、规范的方法对风险进行预测、识别、控制等，它的目标是以最低的代价使风险的损失减至最小的程度。加强廉政风险的管控，就是通过明确权责分配、规范权力运行程序、强化风险管理、健全规章制度，使权力运行实现分权制衡、流程制约、风险管理、信息化运行，从而建立起科学民主的权力运行决策机制、规范透明的权力运行执行机制以及防控有效的权力运行监督机制，形成系统的权力运行监督制约机制。作为国有企业的开滦集团公司，近年来加大了转型发展、资源扩张、产业升级等工作力度，非煤产业收入占总收入的比重上升到70%以上，开滦物流、煤化工行业进入全国先进行列，2011年开滦集团在中国企业500强排名中跃居91位，实现了煤炭企业的转型发展。为防范企业快速发展中的廉政风险，开滦集团积极探索廉政风险管控机制建设，不断强化权力运行的监督和制约，初步构建起多层次、全覆盖的权力风险监控网络，为企业的转型发展安装了廉政“防火墙”。

一、国有企业在转型发展中加强廉政风险管控的重要性

国有企业廉政风险控制是国有企业管理的重要组成部分，对确保企业有序开展各项工作和提高企业管理水平有着十分重要的作用。

1. 是国有煤炭企业快速发展的必然要求

近年来国家加快经济结构调整，鼓励煤矿企业打破地域、行业和所有制界限，以产权为纽带、以股份制为主要形式进行兼并重组。作为国有煤炭企业的开滦集团资源扩张、转型发展步伐非常迅速，已初步形成以煤炭主业为基础，多元化发展的产业格局，拥有46个子（分）公司，分布在河北唐山、张家口蔚州、内蒙古鄂尔多斯、新疆伊犁和准东、山西介休地区和海外加拿大盖森等地区，成为一个跨地区、跨行业、跨所有制、跨国的大型企业集团。随着企业规模不断扩大，管理的辐射面日益宽泛，管理风险、投资风险、扩张风险、经营风险随之增加，企业实现集中管控、集约管理的难度越来越大。如何减少转型发展中的腐败风险，避免或减少权力失控、行为失范以及各类以权谋私等违纪违法问题的发生，是企业在发展时期所面临的新课题。

2. 是推进企业惩防体系建设的核心内容

国有企业作为国民经济的支柱，作为党的执政基础，在反腐倡廉建设中，担负着十分重要的使命。特别是当前我国尚处于消极腐败现象易发多发的历史阶段，反腐倡廉形势仍然严峻，任务仍然繁重。国有企业惩防体系建设是反腐倡廉的主要内容，而惩防体系建设的核心是对权力的制约，防止权力腐败。通过构建企业廉政风险运行监控机制，可以进一步规范企业领导人员的用权行为，使权力在“阳光”下运作，减少了权力寻租的机会和以权谋私的问题。通过强化对权力的制约力，不仅抓住了惩防体系建设的核心，而且也找到了构建惩防体系的支撑点和切入点，对企业党风廉政

建设起到了有力的推进作用。

3. 是规范各级领导人员廉洁用权的准则

权力是产生腐败的根源，绝对的权力导致绝对的腐败。而廉政风险监控是用制度链来制约权力。各种制度相互关联形成一个紧密联系的链条，每个制度都是这个链条的一个环节，形成闭合运转的制度体系，使权力在“红线”内运行，踩“红线”者要付出沉重代价。通过从机制和制度上加强对重要权力的制约，规范各级领导人员的用权行为，有效防范决策失误、权力失控、行为失范，使领导人员减少犯错误的概率，从而提高领导人员的执行力和公信力，提升企业管理的质量和水平，促进企业发展战略的落实。

4. 是增强领导人员廉洁履职的有效载体

思想是行动的先导，勤政廉政首先要树立强烈的廉洁意识。在廉政风险监控机制建设中，通过对照《中国共产党党员领导干部廉洁从政若干规定》8个方面的52个“不准”的具体内容，梳理每个领导岗位的各项职权、权力风险点、制定防范措施，使领导人员普遍接受一次廉政自律教育，强化了预防意识、风险意识、责任意识，达到自我教育、自我完善、自我提高的目的，从而增强了领导人员规范用权、廉洁从业的意识。

二、把住环节、严格程序，认真查找廉政风险点

建立廉政风险运行监控机制是一项政策性、系统性、规范性和操作性很强的工作，开滦集团在推进过程中坚持逐环节实施、分步推进、以点带面、整体构建。

1. 全面清理界定职权

有权力的岗位就必然有廉政风险。为找准廉政风险点，需要逐岗位地全面清理企业所有职权。开滦集团为找准权力风险点，从集团总部、二级公司、三级单位到基层区科四个管理层次进行系统的、彻底地“清权”，列出所有“权力清单”。通过结合岗位职责和业务实际，逐部门、逐单位、逐岗位对职权进行清理，共清理各类职权10577项。其中集团公司管理层274项，二级公司922项，三级单位3644项，基层区科5737项，形成了详细的职权清单，明确了履职依据、决策依据、执行依据和主管领导，保证了职权清理的全面性和真实性。

2. 确定重点职权

国有企业的领导人员手中掌握着对企业人、财、物管理的权力，其运用权力的正确与否，直接关系着他们的廉洁状况和企业经营管理状况的好与差，直接关系着企业改革和发展的成败。开滦集团在转型发展和资源扩张中，围绕企业的重大项目投资、执行“三重一大”决策制度，以及涉及人、财、物等业务处置权的关键部门、岗位，认真梳理确定重点职权。集团公司共确定出重点职权5110项，其中集团公司管理层65项，二级公司260项，三级单位1902项，基层区科2883项，明确了各层次权力风险防范的重点，找准了机制建设的目标。

3. 制作重点职权运行流程图

规范权力运行的程序，才能找到监控的风险关键点，所以要把权力运作的流程以文字框和流程

线绘制图表的形式固定下来，明确权力运行的一般过程、关键步骤、重点环节和各环节的责任主体，使工作内容、程序依据和运行轨迹得到优化、简化和固化。流程图能够保证权力行为不因执行人更换而改变，不因执行人的主观意愿而改变，是在注重思想道德“软”要求的同时，加强刚性制度“硬”约束的新方法；是在注重“事后查处”的同时，加强“提前预防”的新举措，对于解决滥用权力问题具有重要意义。

4. 查找确定廉政风险点

有权力的岗位就必然有廉洁风险。风险点查找是廉政风险管控的关键。找的正确与否直接决定着风险管控的效果。开滦集团依据《国有企业领导人员廉洁从业若干规定》、《中国共产党党员领导干部廉洁从政若干准则》的具体要求，结合以往查处的违纪违法案件以及可能造成企业损失或损害员工利益的问题，对照权力运行流程图，逐环节、逐岗位进行权力风险评估，找出可能产生腐败或其他问题的风险点。同时根据不同权力风险等级，分别制定有针对性的和便于操作的防范措施。对不同风险等级实行分级管理、分级负责，明确风险管理责任主体和责任人。集团公司共查找确定了一级风险点 1696 个，二级风险点 2137 个，三级风险点 1368 个。根据不同风险等级，制定了有针对性的和便于操作的 13244 项防范措施，增强了超前防范的功能。

三、采取措施，加强防范，形成风险管控长效机制

“不受制约的权力必然腐败”，权力的制约和监督是廉政风险防范的重点。开滦集团不断建立完善各项制度和措施，积极防范企业廉政风险。

1. 建立完善相互制约的规章制度

无规矩不成方圆。只有制定权力运行的“既定轨道”，才能保证权力的规范化运行。按照决策权、执行权、监督权相互分离的原则，把权力制衡作为一个基本理念纳入制度建设其中，保证决策、执行、监督既分离又协调，最终形成既相互制约又相互协调的制度体系。没有分权，就没有对权力的监督和制约，对过于集中的权力，进行合理分解和科学配置，建立有效制衡机制，努力形成用制度管权、按制度办事、靠制度管人的体制机制。开滦集团共整合完善各类规章制度 3810 个，其中决策制度 776 个，执行制度 2387 个，监督制度 579 个。对于不符合权力运行监控机制要求的 399 项制度进行了修订完善，废止了 81 个，新制定管理制度 327 项，做到对重点职权的行使全面覆盖和规范。

2. 建立廉政风险网络监控预警系统

制度建设贵在落实，制度的生命力在于执行，好的制度不执行就会形同虚设，执行不到位就难以发挥应有的作用。特别是一些重点领域和关键环节的权力在运行过程中不公开、不透明，得不到有效制约与监督，是导致腐败问题易发多发的重要原因。为加强廉政风险的管控，开滦集团专门建立了各个层次的廉政风险网络监控预警系统。网络监控预警是运用现代信息技术、网络技术使权力行使在网上运行，并对其进行全过程、全方位的监督。网络监控具有即时性、公开公正性和技术先进性等特点。通过权力网上公开运行，将重要职权的审批、运行按照权力运行流程实现计算机网络化、风险监控程序化，减少人为因素，用“无情的电脑”制约“有情的人脑”，增强制度执行的刚性；通过廉政风险网络监控，有效改变由“少数人”监督“多数人”的格局，实现由大多数人来

监督少数人；通过充分运用廉政风险预警平台，有效解决了权力运行监督难、监督机制运行不畅等问题。

3. 建立高风险权力记录备案制度

高风险权力运行是廉政风险管控的重点和难点，高风险领域主要指企业并购、项目建设、物资招标等重点领域和涉及管人、管财、管物的关键岗位。为降低企业廉政风险，开滦集团对“三重一大”决策内容即重大决策、重要干部任免、重大项目安排和大额度资金使用，规定必须由领导班子集体讨论、民主决策决定，同时对“三重一大”决策和重点领域、关键岗位的廉政风险，专门设立记录备案专用本，按照高风险权力运行程序，由承办具体事项的部门如实记载权力行使过程中各个主要环节运行情况。为跟踪制度实施，及时发现问题、堵塞漏洞、健全完善制度奠定基础，并为实施责任倒查和责任追究提供依据。通过记录备案制度，进一步增强了领导人员民主决策、科学决策的责任感和使命感，进一步规范了各级领导人员的用权行为，有效防范了决策失误、权力失控、行为失范，降低了廉政风险。

4. 加强廉政风险的监督考核

廉政风险监控机制是企业管理中的新生事物，有些传统的落后管理方式虽已被打破，但管理惯性还存在。所以必须严格考核，加大监督检查力度，才能保证运转到位。开滦集团为推进此项工作，专门制定了《廉政风险监控机制考核办法》，明确了考核原则、考核内容、考核方式和责任追究等具体内容。在检查考核中，主要采取日常检查与集中考核相结合的方法，根据权力运行记录、员工群众反映和日常检查情况，定期对高风险权力运行情况进行评议考核，考核结果作为落实党风廉政建设责任制和惩防体系建设的重点内容，并向广大员工群众公开。同时针对出现的问题，实施责任倒查，强化问效问责。对造成不良影响和发生违纪违法问题的，依纪依法追究责任。

总之，开滦集团通过将风险管理理念和方法引入惩防体系建设之中，建立健全企业廉政风险监控机制，加大对权力风险点的防范和控制，超前防范各类企业廉政风险，真正把每个“风险点”变为“安全点”，为企业的转型发展提供了有力保证。

煤矿企业如何建设安全预评估体系

国投新集能源股份有限公司 谭 军 包正明 毕昌虎

2004年以来，国投新集能源股份有限公司创新实施安全预评估体系，取得了良好的安全管控效果，实现了安全生产形势的基本稳定，消灭了较大和较大以上人身事故，连续保持8年无较大和较大以上人身事故。2011年，公司对安全预评估体系进行了重大改革和创新，进一步拓展了安全预评估的风险评价范围和管控范围，取得了近十年来最佳安全业绩，消灭了死亡事故，实现安全生产一周年。

一、立项背景

国投新集能源股份有限公司自1998年建立现代企业制度以来，安全生产上秉承了传统安全管理模式。由于传统安全管理属于事后管理类型的安全管理模式，在国投新集新型煤矿企业普遍高产高效，安全生产节奏较快的情况下，越来越不适应现代安全生产的需要。主要表现在如下几个方面：

（1）随着开采深度的增加和生产规模的扩大，水、火、瓦斯、地压、地温等自然灾害更加突出，安全管理、生产管理和技术管理难度在不断加大。

（2）“三违”现象屡禁不止。严格不起来，落实不下去，碍于人情，困于生产，执行制度不严，惩处不力，致使“三违”在一定程度、一定范围长期存在，导致一些零星事故不断发生。

（3）操作人员素质亟待提高。公司原有的井下员工大都是农民工，文化素质偏低。近两年招入了大批新工人，并且随着公司的不断扩大，还将招入大批新工人，员工队伍整体安全素质有所降低。

（4）安全培训工作滞后。培训工作跟不上需求，教师队伍拼凑，只注重数量而忽视了质量，只注重岗前培训而忽视岗位培训，只注重理论教育而忽视技能操作，只注重眼前需要而忽视将来发展，培训工作总体效果不佳。

（5）安全隐患整改质量不高。迫于生产压力大，无暇顾及超前防范工作，整改隐患疲于应付，整改质量难以保证，管理工作陷入非良性循环之中。

（6）安全监管存在漏洞。事故应急救援机制不完善，重大事故隐患监督整改机制不完善，安全投入质量不高，安全技术监管工作薄弱。

二、技术创新点

（1）在国内首次把安全预评价技术应用到煤矿现场安全生产管理工作中；安全预评价技术成熟较早，但在煤矿企业安全生产管理中的实际应用却在近几年才开始。公司借鉴安全预评价技术进行煤矿现场安全生产管理的实际应用是国内第一次开展。

（2）在国内首次实现对煤矿生产系统进行安全风险的超前预防性管理；煤矿安全风险预控技术是2005年以后由国家煤矿安全监察局主持，在全国选取试点进行研究和试验的，公司2004年开始实际应用，进行煤矿生产系统的安全风险预防性管理早于国内有关的试验性研究。

（3）实现了对原有安全预评估技术的创新性应用。2011 年，公司对原有的安全预估体系进行了大幅度改革创新，在评价范围上从对矿井的安全预评估延伸到对区队的安全预评估；在评价系统上进行了大幅度升级，由原来的安监局单一系统性评估，拓展到由公司各职能部室的专业化评估，提高了评估的级别。

三、详细技术过程

（一）安全预评价的工作流程

每季度各矿对生产情况进行评估，季度初公司安全监察局组织机电运输、采掘、通风、安全质量标准化和安全综合管理等专业人员逐个矿井按生产安排，从“管理、装备、培训”三方面分析可能产生的问题，按照“一头一策、一面一策”的要求有针对性制定综合治理措施；评估后，公司安全监察局形成预评估报告，对各矿季度内安全监察和管理的重点予以要求，对需要解决的问题限定责任人和整改时间，公司安监局负责监督检查，促进安全生产（图 1）。

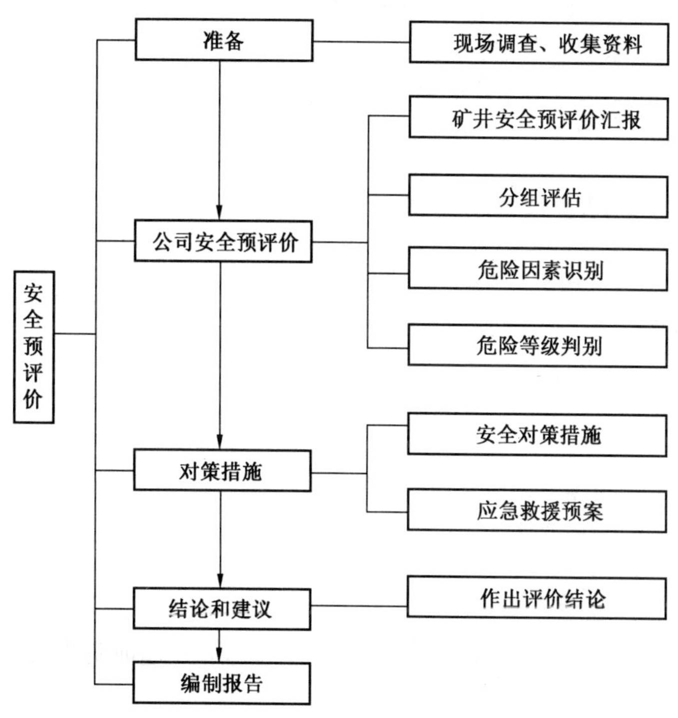

图 1　安全预评价流程图

（二）安全预评价的实施步骤

1. 安全预评价现场的调查

现场调查工作由驻矿安监处负责，调查的对象是各施工工程和施工队伍。主要从以下四个方面进行调查：

（1）队伍素质。

（2）生产系统安全生产现状。

（3）设备安全状况。

（4）安全生产管理现状。

2. 矿井安全预评价报告的准备

矿井安全预评价报告由驻矿安监处负责准备，通过对现场的大量实地调查，形成文字材料。主要从以下四个方面进行准备：

（1）汇报生产头面基本情况。包括工作面走向长、倾斜宽，煤厚、地质储量，工作面地质构造、水文地质、预计瓦斯涌出量等基本情况。对其安全程度进行初步评估。要求数据翔实可靠。

（2）汇报生产头面四大安全生产系统基本情况。

①人员素质：安全生产管理人员、特殊工种人员、工人素质等情况；②生产系统：供电系统、运输系统、“一通三防”系统、防治水系统、顶板防治等安全生产系统情况；③设备情况：设备台数、完好状态、安全状况等，其安技设备的投入情况；④管理情况：管理制度、安全技术措施、班前会、现场跟班、“三违”预防、历史安全状况、管理举措等。

（3）按生产接替安排情况，汇报生产头面本季度生产期间可能存在的安全问题和隐患。制约安全生产的因素具体表现在人、物、环境、管理三方面。

（4）以《煤矿安全规程》、《煤矿重大安全隐患认定办法（试行）》及有关规定为依据，分析各系统特别是生产系统中的各子系统，按可靠、基本可靠、不可靠进行评价并提出完善措施。

3. 召开评估工作会议，进行安全预评价

（1）由各矿井总工程师负责汇报各矿井安全预评价情况。

（2）由各矿井主管采掘、机电运输、“一通三防”方面的副矿长或副总工程师负责对相关情况进行汇报说明。

（3）安监局分为采掘组、机电运输组、“一通三防”组、综合管理组，分别从四个方面对各生产头面进行“一面一评、一头一评”。

（4）通过对各生产头面逐个评估，查找可能存在的安全威胁，制订针对性安全技术措施。

（5）通过对矿井全面的预评估，进行矿井安全等级的初步判定。

4. 公司安全预评价报告的编写

公司安全预评价报告由公司安监局负责编写，主要通过对各的矿井安全预评价情况，提出安监局的评估意见。

（1）各矿井安全预评价情况。

（2）各矿井本季度内安全生产的重点。

（3）各矿井生产头面本季度生产过程中可能存在的安全风险，应该采取的针对性措施。

（4）矿井安全等级的判定。

（5）通过对各矿井安全预评价情况，对公司整体安全形势做出评估，提出针对性安全技术措施，指导本季度内公司安全生产工作。

5. 安全预评价问题的督查

（1）分为采掘、机电运输、“一通三防”、综合管理四个方面，对查出的问题建立档案，由安

监局专业化监察室负责对各矿井下达监察意见书。

（2）隐患整改监督的责任落实到安监局四个专业化监察室。

（3）由安监局专业化监察室负责，配合驻矿安监处，监督安全预评价问题的整改落实。

（4）隐患整改结束后由相关责任人签字销案，安监局备案存档。

（三）安全预评价的几个关键要素

1. 现场的调查

现场的调查工作是安全预评价成功与否的前提。现场调查质量决定了矿井安全预评价报告的质量，因此必须充分重视现场调查工作。为保证现场调查的真实可靠程度，一般由驻矿安监处负责进行现场调查工作。

2. 危险因素的识别

危险因素的识别是安全预评价工作的核心环节，没有危险因素的识别，就不能进行危险等级的判定，下面的工作也无法开展，安全预评价工作就失去了意义。为保证危险识别的质量，应分专业、分系统进行，由专业的人员负责落实这项工作。

3. 安全等级评价体系

安全等级评价体系包括单个安全风险等级的评价和矿井安全风险等级的评价，一般分为安全、临界、危险三个等级，也可参照工厂实际危险等级划分。通过对安全等级的确认，从而确定应该采取何种安全技术措施，以便开展一步工作。

工厂实际危险等级见表1。

表1 工厂实际危险等级

工厂安全等级	一	二	三	四	五
Ⅰ	高度	中度	低度	最低度	最低度
Ⅱ	最高度	高度	中度	低度	最低度
Ⅲ	最高度	最高度	高度	中度	低度

4. 安全对策措施

安全对策措施包括针对风险识别制定的安全专项措施、事故应急救援预案等。

5. 隐患整改的督察

隐患整改的督察包括以下四个方面：

（1）每项隐患的整改措施都必须落实相关责任人。

（2）建立单项重大事故隐患档案。

（3）建立重大事故隐患销案制度。

（4）形成单项事故隐患整改闭环管理。

四、实际应用效果

(一) 社会效益分析

1. 事故发生率大幅度下降

公司开展安全预评估工作以来，从2004—2011年8年间，消灭了较大和较大以上人身事故，2004—2011年全公司死亡事故总量19人，同比下降53.7%，社会效益明显。

2. 2011年全公司实现了安全生产年

2010年9月4日至2011年9月4日，全公司实现了安全生产年，轻、重伤事故总量同比下降22.3%，10年来公司首次实现安全生产年。

(二) 经济效益分析

按照近三年公司发生事故的各类损失计算，每起死亡事故死亡1人支出费用平均20万元，善后处理费用平均45万元，财产损失10万元，停产、减产损失200万元，工作损失200万元，其他各类损失200万元。合计每死亡1人直接经济损失75万元，间接经济损失600万元。

2004—2011年7年内累计减少死亡22人，累计减少损失14850万元。

2011年公司同比减少死亡5人，累计减少损失3375万元。

五、结论

根据对实施安全预评价以后社会效益和经济效益的分析得出结论，安全预评价能够进一步完善安全管理，对识别安全风险、减少事故的发生具有明显的社会效益和经济效益，应进一步完善安全预评价制度，充分发挥其超前预防的作用，为保证公司安全形势的长期稳定作出新的贡献。

图书在版编目（CIP）数据

煤炭经济研究文选．2012／中国煤炭经济研究文选编委会编著．--北京：煤炭工业出版社，2012
ISBN 978-7-5020-4056-7

Ⅰ.①煤… Ⅱ.①中… Ⅲ.①煤炭工业-工业经济-研究-中国-文集 Ⅳ.①F426.21-53

中国版本图书馆CIP数据核字（2012）第094709号

煤炭工业出版社　出版
（北京市朝阳区芍药居35号　100029）
网址：www.cciph.com.cn
煤炭工业出版社印刷厂　印刷
新华书店北京发行所　发行
*
开本889mm×1194mm $^{1}/_{16}$　　印张 $34^{3}/_{4}$
字数912千字　　印数1—1 900
2012年7月第1版　　2012年7月第1次印刷
社内编号6879　　定价100.00元